Kritische Studien zur Geschichtswissenschaft 29

KRITISCHE STUDIEN
ZUR GESCHICHTSWISSENSCHAFT

Herausgegeben von
Helmut Berding, Jürgen Kocka,
Hans-Ulrich Wehler

Band 29

Volker Hunecke
Arbeiterschaft und Industrielle Revolution
in Mailand 1859–1892

GÖTTINGEN · VANDENHOECK & RUPRECHT · 1978

Arbeiterschaft und Industrielle Revolution in Mailand 1859–1892

Zur Entstehungsgeschichte der italienischen
Industrie und Arbeiterbewegung

von

VOLKER HUNECKE

GÖTTINGEN · VANDENHOECK & RUPRECHT · 1978

CIP-Kurztitelaufnahme der Deutschen Bibliothek

Hunecke, Volker:
Arbeiterschaft und industrielle Revolution in Mailand:
1859–1892; zur Entstehungsgeschichte d. ital. Industrie u.
Arbeiterbewegung. – Göttingen: Vandenhoeck und Ruprecht, 1978.
(Kritische Studien zur Geschichtswissenschaft; Bd. 29)
ISBN 3-525-35983-7

Als Habilitationsschrift auf Empfehlung der Philosophischen Fakultät
der Georg-August-Universität Göttingen
gedruckt mit Unterstützung der Deutschen Forschungsgemeinschaft

Vorwort

Die vorliegende Studie wurde im Wintersemester 1976/77 von der Philosophischen Fakultät der Georg-August-Universität Göttingen als Habilitationsschrift angenommen. Ohne Unterstützung von anderer Seite wäre sie schwerlich zustande gekommen. An erster Stelle habe ich der Deutschen Forschungsgemeinschaft zu danken, die meine Forschungen zur italienischen Geschichte durch wiederholt gewährte Reisestipendien und durch ein zweijähriges Habilitandenstipendium finanziell gefördert hat. Mein Dank gilt ferner den Gutachtern der Arbeit sowie den Herausgebern der „Kritischen Studien" für die Sorgfalt, mit der sie das Manuskript gelesen haben, und für mannigfache Verbesserungsvorschläge. Während langer Jahre der Zusammenarbeit konnte ich stets auf die solidarische Unterstützung von Professor Rudolf von Thadden bauen; ihm verdanke ich es, wenn ich auch in aufreibenden Zeiten der jüngsten Universitätsgeschichte die zum Forschen unerläßliche Muße fand.

Wenn mir also von Deutschland aus alle nur erdenkliche Hilfe zuteil wurde, so bleiben doch für die Konzeption der Arbeit jene Impulse entscheidend, die ich aus langjähriger Vertrautheit mit Italien aufnahm. Diese lassen sich nur in Ausnahmefällen mit den Namen einzelner Personen verbinden; vielmehr gingen sie von den neuen sozialen Bewegungen seit dem Jahr 1968 aus: Die Erfahrungen der italienischen Gegenwart öffneten mir die Augen für die Geschichte des Landes. Unter den vielen Freunden, die mir in Mailand und andernorts hilfreich beistanden, richtet sich mein besonderer Dank an Franco Della Peruta, Luisa Dodi und Stefano Merli. In diesen Dank möchte ich Gisela Bock einschließen; denn dem langjährigen gemeinsamen Interesse an Italien und dem ständigen Gespräch mit ihr ist es vor allem zuzuschreiben, wenn, wie ich hoffe, in dem Buch Vergangenheit und Gegenwart des Landes lebendig geblieben sind und einander erhellen.

Inhalt

Verzeichnis der Tabellen, Abbildungen und Karten

Tabellen

Abbildungen

Karten

I. Einleitung

Die Jahre um 1890 nehmen einen denkwürdigen Platz in der Geschichte der italienischen Arbeiterbewegung ein. Damals schickte sie sich an, zu einer wirklich nationalen Bewegung zu werden und den Anschluß an die Arbeiterbewegungen der industriell entwickelteren Länder zu gewinnen. Das politisch – und historiographisch – herausragende Ereignis jener Zeit war die Gründung des *Partito dei Lavoratori Italiani,* die durch den Italienischen Arbeiter-Kongreß in Mailand vom 2.–3. August 1891 vorbereitet und am 15. August 1892 in Genua endgültig beschlossen wurde. Schon im nächsten Jahr fügte die Partei ihrem Namen das Wort „sozialistisch" hinzu, und seit ihrem dritten Kongreß (Parma 1895) nannte sie sich schließlich *Partito Socialista Italiano* – ein Name, der noch heute erhebliches Gewicht im politischen Leben Italiens besitzt.

Weniger spektakulär, doch nicht weniger bedeutsam war die Eröffnung von Arbeitskammern (Camere del Lavoro) seit dem Jahr 1891 in zahlreichen Städten Ober- und Mittelitaliens. In ihnen schuf sich die italienische Arbeiterschaft eine ihrem Land ganz eigentümliche Form der territorialen Organisation, die, obgleich ausschließlich zur „Vertretung der ökonomischen Interessen" der Arbeiter konzipiert, ihrer Politisierung vielleicht noch stärker Vorschub leistete als die sozialistische Partei. Auch an anderen Vorkommnissen lassen sich die damaligen Fortschritte der Arbeiterbewegung auf der Halbinsel ablesen: Italienische Delegierte waren auf dem Internationalen Arbeiter-Kongreß in Paris von 1889 vertreten und auch auf den folgenden in Brüssel und Zürich, die die lange Serie der Kongresse der 2. Internationale eröffneten. Ihre Zugehörigkeit zur internationalen Arbeiterbewegung demonstrierten die italienischen Arbeiter am nachdrücklichsten, indem sie die Beschlüsse des Pariser Kongresses über eine weltweite Agitation für den Achtstundentag wörtlich befolgten: In vielen Städten machten sie den 1. Mai zu einem regelrechten „Kampftag", und die Mailänder kritisierten heftig die „bedauerliche Entschließung" der Reichstagsfraktion der deutschen Sozialdemokratie, die Demonstrationen auf den ersten Sonntag des Monats zu verschieben[1]. Um dieselbe Zeit wurde die Industrie von immer zahlreicheren und größeren Streiks erfaßt. Wenige Jahre nach dem ländlichen begann sich auch Italiens industrielles Proletariat zu regen. In Mailand und einigen anderen industriellen Zentren wurden damals die Grundlagen zu einer modernen Gewerkschaftsbewegung gelegt. Sowohl die politische wie die gewerkschaftliche Arbeiterbewegung, die sich für die damalige Zeit nur schwer auseinanderhalten lassen, bekannten sich mehrheitlich zum „Klassenkampf", und so nannte sich auch die erste, seit 1892 erscheinende nationale Arbeiterzeitung des Landes.

Vielleicht der erste, der diese Wandlungen in knapper, doch überaus scharfsichtiger Weise beschrieben und nach ihren Hintergründen befragt hat, war ein Ausländer – der junge Werner Sombart[2]. In dem unmittelbar nach dem Genueser Kongreß verfaßten Artikel „Der gegenwärtige Stand der italienischen Arbeiterbewegung" bemerkte er, daß der noch vor wenigen Jahren zu beobachtende „*ottimo contegno,* das stets musterhafte Verhalten der italienischen Arbeiterschaft", einer allgemeinen Unruhe und einem Geist der Unzufriedenheit Platz gemacht habe. Die Gründe für diesen verhältnismäßig raschen Umschwung der Dinge seien in der Wandlung zu suchen, welche die gesamte italienische Volkswirtschaft während des letzten Jahrzehnts durchgemacht habe. Vor allem die sehr energische Zollpolitik habe dazu beigetragen, das Aufkommen der großen Industrie und damit des industriellen Proletariats zu beschleunigen und die Arbeitsverhältnisse zu revolutionieren. Die fieberhaft ungesunde Spekulation habe anfangs große Massen von Arbeitern vom Lande abgezogen und sie einige Jahre später als arbeitsloses Proletariat wieder auf die Straße geworfen. Am weitesten fortgeschritten sei die industrielle Entwicklung – wie er wenig später schrieb – in der Provinz Mailand, die „keinen Vergleich mit irgend einem der deutschen Industriezentren zu scheuen" brauche; merkwürdig sei jedoch, daß die rasche Entwicklung des Kapitalismus, vor allem des industriellen Kapitalismus in Oberitalien bisher niemals eine hinreichende Würdigung erfahren habe. Von diesen allgemeinen Beobachtungen zur Gründung der sozialistischen Partei übergehend hielt Sombart es für hervorhebenswert, daß in das Zentralkomitee der neuen Partei ausschließlich Mailänder gewählt worden seien und es – ebenso wie die Parteizeitung und das führende theoretische Organ, Turatis *Critica sociale* – nicht zufällig die lombardische Metropole zum Sitz habe. Doch Mailand gebühre diese Auszeichnung, und da der Industrialismus bisher die größten Fortschritte in Oberitalien gemacht habe, sei es natürlich, daß von dieser Stadt aus „das Heil des Sozialdemokratismus der italienischen Welt verkündet"[3] werde.

Zu einer in den wesentlichen Punkten gleichlautenden Diagnose gelangt auch die neuere Forschung. In einem der frühesten und anerkanntesten Werke der italienischen Arbeitergeschichtsschreibung, die als eigene Disziplin erst mit dem Ende des Faschismus ins Leben trat, beschrieb Gastone Manacorda schon 1953 die 80er Jahre und insbesondere die Entwicklung in Oberitalien und speziell in Mailand als „entscheidend" für das Werden der italienischen Arbeiterbewegung. „Nicht zufällig" sei dort zuerst und in eben jenen Jahren der traditionelle Mutualismus von der Bewegung des „Widerstands" (resistenza) gegen das Kapital und von der „Idee des Klassenkampfs als ausschließlichen Ziels der Arbeiterorganisation" abgelöst worden. Stimmführer und Schrittmacher der klassenkämpferischen Arbeiterbewegung sei der 1885 in Mailand gegründete *Partito Operaio Italiano* (POI) gewesen, und als die eigentlichen Gründer der sozialistischen Partei seien nicht die romagnolischen Sozialisten unter Andrea Costa, sondern die Mailänder unter Filippo Turati anzusehen[4]. Manacordas großes und unbestrittenes Verdienst liegt darin, Italien eine Geschichte seiner frühen Arbeiterbewegung gegeben zu haben, der zwanzig Jahre späterer Forschungen nur Unwesentliches hinzuzufügen vermochten. Am vorteilhaftesten unterscheidet sich sein Werk von den anderen Geschichten des Sozialismus und der Arbeiterbewegung nach der Einigung dadurch, daß er den Hauptakzent auf die 80er Jahre gelegt und den POI als die wichtigste vorwärtstreibende Kraft in der stark zersplitterten Arbeiterbe-

12

wegung jener Jahre beschrieben hat – eine Partei, die der erste Geschichtsschreiber der politischen Parteien Mailands, Gaetano Salvemini, nicht einmal einer Erwähnung für würdig befand[5].

Jahre später kehrte Manacorda zu dem Thema seines Frühwerks zurück und ergänzte es um eine ausführliche Einleitung, in der er das Verhältnis von industrieller Entwicklung und Entstehung einer Arbeiterbewegung in Italien betrachtete. Darin geht er von der Beobachtung aus, daß die abschließende Phase der Herausbildung der sozialistischen Partei Italiens in eine gesamteuropäische Bewegung einzuordnen sei, die in den letzten drei Jahrzehnten des vorigen Jahrhunderts zur Gründung von Arbeiterparteien in den wichtigsten Ländern des Kontinents und in England führte. Hieran knüpft er die Frage, ob dieser chronologischen Übereinstimmung in der Parteibildung eine analoge Entwicklung der ökonomischen und sozialen Verhältnisse entsprochen habe. Aus dieser mit guten Gründen zu verneinenden Frage zieht er den Schluß, daß eine Modellreihe wie a) Industrialisierung, b) Entstehen einer Arbeiterklasse, c) Entwicklung einer Arbeiterbewegung, d) Durchsetzung eines politischen Klassenbewußtseins auf das Italien des vorigen Jahrhunderts nicht angewendet werden könne. In bezug auf dieses Land stelle sich vielmehr das Problem, wie ein nicht oder doch nur zu geringen Teilen industrielles Proletariat eine hochentwickelte Arbeiterbewegung ins Leben gerufen habe. Das sei darauf zurückzuführen, daß in Italien frühzeitig soziale Ideen und Verhaltensmuster anderer, kapitalistisch entwickelterer Länder Eingang gefunden hätten und man deshalb beobachten könne, wie eine durch die Manufaktur oder geradezu durch das Handwerk geprägte Realität durch eine gesellschaftliche Problematik überlagert worden sei, die aus der Durchsetzung der großen Industrie resultiere. „Die Ideen zirkulierten, kurz gesagt, schneller und wurden tatsächlich eher importiert als Maschinen und Kapital bzw. gleichzeitig." Den anderen ideellen Geburtshelfer der „frühreifen" sozialistischen Partei erkennt Manacorda in „sehr weit zurückreichenden ideellen Ursprüngen": Das italienische Proletariat sei nicht nur antagonistische Klasse, sondern „gleichzeitig Erbe und Vollstrecker der risorgimentalen Demokratie", „vorwärtstreibendes, wenn auch unzureichendes Movens der nationalen Einigung, und auch in dieser Hinsicht [setze] es die bürgerliche liberale Revolution fort"[6].

Diese Neigung, das Entstehen der italienischen Arbeiterbewegung aus ideellen Motiven und nationalen Traditionen zu erklären, tritt noch stärker hervor, wenn er auf die Gründung der Arbeitskammern zu sprechen kommt. „Verweist uns [diese] Besonderheit der italienischen Arbeiterbewegung", fragt er, „nicht vielleicht auf die italienischen Städte, auf das niemals erloschene städtische Leben kommunalen Ursprungs?" Giuliano Procacci, der diesen Gedanken zuerst geäußert hat, meint gar, daß sich in den Arbeitskammern „unter der Leitung des Industrieproletariats der Drang zur Selbstregierung und zur Freiheit verwirklichte, der seit Jahrhunderten in den italienischen Städten gärte"[7]. Am weitesten in dieser Richtung geht Manacorda, wenn er selbst die seit dem Ende der 1870er Jahre zu beobachtende Ausbreitung des elementarsten Prinzips moderner Arbeiterorganisation, der „Widerstandsvereine" (società di resistenza), auf ausländische Vorbilder und Einflüsse und ihre Vermittlung durch Arbeiterorganisatoren intellektueller Provenienz zurückführt und in dieser spontanen Bewegung von unten etwas Neues sieht, „wofür die Bezeichnung Sozialismus langsam nicht mehr unangemessen oder fehl am Platz ist"[8].

Diese Argumentation läßt sich – leicht überspitzt – zu der Frage zusammenfassen, ob die entstehende italienische Arbeiterbewegung von einem „industriellen Proletariat", wie Sombart meint, getragen wurde oder, wie Manacorda behauptet, von Arbeitern in Anführungszeichen[9]. Das Problem besteht mit anderen Worten darin, ob ihre Entstehung mit einer „Revolutionierung der Arbeitsverhältnisse" (Sombart) zusammenfiel, „ob uns die entscheidenden Etappen der Arbeiterorganisation", wie Manacorda selbst noch im Vorwort zur ersten Auflage seines Werks ausgeführt hat, „in letzter Instanz auf die Veränderungen der ökonomischen Struktur verweisen"[10], oder ob Oberitalien und insbesondere Mailand am Beginn der 80er Jahre wirtschaftlich gesehen noch so rückständig waren, daß die eingangs erwähnten Ereignisse und Wandlungen in der Arbeiterbewegung sich nur aus auswärtigen Vorbildern und ideellen oder ideologischen Einflüssen erklären lassen.

Der Versuch, auf diese Fragen eine Antwort zu finden, muß notwendigerweise die wirtschaftlichen und sozialen Zustände des Landes eingehender betrachten, als es Manacorda und andere nach ihm[11] getan haben. Dabei sind insbesondere drei Fragen genauer zu prüfen:

1. Ist es richtig, daß man von einer „wirklichen" Industriellen Revolution in Italien erst für die Jahre ab 1896 und folglich für die davorliegende Zeit nicht von einem Industrieproletariat sprechen kann?

2. Wer waren die Arbeiter, die in den 80er und 90er Jahren das weitgespannte Netz von Bünden, Ligen, Studienzirkeln, Unterstützungs- und später Widerstandsvereinen, Arbeiterkonsulaten und später Arbeitskammern bildeten? Vornehmlich die „Arbeiter" der alten Manufakturen oder die neuen Arbeiterschichten, die die Industrialisierung geformt hatte: die Eisenbahner und Bauarbeiter, die Textil-, Metall- und Chemiearbeiter?

3. Welche wirtschaftlichen und sozialen Veränderungen fanden in den zwei oder drei Jahrzehnten vor 1900 speziell in Mailand statt, und wie war die Arbeiterschaft derjenigen Stadt beschaffen, die nach der übereinstimmenden Aussage aller Autoren eine so dominierende Rolle bei der Bildung unabhängiger Klassenorganisationen des italienischen Proletariats gespielt hat?

Die erste Frage sei für einen Augenblick zurückgestellt, da in ihre Betrachtung auch die noch offenen Kontroversen um die beiden letzten einzubeziehen sind.

Die schroffste Gegenposition zu Manacorda nimmt Stefano Merli ein, der unlängst mit breiter Ausführlichkeit das Entstehen eines Fabrikproletariats, seine Lage, Kämpfe und Organisationen in den 80er und 90er Jahren beschrieben hat[12]. Auf entschiedenen Widerspruch ist sogleich seine vielleicht wichtigste These gestoßen: die zeitliche Fixierung der Anfänge und Ausbreitung des italienischen Industriekapitalismus und damit der Entstehung eines modernen Fabrikproletariats auf die beiden letzten Jahrzehnte des 19. Jahrhunderts. Diese These, die Sombart als eine Selbstverständlichkeit akzeptiert hätte, wird von einigen Rezensenten mit dem Argument zurückgewiesen, daß der Einsatz von Maschinen und die Fabrikproduktion zu jener Zeit noch ganz isolierte Erscheinungen gewesen seien und daß das Übergewicht, das in Merlis Darstellung den Textilarbeitern eingeräumt werde, nichts anderes beweise, als „wie beschränkt der Kreis der Produktionssektoren gewesen sei, in denen sich die Präsenz nennenswerter Arbeiterkerne in dem landwirtschaftlichen und vorindustriellen Italien des 19. Jahrhunderts nachweisen lasse"[13].

Noch sonderbarer ist, daß selbst in bezug auf die dritte Frage, ob wenigstens in Mailand und anderen gewerblichen Zentren des Nordens die industrielle Entwicklung bereits vor der Jahrhundertwende zur Bildung eines zahlreichen Industrieproletariats geführt habe, die Meinungen weit auseinandergehen. Mit Bestimmtheit wird das in mehreren neueren Monographien bejaht, in denen die Geschicke der Mailänder Buchdruckergehilfen, Maurer und Metallarbeiter, der Comasker Seidenweber und der Monzeser Hutmacher in den Jahrzehnten zwischen der Einigung und der Jahrhundertwende untersucht werden[14]. Sie alle bestätigen im wesentlichen die Darstellung und Interpretation Merlis. Dagegen gelangt Louise A. Tilly in ihrer Geschichte der Mailänder Arbeiterklasse von 1881–1911 zu dem Ergebnis, daß sich in den beiden Jahrzehnten vor 1900 weniger die ökonomischen als vielmehr die demographischen Strukturen der Stadt gewandelt hätten; „der stärkste ökonomische Wandel" in dem von ihr betrachteten Zeitraum sei erst danach, nämlich mit der Entwicklung der Schwerindustrie eingetreten[15].

Diese Vielfalt und häufige Gegensätzlichkeit der Meinungen rührt einerseits daher, daß die Arbeitergeschichtsschreibung von den Resultaten, die ihr die Wirtschaftshistoriker anbieten, einen unzureichenden und nicht selten einseitigen Gebrauch macht. Von der Nachbardisziplin wird je nach Bedarf dieses oder jenes Einzelergebnis entlehnt, aber fast niemals wird der jeweils erreichte Diskussionsstand der Wirtschaftsgeschichte auf umfassende Weise zur Kenntnis genommen. Auf der anderen Seite hängen die hier zutage getretenen Differenzen eng mit einigen Eigenarten der wirtschaftlichen Entwicklung Italiens zusammen: der „außerordentlichen Mannigfaltigkeit" seiner wirtschaftlichen Verhältnisse und der Schwierigkeit, innerhalb seiner Industrialisierung jene „spezifische Komprimierung des Industrialisierungsprozesses"[16] zeitlich genau zu bestimmen, welche die Bezeichnung Industrielle Revolution verdient.

Noch am Ende des hier zu behandelnden Zeitraums war Italien ein Land, in dem „der Abstand fast eines Jahrhunderts eine Region von der anderen trennt und in ein und derselben Nation historisch aufeinanderfolgende und widersprüchliche Epochen aufeinandertreffen und überdies das bäuerliche Element und die alten feudalen Formen in der Landwirtschaft gegenüber dem fortschrittlichen Element der städtischen Industrie noch überwiegen"[17]. Aus dem Tatbestand der extremen Ungleichmäßigkeit der wirtschaftlichen Entwicklung, insbesondere des Nord-Süd-Gefälles, können ganz unterschiedliche Schlüsse gezogen werden. Die einen, wie manche Kritiker Merlis, ebnen alle Unterschiede ein: Sie werfen Stadt und Land, Nord und Süd, die Lombardei und das Veneto, den padanischen Agrarkapitalismus und das toskanische Halbpachtsystem zusammen, beziehen sich auf wirtschaftsstatistische Durchschnittswerte und gelangen so zu dem Ergebnis, daß Italien als ganzes ein noch vorindustrielles und unterentwickeltes Land gewesen sei. Die anderen, wie z. B. Sombart, beschreiben dagegen „die nationale Zusammenkoppelung so verschieden entwickel-

15

ter Gebiete wie Nord- und Süditalien" als das Verhältnis eines „industriellen Mutterlandes zu der agrikolen Kolonie", um so zu einem angemessenen Verständnis der „überaus merkwürdigen ökonomischen Verhältnisse ganz Italiens" zu gelangen[18].

Eine andere Ursache der Meinungsverschiedenheiten liegt in dem Verlauf des italienischen Industrialisierungsprozesses und in seiner unterschiedlichen Bewertung durch die einzelnen Autoren. Am stärksten unterscheiden sie sich darin, welches Konzept von Industrieller Revolution sie ihrer Darstellung zugrunde legen. Für Merli, der in diesem Punkt unmittelbar an Marx anknüpft, ist es die Werkzeugmaschine, "wovon die industrielle Revolution im 18. Jahrhundert ausgeht" – und gleichfalls im Italien des 19. Jahrhunderts. Denn wenn man die geläufige Gleichsetzung von Industrieller Revolution und großer Industrie einerseits und von großer Industrie und Schwerindustrie andererseits akzeptiere, müsse es einfach unverständlich bleiben, weshalb die italienische Arbeiterklasse die politische Partei und die gewerkschaftliche Organisation vor der Industriellen Revolution, wie sie der „bürgerliche Historiker" definiere, entdecken konnte[19]. Gerade von dieser Gleichsetzung gehen aber Manacorda und Tilly aus. In ihren Augen ist die Industrielle Revolution – im Sinne von Rostows *take-off* oder Gerschenkrons *big spurt* – gleichbedeutend mit dem Aufschwung der Schwerindustrie und der Ausbreitung der großen Fabrik. Indem sie sich ferner der herrschenden Meinung anschließen, daß der *take-off* der italienischen Industrialisierung keinesfalls früher als auf das Jahr 1896 zu datieren sei, gelangen sie zu dem Schluß, daß die sozialen Auswirkungen der Industriellen Revolution erst nach der Jahrhundertwende auf der Halbinsel zu erkennen seien. Diese beiden Positionen und ihre Varianten im einzelnen zu überprüfen, wird dem weiteren Verlauf dieser Darstellung vorbehalten sein. Hier kommt es zunächst nur darauf an, auf eine ihnen gemeinsame Unzulänglichkeit hinzuweisen: Beide sind so sehr Definitionen, die aus der Entwicklung anderer Länder gewonnen wurden, verhaftet, daß sie die Industrialisierungsgeschichte Italiens nicht als eine in vielen Aspekten modifizierte Variante früherer Industrialisierungen zu begreifen vermögen. Welches die spezifischen Züge der italienischen Industrialisierung im 19. Jahrhundert sind, worin sich diese von derjenigen anderer Länder unterscheidet, wie diese Unterschiede zu erklären sind und welche Bedeutung ihnen – gerade auch im Hinblick auf die Geschichte der Arbeiterbewegung – zukommt, diesen Fragen ist zunächst nachzugehen.

Seit der Diskussion um den rigiden Schematismus der Rostowschen Stadientheorie hat die Einsicht immer mehr Zustimmung gefunden, daß für den sozio-ökonomischen Transformationsprozeß, der seit dem Ende des 18. Jahrhunderts von England ausgehend mehr und mehr Länder diesseits und jenseits des Atlantiks und um die Mitte des 19. Jahrhunderts auch Italien erfaßte und der gemeinhin als Industrialisierung bezeichnet wird, kein einfaches Modell zur Erklärung ausreicht oder gar Allgemeingültigkeit beanspruchen kann. Unter den Einwänden, die man gegen derartige Modelle vorgebracht hat, ist von besonderer Wichtigkeit die Überlegung, daß „die Industrielle Revolution in England, und aus demselben Grund in anderen Ländern, den Verlauf aller nachfolgenden Industrialisierungen beeinflußte". Vor allem Alexander Gerschenkron hat nachdrücklich auf diesen Aspekt hingewiesen und, um zu einem tieferen Verständnis des Prozesses der europäischen Industrialisierung zu gelangen, vorgeschlagen, "anstatt mit einem undifferenzierten, einheitlichen Modell (pattern) von Industrialisierung zu arbeiten, . . . den Prozeß der industriellen Entwicklung in Beziehung zu setzen zu dem Grad der Rückständigkeit der betroffenen Gebiete am Vorabend ihres großen Industrialisierungsspurts"[20]. Die Betrachtung der Industriellen Revolution in einem Land hat demnach nicht nur zu berücksichtigen, wie die innere – vorzüglich ökonomische, aber auch politische und gesellschaftliche – Situation in dem auf der Schwelle zur Industrialisierung stehenden Land aussah, sondern auch den Platz zu bestimmen, den dieses Land innerhalb des europäisch-atlantischen Industrialisierungsprozesses eingenommen hat.

Im Kontext der europäischen Industrialisierungsgeschichte nimmt die Industrielle Revolution Italiens – wie im übrigen auch Rußlands – gleichsam den einer dritten Generation ein. Um von dem Pionierland England ganz zu schweigen, ist Italien auch von den Ländern der zweiten Generation – Frankreich, Belgien, Deutschland, der Schweiz – durch einen merklichen zeitlichen Abstand getrennt; dies gilt unabhängig davon, ob man bereits die 1880er Jahre als die erste entscheidende Etappe auf Italiens Weg zu einer Industriegesellschaft betrachtet oder ob man seine Industrielle Revolution auf die Jahre ab 1895/96 datiert. In dem einen wie dem anderen Fall bleibt ein nicht unerheblicher zeitlicher Abstand zu den vorgenannten Ländern bestehen. In der Sprache der Wirtschaftshistoriker war Italien ein typisches Nachfolgeland.

Das Problem der „ökonomischen Rückständigkeit" oder „Unterentwicklung" einzelner Länder und ganzer Kontinente – eines der brennendsten politischen und wissenschaftlichen Probleme unserer Zeit – kann von zwei verschiedenen, aber nicht voneinander unabhängigen Richtungen her betrachtet werden: im Hinblick auf seine Ursachen oder im Hinblick auf die Möglichkeiten und Mittel seiner Überwindung. Aus naheliegenden Gründen interessieren sich die ökonomische Theorie und die Wirtschaftspolitik eher für den zweiten Aspekt; aber auch die Wirtschaftsgeschichte hat diesen vielleicht insgesamt stärker berücksichtigt. Das gilt – obgleich mit Einschränkungen – auch für Gerschenkron, der mit einer seltenen Sensibilität diesem Problem in der europäischen Industrialisierungsgeschichte nachgegangen ist und ein Modell entworfen hat, das den quantitativ und qualitativ unterschiedlichen Graduierungen von Rückständigkeit gerecht zu werden versucht und das analytisch wie historisch triftige Aussagen über das Verhältnis von ökonomischer Rückständigkeit und unterschiedlichen Formen ihrer Überwindung ermöglichen soll. Wenn im folgenden stärker auf die Ergebnisse von Gerschenkrons empirischen Untersuchungen zur Geschichte der italienischen Industrialisierung als auf das von ihm vorgeschlagene Modell zurückgegriffen wird, so deshalb, weil – wie der Autor selbst bemerkt – dieses Modell für Italien nur bedingt zutrifft. Den Annahmen des Modells entspricht zwar, daß die italienische Industrialisierung „unter einer gewissen organisatorischen Leitung" vonstatten ging, die in diesem Fall von den Geschäftsbanken ausgeübt wurde, und daß die italienische Industrie frühzeitig durch monopolistische Tendenzen gekennzeichnet war. Jedoch entsprachen der Rückständigkeit Italiens keineswegs – und im eingestandenen Gegensatz zu Gerschenkrons Modell – so auffällig hohe Wachstumsraten der Industrie in der Phase des *big spurt* (1896–1908), wie sie etwa Schweden, Rußland oder Japan gekannt hatten, und ebensowenig „eine stärkere Tendenz zu größeren Betriebs- und Unternehmenseinheiten"[21]. Beide Abweichungen von dem Modell sind von erheblicher Tragweite. Ihre noch immer unbefriedigende Erklärung muß die Einsicht tatsächlich ernst nehmen, „daß auch außerökonomische Faktoren die ökonomische Entwicklung bestimmen"[22].

Auch wenn man von den Anfängen der Industrialisierung Italiens genau genommen erst seit der Einigung sprechen kann, können die vor der politischen Zäsur von 1859/61 liegenden Jahre in diesem Zusammenhang nicht völlig übergangen werden. Denn bereits seit den 30er Jahren lassen sich an der lombardischen und piemontesischen Textilindustrie einige Eigenheiten beobachten, die auch für die künftige industrielle Entwicklung typisch sind. In dem System internationaler Arbeitsteilung sah sich die norditalienische Textilindustrie – und das heißt für jene Zeit: vor allem die Seidenindustrie – im wesentlichen auf die Rolle eines Lieferanten von Roh- und Halbprodukten beschränkt. Hinter den Export von Rohseide und Seidengarn trat die eigene Weberei noch bis gegen Ende des Jahrhunderts weit zurück. Nach der Seite der Produktion hin betrachtet bedeutet dies, daß die Seidenindustrie sich auf die Stufen der Produktion konzentrierte, die eine Art Fortsetzung und Ergänzung der landwirtschaftlichen Tätigkeiten bildeten, die von meist ungelernten weiblichen und kindlichen – und dementsprechen wohlfeilen – Arbeitskräften in einer Myriade winziger, über das platte Land verstreuter Seidenfilanden ausgeführt werden konnten und die nicht zuletzt den großen Vorteil hatten, daß durch sie keine größeren Kapitalsummen immobilisiert wurden. Die Seidenweberei war in der Lombardei auf Mailand und Como beschränkt, die sich beide – weder dem Umfang noch der Qualität der Produktion nach – nicht entfernt mit ihrer Schwesterstadt Lyon messen konnten. Der Jacquard-Webstuhl war erst wenig verbreitet, und Qualitäts- und Luxusstoffe wurden nur von den größeren Mailänder Firmen hergestellt. Noch manches Jahrzehnt bedeutete vielen unternehmenden Mailändern, wie ein Zeitgenosse es ausdrückte, „der Schatten des Maulbeerbaums den Schatten des Goldes"[23].

Ein ähnlicher, obzwar weniger ausgeprägter Primitivismus war auch für die Baumwollindustrie kennzeichnend. Einige mittelgroße, fast sämtlich außerhalb der Städte gelegene Spinnereien bildeten die einzigen Fabriken moderner Art, während in der Weberei – um nur ein Beispiel zu nennen – um 1853 in dem Bezirk der Mailänder Handelskammer nur 800 mechanische und Handwebstühle in fünfzehn Fabriken (opifici) konzentriert waren, denen 15 000 Webstühle in den Häusern einzelner Arbeiter gegenüberstanden[24]. Apologetische und ökonomisch-technizistische Begründungen für diesen Zustand der Textilindustrie lassen sich unschwer finden und sind oft genug vorgebracht worden: geringe Disponibilität von Kapital, Fehlen qualifizierter Arbeitskräfte usw.; die meisten tendieren zu der Tautologie, die Rückständigkeit aus sich selbst zu erklären. Die Stichhaltigkeit solcher Antworten wird später zu prüfen sein.

Die der Einigung folgende Phase des Industrialisierungsprozesses zerfällt in drei, deutlich unterscheidbare Abschnitte: die sehr langsame Expansion der industriellen Produktion in der Zeit des Freihandels (bis 1878), den Aufschwung der 80er Jahre und die lange Krise in der ersten Hälfte der 90er Jahre. In der Forschung besteht noch kein

18

Konsens über die exakten quantitativen Ausmaße des industriellen Wachstums, und die Diskussion über die Frage, wie der ökonomisch durchaus nicht optimale Verlauf des Industrialisierungsprozesses an sich und in seinen Auswirkungen auf die allgemeine politische und gesellschaftliche Situation des Landes zu bewerten sei, ist erst recht voller Kontroversen. Im Gegensatz zu stärker ökonometrisch orientierten Wirtschaftshistorikern, die den beiden Jahrzehnten nach der Einigung nur ein geringes Interesse abgewinnen können, betont Cafagna deren Wichtigkeit als einer Phase, in der sich „die Bildung eines ersten industriellen ‚background'" beobachten lasse und in der Italien einen ersten „industriellen Anstrich" erhalten habe; die unter dem Zeichen des Freihandels stehenden Jahre seien besonders für die nordwestlichen Regionen, das Gebiet des späteren „industriellen Dreiecks", von nicht zu unterschätzender Bedeutung, da in ihnen die Grundlagen für den bevorstehenden industriellen Aufschwung gelegt worden seien. Diese sehr allmähliche Entwicklung, in der die Elemente der Kontinuität und Tradition noch vorherrschten, ist auch quantitativ belegbar: Zwischen 1862 und 1878 betrug die durchschnittliche jährliche Wertzuwachsrate im industriellen Sektor gerade 1,4 %[25]. Die langsame Aufwärtsbewegung wurde hauptsächlich von der Textilindustrie getragen, so daß man eher von einer Fortsetzung der um 1830 eingeleiteten Entwicklung als von einer neuen Phase sprechen kann. Dies gilt um so mehr, als die ökonomische Physiognomie auch der nördlichen Regionen weiterhin vorherrschend landwirtschaftlich geprägt blieb und „die Ausübung einer industriellen Tätigkeit immer noch als etwas erschien, was die Sozialwissenschaftler als ‚deviant behaviour' bezeichnen würden"[26].

Eine Überwindung dieser „substantiellen Stagnation" (Toniolo) der Wirtschaft brachten die 80er Jahre, in denen das industrielle Wachstum sich bedeutend beschleunigte: Nach dem Index von Gerschenkron betrug die jährliche Zuwachsrate in der Industrie zwischen 1881 und 1888 4,6 %, nach dem von Fenoaltea gar 8 %. Daß um 1880 eine Schwelle der industriellen Entwicklung überschritten wurde, zeigt sich überdies daran, daß „neue" Industrien wie Metallgewinnung, Maschinenbau und Chemie erheblich schnellere Fortschritte machten als der quantitativ nach wie vor dominierende Textilsektor und daß schließlich der 1888/89 einsetzenden Krise bereits 1895/96 ein neuer Aufschwung folgte, der den meisten als die Industrielle Revolution Italiens schlechthin gilt[27]. Aber auch wenn der Aufschwung der 80er Jahre und derjenige ab 1896 in ihrer Breiten- und Tiefenwirkung sich beträchtlich unterschieden, gehörten beide eng zusammen: Der erste Aufschwung barg nicht nur die Keime der Krise in sich, sondern ebenso die Voraussetzungen für den neuen Aufschwung. Beide Phasen standen in einem zyklischen Verhältnis zueinander, und die dazwischenliegende Krise darf nicht die „tiefe formale Kontinuität" in der industriellen Entwicklung Italiens übersehen lassen[28].

Aus dieser Sicht verliert die Streitfrage über den Beginn der Industriellen Revolution Italiens an Gewicht. Denn die Schwierigkeit, in seiner „industriellen Entwicklung . . . überhaupt einen wirklichen *big spurt* auszumachen"[29], ist eben teilweise dem Umstand zuzuschreiben, daß auf der Halbinsel die Industrielle Revolution in zwei sukzessive Aufschwungsphasen zerfällt, die durch eine mehrjährige Zäsur einer stagnierenden und in einigen Jahren sogar rückläufigen Wirtschaftsentwicklung getrennt sind. Das Zögern so vieler Wirtschaftshistoriker, auch schon die erste Phase der Industriellen Revolution zuzurechnen, hängt mit der zeitlichen Kürze und der geringeren Expansionskraft des Aufschwungs der 80er Jahre zusammen. Doch gilt es folgendes zu bedenken: Angesichts der geringen Zahl wirtschaftlicher Zentren, die Schauplatz der italienischen Industrialisierung waren, hat es etwas Künstliches an sich, von einer Industriellen Revolution Gesamtitaliens zu sprechen. Denn hinter den globalen, alle regionalen Unterschiede nivellierenden Zahlen der Volkswirtschaftler und Cliometriker droht die höchst uneinheitliche und widersprüchliche Realität der einzelnen Landesteile zu verschwinden. Was Mailand und einige andere industrielle Zentren der Lombardei, Piemonts und Liguriens sowie einige ökonomische Exklaven Mittel- und Süditaliens angeht, so kann es kaum einen Zweifel geben, daß hier nach 1880 sich ein sozio-ökonomischer Transformationsprozeß Bahn brach, der die Produktionsstrukturen und Arbeitsverhältnisse, die alltäglichen Lebensformen und gesellschaftlichen Machtverhältnisse von Grund auf revolutionieren sollte.

Die entscheidenden Fragen, die sich aus dem knapp skizzierten Verlauf der italienischen Industrialisierung bis zur Ära Giolitti ergeben, sind die folgenden:

Wie ist die „ökonomische Verspätung" Italiens im 19. Jahrhundert zu erklären, die dazu führte, daß sich zwischen der Gründung des Königreichs und den Jahren vor 1900 der wirtschaftliche Abstand zu den europäischen Industrieländern eher noch vergrößerte statt abzunehmen?

Weshalb mündete der wirtschaftliche Aufschwung der 80er Jahre noch nicht in ein stetiges Wachstum ein?

Weshalb hatte Italien noch ein knappes weiteres Jahrzehnt auf seinen *big spurt* zu warten und aus welchen Gründen fiel dieser so bescheiden aus?

Der innere Zusammenhang dieser Fragen spiegelt sich in den Antworten wider, die man auf sie gegeben hat. Die hauptsächlichen Hindernisse, die Italiens Industrialisierung nach der Einigung im Wege standen, sind nach Gino Luzzatto, dem bedeutendsten Wirtschaftshistoriker Italiens in diesem Jahrhundert, im wesentlichen vier gewesen: 1. die Beschränktheit des inneren Marktes; 2. die hohen Kapitalkosten; 3. die unvermittelte Ausdehnung des antiprotektionistischen piemontesischen Zolltarifs auf das ganze Land; 4. das Fehlen von Steinkohle. Luzzatto faßt diese Hindernisse jedoch nicht einfach als „objektiv" gegebene auf, sondern fügt erklärend hinzu, daß die Ausdehnung des inneren Marktes nicht nur in den unzureichenden Eisenbahn- und Straßenverbindungen auf eine Barriere stieß, sondern gleichzeitig „in der noch vorherrschenden Mentalität der Produzenten, die nach wie vor nur die Stadt und das sie umgebende Land als natürlichen und sicheren Markt betrachteten". Zu dem zweiten Punkt bemerkt er, daß einerseits der Staat mit seinem ständigen Finanzbedarf den Kapitalmarkt ausgetrocknet und so den Preis für Geld in die Höhe getrieben habe, andererseits aber „die beklagte völlige Unzulänglichkeit der industriellen Investitionen mehr von dem allgemeinen Mißtrauen in ihre Bonität als von den hohen Geldkosten bestimmt" gewesen sei. Das letzte Argument schließlich schränkt er durch den Hinweis ein, daß zunächst nur „ein sehr begrenzter Bedarf" an Steinkohle überhaupt bestanden habe. Wenn 1862 der Anteil der Kohleimporte nur 1/75 des Werts der Gesamteinfuhren ausmachte, so stieg er bis 1882 zwar auf 1/22; aber dieser immer noch geringe Anteil macht deutlich, wie einseitig und irreführend das so oft ins Feld geführte Argument ist, daß die Armut des Landes an bestimmten Rohstoffen (außer Steinkohle insbesondere Eisenerze) ein „natürliches" und damit „objektives" Hindernis auf dem Wege seiner industriellen Entwicklung gebildet habe[30]. Dieser Ansicht widersprachen jedenfalls schon einige Zeitgenossen: So stellte etwa ein Mailänder Fabrikant von Eisenbahnmaterial, für die damaligen Verhältnisse ein Großkonsument von Kohle und Eisen, fest, daß die höheren Kosten für diese Rohstoffe durch den günstigeren Preis für die Arbeitskraft kompensiert würden[31].

Wegen seiner Armut an Bodenschätzen befand sich Italien sicherlich in einem Nachteil gegenüber manchen anderen Ländern; ob und in welchem Ausmaß jedoch dieser Nachteil seine industriellen Entwicklungsmöglichkeiten ernsthaft beeinträchtigte, hing davon ab, welchen Weg der ökonomischen Entwicklung das Land einschlagen würde. Diese Wahl aber war eine eminent politische Entscheidung, und nicht anders als politisch ist auch die anfängliche Option für den Freihandel zu bezeichnen und zu erklären. Luzzattos Interpretation erscheint als die einzig sinnvolle, die entwicklungshemmenden Faktoren zu analysieren und zu bewerten. Das Insistieren auf der Eigengesetzlichkeit des ökonomischen Prozesses, auf dem Eigengewicht ökonomischer Faktoren, führt zu einer Argumentation, die sich im Kreis bewegt, die eine Bewegung allenfalls beschreiben, aber nicht erklären kann. Geht man den Hinweisen auf die vorherrschende Mentalität der Unternehmer und Besitzenden, insbesondere ihrem Mißtrauen gegen industrielle Investitionen, historisch auf den Grund und vermeidet man ihre Auslegung als Natur- oder Nationalcharaktere, so ist damit für das Verständnis der desolaten Wirtschaftslage nach 1860 mehr gewonnen als mit den stereotypen Verweisen auf den Mangel an natürlichen Ressourcen.

„Die Armut an menschlichen Ressourcen" war allerdings nach damaliger wie heutiger Auffassung nur zu einem Teil ein Problem der „Langsamkeit, mit der in Italien ein modernes Unternehmerbürgertum heranreifte"; zum andern beruhte es in „einer gewissen Langsamkeit in der Bildung einer industriellen Arbeitskraft, die diesen Namen verdient"[32]. Die Knappheit an qualifizierten Arbeitskräften für die Industrie ist eine Erscheinung, die sich in allen zurückgebliebenen Ländern bemerkbar gemacht hat und noch bemerkbar macht. Insofern hat es nichts Auffälliges an sich, ihr auch im Italien des ausgehenden 19. und beginnenden 20. Jahrhunderts zu begegnen. Während die meisten Autoren sich damit begnügen, diesen „Engpaß" zu konstatieren, ohne nach seinen Ursachen zu fragen, soll später der Frage nachgegangen werden, ob es vor allem deswegen in Italien keine quantitativ und qualitativ ausreichende industrielle Arbeitskraft gegeben hat, weil Staat und Unternehmer an ihrer Schaffung kein Interesse hatten und statt dessen ein Entwicklungsmodell bevorzugten, in dem es für eine solche in größerem Umfang zunächst überhaupt keinen Platz gab[33].

Die Konditionierung des Industrialisierungsprozesses durch politische und gesellschaftliche Faktoren läßt sich mit aller Deutlichkeit auch an dem „mißglückten" Aufschwung der 80er Jahre ablesen. Sinnfällig hat Fenoaltea den engen Konnex zwischen politischer und ökonomischer Sphäre ausgedrückt, indem er die Auf- und Abschwünge der Wirtschaft nach denjenigen Ministerpräsidenten benennt, deren Gesamtpolitik die Konjunkturlage am nachhaltigsten beeinflußte. Seiner Periodisierung nach folgte auf den „Depretisianischen Boom" (1880–1887) die „Crispische Rezession" (1888–1894) und auf eine lange Phase der Erholung endlich der „Giolittianische Boom" der Jahre 1905–1908. Gleichzeitig betont er aber, daß „die *direkten* Auswirkungen der politischen Veränderungen nicht sehr signifikant" gewesen seien; die eigentliche Bedeutung der Übernahme der politischen Macht durch die Industriebourgeoisie habe in den Auswirkungen gelegen, die sie auf die Unternehmererwartungen und damit auf die Investitionsentscheidungen gehabt hätte. Die 1876 erfolgte Ablösung der Gemäßigten, der sog. *Destra storica,* von der Regierung und die philoindustrielle Politik der „Linken" unter Depretis hätten allgemein die industriellen Profiterwartungen stimuliert, einen Investitionsboom ausgelöst, der die Keime der kommenden Krise bereits in sich trug, dem aber wegen der grundsätzlichen Beibehaltung einer den Industrieinteressen geneigten Politik der sehr viel markantere Boom der Ära Giolitti nachgefolgt sei[34].

Den hauptsächlichen Grund, weshalb der „Depretisianische Boom" nicht in den *big spurt,* sondern vielmehr in die „schwärzesten Jahre der Wirtschaft des neuen Königreichs" (Luzzatto) einmündete, sehen Gerschenkron und Fenoaltea in *einzelnen* wirtschaftspolitischen Maßnahmen der Regierungen. Im Zentrum ihrer Kritik steht dabei die Zollpolitik, insbesondere die Struktur der Zolltarife von 1878 und 1887. Diese begünstigten am meisten die wenig dynamische Baumwollindustrie und die im wesentlichen überhaupt erst aufzubauende Eisen- und Stahlindustrie, während eine der zukunftsträchtigsten Industrien, nämlich der Maschinenbau, nicht nur gegen die ausländische Konkurrenz weithin ungeschützt blieb, sondern durch die Verteuerung der Rohstoffe noch zusätzlich behindert wurde. Dieser verfehlten Politik sei auch die besondere Heftigkeit der Krise zuzuschreiben, da die Maschinenbauindustrie nicht in der Lage gewesen sei, auf den Zusammenbruch der Binnennachfrage mit verstärkten Exporten zu reagieren. Selbst wenn man nicht so weit geht wie Gerschenkron, daß die Wirtschaftspolitik des Staats die Industrialisierung eher verzögert als befördert hätte, drängt sich der Schluß auf, daß die Zollpolitik von Erwägungen geleitet war, in denen Fragen der Beschäftigungspolitik allenfalls am Rande und solche der Schaffung einer industriellen Arbeitskraft überhaupt nicht auftauchten[35].

Als ein weiteres Hindernis für die industrielle Entwicklung nach 1880 und als eine unmittelbare Ursache für die folgende Krise werden allgemein die Desorganisation des Bankwesens und die Inaktivität des Staates auf diesem Gebiet bezeichnet, der es unterlassen habe, durch den Aufbau geeigneter Kreditinstitute und durch eine entsprechende Haushaltspolitik die Kapitalnachfrage für industrielle Investitionen auf angemessene Weise zu befriedigen. Diese Unterlassung hatte um so schwererwiegende Folgen, als auch das günstigere Investitionsklima der beginnenden 80er Jahre den Widerstand und das Mißtrauen gegen industrielle Investitionen nicht grundsätzlich zu überwinden vermocht hat. Es wird geschätzt, daß zwischen 1881 und 1890 von den nicht-landwirtschaftlichen Investitionen etwa die Häfte in der Bauwirtschaft und in öffentlichen Versorgungseinrichtungen getätigt wurde und damit ebenso hoch war wie diejenigen für industrielle Anlagen und Ausrüstungen. Ein eingefleischtes Sekuritätsbedürfnis und gleichzeitig spekulative Gewinnerwartungen heizten einen Bauboom an, der mit dem Zusammenbruch zahlreicher Unternehmungen und einiger der größten Banken endete[36]. Hinsichtlich der Arbeiter hatte diese Entwicklung zur Folge, daß ein großer Teil derjenigen Personen, die unter dem Druck der seit 1882 auch in Italien stärker fühlbaren Agrarkrise vom Land abwanderten und nicht ins Ausland emigrierten, vorzugsweise als ungelernte Arbeiter in den verschiedenen Bauberufen landete und wenig später zum ersten und hauptsächlichen Opfer der Krise wurde. Wenn die Aktivitäten und Unterlassungen des Staats, der Unternehmer und der herrschenden Klassen im weiteren Sinn der Bildung einer numerisch konsistenten Fabrikarbeiterschaft eher zuwiderliefen als sie unterstützten, so trugen sie andererseits in erheblichem Ausmaß zur Radikalisierung der Schichten bei, die der Industrialisierungs- und Urbanisierungsprozeß dem ländlichen und provinziellen Italien entrissen und in seinen Bann gezogen, aber nicht wirklich zu absorbieren und zu integrieren vermocht hatte. Nicht zuletzt die großen Streiks der Bauarbeiter in Mailand und Rom, der Metallarbeiter Mailands und in zahlreichen großen Textilfabriken des Nordens sind ein unzweideutiges Indiz, daß einige Gebiete Italiens um 1890 nicht am Vorabend einer Industriellen Revolution standen, sondern sich schon mitten darin befanden.

Gegen Ende seiner Betrachtung der italienischen Industrialisierung in der Zeit von 1880 bis zum Ersten Weltkrieg setzt sich Gerschenkron mit dem Problem auseinander, weshalb „die Wachstumsrate der italienischen Industrie zwischen 1896 und 1908 niedriger war, als man hätte erwarten können"; er führt zur Erklärung vier Momente an: Außer der verfehlten Politik des Staats macht er die frühzeitige Vollendung des Eisenbahnnetzes verantwortlich, von der hauptsächlich ausländische Unternehmen profitiert hätten, ohne daß in der späteren Phase einheimische, nicht im Eisenbahnbau gebundene Kapitalien in entsprechendem Umfang in der Industrie investiert worden seien. Negativ habe sich ferner „das Fehlen eines starken ideologischen Ansporns zur Industrialisierung" ausgewirkt[37] und schließlich die unruhige und unsichere politische Situation vor 1900 sowie die Intensivierung der Arbeitskonflikte in den späteren Jahren[38]. Zu dem letzten Punkt schreibt er:

„Zwischen 1901 und 1913 gab es nur ein Jahr, in dem die Zahl der durch Streiks verlorengegangenen Arbeitstage unter einer Million blieb; in einigen Jahren dieses Zeitraums stieg sie auf über drei und erreichte fast vier Millionen. Wenige dürften dem von Armut geplagten italienischen Arbeiter die hieraus resultierenden sehr bescheidenen Verbesserungen seiner wirtschaftlichen Lage mißgönnen. Doch die Unterschiede historischer Situationen müssen klar herausgestellt werden. Während in anderen Ländern ein sehr schnelles wirtschaftliches Wachstum und Verbesserungen des Lebensstandards gewöhnlich einander *folgten*, fielen in Italien diese beiden Prozesse zusammen. Hätte der industrielle Aufschwung in Italien ein oder zwei Jahrzehnte früher stattgefunden, wäre er aller Wahrscheinlichkeit nach viel ungestörter verlaufen. Große Verspätungen in der Industrialisierung finden gewöhnlich eine Kompensation in der Geschwindigkeit der folgenden Entwicklung. Die beiden eben diskutierten Faktoren scheinen jedoch nahezulegen, daß diese Verallgemeinerung keine unbegrenzte Gültigkeit hat"[39].

Über denselben Zeitraum und dasselbe Problem schreibt Rosario Romeo, „daß die gleichzeitige Entfaltung von Industrieller Revolution und einer mächtigen Gewerkschaftsbewegung Italien jene dramatischen Formen unverhohlener Ausbeutung der Arbeitskraft erspart hat, die die Anfangsphase des Industrialismus in anderen Ländern kennzeichnen: Dies hat unter anderem den Umfang der in der Industrie akkumulierten Profite und damit die Geschwindigkeit der ökonomischen Entwicklung beeinträchtigt"[40].

In seiner entscheidenden Durchbruchsphase – so lassen sich die beiden Zitate resümieren – stieß der italienische Industriekapitalismus in der Existenz einer äußerst kämpferischen Arbeiterschaft auf eine Schranke seiner ungehinderten Entfaltung. Dies wird von Gerschenkron ausdrücklich als ein Spezifikum der italienischen Industrialisierung hervorgehoben; doch verzichtet er – wie auch Romeo – darauf, den Ursachen dieses Phänomens im einzelnen nachzugehen. Wenn früher gesagt wurde, daß die Arbeitergeschichtsschreibung sehr zu ihrem eigenen Schaden die Ergebnisse der Wirtschaftsgeschichte ignoriert, so läßt sich das auch umkehren. Betrachtet man beide zusammen, läuft man nicht Gefahr, die Geschichte der Arbeiterbewegung ohne industrielles Proletariat zu schreiben, und andererseits bleibt es nicht rätselhaft, weshalb der große Industrialisierungsspurt und Verbesserungen im Lebensstandard der Arbeiter in Italien zusammenfielen.

Beide, die Geschichte der italienischen Arbeiterbewegung und die Geschichte der italienischen Industrialisierung, sind reich an einmaligen Zügen, die sich nur einer Betrachtung erschließen, welche die eine nicht von der anderen isoliert und beide in den Kontext der politischen und gesellschaftlichen Geschichte des Landes einbettet. Folgt man einer solchen synoptischen Betrachtungsweise, die überdies nie den Platz Italiens in der europäisch-atlantischen Industrialisierungsgeschichte aus den Augen verlieren darf, dann erscheinen die Besonderheiten seiner Entwicklung – seine industrielle „Verspätung", die „Frühreife" seiner Arbeiterbewegung, die Grenzen seines *big spurt* – nicht länger als zusammenhanglose Anomalien einer schlechthin ganz andersartigen „Sonderentwicklung"; vielmehr wird deutlich, wie die politisch-gesellschaftlichen Erfahrungen anderer Länder mit der Industrialisierung zu der Ausbildung eines spezifisch italienischen Wegs der Industrialisierung führten; wie der mit einer schleppenden und unzureichenden Entwicklung des industriellen Kapitalismus bezahlte Versuch, die sozialen Erschütterungen einer ungehemmten Industrialisierung zu vermeiden, gerade der Mobilisierung und Radikalisierung der Arbeiter- und Bauernschaft Vorschub leistete, und wie diese, eben zu dem Zeitpunkt, als die tiefeingewurzelten Widerstände der Führungsschichten gegen eine durchgreifende Industrialisierung abgebaut oder zurückgedrängt waren, sich anschickte, „auf einen Schlag die ökonomischen und gewerkschaftlichen Errungenschaften durchzusetzen, die anderswo in viel langsameren Schritten erreicht worden waren und die vielleicht noch in einem Mißverhältnis zu der Akkumulationsfähigkeit der [italienischen] Industrie standen"[41].

Diese Probleme stecken den Rahmen der vorliegenden Untersuchung ab, mit der ein doppeltes Ziel verfolgt wird: Auf der einen Seite soll gezeigt werden, wie die Industrialisierung und die Bildung einer Arbeiterbewegung auch in Italien pari passu voranschritten und wie der eigentümliche Charakter beider engstens miteinander zusammenhängt. Zum andern soll plausibel gemacht werden, daß der oft mit Verwunderung konstatierte kometenhafte Aufschwung der italienischen Arbeiterbewegung in der Ära Giolitti, der den industriellen Wachstumsprozeß des Landes hemmend beeinflußte, seine tiefste Ursache in dem italienischen Weg der Industrialisierung selbst hatte. In einem allgemeineren Sinn beabsichtigen die folgenden Ausführungen, sowohl einen Beitrag zur Arbeitergeschichte wie zur Wirtschaftsgeschichte zu leisten bzw. zu demonstrieren, daß die Darstellung der einen von derjenigen der anderen nicht absehen kann.

Die Wahl Mailands zum zentralen Thema der Untersuchung ergibt sich aus der Rolle, die diese Stadt in der zweiten Hälfte des 19. Jahrhunderts in der Entwicklung der Industrialisierung und der Arbeiterbewegung Italiens gespielt hat. Als Pol der fortgeschrittensten Entwicklung hob sich die Stadt in vielfacher Hinsicht vom übrigen Land ab und fügte sich gleichzeitig in die Gesamtentwicklung ein, deren hervorstechendstes Merkmal eben eine extreme Ungleichmäßigkeit bildete. Mailand mit seiner Region machte zuerst die Entwicklung durch und zeichnete sie dem ganzen Land vor, die bald andere Regionen des Nordens und später auch einige des Zentrums und des Südens einschlagen sollten. In dieser Hinsicht war es zugleich atypisch wie typisch für ganz Italien.

Die chronologische Eingrenzung des Themas, wie sie sich aus dem Titel der Arbeit ergibt, wird im folgenden nicht immer eingehalten und stellt einen Kompromiß zwischen Wünschbarem und Machbarem dar. Keiner weiteren Rechtfertigung bedarf es, weshalb als Ausgangspunkt der Untersuchung die Jahre um die Einigung gewählt wurden (wobei in Kapitel II und gelegentlich auch in den späteren bis weit in die erste Hälfte des 19. Jahrhunderts zurückgegangen wird). Nicht so selbstverständlich ist dagegen die Wahl des Jahres 1892 als terminus ad quem. Darin schlägt sich vor allem die Fragestellung nieder, die der ursprünglichen Konzeption dieser Arbeit zugrunde lag: Wie kam es – um die Worte Sombarts wieder aufzugreifen –, daß ,,das Heil des Sozialdemokratismus" der italienischen Welt zuerst von Mailand aus verkündet wurde oder allgemeiner: weshalb führte die lombardische Metropole die italienische Arbeiterbewegung an und drückte ihr ihren Stempel auf? Aus dieser Fragestellung folgte, daß die 80er und frühen 90er Jahre zuerst das Hauptinteresse auf sich zogen, und von den Ergebnissen der Untersuchung her gesehen erscheint diese ursprüngliche Entscheidung durchaus gerechtfertigt: Um 1890 hatte die Industrialisierung in Mailand längst die Züge einer industriellen Revolution angenommen, und um dieselbe Zeit machte die städtische Arbeiterschaft ihre ersten großen Kampferfahrungen und gab sich die Organisationen, die ihre künftige Entwicklung entscheidend bestimmen sollten. Wünschbar wäre es gewesen, diese Entwicklung weiterzuverfolgen. Doch bis wohin? Bis zum Ende des Jahrhunderts, bis zum Ausbruch des Weltkriegs? Je weiter der Untersuchungszeitraum ausgedehnt worden wäre, um so deutlicher und überzeugender hätten die langfristigen Entwicklungstendenzen – sowohl der Wirtschaft, wie der Arbeiterklasse wie der Arbeiterbewegung – herausgearbeitet werden können. Doch der Verwirklichung dieses Ideals stand die harte Realität des Quellenstudiums entgegen. Die Entscheidung, für jedes einzelne Jahr wenigsten zwei Tageszeitungen, die gesamte Arbeiterpresse, die Akten der Mailänder *Questura* im Staatsarchiv, die

Protokolle des Stadtrats sowie alle anderen einschlägigen amtlichen und halbamtlichen Publikationen möglichst vollständig durchzusehen, brachte es mit sich, daß die Berücksichtigung jedes weiteren Jahrs – zumal in den 90er Jahren, wenn die Quellen immer reichlicher fließen – jeweils ein langes Quellenstudium erfordert hätte. Da aber für den Besuch der italienischen Archive und Bibliotheken Grenzen gesetzt waren, schien es sinnvoller, sich auf die Darstellung von drei Jahrzehnten zu beschränken. An einer rigoroseren Auswahl der zu berücksichtigenden Quellen hätten weite Strecken der Darstellung erheblichen Schaden genommen, und das letzte Kapitel hätte in der vorliegenden Form überhaupt nicht geschrieben werden können. Ob und wann die Darstellung ihre an sich wünschenswerte Fortführung finden wird, muß einstweilen offenbleiben.

II. Die Industrielle Revolution in Italien

1. Die Industrialismus-Debatte vor der Einigung

1829, in einem der ersten Jahrgänge der Mailänder *Annali universali di statistica*, führendes Organ der lombardischen Progressisten, faßte ihr damaliger Herausgeber Gian Domenico Romagnosi den Standpunkt der italienischen Ökonomen gegenüber dem Industrialismus auf paradigmatische Weise zusammen:

„An England können wir einen gewaltigen Aufschwung der Gewerbe bewundern, es uns aber nicht zum Beispiel nehmen. Unter moralischem Gesichtspunkt tendiert dort alles auf ein persönliches, direktes und alle Bereiche erfassendes Aufeinanderprallen der Interessen zwischen den verschiedenen Klassen; allzu sehr tendiert alles dazu, die Billigkeit und die Kordialität zu ersticken, die Gedanken und das Gemüt einzuschnüren; zum Hochmut und zur Habsucht einerseits, zur Erregung des Hungers und der Brutalität andererseits; alles bildet schließlich einen so starken Gegensatz zur Sympathie, zur Würde, zum wahren gesellschaftlichen Zusammenleben, daß kein aufgeklärter und wohlmeinender Mensch wie auch kein guter Politiker den ökonomischen Zustand Englands als Modell für irgendein zivilisiertes Land vorschlagen könnte."[1]

Die gesellschaftsphilosophische Komponente des Antiindustrialismus, seine Verteidigung humanistischer Ideale gegen den Ansturm rein utilitaristischer Prinzipien verweisen hier auf die Werte und ethischen Vorstellungen von Aufklärung und Zivilisation im Italien d.s 17. und 18. Jahrhunderts. Viele Zeitgenossen Romagnosis teilten mit ihm diese ethisch motivierte Opposition gegen den Industrialismus, deren Tradition auch nach 1860 noch durchaus lebendig war[2]. Wollte man diesen Hinweisen auf eine Tradition, die für die italienische Industrialisierungsgeschichte nicht unerheblich war, nachgehen, müßte man zurückgehen bis zur einstigen wirtschaftlichen Vormachtstellung Italiens in Europa und deren Niedergang, zur Etablierung eines neuen gesellschaftlichen Gleichgewichts auf Kosten der Städte und der gewerblichen Produktion, auf die ersten Anzeichen einer Regeneration im 18. Jahrhundert und die äußerst behutsamen Versuche im „Zeitalter der Reformen", eine wirtschaftliche Modernisierung einzuleiten; und schließlich auf Italiens politische und gesellschaftliche Vergangenheit, auf seine großen Denker und Reformer von Vico, Verri und Beccaria über Gioia und Romagnosi bis hin zu Cattaneo und Cavour.

Für die Behandlung der sozialen und geistigen Tradition ist hier jedoch kein Raum; erwähnt werden soll aber die für Italiens Weg der Industrialisierung belangvolle Tatsache, daß der Agrikulturismus breiter Kreise in der Lombardei sehr viel älter ist als die Industrialismus-Diskussion und dementsprechend ihren Charakter und Ausgang mitgeprägt haben mag. Ihr Ursprung ist wiederum früher, in der „Krise des 17. Jahrhunderts", zu suchen, in der Bewegung des *ritorno alla terra* auch in der Lombardei. Diese „Rückkehr aufs Land" war nicht nur eine gewerbefeindliche Flucht der Kapitalien in den Grundbesitz, sondern wurde von einer Stadtflucht der Gewerbe selbst aufs Land begleitet: Unter dem Druck der Krise hatte der italienische Unternehmer (Kaufmann-Verleger) längst das platte Land als Zufluchtsstätte entdeckt, die eine, wenn auch bescheidenere, so doch wohlfeilere Produktion gestattete. Und schon gegen Ende des 18. Jahrhunderts spielte in der Diskussion über die Wünschbarkeit vermehrter Manufakturen das Argument eine erhebliche Rolle, daß der wachsende Arbeitskräftebedarf der Manufakturen die Entwicklungsmöglichkeit der Landwirtschaft beeinträchtige[3]. Schließlich mögen in jene Kritik Romagnosis an der modernen Industrie auch Momente einer kulturellen Tradition eingegangen sein, die ihre Lebenskraft nicht allein aus Rentabilitätskalkulationen bezog. So wurde zwar die Landwirtschaft der lombardischen Tiefebene in der ersten Hälfte des 19. Jahrhunderts längst kapitalistisch betrieben, und doch begegnet man dort einem Phänomen wie der „negativen Rente": Investitionen in der Landwirtschaft, die nur als unrentabel bezeichnet werden können und zu deren Erklärung sich offenbar nur Risikomüdigkeit, das Streben nach sozialem Prestige und „die Sehnsucht nach dem tätigen Müßiggang des Landlebens" anführen lassen[4].

Darf man die Rolle dieser Traditionsfaktoren im politisch-wirtschaftlichen Verlauf der italienischen Industrialisierung im 19. Jahrhundert nicht gering veranschlagen, so muß doch im Auge behalten werden, daß gerade in Zeiten tiefgreifender sozialer Transformation historische Kontinuitäten nicht einfach als ein soziales Trägheitsprinzip verstanden werden können, sondern als die spezifische Benutzung – oder auch Verwerfung – vorgegebener Traditionen im Versuch, auf neue Fragen Antworten zu finden. In diesem Kontext klingen gerade in Romagnosis zitiertem Text noch ganz andere und stärker auf die politische Realität der Gegenwart und Zukunft verweisende Momente an: vor allem die Furcht vor der „Erregung des Hungers und der Brutalität", oder wie es sein großer Zeitgenosse Simonde de Sismondi formuliert hat: die Furcht vor der „introduction du prolétaire parmi les conditions humaines"[5]. Wie Sismondis schneidende Kritik der Politischen Ökonomie, der Chrematistik, wie er sie verächtlich nannte, sich hauptsächlich aus dem doppelten Bestreben, das Proletariat zu verteidigen und gleichzeitig sein übermäßiges Anwachsen abzuwehren, speiste, so bewegte sich auch Romagnosis Argumentation in diesem Punkt in zwei Bahnen, die einem Ziel zustrebten. So lassen sich, Romagnosi zufolge, die „wahren Bedürfnisse" des Volks, Nahrung, Kleidung, Wohnung und Belehrung, am geeignetsten innerhalb der von der Natur gesetzten Grenzen befriedigen, die für ein Land wie Italien mit der Landwirtschaft gegeben seien; denn: „in dem Maß, in dem sich die von der Landwirtschaft unabhängigen Individuen vermehren, wächst eine Klasse von Personen, deren Existenz prekär ist und die ihre Lebensweise selbst, sei es durch Zufall, sei es mit Notwendigkeit, zu den Verbrechen der Not treibt und die immer dem Staat zur Last fallen, entweder um sie zu unterstützen oder um sie niederzuhalten"[6].

Aus dem Faktum der „prekären Existenz" der Proletarier konnten zwei entgegengesetzte Schlüsse gezogen werden: Einerseits wurde, wie eben von Romagnosi, der Industrialismus deswegen abgelehnt, weil man in der Existenz des Proletariats ein

28

menschenunwürdiges Dasein und eine Bedrohung für die gesellschaftliche Harmonie sah, andererseits konnte man, wie etwa sein Zeitgenosse Melchiorre Gioia, die Existenz von Paupern und Proletariern als conditio sine qua non der industriellen Entwicklung voll akzeptieren und folglich den Müßiggang als ein Verbrechen ansehen, zu dessen Bekämpfung es keine andere Antwort geben könne als den Zwang zur Arbeit. Diese Position verrät den überzeugten Industrialisten, und Gioia hat in der Tat gegen den „überaus törichten und fatalen Irrtum" angekämpft, „daß *ein agrikulturelles Land keine Manufakturen haben solle,* wie viele Personen, die über die Vorurteile des Volks erhaben sind oder sich so dünken, daherreden"[7]. Beide Positionen sind im europäischen Kontext nicht originell; historisch entscheidend ist jedoch, daß – im Gegensatz etwa zu der entsprechenden Diskussion in England – Gioia zu seiner Zeit in Italien die Meinung einer winzigen Minderheit vertrat, Romagnosi dagegen mit seiner Diagnose und seinem Konzept der ökonomischen Entwicklung den Konsens einer Mehrheit zum Ausdruck brachte:

„Pomp, Getöse und die Gefahren der *ins Grenzenlose gesteigerten* gewerblichen Industrie überlasse man anderen; ich glaube, daß wir Italiener mit unserer unscheinbaren Landwirtschaft zufrieden sein müssen; wohlgemerkt unter der Bedingung, daß sie von guten Institutionen und von einer freien Konkurrenz gefördert wird."

In dieser konkurrenzkapitalistischen Landwirtschaft hat nicht nur der Binnenhandel seinen Platz, sondern auch der Außenhandel, der als ein „hervorragendes Mittel zur wahren Zivilisierung der Nationen" betrachtet werden müsse, da er den freien Austausch des „Überflüssigen" unter den Nationen garantiere und so zu einer Quelle ihres Reichtums werde; von daher aber die Notwendigkeit einer „großen Industrie" abzuleiten, sei nicht zwingend:

„Gewiß, eine Art von Industrie braucht auch Italien, z. B. für die Gewinnung seiner Seide; aber diese Art von Industrie ähnelt nicht der der Fabriken von Birmingham, Manchester und Paris. Man muß also Industrie von Industrie unterscheiden. Diejenige, die den landwirtschaftlichen Tätigkeiten ganz nahe steht und keine große Masse von Personen, in unsicherer Lage und permanent in Werkstätten und Fabriken zusammengedrängt, erfordert, wird immer die unschädlichere sein, für den Staat am wenigsten beschwerlich und für die Bevölkerung am wenigsten mühselig."[8]

Diesem Entwurf der ökonomischen Zukunft Italiens konnten die meisten seiner Zeitgenossen und viele der nachfolgenden Generation zustimmen. Die der Landwirtschaft eingeräumte Priorität sollte nach Romagnosi nicht zu einem Element der Stagnation, sondern zur Grundlage und zum strategischen Faktor der ökonomischen Entwicklung werden: War doch die Landwirtschaft Italiens „natürliche" Industrie par excellence und erwuchsen ihr in einem System des freien Warenaustauschs Vorteile, die nicht nur ihre Konkurrenzfähigkeit, sondern sogar ihre Überlegenheit auf dem internationalen Markt und über andere Industrien im eigenen Land garantierten. Ohne auf die Grenzen dieser Konzeption einzugehen, bleibt festzuhalten, daß Romagnosi mit seiner Konzeption des landwirtschaftlichen Fortschrittes als des „Angel- und Zielpunkts jeglichen ökonomischen Fortschritts für ein Land wie die Lombardei" eine Tradition zusammengefaßt hat, die ihren klassischen Ausdruck in den Schriften Carlo Cattaneos gefunden hat, deren tiefere Spuren aber auch im Denken und Wirken Cavours noch erkennbar sind[9].

In der Beurteilung der Möglichkeiten und Wünschbarkeit einer industriellen Entwicklung Italiens unterschieden sich Romagnosis jüngere Zeitgenossen teilweise beträchtlich voneinander, blieben aber grundsätzlich mit der von ihm repräsentierten Einstellung gegenüber dem Industrialismus in Übereinstimmung. Diejenigen, die wie Cesare Correnti in radikaler Opposition zum Industrialismus verharrten und England gern das „um einen hohen Preis bezahlte Privileg" gönnten, „die Baumwollfabrik *für die ganze Welt*" zu werden, und von einer ähnlichen Entwicklung in Italien nur „die Importation der Geißel des englischen Proletariats" fürchteten, blieben eine Minderheit[10]. Einigermaßen wirkungslos blieb auch eine Opposition, die sich darauf beschränkte, auf der Grundlage vorkapitalistischer Wertkategorien und der christlichen Soziallehre das Manufakturwesen als „neue Feudalität", als „Knechtschaft der Fabrik" und dergleichen zu verurteilen. Denn hierbei handelte es sich oft genug nur um die Übernahme eines gängigen Topos, dem Lamennais mit seiner Schrift „De l'esclavage moderne" (1839) zur Berühmtheit verholfen hatte; das mag auch erklären, weshalb Giuseppe Sacchi, der durchaus kein bedingungsloser Anti-Industrialist war, sich seiner gelegentlich bedient hat. Im übrigen brachte diese Formel ihre Befürworter in das Zwielicht der laudatores temporis acti, und ihnen gegenüber hatte Cavour ein leichtes Spiel, das „moderne Proletariat . . . als einen riesigen Fortschritt gegenüber der Knechtschaft in jenen alten Republiken [hinzustellen], deren ökonomisches System noch immer die Bewunderung ziemlich vieler unserer Rhetoren hervorruft"[11].

Zahlreicher waren diejenigen, die Romagnosis Unterscheidung zwischen „Industrie und Industrie" und seinen Konzessionen gegenüber einem bestimmten Typus von Industrie folgten und gleichzeitig über ihn hinausgingen. Unklar ist noch, in welchem Umfang die Kenntnis der Zustände in England und anderen Ländern auf eigenem Augenschein, Mitteilungen anderer Reisender bzw. schriftlichen Informationen beruhte. Reisen ins Ausland hinterließen bei den einzelnen Individuen höchst unterschiedliche Eindrücke. Sacchis düsterem Bild von den verheerenden sozialen Auswirkungen des Maschinenwesens liegt seine Besichtigung der „wichtigsten Fabriken" von Lyon und Paris im Jahr 1838 zugrunde, während G. B. Michelini nach einem nicht viel späteren Besuch Belgiens und Englands einen begeisterten Hymnus auf das „grandiose Schauspiel, [das] uns die gewerbliche Industrie bietet", anstimmte. In ihrer Haltung scheinen die Italiener auch durch Reisende *nach* Italien beeinflußt worden zu sein, die – wie etwa Louis-René Villermé, der 1847 im Auftrag des Institut Français eine Studienreise durch die Lombardei unternommen hatte – für Italien durchaus schmeichelhafte Vergleiche zwischen dem Los der ausländischen und dem der italienischen Arbeiter anstellten[12]. Die meisten Kenntnisse und Eindrücke scheinen jedoch schriftlich vermittelt worden zu sein, wobei nicht übersehen werden darf, daß kaum eine englische oder französische Publikation von irgendeinem Gewicht, sei es von öffentlicher oder privater Seite, dem italienischen Publikum unbekannt blieb. Dies ergibt sich bereits aus einem flüchtigen Durchblättern der einschlägigen Zeitschriften der Zeit, und man kann davon ausgehen, daß es in Italien nicht nur eine umfassende

Kenntnis der europäischen Industrialismus-Diskussion, sondern auch der ihr zugrunde liegenden Realität gab.

In den Beiträgen der italienischen Intellektuellen, Ökonomen, Reformer, Literaten und Politiker zur Industrialismus-Diskussion vermengen und unterscheiden sich mehrere Hauptmotive. Einhellig war die Ablehnung des Industrialismus in der Form, in der er in England praktiziert wurde. Dabei trat die moralisch motivierte Ablehnung des Prinzips des Laissez-faire hinter der Wahrnehmung der akuten Gefahren zurück, die die Anwendung dieses Prinzips in seiner manchesterlichen Form für den Bestand der Gesellschaft und des Staats in sich barg. Das größte Entsetzen jagten die Krisen, die „periodischen Erschütterungen" und ihre sozialen Folgen, ein: „der Aufstand des Hungers", das enge Nebeneinander von Reichtum und Elend, von „Produktion von Wunderdingen" und „Leiden ohne Ende". Damit verband sich unmittelbar die Entrüstung über die ins Maßlose getriebene Ausbeutung der menschlichen Arbeit, der physischen und moralischen Degradierung Abertausender unschuldiger Menschen jeden Alters und jeden Geschlechts[13].

Die Reaktionen auf den Industrialismus erschöpften sich nicht in derartigen Wehklagen. Wie von selbst drängte sich vielen Publizisten die Frage auf, welche Bedeutung für ihr Land die neue Produktionsweise mit allen ihren gesellschaftlichen Implikationen habe bzw. in der Zukunft annehmen könne. Konstatierte man einerseits mit einer gewissen Selbstgefälligkeit, daß Italien zu seinem Heil bisher außerhalb dieser Entwicklung verblieben sei, so überwogen andererseits doch die Stimmen, die in dem Industrialismus eine Herausforderung sahen, die auch ihr Land betraf und der sich seine Führungsschichten zu stellen hätten. Die Wahrnehmung des Abstandes, der zwischen der industriellen Entwicklung Italiens und anderer Nationen bestand, löste keine pessimistischen Prognosen über die wirtschaftliche Zukunft des eigenen Landes aus, sondern bildete vielmehr den Ausgangspunkt für einen zukunftsgerichteten Optimismus, der gerade in der Verspätung seiner industriellen Entwicklung eine einmalige Chance für Italien sah, aus den positiven und negativen Erfahrungen anderer Länder zu lernen und sie sich nutzbar zu machen:

„Unser Italien, in der Industrie stärker zurückgeblieben, sieht noch nicht in seinem Schoß ihre großen Wohltaten und die aus ihr folgenden Übel. Aber genau deswegen hat es den unschätzbaren Vorteil, eine große Prosperität der Gewerbe zu einer Zeit zu erlangen, in der – in Anbetracht der jetzt von den Industrienationen verspürten Notwendigkeit, das elende Los der Arbeiterklasse zu heilen – die Heilmittel für die Übel schon von Gesetzen und von der Praxis sanktioniert sein werden; so wird es alle Vorteile, die die Industrie mit sich bringt, genießen können, ohne gleichzeitig jene schrecklichen Prüfungen durchzumachen, die jetzt die zivilisiertesten Nationen Europas erleiden."[14]

Dieser Passus ist symptomatisch für eine weit verbreitete Haltung: Man stellte die wirtschaftlichen Vorteile und die gesellschaftlichen Nachteile des Industrialismus einander gegenüber, ohne die industriekapitalistische Produktionsweise als solche in Frage zu stellen; ihren negativen Auswirkungen beabsichtigte man durch eine Verbesserung der bislang „fehlerhaften Organisation der Arbeit", eine gerechtere Verteilung des Reichtums und soziale Reformen entgegenzuwirken bzw. vorzubeugen.

Im Zusammenhang dieser Überlegungen machten die italienischen Reformer die für die meisten neue – und von manchen noch lange geleugnete – Entdeckung, daß das Maschinenwesen seine Schatten auch schon auf ihr Land zu werfen begann, und zwar an erster Stelle in der vielfach als eines der ärgsten Übel empfundenen Fabrikarbeit der Kinder. Sekundiert von dem *Congresso degli scienziati italiani* projektierten und realisierten Reformer wie Lorenzo Valerio, Carlo Ilarione Petitti di Roreto und Sacchi die ersten Enquêten über die Zustände in den Baumwollspinnereien der Lombardei und Piemonts; Bemühungen, die 1843 in der Lombardei zu dem ersten Kinderschutzgesetz führten. Gemessen an dem Stand seiner Industrie stellte sich Italien damit an die Spitze einer Reformbewegung, die in jenen Jahren Regierungen und Privatleute in ganz Europa beschäftigte. Zwar blieb dem Eifer seiner Reformer ein wirklicher Erfolg versagt, da die Behörden es an der Sorge für die Einhaltung des Schutzgesetzes fehlen ließen[15]; von einem wirklichen Scheitern dieser frühen Reformbemühungen kann man allerdings erst im Hinblick auf die Zeit nach 1860 sprechen, als dieses Gesetz förmlich aufgehoben wurde und sich eine Politik durchsetzte, die aus Italien gegen Ende des Jahrhunderts eines der sozialpolitisch rückständigsten Länder Europas machte. Wie über eine Fabrikgesetzgebung hinaus die Organisation der Arbeit verbessert und wie eine gleichmäßigere Verteilung des Reichtums erreicht werden könnte, vermochten die Reformer nur in vagen Formulierungen anzudeuten, die allesamt von der Voraussetzung ausgingen, daß ein wohlverstandener Philanthropismus und eine paternalistische Fürsorge für die Arbeiter „auf eine friedliche und christliche Weise die große soziale Frage [zu lösen vermöchten], die andere unter furchtbaren Umwälzungen und schrecklicher Gewalt zu lösen sich anschicken könnten"[16].

Bei aller Offenheit, mit der diese Reformer einer nicht sich selbst überlassenen, sondern aufgrund der auswärtigen Erfahrungen immer wieder zu korrigierenden industriellen Entwicklung Italiens entgegensahen, blieben in ihnen die Befürchtungen Romagnosis gegenüber dem Industrialismus lebendig: eine starke Skepsis, ob präventive Reformen allein ausreichend seien, drohendes Unheil abzuwehren; ein immer wieder auftauchender Zweifel, ob das Übel nicht tiefer sitze und ihm nicht schon in einem früheren Stadium abgeholfen werden müsse. Festeingewurzelt war allen die Überzeugung, daß der eigentliche Herd der sozialen Unruhe und Erschütterungen in den Fabrikstädten, in den übermäßigen Agglomerationen der Arbeiter liege. Dafür bedurfte es nach dem, was ein Manchester, ein Paris, ein Lyon gelehrt hatten, keines Beweises mehr. Wenn die periodischen Arbeiteraufstände eine Folge der periodischen Krisen, des unkontrollierten Wachstums der Industrien und Städte, der physischen und moralischen Degradierung der Arbeiter, waren, dann bestand die Aufgabe des „uomo politico" darin, „jene Zusammenfügungen von Arbeitern zu zerlegen, ... sie abwechselnd landwirtschaftliche und manufakturelle Arbeiten ausführen zu lassen, in heilsamem Wechsel, der gleichzeitig den Körper wie die Seele stärkt und kräftigt, wie es das Beispiel der Schweiz und Deutschlands bewiesen hat"[17] – und ebenso dasjenige Italiens, wie man mit Michelini hinzufügen muß, der schon damals hervorhob, daß „die geringfügige italienische Industrie", „jene kolossalen Fabriken, die man einst nur in fremden Ländern bewundern konnte", gleichmäßiger verteilt und zerstreuter lägen als in England[18].

Da der Standort der norditalienischen Baumwollspinnereien, die fast keinen anderen motorischen Antrieb als die Wasserkraft kannten, sich nach dem Verlauf der dem Po zustrebenden Gebirgsflüsse richtete, läßt sich füglich bezweifeln, ob man in ihrer zerstreuten Lage bereits die lenkende Hand des „uomo politico" erblicken darf. Andererseits ist nicht zu übersehen, daß die Einführung der Industrie in Italien von Anfang an sehr bewußt als ein politisches Problem betrachtet wurde. „Wir halten die Beobachtung für angebracht", kritisierte der Herausgeber der *Annali universali* einen allzu eifrigen Industrialisten, „daß die Frage des Einflusses der Maschinen noch nicht unter allen Aspekten genügend berücksichtigt und gelöst ist. Wer wollte jemals leugnen, daß die Maschinen ein kraftvolles Hilfsmittel für die Produktion sind? Aber der Kern der Frage liegt ganz *in den Auswirkungen, die die Einführung der Maschinen bei der gegenwärtigen Ordnung der Gesellschaft auf die distributive Seite der Ökonomie hervorrufen kann.* . . . die Frage der Einführung der Maschinen muß deswegen unter einem anderen Aspekt betrachtet werden, *unter dem sozialen und politischen Aspekt.*"[19]

Sacchis feinem Gespür für die sozialen und politischen Implikationen des Maschinenwesens ist es zuzuschreiben, daß er – in den Spuren Romagnosis – zu einem der ersten „Theoretiker" des italienischen Wegs der Industrialisierung wurde. Derselbe Sacchi, der hinsichtlich der Kinderarbeit zu den Entdeckern einer Sozialen Frage in Italien gehört, zeigte sich zutiefst befriedigt über den Zustand der 29 000 ländlichen Verlagsarbeiter, die allein in der Provinz Mailand in der Baumwollweberei beschäftigt waren und die, obgleich schlechter bezahlt als die Fabrikarbeiter in den Baumwollspinnereien, „keinerlei Entbehrungen erleiden". In ihnen konnte er das Ideal der industriellen Dekonzentration verwirklicht sehen:

„Eine durchaus besondere Ursache des Wohlergehens jener Arbeiter liegt unserer Meinung nach darin, daß die Familie und ihre Gewohnheiten erhalten bleiben. Wir sind durchaus keine Verehrer der großen Fabriken, in die Legionen von Arbeitern eingeschlossen werden. Das künstliche Leben der großen Fabrik verursacht in den meisten Fällen den Arbeitern alle Qualen des Zuchthauses statt die Freuden einer zahlreichen und in herzlicher Eintracht lebenden Familie. Solange die Fabrikherren die großen Fabriken nicht mit der moralischen Ordnung eines vorausschauenden Familienvaters regieren, ziehen wir immer die zerstreute und versprengte Fabrik vor. . . Für alle diese Arbeiter [sc. 19/20 von 29 000], die in ihren eigenen Wohnungen leben, konnte auf glückliche Weise *die von der Vorsehung bestimmte Ordnung der Familie* erhalten werden. Man möge uns diesen Ausdruck gestatten, der gewissen Ökonomen, die die Menschen nur zählen, vielleicht poetisch dünkt, aber wir werden niemals von der Überzeugung ablassen, daß der Arbeiter ohne Familie oder außerhalb ihrer niemals ein Mensch sein wird, von dem gesagt werden kann, daß er an dem gesellschaftlichen Zusammenleben teilhat; vielmehr ist er ein herumlungernder Zigeuner, der schlecht lebt und noch schlechter arbeitet."

Diese Zerstreuung der Arbeiter in ihren Hütten auf dem Lande habe noch einen an-

33

deren Vorteil, der „vielleicht der wichtigste ist": „Während sie das Leben des Hand-
werkers führen, erinnern sie sich stets daran, Landleute zu sein, und bewahren deren
Gewohnheiten und Beschäftigungen." Durch ihre alternierenden Tätigkeiten, win-
terliche Weberei und sommerliche Landarbeit, vereinige sich in ein und derselben
Familie und in ein und demselben Individuum die Industrie mit der Landwirtschaft,
und „diese beiden Lebensweisen, die anderswo Rivalinnen und oft Feindinnen sind,
bleiben bei uns immer Schwestern und Freundinnen". Der Wechsel der Arbeiten be-
wirke eine „blühende Gesundheit" der Landleute und in ökonomischer Hinsicht
noch die zusätzliche Wohltat, daß „der Weber in der Landwirtschaft einen sicheren
Unterhalt und in der Industrie eine ergänzende Arbeit finden kann":

„Die eigentlichen Erwartungen richtet er auf die Landwirtschaft, auf die Industrie
die von den Gelegenheiten bestimmten Hoffnungen. Dieser Doppelzustand macht
ihn unabhängig von der Knechtschaft der Fabrik und bindet ihn nicht an die Knechtschaft der Scholle. Auf solche Weise wird er arbeitsam und ruhig, vorausschauend
und nicht anspruchsvoll; er verfeinert sich bis zu der Betriebsamkeit des Arbeiters und
verliert nicht das einfache Gemüt des Landmannes. Mit solchen Stärkungen wird sein
Leben selten in den Abgrund der industriellen Krisen hineingeworfen, und in seinem
Beruf findet er eine Hilfe, wenn Jahre der Teuerung kommen. Wir müssen deshalb
von Herzen den Förderern einer solchen Industrie in der Lombardei danken, weil sie
uns alle Wohltaten, die sie geben kann, verschafft haben und gleichzeitig die ökonomischen und moralischen Übel vermieden, die leider andere Bevölkerungen erschüt-
tern."[20]

Dieser Passus ist kein „nostalgisches Echo" auf die Pläne eines Ledoux, den alten
Traum von der Fabrik auf dem Lande[21], sondern exakte Beschreibung eines tatsächlichen Zustands, nicht nur eines schnell vorübergehenden, sondern eines solchen, der
sich nur langsam wandeln und auch in seinem Wandel nie seine Ursprünge verlieren
und noch über ein halbes Jahrhundert hinaus eines der grundlegenden Merkmale der
industriellen Physiognomie Italiens bleiben sollte. Der von Sacchi am klarsten entwickelte Gedanke der industriellen Dekonzentration war für die italienischen Industrialisten jener Zeit wohl von größerer Bedeutung als das Programm präventiver Reformen. Er hat die spezifische Form eines Kompromisses zwischen Industrialismus
und Agrikulturismus: als Versuch, die gesellschaftliche Instabilität, die von der Einführung der Fabrikindustrie ausging, durch die stabilisierenden Elemente der agrikulturellen Produktions- *und* Lebensweise zu neutralisieren; als Suche nach einem alternativen Modell der industriellen Entwicklung, das die technologischen Voraussetzungen der neuen Produktionsweise – die Maschinerie und ihre Zusammenfassung in
großen Produktionseinheiten – nur teilweise übernahm und ein Substitut für diese nur
partiell vollzogene Übernahme der neuen Produktionsweise in der Ausbeutung eines
unbegrenzten Arbeitskräftereservoirs anbot.

Das große Dilemma, mit dem sich die Reformer konfrontiert sahen, nämlich ihr
Land an den wirtschaftlichen Segnungen des Industrialismus teilhaben zu lassen und
gleichzeitig dessen gesellschaftszerstörerische Wirkungen zu vermeiden, schien in der
Überwindung der Arbeitsteilung zwischen Stadt und Land eine zukunftweisende Lö-

sung gefunden zu haben, deren größter Nutzen darin lag, „jene gefährlichen Agglomerationen von Arbeitern [zu vermeiden], die in Frankreich, in Belgien und in England häufig zu den heftigsten Unruhen führen"[22]. In diesen Worten Sacchis aus dem Jahr 1853 mag auch eine Reminiszenz der Erfahrungen mitschwingen, die Italien in den revolutionären Jahren 1848/49 selbst durchgemacht hatte. Waren es doch damals die Handwerker und Arbeiter der Städte gewesen, deren Tumulte zu der größten Besorgnis Anlaß gegeben hatten, und nicht die Fabrikarbeiter der ländlichen Manufakturdistrikte, deren Agitationen und Forderungen zumeist ökonomischer Natur gewesen waren[23]. Die wahre Natur des „Gespensts des Kommunismus", das damals in Europa umging, hatte Gustavo Cavour bereits 1846 beschrieben: „die furchterregenden Aufstände der Lyoner Seidenweber von 1831 und 1834, die Bewegungen der Maschinenstürmer und der Chartismus in England, die Manifestationen der Rebeccaiten in Wales und die der *anti-renters* in den Vereinigten Staaten und schließlich die häufigen Streiks der französischen Arbeiter"[24]. Gerade die Erkenntnis, daß der „Kommunismus mit einer Vielfalt sozialer Umstände zusammenhängt", begründete die Furcht vor ihm und bestärkte die Reformer in ihrer Ansicht, daß die Gesellschaft sich vor der „Invasion der Barbaren" nicht allein durch die Repression retten könne. Angesichts der niedergeschlagenen Pariser Juni-Insurrektion erinnerte Camillo Cavour die „siegreichen Klassen" daran, daß es ihre Pflicht ebenso wie ihr Interesse gebiete, „mit allen nur möglichen Mitteln nicht für die Verwirklichung des törichten Programms der Februar-Revolution einzutreten, sondern für die beständige, reale und unablässige Verbesserung der physischen und moralischen Bedingungen der minderbemittelten und zahlreichsten Klassen"[25].

Die herrschenden Klassen Italiens waren also gewarnt: durch die Erfahrungen des Auslands wie von ihren eigenen Sprechern[26].

2. Antiindustrialismus, Freihandel und Soziale Frage

Der Enthusiasmus, mit dem Rosario Romeo einst – in den Jahren des italienischen „Wirtschaftswunders" – die Wirtschafts- und Gesellschaftspolitik Cavours und seiner Nachfolger verteidigt und zu rechtfertigen versucht hat, hat längst einer nüchterneren Betrachtung des Zeitalters der *Destra storica* Platz gemacht. Von Romeos These, daß die „ausgebliebene Agrarrevolution" Voraussetzung für eine „ursprüngliche Akkumulation" in der Landwirtschaft, eine durch die Steuerpolitik des Staats erzwungene Umverteilung des Reichtums, die Schaffung von „Infrastrukturen" und somit Grundlage für den industriellen Aufschwung der 80er Jahre gewesen sei, ist heute nur noch unbestritten, daß die Bauernschaft die Hauptlast der politischen und ökonomischen Einigung des Landes zu tragen hatte. Zwischen 1860 und 1881 nahm die landwirtschaftliche Produktion zwar zu, aber der Zuwachs (zwischen 2 und 2,7 % jährlich) war recht bescheiden. Niedrig blieben gleichfalls die Sparraté, die Rate der Bruttoinvestitionen und der Anteil des Bruttosozialprodukts, der in öffentliche Arbeiten investiert wurde. Noch düsterer sieht das Bild aus, betrachtet man die

Entwicklung des Volkseinkommens pro capite: bis 1880 eine jährliche Zunahme von einem Viertel bis einem Drittel Prozent und im nächsten Jahrzehnt gar eine Abnahme in derselben Größenordnung[27]. Diese desillusionierenden Zahlen hat Gerschenkron zu Recht Romeos Apologie der Politik der *Destra storica* entgegengehalten, und eine Beurteilung der Rolle der politischen Führungsschichten, vor allem des Staats, für die damalige ökonomische Entwicklung muß diese Zahlen im Auge behalten.

Ausgangspunkt einer solchen Beurteilung ist der Prozeß der Einigung und der Etablierung einer zentralen Staatsgewalt. Erst unlängst wurde wieder darauf hingewiesen, daß das Risorgimento nicht bloß aus einer Reihe von Nationalkriegen gegen Österreich bestand, sondern gleichzeitig ,,eine Folge von Bürgerkriegen [war], in denen auf beiden Seiten Italiener standen"[28]. Hierunter ist weniger der kurze Krieg von 1866 zu verstehen, als vielmehr die Eroberung und ,,Befriedung" des Südens in den langjährigen Feldzügen gegen die *briganti*, die Niederschlagung der sizilianischen Bauernrevolte von 1860 und der palermitanischen Erhebung von 1866, die außerordentlich blutige Unterdrückung der ,,Unruhen" gegen die Einführung der Mahl- und Schlachtsteuer von 1868/69. Auch in den 70er Jahren setzten sich Revolte und Repression fort in der Romagna, auf dem Monte Amiata gegen die Lazzarettisten – eine Kette von Gewaltsamkeit, die bis zum Ende des liberalen Staats niemals abreißen sollte[29]. Die Ursachen für diese endemische Aufsässigkeit der Unterschichten sind sehr vielfältig und ohne eine Berücksichtigung der jeweiligen lokalen und regionalen Besonderheiten, aus denen sich das neugeschaffene politische Gebilde *Regno d'Italia* zusammensetzte, kaum völlig zu verstehen; andererseits ist unübersehbar, daß die vielen Unruhen und Aufstände in ihren Zielen weitgehend konvergierten, vor allem in ihrer Stoßrichtung gegen den neuen Staat.

Das Königreich Italien war politisch der Staat der alten Eliten, die ihre Macht durch ein äußerst restriktives Zensuswahlrecht (bis 1882 waren gerade 2,2 % und danach knapp 10 % der Einwohner wahlberechtigt) verteidigten. In der Verwaltung wurde das zentralistische System Frankreichs übernommen, weil man meinte, die zentrifugalen Kräfte anders nicht bändigen zu können; ihm fielen die älteren Traditionen der Selbstverwaltung zum Opfer, und bis in den letzten Winkel des Landes reichte die immer nur fordernde Hand des Staats, der die Gelder für seinen eigenen Unterhalt und Rekruten für das Heer verlangte. Seine Gegenleistungen: eine Klassenjustiz, ein schreiend ungerechtes Steuersystem, ein absolut unzulängliches Erziehungswesen, hohe Rüstungsausgaben, Manipulation der Wahlen, Streikverbote, Ausnahmegesetze . . .

Während der ganzen Dauer seiner Existenz wurde der liberale Staat von Millionen Bürgern, besonders im Süden, als ,,eine Art institutionalisierter Plünderung"[30] angesehen: geraubt wurden dem Volk mit dem Geburtsakt des Nationalstaats das ,,Recht" auf einen ,,gerechten" Brotpreis; die Vermögen, aus denen sich seit altersher die kirchliche Benefizienz speiste; die *monti frumentari*, welche die Bauern des Südens gegen Wucherei schützten; die Reste der Allmende, welche die Existenz der Bedürftigsten sicherte; eine Anzahl kirchlicher Feiertage, die zu Arbeitstagen erklärt wurden. Der neue Staat brachte in einem überwiegend agrikulturellen Land die kapitalistischen Verkehrsformen zur vollen Geltung, ohne gleichzeitig das Wesen des modernen Kapitalismus, die ökonomische Entwicklung, sei es der Landwirtschaft, sei es der Industrie, in einem Umfang zu verwirklichen, der die Härte der neuen Spielregeln durch die Aussicht auf wirtschaftliche Gewinne für die Unterklassen annehmbarer gemacht hätte. Geeinigt wurde Italien ebenso wie Deutschland „von oben"; aber von der Einigung Deutschlands unterschied sich die italienische darin, daß sie nicht – mit Ausnahme von Cavours Piemont – von langer Hand ökonomisch vorbereitet war; daß die Masse der Italiener die Kosten einer Großmachtpolitik zu tragen hatte, ohne daß deren Grundlage, eine nennenswerte industrielle Basis, bereits vorhanden gewesen oder ihre Schaffung seit der Einigung entschlossen gefördert worden wäre.

In dem Jahrzehnt nach dem unglücklichen Ausgang der Revolutionen von 1848/49 war die zuvor so lebhaft geführte Industrialismus-Diskussion einer auffälligen Stille gewichen, und der Prozeß 'einer wirtschaftlichen und gesellschaftlichen Modernisierung wurde zielstrebig nur von Cavour in Piemont eingeleitet. Nach der vollzogenen Einigung stellten sich jedoch unaufschiebbare, grundsätzliche Entscheidungen für die Zukunft des Königreichs, die eine äußerst schmale Elite zu treffen und zu verantworten hatte. Die für das Los der beherrschten Klassen und für das Geschick einer zukünftigen Arbeiterbewegung einschneidendsten und folgenreichsten Entscheidungen fielen auf dem Gebiet der Wirtschafts- und Sozialpolitik; an ihnen lassen sich beispielhaft die Mentalität der Führungsschichten und die tieferen Motivationen ihrer Politik ablesen[31].

Das wirtschafts- und gesellschaftspolitische Grundkonzept, das die Richtung der Entwicklung nach 1860 bestimmte, und das wirkliche Kräfteverhältnis innerhalb der herrschenden Klassen treten am deutlichsten in der alle anderen wirtschaftspolitischen Entscheidungen der Zeit überragenden Option für den Freihandel hervor. „Schroffer ist selten in einem Lande der Übergang vom Protektionismus zum Freihandel vollzogen worden als hier", kritisierte Sombart die überstürzten Maßnahmen, mit denen die zollpolitische Einigung Italiens vollzogen wurde, die Einführung eines neuen Zolltarifs für das ganze Königreich (1861) und den Abschluß des durch und durch freihändlerisch inspirierten Handelsvertrags mit Frankreich, der das Vorbild für eine Reihe ähnlicher Vereinbarungen in den nächsten Jahren mit anderen Ländern abgeben sollte[32]. Über die Interessen, die hinter dieser Handels- und Zollpolitik gestanden haben, gibt es ebensowenig Zweifel wie über die Hauptnutznießer und die globalen Auswirkungen der Freihandelspolitik. Ihr hatten sich der Großgrundbesitz sowie die Exporteure landwirtschaftlicher und mineralischer Produkte verschrieben, und sie erhielten Unterstützung und ideologische Rechtfertigung durch die Ökonomen, die – von dem „Prinzip der *Natürlichkeit* der Produktionen oder Industrien im weiteren Sinn (also einschließlich der landwirtschaftlichen Tätigkeiten) als Fundament der internationalen Arbeitsteilung" ausgehend – die „natürlichen Produktionen" Italiens mit der Landwirtschaft gleichsetzten, und sei es auch nur deshalb, weil diese bereits existierte, während die „Unnatürlichkeit" der gewerblichen Industrien für Italien allein schon durch die Tatsache ihrer Nichtexistenz bewiesen schien. Gegenüber dieser Koalition handfester Interessen des Grundbesitzes, überzeugter Agrikulturisten und Anhängern der klassischen Prinzipien bildeten die Industrialisten im

Parlament ein verlorenes Häuflein, und folglich waren es nicht nur die unmittelbaren Interessen des gewerblichen Sektors, sondern auch dessen längerfristige Entwicklungsmöglichkeiten, die der Freihandelspolitik aufgeopfert wurden[33].

Eine Interpretation, die sich damit begnügen würde, als die alleinigen Motive der Freihandelspolitik die Verfolgung wirtschaftlicher Sonderinteressen und tradierte agrikulturistische Vorurteile zu benennen, bliebe auf halbem Weg stehen. Das freihändlerische Glaubensbekenntnis der Gemäßigten war gleichzeitig das einigende Band einer politisch-gesellschaftlichen Elite, die davon durchdrungen war, daß sie ihre traditionelle Vormachtstellung – und zwar sowohl in ökonomischer wie politischer, gesellschaftlicher und auch kultureller Hinsicht – nur dann aufrecht erhalten könne, wenn der ökonomisch-gesellschaftliche Status quo in seinen Fundamenten unverändert bliebe. Die Fundamente dieser Elite ruhten auf der Landwirtschaft, die allerdings keineswegs eine selbstgenügsame, seigneurale Abgeschlossenheit bedeutete, sondern in der die Erzeugung industrieller Rohprodukte eine wichtige Rolle spielte und ihr Gewicht als Motor internationaler Handelsbeziehungen noch verstärkte. Sie war die erste Quelle des Reichtums, und die aus ihrem Übergewicht resultierende geringe Entfaltung der gesellschaftlichen Arbeitsteilung drückte den sozialen Beziehungen und Machtverhältnissen den Stempel auf.

Die Mentalität dieser Elite, ihre gesellschaftlichen und moralischen Wertvorstellungen, ihre Haltungen gegenüber den Tendenzen und Implikationen einer kapitalistischen Konkurrenzgesellschaft, hat Federico Chabod in seinem letzten großen Werk auf eindringliche Weise beschrieben, und dieses Bild der Generation, die die Einigung Italiens vollendete und den neuen Staat und die Gesellschaft nach ihren Vorstellungen modellierte, enthüllt die zugleich allgemeineren wie tieferen Motive des Freihändlertums der Gemäßigten. Ungefähr alle Züge, die diese Elite charakterisieren, verweisen auf eine wirtschaftliche und gesellschaftliche Ordnung, die zu derjenigen der industriekapitalistischen Länder teils in offener Opposition stand, teils ihr mit Skepsis und Vorbehalten begegnete: ihr Mißtrauen gegenüber den Massen und der Demokratie; ihre Anklage gegen die materialistischen Tendenzen des Jahrhunderts, gegen das Volk, ,,das die Krankheit des Bauchs, aber nicht die des Geistes verspürt'' (Crispi); ihre Sorge, daß der technische dem moralischen Fortschritt enteile und damit große Gefahren für die Zukunft heraufbeschwöre; und schließlich ,,die tiefe Sorge eines großen Teils der italienischen Führungsschicht weniger gegenüber einem festumrissenen Problem, als vielmehr gegenüber der modernen Zivilisation im allgemeinen''.

Das alte Romagnosische Motiv, das Problem der Vereinbarkeit von Ökonomie und Moral, war dieser Generation noch durchaus präsent und von fast unverminderter Aktualität: Man wollte die Vermehrung des Reichtums, fürchtete aber gleichzeitig ihre sozialen Auswirkungen; beunruhigt und bestürzt war man über das überragende Gewicht des Ökonomischen, über dessen dominierenden Einfluß auf das Politische; tiefe Beunruhigung löste das beständige Fortschreiten der Industrie in Europa aus. In den ,,Hymnen auf die Landwirtschaft'' vereinigten sich die verschiedensten Stimmen: von den toskanischen Gemäßigten, die mit Verbissenheit an einer vom Untergang bedrohten Welt sich festklammerten, bis zu Progressisten wie Cattaneo und Cavour, die ,,zwischen moderner Landwirtschaft einerseits und Industrie, Handel und Finanz andererseits keine Antinomie, vielmehr eine perfekte Synchronität der Anstrengungen'' sahen; aber – ,,für die humanistische Tradition Italiens war Cavour ein Ketzer''. Allen war die Landwirtschaft zugleich mehr als eine Form der Industrie und des Erwerbs. Die Konservativen verherrlichten sie als die große moralische Erzieherin, das Land als Mutter bürgerlicher Tugenden und der Familie, als einzig sichere Bürgschaft eines ruhigen und geordneten Fortschritts. ,,Das Problem wurde von einem ökonomisch-sozialen zu einem politisch-moralischen; der ökonomische Konservatismus fiel untrennbar zusammen mit dem politischen Konservatismus, und die Furcht vor der Industrie wurde zur Furcht vor den Arbeitermassen.''[34]

Die Furcht vor den Massen weist einerseits zurück auf die Diskussionen der 30er und 40er Jahre, andererseits voraus auf die kommenden Jahrzehnte. Die berühmte Metapher von der ,,neuen Invasion der Barbaren'', mit der 1831 angesichts der Erhebung der *canuts* ein Marc Saint-Marc Girardin einer entsetzten Gesellschaft die ihr aus den Vorstädten der Fabrikmetropolen drohenden Gefahren versinnbildlichte, deren Alarmismus ein Gustavo Cavour *vor* 1848 im Namen einer solidarischen Klassenharmonie zurückgewiesen, die aber sein Bruder Camillo in den Tagen nach der Juni-Insurrektion zur Verteidigung der ,,von Sozialismus und Anarchie bedrohten sakrosankten Prinzipien von Familie und Eigentum'' erneut beschworen hatte, – diese Metapher hatte sich den herrschenden Klassen Italiens so tief eingeprägt, daß ein Luigi Luzzatti noch vierzig Jahre später sich ihrer bedienen konnte, um seiner Klasse die ihr von dem ,,Aufruhr'' des Proletariats drohenden Gefahren zu vergegenwärtigen[35]. Wie Camillo Cavour verband Luzzatti mit seinem Alarmruf den Appell an die herrschenden Klassen, sich die materielle und moralische Hebung der Unterschichten angelegen sein zu lassen, in ihrem eigenen Interesse den Weg sozialer Reformen einzuschlagen. Luzzattis Mahnung, den großen sozialreformerischen Gesetzeswerken, wie sie Deutschland oder England zu verwirklichen begannen, nachzueifern, erscheint folgerichtig und überzeugend bei einem Staatsmann, der ebensowenig wie Cavour ein Antiindustrialist tout court war, der gerade aufgrund der industriellen Zukunft, die er für sein Land voraussah, sich zu der reformerischen Aufgabe gedrängt fühlte, die im Mittelpunkt seines Lebenswerks stand.

Noch eine andere Gemeinsamkeit bestand zwischen den Trägern der Industrialismus-Debatte vor der Einigung und denjenigen, die nach 1860 durch Wort und Tat Einfluß auf die wirtschafts- und sozialpolitische Entwicklung Italiens ausübten. Weiter oben wurde bereits gesagt, daß die eine der Konsequenzen, die man in den 40er Jahren als Lehre aus den englischen und französischen Erfahrungen mit der Industrialisierung gezogen hatte, nämlich die Notwendigkeit sozialer Reformen, in vagen Appellen steckengeblieben war; ein im Grunde ganz ähnliches Schicksal war auch den Bemühungen eines Luzzatti und der wenigen anderen, die warnend und mahnend auf die Existenz einer Sozialen Frage in Italien und die Dringlichkeit ihrer ,,Lösung'' hingewiesen hatten, bis zum Ende des 19. Jahrhunderts beschieden. Die mangelnde Aufgeschlossenheit, die die herrschenden Klassen nach vollendeter Einigung den sozialen Problemen des Landes gegenüber an den Tag legten, ihre durchgängige Bereitschaft, auf alle Ausbrüche sozialer Unzufriedenheit mit repressiven Mitteln zu reagieren, bilden eines der Schlüsselprobleme der inneren Geschichte Italiens im 19. Jahrhundert –

und in gewisser Weise noch bis heute. Eine der Ursachen dieser charakteristischen politischen Konstellation ist nicht zuletzt darin zu suchen, daß auch der Typus von industrieller Zukunft, den progressiv erscheinende Industrialisten erstrebten, nichts anderes als eine kaum modifizierte Neuauflage des von Sacchi vorgezeichneten Kompromisses zwischen Industrialismus und Agrikulturismus war.

Die Grenzen und Ambiguitäten des Sacchischen Industrialismus kennzeichneten auch die in den ersten Dezennien nach der Einigung vorgetragenen Konzeptionen der für Italien wünschbaren industriellen Entwicklung. So pries z. B. Lorenzo Fabroni, Berichterstatter über die Seidenindustrie auf der ersten Nationalausstellung in Florenz 1861, die vorbildliche Organisation der norditalienischen Seidenindustrie, in der die starken Agglomerationen von Arbeitern in den Städten vermieden worden seien, ,,die, oft unruhig und aufrührerisch, mit ihren maßlosen Forderungen oftmals die Prosperität der Industrie untergraben''. Die Dekonzentration der Industrie auf dem flachen Lande habe es ihr durch die Verwendung einer maßvollen Arbeitskraft ermöglicht, besser der ausländischen Konkurrenz standzuhalten, das Los der Arbeiter erträglicher zu gestalten und sie dem Kleinbesitz näher zu bringen, aus dem ,,die herrlichsten Tugenden entspringen und sich vermehren''; die unheilschwangere Konzentration der Industrien, welche ,,die alten und natürlichen Grundlagen, auf denen die Gesellschaft beruht'', zerstöre und alle materiellen Vorteile, welche die Gewerbe dem Arbeiter bringen können, zunichte mache, sei Italien bisher glücklicherweise erspart geblieben. Wie selbstverständlich folgt aus einer solchen Einstellung, daß Fabroni der heimischen Handweberei den Vorzug vor der Konzentration der Weberei in großen Fabriken gibt. Er visierte eine Gesellschaft an, in der die außerlandwirtschaftliche Produktion und Akkumulation der Vorherrschaft der an die Grundrente gebundenen Schichten nicht gefährlich werden konnte. Für die fernere Zukunft entwarf er ein Modell, in dessen Zentrum die kleine Industrie stand, die die Grundlagen für die große Industrie legen und ihr allmählich den Weg ebnen sollte[36].

Wie sehr selbst diejenigen, die von agrikulturistischen Vorurteilen frei waren, die Befürchtungen eines Fabroni teilten und die von ihm skizzierte Richtung der Entwicklung akzeptierten, brachte ein Jahrzehnt später auf beispielhafte Weise Gian Battista Pirelli zum Ausdruck. Pirelli, mit zweiundzwanzig Jahren glänzender Absolvent des Mailänder Polytechnikums, Gewinner eines Stipendiums zur Besichtigung der fortgeschrittensten industriellen Zentren des nördlichen Auslands und zwei Jahre später Gründer einer Fabrik für Gummiwaren, die den industriellen Ruf nicht nur Mailands, sondern Italiens mitbegründete, besuchte auf seiner Studienreise, die ihn 1870/71 durch die Schweiz, Frankreich und Deutschland führte, auch die Essener Krupp-Werke. Noch unter dem frischen Eindruck dieser Besichtigung verfaßte er einen Bericht, in dem er das Genie und die Leistung eines Alfred Krupp bewunderte, der es verstanden habe, sich aus der ,,robusten, intelligenten und arbeitsamen Bevölkerung der Täler und Dörfer Westfalens ein schönes Manipel tüchtiger Arbeiter heranzuziehen, die sehr rasch für die Arbeiten in den Fabriken abgerichtet wurden. Diese waren dann die Vorgesetzten (capi) für neue, nach und nach rekrutierte Bataillone für die wachsenden Bedürfnisse''; eine regelrechte militärische Disziplinierung und die vielen Mittel und Wege paternalistischer Fürsorge für seine Arbeiter hätten das

„Wunder an Harmonie", die in der „außerordentlichen Zusammenballung von Material und Menschen" herrsche, zustandegebracht. Geraume Zeit später, als er seine bescheidene Fabrik zu einem Großbetrieb erweiterte, sollte Pirelli in der Rekrutierung und Ausbildung der Arbeitskraft aus dieser Erfahrung seine Lehren ziehen; für den Augenblick überwogen jedoch auch bei ihm die Befürchtungen und Ängste seiner Landsleute.

In dem Aufstieg der großen Industrie, „welche die Mauern des heimischen Herds zerstört", sah er „einen schwarzen Punkt am Horizont" aufziehen, „der sich zu vergrößern und in einem Gewitter zu entladen droht: es ist die Heraufkunft der Arbeitermassen". Krupp habe durch seine weisen Maßnahmen dieser Gefahr bisher noch begegnen können, indem er „auf dem erhabenen Altar der Industrie jenen bescheideneren, aber kostbaren, der Familie errichtete, zu deren gewissenhaftem Priester er sich machte". Nicht alle übten jedoch ein so gewinnträchtiges Gewerbe aus, um die Arbeiter mit solchen Wohltaten zu überschütten; dies gelte vor allem für die kleine Industrie, die, wegen ihrer geringeren Produktivität der großen wirtschaftlich unterlegen, die Arbeiter am meisten ausbeute und sie für das „süße Gift . . . paradoxer und krankhafter Lehren" am empfänglichsten mache. Doch eben auf ihre Erneuerung und Neuordnung setzte Pirelli seine ganze Hoffnung:

„Die kleine Industrie möge den festen Regeln der Arbeitsteilung und Spezialisierung folgen; an die Stelle einer einzigen, riesigen Gruppe möge ein Konglomerat von Teilgruppen treten, und ein belebender Hauch wird den kleineren und zerstreuten Fabriken (opifici) neue Kraft einflößen, die mit neuer Lebenskraft unter der zerstreuten Bevölkerung aufblühen werden. Und jene Wissenschaft, die die Spindel und den Webstuhl dem Heiligtum der Familie entwendete, ist vielleicht nicht mehr weit von der Krönung ihres Gebäudes: die Überwindung der Fraktionierung der Arbeit und die Wiederherstellung der häuslichen Industrie. Mit der Übertragung der Antriebskraft über große Entfernungen und mit dem kleinen wirtschaftlichen Motor beginnt schon das Morgenrot dieses schönen Tags aufzuleuchten; es wird der Mittag kommen, und jene gefährlichen Lästerer der Gesetze der Menschheit, fanatische Träumer eines zersetzenden Kommunismus, werden aufhören, sich zu Beschützern der Leiden anderer zu machen, während die wahren Freunde des menschlichen Fortschritts mit Jubel die Herankunft der Erlösung und des Friedens feiern werden, die Kapital und Arbeit, gelenkt von Verständigkeit und Liebe, als Gäste zu brüderlichem Bankett laden wird."[37]

Pirelli, der später zu den prominentesten Vertretern einer neuen Unternehmergeneration in Italien gehören sollte, in so unmittelbarer gedanklicher Nähe zu einem Frédéric Le Play und seiner Schule, und in Italien zu Luzzatti, zu finden, mag überraschen, wirft aber ein um so bezeichnenderes Licht auf das geistige Klima, in dem damals in Italien über die Perspektiven seiner industriellen Entwicklung diskutiert wurde. Noch zu Anfang der 80er Jahre berief sich Luzzatti auf den „verehrten Namen" Le Plays, um abermals seinem Land eine Organisation der Industrie vorzuschlagen, die einerseits auf der Fabrik auf dem Lande mit ihren segensreichen Einrichtungen des Wechsels von landwirtschaftlicher und industrieller Arbeit und andererseits auf der durch die Einführung kleiner Motoren modernisierten und gefestigten Heimarbeit und kleinen Industrie beruhen sollte[38]; dem sollte in der Landwirtschaft eine nicht minder kapitalistischer Rationalität zuwiderlaufende Agrarverfassung entsprechen, deren optimale Form Luzzatti wie zahlreiche seiner Zeitgenossen in einem System kleiner und kleinster Grundbesitzer und vorzüglich in der Halbpachtwirtschaft erblickte[39].

Der „laue, mit Vorbehalt behaftete und zaghafte Philoindustrialismus" Luzzattis und der italienischen Kathedersozialisten insgesamt, der im Grunde auf eine Bändigung und Verlangsamung des Industrialisierungsprozesses hinauslief[40], war, von wenigen Ausnahmen abgesehen, durchaus repräsentativ für die Haltung der herrschenden Klassen insgesamt und wurde auch in den Jahren nach dem Sturz der *Destra storica* nur ganz allmählich und partiell von neuen Einstellungen abgelöst. Das Überdauern der Vorbehalte gegen eine durchgreifende Industrialisierung, die man eben so gut als einen verkappten Antiindustrialismus bezeichnen könnte, und der in der italienischen Gesellschaft, ebenso wie noch im Frankreich des fin de siècle, stets präsente Ruralismus[41] bezeichnen die Rahmenbedingungen, innerhalb derer sich die Bildung einer italienischen Arbeiterklasse und Arbeiterbewegung vollzog und von denen man bei ihrer Betrachtung ausgehen muß. Denn nur von diesen Ausgangsbedingungen her lassen sich der italienische Weg der Industrialisierung, die Blockbildungen von Unternehmern und Arbeitern zur Verteidigung der „nationalen Arbeit", das stets prekäre Verhältnis der Arbeiterschaft zum Staat usw. begreifen, und Gleiches gilt für das Verhältnis von Regierenden und Regierten im Hinblick auf die Soziale Frage.

Der verkappte Antiindustrialismus und das Unvermögen, der Sozialen Frage mit wirksamen Reformen zu begegnen – oftmals selbst das Unvermögen, ihre Ursachen und Ausmaße in angemessenen Termini überhaupt nur wahrzunehmen –, bedingten einander und bildeten einen circulus vitiosus, aus dem erst die Politik Giolittis, die einen wirksamen Industrieprotektionismus mit einem nicht immer gleich wirksamen Arbeiterprotektionismus kombinierte, einen Ausweg wies. Bis zum Ende des Jahrhunderts blieb es aber so, daß die Furcht vor der „Heraufkunft der Arbeitermassen", die den Kern der Sozialen Frage ausmachte, offen oder latent antiindustrielle Einstellungen erzeugte und befestigte und daß diese ihrerseits eine reformerische „Lösung" der Sozialen Frage verhinderten oder zumindest erschwerten. Nach diesen beiden Seiten hin muß man den inneren Mechanismus dieses Prozesses betrachten, wenn die repressiven Antworten auf die Soziale Frage bzw. ihre Eskamotierung aus dem Bewußtsein der Öffentlichkeit und aus der Politik nicht auf ein bloß moralisches Versagen der herrschenden Klassen zurückgeführt werden sollen.

Noch unlängst wies Roberto Vivarelli darauf hin, daß spätestens seit Beginn der 1870er Jahre den Zeitgenossen die Existenz und die ganze Schwere einer Sozialen Frage in Italien vollständig bekannt gewesen und es deshalb völlig legitim sei, die Politik der Regierungen des liberalen Italien danach zu beurteilen, wie sie die Soziale Frage, „das grundlegende Problem des geeinten Staats", anfaßte und wie weit sie zu ihrer Lösung beitrug[42]. Zur Abstützung seiner Behauptung kann Vivarelli sich darauf berufen, daß dies Thema seit der Vollendung der Einigung und seit der Pariser Kommune, welche die italienische Oberschicht zutiefst aufgewühlt und beschäftigt hatte[43], zu einem festen Bestandteil der politisch-publizistischen Diskussion in Italien geworden war. Ein Indiz hierfür ist die merkliche Häufung italienischer Publikationen zur Sozialen oder Arbeiterfrage gerade seit 1871[44]. Inhaltlich blieben die Betrachtungen und Analysen der ,,Sozialen Frage'', des ,,Sozialen Problems'', der ,,Arbeiterfrage'' usw. recht unpräzis und abstrakt. Gemeinsam und zentral war ihnen jedoch eines: ,,Die'' Soziale Frage wurde als eine Bedrohung für die bestehende Gesellschaftsordnung empfunden, die von der Basis der gesellschaftlichen Hierarchie ausging und deren Fundamente zu untergraben drohte. Über ihre Ursachen und genauen Merkmale, auch darüber, ob es eine oder mehrere Soziale Fragen gäbe und in welchem Ausmaß sie bereits auch in Italien präsent sei, war man sich weniger einig[45].

Auch ohne im einzelnen in die Inhalte der Diskussion der Sozialen Frage einzudringen, läßt sich leicht erkennen, daß diese in mehrfacher Hinsicht unter das Niveau der Industrialismus-Debatte der 30er und 40er Jahre zurückgefallen war: Der Zusammenhang zwischen der Ausbreitung der *kapitalistischen* Produktionsweise und der Sozialen Frage wurde verwischt oder überhaupt nicht mehr gesehen. Zusehends ging die rkenntnis der älteren, an den englischen und französischen Erfahrungen orientierten Generation verloren, daß die sozialen Konflikte und Machtverhältnisse sich mit den wirtschaftlichen veränderten, insofern in der Gestalt des modernen Lohnarbeiters eine neue Gesellschaftsklasse auftauchte. Hatte man früher in dem Entstehen einer solchen Arbeiterschaft noch ein Problem erkannt, das sowohl im Hinblick auf die neue Klasse selbst wie im Hinblick auf die Ordnung und den Bestand der alten Gesellschaft die größte Aufmerksamkeit verdiente, so gerieten mit der allmählichen Ausbreitung der neuen Klasse und der Gewöhnung an sie diese grundsätzlichen Aspekte immer weiter in den Hintergrund und machten einem oberflächlichen Pragmatismus Platz, der sich auf die Registrierung von Symptomen beschränkte und nur in den Momenten akuter sozialer Krisen noch zu entschiedenen Reaktionen, zumeist repressiver Natur, fähig war. Das Unverständnis gegenüber der Sozialen Frage als einem qualitativ neuen sozialen Problem, das – ganz allgemein gesprochen – aus der Durchsetzung des Agrar- und Industriekapitalismus resultierte und sich mit dessen Fortschreiten verschärfte, die Gesellschaft in ihren Grundlagen tangierte und ein radikales Überdenken überkommener Positionen verlangte, lag nicht zuletzt in der spezifischen Mentalität der Führungsschichten des geeinten Italien begründet: Mit ihrem liberalen Welt- und Gesellschaftsbild war es unvereinbar, hinter der Sozialen Frage einen Klassengegensatz wahrzunehmen oder gar anzuerkennen; vielmehr bildete in ihren Augen die Soziale Frage eine Anhäufung sozialer Mißstände und individueller Probleme, die in erster Linie auf einen Mangel an Erziehung zurückzuführen seien; dementsprechend wurde für sie die Soziale Frage zu einem pädagogischen Problem, dessen Lösung beim einzelnen Individuum anzusetzen habe[46].

Diese regressive Entwicklung in der Auseinandersetzung mit dem Industrialismus und der Sozialen Frage läßt sich sehr gut an dem Fehlen ernst zu nehmender Sozial- und Arbeiterenquêten in den Jahrzehnten nach 1860 ablesen. Die in der besten Tradition der englischen und französischen Enquêten stehenden Arbeiteruntersuchungen, die Anfang der 40er Jahre in der Lombardei und in Piemont projektiert und teilweise

43

realisiert wurden, blieben lange ohne Fortsetzung, ja selbst die Erinnerung an diese Initiativen scheint fast völlig verlorengegangen zu sein. Schrieb doch Enrico Fano, sicherlich einer der bestinformierten und an sozialen Problemen am meisten interessierten Staatsmänner nach der Einigung, daß es zwar nunmehr (1863) ausgiebige Informationen über die italienischen Industrien gebe (den Optimismus dieser Feststellung kann man heute nur noch schwer teilen), aber bislang solche, „die ihren lebenden Faktor, den Menschen, betreffen", noch fehlten; kein Italiener habe sich, wie etwa Engländer oder Franzosen, jemals darum gekümmert, die Lage und die Bedürfnisse der arbeitenden Klassen zu studieren – und doch enthält das „allgemeine Profil", das Fano dann selbst (auf gerade sieben Seiten) von den arbeitenden Klassen zeichnet, nicht mehr als einige vage Impressionen und persönliche Reflexionen über die geeigneten Mittel, das Bettelwesen zu bekämpfen[47]. Die günstige Gelegenheit, eine umfassende empirische Untersuchung über die Industriearbeiterschaft im Zusammenhang mit der ersten offiziellen Enquête über die italienische Industrie (1870–74) durchzuführen, wurde von ihren Veranstaltern nur in minimalem Umfang wahrgenommen[48].

Dem staatlichen Desinteresse, die reale Lage der Arbeiter auch nur zur Kenntnis zu nehmen, versuchte man von privater Seite entgegenzuwirken. Die 1875 in Mailand konstituierte *Associazione per il progresso degli studi economici in Italia*, die italienische Version des Vereins für Socialpolitik, in der sich unter Führung Luzzattis die Kathedersozialisten der Halbinsel zusammengeschlossen hatten, beschloß auf ihrem Gründungskongreß ein Programm, das u. a. die Organisation von Fabrik-Enquêten vorsah. Bis Ende der 70er Jahre wurden auch sechs Spezial-Enquêten durchgeführt und publiziert; danach aber versandete die Initiative, und eine dieser Untersuchungen, Alberto Erreras knapp achtzigseitige „Untersuchung über die Lage der Arbeiter in den Fabriken" sollte bis zum Ende des Jahrhunderts die einzige überregionale italienische Fabrik-Enquête bleiben[49]. Im Gegensatz zu der optimistischen Hoffnung Sombarts war das offizielle Italien offensichtlich nicht „ehrlich" und „mutig" genug, nach der Jacinischen Agrar-Enquête, diesem „hohen Lied des Elends", auch „die Schäden und Wunden der Italia industriale" bloßzulegen; in der monumentalen *Statistica industriale* der 80er und 90er Jahre zählte es alles – bis auf „seine Sklaven"[50].

Dieser Aufgabe wandte sich zuerst eine kleine Gruppe „aufgeklärter Konservativer" zu, die in den 70er Jahren die Soziale Frage als „Agrarfrage" – und spezieller als „Südfrage" – zu entdecken begannen und einem Parlament und einer Regierung, die sich lange sträubten, die trostlose Wirklichkeit des bäuerlichen Italien zur Kenntnis zu nehmen, mit einer Reihe bewunderungswürdiger Untersuchungen über den ländlichen Süden vorauseilten, hinter denen die offizielle Agarar-Enquête der 80er Jahre in bezug auf die sozialen Probleme der Bauern weit zurückblieb. In diesem Kreis um die Zeitschrift *Rassegna settimanale* (1878–82), aus dem die Namen der Pasquale Villari, Sidney Sonnino, Leopoldo Franchetti und Giustino Fortunato herausragen, sind noch die Motive erkennbar, welche die Sozialreformer vor 1848 bewegten[51]:

„Es ist höchste Zeit, sagten wir damals [sc. bei der Gründung der Zeitschrift im Jahr 1878] und wiederholen es heute, rechtzeitig solche Vorkehrungen zu treffen, die die Lage des einfachen Volks (popolo minuto) in den Städten und auf dem Lande verbessern, um es uns anzunähern und für den neuen Staat einzunehmen, und die ihm eine größere Mitwirkung in der Bestimmung der öffentlichen Angelegenheiten geben. Wir wollten, daß diese Initiative unverzüglich von der Regierung und von der italienischen Bourgeoisie ergriffen würde, nicht weil wir zweifelten, daß sich eines Tages die [Soziale] Frage unserm Land aufdrängen würde und sie dann auf die eine oder andere Weise hätte gelöst werden müssen; sondern weil wir wollten, daß die Erfahrung anderer Nationen uns vorausschauend gemacht und uns belehrt hätte, den notwendigen Weg, sie ohne gefährliche soziale Interessen- und Klassenkonflikte zu lösen, einzuschlagen. Eben auf diesem Weg ist man unserer Meinung nach nicht vorangeschritten, und der größte Teil der Vorschläge und Anregungen derer, die endlich die Notwendigkeit einer Sozialgesetzgebung anerkennen, droht uns auf den entgegengesetzten Weg zu drängen, der uns in die schwersten Gefahren zu führen scheint, da er jene Konflikte, die wir vermeiden möchten, fördert und beschleunigt. Die Gründe hierfür sind vielfältig. Interessen, Vorurteile, alte Überzeugungen verhindern bei uns, daß der Staat die notwendige Initiative ergreift und die Bourgeoisie rechtzeitig und freiwillig die notwendigen Opfer bringt."[52]

Ohne den resignativen Unterton, der diese Betrachtungen Pasquale Villaris aus dem Jahr 1881 kennzeichnet, kam ein Dezennium später Franceso Saverio Nitti auf das Problem zurück: Als der Graf Cavour in einem berühmten Brief die Existenz einer Sozialen Frage in Italien geleugnet habe, habe er nicht nur ein eigenes Vorurteil und Wunschdenken, sondern dasjenige aller italienischen Staatsmänner seiner Zeit ausgedrückt; ohne in anderer Beziehung an die Größe des piemontesischen Staatsmannes heranzureichen, seien ihm die italienischen Politiker in der Leugnung der Sozialen Frage gefolgt, und darauf sei es zurückzuführen, wenn in Italien bisher für die Klasse der Arbeiter so wenig getan worden sei. Um dieselbe Zeit gab Nitti wiederholt seiner Entrüstung darüber Ausdruck, daß kein anderes großes europäisches Land eine armseligere und mangelhaftere Sozialgesetzgebung habe als Italien[53]. Um anzudeuten, wie starke Widerstände gegen sie bestanden, sei nur an Nittis Worte von 1893 erinnert: ,,Zwanzig Jahre lang hat man diskutiert, um ein Gesetz über die Kinderarbeit zustande zu bringen, und man hat ein ungeheuerliches und infames Gesetz gemacht, ein Gesetz, vom den alle wußten, *daß es sich nicht durchführen ließ,* und das die Abgeordneten und Senatoren mit dieser festen Überzeugung annahmen." Dagegen irrte Nitti, wenn er meinte, daß ,,das niedrige Niveau der aus ungebildeten Grundbesitzern und lärmenden Advokaten zusammengesetzten Abgeordnetenkammer" die Entwicklung einer guten Sozialgesetzgebung verhindert habe. Denn zu dem Zeitpunkt, als Nitti die politische Führungsschicht Italiens wegen ihrer Unterlassungen auf diesem Gebiet so heftig angriff, war die *Sinistra,* die Vertreterin der Interessen des Industriebürgertums, unter Depretis, Cairoli und Crispi bereits ebensolange an der Regierung gewesen wie vor ihr die agrarisch orientierte *Destra*; überdies ging die stärkste und wirksamste Opposition gegen das Kinderschutzgesetz und andere sozialreformerische Gesetzesvorlagen von Industriellen wie dem Wollfabrikanten und Senator des Königreichs Alessandro Rossi aus, und in dem Jahr der Verabschiedung des Kinderschutzgesetzes (1886) scheute sich einer der einflußreichsten parlamentarischen Fürsprecher der industriellen Interessen, Vittorio Ellena, in einer offiziellen Publikation nicht, explizit zu einer elastischen Handhabung des Gesetzes zu raten[54]. Die Richtigstellung, daß zu den heftigsten Opponenten sozialer Reformen keineswegs nur zukunftsblinde und „konservative" Politiker, sondern ebenso – und vor allem – „progressive" Industrialisten und Industrielle gehörten, ist von erheblichem Belang für die Frage, weshalb Reformen nur ansatzweise oder gar nicht verwirklicht wurden.

Von geringem Gewicht ist das gelegentlich angeführte Argument, daß die politische Führungsschicht so sehr von politischen Aufgaben – der Vollendung der Einigung und dem Aufbau des Staats – beansprucht worden sei, daß die sozialen Probleme dahinter hätten zurücktreten müssen. Abgesehen davon, daß dies Argument eingestandenermaßen allenfalls bis zum Ende der *Destra storica* gelten kann, beruht es auf einem Zirkelschluß: führt es doch das, was es zu erklären gilt, nämlich den Primat der Politik vor den sozialen Fragen, zu seiner Erklärung an; es weicht dem Kern des Problems aus, weshalb Cavours emphatische Äußerung von 1849, „daß die größten Probleme, zu deren Lösung unsere Zeit aufgerufen ist, nicht mehr die politischen Probleme sind, sondern vielmehr die sozialen", weder in seiner eigenen Politik noch in der seiner Nachfolger Spuren hinterlassen hat[55]. Ungenügend bleiben auch Antworten, die nur die zeitgenössische Kritik wiederholend, „die wahre Ursache, weshalb der italienische Staat sich noch nicht die Interessen der notleidenden Klassen zu Herzen genommen hat", in einem „Mangel an gutem Willen" sehen[56]. Denn unbeschadet der Lauterkeit ihrer Motive und ihrer menschlichen Größe blieben auch die Kritiker um die *Rassegna settimanale* hinter der Realität der Sozialen Frage in ihrer oben angegebenen Bedeutung zurück[57]. Begreiflicherweise entdeckten sie, die der reformerischen Tradition der Gemäßigten neue Impulse zu geben versuchten, die Soziale Frage als Agrarfrage. Indem sie das Bestehen einer solchen überhaupt anerkannten, eilten sie dem Gros der Politiker, welche die Existenz einer Sozialen Frage nicht wahrhaben wollten oder zu verharmlosen suchten, weit voraus; doch auf der anderen Seite waren auch Villari und seine Freunde nicht imstande, für die Lösung der Agrarfrage einen gangbaren Weg anzugeben, da sie diese zu einem moralischen Problem der Oberschichten verkürzten.

Um die Gründe aufzudecken, weshalb nicht nur die *Destra* und die Entdecker der Agrarfrage, sondern auch Sozialreformer vom Format eines Luigi Luzzatti, der politisch bezeichnenderweise durchaus ein Gemäßigter war, und die gesamte „Linke" sich außerstande zeigten, der sich immer akuter stellenden Sozialen Frage mit wirksamen Reformen zu begegnen, ist noch einmal an Chabods Charakterisierung der Führungsschicht des geeinten Italien zu erinnern, an ihre tief eingewurzelten Widerstände gegen jede Modifikation des gesellschaftlichen Status quo, an ihre Furcht vor der großen Industrie als „Furcht vor den Arbeitermassen". Vor dieser Furcht und vor der Sozialen Frage im allgemeinen schwanden die politischen Differenzen dahin, begannen „Rechte" und „Linke" zusammenzurücken, wurde die „Linke" „zutiefst konservativ". Die bescheidene Erweiterung des Wahlrechts im Jahr 1882, die von der Beteiligung „neuer sozialer Schichten" an der Politik befürchtete Umwälzung der Institutionen genügten, den *trasformismo*, den Verschmelzungsprozeß von „Rechter" und „Linker", einzuleiten[58]. Vor der „sozialen Frage, die an die Tore unserer Städte pocht und bereits hier und da auf dem Lande zu sprießen beginnt", zeigte sich der radikale Mailänder *Secolo* bereit, seiner Intimfeindin, der erzkonservativen *Perseveranza*, einen gesellschaftlichen Waffenstillstand anzubieten, um gemeinsam eine „große Gefahr" abzuwenden und „unserem Vaterland den öffentlichen Frieden und soziale Prosperität" zu sichern[59]. „Um rechtzeitig die Arbeiterklasse zu entwaffnen", ermahnte der philoindustrielle *Corriere della sera* die verstockten Konservativen, die „alles den kgl. Carabinieri zu tun überlassen" möchten, an die gemeinsame Pflicht, umsichtige, vorsorgende Maßnahmen zu ergreifen, „die das Volk überzeugen, daß sich ihm ein Weg eröffnet, ein wenig besser zu stehen, die unheilbare Ungleichheit der sozialen Klassen besser zu ertragen"[60].

Wie gegenüber der Furcht vor den Massen die Unterschiede zwischen „Rechter" und „Linker" und selbst den Radikalen fließend wurden, so auch im Hinblick auf das Problem einer durchgreifenden Industrialisierung und den damit notwendig verbundenen sozialen Reformen. Die politische Führungsschicht Italiens versagte deswegen vor der „Lösung" der Sozialen Frage, weil sie mehrheitlich, und zwar bis weit in das Lager der „Linken" hinein, vor der ökonomischen Entwicklung zurückschreckte, die in ihrem Schoß die „Arbeiterfrage" barg; weil sie sich einer Entwicklung verweigerte, die Voraussetzung gewesen wäre, um die Soziale Frage in ihrer doppelten Gestalt – als „Arbeiterfrage" und als das traditionelle Massenelend der Unterschichten im weitesten Sinn – zu lösen. Zu den ganz wenigen, die außer Chabod diesen Zusammenhang erkannt haben, gehört Giuseppe Are, der im Hinblick auf Luzzatti und seine Mitstreiter bemerkt: „Die hauptsächliche Ambiguität des prophylaktischen Reformismus, die der italienischen [Sozial-]gesetzgebung der letzten Jahrzehnte des 19. Jahrhunderts anhaftete, bildeten das Mißtrauen und die Furcht vor einer vollen und tiefgreifenden Ausbreitung industriekapitalistischer Verhältnisse in der italienischen Wirtschaft."[61] Der Sozialreformismus Luzzattis wie der seiner risorgimentalen Vorgänger stieß in der ihnen eigentümlichen Konzeption der für Italien wünschbaren ökonomischen Entwicklung auf seine entscheidende Grenze: Ihren Reformvorschlägen fehlte in dem Umfang das materielle Substrat, in dem sie sich gegen die volle Entfaltung des Industriekapitalismus wendeten, die soziale Reformen nicht nur notwendig gemacht, sondern durch eine merkliche Steigerung des Volkseinkommens überhaupt erst ermöglicht hätte. Aufgrund dieser Grenze waren sie auch außerstande, soziale Reformen jenseits der traditionellen Vorstellungen über philanthropische Verpflichtungen der Oberschichten, christlicher Barmherzigkeit und Wohltätigkeit zu konzipieren; was sie den gegenreformatorischen Lehren über die Pflicht sozialer Fürsorge und dem vorgelebten Beispiel des Hl. Filippo Neri hinzufügten, war einzig ihr Appell an die Schule, „die schönste und wirksamste Quelle, um das notleidende Volk zu gesitten und zu erziehen, um es zu erheben, ihm Brot und ein Leben in Anstand zu verschaffen"[62].

In dieses Bild fügt sich auch das Denken und die Aktivität eines Alessandro Rossi ein, in dem man neuerdings eine Art Prophet des industriellen Italien, einen einsamen „progressiven" Rufer in der Wüste hat entdecken wollen[63]. Als Ideologe und einer der verbissensten Vorkämpfer gegen jede Form der Sozialgesetzgebung teilte er die abgeschmacktesten Klischees, die über die rosige Lage der italienischen Arbeiter damals in Umlauf waren, und witzelte über einen Luzzatti, der in Italien die große Industrie samt ihren sozialen Schäden zu entdecken begann. Als Unternehmer, und zwar als Leiter einer der größten und modernsten Fabriken, die es in Italien gab, praktizierte er einen absolutistischen Betriebspaternalismus, dessen erklärtes Ziel es war, eine lückenlose Kontrolle über das Leben seiner Arbeiter, innerhalb und außerhalb der Fabrik, von der Geburt bis zum Tod, von ihrem Gemeinschaftsleben bis zum Denken und Wollen jedes einzelnen Arbeiters, herzustellen; jede autonome Regung seiner Arbeiter sah er als Insubordination an und unterdrückte sie[64]. Rossi teilte alle Befürchtungen und Vorurteile seiner Klasse gegen die Massen, deren ,,Recht auf Existenz" er nur in der Form eines jederzeit widerrufbaren Gnadenerweises anerkannte; was ihn allein von ihr unterschied, war die – momentan – größere Effizienz seines Systems der Disziplinierung der Massen; doch funktionieren konnte dies System nur zeitlich begrenzt und als Ausnahme, da es alle Charakteristika wirtschaftlicher Rückständigkeit – Ansiedlung der Fabrik auf dem Lande, Verwendung bäuerlicher, hauptsächlich weiblicher und kindlicher Arbeitskräfte, despotische Herrschaft über die Arbeitskraft, Unterdrückung von Arbeiterorganisationen – zur Voraussetzung hatte. ,,Um des elenden bischen Freiheit willen" zogen Hunderte von Familien aus dem Reich, in dem Rossi herrschte, es vor, ,,einer ungewissen Zukunft im fernen Amerika" entgegenzuziehen, ,,statt gute Wurst vom goldenen Teller in Frieden und in der Zucht ihres Herren zu essen"[65]. Auf die Gesamtgesellschaft war Rossis Modell nur unter der Voraussetzung übertragbar, daß es gelang, die proletarischen Schichten insgesamt permanent ebenso im Zaum zu halten wie die Arbeiterschaft einer einzelnen Fabrik. Solche Versuche einer globalen Unterdrückung wurden zweimal in den 90er Jahren unternommen; in beiden Fällen scheiterten sie. Erst dann, unter Giolitti, war – zumindest für ein Jahrzehnt – der Weg frei für eine reformistische Konzeption der wirtschaftlichen Entwicklung und der Integration der Arbeiterschaft in die ökonomische und gesellschaftliche Dynamik. Um Giolitti diesen Weg zu ebnen, hatte es der schwersten inneren Krise bedurft, die der Staat seit seinem Bestehen durchzumachen gehabt und in die ihn die Politik der Ausschließung der Massen und der Versuch ihrer repressiven Kontrolle gestürzt hatte.

Mit der ,,Giolittianischen Wende" setzte sich nach langen Umwegen in Italien erstmals eine Politik sozialer Reformen durch, deren allgemeine Notwendigkeit von einigen Reformern bereits vor 1848, gewissermaßen avant la lettre, aufgrund der in anderen Ländern durchgemachten und von ihnen sehr aufmerksam verfolgten Erfahrungen anerkannt worden war. Wenn die aus diesen Erfahrungen gezogenen Lehren nicht in die Tat umgesetzt wurden, ist das vor allem dem Umstand zuzuschreiben, daß in Italien die einer durchgreifenden Industrialisierung feindlich oder mißtrauisch gegenüberstehenden Kräfte die Oberhand behielten und das Land den Weg einer halbherzigen, inkonsequenten Industrialisierung beschritt, der eine viel wirksamere Abwehr gegen die befürchteten sozialen Umwälzungen zu versprechen schien als präventive Reformen. Diese Entwicklung entbehrt nicht einer gewissen Ironie, insofern gerade durch sie die sozialen Konflikte verallgemeinert und verschärft wurden, zu deren zumindest partieller Lösung aufgrund dieser Entwicklung alle materiellen Voraussetzungen fehlten. Mit einer gewissen Überspitzung läßt sich sagen, daß die wirtschaftliche Rückständigkeit, die in der ersten Hälfte des Jahrhunderts bis zu einem bestimmten Grad eine nur zeitliche Verspätung war, sich selbst erzeugt und potenziert hat. Worin sich diese Feststellung von der „Erklärung" mancher Wirtschaftshistoriker, welche die Unterentwicklung auf sich selbst zurückführen[66], unterscheidet, ist dies: Es handelt sich in dem besonderen Industrialisierungsprozeß Italiens nicht um die bloße, passiv fortdauernde Kontinuität einer vorgegebenen wirtschaftlichen und gesellschaftlichen Konstellation, sondern um die bewußte, vom englischen und französischen Beispiel gespeiste und von der „Furcht vor den Arbeitermassen" getragene Entscheidung der Protagonisten jenes Prozesses, die bekannten Gefahren der modernen Klassengesellschaft durch den partiellen Verzicht auf ihre materiellen Grundlagen zu umgehen; nicht aber um die Rückständigkeit zu perpetuieren, sondern umgekehrt: um die Segnungen des Industriekapitalismus ohne eine Veränderung der gesellschaftlichen Machtverhältnisse zu ermöglichen. Wenn Alexander Gerschenkron für Frankreich den Saint-Simonismus, für Deutschland die Listsche Nationalökonomie, für Rußland den orthodoxen Marxismus als „Ideologien verspäteter Industrialisierungen" bezeichnet hat, so könnte man den verkappten Antiindustrialismus der italienischen Industrialisten wie Industriellen als die Ideologie bezeichnen, die einem Land der dritten Generation den „Umweg" von Klassenantagonismen ersparen bzw. die gesellschaftlichen Machtkonstellationen mystifizieren sollte[67].

3. Der italienische Weg der Industrialisierung

Eine Industrialisierung, die von der politischen Führungsschicht nur widerstrebend oder gar nicht gewollt wurde[68], konnte nicht wie etwa die deutsche verlaufen. Sie verspätete sich nicht nur, sondern schlug auch einen eigenen Weg ein. Will man diesen Weg beschreiben, kann man von den Beobachtungen einiger Zeitgenossen ausgehen, die deutlicher als heutige Forscher[69] erkannten und aussprachen, wie die politische Determinierung der ökonomischen Entwicklung sich bis in die Formen des Produktionsprozesses durchgesetzt hat.

1880, zwei Jahre nachdem die ersten Maßnahmen zur Verteidigung der „nationalen Arbeit" ergriffen worden waren, fragte sich der bereits genannte Vittorio Ellena nach den „hauptsächlichen Ursachen unserer [industriellen] Unterlegenheit gegenüber den ausländischen Staaten". An erster Stelle beklagte er den Mangel an „ausreichendem und zuversichtlichem Kapital", der aber weniger auf einem absoluten Kapitalmangel beruhe als vielmehr auf dem „fehlenden Vertrauen in industrielle Unternehmungen"; dieses Mißtrauen habe einerseits allgemeinere Ursachen, andererseits spezifisch italienische: Die letzte Wirtschaftskrise, d. h. der „Krach" von 1873 und die folgende große Depression, hätte das Kapital „stark verschreckt", und eine „zügellose Konkurrenz" unter den Industriestaaten sei Ursache des „starken Mißtrauens der Kapitalien, sich den Industrien zuzuwenden". Für Italien komme erschwerend hinzu, daß

„beträchtliche Kapitalien" durch landwirtschaftliche Investitionen absorbiert würden, und vor allem ein „geringes Vertrauen in die Fabriken". Deren Anlage und erste Ausstattung erfordere 30–40 % höhere Kosten als in anderen Ländern, und die Produktion verteure sich wegen der weiten Entfernungen zu den Rohstoffmärkten und der hohen Transportkosten für Fertigprodukte. Als einen weiteren, unmittelbar mit dem vorigen zusammenhängenden Punkt stellt Ellena die geringe Arbeitsproduktivität der italienischen Arbeiter heraus, die durch die niedrigeren Löhne nicht kompensiert werde; im Endergebnis habe der italienische Unternehmer sogar höhere Lohnkosten zu tragen als seine ausländischen Konkurrenten. An letzter Stelle kritisierte er die staatlichen Institutionen, insbesondere den unersättlichen und unberechenbaren Fiskus, ferner die Berufserziehung und das Transportwesen; als einen weiteren, zumindest gegenüber England gegebenen, Nachteil hob er die Wehrpflicht hervor, „die die Erziehung des Arbeiters in der besten Phase seiner Vollendung unterbricht und ihn der produktiven Arbeit entfremdet"[70].

Gut ein Jahrzehnt später, einige Jahre nach dem Inkrafttreten des neuen Zolltarifs von 1887, durch den der Industrieprotektionismus für einige Güter erheblich verschärft wurde, ließ sich auch Werner Sombart in seiner Untersuchung zur italienischen Handelspolitik über die internationale Wettbewerbsfähigkeit der italienischen Industrie aus. Nachdem er die Schutzzollpolitik, sicherlich nicht ganz zutreffend, im Sinne der Listschen Erziehungszölle interpretiert hat, warf er die Frage auf, ob es volkswirtschaftlich „zweckmäßig und weise" sei, daß Italien es gegen Ende der 1870er Jahre unternommen habe, „mittels einer schutzzöllnerischen Handelspolitik sich eine selbständige nationale Industrie schaffen zu wollen". Er räumte ein, die Frage nicht erschöpfend behandeln zu können, warnte davor, in ihr ein „Rechenexempel" zu sehen, das sich „ziffernmäßig" lösen lasse. Er beschränkte sich auf „eine Prüfung der einzelnen Produktionselemente, aus denen der wirtschaftliche Gesamteffekt sich bilden muß", um dem Leser die Bildung eines endgültigen Urteils zu dieser Frage zu überlassen. Die erste Frage, die man sich vorlegen müsse, die zugleich auch die schwierigste sei, ob nämlich Italien einen Unternehmerstand besitze, „der gewillt und fähig ist, eine lebhaftere industrielle Tätigkeit als bisher ins Leben zu rufen, sobald ihm die Gunst der Umstände entgegen kommt", könne endgültig erst die Zukunft beantworten; aber da sich in Italien noch zu jeder Zeit Männer gefunden hätten, die bereit gewesen seien, allen Fährnissen einer übermächtigen Konkurrenz zu trotzen, denen es gelungen sei, auch jetzt schon manchen Industriezweig ihrem Land zu erhalten, gelangte er zu der optimistischen Prognose, daß „es unter einem so befähigten Volke, wie es das italienische ist, sicherlich nicht an Unternehmer-Genies und Unternehmer-Talenten fehlen" werde. Bedenklicher sehe es dagegen mit dem „Triebmittel moderner wirtschaftlicher Thätigkeit, dem Geld-Kapital" aus, da in Italien das Kreditwesen noch recht schwach entwickelt und das Geld wegen des hohen Diskontsatzes teurer als in Westeuropa sei. Die eigentliche Gretchenfrage bildete für Sombart, ganz ähnlich wie für Ellena, „die Frage nach der Geneigtheit des Kapitals zu industriellen Unternehmungen", die mit derjenigen nach ihrer Rentabilität in engem Zusammenhang stehe; stelle man sich, „was statthaft sein dürfe, auf den ausschließlich privatwirtschaftlichen Standpunkt, so [erscheine] als wichtigstes Element bei der Gestaltung der für die Rentabilität ausschlaggebenden Produktionskosten: das Arbeitermaterial".

Zunächst prüfte Sombart die Stichhaltigkeit der häufigen Klagen über die „mangelhafte Gewandtheit der Arbeiter", distanzierte sich aber von Ellenas Auslassungen über die geringe Leistungsfähigkeit der italienischen Arbeiter und bemerkt abschließend, daß es dem italienischen Arbeiter nicht schwerfallen werde, „die gewerbliche Routine sich in Bälde anzueignen, die ihm zur Zeit allerdings noch fehlen mag". Wenn in dieser Beurteilung schon ein signifikanter Unterschied zu dem apologetischen Zweckpessimismus der wirtschaftlichen Führungsschichten Italiens sichtbar wurde, die allzuschnell bei der Hand waren, die geringere Leistungsfähigkeit ihrer Industrie auf die der Arbeiter zu reduzieren, so gelangte der ausländische Beobachter zu einer diametral entgegengesetzten Beurteilung der institutionellen Rahmenbedingungen; er überging die von Ellena vorgebrachten Gravamina und führte sehr viel wesentlichere, von jenem außer acht gelassene Punkte an:

„Von ausschlaggebender Bedeutung aber sind unter Einem eine Reihe anderer Momente, die an sich überaus beklagenswert, doch sicherlich der industriellen Produktion und ihrer privatwirtschaftlichen Rentabilität, wenigsten für den Augenblick, zu gute kommen. Wir meinen: das Fehlen fast jeder Arbeiterschutzgesetzgebung und folgeweise die völlige Freiheit des Unternehmers in der Ausnützung, um nicht zu sagen Ausbeutung, des Arbeitermaterials, die weite Verbreitung der für die Textilindustrie besonders wichtigen Hausarbeit in Italien, und endlich – nicht ohne kausalen Zusammenhang mit den beiden anderen Punkten, die Anspruchslosigkeit des italienischen Arbeiters, sein billiger Lebensstandard, beide durch fast überall niedrige Löhne zum Ausdruck gebracht."

In dem Zustand „vollkommener Ausbeutungsfreiheit" sah Sombart ein Moment, „das Hoffnung auf eine Rentabilität der Industrie erweckt, ein Moment wichtig genug, zahlreiche andere, weniger günstige Bedingungen wett zu machen"; eine ihrer gravierendsten Folgen sei die exzessive Beschäftigung von Frauen und Kindern, welche die Stellung des männlichen Arbeiters gegenüber den Unternehmern schwäche und die Garantie für die – wie italienische Industrielle sich ausdrückten – „vorzügliche Haltung" der italienischen Arbeiter sei[71].

Die beiden Punkte, denen Ellena wie Sombart die größte Wichtigkeit für die industrielle Zukunft Italiens beimaßen, sind zum einen die Bereitschaft, Kapital in industrielle Unternehmungen zu investieren, und zum andern die Leistungsfähigkeit und „Ausnützbarkeit" der Arbeitskraft. Den richtigen Zugang zur ersten Frage weisen beide Autoren, indem sie das Problem der Kapitalaufbringung nicht allein von der Angebot-, sondern auch von der Nachfrageseite her angehen. Das ist um so bemerkenswerter, als die Bedingungen der Kapitalbildung aus den von ihnen erwähnten Gründen denkbar ungünstig waren und das Argument eines „allgemeinen Kapitalmangels" sich bis heute hartnäckig in der Literatur gehalten hat[72]. Von der neueren Forschung über die Industrielle Revolution des 18. und 19. Jahrhunderts in anderen Ländern ist dies Argument jedoch aufgrund zweier Überlegungen stark relativiert worden: Der Kapitalbedarf sei zu Beginn der Industrialisierung keineswegs groß gewesen, und an Kapitalien für nicht-industrielle Investitionen habe es nicht gefehlt[73]. Zieht man den Beginn seiner Industrialisierung in Betracht, die Konkurrenzsituation, der es sich auf dem internationalen wie auf dem einheimischen Markt ausgesetzt sah, die Notwendigkeit, mit gewissen internationalen technologischen Standards Schritt halten zu müssen, usw., so sind diese Argumente im Hinblick auf Italien sicherlich zu modifizieren; doch in ihrem Kern treffen sie auch hier zu. Nach allem, was sich an dem Beispiel Mailands über diesen Punkt ermitteln ließ, stieß der Kapitalbedarf für industrielle Investitionen auf der Angebotseite auf keine unüberwindlichen Schranken. Die gleich anzuführenden Mailänder Beispiele sind einerseits vergleichbar mit der Ausgangssituation für industrielle Unternehmungen in früher industrialisierenden Ländern und bis zu einem gewissen Grad typisch für die gesamtitalienische Situation, da es sich im Durchschnitt um Unternehmen handelte, die zwar nicht gerade aus ganz kleinen, aber immerhin bescheidenen Anfängen hervorgegangen waren, sich nach und nach erst vergrößert hatten und deren Kapitalbedarf bei der Gründung dementsprechend gering war und erst später größere Ausmaße annahm, wenn das Unternehmen den Kapitalgebern ausreichende Garantien für ihren Einsatz und eine Erfüllung ihrer Gewinnerwartungen zu versprechen schien.

Ausschlaggebend für die Gründung einer Fabrik und ihren Erfolg waren der Unternehmer und das Vertrauen in die Solidität seines Unternehmens. Noch bis in die letzten Jahre des 19. Jahrhunderts spielte der anonyme Kapitalmarkt für industrielle Investitionen (im Gegensatz zu denjenigen im tertiären Sektor) sowohl für Mailand wie für ganz Italien eine völlig untergeordnete Rolle. Sofern die Größe der Unternehmung die finanziellen Möglichkeiten eines einzelnen überstieg, war und blieb für lange Zeit die Personengesellschaft, die einfache und die Kommanditgesellschaft auf Aktien, die bevorzugte Form der Kapitalassoziation. Nahezu alle größeren Mailänder Unternehmen haben so begonnen. Den Anfang machten in den 1840er Jahren die Keramikfabrik Richard und die beiden ersten größeren Maschinenbaufabriken Elvetica und Grondona. Besonders typisch ist das Beispiel der Elvetica: Zu ihrem Anfangskapital von 600 000 L. trugen die juristisch allein verantwortlichen Besitzer, zunächst Bouffier und später Schlegel, die in einer Person technische Direktoren, Leiter des gesamten Betriebs, des Einkaufs und Verkaufs usw. waren und der Firma auch ihren Namen gaben, nur einige Tausend Lire bei, während lediglich acht Kommanditisten, Mitglieder der reichen städtischen Aristokratie und Bourgeoisie, mit unterschiedlich hohen Anteilen der Gesellschaft beitraten. Nach 1860 wechselte die Elvetica noch mehrmals ihren Besitzer, vergrößerte sich langsam und schleppte sich recht und schlecht dahin, bis 1886 der Ingenieur Ernesto Breda das Unternehmen erwarb, 1888 das inzwischen auf 1,2 Mill. L. angewachsene Kapital auf 1,5 Mill. L. erhöhte und den Betrieb völlig neu organisierte und modernisierte; aber erst 1899 wurde die Elvetica, mittlerweile unter dem Namen Società Accomandita Ing. Ernesto Breda e C., in eine Aktiengesellschaft umgewandelt.

Größere Schwierigkeiten hatte anfänglich die Grondona zu überwinden. Giulio Richard dagegen erhielt für seine 1842 ebenfalls als Kommanditgesellschaft gegründete Fabrik das Anfangskapital von einer halben Million Lire von „Personen aus sei-

52

ner Bekanntschaft" in Turin und Mailand; nach 1860 weitete er sie erheblich aus und wandelte sie 1873 – atypisch früh – in eine Aktiengesellschaft um, deren Kapital Anfang der 90er Jahre 3,2 Mill. L. betrug. Gleichfalls als Kommanditgesellschaft auf Aktien gründete Ambrogio Binda 1855 eine bedeutende Papierfabrik, deren Anfangskapital, 50 Aktien à 10 000 L., von dreiundzwanzig Gesellschaftern aufgebracht, schon bald um denselben Betrag aufgestockt und wenig später durch ein Darlehen von einer Million L., wiederum von „wenigen Freunden" zur Verfügung gestellt, verdoppelt wurde; 1868 erhielt Binda von seinen wenigen Gesellschaftern abermals ein Million L. zum Ankauf einer Papierfabrik in Vaprio d'Adda. Seine Kreditwürdigkeit hatte sich Binda, ein Selfmademan ganz im Stil und nach dem Geschmack eines Samuel Smiles, als erfolgreicher Knopffabrikant erworben, dem die Gelder so reichlich zuströmten, daß er gleichzeitig mit der Gründung der Knopffabrik auch eine ältere Kammfabrik erwerben, mit dem Geld weniger Aktionäre vergrößern und als Kommanditgesellschaft neu eröffnen konnte.

Die Anfangskapitale der nächsten wichtigen Fabrikgründungen hatten etwa dieselbe Größenordnung und wurden gleichfalls zumeist „mit der Hilfe einiger Freunde" aufgebracht. Pirelli begann 1872 mit einem Kapital von 215 000 L., in das sich 24 Kommanditisten teilten; bis 1890, bei einem Jahresumsatz von etwa 5 Mill. L. und einer Belegschaft von 1000 Arbeitern, war das Kapital nach und nach auf 5,5 Mill. L. erhöht worden, zu denen noch 3 Mill. L. Schuldverschreibungen hinzukamen. Ein anderer Stern am Mailänder Unternehmerhimmel ging auf, als 1875 Ernesto De Angeli eine Stoffdruckerei und -färberei gründete, die als bescheidene Kommanditgesellschaft begonnen, sich rasch zu einem der größten und modernsten Mailänder Betriebe entwickelte. In den 80er Jahren erweiterten dann ähnlich wie die Elvetica auch andere Maschinenbaufabriken (Riva, Invitti, Süffert usw.) ihren Kapitalstock, behielten jedoch die Rechtsform einer Kommanditgesellschaft bei[74]. Im selben Jahrzehnt entstand erstmals eine größere Anzahl von Industrie-Aktiengesellschaften, die auch Betriebe in Mailand hatten. Spitzenreiter dieser Neugründungen war die Elektrizitätsgesellschaft Edison mit einem Kapital von 6 Mill. L. Die Millionengrenze überschritten noch drei chemische Fabriken, zwei der Metallbranche und eine für Baustoffe, während einige kleinere Gesellschaften aus den Konsumgüterindustrien nicht weiter ins Gewicht fielen[75].

Wenn man diese sowohl im Einzelfall wie auch insgesamt recht bescheidenen Summen mit denjenigen vergleicht, die gleichzeitig außerhalb der Industrie (im Transport-, Banken- und Versicherungswesen, in Immobilien, öffentliche Versorgungseinrichtungen und nicht zuletzt in der Landwirtschaft) investiert wurden, läßt sich die These nicht aufrechterhalten, daß die Kapitalarmut eines der entscheidenden Hindernisse für die Entwicklung der italienischen Industrie im 19. Jahrhundert gewesen sei. Noch 1896 machte das Kapital aller italienischen Industriegesellschaften nur 20,7 % des gesamten Aktienkapitals aus[76]. Für Mailand gibt es keine Anhaltspunkte, daß eine starke Diskrepanz zwischen Angebot und Nachfrage auf dem industriellen Kapitalmarkt bestanden hätte. Vielmehr muß man annehmen, daß es an genügend unternehmerischen Initiativen gefehlt und das verbreitete Mißtrauen in die industrielle Zukunft des Landes die größere Entfaltung der vorhandenen und das Entstehen neuer

Initiativen behindert hat. So erklärt sich auch, daß noch in den 80er Jahren ausländische Kapitalien, die nach dem Verschwinden des Goldagio wieder reichlicher nach Italien strömten, nur in ganz begrenztem Umfang in der Industrie investiert wurden[77]. Das ausländische Kapital akkommodierte sich den italienischen Verhältnissen: Weil es in der Industrie keine Unternehmer fand, wanderte es in die anderen Sektoren. Dem fügt sich auch die bekannte These Gerschenkrons ein, daß der industrielle Aufschwung der 80er Jahre deswegen nicht in einen *big spurt* überleitete, weil Italien über kein seinen industriellen Erfordernissen entsprechendes Banksystem verfügte; daß es deswegen zehn weitere Jahre auf seinen *big spurt* warten mußte, weil vorher die ,,alte Bank" verschwinden und durch das System der ,,gemischten Bank" nach deutschem Vorbild abgelöst werden mußte. Denn die deutschen Bankiers traten in Italien nicht, wie vor ihnen etwa die Franzosen, lediglich als Kapitalimporteure, sondern gleichzeitig als industrielle Unternehmer auf. Nur wenn man die großen Veränderungen im italienischen Bankwesen in den 90er Jahren nicht als ein rein bank- und kredittechnisches, sondern eben auch als ein eminent unternehmerisches Problem betrachtet, erklärt sich, weshalb die Aktivitäten der Banken deutschen Typs, begünstigt von den heilsamen Auswirkungen der Krise, dem weltweiten Konjunkturaufschwung und einem allgemeinen Erwachen und Erstarken unternehmerischer Initiative auch auf der Halbinsel, zu einem ,,strategischen Faktor" in der zweiten Phase der italienischen Industrialisierung werden konnten[78].

Wenn es noch einer weiteren Bestätigung bedarf, daß es weniger an Geldkapital als vielmehr an Risikobereitschaft und moderner Unternehmergesinnung für eine stärkere Entfaltung kapitalistischer Unternehmungen und eine zügigere Industrialisierung fehlte, braucht nur, um auf Mailand und die Lombardei zurückzukommen, an die Entwicklung der Einlagen bei der Cassa die Risparmio delle Provincie Lombarde und deren Verwendung erinnert zu werden. Betrugen diese 1850 erst 17 Mill. L., so waren es 1861 bereits 90 und ein weiteres Jahrzehnt später sogar 215 Mill. L. Es kann nicht zweifelhaft sein, weshalb die Gelder so reichlich gerade dem Institut der Sparkasse zuströmten: Ihr Statut und die Mentalität ihrer Verwalter versprachen den Einlegern an erster Stelle Sicherheit. In dem ersten halben Jahrhundert ihres Bestehens vermied die 1823 gegründete Sparkasse jede Form von Kredit, die irgendein Risiko in sich barg; sie bevorzugte im allgemeinen Kredite an öffentliche Körperschaften oder solche Privatkredite, die durch Hypothekengarantien abgesichert waren. ,,Diese äußerste Vorsicht der Verwalter der Sparkasse traf sich übrigens mit der in der Mehrheit der wohlhabenden Schicht der Lombardei noch vorherrschenden Mentalität, die nicht von ihrer entschiedenen Vorliebe für Immobiliarinvestitionen abließ. Diese Mentalität trug, zusammen mit den äußeren Umständen. . ., sicherlich zu der etwa zwanzigjährigen Verspätung in der wirtschaftlichen Entwicklung der Lombardei bei, die bereits vor 1847 so vielversprechend erschien."[79]

Aber nicht nur die Gewinne aus der Landwirtschaft, insbesondere aus der Seidenraupenzucht, die allein jährliche Bruttoerträge von über 30 Mill. L. abwarf, wurden entweder direkt oder indirekt über die Einlagen bei der Sparkasse dem Land zugeführt, sondern auch der außerhalb der Landwirtschaft erworbene Reichtum wurde bevorzugt in Immobilien angelegt. Die Konsequenzen, die sich hieraus für die ländlichen Besitzverhältnisse und gesellschaftlichen Beziehungen ergaben, hat Stefano Jacini, der unübertroffene Analytiker der lombardischen Landwirtschaft, beschrieben: Im Hügelland und in der Hochebene bezeichneten die beiden Ausdrücke Bebauer und Grundeigentümer zwei verschiedene Gesellschaftsklassen, da die Konkurrenz der Kapitalisten es hier den Bauern noch mehr als im Gebirge unmöglich mache, Grundbesitz zu erwerben oder bereits erworbenen zu behaupten:

,,Die Städte Mailand, Como, Bergamo und Brescia so wie die größeren Marktflekken der Provinzen gl. Namens sind seit lange der Sitz eines wohlhabenden, durch Industrie, Handel und Sparsamkeit zahlreich gewordenen Mittelstandes. In einem Lande wie dem unsrigen, in welchem der Geist großer Speculationen nicht sehr verbreitet ist und wo viele Umstände, deren Aufzählung hier unnütz wäre, dazu beitrugen, das Mißtrauen gegen den Besitz von öffentlichen Kreditpapieren oder gegen Eisenbahnunternehmungen zu begründen, werden die Kapitalien auf den Ankauf liegender Güter um so lieber verwendet, da eine solche Geldanlegung nicht nur größere Sicherheit bietet, sondern auch Kredit und Achtung verschafft."

Während 95 % des Aktienkapitals der Ferdinandeischen Eisenbahn (von Mailand nach Venedig) wegen mangelnder Kauflust außerhalb der Lombardei placiert werden mußten, begnügte der lombardische Mittelstand sich mit einer Verzinsung von knapp 3 % des in den erwähnten Gebieten investierten Kapitals, da ,,er sich selbst durch die beständige Nachfrage nach Grund und Boden eine außerordentliche Concurrenz" bildete[80]. Das von Jacini beschriebene Phänomen und das allgemeine Widerstreben, Kapital in Industrie und Handel zu investieren, wurde um dieselbe Zeit auch von anderen Autoren mit unüberhörbarer Kritik vermerkt[81].

Diese Haltung der wohlhabenden Schichten, die Luigi Einaudi noch auf der Schwelle zum 20. Jahrhundert als die ,,Verehrung der 4 %" so heftig an seinen Landsleuten getadelt hat[82], hat Carlo Cattaneo bereits um die Mitte der 1830er Jahre beschrieben; er hat auch am eindringlichsten die tieferen Wurzeln des lombardischen Agrikulturismus bloßgelegt:

,,Die Risiken des industriellen Lebens verlangen eine dauernde Anspannung der Gedanken und des Handelns, und die Aktivitäten, die mit der Vermehrung der gesammelten Reichtümer über jedes Maß wachsen müssen, vertragen sich schlecht mit jener Gesetztheit des Gemüts, die notwendig ist für den Genuß und sich vom Genuß inspirieren läßt. Dann beginnt der Mensch um sich zu schauen, ob es nicht eine weniger gefahr- und sorgenvolle Existenz gibt. Dann beginnt der Mensch, der dem Grundbesitz am ablehnendsten gegenüberstand, an ihm Gefallen zu finden und zwar um so mehr, als die größere Achtung, die das gemeine Volk jener Art von Reichtümern entgegenbringt, und die stärkere Sichtbarkeit und der Glanz weit über das Antlitz der Erde ausgebreiteter Reichtümer ihn auch mit den Verlockungen der Eitelkeit gefangennehmen. Darüberhinaus: auch ohne eine bestimmte Absicht, seine Lage zu verändern, sucht der Mensch mit dem Erwerb eines Grundbesitzes den beschwerlichen Umfang der von ihm in Umlauf gesetzten Kapitalien zu beschränken, die für seine Aktivitäten übermäßig geworden sind; oder er sucht mit dem Schein von Solidität sich einen größeren Kredit zu erwerben, der die Gemüter der Menge befriedigt;

oder er ist vom Lauf der Dinge gezwungen, den kommerziellen Geschäften und den Ehekontrakten bestimmte Sicherheiten zu bieten. Wie dem auch sei, sicher ist, daß die unter den Unsicherheiten und Sorgen des industriellen Lebens erworbenen Reichtümer *danach streben, sich in der Sicherheit und Sorgenlosigkeit des Grundbesitzes auszuruhen.* . . . Drei übermächtige Empfindungen lassen also die Wertschätzung des Grundbesitzes anwachsen, nämlich die Eitelkeit, die Sicherheit und die Trägheit.''[83]

Mit diesem Zitat mag die Erörterung der Frage, wie es um die Bereitschaft zu industriellen Investitionen im Italien des 19. Jahrhunderts bestellt war, ihren Abschluß finden. Die einzelnen Glieder der Argumentation schließen sich zu einer Kette zusammen. Cattaneos Beobachtungen verweisen einerseits zurück auf das früher schon gestreifte Problem der ,,Rückkehr auf das Land'' und gleichfalls auf die Industrialismus-Diskussion seiner Zeit, andererseits voraus auf die Jahrzehnte unmittelbar vor der Einigung und die drei oder vier folgenden. Bis auf die von ihm beschriebenen, in einer früheren Zeit geformten Mentalitäten und Haltungen der Oberschichten muß man zurückgehen, wenn die Industrialisierung nicht nur ihren Auswirkungen nach, sondern auch von ihren Entstehungsbedingungen her als ein eminent gesellschaftliches und politisches Problem erfaßt werden soll. In der Sicherheit, auf die Cattaneo so stark abhebt, fallen die individuelle ,,Sorgenlosigkeit'' und die Minimalisierung des ökonomischen Risikos zusammen mit dem nicht weniger mächtigen Bedürfnis nach gesellschaftlicher Sicherheit.

Nach Ellena und Sombart wurden bereits zwei wesentliche Aspekte des Entwicklungsmechanismus beschrieben, der der ersten Phase der italienischen Industrialisierung zugrunde lag und auch an ihrem späteren Verlauf noch ablesbar ist: die ,,geringe Leistungsfähigkeit'' der Arbeiter und die ,,vollkommene Ausbeutungsfreiheit der Arbeitskraft''. Die eine wie die andere gehören zu den grundlegenden, einander bedingenden und ergänzenden Komponenten einer Entwicklung, die dem ,,klassischen'', von Ricardo und Marx beschriebenen Akkumulationsmechanismus folgt: der Akkumulation mittels einer drastischen Einschränkung des Arbeiterkonsums, die nicht zuletzt durch ein ,,unbegrenztes Arbeitskräfteangebot'' ermöglicht wird[84]. Die spezifisch italienische Ausprägung dieses Entwicklungsmechanismus, der ,,italienische Weg'' der Industrialisierung, war in der Hauptsache durch folgende Merkmale gekennzeichnet: ein vergleichsweise hoher Einsatz von Arbeitskräften je Produkt-Einheit und eine starke Bevorzugung ,,marginaler'', d. h. ungelernter weiblicher und kindlich-jugendlicher Arbeitskräfte; eine extensive Ausbeutung der Arbeitskraft ermöglicht durch eine ,,vollkommene Ausbeutungsfreiheit''; eine Politik der niedrigen Löhne und geringe Arbeitsproduktivität; Vorherrschen rückständiger Technologien und eine ausgeprägte Dekonzentration der Produktion und der Arbeitskraft (Fabriken auf dem Lande und, in der Stadt, Vorherrschen von kleinen und mittleren Betrieben)[85].

Daß Italien im 19. Jahrhundert bis zum Exzeß einem Entwicklungsmodell gefolgt ist, zu dem die genannten Merkmale nicht nur als Voraussetzungen, sondern auch als Folge gehörten, war nicht von vornherein selbstverständlich oder gar ,,natürlich'', sondern muß im Zusammenhang mit der latenten und offenen Industriefeindlichkeit gesehen werden. Auch wenn man sich „auf den ausschließlich privatwirtschaftlichen Standpunkt" stellt, erscheint es zweifelhaft, ob es ökonomisch optimal war, in einem derartigen Ausmaß beim Einsatz der Arbeitskräfte Qualität durch Quantität und die Intensität ihrer Ausbeutung durch eine ins Maßlose gesteigerte Extensität zu ersetzen. Wenn man sich dagegen die politisch-gesellschaftliche Situation vergegenwärtigt, in der das Kapital gegenüber der Industrie sich zurückhaltend und der Staat an einer Protektion der Industrie sich zunächst überhaupt nicht und später auf eine sehr fragwürdige Weise interessiert zeigte, in der die Arbeitskraft einen geringeren Schutz als irgendein anderes Gut genoß und der gesellschaftliche Konsens gegen die große Industrie und gegen den modernen Fabrikarbeiter eingestellt war, vermag man in dem „italienischen Weg" der Industrialisierung eine gewisse Unvermeidlichkeit, vielleicht sogar eine innere Logik und Kohärenz zu erkennen. Ebenso auffällig wie bezeichnend ist es, daß von den Zeitgenossen diese Unvermeidlichkeit der gesamten Richtung der ökonomisch-gesellschaftlichen Entwicklung fast nie in Frage gestellt wurde, während viele nicht wahrhaben wollten, daß die einzelnen Komponenten des Entwicklungs-„modells" einander bedingten und unauflöslich ineinander verzahnt waren.

Kaum verwunderlich ist es, daß die protektionistisch eingestellten Industriellen die ersten, und zunächst auch die einzigen, waren, die alternative Vorstellungen zum „italienischen Weg" der Industrialisierung vorschlugen. Mochte ihre Opposition gegen den Freihandel auch von vornherein zum Scheitern verurteilt sein, so kam ihr doch prinzipielle Bedeutung zu als einem der stärksten Argumente gegen die „Unvermeidlichkeit" der faktischen Entwicklung. Die Protektionisten bereicherten hier – jenseits ihrer sicherlich alles andere als uneigennützigen Motive – die wirtschafts- und gesellschaftspolitische Diskussion um Gesichtspunkte, deren Beherzigung die Entstehungsgeschichte des italienischen Proletariats weniger leidvoll gemacht und dem Land manche schmerzhafte Erfahrung erspart hätte.

Zentrum der industrieprotektionistischen Agitation war von Anfang an die Lombardei mit ihrer Hauptstadt, und die ersten Wortführer waren Mailänder Maschinenbauunternehmer. Die Formen ihrer Agitation kann man als ingeniös und zugleich skrupellos bezeichnen. Ihrer eigenen numerischen Schwäche und politischen Ohnmacht bewußt, mobilisierten sie die Arbeiter gegen die Politik des Staats, um sich ihrer als Manövriermasse zur Durchsetzung der eigenen Interessen zu bedienen. „Schutz der nationalen Arbeit" war ihre Parole und die *Associazione contro la miseria* ihre organisatorische Vorhut. An dem „Interesse" des Arbeiters an „der Arbeit" oder anders gewendet: an seinem Bedürfnis, „die Not von sich fernzuhalten", setzte die Agitation an. War der Lohn des Arbeiters so weit entwertet, daß er „heute [sc. 1861/62] nicht zur einfachen und kümmerlichen Fristung der Existenz" seiner selbst und seiner Familie ausreichte, dann mußte es für die Arbeiter „ein Hauptanliegen sein, daß die Arbeit im Land nicht fehlt". Diesem Ziel widmete sich die „Assoziation gegen das Elend" seit ihrer Gründung Ende 1861:

„Die Assoziation hat sich also, um Beschäftigung für die Arbeiter zu finden, vorrangig mit den Unternehmern beschäftigt; sie hat in ihrem Interesse gehandelt, indem sie, und zwar wiederholt, Aufträge für ihre Fabriken, für ihre Werkstätten, für ihre

Geschäfte gefordert hat; und da diese Bitten der Ausdruck des lebhaftest empfundenen und äußersten Bedürfnisses der Massen sind, ist es wahrscheinlich, daß sie mit
großer Aufmerksamkeit von dem erhört werden, der die Gerechtigkeit, das Wohl der
Nation und die öffentliche Ordnung mehr als alles andere im Auge haben muß. Dieses
Faktum bestätigt die Maxime, daß die legitimen Interessen von Unternehmern und
Arbeitern harmonisch sind. Arbeit und Kapital sind die beiden unentbehrlichen Elemente der Produktion der Reichtümer. . . . Ohne Kapital gäbe es nur eine Rückkehr
zu den primitiven Zeiten der Unwissenheit und der Barbarei. Ohne Arbeit würde alles
ins Chaos zurückfallen. Der Unternehmer ist auf den Arbeiter angewiesen, wie dieser
den Unternehmer braucht.''[86]

Zur Verteidigung ihrer ,,gemeinsamen'' Interessen appellierten die Arbeiter an die
Regierung, demonstrierten sie in den Straßen und streikten sogar. Auf die protektionistischen Kampagnen, die Unternehmer und Arbeiter in Krisenzeiten unter dem
Banner ,,der Arbeit'' immer wieder zusammenführen sollten, wird an späterer Stelle
zurückzukommen sein[87]. Hier bleibt vorerst festzuhalten, daß der Appell jener wei-
terblickenden Unternehmer so lange ungehört blieb, bis nach Jahrzehnten der Widerstand der Arbeiter eine Korrektur der Politik der niedrigen Löhne erzwang.

Schutz der nationalen Arbeit bedeutete jenen Unternehmern jedoch nicht nur Manipulation der Arbeiter, um staatliche Aufträge und Schutzzölle zu erlangen, sondern
auch Schutz der lebendigen Arbeit zur Erhaltung des Arbeitsvermögens und zur Steigerung der Produktivität:

,,Viele Unternehmer sehen nur die wenigen Lire, die sie jede Woche an der Löh-
nung der Arbeiter sparen, nicht aber den Schaden, der ihnen selbst daraus erwächst
durch die Vergeudung von Material, durch die Nachlässigkeit gegenüber dem Werkzeug, durch die Erschlaffung und Vernachlässigung der Arbeit seitens der schlecht
entlohnten Arbeiter. Der Schaden ist unkalkulierbar, und es kann schon vorher gesagt
werden, daß einige Unternehmer sich im voraus schadlos halten, indem sie tyrannisch
über den Preis des Lohns bestimmen. Aber wie der Verlust des Unternehmers nicht
dem Arbeiter zum Gewinn gereicht, verliert dieser nach und nach, wie er die Früchte
seiner Arbeit dahinschwinden und die Mittel zu einem anständigen Leben fehlen
sieht, Kraft und Ausdauer, um schließlich gänzlich die Arbeit zu vernachlässigen, die
ihm nicht das Brot gibt.''[88]

Diese Gedanken eilten ihrer Zeit so weit voraus, daß drei Jahrzehnte verstreichen
mußten, bis sie, angesichts des physischen Ruins der Arbeiterschaft, zu dem die Politik der niedrigen Löhne zu führen drohte, von anderer Seite wieder aufgegriffen und,
durch bessere Argumente abgestützt, erneut in die politisch-ökonomische Diskussion geworfen wurden. Der junge Francesco Saverio Nitti, der sich bereits als einer
der schärfsten Kritiker der staatlichen Sozialpolitik profiliert hatte, griff mit Argu-
menten, die durch ihre systematische Geschlossenheit und empirische Fundierung
bestechen, die Lohn- und Arbeitszeitpolitik der großen Mehrheit der italienischen
Unternehmer frontal an. Den Ausganspunkt seiner Kritik bildeten nicht die traditionellen Argumente der Protektionisten, die durch die Praxis des Protektionismus in

Italien vor allem seit 1887 längst desavouiert waren, sondern die Ergebnisse seiner gründlichen ökonomischen Studien der fortgeschrittensten Länder Europas und Nordamerikas. Bereits in seiner berühmten *prolusione* von 1893, „Die Probleme der Arbeit", umriß er die drei großen Themen, die er in den folgenden Jahren in den ersten Jahrgängen der *Riforma sociale* weiter explizierte: die Ökonomie der hohen Löhne; die Ernährung und die Arbeitskraft der Völker; das Verhältnis zwischen Länge der Arbeitszeit und Arbeitsproduktivität[89]. Nitti hielt seinen Landsleuten vor, daß niedrige Löhne, unzureichende Ernährung und überlange Arbeitszeiten nicht nur die Leistungsfähigkeit des Arbeiters vermindern und sein Arbeitsvermögen ruinieren, sondern sich auch als ebenso viele Barrieren für „jeden Fortschritt der industriellen Technik" und ihre Vervollkommnung erweisen:

„Alle großen industriellen Entdeckungen sind gemacht worden und werden noch jeden Tag gemacht oder zumindest angewandt in den Ländern mit hohen Löhnen und kurzen Arbeitstagen; in den Ländern mit niedrigen Löhnen und langen Arbeitstagen sind die Kosten für die Maschinen höher als für den Menschen; die Aktivität ist also nicht geweckt, der quälende Forschungsdrang fehlt also, der zu Entdeckungen drängt; es gibt nur eine unablässige, schreckliche Ausbeutung des Menschen."

Nitti, der als erster seine Landsleute mit den Schriften eines Jacob Schoenhof und R. W. C. Taylor bekannt machte[90], ging mit seiner Verteidigung der „Ökonomie der hohen Löhne" als Ansporn technologischer Innovation und Arbeitseinsparung freilich an der *italienischen* Realität vorbei. Unbegrenztes Arbeitskräfteangebot, niedrige Löhne, rückständige Technologie und industrielle Dekonzentration bildeten ein in sich geschlossenes System, das sich keineswegs durch die größeren ökonomischen Vorteile, die ein anderes Entwicklungsmodell zu versprechen schien, einfach von außen aufbrechen ließ. Zur Durchsetzung der von ihm anvisierten wirtschaftlichen Neuorientierung genügte es nicht, die vermeintliche Unrentabilität analytisch zu beweisen; vielmehr mußte jenes System selbst erst einen Punkt erreicht haben, wo die ihm zugrunde liegende Ausbeutungs- und Verwertungslogik an ihre innere Grenze stieß. Diese Grenze aber wurde die Arbeitskraft selbst: Ihre „Ausnützung" ließ sich nicht über den Punkt hinaus steigern, wo ihre Substanz zerstört zu werden drohte, und ihr politischer Widerstand griff das italienische Modell der Industrialisierung an seinem neuralgischen Punkt von innen an.

Dieser Sachverhalt, dem das letzte Kapitel dieser Arbeit gewidmet ist, wurde von der einschlägigen Publizistik vor allem als das Problem der geringeren Produktivität der italienischen gegenüber den englischen, deutschen und französischen Arbeitern wahrgenommen. Symptomatisch für den Grad, in dem die Zeitgenossen von der Verwertungslogik des Systems eingefangen waren, ist ihr Unvermögen, dieses Phänomen realistisch zu analysieren; statt dessen wird es nicht selten auf eine angeblich naturbedingte „Inferiorität" des italienischen Arbeiters zurückgeführt. Erst Nitti griff in seinem Aufsatz über „Die Ernährung und die Arbeitskraft der Völker" vom ernährungswissenschaftlichen Standpunkt aus die Klischeevorstellungen über die geringere Leistungsfähigkeit des italienischen Arbeiters radikal an und wies nach, daß dieser wegen seiner katastrophal schlechten Ernährung überhaupt nicht mehr leisten *könne*[91]. Hatte man sich der Erkenntnis dieses Zusammenhangs bisher geflissentlich verschlossen, so hatte die Mehrheit der Zeitgenossen, falls sie überhaupt nach einer Ursache für die mangelnde Arbeitsproduktivität suchten, diese in genau dem entgegengesetzten Zusammenhang gesehen: Noch 1891 behauptet Luigi Bodio, Direktor des statistischen Büros, daß die Löhne in Italien nicht so sehr deshalb niedriger lägen, weil „bei uns die Kapitalien spärlicher sind als anderswo, sondern wegen der geringeren Produktivität der Arbeiter"[92]. Diese Verkehrung des Sachverhalts konnte ihren Schein von Realismus nur bis zu dem Zeitpunkt aufrechterhalten, als die Arbeiter selbst das Lohnniveau in Frage und damit die Produktivitätsfrage auf eine andere Ebene stellten. Daß ihr eine Mystifikation der Realität zugrunde lag, wurde indessen dort klar, wo die geringe Produktivität der Arbeiter nicht nur das elende Lohnniveau zu rechtfertigen hatte, sondern als Beleg dafür herhalten sollte, daß die Lohnkosten in Italien tatsächlich sogar höher seien als im Ausland: ein Argument, das sich bereits ein halbes Jahrhundert zuvor bei französichen Unternehmern findet, die Vergleiche zwischen ihren und den englischen Arbeitern anstellten[93].

Wo aber einzelne Unternehmer sich realistischer artikulierten, sind ihre Erklärungen für die „Inferiorität" der italienischen Arbeiter und Industrie höchst aufschlußreich nicht nur für den grundlegenden Mechanismus und das Funktionieren des „italienischen Wegs" der Industrialisierung, sondern auch für die Mentalität der Unternehmer und ihrer Sprecher. So meinte etwa der Mailänder Spinnereibesitzer Cusani vor einer Kommission der ersten *Inchiesta industriale* im Jahr 1872, daß die Intelligenz der Arbeiter mittelmäßig sei und sie ziemlich gut behandelt würden. Sie ließen sich jedoch auf keinen Fall mit den ausländischen Arbeitern vergleichen: „Wenn wir einige Vorteile bei dem Preis [nämlich für die Arbeitskraft] haben, so haben wir dafür den Nachteil, daß ein ausländischer Arbeiter drei- bis vier- und vielleicht auch fünfmal soviel wert ist wie die unsrigen". Nach den Ursachen dieser Inferiorität befragt, fuhr er fort:

„Das hängt von vielen Ursachen ab: Unser Arbeiter ist nicht wirklich ein Arbeiter, sondern – möchte ich fast sagen – ein Bauer, der nur nebenbei in der Fabrik arbeitet; sodann gibt es bei uns nicht wirkliche Arbeiterfamilien, besonders in unserer Industrie [sc. in der Leinen- und Hanfspinnerei]; so passiert es denn, daß, obwohl der Arbeiter gut bezahlt wird, eine ganze Familie von dem Lohn eines oder zweier Individuen, die in der Fabrik sind, leben muß; und natürlich können sie davon nur kümmerlich leben; so ist der Arbeiter schlecht unterhalten, hat keine Kraft und ist ein bißchen schlapp."[94]

Daß dieser einzelne Fabrikant sich nicht bewußt war, wie sehr die Figur des „Arbeiter-Bauern", die noch bis in die Anfänge des 20. Jahrhunderts der in der Zusammensetzung der italienischen Arbeiterklasse dominierende Typus bleiben sollte[95], die ureigene, bewußt gewollte Schöpfung des italienischen Wegs der Industrialisierung war, daß der Stadtflucht der Industrien in Italien ein wohldurchdachtes Kalkül zugrunde lag[96], mag man seiner provinziellen Beschränktheit zugute halten. Aber die ungeschminkte Offenheit, mit der Cusani über die Beziehungen zwischen Arbeiterfamilie, Zubemessung des Lohns und Leistungsfähigkeit des Arbeiters sich äußert, hat etwas Entwaffnendes, wenn nicht gar Zynisches an sich: „Natürlich" kann der Arbeiter nur „kümmerlich" leben, wenn er mit seinem Lohn auch seine Kinder, manchmal sogar noch seine Frau ernähren soll; unter solchen Umständen kann man „natürlich" nicht von „wirklichen Arbeiterfamilien" sprechen. Der wesentliche Grund der geringen Produktivität der italienischen Arbeiter wird im niedrigen Lohnniveau erkannt, aber nicht – wie etwa bei Nitti –, um eine Politik höherer Löhne zur Überwindung dieser tendenziellen Entwicklungsschranke anzuvisieren, sondern um den niedrigen Lohn zusammen mit dem unbegrenzten Arbeitskräfteangebot als zentralen Mechanismus des italienischen Wegs der Industrialisierung zu perpetuieren: Die Aushungerung der Arbeiterfamilie ohne Anführungszeichen wurde der Hebel, um die Kinder und Frauen in die Fabrik zu zwingen und so die „wirkliche Arbeiterfamilie" zu konstituieren.

In dieser Richtung ist Italien vielleicht weiter gegangen als irgendeines der früher industrialisierenden Länder. Die Proportionen, die im letzten Jahrzehnt des 19. Jahrhunderts in Italien die industrielle Frauen- und Kinderarbeit angenommen hatte, erschienen Nitti und Sombart im Vergleich zu anderen Ländern geradezu exzeptionell hoch und besonders bemerkenswert aufgrund des Umstands, „daß die Tendenz zur vermehrten Einstellung minderwertiger Arbeitskräfte [d. h. von Frauen und Kindern] in vielen Industriezweigen *durchaus noch nicht zum Stillstand* gekommen ist". „Damit nun die Unternehmer", fuhr Sombart fort, „thatsächlich auch mit Vorteil an Stelle hochqualifizierter Arbeiter minderwertige Arbeitskräfte verwenden können, ist notwendig, daß die Exploitationssphäre von der Gesetzgebung nicht zu eng gesteckt sei; es muß eine weitgehende extensive Ausnutzung des Arbeiters möglich sein." Und daß „in der That der Unternehmer die Ellbogen noch ziemlich frei" hatte, wurde im Anschluß an beide Autoren schon mehrfach hervorgehoben[97].

Mit den Hinweisen, daß der Staat durch seine sozialpolitische Inaktivität dieser Arbeitskräftepolitik Vorschub leistete, daß der Lohn des Arbeiters allein nicht zum Unterhalt seiner Familie ausreichte, daß Frauen und Kinder sich leichter disziplinieren ließen, ist der Funktionsmechanismus dieses Typus von industrieller Entwicklung noch nicht erschöpfend beschrieben. Völlig zu Recht insistierte Sombart darauf, daß es „durchaus nicht stets im Interesse des Unternehmers gelegen [habe], viele billige Arbeitskräfte zu beschäftigen; wenn er mit wenigen guten dasselbe Wertquantum herstellt, so gewährt ihm das sogar größere Vorteile". Die massenhafte Beschäftigung von Frauen und Kindern bezeichnete er ausdrücklich als einen „Ausweg", „den der kapitalistische Unternehmer allerorts noch eingeschlagen hat, wo sich ihm der Mangel hochqualifizierter und zugleich disziplinierter Arbeiter fühlbar macht". Die Beobachtung, daß noch in der Ära Giolitti „die geringe Disponibilität einer angemessen qualifizierten Arbeitskraft eines der gravierendsten Hemmnisse der italienischen Industrialisierung" gewesen sei[98], ist zwar völlig korrekt, verlangt aber wiederum nach einer Erklärung jener geringen Disponibilität. Vom Standpunkt des Ökonomen aus mag die Feststellung sinnvoll und berechtigt sein, daß eine „industrielle Arbeitskraft, im Sinne einer stabilen, zuverlässigen und disziplinierten Gruppe, welche die Nabelschnur, die sie mit dem Lande verbindet, durchschnitten hat und für die Fabrikarbeit verwendbar ist, in einem zurückgebliebenen Land nicht im Überfluß vorhanden, sondern äußerst knapp ist"[99]. In historischer Perspektive jedoch, und speziell hinsichtlich Italiens, bleibt das mit Vorrang zu klärende Problem, wie eine solche Arbeitskraft sich überhaupt hätte bilden sollen und können. Denn der Mangel an genügend zahlreichen und hinreichend qualifizierten Arbeitern war nicht nur gleichzeitig Ursache und Folge des unbegrenzten Arbeitskräfteangebots (das keineswegs eine „natürliche" Gegebenheit bildete), der nur unvollständig vollzogenen Trennung zwischen landwirtschaftlicher und industrieller Arbeit, des niedrigen Lohnniveaus, der mit Kapitalmangel begründeten Langsamkeit der Mechanisierung und technischen Perfektionierung der Produktion, sondern er war wie alle diese Momente zugleich eine Folge des allgemeinen Widerstands gegen eine durchgreifende Industrialisierung.

Ebenso wie Bodio die geringe Arbeitsproduktivität konnte Ellena die „geringe Erfahrenheit" der italienischen Arbeiter für die niedrigen Löhne verantwortlich machen[100]. Beide Argumentationen bewegen sich jedoch in demselben circulus vitiosus, der dem ganzen Mechanismus des „italienischen Wegs" der Industrialisierung zugrunde lag: unbegrenztes Arbeitskräfteangebot = niedrige Löhne = geringe Qualifikation = rückständige Technologie usw.; aber diese Gleichung läßt sich auch umgekehrt lesen. Alle Momente bedingen sich gegenseitig, Ursache und Folge sind austauschbar. Sehr prägnant hat Ellena diese Kreisbewegung beschrieben:

„Das größte Hindernis, das man bei der Anlage neuer Fabriken überwinden muß, liegt in der Schaffung (man verzeihe mir dieses Wort) der Arbeitsgewohnheiten an dem Ort, wo sich die Antriebskraft vorfindet. In England ist eine Baumwollspinnerei in drei Monaten fertig und beginnt sofort zu arbeiten, weil die Arbeiter in Überfülle vorhanden sind. In Italien vergehen zwei oder drei Jahre, bevor man die Früchte einzuernten beginnt. Solange sich die Industrie nicht ausgebreitet hat und auf diese Weise die Scharen der Arbeiter dicht geworden sind, ist der Fabrikant Sklave der am Ort befindlichen Hände, auch wenn sie schlecht sind. Es ist schnell dahingesagt: Fabriziert! Aber wo finden sich die großen Kapitalien, die sich damit abfinden, lange Zeit ohne Profit zu bleiben? In einem Buch druckte Giuseppe Sella [sc. einer der größten und erfolgreichsten Wollfabrikanten des Biellese] die goldene Sentenz, daß die Bielleser Industrie stark ist, weil sie über zehntausend Arbeiter verfügt. Hier gibt es Wettbewerb unter den Arbeitern, und daher sind sie gut. Man muß auch die Vorurteile der Bauern besiegen. Einst war die Arbeit in allen Fabriken ungesund; jetzt ist das fast überall abgestellt; aber die Furcht [vor der Fabrik] hält an."[101]

Ohne Arbeiter keine Fabriken, ohne Fabriken keine „Arbeitsgewohnheiten", ohne diese kein Kapital für Investitionen oder vice versa. In einer solch schroffen Konsequenz hat sich das Problem realiter nicht immer gestellt; denn tatsächlich wurde ja investiert, entstanden Fabriken – oder was man darunter verstand[102] – und wurden Arbeiter „geschaffen". Aber das alles geschah unter den Prämissen und nach den Spielregeln des „italienischen Wegs" der Industrialisierung: bescheidene Investitionen, kleine oder auf dem Land gelegene Fabriken, niedrige Löhne und folglich unqualifizierte Arbeiter, geringe Arbeitsproduktivität usw. Von der eigentümlichen Natur dieses Systems her wäre die Existenz einer zahlenmäßig bedeutenden qualifizierten Arbeitskraft (in bescheidenem Umfang gab es selbstverständlich auch hochqualifizierte Arbeiter, wie das gerade in Mailand zu sehen ist) nicht bloß ein Fremd-körper, sondern geradezu ein Widerspruch gewesen. Denn die Schaffung einer quali-fizierten Arbeitskraft setzt die *Entschlossenheit* zur ökonomischen Entwicklung vor-aus; das bedeutet aber, größere industrielle Investitionen, als sie tatsächlich getätigt, und höhere Löhne, als sie tatsächlich gezahlt wurden.

Schließlich bleibt noch auf eine Frage zurückzukommen, die bereits in der Einlei-tung gestreift wurde. Das Beispiel der russischen Industrialisierung vor Augen, hat Gerschenkron die suggestive Hypothese formuliert, daß gerade die großen Schwie-rigkeiten, mit denen sich die zurückgebliebenen Länder bei der ,,Schaffung einer in-dustriellen Arbeitskraft, die wirklich ihren Namen verdient'', konfrontiert sahen, der Tendenz zur Anwendung der modernsten und effizientesten Techniken Vorschub ge-leistet hätten. ,,Die Vorteile, die die Anwendung einer technologisch hochstehenden Ausrüstung mit sich brachte, wurden durch ihre arbeitskraftsparende Wirkung nicht beeinträchtigt, sondern verstärkt. . . . Die Anwendung neuer Techniken . . . führte unter den Bedingungen des 19. Jahrhunderts häufig zu einer Erweiterung der durch-schnittlichen Betriebsgröße. Eine Tendenz zu Größenwachstum in dieser Richtung zeigt sich in den meisten kontinentaleuropäischen Ländern.''[103] Die Tendenz, daß die zurückgebliebenen, arbeitskräftereichen Länder sich ausgerechnet auf technologisch avancierte Industrien konzentriert haben, findet in dem Mangel einer ,,für die Ver-wendung in den Fabriken geeigneten'' Arbeitskraft eine überzeugende Erklärung. Und wenn man sich an das Beispiel der Eisen- und Stahlindustrie, das Gerschenkron zur Illustrierung dieses Phänomens heranzieht, hält, gilt diese Tendenz auch für Itali-en. Aber von diesem und vielleicht ein oder zwei anderen Beispielen abgesehen sah die italienische Wirklichkeit anders aus. Noch in der zweiten Phase der Industrialisierung war in Italien ,,die Mehrheit der Fabriken von kleinem oder mittlerem Ausmaß'', und zwar sowohl in der Textil- wie in der Maschinenbau- wie in der chemischen Indu-strie[104].

Die nach dem Gerschenkronschen Industrialisierungsmodell zu erwartende ,,stär-kere Tendenz zu größeren Betriebs- und Unternehmenseinheiten'' trifft für Italien al-lenfalls als Ausnahmeerscheinung zu: eine signifikante Abweichung von dem ökono-mischen Erklärungsmodell, die sich der hier vorgeschlagenen politisch-gesell-schaftlichen Interpretation des italienischen Wegs der Industrialisierung jedoch bruchlos einfügt. Stärker noch als die rentabilitätsorientierten Tendenzen, die in der Richtung einer ,,Tendenz zu Größenwachstum'' wirkten und völlig plausibel aus der spezifischen Arbeitsmarktsituation zurückgebliebener Länder erklärt werden kön-nen, waren jene Kräfte, die als eine kollektive reservatio mentalis gegen eine durch-greifende Industrialisierung beschrieben wurden. Wenn es richtig ist, daß diese in ih-rem innersten Kern durch die unterschiedlich motivierten und artikulierten Wider-stände gegen die ,,Importation der Geißel des englischen Proletariats'' bestimmt war, dann leuchtet es ein, daß eine ökonomische Rationalität, in deren Konsequenz die Schaffung von großen Produktionseinheiten und die starke Zusammenballung von Arbeitskräften lag, vorerst keine Chance hatte, sich auf breiter Ebene durchzusetzen.

III. Mailand und seine Bevölkerung

1. Die beiden Mailand: *Città* und *Suburbio*

In der zweiten Hälfte des vorigen Jahrhunderts begann die städtebauliche Transformation Mailands zur wirtschaftlichen Hauptstadt Italiens. Jene Jahrzehnte bildeten jedoch nur den Beginn, die erste Phase eines langwierigen Prozesses, der zur Zerstörung des alten Mailand und seine Verdrängung durch eine andere Stadt führen sollte. Zwischen der Einigung und dem Beginn des 20. Jahrhunderts verdoppelte sich die Bevölkerung Mailands und der 1873 eingemeindeten angrenzenden Gebiete auf etwa eine halbe Million Einwohner. Noch schneller expandierten seine Industrien, wuchs seine Bedeutung als Handelsplatz von internationalem Rang. In jenen Jahren gewann es seine Vorrangstellung als erstes Geschäfts- und Finanzzentrum Italiens. Von diesen Entwicklungen konnte die äußere Gestalt der Stadt nicht unberührt bleiben; sie gruben sich sogar tief in das Stadtbild ein und ließen bereits die Linien der künftigen Stadtentwicklung erkennen. Das traditionelle wirtschaftlich-gesellschaftliche Gleichgewicht der Stadt wurde erschüttert: Wohn-, Geschäfts- und Industrieviertel begannen sich zu differenzieren und auseinanderzurücken, der Konnex zwischen Architektur und Bevölkerung sich zu lockern. Die brutale Zerstörung Mailands aber, die jeglicher gesellschaftlicher und ästhetischer Sensibilität baren rücksichtslosen Eingriffe in die städtebaulichen Strukturen und das künstlerische Erbe waren erst das Werk späterer Generationen. Trends zu dieser unheilvollen Entwicklung waren zweifellos schon in der Zeit vor 1900 angelegt. Das 19. Jahrhundert hat dem nachfolgenden als einzigen Bezugspunkt der städtebaulichen Entwicklung den Monozentrismus, die Ausdehnung der Stadt in der Weise eines Ölflecks, hinterlassen, der die gesamte spätere Entwicklung kompromittieren sollte. Doch das Zerstörungswerk im großen Stil fällt erst in die Zeit des Faschismus und – begünstigt durch die Bomben von 1943 – in die Jahre nach dem Zweiten Weltkrieg[1].

Das Bild, das die Stadt innerhalb ihrer alten Grenzen am Ende des 19. Jahrhunderts darbot, glich weniger dem, was sich dem heutigen Besucher darbietet, als vielmehr dem der Zeit Romagnosis oder selbst des Regno Italico. Einige der charakteristischsten städtebaulichen Anlagen jener Zeit existieren heute nicht mehr, während andere, die dem Zentrum sein heutiges Gepräge geben, erst nach der Einigung entstanden sind. So sind zum größten Teil – und vollständig erst unter dem Faschismus – zwei der auffälligsten Schöpfungen der Vergangenheit verschwunden: der Naviglio interno, auch „innerer Graben" genannt, der das mittelalterliche Stadtzentrum einrahmte und als schiffbarer Kanal die von Süden und Südwesten an Mailand heranführenden Kanäle, den Naviglio Grande und den Naviglio di Pavia, mit dem Naviglio della Martesana im Norden verband, über den die Kähne zum Adda und zum Comer See gelangen konnten. Verschwunden sind ferner die Bastioni, die aus dem 16. Jahrhundert stammenden spanischen Mauern, die sich in einem von etwa 500–1000 Meter variierenden Abstand wie ein konzentrischer Kreis um den mittelalterlichen Stadtkern legten und mit denen bis 1873 die Stadtgrenze zusammenfiel (siehe Karte I). Der Kreis der Navigli und das Polygon der spanischen Mauern markierten nicht nur die entscheidenden Etappen des städtebaulichen Wachstums, sondern wirkten auch noch im 19. Jahrhundert als Regulative der urbanistischen Expansion. Wegen ihrer praktischen und ästhetischen Qualitäten blieben sie in ihrem ursprünglichen Zustand fast unverändert erhalten, und der ihnen gezollte Respekt kam bis zu einem gewissen Grad auch der Stadt als ganzer zugute, welche sie schützend umschlossen. Erst als sie der alles nivellierenden Verkehrslogik des 20. Jahrhunderts hatten weichen müssen, schlug dem alten Mailand die Totenglocke.

Naviglio und Bastioni gliederten den Raum der Stadt und ihrer Umgebung, in der Wirklichkeit und in der Vorstellung ihrer Bewohner. Das Innerhalb und Außerhalb dieser Linien bezeichnete nicht nur geographische, sondern auch soziale Räume. Wenn im Lauf der Jahrzehnte die Unterschiede zwischen dem Diesseits und Jenseits des Naviglio sich rasch zu verwischen begannen, so doch nur langsam und mühsam die Gegensätze zwischen *città* und *suburbio*: Innerhalb der Bastioni gab es die *cittadini*, außerhalb die *borghigiani*. Diese markante räumliche Strukturierung der Stadt ist für ihre Sozialgeschichte von großer Tragweite.

Der durch den Verlauf des Naviglio eingezirkelte Raum war viel zu eng, als daß die sozialen Differenzierungen sich zu einer stärkeren räumlichen Separierung der verschiedenen Klassen hätten ausbilden können. Noch um 1860 lagen die Paläste des Adels und des reichen Bürgertums dicht bei den Häusern, in denen sich das Volk drängte, und auch im Hinblick auf ihre wirtschaftlichen Tätigkeiten blieben die einzelnen Klassen enge Nachbarn: Werkstätten und kleine Fabriken, Läden und Märkte drängten sich auf demselben Raum zusammen, von dem aus reiche Grundbesitzer, große Geschäfts- und Kaufleute ihre Tätigkeiten abwickelten. Diese Symbiose von oberen und unteren Klassen auf engem Raum verhinderte, daß ganze Viertel zu Slums degenerierten. Anders schon sah die Situation außerhalb des Naviglio aus. Obwohl bis 1860 die Stadt nur in einem sehr bescheidenen Umfang in den breiten Gürtel zwischen Naviglio und Bastioni vorgedrungen war, bildeten sich hier bereits vor der Einigung nach Norden zu, entlang dem heutigen Corso Garibaldi, und nach Süden zu, in Richtung auf die Porta Ticinese, proletarische Viertel. Sie kontrastierten mit der inneren Stadt und erst recht mit der nordöstlichen Zone dieses Gürtels, die sich in den Jahren vor und nach der Einigung zu dem aristokratisch-großbürgerlichen Viertel Mailands par excellence entwickelte. Die stärkste Zäsur aber setzten zweifellos die Bastioni.

Auch nachdem Mailand sich 1873 die umliegenden Gebiete, welche die Gemeinde der Corpi Santi bildeten, einverleibt hatte und die beiden ehemals selbständigen Gemeinden bloß noch zwei ,,Kreise" (circondario interno und c. esterno) derselben Gemeinde bildeten, hielten sich noch lange die starken und mannigfaltigen Kontraste zwischen *città* und *suburbio,* und diese stießen weiterhin genau entlang den Bastioni aufeinander. Bevor auf diese Kontraste und die ihnen zugrunde liegenden sozio-ökonomischen Bedingungen und Funktionen der inneren und der äußeren Stadt eingegangen wird, soll der Wandel der eigentlichen *città* in der zweiten Hälfte des 19. Jahrhunderts umrissen werden.

Der Prozeß einer allgemeinen städtebaulichen Modernisierung war bereits in den Jahrzehnten der Restauration eingeleitet worden. Straßen wurden neu angelegt, bestehende verbreitert und begradigt, die städtischen Dienstleistungen verbessert und erweitert, z. B. durch die Einführung von Gasbeleuchtung und Omnibussen; zahlreiche Wohnhäuser wurden umgebaut und renoviert, neue errichtet, und nicht zuletzt wurde neuer Wohnraum für eine langsam, aber stetig wachsende Bevölkerung geschaffen: Zwischen 1814 und 1859 stieg sie von 130 000 auf·185 000 an. Allein in dem Jahrzehnt von 1828–1838 sollen 787 Häuser gebaut und 56 ,,zur Begradigung" abgerissen worden sein. Über die Jahre um 1830 äußerte sich Cattaneo, daß es keine Straße gebe, in der nicht wenigstens ein Haus erneuert werde[2]. Die Licht- und Schattenseiten dieser Entwicklung beschrieb Cesare Cantù sehr schön in der zweiten Hälfte der 50er Jahre:

,,So lange Jahre des Friedens vermehrten notwendigerweise die materielle Prosperität. Die Bevölkerung wurde gesünder; die Menge der Kröpfe und jener Zwerge und Krüppel, die für sie charakteristisch waren, verringerten sich und auch die der Brust- und Rückenstützen und eisernen Arme, die Santa Corona an die Armen verteilt; eine Folge davon, daß sich die Wohnungen der überfülltesten Viertel ein wenig verbessert haben, obwohl bisher vergeblich gepredigt wurde, eigens Wohnungen für die Armen zu errichten und sie mit Bade- und Waschanstalten auszustatten: wichtigere Unternehmungen als Plätze und Bogengänge und Gärten. Alle bürgerlichen Häuser wurden restauriert – und man kann sagen: erneuert – mit größerer Aufmerksamkeit für die Gesundheit und Bequemlichkeit."

Auf die Schattenseiten wies Cantù mit größerer Deutlichkeit an späterer Stelle nochmals hin, um die Notwendigkeit von Häusern für die Armen erneut zu unterstreichen:

,,Die geringe Tiefe der Keller verursacht in vielen Häusern Feuchtigkeit, und diese erhalten wegen der Enge der Straßen und der Höhe der Gebäude nur wenig Luft, und es ist ungesund im Erdgeschoß zu wohnen; anstatt Millionen auszugeben, die herrschaftlichen Viertel abzureißen und wiederaufzubauen, sollte sich die Aufmerksamkeit auf gesunde und billige Wohnungen für die Armen richten, wie sie die zivilisiertesten Länder heute bauen, und darauf, ihnen die Segnungen von Luft und Licht zu teil werden zu lassen; nicht nur die Hygiene, sondern auch die Moral würde davon profitieren."[3]

Diese vorsichtige Kritik an denen, die die Geschicke der Stadt lenkten, läßt die allgemeine Richtung der im Gange befindlichen Veränderungen und die Grenzen der Fortschritte erkennen. Das Angebot an Wohnraum für die arme Bevölkerung vergrößerte sich zwar, blieb aber quantitativ und vor allem qualitativ unzureichend. In den ungesunden Stadtteilen breitete sich die Skrofulose ,,in erschreckender Weise" aus, während die Gemeinde für Verschönerungen der Stadt zwischen 1810 und 1857 über

17 Mill. Lire ausgab[4]. An dieser Summe ist weniger ihre Höhe – in Anbetracht des langen Zeitraums, auf den sie sich verteilt, mag sie sogar noch relativ gering erscheinen – als vielmehr die Bestimmung dieser Gelder durch die winzige Minorität derjenigen, die zu dieser Zeit und später die Stadt verwalteten, bedeutsam[5]. Der Löwenanteil sämtlicher Ausgaben für die Erweiterung und Erneuerung der Stadt kam den „herrschaftlichen" und bürgerlichen Vierteln zugute, vor allem der Umgestaltung und Ausschmückung des Zentrums und der Verwirklichung einiger ehrgeiziger Projekte zur „Verschönerung" der Stadt, während die Sorge für die peripheren Stadtteile und insbesondere für die Schaffung von Wohnraum für die „Armen" bzw. für die Arbeiter, wie man nach 1859 immer häufiger sagte, weit dahinter zurücktrat.

Eine der ersten Maßnahmen des neu gewählten Magistrats (Giunta) bestand darin, einen Wettbewerb zur Erweiterung und Neugestaltung der Piazza del Duomo nebst der Anlage eines monumentalen Verbindungsweges zur nahegelegenen Piazza della Scala auszuschreiben. Der zügig vorangetriebenen Verwirklichung dieses Projekts verdankt Mailand den Domplatz in seiner heutigen Gestalt und die pompöse Galerie; den städtischen Haushalt aber belastete es mit Ausgaben von 20 Mill. Lire, die den Grundstock zu der in den nächsten Jahren kräftig anwachsenden Verschuldung der Stadt legten. Die schon von Cattaneo ironisierte Besessenheit für den Mittelpunkt der Stadt – „fare una piazza, non è rifare una città"[6] – enthält in nuce die gesamte städtebauliche Konzeption des Stadtrats und seiner *Giunta*: Die Verwandlung des Zentrums in eine Stadt des Bürgertums, einen Ort seiner Selbstdarstellung und seines Genusses. Die in den 60er Jahren sehr rege und im folgenden Jahrzehnt aufgrund finanzieller Schwierigkeiten nachlassende öffentliche Bautätigkeit bescherte der Stadt außer der zentralen *Piazza* und der Galerie nach Nordosten, in Richtung auf den 1865 eröffneten Hauptbahnhof zu, die Anlage des hochherrschaftlichen Viertels um die Via Principe Umberto und die Vollendung der sich anschließenden Giardini Pubblici. Weniger vornehm und großzügig gerieten die anderen Neubauviertel, in denen aber gleichwohl das bürgerliche Element dominierte (innerhalb der Porta Genova, um die Via Solferino und die Via Volta). Unter den öffentlichen Bauten jener Jahre ragen außer den genannten und dem neuen Schlachthof das großenteils auf Gemeindekosten errichtete, für 768 Insassen berechnete Zellengefängnis von San Vittore und der für über 6 Mill. Lire außerhalb der Porta Tenaglia angelegte Cimitero Monumentale hervor[7].

Vorläufig noch beschränkte sich das Abreißen von Häusern und Monumenten in der Hauptsache auf die Zone westlich des Doms und wenige andere Stellen der Innenstadt. Den aufmerksameren Zeitgenossen entging jedoch nicht, daß mit den alten Gebäuden, die der Spitzhacke zum Opfer fielen, auch ein Teil der wirtschaftlichen und gesellschaftlichen Traditionen der Stadt verloren ging. Der Abbruch des berühmten Coperto de' Figini, eines mächtigen Häuserblocks aus dem Quattrocento schräg gegenüber dem Hauptportal des Doms, inspirierte Tarchetti zu seiner Novelle „Paolina". Die Spitzhacke, die die äußeren Teile jenes Gebäudes niedergelegt hatte, ließ ihn in den „engen und dunklen, von schädlichen Ausdünstungen geschwängerten Räumen" die „Existenz des Proletariers und Arbeiters" in diesem ältesten, verwinkeltsten, mittelalterlichsten Teil der Stadt wahrnehmen[8]. Seit jenen Jahren wuchs immer stärker die Bedrohung der Existenz dieses anderen Mailand im Herzen der Stadt, die Tarchetti bei diesem Anblick dämmerte. Die Stadt des Volks begann der des Bürgertums zu weichen.

In jene Jahre fällt das Vorspiel zu dem über hundertjährigen Drama des Exodus der Volksschichten aus dem historischen Zentrum, der zumeist lautlos vor sich ging, aber dramatischer Höhepunkte nicht entbehrte; sein definitiver Ausgang ist in den allerletzten Jahren, seit dem hartnäckigen Widerstand, den die Einwohner des Viertels um den Corso Garibaldi ihrer Aussiedlung aus der Stadt entgegensetzen, partiell noch offen. Das Schauspiel, das Giuseppe Sacchi 1858 am Michaelistag, dem traditionellen Umzugstermin der Mailänder, beobachtete, daß ,,viele Familien von Handwerkern", die keine Wohnung für sich finden konnten, ,,aus der *città* ausziehen, um sich in die Vorstädte zurückzuziehen", sollte sich in den folgenden Jahren mit großer Regelmäßigkeit wiederholen[9]. ,,Die Räumung der ungesunden, ärmlichen Wohnungen, die Neuordnung der volkreichsten Quartiere und überhaupt alle Baureformen entziehen den Minderbemittelten und Armen ihre angestammten Wohnsitze."[10] In seinem Rechenschaftsbericht über das Jahr 1861 räumte Bürgermeister Beretta ohne Umschweife ein, daß neben der starken Bevölkerungszunahme ,,die Umwandlung ziemlich vieler Häuser von Armen in Wohnungen für wohlhabende Familien . . . eine Verknappung an Wohnungen für die unteren Klassen" mit sich gebracht habe[11]. Auch wenn es nicht möglich ist, die quantitativen Ausmaße dieses Exodus genau zu bestimmen, gibt es keinen Grund, die von kompetenter Seite mehrfach wiederholte Beobachtung anzuzweifeln, daß bereits seit dem ersten Jahrzehnt nach der Einigung ,,die starke Bautätigkeit die Schicht der Arbeiter aus dem Zentrum entfernt und sie in die abgelegenen Zonen vertreibt"[12]. Während des Baubooms der 80er Jahre sollte sich dieser Trend verschärft fortsetzen. Der Bauspekulation, die sich in jenen Jahren erstmals im großen Stil der Stadt bemächtigte, fiel vor den Bastioni di Porta Venezia das riesige Karree des Lazzaretto, Schauplatz einiger der bewegendsten Szenen von Manzonis ,,Verlobten", zum Opfer, um einem der übelsten Neubauviertel Platz zu machen; innerhalb des Naviglio häuften sich die Abrisse von Häusern derartig, daß man nun auch auf Mailand die ,,jetzt in Mode gekommene elegante Metapher" von dem *sventramento* (éventrement) der Stadt zu Recht anwenden konnte[13]. Zwischen 1881 und 1891 wurden allein im inneren Kreis 218 Häuser abgerissen, hauptsächlich in der Zone zwischen der Piazza del Duomo und dem Foro Bonaparte, wo mit der Anlage des Cordusio und der Via Dante und den Neubauvierteln zwischen der Porta Magenta und dem heutigen Parco die bürgerliche Stadt sich auch weiter nach Westen vorzuschieben begann. An den Michaelistagen am Ende der 80er Jahre verstärkte sich die Emigrationsbewegung aus dem Zentrum in die Vorstädte zusehends[14].

Um den ,,Charakter, den die neuen Viertel haben sollten, d. h. ob sie der minderbemittelten oder vielmehr der wohlhabenden Klasse dienen sollten", ging auch die Diskussion im Stadtrat, als im Zusammenhang mit den langwierigen Beratungen über einen allgemeinen Bebauungsplan nach den ,,Bedürfnissen der Stadt und ihrer Zukunft" gefragt wurde. Der Meinung der Mehrheit gab der konservative Stadtverordnete, mehrfache Minister und spätere Direktor des Mailänder Polytechnikums, Giuseppe Colombo, beredten Ausdruck: Er glaube, daß die Mailand vorbehaltene Entwicklung nicht mit der anderer Städte vergleichbar, sondern durchaus eine besondere sei:

„Mailand wird ein Handelszentrum ersten Rangs, von europäischer Bedeutung werden; und doch wird die Entwicklung Mailands nicht in Richtung auf eine Arbeiterstadt verlaufen, sondern auf die Niederlassung ausländischer Häuser und Kapitalisten, die alle Bedürfnisse des bürgerlichen Lebens haben; und deshalb müssen meines Erachtens die neuen Viertel mehr noch als für bürgerliche Wohnungen für Luxuswohnungen Vorsorge treffen."[15]

Dieser Prognose entsprach die Entwicklung des Wohnungsmarkts mit dem Ergebnis, daß das chronische Defizit an billigen Wohnungen bestehen blieb, während das Angebot an teuren die Nachfrage ständig überstieg und eine beträchtliche Anzahl an Räumen bei akuter Wohnungsnot leerstehen blieb[16]. Diese Art von Wohnungspolitik – oder vielmehr: Bauspekulation – ging an der ökonomischen und sozialen Realität der Stadt vorbei. Mailand war bereits damals auch schon eine Arbeiterstadt und sollte es in der Zukunft in noch stärkerem Maß werden. Die Arbeiterbevölkerung, die der eine Teil der Stadt, die eigentliche *città*, von sich stieß oder gar nicht erst in ihre Mauern einließ, nahm der andere, das *suburbio* auf.

Das Verhältnis der beiden Teile der Stadt zueinander hatte von Anfang an etwas Ungewöhnliches an sich (siehe Karte II). Die Vorstädte (sobborghi) und ländlichen Gemeinden im Umkreis der spanischen Mauern, auf die sich seit langem, und verstärkt wieder seit 1859, die annexionistischen Gelüste der Mailänder richteten, bildeten seit 1781 unter dem Namen Comune dei Corpi Santi di Milano eine autonome Verwaltungseinheit; 1797 wurden die Corpi Santi den einzelnen Stadtvierteln Mailands einverleibt, doch bereits 1816, nach dem Fall des Regno Italico, wurde die Annexion rückgängig gemacht und die Autonomie der Gemeinde wiederhergestellt. Damit war Mailand erneut von allen Seiten von *einer* Gemeinde eingeschlossen, deren Fläche, ein sehr unregelmäßiger und besonders gegen Süden weit in das platte Land vorstoßender Ring, das Mailänder Stadtgebiet um ein Vielfaches übertraf. Mit dem Fortschreiten von Handel, Industrie und Verkehr knüpften sich die Beziehungen zwischen den beiden Gemeinden immer enger. Die Corpi Santi beherbergten nahezu alle größeren Fabriken, dienten als Stapelplatz für die Versorgung und den Handel Mailands, nahmen die neuen Gaswerke für die Beleuchtung der *città* und ihre Bahnhöfe auf. Dieser Entwicklung zur industriellen „Vorstadt" entsprach ein kräftiges Wachstum ihrer Bevölkerung, die sich zwischen 1817 und 1873 nahezu vervierfachte. Nächst Mailand selbst waren die Corpi Santi schon vor 1859 die größte Stadt der Lombardei. Egal ob zu Recht oder zu Unrecht, die Mailänder waren davon überzeugt, daß das Wachstum der Corpi Santi eine Folge des Wachstums ihrer Stadt sei, daß das *suburbio* sein Leben dem Leben ihrer Stadt verdanke, daß sich vor ihren Toren ein Schmarotzer breitmache, der an allen Vorteilen, die das städtische Leben mit sich bringe (Volks- und höhere Schulen, Krankenhäuser, Wohlfahrtseinrichtungen usw.), partizipiere, ohne die Lasten, die die Stadt zu tragen habe, mit ihr zu teilen. Solche Argumente und viele praktische, besonders verwaltungstechnische Gesichtspunkte ins Feld führend, verlangten die Mailänder die Eingemeindung der Corpi Santi, die gegen den einmütigen Protest der Betroffenen durch ein Dekret am 1. September 1873 verwirklicht wurde[17].

In die lange und heftig geführte Kontroverse zwischen „Annexionisten" und „Separatisten" griff mit mehreren Zeitungsartikeln auch Carlo Cattaneo ein. Beratend wirkte er überdies an einer Denkschrift mit, die sein Freund Primo Oldini im Auftrag der Gemeinde der Corpi Santi gegen die Mailänder Annexionspläne verfaßte, und verhalf ihr durch eine ausführliche Besprechung im Turiner *Diritto* zu großer Publizität. Man geht kaum zu weit, wenn man Cattaneos und Oldinis kurze Schriften, in denen das Verhältnis zwischen den beiden Gemeinden im besonderen und die Beziehung Stadt-Land im Hinblick auf den Industrialisierungsprozeß im allgemeinen untersucht wird, als die subtilsten Analysen des „Geheimnisses" des wirtschaftlichen Aufstiegs Mailands im 19. Jahrhundert bezeichnet[18].

Die Autoren bemühten sich darum, die Stichhaltigkeit der von den „Annexionisten" vorgebrachten Argumente zu widerlegen; zum andern suchten sie ihnen klarzumachen, daß ihre Forderung ihren ureigensten Interessen zuwiderlaufe. Unschwer konnten sie die Behauptung der Mailänder in ihrer Petition an das Ministerium widerlegen, daß die *città* durch ihre Tore in den *contado* eingedrungen sei und die Bevölkerung des *suburbio* sich nicht eigenem Wachstum, sondern demjenigen der *città* verdanke: „Dies alles ist Träumerei; allein richtig ist, daß die erstaunliche Entwicklung des *suburbio* sich in jeder Weise der Blüte des Landes (paese) verdankt. . . . Wer nach der Herkunft jener zehntausend Familien suchen möchte, ich glaube kaum, daß er viele darunter fände, die wirklich durch die Spalten der Tore entwichen sind, um sich in die Vorstädte zu ergießen." Innerhalb der Bastioni sei noch Raum für 100 000 Einwohner und überhaupt: „Niemand geht aus der Stadt hinaus in die Vorstadt, wenn ihn nicht die Armut vertreibt." Der Emigration aus der Stadt verdankte das *suburbio* nur den geringsten Teil seiner Bevölkerung. Die meisten kamen anderswoher – vom Lande. Vergeblich suchte Oldini die Mailänder zu überzeugen, daß diese Bevölkerung nicht in die Mauern ihrer Stadt gehöre:

„Es ist eine große Illusion, die Vorstädte mit geschäftigen Vierteln der Stadt zu verwechseln. Nein, diese Geschäftigkeit ist nicht und kann nicht städtisch (cittadina) sein. Ihr ganzes Geheimnis liegt darin, außerhalb der Stadt zu sein. . . . In der Stadt lebt man teurer – dies ist das Geheimnis. Das wohlfeilere Leben bedeutet niedrigere Löhne. Und deshalb lassen viele Industrien sich dort, auf der Grenze zur Einfriedung der Stadt nieder, aber hüten sich sehr wohl, ihren Fuß in sie hineinzusetzen. Und andere noch verlassen die Stadt auf der Suche winziger Ersparnis, eines niedrigeren Produktionspreises."

Weshalb man im *suburbio* billiger lebte und produzierte, weshalb das *suburbio* Menschen und Industrien anzog, die einen, um dort zu leben, selbst wenn sie in der *città* arbeiteten, die anderen, um der Stadt auszuweichen, begründeten Cattaneo und Oldini zunächst wie alle „Separatisten" mit der unterschiedlichen Besteuerung in den beiden Gemeinden. Innerhalb der Bastioni galt der *dazio murato*, der beim Überschreiten der Steuergrenze, d. h. an den Stadttoren, einerseits auf eine Reihe von

Nahrungsmitteln, darunter die wichtigsten Grundnahrungsmittel (Brot, Mehl, *pasta* usw.), und andererseits auf zahlreiche Rohstoffe und Halbfabrikate erhoben wurde. Letztere waren in den Corpi Santi, als einem *Comune aperto,* von dieser Art der Besteuerung gänzlich ausgenommen. In ihnen galt der *dazio forese,* der vorwiegend gehobene Nahrungsmittel wie alkoholische Getränke, Fleisch, Kaffee, Zucker usw. traf. Da diese Verbrauchssteuer über den Einzelhandel eingezogen wurde und von all denjenigen, denen es ihre Mittel erlaubten, sich en gros zu versorgen, umgangen werden konnte, ließen sich auch wohlhabendere Familien gern im *suburbio* nieder[19]. Diese Unterschiede in der steuerlichen Behandlung waren so eklatant, daß sie das Standardargument aller Gegner der Eingemeindung und insbesondere der Unternehmer bildeten[20]. Hinzu kam, daß außerhalb der Mauern die Mieten niedriger bzw. billigere Wohnungen zu haben waren. Die aus der Geltung des *dazio forese* und den niedrigeren Rohstoffpreisen resultierenden Vorteile müssen für die Einwohner und die Wirtschaft der Corpi Santi immerhin so groß gewesen sein, daß ihre steuerliche Sonderbehandlung in dem Eingemeindungsdekret von 1873 für weitere fünf Jahre anerkannt und erst nach vielen Kontroversen 1898 aufgehoben wurde, mit Ausnahme einiger kleiner Gebiete an der äußersten Peripherie. Bis dahin blieb Mailand steuerpolitisch eine zweigeteilte Stadt; die *città,* seit 1873 der „innere Kreis", und die Corpi Santi, nunmehr der „äußere Kreis", blieben weiterhin durch die Bastioni als Steuergrenze getrennt.

Wenn Cattaneo die Beibehaltung dieser Sonderstellung des *suburbio* als eine „ökonomische Notwendigkeit" bezeichnete, hatte er dabei nicht nur dessen Industrien, sondern auch die der *città* im Auge:

„Die vielen Einwohner des *suburbio,* [die] jeden Tag in die Stadt zum Arbeiten kommen, . . . können ihre Hände bestimmten Zweigen der städtischen Industrie um einen etwas geringeren Preis anbieten. Die geringste Differenz im Preis der Arbeit wiegt den Dienst einer Maschine auf: Zuweilen reicht das aus, um einige Zweige der Industrie am Leben zu erhalten, weil die Konkurrenz wie eine hochempfindliche Waage ist, die ein Körnchen mehr oder weniger ausschlagen läßt. *Aut, aut!*"[21]

Die steuerlichen Vorteile, die das *suburbio* Unternehmern und Arbeitern gewährte, waren eine wichtige, doch nicht die entscheidende Voraussetzung für die Politik der niedrigen Löhne, die es ermöglichte. Diese fußte insgesamt auf einer sehr viel breiteren Grundlage, nämlich auf dem spezifischen Typus von Arbeitskraft, den das *suburbio* anzog und hervorbrachte, und dieser Typus hing aufs engste mit dem Zwittercharakter der „Vorstadt" zusammen.

Trotz vieler Affinitäten hatte das Verhältnis Zentrum-Peripherie in Mailand einen anderen Charakter als etwa – um ein naheliegendes Beispiel zu nennen – in Paris. Auch in Paris lagen bis zu den großen Eingemeindungen von 1860 die eigentlich industriellen Zonen außerhalb seiner Zollgrenze, des *octroi,* aber innerhalb des 1844 vollendeten Befestigungsgürtels. Zahlreiche Beschreibungen des kaiserlichen und kommunalen Paris bezeugen den stark ländlichen Einschlag, den die neuen Arrondissements aufwiesen; aber gegen das platte Land besaß es in seinen Wällen, die ab 1860 die neue Zollgrenze bildeten, eine deutliche und scharfe Trennungslinie[22]. Anders dagegen in Mailand. Seine Vorstädte waren nach allen Seiten hin gegen das Land geöffnet, durch keine wahrnehmbare Grenze von ihm geschieden. „Als Bindeglied zwischen *città* und *campagna* partizipieren die Corpi Santi sowohl an der einen wie an der anderen und nehmen zwischen dem urbanen und ländlichen (agreste) Typus jene Mitte ein, auf welche das Wort *borghigiano* paßt."[23] Vor allem mit dem Hinweis auf den „sehr starken Unterschied zwischen der Bevölkerung der *città* und der *sobborghi* warnten die Corpisantisti die Mailänder vor der Eingemeindung: „Die Mauern Mailands trennen zwei nach Anlage und Gewohnheiten, ihren Vorstellungen, Bedürfnissen und sozialen Beziehungen ganz und gar unterschiedliche Bevölkerungen."[24]

Ebenso hatten einige Jahre zuvor Cattaneo und Oldini argumentiert und betont, daß die Corpi Santi wie ihre Einwohner einen eigenen Typus bildeten, durch den sie sich schärfer von der Stadt als vom Land unterschieden:

„Was auch immer man über die Homogenität der Vorstädte mit den angrenzenden Stadtvierteln sagt, die Arbeiter, die Gemüsegärtner, die Wäscher der Vorstädte, immer frische Ableger der ländlichen Masse, bilden eine Bevölkerung, die sich auf jede Weise von den Volksklassen (classi popolane) der *città* unterscheidet; der Abstand ist über die ganze soziale Stufenleiter hinweg äußerst deutlich. Anlage, Gewohnheiten, Geschmack, die häusliche Lebensweise selbst, alles leitet sich von diesem unterschiedlichen Typus her, den wir als ‚gente nuova‘ bezeichnen möchten. . . . Im *suburbio* empfängt die ländliche Bevölkerung ihre moralische und ökonomische Transformation."

Schärfer läßt sich kaum der Tatbestand *und* die Notwendigkeit einer Beibehaltung der Trennung von Stadt und Land akzentuieren. Der *borghigiano*, eine Variante der Figur des „Arbeiter-Bauern", verdankt den Vorteil, billig zu leben, nicht allein dem steuerlichen Gefälle zwischen Diesseits und Jenseits der Mauern, als vielmehr auch sich selbst:

„Und die wohlfeilere Weise des Lebens [im *suburbio*] – woher kommt die? Von den geringeren Bedürfnissen. Jene Vorstädte sind das Land (campagna), das zur Stadt kommt, ohne sich städtisch machen lassen zu wollen. Die Gewohnheiten ändern, die Sitten wandeln sich, die Bedürfnisse wachsen, die Löhne gehen in die Höhe, alles verteuert sich; Fabriken, Märkte, Niederlagen ziehen sich auf ihre angeborene, lebensnotwendige Grenzlage zurück: die Grenze zwischen dem städtischen und ländlichen Leben."

Sollen Industrie und Handel weiter prosperieren, dann darf dieses Verhältnis zwischen Stadt und Land nicht angetastet, die *gente nuova* nicht „verstädtert" werden, müssen „ihre einfachen Gewohnheiten" und „ihre gemäßigten Bedürfnisse" erhalten bleiben[25]. In dieser Argumentation kommt ein weiterer Aspekt des vielschichtigen Verhältnisses von Agrikulturismus und Industrialismus zum Vorschein: die gesellschaftliche Bedeutung der Zone zwischen Stadt und Land, eben des *suburbio*, das, Cattaneo zufolge, ein eigenes Kapitel in jeder Abhandlung über „öffentliche Ökonomie" haben sollte[26].

Die von Cattaneo und Oldini für ihre Zeit analysierte Situation und Funktion des *suburbio* blieben im weiteren Verlauf des Jahrhunderts natürlich nicht unverändert. Mit der fortschreitenden Industrialisierung und mit der besonders seit den 80er Jahren wachsenden Immigrationsbewegung „verstädterte" das *suburbio* zunehmend. Doch dieser Prozeß vollzog sich nur langsam, und vor allem blieb er auf einen relativ schmalen Gürtel entlang den Bastioni beschränkt. Verließ man den Gürtel der Vorstädte, gewahrte man, daß weite Gebiete Mailands noch so ländlich waren wie eh und je[27]. Noch bis gegen Ende des Jahrhunderts blieb der äußere Kreis auch offiziell eine Stadt zweiter Klasse. Aufgrund der geringeren Steuerlast, die „zum Vorteil der arbeitenden Klassen und um die industriellen Initiativen zu wecken und zu fördern"[28], auf ihm ruhte, erschien es den meisten als selbstverständlich, daß seine Bewohner nicht dieselben Vorteile wie die der *città* genießen könnten. Sie hatten sich mit schlechteren Straßen, weniger Bürgersteigen und Gaslaternen, weniger Schulen und Kindergärten zu begnügen[29]. Die innerstädtischen Unterschiede in Ernährung, Wohnung und Bildung fielen fast immer auch mit der Grenze der Bastioni zusammen. Unverkennbar ist, daß die als Tugenden gepriesenen „geringeren Bedürfnisse" der Bevölkerung der Vorstädte aufs engste mit ihrer Herkunft zusammenhängen. Elende Unterkünfte, Maisbrot und fleischlose Kost genügten ihren Bedürfnissen, weil viele nichts anderes gewohnt, dem Hunger davongelaufen waren. Die „geringeren Bedürfnisse" der Immigranten schwebten wie ein Damoklesschwert über den Löhnen und dem Lebensstandard der eingesessenen Arbeiterschaft Mailands. Mit der Zeit aber verwandelten sich jene Bedürfnisse, wuchsen und wurden zu städtischen. Die Anpassung der neu Zugewanderten an die „städtischen Bedürfnisse" – und dies hieß vor allem städtisches Lohnniveau – vollzog sich schneller als Cattaneo angenommen hatte: Die Menschen veränderten sich schneller als ihre Umgebung.

2. Demographische Expansion

Obwohl die Qualität der demographischen Daten[30] für Mailand besser beschaffen ist als für die meisten anderen italienischen Städte des 19. Jahrhunderts, lassen die gedruckt vorliegenden Quellen zu einer Bevölkerungsgeschichte in mancher Hinsicht zu wünschen übrig[31]. Die vom städtischen Zivilstandsregister (Anagrafe) veröffentlichten jährlichen Einwohnerzahlen weichen teilweise beträchtlich von denjenigen der allgemeinen Bevölkerungszählungen (Censimenti) ab. Besonders kraß sind die Divergenzen in den 60er und – abnehmend – in den 70er Jahren, die sich wohl nur durch die Fehlerhaftigkeit beider Quellengattungen erklären lassen. Aus Gründen der Einheitlichkeit und Vergleichbarkeit wurde hier in der Regel den Ergebnissen der *Censimenti* der Vorzug gegeben. Andere Schwierigkeiten ergeben sich daraus, daß ältere Zensusangaben in nachfolgenden Veröffentlichungen stillschweigend „korrigiert" wurden. So lassen sich z. B. in staatlichen und kommunalen Publikationen für die Bevölkerung Mailands und der Corpi Santi im Zensusjahr 1861 etwa ein halbes Dutzend differierender Angaben finden. Eine Festlegung auf eine der überlieferten Zahlen ist um so weniger möglich, als jeweils verschiedene Angaben die Grundlage für weitere Berechnungen in späteren Statistiken gebildet haben. Überdies lassen einige Statistiken nicht erkennen, ob sie sich auf den 1. Januar oder 31. Dezember eines Jahres beziehen, ob sie die Garnison miteinschließen, ob sie sich auf die Wohnbevölkerung (popolazione presente) oder die juristisch zur Gemeinde gehörige Bevölkerung (popolazione legale) beziehen[32]. Die „flottierende", hauptsächlich aus Saisonarbeitern bestehende Bevölkerung, die Cantù schon für 1856 auf 15 000 Personen geschätzt hat[33], entzieht sich jeder exakten Berechnung. Diesen Unsicherheitsfaktoren wird auf den nächsten Seiten so weit wie möglich Rechnung getragen. Trotzdem können einige der folgenden Zahlen nur als Annäherungswerte gelesen werden, und einige Inkongruenzen in den weiteren Kalkulationen mußten in Kauf genommen werden. Im Hinblick auf diese Darstellung ist das allerdings nicht so gravierend, da sich die Fehlerquellen, die sich nicht eliminieren lassen, in so engen Grenzen halten, daß sie die globalen Aussagen über die demographische Entwicklung Mailands kaum tangieren.

Das Gros der folgenden Daten ist den *Censimenti* sowie den seit 1884 erscheinenden Jahrbüchern des statistischen Amts der Gemeinde Mailand entnommen[34]. Zu berücksichtigen ist, daß als Stichtag für die drei ersten Bevölkerungszählungen die Nacht vom 31. Dezember auf den 1. Januar 1861/62, 1871/72, 1881/82, dagegen für die von 1901 der 9. Februar zugrunde gelegen habe. (Die 1891 fällige Bevölkerungszählung unterblieb aus Ersparnisgründen.) Ebenso wie in den offiziellen Publikationen wird deshalb hier gelegentlich von 1861 wie von 1862 usw. als Zensusjahren gesprochen. Schließlich bleibt noch darauf hinzuweisen, daß in diesem Abschnitt mit Mailand immer die Stadt in ihren erweiterten Grenzen von 1873 gemeint ist. Zur Vereinfachung werden die beiden ehemals selbständigen Gemeinden Mailand und Corpi Santi auch für die Jahre bis 1873 kurz als innerer und äußerer Kreis bezeichnet.

Tab. 1: Wohnbevölkerung: Mailand, 1861–1901

Jahr	Mailand	innerer Kreis	äußerer Kreis
1861	242 457	196 109	46 348
1871	261 985	199 009	62 976
1881	321 839	214 004	107 835
1901	491 460	234 045	257 415

Tab. 2: Arithmetischer jährlicher Bevölkerungszuwachs
je 1000 Einwohner

Jahre		Mailand	innerer Kreis	äußerer Kreis
1862–1871		8.05	1.47	35.87
1872–1881		22.84	7.53	71.23
1882–1901	(9.2.)	27.74	4.93	73.00

74

Die allgemeine Bevölkerungsentwicklung geben die Tabellen 1 und 2 wieder. In vierzig Jahren nahm die Bevölkerung Mailands um mehr als das Doppelte (203 %) zu. Von den italienischen Großstädten wurde es nur von der Hauptstadt Rom (251 %) und von Catania (217 %) übertroffen. Die Aufschlüsselung der Zuwachszahlen nach den beiden Kreisen zeigt, daß der äußere bedeutend schneller wuchs; 1901 zählte die Stadt bereits weniger Einwohner als das 1873 eingemeindete Gebiet (47,62 gegen 52,38 %)[35]. Diese unterschiedliche Zunahme war hauptsächlich eine Folge des geringen natürlichen Bevölkerungsüberschusses und des starken Zustroms von Ortsfremden, die sich vorzugsweise in den Vorstädten niederließen (Tab. 3 und 4). Dieser

Tab. 3: Anteil des Geburtenüberschusses am Bevölkerungswachstum[36]

Zeitraum	je Hundert
1862–71	38.6
1872–81	4.3
1882–91	16.9
1892–1901	25.7

Tab. 4: Anteil der außerhalb Mailands Geborenen an der Gesamtbevölkerung

Jahr	je Hundert
1861	44.1 (nur innerer Kreis)
1871	50.7
1881	51.6
1901	56.6

überwiegend der Immigration geschuldete Bevölkerungszuwachs ist auch an dem Altersaufbau der Bevölkerung ablesbar (Abb. 1). Die Altersklassen von 15–25 verdanken ihre starke Ausdehnung der Immigration männlicher und weiblicher Arbeitskräfte in diesem Alter, die auch für das unterschiedliche Verhältnis der männlichen zur weiblichen Bevölkerung in diesen Gruppen verantwortlich ist. Die Dominanz von Frauen in den oberen Alterskohorten erklärt sich dagegen aus einer bedeutend höheren Männersterblichkeit.

Diese globalen Daten über die Bevölkerungsveränderung sind nun näher im Detail, und zwar einerseits unter dem Aspekt der natürlichen Bevölkerungsbewegung und andererseits unter dem der Wanderungsbewegungen, zu betrachten; eine Betrachtung, die einige wichtige Rückschlüsse auch auf die ökonomische und soziale Situation Mailands in der ersten Phase seiner beschleunigten industriellen und urbanistischen Expansion erlaubt.

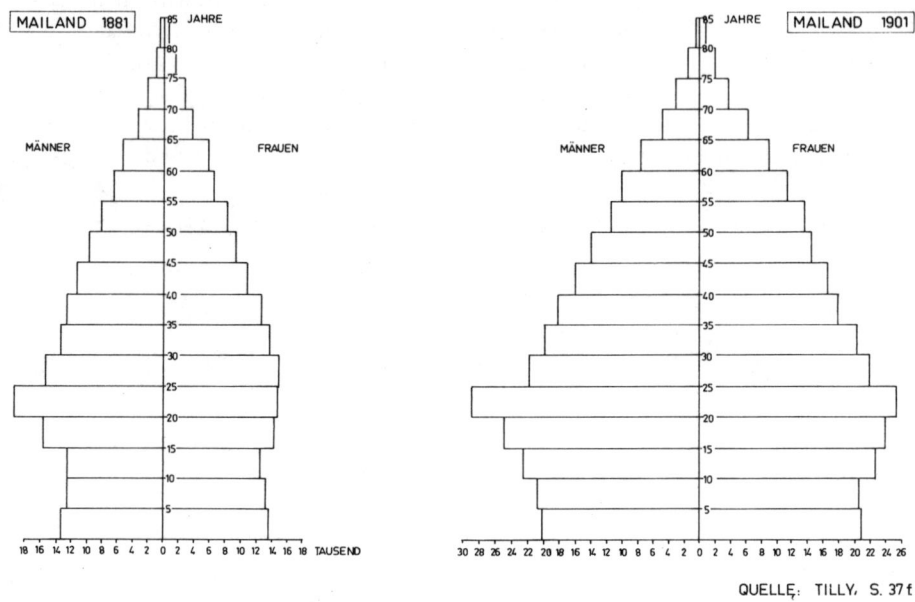

QUELLE: TILLY, S. 37 f

Abb. 1: Bevölkerungspyramiden

a) Heirat, Geburt, Tod

Die grundlegenden demographischen Daten über die Wohnbevölkerung enthalten die Abbildungen 2 und 3. Der allgemeinen Tendenz nach entspricht der Verlauf dieser Kurven durchaus dem demographischen Bild, das man von anderen, rasch wachsenden Großstädten des 19. Jahrhunderts her kennt. Die abnehmende Häufigkeit der Eheschließungen, Geburten und Todesfälle teilt Mailand mit den meisten anderen italienischen Großstädten, die langsamer wuchsen und industrialisierten. Gegenüber den entsprechenden Zahlen für ganz Italien weisen diejenigen für Mailand (und andere Großstädte) einige nicht unwesentliche Abweichungen auf.

In dem uneinheitlichen Verlauf der Eheschließungen spiegeln sich die wirtschaftlichen Schwankungen wider. An den Heiratsziffern der 70er Jahre ist noch die Tendenz erkennbar, ,,sich kurzfristig in umgekehrtem Verhältnis zum Brotpreis zu ändern"[37]:

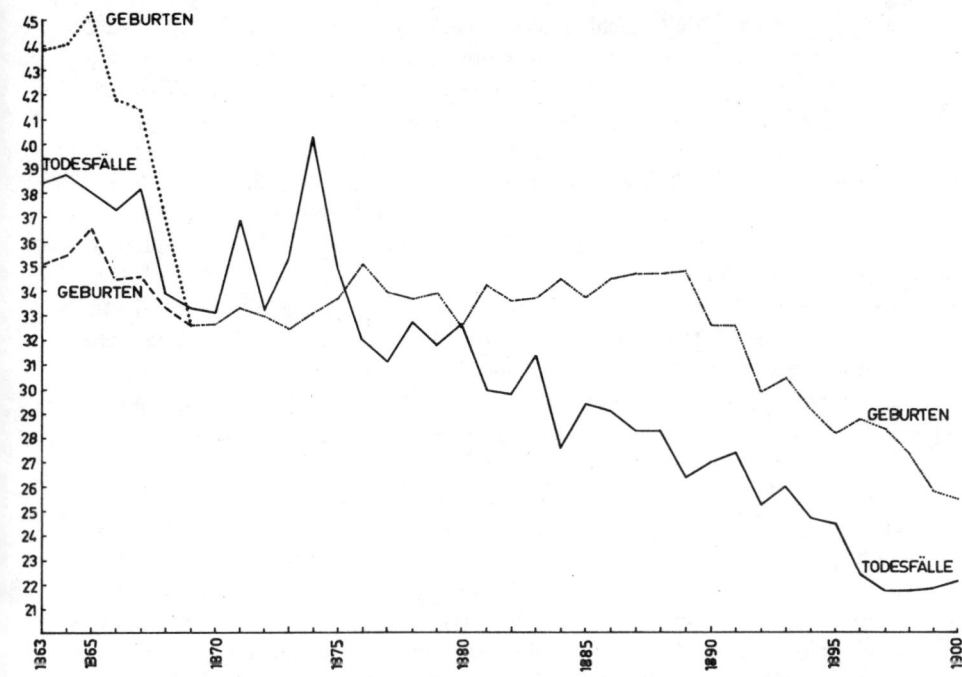

Abb. 2: Geburten (nur Lebendgeburten) und Todesfälle je 1000 Einwohner
(Wohnbevölkerung ohne Garnison): Mailand 1863–1900

Abb. 3: Eheschließungen je 1000 Einwohner
(Wohnbevölkerung ohne Garnison): Mailand 1872–1900

Alle Jahre, in denen die Eheschließungsfrequenz bei oder unter 8 je 1000 lag (1874, 1877/78 und 1880), waren gleichzeitig Jahre hoher Brotpreise[38]. Diese enge Beziehung ist für die folgenden Jahrzehnte nicht mehr zu beobachten. Nach wie vor bleibt jedoch ein Zusammenhang zwischen Eheschließungsfrequenz und allgemeiner wirtschaftlicher Lage bestehen, der besonders deutlich an den Depressionsjahren 1890–95 ablesbar ist. Auf dem Tiefpunkt der Krise, 1892/93, sank auch die Heiratsfrequenz auf ihren relativ niedrigsten Stand während des ganzen Zeitraums, und zwischen 1891 und 1894 ging selbst die absolute Zahl der Heiraten bei weiter anhaltendem Bevölkerungswachstum zurück[39].

Die allgemeine Eheschließungsfrequenz in Mailand entsprach in etwa dem Landesdurchschnitt: Bis 1882, mit Ausnahme von 1875, lag sie leicht darüber; in den Jahren bis 1899, mit Ausnahme der Jahre 1888 und 1889, etwas tiefer und in den beiden letzten Jahren wieder höher. Angesichts des Altersaufbaus der Mailänder Bevölkerung, in dem die mittleren Jahrgänge stark überrepräsentiert waren, ist dies nicht weiter erstaunlich. Betrachtet man dagegen die Häufigkeit der Eheschließungen in bezug auf Alter und Zivilstand der Bevölkerung, ergibt sich für Mailand wie für andere Großstädte eine Eheschließungsziffer, die bedeutend unter dem Landesdurchschnitt liegt. Dies trifft für alle sozialen Klassen zu, doch für die oberen noch stärker als für die unteren. Unter der Vielzahl der Faktoren, die hierfür verantwortlich gemacht werden können, kommt im Hinblick auf die Unterklassen der – im Vergleich zum Landesdurchschnitt – extrem hohen Frauenbeschäftigung eine vorrangige Bedeutung zu. 1881 waren in Mailand 54 % aller Frauen über 10 Jahre erwerbstätig und 1901 noch 50,5 %[40]. Wegen ihrer Situation als Erwerbstätige mußten viele Frauen entweder überhaupt ledig bleiben oder den Zeitpunkt der Heirat hinausschieben. In vielen Berufen, als Dienstboten, als Arbeiterinnen in der Industrie, aber auch als Angestellte in öffentlichen und privaten Unternehmen (z. B. Telephon), fanden verheiratete Frauen nur schwer oder überhaupt keine Anstellung. 1903 waren in Mailand 59 % der Arbeiterinnen jünger als 29 Jahre, und 74 % jünger als 39 Jahre. Der größere Teil der Arbeiterinnen blieb unverheiratet, und für die meisten bedeutete die Ehe das Ende des Arbeitsverhältnisses – zumindest außerhalb des Hauses[41]. In welchem Umfang die Ehe durch „andere Formen der Vereinigung" ersetzt wurde, läßt sich nicht sagen; es fehlt allerdings nicht an Hinweisen, daß Formen „alternativer" Ehen auch in Mailand üblich waren[42].

Nur in einem begrenzten Umfang kann für die innerhalb der Lombardei auffällig geringe Natalität das hohe Durchschnittsheiratsalter der Frauen verantwortlich gemacht werden; sie scheint vielmehr „vor allem" eine Folge der „freiwilligen Begrenzung der Fortpflanzung" gewesen zu sein. Bezüglich der „ärmeren Klassen" betont Mortara ebenso wie Louise Tilly, die sich bislang als einzige intensiver mit der Mailänder Familie in diesem Zeitraum beschäftigt hat, den „Zwangscharakter" der Geburtenbeschränkung. „Mehr als ein spontanes Gefühl der Vorsorge hält die absolute Notwendigkeit, seine Stellung zu bewahren, um nicht den einzigen Lebensunterhalt zu verlieren, die Dienstboten, die Angestellten und die Industriearbeiterinnen von der Fortpflanzung ab." Unter den Arbeiterinnen zwischen 15 und 55 Jahren war die durchschnittliche Häufigkeit der Entbindungen fast dreimal geringer als bei der weiblichen Bevölkerung dieses Alters insgesamt (45 gegenüber 129 auf 1000 Frauen). „Angesichts der sehr unvollkommenen Techniken der Geburtenkontrolle in dieser Zeit muß ihre Motivation sehr stark gewesen sein", folgert Tilly aus dieser „drastischen" Geburtenbeschränkung. Auf die hauptsächlich angewandten Methoden gibt es nur vage Hinweise. Zu den weniger üblichen gehörte – nach Mortara – die Enthaltung vom Geschlechtsverkehr; immer mehr seien dagegen natürliche oder künstliche antikonzeptionelle Methoden in Gebrauch gekommen. Diesen zogen aber manche Ehepaare „aus religiösen Skrupeln" die Abtreibung vor, in dem Glauben, einen nur „minimalen Fehltritt" zu begehen. „Eine solche Meinung bekräftigen, zuweilen in gutem Glauben, der Priester oder der Beichtvater, indem sie gewisse alte Bestimmungen des kanonischen Rechts sehr weit auslegen, welche die innerhalb von 40 Tagen nach der Empfängnis vollzogene Abtreibung nur mit leichten Bußen bestrafen, weil man (gemäß der Lehre des Aristoteles und Plinius) glaubte, daß der Embryo erst nach dieser Frist seine Seele empfange."[43]

Das größte Rätsel, das die Abbildung 2 aufgibt, liegt in dem Verlauf der Geburtenkurve während der 60er Jahre. Folgt man der oberen, gepunkteten Linie, die auf den Daten der *Anagrafe* beruht[44], dann wäre in Mailand die Natalität innerhalb von zwei Jahren – nämlich zwischen 1867 und 1869 – um über 20 % gesunken, viel stärker als in den drei folgenden Jahrzehnten zusammen. Dieses abrupte Fallen der Geburtenkurve kann verschiedene Gründe haben: Die Methoden der Geburtenregistrierung können verändert worden sein, oder ein außergewöhnliches Ereignis hat die Natalität herabgedrückt; denkbar ist auch, daß diese beiden Faktoren gleichzeitig wirksam geworden sind. Um es vorweg zu nehmen: Es hat solch ein außergewöhnliches Ereignis gegeben – nämlich die Schließung der Drehlade am Mailänder Findelhaus im Jahr 1868. Auch wenn dadurch weniger die tatsächliche Rate als vielmehr die Registrierung der Geburten beeinflußt wurde, verbirgt sich hinter dem Vorgang alles andere als ein demographisches Scheinproblem.

Im Mailänder Findelhaus (Pia Casa degli Esposti in S. Caterina alla Ruota) – einer glaubwürdigen Überlieferung nach das älteste Europas – wurde am Ende des 16. Jahrhunderts die erste Drehlade moderner Form eröffnet. Die in den protestantischen Ländern unbekannte Drehlade (oder Drehscheibe, Winde, Triller usw.) ist ein „in einer Öffnung der Mauer eines Findelhauses im Erdgeschoß angebrachter ausgehöhlter hölzner Cylinder, der sich frei um seine Axe drehen kann. Nachts wird die concave Seite des Cylinders der Straße zugewendet, damit die Neugeborenen in sie hineingelegt werden können. Sobald das Kind in die Drehscheibe gelegt wurde, ziehen seine Überbringer an dem nebenbei angebrachten Glockenzug; auf den Schall der im Innern befindlichen Glocke wird der Cylinder von den wachhaltenden Wärterinnen so gedreht, daß das Kind in das Innere der Anstalt gelangt."[45] Im 17. und 18. Jahrhundert wurde die Mailänder Drehscheibe (torno, ruota) wiederholt geschlossen und erneut in Betrieb genommen. Zum letzten Mal wiedereröffnet wurde sie 1791 auf Anordnung Leopolds II. und blieb von da an bis 1868 ununterbrochen in Bewegung – Zeit genug, um den ursprünglichen Sinn des Findelhauses, nämlich die unehelichen Kinder zu unterstützen, völlig zu entstellen. Hatte die von Joseph II. 1784 befohlene

Schließung der Drehscheibe dazu geführt, daß die Anzahl der vom Findelhaus aufgenommenen Neugeborenen gegenüber der vorangegangenen Periode um ein Drittel zurückging, so bewirkte ihre Wiedereröffnung das genaue Gegenteil. Immer mehr wuchs die Anzahl der jährlichen Neuzugänge in S. Caterina: von 2123 in dem Jahrzehnt 1811/20 auf 4384 in den 50er Jahren[46]. Danach trat noch einmal eine kräftige Erhöhung ein. Die Zahlen für die Jahre ab 1861, als zum zweiten Mal die Marke von 5000 übersprungen wurde (zuerst 1859 mit 5146 Neuaufnahmen), finden sich in der Tabelle 5.

Tab. 5: Neuaufgenommene Kinder im Findelhaus von S. Caterina[47]

Jahr	Insgesamt	Mittels der Drehlade	%	Eheliche	%
1861	5 363	2 837	(52.90)	?	
1862	5 204	2 773	(53.29)	?	
1863	5 690	2 918	(51.28)	?	
1864	5 684	2 872	(50.53)	?	
1865	5 876	2 945	(50.12)	?	
1866	5 569	2 149	(38.59)	?	
1867	5 382	2 261	(42.01)	?	
1868*	3 981	1 056	(26.53)	?	
1869	3 145	—		1 903	(60.50)
1870	2 747	—		1 487	(54.13)
1875	1 741	—		541	(31.07)
1880	1 389	—		337	(24.26)

* 1. Juli 1868 Schließung der Drehlade

Was für ein Zusammenhang besteht zwischen den Zahlen dieser Tabelle und dem auffälligen Knick in der Geburtenkurve am Ende der 60er Jahre? Aus den Zahlen der mittleren Kolumne ergibt sich, daß der Verlauf der gepunkteten Geburtenkurve wesentlich dadurch bestimmt wurde, wie viele Neugeborene jährlich durch die Drehscheibe ins Findelhaus gelangten. Die Geburtenkurve begann nicht erst 1868/69 mit dem Zumauern der Drehscheibe zu fallen, sondern schon 1866/67, als der Anteil der in die Drehscheibe gelegten Findelkinder plötzlich um etwa 10 % zurückging. Einen ersten Hinweis auf den Zivilstand der Drehlade-Kinder gibt die letzte Kolumne der Tabelle 5: Ab 1869 ging die Aussetzung der ehelichen Neugeborenen rapide zurück, während sich die Zahl der unehelichen Findlinge – und zwar bis gegen Ende des Jahrhunderts – nur geringfügig veränderte. Der Zusammenhang zwischen dem Verlauf der Geburtenkurve und der Bewegung der Findlinge ist demnach in der Aussetzung oder richtiger: „Verlassung"[48] ehelich geborener Kinder mittels der Drehscheibe zu suchen.

Schon 1844 klagte Andrea Buffini, langjähriger Direktor von S. Caterina, darüber, daß die Aussetzung ehelicher Kinder durch die Drehscheibe es unmöglich mache, das städtische Zivilstandregister genau zu führen. Denn die Eltern, welche ihre ehelichen Kinder auszusetzen beabsichtigten, unterließen es fast niemals, diese in der zugehörigen Pfarrkirche taufen – und damit zivilrechtlich registrieren – zu lassen, bevor sie sie in die Drehscheibe legten. Da aber alle Drehlade-Kinder im Findelhaus nochmals (unter Vorbehalt) getauft und als Kinder unbekannter Eltern dem Standesamt gemeldet wurden, kam es in diesen Fällen zu einer doppelten Registrierung. Um die tatsächliche Anzahl der in Mailand Geborenen zu ermitteln, braucht man Buffini zufolge nur die Drehlade-Kinder von der Gesamtzahl der registrierten Geburten abzuziehen, da „die ehelichen Drehlade-Kinder fast alle Mailand, wenige seinen Vorstädten und nur ganz wenige anderen Gemeinden" angehörten. Von den 1100 durch die Drehlade ausgesetzten Kindern, die 1843 von ihren Eltern „rekognisziert"[49] und, sofern sie noch lebten, zurückgenommen wurden, stammten 999 aus Mailand und waren 937 ehelich geboren[50]. Die entsprechenden Zahlen für die 13 881 rekogniszierten Findlinge der Jahre 1843–1854 lauten: 87,7 % aus Mailand (5,3 % aus den Corpi Santi) und 94,1 % ehelicher Abstammung[51]. Da für die 60er Jahre keine ebenso exakten Zahlen vorliegen, ist es nicht möglich, nach der von Buffini vorgeschlagenen Methode die tatsächlichen Geburtenziffern zu errechnen. Über einen kleinen Umweg ist das jedoch in etwa möglich. Nach dem „Urteil der kompetentesten Männer" figurierten in den Jahren nach der Einigung 60 % der Drehlade-Kinder zweimal in den Geburtsregistern der *città*, und wurden – einer anderen Quelle zufolge – 15 % der ehelichen Neugeborenen der Corpi Santi in die Drehlade gelegt[52]. Um diese beiden Anteile wurden die offiziellen Geburtenziffern reduziert, und nach den „bereinigten" Zahlen wurde die untere, gestrichelte, Geburtenkurve der Abbildung 2 gezeichnet.

Als kümmerlich wäre das Ergebnis dieser längeren Abschweifung über die Fallen und Fußangeln der Mailänder Demographie zu bezeichnen, wenn sie nichts anderes erbracht hätte, als für den kurzen Zeitraum von sechs Jahren einen plausibleren Verlauf der Geburtenkurve zu rekonstruieren. Das war nur Ausgangspunkt und Nebenzweck des Exkurses. Wirklich wichtig an dem ganzen Problem ist die Tatsache, daß den sorgfältig arbeitenden Beamten der *Anagrafe* so viele Doppelzählungen bei der Geburtenregistrierung[53] unterlaufen konnten – eine Folge davon, daß so viele Eltern sich ihrer *legitimen* Nachkommenschaft mittels der Drehlade entledigten. Dazu gibt es weder für die damalige noch für eine andere Zeit eine Parallele in Europa.

Unter der Überschrift „Neue Studien über die Plage der Kindesaussetzung" berichteten Giuseppe Sacchis *Annali* 1853, daß der allenthalben zu beobachtende Anstieg der Aussetzungen in keinem anderen Teil Europas so alarmierend sei wie in der Stadt Mailand, die hierin bei weitem Paris übertreffe. Während die Aussetzung der unehelichen Kinder unverändert bleibe, habe die der ehelichen so sehr zugenommen, daß inzwischen über ein Drittel aller Neugeborenen von ihren Eltern „verlassen" würde. Ziehe man von der Gesamtzahl der Geburten diejenigen aus den wohlhabenden Schichten ab, ergebe sich, „daß fast die Hälfte der Kinder aus der armen Bevölkerung unserer Stadt in die Drehlade geworfen wird". Eine derart „anormale Lage der Dinge" ließ den Autor (höchstwahrscheinlich Giuseppe Sacchi selbst oder sein Bruder Defendente) „unheilvolle Konsequenzen" für die „häusliche und gesellschaftliche Ökonomie" vorausahnen: „Die elementarsten Vorstellungen über die Rechte und Pflichten der ehelichen Gemeinschaft getrübt, die stärksten und edelsten Affekte geschwächt oder ausgelöscht, der heimische Herd verlassen, die Familie des Armen – mit einem Wort gesagt – zertrümmert, – was wird in der Zukunft sein moralischer Zustand sein, wenn man nicht schleunig Abhilfe schafft? . . . Wenn nicht wirksame Maßnahmen ergriffen werden, ist offensichtlich, daß im Lauf weniger Generationen die Sorge und die Kosten für die Aufzucht und die Erziehung der armen Klassen der Stadt der städtischen Wohltätigkeit und den öffentlichen Finanzen aufgebürdet werden."[54]

Vorderhand verschlimmerte sich die „anormale Lage der Dinge" noch. Im Durchschnitt der Jahre 1861–1867 drehte sich Nacht für Nacht, nach dem Ave Maria und vor Tagesanbruch, gut siebenmal die Drehscheibe neben dem Portal zum Findelhaus. Die Mehrzahl der Neugeborenen, die sie ins Innere des Gebäudes beförderte, hatte Mailänder zu Eltern, und reichlich 75 % der insgesamt Aufgenommenen waren von verheirateten Frauen geboren. Die Frage nach den Ursachen dieses Phänomens beschäftigte die Zeitgenossen aufs lebhafteste. Was konnte so viele Eltern oder alleinstehende Mütter dazu bewegen, ihre Nachkommenschaft einem Schicksal zu überantworten, das kaum einem von zwei Neugeborenen die Chance ließ, das erste Lebensjahr zu vollenden? Der *Meneghino* – der Typus des Mailänder *popolano* – ereiferte sich Cantù, ließ nicht ab von der „schändlichen Gewohnheit, die Kinder in jenen Abgrund von Tod oder Immoralität zu werfen, der sich Drehlade nennt"[55]. Obwohl dieser Weg, die Aufzucht der Kinder in ihrer schwierigsten Phase der Allgemeinheit aufzuhalsen, einem „legalisierten Mord" gleichkam, lag es in der Absicht der wenigsten Eltern, sich zeitlebens von ihren Kindern zu trennen. Die Trennung sollte nur für die Zeit dauern, in der „die Gegenwart des Kindes die Familie dadurch in größte Verlegenheit brachte, daß es die häusliche Ökonomie durcheinanderwarf und die Eltern der Möglichkeit beraubte, ohne Unterbrechung ihren Arbeiten nachzugehen"[56].

Dieses in vielen (in den meisten?) individuellen Fällen sicherlich zutreffende Motiv erklärt noch nicht, weshalb die Kindesaussetzung in Mailand, Italien und anderswo vor und während der frühen Industrialisierung zu einem Massenphänomen wurde. Als Gründe hierfür nannten viele Zeitgenossen an erster Stelle die große Armut der „Aussetzenden" und eine „völlige Entartung des Familiensinns". Der erste Grund gilt einigen auch heute noch als der ausschlaggebende, während andere Eltern sich aus „Gleichgültigkeit" von ihren Kindern getrennt hätten[57]. In der Tat darf die zweite Begründung, die auf die Mentalität der Eltern abhebt, nicht gegenüber der ersten vernachlässigt werden. Denn es waren nicht die Ärmsten der Armen, die am häufigsten ihre Kinder dem Findelhaus übergaben. Wäre dem so gewesen, dann hätten die meisten Findlinge vom Lande, mehr aus den Vorstädten als aus der Stadt kommen müssen. Die massenhafte Verlassung ehelicher Kinder war in Wirklichkeit hauptsächlich eine städtische Erscheinung, und die meisten ehelichen Findlinge aus den Corpi Santi entstammten Fabrikarbeiterfamilien, nicht der undifferenzierten Schicht des „niedrigen Volks"[58]. Die Vermutung liegt nahe, daß die neuen Formen der Fabrikarbeit und ihre Entlohnung viele Mütter zu diesem Entschluß trieben. Unter den Fabrikarbeiterinnen, besonders unter denjenigen der Tabakmanufaktur, war der Anteil der Mütter, welche ihre Säuglinge oder entwöhnten Kinder einer Krippe übergaben, auffällig gering: der Weg von der Wohnung zur Krippe, um die Kleinen abzuliefern und wieder in Empfang zu nehmen, kostete wertvolle Arbeitszeit, bedeutete den Verlust von Akkordlohn. Deshalb zogen es viele Arbeiterinnen vor, ihre Kinder auf dem Umweg über das Findelhaus oder auch direkt einer Amme zu übergeben[58a].

„Ein falsches Vorurteil", äußerte Giuseppe Riccardi kurz vor der endgültigen Schließung der Drehlade, „ist in unserm Volk tief eingewurzelt: nämlich daß die Aussetzung der eigenen Nachkommenschaft in der Drehlade kein Verbrechen, sondern Teil jenes vermeintlichen Rechts sei, einen Anspruch auf alle öffentlichen Wohltätigkeiten zu haben". Diese Meinung teilten all diejenigen, die das Problem der Mailänder Drehlade und der Aussetzung ehelicher Neugeborener aus unmittelbarer Nähe studiert hatten. Die öffentliche Mildtätigkeit, die jedermann zugänglich sei, mache aus dem Armen einen „heuchelnden Müßiggänger" und bestärke ihn in dem Glauben, daß „es Pflicht der Gesellschaft sei, den Armen zu unterhalten". Nicht „absolute Notwendigkeit" treibe ihn auf den Weg zum Findelhaus, sondern der Wunsch, „seine Mittel auf angenehmere Weise auszugeben" als für die Aufzucht der Kinder. Doch diese „Vorstellung, die Mutter dafür zu bezahlen, daß sie mit der eigenen Milch ihre Kinder nährte", setzte sie in den Augen der Gegner der Drehlade unter jedes Tier herab, und eine Ehe ohne Kinder würde schon in Bälde jene Bande lockern, „die der Zement der Familie sind, welche das erste Rad jenes Zahnwerks ist, das sich Staat nennt"[59].

Zumindest diese Stimmen untermauern eine Hypothese François Lebruns, derzufolge die Zunahme der Kindesaussetzung und Geburtenverhütung am Ende des Ancien Régime – einander komplementäre und nicht widersprechende Vorgänge – Anzeichen einer „ganz neuen Mentalität" gewesen seien: „die Anzahl der Kinder zu begrenzen, nicht als Antwort auf eine übermäßige Armut, sondern um einer weniger zahlreichen Familie ein etwas besseres Auskommen zu ermöglichen"[60].

Eine wichtige Frage bleibt noch immer offen: Weshalb wurden gerade in Mailand mehr eheliche Kinder ausgesetzt als irgendwo sonst? Die besonderen Gründe hierfür suchten die Zeitgenossen in der langen Gewöhnung an die Aussetzungspraxis; ferner darin, daß kein Gesetz die Aussetzung verbot oder bestrafte; daß die „entmenschten Eltern" nicht der Abscheu der öffentlichen Meinung traf, ihr Verbrechen vielmehr mit dauerndem Stillschweigen zugedeckt wurde; daß die Mildtätigkeit selbst mit der Drehlade zur Aussetzung geradezu einlud. Danach traf die ganze Schuld im Grunde die Drehlade bzw. diejenigen, die sie geöffnet ließen – die österreichischen Behörden. Tatsächlich widersetzten sich diese ein Vierteljahrhundert lang allen Plänen zu ihrer Schließung, aus Furcht, „zu frontal mit den Vorurteilen des Volks zusammenzustoßen". Nach 1848 wurde die Drehlade von der österreichischen Regierung ganz unverhohlen dazu benutzt, die Spaltung zwischen Unter- und Oberschichten zu vertiefen. Um die immer schneller wachsenden Ausgaben für das Findelhaus zu bestreiten, wurde 1851 eine neue Grundsteuer, die sog. „Herrschaftssteuer", eingeführt. „Um keine ernsthafte Unruhe in die armen Klassen der Stadt zu tragen", wurde die Oberschicht besteuert und somit ein zusätzliches Mal wegen ihres Verhaltens in der Revolutionszeit finanziell bestraft[61].

Nach dem Abzug der Österreicher wurde diese Steuer sofort wieder abgeschafft. Wenn die Schließung der Drehlade noch Jahre auf sich warten ließ, dann deshalb, weil man vor einer zu plötzlichen Maßnahme zurückschreckte und vorher noch das Unterstützungswesen für Gebärende und Stillende verbessern und ausweiten wollte[62]. Das Volk wurde von der bevorstehenden Veränderung im Findelhaus rechtzeitig unterrichtet: Am 20. März 1868 wurden in der Stadt Plakate angeschlagen, daß die Drehlade am kommenden 1. Juli geschlossen werde. So geschah es auch.

Mit dieser Maßnahme war zwar der Fiskus entlastet, das Problem des Aufziehens der Kinder in den ersten Monaten bzw. Jahren ihres Lebens aber keineswegs gelöst. Wie akut dies noch für Jahrzehnte bleiben sollte, zeigt die Kindersterblichkeit. De Maddalena und – im Anschluß an ihn – Louise Tilly führen das Sinken der allgemeinen Sterblichkeit in Mailand (siehe Abb. 2) vor allem auf die ,,sehr starke Abnahme der Kindersterblichkeit" zurück[63]. Das ist jedoch nur zum Teil richtig. Beide Autoren berechnen die Sterblichkeit der Kinder bis zum fünften Lebensjahr ebenso wie die allgemeine Sterblichkeitsrate und zwar wie üblich unter Zugrundelegung der Wohnbevölkerung. Wie unzulässig dieses Verfahren im Hinblick auf die Säuglingssterblichkeit ist, sei an einem Beispiel illustriert. 1893 starben *in* Mailand 9659 Personen, die zu dieser Gemeinde gehörten, und 1454 Personen aus anderen Gemeinden; im selben Jahr starben 2020 Mailänder außerhalb ihrer Gemeinde. Von dieser letzten Gruppe, die von De Maddalena und Tilly nicht berücksichtigt wird, waren über die Hälfte (1055) Säuglinge und etwa drei Viertel Kleinkinder bis zu fünf Jahren; das heißt also, daß von den 3059 Mailänder Säuglingen, die insgesamt in diesem Jahr starben, über ein Drittel außerhalb Mailands starb[64]. Wenn es in anderer Hinsicht zweckmäßig sein mag, die Sterblichkeit nach der Wohnbevölkerung zu berechnen, so offensichtlich nicht im Hinblick auf die Kindersterblichkeit in Mailand während dieser Zeit. Daß das Jahr 1893 nicht etwa eine ungewöhnliche Ausnahme bildete, zeigt Mortara, der für das Jahrzehnt 1897–1906 die Säuglingssterblichkeit getrennt nach der Wohnbevölkerung und der juristisch ortsansässigen Bevölkerung berechnet hat; auch noch in diesem Zeitraum starb fast ein Drittel der Säuglinge außerhalb der Gemeinde[65]. Aus dieser Korrektur ergibt sich ein wichtiger Anhaltspunkt für die Situation einer großen Anzahl von Säuglingen nach der Schließung der Drehlade: Etwa ein Drittel von ihnen wurde bis zur Entwöhnung (und oft noch darüber hinaus) an Ammen außerhalb der Stadt fortgegeben. Dies war gewöhnlich auch das Los der Findelkinder gewesen. Für einen beträchtlichen Teil der Neugeborenen ergab sich aus der Schließung der Drehlade also keine grundlegend neue Situation; nur: das – zeitweilige – ,,Aussetzen" der Kinder, das früher unter Leitung und auf Kosten der Provinz und der Gemeinde geregelt wurde, geschah jetzt auf private Initiative und Kosten.

Aber auch ein großer Teil der Neugeborenen, die nicht aufs Land fortgegeben wurden, wurde nicht von den Müttern selbst gestillt. Nach einer Enquête der *Società Umanitaria* waren dies zu Anfang des 20. Jahrhunderts bloß 56,56 %. Extrem hoch war der Anteil der Mütter, die ihre Kinder nicht selbst stillten, unter den oberen Klassen. Die stärksten Unterschiede traten aber innerhalb der Unterklassen auf: 69,73 % der Säuglinge, deren Väter Arbeiter und deren Mütter Hausfrauen waren, wurden von der Mutter selbst gestillt, dagegen nur 38,73 %, wenn die Mutter Arbeiterin war. Diese Gruppe wies auch die höchste Säuglingssterblichkeit auf (29,09 %). Sehr aufschlußreich ist, daß Kinder solcher Mütter, die Heimarbeiterinnen waren und ihre Kinder selbst stillten, etwas häufiger noch starben, als wenn sie einer Amme übergeben wurden – ein unmißverständliches Indiz für die höchst prekären gesundheitlichen und Wohnungsverhältnisse der Zehntausende von Heimarbeiterinnen. Die direkte Beziehung zwischen der Belegungsdichte der Wohnungen und der Höhe der Kindersterblichkeit geht unmißverständlich aus derselben Untersuchung hervor[66].

Die hohe Sterblichkeit in Mailand war durchaus nicht nur auf die untersten Altersklassen beschränkt. Bis 1891 lag die Sterblichkeit der juristisch ortsansässigen Bevölkerung stets über dem Landesdurchschnitt und in dem folgenden Jahrzehnt nur leicht darunter. Legt man aber die Wohnbevölkerung zugrunde, so blieb in Mailand noch bis zum Beginn des nächsten Jahrhunderts die Sterblichkeit höher als im übrigen Italien. In Mailand starben 36,3 % der Neugeborenen vor Erreichen ihres 15. Lebensjahres gegenüber 31,7 % in Italien und 24,7 % in Turin. Die mittlere Lebensdauer der männlichen Bevölkerung insgesamt lag in Mailand sechs Jahre und einen Monat und die der weiblichen Bevölkerung drei Jahre und vier Monate niedriger als in Italien[67]. Dies ist um so erstaunlicher, als Mailand in der öffentlichen Hygiene und in der medizinischen Versorgung seiner Bevölkerung an der Spitze in Italien lag; andererseits kann man aber die überdurchschnittlich hohe Sterblichkeit als ein weiteres Indiz dafür nehmen, wie wenig hygienische und medizinische Verbesserungen allein zur Senkung der Sterblichkeitsrate beizutragen vermögen[68].

Demographisch gesehen unterschied sich Mailand mithin noch bis zum Ende des 19. Jahrhunderts eher negativ vom übrigen Italien. Dazu haben wesentlich die Zehntausende von Immigranten beigetragen, die seit dem Beginn der Agrarkrise jedes Jahr in die Stadt strömten. Einen großen Teil von ihnen hatte die Hoffnung auf eine weniger trostlose Existenz, die Hoffnung auf eine bezahlte Arbeit in Bewegung gesetzt. Das konnte Mailand vielen von ihnen bieten. Doch sie hatten einen Preis dafür zu zahlen: Sie arbeiteten sehr hart, heirateten später oder gar nicht, schränkten ihre Nachkommenschaft ein oder setzten sie der Gefahr eines frühen Todes aus, sie starben selber oft in frühen Jahren.

b) Immigranten

Umfang und Schwankungen der Wanderungsbewegungen entsprechen dem allgemeinen Trend der wirtschaftlichen Entwicklung Mailands sowie den konjunkturellen Auf- und Abschwüngen (vgl. Tab. 6 und Abb. 4). Dieser Parallelismus ist bei der Immigration ausgeprägter als bei der Emigration. Bei der Immigration lassen sich (abgesehen von den 60er Jahren, für die es keine genauen Zahlen gibt) vier Migrationsphasen unterscheiden: Nach dem momentanen, abrupten Fall der Einwanderungen infolge der Krise von 1873 nahmen diese mit einzelnen leichten Rückschlägen (1877/78, 1883 und 1885) kontinuierlich zu und erreichten 1888/89 ihren sowohl relativen wie absoluten Höchststand für das 19. Jahrhundert. Mit dem Jahr 1890 begann eine mehr-

Tab. 6: Immigranten und Emigranten (Jahresdurchschnitte)

Zeitraum	a) Immigranten	b) Emigranten	c) a–b
1862–1871			1 196*
1872–1876	7 570	3 384	4 186
1877–1881	7 690	2 302	5 388
1882–1886	11 063	2 681	8 382
1887–1891	12 699	3 570	9 129
1892–1896	9 642	3 418	6 224
1897–1900	13 478	3 945	9 553

* Differenz der Bevölkerungszunahme insgesamt und des natürlichen Bevölkerungswachstums zwischen den beiden Zensusjahren

jährige Talfahrt, deren Tiefpunkt ganz exakt mit dem der wirtschaftlichen Depression (1892/93) zusammenfiel. Ebenso lange wie die Wirtschaft brauchten die Immigrationsziffern, um sich von diesem Tief zu erholen. In der zweiten Hälfte der 90er Jahre ist parallel zum *big spurt* erneut ein kräftiges Ansteigen der Einwanderungen zu beobachten, das bis zu dem Höhepunkt des „Giolittianischen Booms" nicht mehr abreißen sollte. Angesichts der Parallelität zwischen den beiden Bewegungen darf man nicht der Versuchung erliegen, einen zu direkten Zusammenhang zwischen Konjunkturverlauf und Wanderungsbewegungen herzustellen. Zwei Faktoren wirkten auf die Migration ein: Die Stadt, die mit ihren besseren Beschäftigungsmöglichkeiten und höheren Löhnen Menschen „anzog", und das platte Land, das sie wegen endemischer Arbeitslosigkeit und Unterbeschäftigung „abstieß". Die Abstoßungskraft des Landes scheint die viel wirksamere gewesen zu sein. Denn aus dem wirtschaftlichen Aufschwung der 80er Jahre läßt sich kaum erklären, weshalb in diesem Jahrzehnt die Einwanderung so rapide zunahm, daß das Angebot an neuen Arbeitskräften deren Nachfrage ständig überstieg. Dieses Mißverhältnis war übrigens auch für die davorliegende und nachfolgende Zeit kennzeichnend. Deshalb muß die Analyse der Einwanderung nicht von der Mailänder Wirtschaft, sondern von den Immigranten selber ausgehen[69].

Noch bis 1900 hatte die hier allein zu betrachtende Arbeiterimmigration einen überragenden Anteil an der Gesamtimmigration (vgl. Tab. 7). Das Verhältnis zwi-

Tab. 7: Anteil der „Arbeiterklassen-Immigranten" an der Gesamtimmigration[70]

Zeitraum	je Hundert
1884–1888	78
1890–1894	73
1895–1900	71

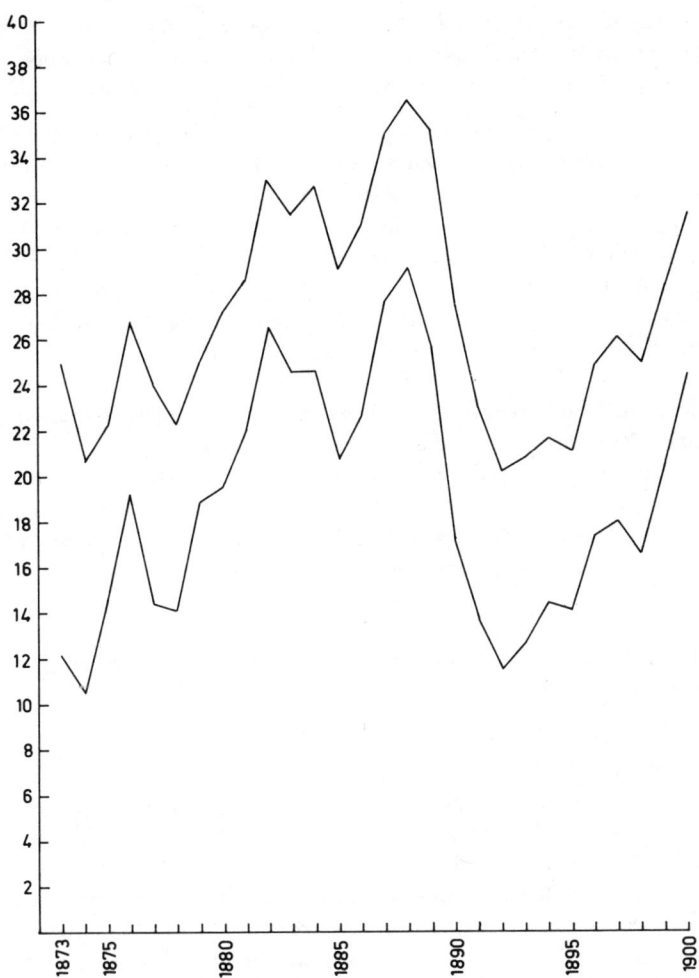

Abb. 4: Brutto- und Nettoimmigration (je 1000 Einwohner): Mailand 1873–1900

schen „Oberklassen-Immigranten" und „Arbeiterklassen-Immigranten" verschob sich in den späteren Jahren in dem Maß, in dem die Mailänder Industrie aus dem Gebiet der Stadt abwanderte und – vor allem in den nordwestlichen Nachbargemeinden – neue industrielle Zentren im Bannkreis der Metropole entstanden. Doch bis zum Ende des Jahrhunderts blieb Mailand selbst das attraktivste Ziel für einen nicht abreißenden Strom von Arbeiterklassen-Immigranten, einzelne, aber oft auch ganze Familien. Woher kamen diese, wohin gingen sie in der Stadt? Wer waren diese Zehntausende? Was war ihr früheres und was sollte ihr späteres Schicksal sein?

Da die Gelegenheiten, sie, die „Sprachlosen" der Geschichte, selber zu vernehmen, so außerordentlich selten sind, sei für einen Augenblick wenigstens einem Reporter des *Secolo*, der sie beobachtet und mit ihnen gesprochen hat, das Wort gegeben; danach sollen sie mit den Augen einer „Geschichte von unten", die die obigen Fragen aus den Statistiken der *Anagrafe* zu beantworten versucht hat, weiter verfolgt werden.

„In diesen Tagen haben wir Gelegenheit gehabt, mit einigen Landleuten (villici) des Landstrichs, der sich zwischen Mailand, Monza und dem linken [recte: rechten] Ufer des Adda erstreckt, zu sprechen, und jedes ihrer Worte drückte eine herzzerreißende Verzweiflung aus. . . . Wir sind nach Mailand gekommen, . . . um nicht Hungers in den Ställen zu sterben wie das Kaninchen in seinem Loch! (wörtlich). Mailand ist groß! Irgendein Heiliger wird uns schon helfen! So viel, um ein Stück Brot zu verdienen, werden auch wir finden . . . Derweil lebt man ein wenig entfernt von den Alten, Frauen und Kindern, die nichts anderes tun als weinen! . . .
Und so ist es tatsächlich. Gehetzt von dem Hunger, von dem entsetzlichen Hunger, der abstumpft, der alle Gefühlsbande auch in den zartesten und besten Seelen zerreißt, setzen sich die Paria des Landes auf die große Stadt zu in Bewegung, ohne hier irgend jemand zu kennen, ohne irgendeine feste Zusage einer Arbeit, einfach aufs Geratewohl. Sie kommen hierher, wo es Brot gibt, wo es die große, unerschöpfliche, auf tausenderlei Weise ausgeübte Wohltätigkeit gibt, – bereit, alles zu tun, fast immer gezwungen, zu betteln. Sie überschwemmen die Vorstädte, wo sie leichter ein Unterkommen finden, und vermehren sich jeden Tag, von allen Seiten; vermischen ihre Dialekte, ihre Schmerzen, ihre Verwünschungen, ihre heftigen, von der Not aufgewühlten Leidenschaften und schließen die volkreiche Stadt in einer Ringmauer ein, die immer bedrohlicher wird."[71]

In dieser Beschreibung mischen sich Mitgefühl für die Betroffenen und Befürchtungen für die Zukunft, richtige Einsichten und Einseitigkeiten; in ihr werden jedoch die Aspekte der Immigration eingefangen, die auf die Zeitgenossen den stärksten Eindruck gemacht haben: die Invasion der Stadt durch die Bauern, die eine fast irrational anmutende Hoffnung, in der Stadt Arbeit und Lebensunterhalt für sich und ihre zahlreichen Familien zu finden, in Bewegung gesetzt hatte; aber diese „ärmlichen Leute" entsprachen nicht immer der Nachfrage nach Arbeit, „da sie nichts außer ihren Händen anzubieten hatten", und sie vermehrten bloß „die Konkurrenz im Verkauf der Handarbeit"[72].

In der zweiten Hälfte der 80er und in den 90er Jahren (für die davorliegende Zeit gibt es keine Statistiken) bildeten Bauern, „Arbeiter im allgemeinen" (operai in genere) und Tagelöhner, kurz: die große Rubrik der Ungelernten, das stärkste Kontingent unter den Einwanderern, und für den größeren Teil von ihnen hatte die Stadt doch eine Verwendung. Bis 1900 wanderten in jedem Jahr mehr Ungelernte als Gelernte ein, sowohl Männer wie Frauen. Ihre jeweiligen Anteile verschoben sich aber im Lauf der Jahre beträchtlich. Kamen anfänglich auf einen Gelernten fast zwei ungelernte Einwanderer, so glich sich der jeweilige Anteil der beiden Gruppen an der Gesamteinwanderung bis 1900 immer stärker an; im ersten Jahrzehnt des neuen Jahrhunderts wanderten sogar stets mehr Gelernte als Ungelernte ein. Diesen Verschiebungen liegen dieselben Ursachen zugrunde wie dem relativen Rückgang der Arbeiterklassen-Immigration insgesamt: Als Wirtschaftseinheit deckte die Stadt sich immer weniger mit ihren Verwaltungsgrenzen; mit der Expansion der großen Industrie in die angrenzenden Gemeinden verlagerte sich auch die Nachfrage nach wenig oder unqualifizierten Arbeitskräften aus der Stadt hinaus.

Die meisten der Immigranten kamen nicht von weither. 1873 stammten zwei Drittel allein aus der Provinz Mailand, 1888 genau die Hälfte und 1900 immerhin noch etwa zwei Fünftel aller Immigranten[73]. Aber auch die Distanz der anderen Auswanderungsgebiete zu der lombardischen Metropole war nicht groß (Tab. 8). Der enorme

Tab. 8: Herkunft der Wohnbevölkerung (1901) und Arbeiterbevölkerung (1903) je 100 Personen[74]

	Bevölkerung insgesamt (1901)	Arbeiterbevölkerung (1903)
Mailand	43.4	45.9
andere Gemeinden der Provinz Mailand	22.0	25.7
andere Provinzen der Lombardei	17.7	17.7
andere Regionen Norditaliens	11.2	7.8
übriges Italien und Ausland	5.7	2.9

Anteil an Immigranten, den Mailand seiner eigenen und den übrigen lombardischen Provinzen sowie – in wesentlich geringerem Umfang – den anderen norditalienischen Regionen verdankte, tritt noch deutlicher hervor, wenn man nur die erwachsene Bevölkerung betrachtet. Von dieser waren nur 31,8 % aus der Stadt selbst gebürtig und von der erwerbsfähigen Arbeiterbevölkerung (von 14 bis 64 Jahre) 34 %. 1903 waren demnach zwei von drei Arbeitern Zugewanderte, und die weitaus meisten von ihnen kamen aus der Lombardei und speziell aus den Mailand am nächsten gelegenen Gebieten. Wenigstens diese sollen ein wenig näher betrachtet werden, wenn es schon – zumindest im Rahmen dieser Arbeit – nicht möglich ist, die Herkunftsorte der Mailänder Immigranten insgesamt zu untersuchen.

Der anonyme Reporter des *Secolo*, der seinen Lesern das Elend der Landbevölkerung in der Ebene zwischen Lambro und Adda in Erinnerung rief, übertrieb kaum. Er blieb insofern sogar hinter der Wirklichkeit zurück, als das Elend der Landbevölkerung durchaus nicht auf den nordöstlichen Teil der Provinz Mailand beschränkt war. Die Mehrheit der Bauern der Tiefebene im südlichen Teil der Provinz und in der angrenzenden Provinz Pavia oder im Obermailändischen, einschließlich der Provinzen Como und Varese, – um von denen der östlichen Lombardei, im Cremonese und Mantovano, ganz zu schweigen – war kaum besser gestellt. Ihre traurige Lage, die durch den Kontrast zu der Fruchtbarkeit der Region noch greller hervortrat, war doppelter Natur: einerseits das traditionelle, endemische Elend und andererseits die momentane, akute Verschlimmerung ihrer Lage durch die Auswirkungen der Agrarkrise. Beide Aspekte dieses Elends sind oft beschrieben worden, und alle Beschreibungen hinterlassen den Eindruck, daß sich während eines Jahrhunderts in der materiellen Lage der Bauern nur wenig geändert hat. Von Arthur Young, der in der zweiten Hälfte des Jahres 1789 durch Oberitalien reiste und in seinem Tagebuch das Los der Halbpächter in dem nicht bewässerten Milanese, „deren Lage schlimmer ist als die der Tagelöhner", beklagte, bis hin zu den Publizisten, die um die Mitte des 19. Jahrhunderts, vorzüglich in den Jahren um die 48er Revolution, die schweren sozialen Mißstände auf dem Lande zu entdecken begannen, bis hin zu den privaten und offiziellen Enquêten in den Jahrzehnten nach der Einigung, die die Schäden und Wunden der *Italia agricola* bloßlegten, tritt uns der lombardische Bauer meist als eine durch Hunger und jede andere Art von Entbehrungen gezeichnete Gestalt entgegen[75].

Die Konstanz des Elends wurde nicht zuletzt von Stefano Jacini betont, der 1857 schrieb:

„Sonderbar ist es, daß gerade in der Nähe der reichen, gebildeten wohlthätigen Landeshauptstadt die ärmsten Bauern der Lombardie vorkommen. Nordwestlich von Mailand in der Richtung gegen Sesto Calende trifft man auf einer Breite von 8 ital. Meilen stellenweise die elendsten Bebauer der Hochebene, während südlich und südöstlich von derselben Stadt bis auf eine Entfernung von zwölf italienischen Meilen gleichfalls stellenweise die elendsten Landleute der Tiefebene zu finden sind."[76]

Eben diesen Passus aus seinem früheren Werk wiederholte Jacini 1882 in dem der Lombardei gewidmeten Band der parlamentarischen *Inchiesta agraria*, deren vorsitzendes Kommissionsmitglied er war, um hinzuzufügen:

„Dieses Urteil nehme ich nicht zurück; nur von einigen Schriftstellern ist es allzu wörtlich genommen worden. [In einigen Gebieten der Lombardei sei es tatsächlich noch ärger.] Wie dem auch sei, es schmerzt mich, sagen zu müssen, daß ich ungeachtet einiger Verbesserungen, dich ich *de visu et auditu* auf meinen Inspektionsreisen in diesen Monaten habe feststellen können, auch jetzt noch nicht von dem Kern meines damaligen Urteils abrücken kann."[77]

War also auch schon in normalen Zeiten die Existenz vieler Bauern außerordentlich prekär, so wurde das labile Gleichgewicht zwischen einem qualvollen Überleben und einer schleichenden Auszehrung der Landbewohner durch die Agrarkrise, die 1882 auch Italien ergriff, endgültig in Frage gestellt. In der Lombardei machte sich die Krise nicht nur durch den rapiden Verfall der Getreidepreise (einschließlich derer für Reis), sondern auch durch eine ruinöse ausländische Konkurrenz für die einheimische Produktion von Kokons, Rohseide, Leinen und Hanf bemerkbar[78]. Mit der gleichzeitig fühlbarer werdenden Krise der ländlichen Hausindustrie spitzte sich die wirtschaftliche Lage großer Teile der Landbevölkerung so zu, daß sich eine allgemeine Unruhe auf dem Lande ausbreitete, die sich an erster Stelle in Emigrations- und Streikbewegungen äußerte. Die Lombardei kannte seit langem saisonale Migrationsbewegungen sowohl innerhalb der Landesgrenzen wie in das benachbarte Ausland. Aber erst seit der Mitte der 80er Jahre nahm die dauernde Emigration sowohl nach Mailand wie nach Übersee Massencharakter an, ohne allerdings, im letzten Fall, die Ausmaße einiger anderer Regionen zu erreichen.

Die Landleute, welche die Krise mobilisierte und die sich in die Vorstädte Mailands flüchteten, beschrieb Pietro Buzzoni:

„Sie kommen, nicht weil sie glauben, daß es einem hier gut geht, sondern weil es einem anderswo schlecht geht. . . . Wer sind sie? . . . Zum größten Teil sind es arme Bauern, die, . . . da sie nicht mehr auf ihren Feldern leben können, den Zaun ihres Gärtchens abbrechen, ihn mit ihrem wenigen Hausgerät zusammenpacken und mit der Hoffnung kommen, daß es schlechter als da unten hier nicht gehen kann."[79]

Die wenigsten der Arbeiterimmigranten drangen – außer zur Arbeit – bis in die eigentliche Stadt vor. Die *città* nahm in dem Jahrfünft 1874–78 zwar 40,2 % aller Immigranten auf und in den Jahren 1891–98 immerhin noch 28,9 %; aber fast alle, die die Statistik als Bauern und ähnliche und etwa 75 % derer, die sie als „Arbeiter im allgemeinen" und Tagelöhner klassifizierte, ließen sich im äußeren Kreis nieder[80]. Verstärkt durch die Arbeiteremigranten aus der *città* bildeten sie auch geographisch das andere Mailand, das, wie es der Reporter des *Secolo* ausgedrückt hatte, sich wie eine bedrohliche Ringmauer um die Stadt legte.

An dieser Stelle ist ein kurzer Blick auch auf die Bauern, insbesondere die Kolonen des Alto Milanese, zu werfen, die *nicht* emigrierten, sondern gegen die Verschlechterung der Pachtverträge und gegen Lohnsenkungen Widerstand in situ leisteten; denn ihr Widerstand ist in vielfacher Hinsicht mit der in eben jenen Jahren sich herausbildenden Widerstandsbewegung (movimento di resistenza) der städtischen Arbeiter aufs engste verknüpft. An der Entstehung einer modernen Landarbeiterbewegung in der Poebene, als deren Geburtsstunde man die großen Streikbewegungen der Jahre 1884/85 ansehen kann, hatten neben den Tagelöhnern (braccianti) der Tiefebene auch die Pächter und Kleinbauern der nordwestlichen Lombardei einen hervorragenden Anteil. Deren Widerstand gegen die anhaltende Verschlechterung ihrer Lage entlud sich vor allem in zwei großen Streikbewegungen im Sommer 1885 und im Frühjahr 1889. In beide Bewegungen war die Vorhut der Mailänder Arbeiterbewegung, der zuerst 1882 und drei Jahre später neu gegründete *Partito Operaio Italiano* (POI), unmittelbar verwickelt. Den führenden Mitgliedern dieser „ouvrieristischen" Partei war von Anfang an bewußt, daß eine Organisation des Widerstands, die sich auf Mailand und die anderen städtischen Industriezentren (Monza, Como, Legnano, Varese, Busto Arsizio usw.) beschränkte, unvollständig bleiben bzw. zum Scheitern verurteilt sein würde, wenn es nicht gelänge, auch den „Widerstand" (resistenza) der Bauern zu organisieren; eine starke gewerkschaftliche Organisation sei das einzige Mittel, wodurch „der Bauer in der Bearbeitung des Landes den Unterhalt finde, der ihm zur Fristung seines Lebens genüge; sicherlich würde er dann sein freies Leben nicht dafür eintauschen, um [nach Mailand] zu kommen und sich in eine Fabrik einsperren zu lassen, um uns die so verhaßte Konkurrenz zu machen"[81].

Aus der Tatsache des unbegrenzten Arbeitskräfteangebots, der ständig über der industriellen Arbeiterschaft schwebenden Drohung des unerschöpflichen ländlichen Arbeitskräftereservoirs, zogen die Mailänder Ouvrieristen sehr schnell praktische Konsequenzen: Sie gingen aufs Land, um den Widerstand zu propagieren und zu organisieren. Es ist kaum zufällig, daß bei den vielfachen Verfolgungen gegen den POI immer die Anklage der Anstiftung zur „Agrarrevolte" im Mittelpunkt stand[82]. Während der Streikwelle von 1885 forderte das Sprachrohr der lombardischen Agrarier, *La Perseveranza*, Regierung und Justiz zu einem energischen Vorgehen gegen die Agitatoren des POI auf; wo die juristische Handhabe dazu fehlt, komme es darauf an, „die Gesetze so zu interpretieren, wie die gesellschaftlichen Krankheitsphänomene, um geheilt zu werden, es erfordern"[83].

„Die Massen sind nicht durch unsere Propaganda, sondern durch ihre Not in Aufruhr versetzt", verteidigten sich die Führer des POI in dem Schwurgerichtsprozeß vom Januar 1887 gegen die Anklage der „Anstachelung zum Haß gegen die Bourgeoisie und zum Streik"[84]. Nur allzu begreiflich ist ihr Bemühen, diese Anklage zurückzuweisen und ihre Propaganda unter den Bauern als eine Art Rechtsbelehrung hinzustellen[85]. Das Gericht, unter dessen Beisitzern Grundbesitzer und Landwirte nicht fehlten, ließ sich von dieser Version nicht überzeugen – ob zu Recht oder zu Unrecht mag dahingestellt bleiben. Die Prozeßverhandlungen ergaben, daß sich die Propagandisten des POI mit einer an Selbstaufopferung grenzenden Ausdauer und Zielstrebigkeit der Agitation unter den Bauern gewidmet hatten. An den Feiertagen schwärmten sie von Mailand in die Provinz aus, improvisierten in Wirtshäusern und Höfen ihre Reden und zogen, wenn man sie daran hinderte, ins nächste Dorf weiter. Als die Repression nach den großen Streiks von 1889 wieder härter wurde, tarnten sie sich gelegentlich als fliegende Zitronen- und Streichholzhändler, „drangen bis in die Häuser der Kolonen ein, mischten sich unter die Bauern, . . . um das Gespräch auf die Agrarfrage zu bringen und um sie zur entschlossenen Behauptung ihrer Rechte und zum Haß gegen die Grundbesitzer und zum Streik anzustacheln, und versicherten sie der moralischen und materiellen Unterstützung der großen Arbeiterpartei"[86].

Wie auch immer man den Anteil der Ouvrieristen an den Agraragitationen beurteilen mag, fest steht, daß das Itinerar ihrer Propagandatouren auffällige Übereinstimmungen mit den Zentren der Streikbewegungen aufweist. Dabei entbehrt es nicht einer gewissen Ironie, daß der seit Ende der 70er Jahre zügig in Angriff genommene Bau eines Kleinbahn-Netzes, das schon wenige Jahre später in der Mailänder und in den angrenzenden Provinzen eine sehr große Dichte erreichte und die Mobilität der Bevölkerung und die Migrationsbewegungen nach Mailand außerordentlich erleichterte, es den Propagandisten des POI überhaupt erst ermöglichte, ihre Aktivitäten über Mailand und die anderen industriellen Zentren hinaus bis in die entlegensten Winkel der Provinz hinein auszudehnen[87]. Sich in entgegengesetzter Richtung zu dem Migrationsstrom bewegend, benutzten sie die neuen „wirtschaftlichen Eisenbahnen" als Mittel in ihrem Kampf gegen den Gebrauch der Mobilität der Arbeitskraft durch die Unternehmer, in ihrem Versuch, die Konkurrenz zwischen städtischen und ländlichen Arbeitern durch den Kampf der Bauern selbst für eine Verbesserung ihrer Arbeits- und Lebensbedingungen zu überwinden.

Schon diese kurze Betrachtung der politischen Implikationen des Migrationsproblems, die in der demographischen Analyse meist zu kurz kommen, zeigt, daß der oft mißverstandene „Ruralismus" des POI eine genau berechnete Antwort auf die spezifische Mailänder und lombardische Arbeitsmarktsituation darstellte.

IV. Arbeiter und industrielle Entwicklung

Die dokumentarischen Lücken über die industrielle Entwicklung Mailands seit der Einigung machten bereits den Zeitgenossen zu schaffen. Als Carlo Zambelli anläßlich der Mailänder Nationalausstellung von 1881 seine „Statistischen Studien über die ökonomisch-soziale Bewegung der Stadt Mailand" kompilierte und aus einem Vergleich mit der Situation zur Zeit der Einigung „den Fortschritt, den die Industrie seit über zwanzig Jahren bis heute gemacht hat", verdeutlichen wollte, wandte er sich deshalb an die örtliche Handelskammer. Doch diese konnte ihm nur mit zwei Berichten von 1854 und 1857 an das k.u.k. Ministerium mit „wenigen statistischen Notizen über einige Industrien" dienen. In seiner Verlegenheit griff Zambelli zu Giovanni Frattinis „Geschichte und Statistik der Manufakturindustrie in der Lombardei" von 1856; „aber im Hinblick auf unseren Vorsatz", mußte er resigniert feststellen, „kann man nicht behaupten, darin eine detaillierte Statistik der Stadt (città) Mailand und noch weniger der Gemeinde Mailand nach ihrer späteren Vergrößerung zu finden, die es erlaubt, einen Vergleich anzustellen"[1]. Der heutige Geschichtsschreiber Mailands befindet sich in keiner besseren Lage; auch kann er sich nicht einmal auf das Werk Zambellis stützen, das in seinem Abschnitt „Industrie und Handel" nicht mehr als eine unsystematische Aufzählung einiger Industrien enthält. Eine brauchbare Industriestatistik erstellte erst ein Jahrzehnt später der damalige Sekretär der Handelskammer, Leopoldo Sabbatini. Das Erscheinen seiner „Nachrichten über die industrielle Lage der Provinz Mailand" kommentierte das Wirtschaftsblatt *Il Sole*, daß es sich hierbei um „die erste Untersuchung über die Industrien des modernen Mailand" handle; seit Frattinis „Geschichte" habe es keine andere Publikation gegeben, „die ausführliche und zuverlässige Angaben über die wirtschaftlichen Verhältnisse der Provinz enthielt"[2].

Diese ungünstige Quellenlage und das Fehlen brauchbarer neuerer Darstellungen[3] lassen es ratsam erscheinen, das Thema dieses Kapitels zunächst auf der Grundlage der reichhaltigen demographischen Quellen zu behandeln. Diese ermöglichen nicht nur eine approximative Rekonstruktion der Gesamtheit der Erwerbsbevölkerung, sondern gewähren auch eine erste Orientierung über die gesamtwirtschaftliche Situation der Stadt.

1. Die Zusammensetzung der Arbeitskraft

Italienische Forscher haben lebhaft darüber geklagt, welche Schwierigkeiten sich dem Versuch in den Weg stellen, anhand der Resultate der Bevölkerungszählungen und Industriestatistiken selbst für den Beginn des 20. Jahrhunderts „die numerische

Konsistenz und die Zusammensetzung der [italienischen] Arbeiterklasse [festzustellen], wobei mit diesem Begriff, gemäß dem gängigen Sprachgebrauch, die Gesamtheit der in industriellen Tätigkeiten beschäftigten lohnabhängigen Arbeiter gemeint sei"[4]. Während den Bevölkerungszählungen ein so vager Begriff von „Arbeiter" zugrunde liegt, daß es ihnen zufolge 1901 in Italien über 400 000 Industriearbeiter weniger gegeben haben soll als zwanzig Jahre zuvor, leiden die Industriestatistiken an einer völlig unzureichenden Definition von Fabrik (opificio); sie machen keinen Unterschied zwischen einem Riesenbetrieb mit über 1000 Arbeitern und einer winzigen Mühle, die mit irgendeiner Art von Motor betrieben wird, und schließen z. B. die gesamte Bauwirtschaft aus[5]. Diese Unzulänglichkeiten der Statistik konnte Tilly dadurch umgehen, daß sie ihrer Rekonstruktion der Mailänder Arbeiterklasse nur die Ergebnisse der Bevölkerungszählungen zugrunde gelegt hat und von einem Konzept von Arbeiterklasse ausgegangen ist, „das über die Gleichsetzung von Arbeiterklasse mit industrieller Arbeitskraft hinausgeht". Nach ihrer Definition umfaßt die Arbeiterklasse „alle Einwohner der Stadt, die in der städtischen Wirtschaft für Lohn arbeiteten"[6]. Die so verstandene Arbeiterklasse läßt sich allerdings aus den Zensusdaten statistisch rekonstruieren.

Die in zehnjährigem Abstand zwischen 1861 und 1911 durchgeführten nationalen

Tab. 9: Anteil der Alterskohorten in % an der Erwerbsbevölkerung[9]

Arbeitskraftkategorien	0–14 J.		15–20 J.		21–60 J.		über 61 J.	
	M	F	M	F	M	F	M	F
1881								
Erwerbsbev.	18.5	12.8	88.6	73.3	95.2	56.4	63.5	31.2
Landwirtsch.	.8	.5	4.0	2.4	5.2	3.3	6.6	2.7
Industrie (zus.)	14.3	10.4	55.0	48.1	37.3	26.2	22.7	12.9
Textil	.8	2.0	2.2	8.9	2.5	3.7	2.0	1.6
Bekleidung	1.0	6.7	3.8	31.0	3.2	17.4	3.0	10.5
Metall	3.5	.1	12.3	.2	6.4	.1	2.8	.0
Handel usw. (zus.)	3.4	1.9	29.7	22.8	50.8	25.5	34.1	15.6
Dienstboten	.9	1.7	7.7	18.9	13.8	19.1	11.7	12.0
1901								
Erwerbsbev.	19.4	15.7	88.7	75.3	95.9	47.7	64.2	22.0
Landwirtsch.	.5	.3	2.4	1.0	2.9	1.1	6.0	1.4
Industrie (zus.)	15.2	12.6	60.1	53.5	42.1	22.3	23.5	6.1
Textil	.8	2.6	1.8	10.6	2.1	3.8	1.7	.8
Bekleidung	.7	7.0	3.0	29.1	2.4	12.3	2.3	4.2
Metall	4.1	.2	19.3	1.3	10.4	.5	3.2	.1
Handel usw. (zus.)	3.7	2.7	26.7	20.4	49.7	23.2	34.0	14.5
Dienstboten	.8	2.5	6.0	16.0	7.2	15.5	6.7	11.0

Bevölkerungszählungen hat die Gemeinde Mailand zum Anlaß genommen, aus den bei diesen Gelegenheiten gesammelten Daten jeweils umfangreiche statistische und beschreibende Darstellungen der städtischen Bevölkerung zusammenzustellen. Drei dieser Kompilationen, die von 1881, 1901 und 1911 (1891 fiel der Zensus aus), hat Tilly benutzt, um aus ihnen Umfang und Zusammensetzung der „Arbeiterbevölkerung" zu rekonstruieren. Von der kleinsten Kategorie, der Beschäftigungsbezeichnung ausgehend, hat sie alle Angaben nach den heute gebräuchlichen internationalen Normen reklassifiziert und sie so untereinander und mit heutigen Arbeitskraftstatistiken vergleichbar gemacht[7].

In Mailand wurde viel und mehr als im übrigen Italien gearbeitet. 1881 kamen auf 100 erwerbstätige Personen nur 67 Abhängige; in den beiden nächsten Zensusjahren 79 bzw. 88. In diesen Zahlen schlägt sich nieder, daß die Stadt vorzugsweise Immigranten im erwerbsfähigen Alter aufnahm und daß auch die Mehrheit der Frauen und viele Kinder gezwungen waren, einer gewerblichen Arbeit nachzugehen[8]. Eine allgemeine Orientierung über die Beschäftigungsstruktur und deren Veränderungen zwischen den Zensusjahren gewährt die Tabelle 10, die einerseits Angaben über die Verteilung der Arbeitskraft auf die drei Sektoren und deren Untergruppen sowie über die jeweiligen Anteile der Frauenbeschäftigung und der einheimischen Arbeitskraft enthält. In welchem Umfang die einzelnen Altersgruppen an den verschiedenen Erwerbstätigkeiten teilhatten, geht aus der Tabelle 9 hervor. Eine Aufschlüsselung nach Statusmerkmalen (Verhältnis zwischen Selbständigen und Abhängigen) für die einzelnen Branchen hat Tilly an anderer Stelle vorgenommen; aber wegen uneinheitlicher Klassifizierung in den drei Bevölkerungszählungen lassen sich über Statusverschiebungen während dieses Zeitraums keine genauen Aussagen treffen[11]. Auf das besonders für die industriellen Branchen interessante Verhältnis zwischen Selbständigen und Lohnabhängigen, das direkt die Frage nach der Betriebsgröße und dem Grad der industriellen Konzentration berührt, wird an etwas späterer Stelle zurückgekommen. Die durch die Tabellen 9 und 10 aufgeworfene Frage, ob die in ihnen festgehaltenen Alters-, Geschlechts- und Herkunftsmerkmale der erwerbstätigen Bevölkerung insgesamt auch Rückschlüsse auf die Arbeiter erlauben, läßt sich positiv beantworten. Denn der Anteil der abhängigen Arbeiter an der Gesamtarbeitskraft im primären und sekundären Sektor sowie in den hier interessierenden Branchen des tertiären Sektors (öffentliche und private Dienstleistungen usw.) war so groß, daß durch sie die Alters-, Geschlechts- und Herkunftsmerkmale der einzelnen Kategorien insgesamt bestimmt wurden[12].

Auffällig an der Entwicklung des Altersaufbaus der Arbeitskraft, aber durchaus in Übereinstimmung mit dem auf Landesebene zu beobachtenden Trend, ist die Zunahme der Kinderarbeit. Während 1881 nur 6 % der Arbeitskraft der untersten Alterskohorte angehörten, erhöhte sich deren Anteil im Verlauf der folgenden zwanzig Jahre auf etwa 8 %. Unter den Frauen war der Anteil der kindlichen Arbeiter höher als unter den Männern, da die ganz überwiegend auf Frauenarbeit beruhende Bekleidungsindustrie etwa doppelt so viele Kinder beschäftigte wie die Metallbranche, die den größten Anteil männlicher Kinderarbeit aufwies. Während in den übrigen Alterskohorten im Hinblick auf die Gesamtzahl der Beschäftigten bei den Männern

Tab. 10: Geschlecht und Herkunft der Erwerbsbevölkerung[10]

Arbeitskraftkategorien	1881				1901				1911		
	M	F	% F	M & F % in M. geboren	M	F	% F	M & F % in M. geboren	M	F	% F
Erwerbsbevölkerung	120 983	71 664	37.2	39.4	177 132	98 555	35.7	33.8	211 722	106 167	33.4
100 Landwirtschaft (zus.)	6 846	3 949	36.6	32.2	6 253	2 286	26.8	25.3	3 557	1 567	30.6
200 Ind., Gewerbe (zus.)	54 301	37 786	41.1	47.9	88 172*	53 421*	37.7	41.0	110 760	65 111	37.0
201 Nahrungsmittel	6 223	864	12.1	29.7	8 678	1 292	12.9	25.8	7 496	1 761	19.0
202 Holz, Stroh	8 620	57	0.6	44.1	10 108	351	3.3	34.1	10 407	612	5.5
203 Leder, Pelze	6 758	1 230	15.4	41.2	9 342	3 102	24.9	34.8	8 036	2 903	26.5
204 Textil	3 354	5 879	63.7	49.0	4 173	9 962	70.5	41.9	8 661	9 006	77.2
205 Bekleidung	4 581	25 173	84.6	53.5	5 096	29 903	85.4	48.9	6 717	35 994	84.2
206 Andere landw. Prod.	729	1 303	64.1	57.2	1 226	1 611	56.8	46.2	953	3 030	76.1
207 Glas, Keramik	636	163	20.4	42.8	1 802	451	20.0	35.9	2 784	171	5.7
208 Metall/Maschinenbau	10 101	158	1.5	48.9	22 369	1 174	4.9	41.5	38 904	4 285	9.9
209 Edelmetalle	2 245	380	14.4	67.7	3 257	394	10.7	62.9	2 723	621	18.5
210 Verschied. Metalle/Holz	788	998	55.9	46.3	521	943	64.4	25.0	277	497	64.2
211 Chemie	534	353	39.8	34.8	1 575	648	29.1	30.6	3 356	714	17.5
212 Gummi	69	65	50.0	26.1	855	986	53.5	22.3	639	660	50.8
213 Druck/Lithographie	3 542	214	5.7	64.2	6 551	732	10.0	55.5	5 362	1 342	20.0
214 Baugewerbe	5 217	6	0.1	32.4	9 951	14	0.1	27.6	17 899	735	3.9
215 Papier, Pappe	864	939	52.1	46.0	898	1 858	67.4	44.8	2 780	522	18.4
300 Tertiärer Sekt. (zus.)	59 028**	29 821	33.6	31.4	82 707**	42 848	34.2	26.3	97 405**	39 489	29.1
301 Banken, Versicherungen	6 722	238	3.4	45.4	6 388	933	12.7	36.3	5 703	220	3.7
302 Freie Berufe, Künste	7 183	3 185	30.6	44.6	9 407	5 038	34.9	36.2	12 589	5 332	29.7
303 Regierung, Verwaltung	9 398	58	0.6	9.5	10 604	68	0.6	10.5	12 098	176	1.4
304 Öffentl. Dienste, T. & V.	6 005	19	0.3	27.7	13 558	283	2.0	25.4	26 860	519	1.9
305 Private Dienstpersonen	16 528	22 860	58.0	27.3	13 344	30 202	69.4	23.0	11 652	26 984	69.8
306 Hotel, Gaststätten usw.	5 053	1 139	18.4	30.4	14 089	2 379	14.4	20.5	7 587	1 793	19.1
307 Einzelhandel	8 159	2 322	22.1	46.3	15 317	3 945	20.4	37.2	20 996	4 465	17.5
400 Sonstige	808	108	11.7	49.5							
Mit Einschluß sonst nicht angeführter Branchen:					1 770	693	28.1	33.8			

* Mit Einschluß sonst nicht angeführter Branchen:
** Ohne Garnison, die den größeren Teil der Kategorie 303 bildet.

keine nennenswerten Verschiebungen eintraten, stieg in dem genannten Zeitraum der Anteil der berufstätigen Frauen zwischen 15 und 20 Jahren noch um zwei Punkte an, nahm aber in den beiden oberen Alterskohorten stark ab. Der Rückgang des Anteils der Erwerbsbevölkerung an der Gesamtbevölkerung ist also ausschließlich dem Ausscheiden erwachsener und älterer Frauen aus dem Arbeitskräftebestand zuzuschreiben[13].

An der Herkunft der erwerbstätigen Bevölkerung (siehe Tab. 10) läßt sich ablesen, daß die Immigranten in der bis 1901 noch immer nicht ganz aus dem Stadtgebiet verdrängten Landwirtschaft, in den privaten und öffentlichen Dienstleistungsberufen und ferner im Baugewerbe stark überrepräsentiert waren. Auch der hohe Anteil älterer Arbeiter in der Landwirtschaft und in den Dienstleistungsberufen deutet darauf hin, daß sie einen großen Teil der erwachsenen, zumeist ungelernten Immigranten aufnahmen. ,,Die Arbeiter im gewerblichen Sektor waren dagegen in der Regel häufiger Einheimische als die Arbeiter in den beiden anderen Sektoren. Die Angaben über Alter und Herkunft zeigen, daß viele von ihnen Kinder von Immigranten waren."[14] Dieses Resümee stimmt exakt mit Tillys Statistiken überein; diese stützen aber nicht mehr ihre weitergehenden Schlußfolgerungen, die wie ein Leitmotiv ihre ganze Darstellung durchziehen: Die ungelernten Berufe im primären und tertiären Sektor seien der Landeplatz der erwachsenen Immigranten gewesen, über den sie sich in der Zeit vor 1900 nicht hinausbewegt hätten. ,,Es waren nicht die entwurzelten Immigranten vom Lande, die in den Fabriken arbeiteten."[15]

Dem widersprechen eindeutig ihre eigenen statistischen Befunde: 1881 waren 52,1 % aller in der Industrie Beschäftigten außerhalb Mailands geboren, 1901 gar 59 %; unter den Männern reichte dieser Anteil fast an zwei Drittel heran (62,6 %). Es waren also durchaus nicht nur ,,die Kinder der Immigranten, [die] in die Industrie gingen"[16]. En passant sei daran erinnert, daß von den sechs Mitgliedern des *Partito Operaio*, die 1887 vor Gericht standen und die sämtlich gelernte und größtenteils Fabrikarbeiter waren (Handschuhmacher, Bronzegießer, Lithograph, Drucker, Mechaniker, Ziseleur) nur einer aus Mailand selbst gebürtig war; und daß von den Anführern des großen Bauarbeiterstreiks von 1887 drei von den vieren, deren Geburtsort bekannt ist, außerhalb Mailands geboren waren; auch sie waren allesamt gelernte Arbeiter[17].

Wenn hier so nachdrücklich auf diese Inkongruenzen zwischen statistischen Befunden und ihrer nicht immer widerspruchsfreien Interpretation hingewiesen wird, geschieht das nicht aus kleinlicher Pedanterie. Vielmehr kommt es auf die Richtigstellung und Hervorhebung des Faktums an, daß auch die Mailänder Industrialisierung im 19. Jahrhundert sich im großen und ganzen dem im zweiten Kapitel beschriebenen Entwicklungsmodell einfügte, zu dem ein unbegrenztes industrielles Arbeitskräfteangebot als zentraler Faktor gehörte; daß auch in dem damals führenden Zentrum der industriellen Entwicklung Italiens die extensive Ausnützung billiger Arbeitskräfte in der Industrie vorherrschte; daß auch das Entstehen der Mailänder Arbeiterklasse sich unter den Bedingungen einer ungezügelten Konkurrenz der Arbeiter untereinander vollzog. Die Voraussetzung hierzu bildete eben die massenhafte Arbeiterimmigration, die in erheblichem Umfang auch in die Industrie drängte.

Tab. 11: Verteilung der Arbeitskräfte auf den sekundären
und tertiären Sektor[18]

Jahr	Sekundärer Sektor	Tertiärer Sektor
1881	47 %	46 %
1901	51 %	45 %
1911	55 %	43 %

Die auffälligste und bedeutsamste Veränderung in der Zusammensetzung der Arbeitskraft war das Vordringen des sekundären Sektors, der erst um die Jahrhundertwende ein eindeutiges Übergewicht über den tertiären Sektor gewann (vgl. Tab. 11). Tatsächlich waren die Veränderungen in den ökonomischen Strukturen der Stadt einschneidender, als diese Zahlen zunächst erkennen lassen, da sich der tertiäre Sektor selbst in den drei Jahrzehnten stark gewandelt hat. Wenn er 1881 „einen klassischen vorindustriellen Fall repräsentierte, in dem eine riesige Anzahl von Personen in häuslichen und persönlichen Diensten und anderen Tätigkeiten mit einer sehr niedrigen Grenzproduktivität beschäftigt war", so hatte um 1911 in ihm „eine Verschiebung zu modernen Dienstleistungen – Versorgungsbetrieben, Transport und Verkehr – stattgefunden". Innerhalb dieses Sektors bildeten nach wie vor die Dienstboten, auch wenn ihr relativer Anteil stark zurückgegangen war, die größte Kategorie. Nicht weniger „rückständig" und „unterproduktiv" waren Tilly zufolge 1881 auch die industriellen Branchen, welche die größten Kontingente von Arbeitskräften beschäftigten: die Bekleidungsindustrie mit 15,4 % aller Beschäftigten und die Gruppe der Nahrungsmittel- und holz- und lederverarbeitenden Industrien, die zusammen 16 % der Arbeitskräfte auf sich vereinigten und in denen der Kleinbetrieb vorherrschte. „Aus diesen Zahlen ergibt sich, daß die Arbeitserfahrung der Mehrheit der Mailänder 1881 außerhalb der Fabrikindustrie lag." Einen Wandel gegenüber dieser Situation sieht die Autorin mit dem nächsten Zensusjahr gegeben, in dem die dynamischsten Branchen der Industrie – Metall und Maschinenbau, Chemie, Gummi und Glas – ihre Beschäftigtenzahlen mehr als verdoppelt hatten und der Anteil der in der Bekleidungsindustrie Beschäftigten um 3 % zurückgegangen war. „Doch der stärkste ökonomische Wandel, die Entwicklung der Schwerindustrie, fiel hauptsächlich in die Zeit *nach* [1900]." Mit dem Zensus von 1911 setzte sich die Metall- und Maschinenbauindustrie der Zahl der Beschäftigten nach erstmals an die Spitze aller industriellen Branchen und überflügelte – ebenso wie die Bekleidungsindustrie – die bis dahin stets dominierende Gruppe der Dienstboten. Aus diesem statistischen Befund zieht Tilly das Fazit: „Der große, strukturelle Wandel, der sich in den 80er und 90er Jahren vollzog, war das Bevölkerungswachstum durch Immigration, nicht die Industrialisierung."[19]

Diese Form, in großen Linien das Wachstum einer Stadt und ihrer strukturellen Veränderungen, ihrer Industrien und Arbeitskraft aus demographischen Quellen zu rekonstruieren, vermittelt auf der einen Seite einen guten Gesamtüberblick, wird aber in anderer Hinsicht der historischen Wirklichkeit nicht gerecht. Zu Recht insistiert Tilly darauf, daß in einer industriellen Großstadt des 19. Jahrhunderts vom Typ Mailands den außerhalb der Industrie beschäftigten Lohnabhängigen ein überragendes Gewicht innerhalb der Gesamtarbeitskraft zukam und daß im sekundären Sektor die außerhalb der großen Industrie beschäftigten Arbeiter lange die Majorität bildeten. Die Vergegenwärtigung dieser Tatbestände ist allein schon deswegen wichtig, weil sie die starke Heterogenität der Arbeitskraft und die ihr innewohnenden Spaltungen erkennbar werden lassen. Die Existenz eines riesigen Heers „marginaler" Arbeitskräfte ist dafür verantwortlich, daß in Italien – bis heute – die Industriearbeiterschaft ihrem relativen numerischen Umfang nach schwächer geblieben ist als in anderen Industrienationen. Die quantitativen Aspekte dieses Faktums hat Tilly mit aller Deutlichkeit herausgearbeitet; auf seine ökonomischen, sozialen und politischen Implikationen wird noch eingegangen.

Weniger plausibel und akzeptabel erscheint die Schlußfolgerung, daß die Entwicklung der Schwerindustrie *nach* 1900 den größten ökonomischen Wandel und in den beiden vorausgegangenen Jahrzehnten das Bevölkerungswachstum durch Immigration, nicht etwa die Industrialisierung, den großen strukturellen Wandel dargestellt hätten. Diese Schlußfolgerung beruht einerseits auf der auch von Tilly geteilten Annahme, daß die Metall- und Maschinenbauindustrie der Führungssektor der italienischen Industrialisierung gewesen sei, und andererseits auf einer schematischen Gegenüberstellung von „traditionellen, statischen" und „modernen, schnellwachsenden" Industrien, wobei der gesamten Metall- und Chemieindustrie die „rückständigen und unterproduktiven" Branchen wie Bekleidung und Textil, Glas und Keramik, Leder und Holz, Druck und Papier und nicht zuletzt das Baugewerbe gegenübergestellt werden[20]. Diese Sichtweise ist in mancher Hinsicht problematisch und wenig geeignet, die Prozesse einsehbar zu machen, die zur Entstehung einer modernen Arbeiterbewegung in Mailand *vor* 1900 geführt haben.

Zunächst: Die Metall- und Maschinenbauindustrie ist weder vor noch nach 1900 der Führungssektor der italienischen Industrialisierung gewesen, hat aber bereits lange vor 1900 innerhalb der *Mailänder* Wirtschaft eine so dominierende Rolle gespielt, daß man hierin eine der wichtigsten Ursachen für die führende Rolle Mailands in dem Entstehungsprozeß der italienischen Arbeiterbewegung sehen kann. Diese Industrie – neben der chemischen, elektrotechnischen und wenigen anderen – wuchs von einem bestimmten Zeitpunkt ab zwar schneller als die Textilindustrie – der tatsächliche Führungssektor der italienischen Industrialisierung – und andere „rückständige" Industrien, aber letztere waren während des ausgehenden 19. Jahrhunderts weder schlechtweg „traditionell" noch „statisch". Diese Charakterisierung ist nicht nur für die Mailänder Großdruckereien von Sonzogno, Treves oder Civelli, die Papiermühle von Ambrogio Binda, die Großfärberei von Ernesto De Angeli, die Keramikfabrik von Giulio Richard und manche andere Fabrik unzutreffend, sondern auch für viele der „small shop"-Industrien und selbst für die überwiegend in Heimarbeit betriebene Bekleidungsindustrie. Denn die Zusammenballung von 30 000 oder gar 40 000 Bekleidungsarbeitern in einer einzigen Stadt war ein ebenso neuartiges – und von den Zeitgenossen als solches auch empfundenes – Phänomen wie die Entstehung der modernen Maschinenfabrik, und die massenhafte Ausdehnung des „sweating system" war für die Industrielle Revolution nicht weniger charakteristisch als das Entstehen der großen Industrie. Die „small shops" waren nicht bloß „altmodisch" und noch handwerklich, sondern die meisten waren vor allem „sweat shops", in denen ein neuartiger Typus von Arbeitskraft vorherrschte. Die von Tilly zur Charakterisierung der Industrien und der in ihnen beschäftigten Arbeitskräfte verwandten Begriffe „traditionell" und „modern" büßen an Präzision und Aussagekraft ein, sobald man die von ihr gewählten zeitlichen Parameter nur um wenige Jahrzehnte verschiebt. Setzt man die 80er und beginnenden 90er Jahre – etwa bis zum *big spurt* – nicht länger als Ausgangssituation, um mit ihnen die Entwicklung in der Ära Giolitti zu vergleichen, sondern ordnet man sie in die Geschichte der norditalienischen-mailändischen Industrialisierung ein, dann zeigt sich, daß jene Jahre eine zentrale Etappe in der Ausbreitung des industriellen Kapitalismus bildeten, daß gerade damals in den ökonomischen und sozialen Beziehungen so umwälzende Veränderungen stattgefunden haben, daß man ihnen ein vielleicht noch größeres Gewicht für das Entstehen der Mailänder Arbeiterklasse und die Anfänge der städtischen Arbeiterbewegung zuerkennen muß als den folgenden Jahren.

Für die Zeit vor 1881 gibt es kein derart einheitliches und in sich vergleichbares Quellenmaterial wie die von Tilly ausgewerteten *Censimenti*. Vorläufer zu diesen gibt es nur für die *città*, aber nicht für die Corpi Santi, den hauptsächlichen Schauplatz der industriellen Entwicklung, und ferner sind die Ergebnisse der *Censimenti* von 1861 und 1871 aufgrund stark abweichender Erhebungs- und Klassifizierungsmethoden mit denen der späteren nicht vergleichbar. Dem *Censimento* von 1861 zufolge hätte z. B. die „handwerkliche Bevölkerung" der neapolitanischen Provinzen die der Lombardei um mehrere Prozent übertroffen[21], und nach den städtischen *Censimenti* wäre z. B. die Anzahl der Tagelöhner (giornalieri) zwischen 1861 und 1871 von 5674 auf 476 und die der Näherinnen von 17 665 auf 8971 zurückgegangen. Aus derartigen Ungereimtheiten muß nicht notwendigerweise der Schluß gezogen werden, daß die Zensusangaben insgesamt unzuverlässig und unbrauchbar seien. Für einige Berufskategorien, insbesondere solche mit alten handwerklichen Bezeichnungen wie Vergolder, Korbmacher, Einlegearbeiter, Buchbinder, Matratzenmacher usw. scheinen die Zahlen einigermaßen zu stimmen, und aus ihnen ließen sich einige Zweige des Mailänder Handwerks mehr oder minder wirklichkeitsgetreu rekonstruieren. Aus anderen Berufsbezeichnungen dagegen, etwa in den Metall-, Textil- und Bekleidungsindustrien, ist schlechterdings nicht zu ersehen, wie viele Arbeiter in handwerkähnlichen Betrieben, in Heimarbeit oder in Fabriken gearbeitet haben. Völlig offen bleibt etwa, ob ein „Eisenschmied" in einer winzigen Schmiede oder in einer Maschinenfabrik, oder ob ein „Holzarbeiter" in einer kleinen Tischlerei, auf dem Bau oder in einer Güterwagenfabrik beschäftigt war. Die zuletzt genannten Unzulänglichkeiten sind auch den *Censimenti* seit 1881 eigentümlich, und deswegen reicht die von Tilly anhand individueller Berufsangaben vorgenommene Klassifizierung der Arbeitskraft allein nicht aus, die Situation der städtischen Industrien und die Zusammensetzung der Arbeitskraft, die eben nicht nur durch den Beruf, sondern auch durch die Produktionsweise und die Betriebsformen bestimmt wird, zu beschreiben. Ein anderes Problem, auf das schon die Kompilatoren des *Censimento* von 1881 hingewiesen haben, kommt hinzu: Wie vollständig und wie repräsentativ für die wirtschaftliche Situation der Stadt sind deren Daten? Während in Mailand „sehr viele Industrielle", deren Fabriken in anderen Provinzen liegen, ansässig seien, sei die Zahl der in den städtischen Industrien beschäftigten Arbeiter „mit Sicherheit erheblich größer, als aus dem *Censimento* hervorgeht":

> „Dies rührt daher, daß es sehr viele Arbeiter gibt, die täglich in die Stadt kommen [NB: noch nach der Eingemeindung der Corpi Santi], um ihren Arbeiten nachzugehen, während sie ihren Wohnsitz in den umliegenden Gemeinden haben, wo sie auch gezählt wurden. Diese Ortswechsel müssen uns also davor warnen, den lokalen *Censimento* mit einer wirklichen Berufs- und Industriestatistik zu verwechseln."[22]

Die Berechtigung dieser Warnung sei an einigen Beispielen illustriert. Besonders leicht nachprüfbar ist die Zahl von 136 „Gummiarbeitern", die der *Censimento* von 1881 nennt, da es zu dieser Zeit nur einen Unternehmer in dieser Industrie gab, nämlich Pirelli. Nach einer Festschrift dieses Hauses beschäftigte die Firma 1882 256 Arbeiter und 16 Angestellte, nahezu eine Differenz von 100 %[23]. Kaum vorstellbar ist, daß die halbe Belegschaft aus Pendlern bestand; wahrscheinlicher ist, daß ein großer Teil der Pirelli-Belegschaft, die sich vorzüglich aus Neueingewanderten und darunter vor allem jungen Frauen vom Lande zusammensetzte, jener unbestimmbaren Grauzone einer unseßhaften und fluktuierenden Bevölkerung zuzurechnen ist, die sich oftmals dem Zugriff selbst der beflissensten Zensoren entzieht. (Man denke etwa an die heutigen Spannbreiten in den Zahlen der „illegalen" Gastarbeiter in den Staaten der EG!) Derselben Bevölkerungsgruppe sind wohl auch die Abertausende Bauarbeiter zuzurechnen, die in den *Censimenti* nicht auftauchen. 13 000 bis 15 000 Bauarbeiter gab es im Herbst 1887 zur Zeit des großen Streiks in der Stadt, doch dem vierzehn Jahre später aufgenommenen *Censimento* zufolge nicht einmal 10 000[24]. Eine andere erhebliche Differenz, die sich nicht so einfach erklären läßt, weisen die Angaben über die Färbereiarbeiter auf: Nach einer Auskunft des Verbandes der Färbereiarbeiter waren es 1878 2000, nach dem *Censimento* von 1881 dagegen nur 846[25].

Die eigentliche „Nebelzone der Statistik"[26] betritt man aber erst mit den Industrien und Berufen, in denen die „marginale" Arbeitskraft vorherrschte, mit den Textil- und Bekleidungsindustrien, den Spielzeugwaren- und Kartonageindustrien usw. Wie viele Näherinnen und Schneiderinnen, wie viele Kinder, die Fächer geklebt und Puppen zusammengesetzt haben, es wirklich in Mailand gegeben hat, darüber lassen sich allenfalls pauschale Schätzungen anstellen. Die exakten Zahlen der *Censimenti* täuschen eine Sicherheit vor, die es in diesem Bereich tatsächlich nicht geben kann. Das gilt auch für die Zweige der Bekleidungsindustrie, in denen das Handwerk und die Fabrik eine wichtige Rolle gespielt haben. Nach dem *Censimento* von 1881 hat es z. B. in der Handschuhindustrie 236 Arbeiter und 622 Arbeiterinnen gegeben; einer Monographie von 1877 läßt sich dagegen entnehmen, daß etwa 70 Firmen 350 Zuschneider und 150 Büglerinnen und Sortiererinnen in Werkstätten und 3500 weitere Arbeiterinnen als Näherinnen in Heimarbeit beschäftigten[27]. Auf nicht weniger krasse Differenzen zwischen Zensusangaben und Informationen anderen Ursprungs stößt man auch in der Schuhindustrie. Die *Censimenti* verzeichnen für 1881 gut 4000 und für 1901 gut 6000 Arbeiterinnen und Arbeiter in dieser Industrie; den städtischen Zeitungen zufolge waren es um 1890 über 10 000[28].

Ein Teil dieser Diskrepanzen läßt sich aus der Struktur dieser Industrien und aus dem besonderen Typus von Arbeitskraft, der ihnen eigentümlich war, erklären. In ihnen begegnet man einer Vorform des „Arbeiters der tausend Berufe", der heute diesen, morgen jenen Job hatte und übermorgen arbeitslos war. Für ihn haben die Rubriken der Bevölkerungsstatistik keinen festen Platz. Doch seine Existenz bezeugt die kommunale Kommission für Statistik bereits für den Anfang der 1860er Jahre:

„In Mailand, wie in allen großen Städten, gibt es sehr viele Industrielle, die kein festes Personal halten, sondern mal viele, mal wenige Hände beschäftigen, mal jene, mal diese, je nachdem wie der Wechsel in den Kundschaften und in den Gelegenheitsaufträgen, die größere oder geringere Feinheit bei der Ausführung der Arbeit, die Saison und das unablässige Durcheinander verschiedener Interessen es erfordern. Und auf der anderen Seite gibt es Arbeiter, vor allem Frauen, die nicht nur für einen, sondern für mehrere Produzenten arbeiten, sowohl derselben wie verschiedener Branchen, und auch für Privatleute, je nachdem wie es ihnen die Nachfrage, der Bedarf oder der Zufall nahelegen. Es ist unmöglich, daß die Fabrikanten über dieses Personal, das wir flottierend nennen möchten, genau Buch führen, weil sie selbst nicht wissen, ob sie morgen noch die Hand arbeiten lassen, deren sie sich gestern bedienten, und weil nicht wenige von diesen Frauen das, was wir eine Schule nennen, unterhalten, d. h. eine Gruppe von Mädchen, die unter ihrer Leitung und für einen geringen Lohn arbeiten."[29]

In welchen Rubriken der Bevölkerungsstatistik – falls überhaupt – die subproletarischen Schichten ihren Platz gefunden haben, muß völlig offen bleiben. Der *Censimento* von 1861 nannte noch unter der Rubrik „ohne Beruf" 1747 „Arme", die es den späteren *Censimenti* zufolge nicht mehr gegeben zu haben scheint. Andere Quellen besagen, daß die *falange plebea* der städtischen Gesellschaft, die sich jeder berufsmäßigen Klassifikation entzieht, in den 70er Jahren über 10 000 Personen gezählt hat. Die *plebe*, die nichts mit dem *ottimo popolo operaio* zu tun habe, setzte sich Lodovico Corio zufolge aus Vagabunden, Bettlern, Gaunern und Gesindel zusammen, und die einzelnen Stationen des Lebenswegs des *lôcch*, des Mailänder Typus des Lumpenproletariers, hießen Findelhaus, Erziehungsanstalt, Gefängnis und Hospital[30]. Einzig Dichter und Journalisten nahmen diesen Teil der Bevölkerung wahr oder machten ihn gar zum Gegenstand ihrer Reflexionen[31]. Hinter gelegentlich stereotypen und idyllisierenden Wendungen fingen sie eine Realität ein, die keine statistische Quelle überliefert hat. Auch wenn ihre pittoresken Darstellungen der *plebe* dem vielfältigen Lebenslauf und der tatsächlichen Bedeutung dieser Schichten nicht immer gerecht werden, bleibt ihnen das Verdienst, wenigstens die Erinnerung an ihre Existenz überliefert zu haben. „Wenn wir", so schrieb Paolo Valera, „die 6000 Entwurzelten, die zu jeder Zeit des Tages und des Jahres die Straßen Mailands bevölkern, selbst fragten, woher sie die Mittel für ihren Lebensunterhalt nehmen, fänden wir kaum einen, der es uns zu sagen wüßte."[32] Und doch hat dieses Subproletariat diese Mittel gefunden, nicht zuletzt durch seine Arbeit, die keineswegs auf Diebstahl und Gefängnisarbeit beschränkt war, aber in den Berufsstatistiken der *Censimenti* sich nicht niedergeschlagen hat. Und nicht zufällig: Handelt es sich hier doch um einen Typus von Arbeitskraft, der von seiner Qualität her sich der Zählung und Systematisierung entzieht. Die Kritik an Zuverlässigkeit und Aussagekraft der *Censimenti* und an den auf ihnen basierenden soziologisch-demographischen Resultaten trifft damit nicht so sehr eine bloße, zukünftig mit besseren Quellen zu behebende Unzulänglichkeit, sondern die Grenzen eines Ansatzes, der von vornherein nichtquantifizierbare Sachverhalte und Fragestellungen ausschließt bzw. als bloß „impressionistisch" oder „anekdotisch" gelten läßt.

2. Die Entstehung der großen Fabrik

In bescheidenem Umfang war die Fabrik bereits in den ersten Dezennien des 19. Jahrhunderts in Mailand präsent. Die ihr vorausgegangene und mit ihr verwandte Form der zentralen Manufaktur läßt sich mühelos selbst bis in die ersten Jahre des 18. Jahrhunderts zurückverfolgen[33]. Doch sollen hier nicht die Anfänge dieses älteren Typus von Fabrik, der überhaupt nicht bzw. nur über wenige Maschinen und Motoren verfügte und im wesentlichen auf die Textilindustrie beschränkt war, aufgezeigt werden, sondern die moderne, teilmechanisierte, durchrationalisierte Fabrik, die in den meisten, wenn auch durchaus nicht allen, Fällen als Antithese zu vorausgegangenen Betriebsformen entstanden ist.

Diese moderne Fabrik grenzte sich von ihren Vorgängern nicht zuletzt durch einen neuen Arbeitertypus ab. In diesen dominierte noch, resultierend aus der Organisation der Fabrik bzw. der Manufaktur selbst, der „flottierende" Arbeiter. Über eine der größten und bekanntesten Mailänder Seidenmanufakturen heißt es in einer Relation der Handelskammer von 1833:

„Tatsächlich ist die Manufaktur Coizet wie alle anderen nicht Besitzerin des größeren Teils der Webstühle, die sie für sich arbeiten läßt, da dies eine beträchtliche Kapitalinvestition erfordern würde, die unproduktiv bliebe, wenn sich eine Einschränkung der Produktion als notwendig erweisen sollte. Auf der anderen Seite ist es sehr viel gewinnbringender, immer dann, wenn es gerade nötig ist, Arbeiter einzustellen, und so fehlt den Arbeitern selbst niemals eine Möglichkeit des Gewinns, indem sie ihre Dienste abwechselnd mehreren Industrien anbieten, von denen sie je nach den Umständen Arbeit erhalten."

Auch in anderen Betrieben und Industrien „kamen und gingen die Arbeiter mit dem Wechsel der Jahreszeiten", und nicht selten stand zur Erntezeit die Produktion ganz still[34]. Diesem Typus von Fabrik und intermittierender Arbeit gesellte sich erst in den folgenden Dezennien die moderne Fabrik zur Seite. In den 40er Jahren, die allgemein einen Wendepunkt der lombardischen Wirtschaft bedeuten[35], ist sie kaum, recht deutlich jedoch im folgenden Jahrzehnt erkennbar.

Ein Musterbeispiel für die neue Fabrik ist die in der zweiten Hälfte der 40er Jahre gegründete Knopffabrik von Ambrogio Binda, über die eine eindrucksvolle Beschreibung aus dem Jahre 1856 vorliegt, als die Fabrik bereits über 600 Arbeiter zählte. An dieser Fabrik war alles neu: die Gebäude, die Maschinen, die säuberliche Ordnung in den Fabriksälen, die Organisation der Arbeit, die Disziplin der Arbeiter, das von Despotie und Paternalismus geprägte Verhältnis zwischen dem *padrone* und „seinen" Arbeitern und nicht zuletzt der Arbeiter selbst. *Gente nuova*, wie Cattaneo die Arbeiterbevölkerung des *suburbio* nannte, bildete die Belegschaft, die zu etwa zwei Dritteln aus Frauen, Mädchen und Knaben bestand: Frisch vom Lande, noch unberührt von städtischen Bedürfnissen und formbar genug, um sie der neuen Organisation der Produktion und Arbeit zu unterwerfen. Reminiszenzen an Vergangenes: Handwerk, Beruf, Tradition, hatten in dieser neuen Fabrikwelt keinen Platz. Durch „ausgezeichnete Werkzeuge" und eine „gute Arbeitsteilung" wurde die Herstellung eines Knopfs in „einen Komplex vieler Operationen [zerlegt], von denen jede einen eigenen Beruf bildet". Nur so konnten Arbeiterin, Werkzeug und Produkt zu einer Einheit verschmelzen:

„Es ist sonderbar, acht bis zehn Arbeiterinnen um die Drehscheibe sitzend zu sehen und mit einer Klammer zwei Knöpfe in Berührung mit dem Schleifstein zu halten . . ., um sie zu glätten und zu reinigen, wobei sie durch einen veränderlichen, aber immer leichten, mit den Händen ausgeübten Druck diese stärker oder weniger einkerben. Die verschiedenen Grade dieses Drucks können durch keinen Mechanismus reguliert werden; sie hängen von der Geschicklichkeit, die die Arbeiterinnen durch Erfahrung erwerben, ab, auf den sich beständig verändernden Widerstand zu reagieren. Wir sagten, daß in einer solchen Arbeit etwas Sonderbares liege: nämlich, wenn man den Fabriksaal betritt, bleibt man beim Anblick dieser Frauen verwundert stehen, die, unter dem Kreischen der Drehscheiben, gezwungen, sich still und unbeweglich zu verhalten, mit ihren vom Staub der Knochen, von dem die Luft schwanger ist, bedeckten Gesichtern und Kleidern verrosteten Statuen gleichen, während die regulierende Bewegung ihrer beschmutzten Hände das einzige Anzeichen von Leben und Geist verrät. Noch sonderbarer ist die Art, den so geformten Knöpfen Glanz zu geben. Nachdem der Staub mit einem Lappen beseitigt ist, werden sie mehrere Male mit der mit Öl besprengten Handfläche, auf die zerriebener Kalk gestreut wird, abgerieben. Aber diese, obgleich flink ausgeführte, Tätigkeit ist so schmerzhaft, daß sie häufig unterbrochen und mehrmals am Tag der Arbeiter ausgetauscht werden muß. Man hat versucht, den Menschen dieser qualvollen Verrichtung zu entziehen; aber vergeblich: keine tote Haut, auch nicht die des Damhirschs, bringt dieselbe Wirkung hervor, auch wenn man sie auf die Temperatur des lebenden menschlichen Körpers bringt."[36]

Die Erfolge seiner Knopffabrik, deren Erzeugnisse in viele Länder exportiert wurden, beflügelten Binda, sich auch in anderen Industrien mit der fabrikmäßigen Produktion zu versuchen. Großen Erfolg hatte er in der Papierfabrikation, die er mit modernsten, importierten Maschinen aufnahm. Auch die Belegschaft dieser neuen Fabrik setzte sich aus *gente nuova*, wiederum hauptsächlich Frauen, zusammen: 1863 waren von 330 Arbeitern 180 Frauen, 1881 hatte deren Anteil sich wesentlich erhöht (500 Frauen und 200 Männer). An dem Arbeitermaterial scheiterte indessen eine andere seiner vielfältigen Initiativen. Als er 1855 eine Kammfabrik erworben hatte, wurde er alsbald gewahr, daß er mit den veralteten Produktionsmethoden und dem Schlendrian der von seinem Vorgänger übernommenen Arbeiter der französischen Konkurrenz nicht gewachsen war. Mit neuen Maschinen und ausländischen Instrukteuren gestaltete er daraufhin die Produktion vollständig um. „Aber, sei es aufgrund ihrer geringen Tüchtigkeit oder sei es wegen der undisziplinierten Haltung der Unsrigen, die mit Zähigkeit an den alten Systemen festhielten, die Dinge besserten sich nicht. Binda zögerte nicht, zu einem äußersten Mittel zu greifen: Er entließ alle Arbeiter, die, arbeitslos und sich selbst überlassen, sich bald eines Besseren besannen und Aufträge von Binda in Heimarbeit übernahmen; sie paßten sich den neuen Preisen an; um den notwendigen Lebensunterhalt zu gewinnen, gewöhnten sie sich an beständige Arbeit!" Später erwarben sie von Binda die Maschinen, die sie hatten zerstören wollen, gründeten eine Genossenschaft, produzierten aber weiterhin für ihren früheren Arbeitgeber[37]. Aus einem Handwerker von heute auf morgen einen Fabrikarbeiter zu machen, erwies sich als unmöglich; die formelle Subsumption unter einen Kapitalisten konnte dagegen den Arbeitern, vor die Alternative Hungern oder Essen gestellt, offensichtlich leichter aufgezwungen werden.

Auf „einige erstrangige Artisten, rekrutiert in den berühmtesten Fabriken Frankreichs", mußte auch Giulio Richard bei dem Aufbau seiner Keramikfabrik zurückgreifen, die er in „einer von den industriellen Streifzügen bisher völlig vergessenen Gegend" ansiedelte – in S. Cristoforo am Naviglio Grande, weit vor den Toren der Stadt, wo er, wie er selbst es ausdrückte, „sozusagen jungfräuliche Wesen menschlicher Arbeit" benutzen konnte. In seiner „zahlreichen Familie", gebildet aus Bauern und „dahergelaufenem Volk", vermochte er „mit Milde und Energie die größte Einigkeit und Subordination" herzustellen. „Die Bauern, auf denen die Feldarbeit zu sehr lastete, ließen sich gern in dieser Fabrik anwerben." Lag doch S. Cristoforo auf der Grenze zu dem Teil der Tiefebene, wo – nach Jacini – stellenweise die „elendsten Landleute" zu finden waren, und hatte Richard es sich doch angelegen sein lassen, mit der Fabrik gleichzeitig eine Arbeitersiedlung und einen ganzen Fächer sozialer und moralischer Fürsorgeeinrichtungen zu verwirklichen: Kranken- und Pensionskassen, kostenlose ärztliche Betreuung, Wärmehallen für den Winter, billigeres Brot, eine Musikkapelle, Tages- und Abendschulen und für die Angestellten und „verdienten" Arbeiter eine Beteiligung von 5 % an den Gewinnen. Auch um den Zusammenhalt der Familie kümmerte er sich. Zwar war die Promiskuität von Arbeitern verschiedenen Geschlechts in seiner Fabrik verpönt; in den Fällen jedoch, wo die Arbeiter zusammen mit ihren Familien im Stückwerk auf Rechnung der Firma arbeiteten, gab es für jede Familie einen eigenen Arbeitsraum. Das Patriarchat in der Familie wurde in den Dienst der Hierarchie in der Fabrik gestellt. Später verzichtete Richard auf die Verwendung ausländischer Arbeiter. Selbst wenn er auf die Ausbildung eines Drehers acht bis zehn Jahre verwenden mußte, gab er der einheimischen Arbeitskraft, die seines Erachtens „im allgemeinen moralischer" war, den Vorzug vor Ausländern, „die unsere Arbeiterbevölkerung, die als Arbeiterklasse besser ist als jene ausländische, verderben würden". Richards System funktionierte hervorragend. Ein halbes Jahrhundert nach ihrer Gründung (1842) zählte die Fabrik mit 900 Arbeitern zu den größten Mailands. In der mehrere tausend Personen zählenden Werksiedlung fanden Zeitgenossen „heiterere" und „gesündere" Gesichter, „gelöstere, offenere, weniger von Gedanken an das materielle Leben geplagte Leute" als in dem umliegenden Grenzgebiet zwischen Stadt und Land[38].

Hauptsächlich Arbeitskräfte ländlichen Ursprungs bildeten auch die Belegschaften der beiden bedeutendsten Fabrikgründungen der 70er Jahre. In räumlicher Nachbarschaft zu Richard, in La Maddalena am Ufer des Olona, erwarb Ernesto De Angeli 1875 eine kleine altmodische Färberei, die er binnen eines Jahrzehnts in eine hochmoderne Stoffdruckerei mit etwa 700 Arbeitern umwandelte. In der Mehrzahl waren diese „auf dem Lande in der Umgebung der Maddalena in einem Zustand absoluter Unkenntnis der Industrie, wo sie eingesetzt wurden, ausgehoben und nach und nach in ihren Verrichtungen unterwiesen und ausgebildet worden". Als der König 1890 dieses Werk besichtigte, konnte De Angeli mit Stolz darauf verweisen, daß die gesamte Belegschaft von ihm selbst „aufgezogen" worden sei. De Angeli hatte ebenso wie der schon erwähnte Pirelli das Mailänder Polytechnikum absolviert und seine kaufmännische und technische Ausbildung während eines längeren Aufenthalts in Deutschland, Frankreich und England vervollkommnet. Zusammen mit Pirelli gehörte er zu der Handvoll aufwärtsstrebender, moderner Unternehmer, deren Mailand damals allenfalls sich rühmen konnte. Von ihnen unterschied er sich durch einen ostentativ zur Schau gestellten Betriebspaternalismus, der ihn vielmehr mit der Generation älterer Unternehmer, wie Binda und Richard, verband. Auch in seinem Fall bewährte sich die den Arbeitern gegenüber bewiesene Kombination von „Milde und Energie", denn nach der Revolte vom Mai 1898 konnte er mit einer gewissen Genugtuung, allerdings ohne sich „irgendeiner Illusion über das, was bei einer anderen Gelegenheit geschehen könnte, hinzugeben", an Pasquale Villari schreiben, daß seine Arbeiter „unter den allerruhigsten" gewesen seien[39].

Außerhalb der Porta Nuova, in der Zone der großen Maschinenbaufabriken, errichtete Gian Battista Pirelli 1872 die erste italienische Fabrik für die Verarbeitung von elastischem Gummi und Guttapercha. Mit Unterstützung einiger ausländischer Techniker, aber hauptsächlich aufgrund der Energie des Firmeninhabers, entwickelte sich die Fabrik in kürzester Zeit zu einer der größten der Stadt, wie an dem Anwachsen der Belegschaft ablesbar ist (vgl. Tab. 12). Über Herkunft und Charakter seiner Arbeiter äußerte sich Pirelli um die Mitte der 90er Jahre gegenüber Torelli Viollier, dem Herausgeber des *Corriere della sera*, der sich ihm gegenüber in Klagen über die Fortschritte des Sozialismus unter den Setzern und Druckern erging: Seine, Pirellis,

Tab. 12: Anzahl der Beschäftigten der Firma Pirelli

Jahr	Arbeiter	Arbeiterinnen	Angestellte
1872	39	1	5
1882	143	113	16
1892	514	607	84
1902	1 253	1 391	217

Arbeiter seien dagegen immun, ,,weil Bauern und Mädchen, alle plump und völlig unwissend''. An diese Worte erinnerte sich Torelli nach dem Aufstand von 1898, als seine ,,gebildeten und disziplinierten'' Arbeiter ,,alle an ihrem Posten'' geblieben waren, während die ,,Tumulte'' unter Pirellis Arbeitern, den ,,unwissendsten und verdorbensten'' von allen, begonnen hatten, zu denen mittlerweile 1400 Arbeiterinnen, ,,zum größten Teil Mädchen vom Lande'', gehörten. Pirelli, der wie andere Unternehmer im platten Land ein vorzügliches Arbeitskräftereservoir entdeckt hatte, verließ sich in der Disziplinierung der Arbeiter zu einseitig auf repressive Mittel. Sein Paternalismus erschöpfte sich in der Schaffung einer Betriebskrankenkasse, die aus Lohnabzügen und Bußgeldern gespeist wurde. Schon um 1890 gehörte sein Betrieb zu den unruhigsten der Stadt, und seine Arbeiter waren die ersten, die innerhalb eines Mailänder Großbetriebs eine ,,Widerstandsliga'' gründeten[40].

Aus den angeführten Beispielen ergibt sich ein recht einheitliches Bild über die Anfänge der modernen Fabrik in Mailand. Die ersten Gründungen lagen nicht weiter zurück als die 40er Jahre, und – mit der einen Ausnahme der Knopffabrik Binda, am äußersten Ende des Corso di Porta Romana, in dem damals am dünnsten besiedelten und ländlichsten Teil der Stadt errichtet – lagen alle außerhalb der *città*, sei es weiter draußen im *contado* (Papiermühle Binda, Richard, De Angeli), sei es in unmittelbarer Nähe der Bastioni (Pirelli). Auch wenn die meisten Industrien keine neuen waren (wirklich neu war nur die Gummiindustrie), fußten sie doch – auch in den Fällen, wo an vorherbestehende Produktionsstätten angeknüpft wurde (Richard, De Angeli) – auf neuen technologischen und arbeitsorganisatorischen Methoden. Neu, *gente nuova*, war in allen Fällen auch der größere Teil der Belegschaften: entweder Immigranten von weither wie die aufsässigen ,,Mädchen'' Pirellis oder aus dem unmittelbaren Hinterland der Stadt, aus dem *suburbio* selbst oder der ,,ländlichen Zone'' Mailands. Bar jeglicher Erfahrungen älterer Formen industrieller Arbeit bildeten sie in den Händen neuer Unternehmer ein hervorragend modellierbares Material; damit unterschieden sie sich zutiefst von den durch handwerkliche Traditionen geprägten Kammachern, an deren individualistischer Starrköpfigkeit Bindas Versuch gescheitert war, ein älteres Gewerbe direkt zur Fabrikproduktion zu transformieren. Den neuen städtischen Fabrikarbeiter kennzeichnete schließlich eine größere Stabilität: weder wechselte er wie sein früherer Kollege so häufig zwischen landwirtschaftlicher und industrieller Arbeit noch zwischen verschiedenen Arbeitgebern. Für seine Seßhaftmachung und Identifizierung mit einzelnen Teiloperationen im Produktionsprozeß war wenigstens ein Teil der Unternehmer bereit, in der Form eines wohldosierten Betriebspaternalismus einen gewissen Preis zu zahlen.

Zu Beginn der 60er Jahre war die Fabrikindustrie auch in den Corpi Santi erst schwach entwickelt. Zwar zählte man 1863 in dieser Gemeinde 131 ,,industrielle Betriebe'', die 4600 Personen beschäftigten; doch der Großbetrieb, worunter hier im Anschluß an zeitgenössische Definitionen Betriebe mit mehr als fünfzig Beschäftigten gerechnet werden[41], blieb eine noch durchaus seltene Erscheinung (vgl. Tab. 13). Zur Gruppe der acht größten Fabriken gehörten damals außer den beiden genannten Werken von Richard und Binda (Papiermühle) noch zwei Textilfabriken, das Gaswerk

Tab. 13: „Industrielle Betriebe" im Comune dei Corpi Santi (1863)[42]

Anzahl der Fabriken	Arbeiter	Anzahl der Fabriken	Arbeiter
82	bis 10	8	51 bis 75
17	11 bis 25	4	76 bis 100
12	26 bis 50	8	über 100

und drei Maschinenbaufabriken (Elvetica, Grondona und das Mailänder Werk der Strade Ferrate Lombarde), von denen zwei ihren Aufstieg dem Eisenbahnbau verdankten. Über Anzahl und Größe der Fabriken in der *città* gibt es keine entsprechenden Statistiken aus dieser Zeit. Da die zeitgenössische Publizistik es selten unterließ, auf neue industrielle Unternehmungen größeren Ausmaßes aufmerksam zu machen, geht man wohl kaum fehl, wenn man ihr Schweigen über die *città* so interpretiert, daß es sie dort nicht gegeben hat. Außer der Bindaschen Knopffabrik, der Tabakmanufaktur in der Via Moscova, die über 1000, meist weibliche Arbeitskräfte beschäftigte, und der Musikinstrumentenfabrik von G. Pelitti scheinen in den 60er Jahren nur noch zwei Druckereien (Treves und Sonzogno) zur obersten Kategorie mit über 100 Arbeitern gehört zu haben[43].

Verschiedene Umstände trugen am Ende der 60er und zu Beginn der 70er Jahre zu einer allgemeinen Belebung der Wirtschaft bei. Mit der Annexion Venetiens und dem Abschluß des Handelsvertrags mit Österreich gewannen Mailand und die Lombardei traditionelle Exportmärkte zurück, unter deren plötzlichem Verlust im Jahre 1859 ihre Wirtschaft empfindlich zu leiden gehabt hatte. Die Einführung des Zwangskurses des Papiergeldes am 1. Mai 1866, die sogleich ein kräftiges Ansteigen des Goldagio nach sich zog, wirkte sich nicht nur gegenüber dem Ausland als ein leichter Zollprotektionismus aus, sondern führte vor allem zu einer allgemeinen Depression des Lohnniveaus, da die in abgewertetem Papiergeld ausbezahlten Löhne sich nur verspätet und unvollständig dem allgemeinen Preisanstieg anpaßten. Zu diesen Vorteilen, die den Unternehmern aus dem Zwangskurs erwuchsen, gesellten sich in den nächsten Jahren noch andere: Mit dem deutsch-französischen Krieg fiel eine Zeitlang die mächtige französische Konkurrenz aus, und mit dem Fall des Kirchenstaats erweiterte sich das Absatzgebiet für norditalienische Industrieerzeugnisse zum Süden hin[44]. An dem allgemeinen Wirtschaftsaufschwung partizipierten auch die Mailänder Industrien, ohne daß das aber zu einer nennenswerten Ausdehnung der großen Industrie geführt hätte. Ende 1871 hatte sich in den Corpi Santi die Anzahl derer, die in „industriellen Betrieben" beschäftigt waren, gegenüber 1863 um ein Drittel auf etwa 6000 vergrößert, und zu der Gruppe der Großbetriebe hatte sich auch der eine oder andere neue Name hinzugesellt[45]. Der allgemeine Eindruck, den man aus den spärlich fließenden Quellen gewinnt, ist aber der, daß bis zum Ende der 70er Jahre die Anzahl der Großbetriebe und die durchschnittliche Betriebsgröße nur in demselben Schneckentempo zunahmen, in dem sich die Wirtschaft insgesamt vorwärtsbewegte. Eine Bestätigung dieses Eindrucks liefert das Jahr 1881, das Mailand die Nationalausstellung und dem Historiker die ersten ausführlicheren Beschreibungen der städtischen Wirtschaft seit der Einigung beschert hat. Der substantiellsten von diesen, der „Milano industriale" Giuseppe Colombos, läßt sich entnehmen, daß außer einigen Maschinenbaufabriken, der Bindaschen Papiermühle und ganz wenigen anderen Fabriken, „Großbetriebe" (opificî a grande impianto) in Mailand noch fehlten[46]. Es darf aber nicht vergessen werden, daß die zukunftsträchtigsten Neugründungen der 70er Jahre damals erst wenig Aufmerksamkeit auf sich lenkten.

Der große Durchbruch in der industriellen Entwicklung der Stadt hatte jedoch schon begonnen. Während des „Depretisianischen Booms" (1879/80–1887) erweiterten die städtischen Industrien nicht nur ihre Kapazitäten, sondern veränderten sich auch ihre Produktionsstrukturen. In den 80er Jahren verallgemeinerte sich der Großbetrieb in der Stadt in der Weise, daß gegen Ende des Zeitraums erstmals beträchtliche Teile der Arbeitskraft in modernen Fabrikbetrieben arbeiteten. Als Indiz für den technologischen Innovationsprozeß kann die zunehmende Motorisierung und Mechanisierung der Industrie gelten. 1881 betrug die gesamte Dampfmotorkraft nach den optimistischsten Schätzungen, unter Einschluß weniger Gasmotoren, etwa 3000 PS, zu denen noch 600 PS Wasserkraft hinzukamen. In knapp zehn Jahren vergrößerte sich dieses Potential um das Dreifache; etwa vier Fünftel der Motorkraft entfielen auf Anlagen der letzten zehn Jahre (siehe Tab. 14). Zusammen mit den 774,5 PS aus Wasserkraft verfügte die Mailänder Industrie demnach über 11 698,5 PS; davon vereinigten, wenn man von der unspezifizierbaren Rubrik „Verschiedene Industrien" mit 3509 PS absieht, die größten Anteile folgende Branchen auf sich: Metall und Maschinenbau 2564 PS, Textil 1602 PS, Nahrungsmittel 1366 PS, Chemie 924 PS,

Tab. 14: Unterteilung der am 30. Juni 1891 in Betrieb befindlichen Motoren nach dem Jahr ihrer Anlage[47]

| | Motoren | | | | | |
| | Dampf | | Gas | | Elektrisch | |
Jahr	Nr.	PS	Nr.	PS	Nr.	PS
vor 1872	11	171	1	1		
vor 1882	97	1521	27	116		
1882	19	426	9	52		
1883	28	1057	8	34		
1884	25	536	16	69		
1885	23	271	14	37		
1886	37	1125.5	21	68.5		
1887	64	1497	48	124.5		
1888	46	779	42	152	6	21
1889	40	1096	35	87.5	5	9.5
1890	50	1100	63	175.5	10	22
1891 (1. Sem.)	17	285.5	30	89	1	.5
Zusammen	457	9865	314	1006	22	53

Druck und Papier 752,5 PS. Es muß vielleicht hervorgehoben werden, daß die sieben Motoren mit 520 PS der Pirelli-Werke nicht unter den chemischen, sondern unter den „verschiedenen" Industrien mitgezählt sind.

Für das Jahr 1891 lassen sich auch erstmals genauere Aussagen über die Präsenz des Großbetriebs im Mailänder Stadtgebiet machen. Auf den Stand dieses Jahres bezieht sich die Untersuchung, die Sabbatini im Rahmen der bereits Anfang der 80er Jahre projektierten nationalen Industriestatistik durchführte. Da die in diesem Jahr fällige Bevölkerungszählung ausfiel, ist unbekannt, wie viele Arbeitskräfte 1891 in der Mailänder Industrie insgesamt beschäftigt waren. Wie aus der Tab. 10 zu ersehen ist, nahmen diese zwischen den beiden Zensusjahren 1881 und 1901 um fast 50 000 Personen zu; unterstellt man, daß rund die Hälfte dieser Zunahme auf das erste Dezennium entfiel, so hätte 1891 die industrielle Gesamtarbeitskraft gut 115 000 Personen betragen. (Eine solche Annahme dürfte sich nicht allzusehr von der Wirklichkeit entfernen, da die erste Hälfte der 90er Jahre von einer schweren Depression gekennzeichnet war und die Erholung der Wirtschaft erst 1895 einsetzte.) Die Statistik von Sabbatini erfaßt dagegen nur 50 561 Arbeiter, die sich auf 16 industrielle Gruppen verteilen. Nach welchen Kriterien er bei der Auswahl der zu berücksichtigenden Industrien und Betriebe vorgegangen ist, gibt er ebensowenig wie die Verfasser der anderen Bände der Industriestatistik an. Seinen Auswahlkriterien hat mit Sicherheit nicht die gesetzliche Definition von *opificio* zugrunde gelegt, nach der jeder Betrieb mit motorischer Antriebskraft oder mit mindestens zehn Beschäftigten als „Fabrik" galt[40]. Vielmehr scheint Sabbatini den äußerst flexiblen, von Ellena aufgestellten Kriterien gefolgt zu sein, nach denen in die Industriestatistik nur solche Industrien aufzunehmen seien, „die wirklich ein hohes Amt in der internationalen Konkurrenz erfüllen und die durch die Bestandsaufnahme ihrer Aktionsmittel uns zeigen können, welches die Kräfte sind, die in diesem Kampf unser Land vorzuweisen hat". Man wollte die „industrielle Stärke" des Landes, nicht aber die Gesamtheit seiner „produktiven Tätigkeiten" in Erfahrung bringen. Zwar wollte man sich im großen und ganzen auf die Registrierung der „Fabriken" beschränken, erkannte aber zugleich an, daß es absolut unmöglich sei, die wirkliche Fabrik von der Werkstatt (bottega) zu unterscheiden, indem man ausschließlich die Anzahl der Beschäftigten zugrunde legte; denn die Wichtigkeit einer einzelnen Fabrik beruhe häufig auch auf der Anwendung von Motorkraft, der Art und dem Umfang ihrer Produkte usw.; kurz: man ließ den lokalen Bearbeitern die größte Freiheit, Fabriken und Werkstätten unter dem Gesichtspunkt ihrer „industriellen Bedeutung" in die Statistik ein- oder von ihr auszuschließen. In jedem Fall auszuschließen waren das Baugewerbe, die Transportunternehmen sowie die meisten der privaten und öffentlichen Dienstleistungsbetriebe[49].

Insgesamt 1564 städtischen Betrieben hat Sabbatini eine solche „industrielle Bedeutung" zuerkannt, daß er sie in seine Statistik aufgenommen hat. Nach der obigen Berechnung waren in ihnen etwa 43 % der industriellen Arbeitskräfte beschäftigt. Die durchschnittliche Belegschaftsgröße sämtlicher rezensierter Fabriken betrug 32,3 Arbeiter je Betrieb, lag also noch erheblich unter der oben angegebenen Definition eines Großbetriebs. Da Sabbatini nachweislich auch eine Myriade von Kleinstbetrieben mit zehn und oft noch weniger Beschäftigten in seine Statistik aufgenommen hat, kommt es darauf an, aus seinen globalen Zahlen den Anteil der Großbetriebe zu extrapolieren. Zu diesem Zweck wurden aus den 194 Untergruppen, in die Sabbatini die 16 industriellen Gruppen unterteilt hat, all diejenigen eliminiert, in denen die durchschnittliche Betriebsgröße unter 50 Beschäftigten liegt. Übrig blieben von den 1564 Betrieben nur 276, also weniger als ein Fünftel, die allein über die Hälfte, nämlich 27 752, der von Sabbatini gezählten 50 561 Arbeitskräfte beschäftigten (vgl. Tab. 15).

Tab. 15: Ungefähre Anzahl der Arbeiter in Großbetrieben (1891)[50]

Branche	Betriebe	Arbeiter	Arbeiter je Betrieb
Metall/Maschinenbau	61	6 552	107
Chemie/Gummi/Gas	27	4 179	154
Glas/Keramik	4	1 605	401
Druck/Papier	15	1 868	125
Textil/Bekleidung	82	6 207	77
Leder	10	779	78
Nahrungsmittel	3	230	77
Tabak	1	1 343	1 343
Verschiedene	73	4 989	69
Zusammen	276	27 752	100

Aufgrund des komplexen Charakters des Zahlenmaterials, das dieser Kalkulation zugrunde liegt, ist es nicht nur nicht auszuschließen, sondern sogar sehr wahrscheinlich, daß unter den 276 ,,Großbetrieben" eine ganze Reihe in Wirklichkeit weniger als fünfzig Beschäftigte gehabt hat. Aber sehr hoch – sagen wir über fünfzig – kann deren Anteil kaum gewesen sein, da die Betriebe mit mehr als 100 und vor allem solche mit mehr als 500 Beschäftigten noch zu selten waren, um die durchschnittliche Belegschaftsgröße so entscheidend beeinflussen zu können.

Um die Betriebe mit 100 und mehr Beschäftigten zu ermitteln, kann man sich weder auf Sabbatini noch auf irgendeine andere Statistik stützen. Aus einer Vielzahl von Einzelinformationen wurde die Tabelle 16 erstellt, deren Zahlen sämtlich Mindestwerte darstellen[51]. Aus ihr ergibt sich unzweideutig, daß die große Fabrik und die betriebliche Konzentration in den 80er Jahren in Mailand Riesenfortschritte gemacht haben: Zu Beginn der 90er Jahre war die große Industrie in der Stadt bereits fest etabliert, und ihr weiteres, schnelleres Anwachsen in der Ära Giolitti bildete lediglich die Fortsetzung und Vertiefung eines Prozesses, der bereits ein Jahrzehnt früher in voller Wucht und Breite sich Bahn gebrochen hatte. Wäre das nicht der Fall gewesen, wären weder die Heftigkeit erklärlich, mit der die 1888/89 einsetzende Krise sich gerade in Mailand bemerkbar gemacht hat, noch das hier vor allem interessierende Faktum, weshalb in eben jenen Jahren die Mailänder Arbeiterbewegung aus einer über zwanzigjährigen Stagnation sich gelöst und – venia sit dicto – einen qualitativen Sprung in ihren Kämpfen, in ihren Forderungen und in ihrer Organisation vollzogen hat.

Tab. 16: Industriebetriebe mit 100 und mehr Beschäftigten
(ca. 1885–1892)

| Branche | Anzahl der Betriebe nach Belegschaftsgrößen | | | | | | |
	100–150	151–250	251–500	501–750	751–1000	über 1000	Zusammen
Metall/Maschinenbau	6	3	4		3		16
Chemie/Gummi/Gas	2	2	2			1	7
Glas/Keramik	1		2		1		4
Druck/Papier	2	3	1		1		7
Textil/Bekleid.	8	2	5	1			16
Leder	4	1					5
Nahrungsmittel	2	1	2				5
Tabak						1	1
Verschiedene			4	2			6
Zusammen	25	16	18	1	5	2	67

Es ist jedoch nicht so, daß die 50 561 „Fabrik"-Arbeiter der Sabbatinischen Statistik oder gar die mit nur approximativer Genauigkeit kalkulierten 27 752 Beschäftigten der Großbetriebe „die" Mailänder Arbeiterklasse um 1890 repräsentierten. Das ist allein schon deswegen nicht richtig, weil beide Zahlen weder die kompakte Masse der Bauarbeiter noch einige große Berufsgruppen des tertiären Sektors enthalten. Ein anderes, nicht weniger gewichtiges Argument spricht dagegen, auf solch vereinfachende Weise Arbeiterklasse mit Industriearbeiterschaft gleichzusetzen. Die Absorption eines bedeutenden, aber noch immer minoritären Teils der Arbeitskraft durch die Fabrikindustrie hat weitreichende Konsequenzen auch für diejenigen Arbeiterschichten gehabt, die zunächst oder für immer außerhalb der Fabrik verblieben. Sei es daß durch die starken Unterschiede in der Grenzproduktivität zwischen Fabrik- und kleinbetrieblicher Fertigung gerade in der weiten Sphäre der „kleinen Industrie" die Ausbeutung der Arbeitskraft oftmals die schlimmsten Formen annahm, sei es daß die Fabrikindustrie neue Beschäftigungen und Kategorien von Arbeitern außerhalb ihrer selbst schuf oder so massenhaft ausdehnte wie in der Bekleidungsindustrie, oder sei es daß damals die Fabrikproduktion Gefühle der Bedrohung und den Willen zum Widerstand auch bei den Arbeitern geweckt hat, die einstweilen noch nicht oder nur mittelbar von der Ausweitung der neuen Produktionsweise betroffen waren – sicher ist, daß die ökonomische, gesellschaftliche und politische Bedeutung der Fabrik vor allem in ihrer Frühzeit weit über die von ihr unmittelbar ergriffene Sphäre hinausragt. Die „Arbeitserfahrung" der Mehrheit der Mailänder lag nicht nur, wie Tilly schreibt, im Jahr 1881 außerhalb der Fabrikindustrie, sondern ebenfalls, wenn auch in abnehmenden Maßen, in den folgenden Jahrzehnten – so ist es bis heute geblieben. Aber die „Arbeitserfahrung" der Mehrheit der Mailänder Arbeiter hatte zwischen 1860 und 1900 gleichwohl radikale Veränderungen durchgemacht. Das Ausbeutungsverhältnis und der Krisenzyklus der modernen kapitalistischen Wirtschaft waren keine Eigenschaften ausschließlich der Fabrikindustrie. Diese war allerdings der Schrittmacher in der Ausbildung neuer Arbeitsverhältnisse und -bedingungen, und um die Fortschritte und Etappen dieses Prozesses und damit die Beweggründe und die Dynamik der modernen Arbeiterbewegung zu erfassen, ist es nicht nur berechtigt, sondern sogar unerläßlich, zwischen einer Arbeiterklasse im modernen Sinn und der Gesamtheit der Lohnabhängigen zu unterscheiden. Jene erfuhr zuerst und am direktesten die neuen Spielregeln des Industriekapitalismus: Die Fabrikordnungen der größeren Betriebe waren vorbildlich für die Durchsetzung einer neuen Arbeitsdisziplin; die Fabrikarbeiter artikulierten zuerst und am nachdrücklichsten die neuen Lohn- und Arbeitszeitforderungen; die neuartigen industriellen Krisen, die sich in der Fabrikindustrie am eklatantesten manifestierten, wuchsen sich zu gesellschaftlichen und politischen Krisen aus, sie beschleunigten und lenkten den Konstitutionsprozeß der Arbeiterbewegung.

3. Der Aufschwung der Maschinenbauindustrie

Genauere Einblicke in die innerbetriebliche Realität der neuen Großbetriebe gewährt der große Metallarbeiterstreik vom Sommer 1891, in den zeitweilig etwa 50 Betriebe, unter ihnen alle großen, und über 5000 Arbeiter verwickelt waren. Seit dem städtischen Generalstreik vom August 1872, zu dem die mehreren hundert Arbeiter der Maschinenbaufabrik Süffert das Startsignal gegeben hatten, waren die Metallarbeiter aus der Streikchronik für anderthalb Jahrzehnte fast völlig verschwunden. Der Streik von 1872 hatte ihnen eine partielle Erfüllung ihrer Forderungen (des Zehnstundentags und einer 20 %igen Lohnerhöhung) beschert, aber gleichzeitig eine neue Fabrikordnung, die u. a. die Strafen für Fernbleiben von der Arbeit neu regelte und vorsah, daß jede „Insubordination" und „Verweigerung der Arbeit" mit augenblicklicher Entlassung bestraft werden konnten. Um sich des Wohlverhaltens der Arbeiter zu versichern und Streiks für die Zukunft auszuschließen, behielten die Unternehmer jeweils einen Wochenlohn als Kaution ein, den die Arbeiter bei Verletzung des Reglements verloren. Dies „Reglement für die Arbeiter", das unterschiedslos für sämtliche Metallbetriebe Mailands und der Corpi Santi galt, war das Ergebnis einer ad hoc zustande gekommenen Koalition der Metallunternehmer, die sich darüber hinaus untereinander verpflichteten, keinen Arbeiter bei sich einzustellen, der wegen Übertretung dieses Reglements in einem anderen Betrieb entlassen worden war. Überschwänglich rühmte Carlo Buratti, Ökonomieprofessor und entschiedener Verfechter der Prinzipien des Laissez-faire, die Mailänder Unternehmer für „das schöne Beispiel so kluger und vorausschauender Kombinationen", das sie seines Wissens – doch hier ließ Buratti sein Wissen im Stich – als erste der ganzen Welt gegeben hätten[52]. Diese prompte und entschlossene Antwort der Unternehmer scheint ihre Wirkung nicht verfehlt zu haben; doch darf man sie kaum als einzige Ursache für den langen Arbeitsfrieden in der Metallindustrie verantwortlich machen. Bis 1887 gab es hier nur noch vier kürzere, jeweils auf einen Betrieb beschränkte Streiks, von denen auffälligerweise sich nur einer an Lohnfragen, dagegen drei an der Regelung des Arbeitsverhältnisses entzündet hatten. In dem letzten Streik, vom November 1887, klang bereits eines der Motive des kommenden Generalstreiks an: Die Arbeiter einer Gießerei wehrten sich gegen die Verfügung der Direktion, sich mit einem polizeilichen Führungszeugnis auszurüsten[53]. In den nächsten dreieinhalb Jahren gab es dann allein in der Metallindustrie zwölf Streiks, die ihr deutliches Schwergewicht in den größten Betrieben hatten. Die Streiks hatten vor allem drei Forderungen zum Inhalt: Arbeitszeit, Arbeitsintensivierung und Akkord sowie Verschärfung der Arbeitsordnungen. An einigen Beispielen mögen diese Konflikte illustriert werden.

In einem Augenblick drängender Aufträge verlängerte Siry, Lizars e C. (Gasapparatefabrik) die Arbeitszeit um zwei Stunden ohne entsprechende Lohnerhöhung und verbot jegliches Fernbleiben von der Arbeit bei Strafe sofortiger Entlassung; den Arbeitern erklärte der Fabrikdirektor: „Ihr seid frei, das zu tun, was ihr wollt; aber auch wir sind darin frei." Knapp zwei Monate später entließ dieselbe Firma 44 Arbeiter wegen Arbeitsmangels. Die vorübergehende Massenentlassung von Arbeitern gehörte in dieser wie in anderen Firmen zur Routine. Ein Teil der Arbeiter wurde später zu ungünstigeren Bedingungen und unter Ausschluß ungenehmer Arbeiter wiedereingestellt[54].

Um Fragen der Arbeitsintensivierung bei gleichzeitiger Lohnminderung ging es bei dem Streik in der Buchstabengießerei Commoretti. Dort war den Arbeitern an den neueingeführten Dampfmaschinen der Lohn gekürzt worden, da – nach einer Verlautbarung der Firma – sich herausgestellt hatte, „daß die Arbeiter an solchen Maschinen ohne vernünftigen Grund und ohne zu irgendeiner physischen Anstrengung gezwungen zu sein, ungerechterweise einen viel höheren Tageslohn verdienen als die Arbeiter an den mit der Hand zu bedienenden Maschinen. . . . Die [an dem Tarif] vorgenommenen Modifikationen bezweckten, den Lohn der Dampfmaschinenarbeiter mit dem der Handmaschinenarbeiter auszugleichen". Gegen einen anderen Beschwerdepunkt der Arbeiter verwahrte sich die Firma:

„Die Praxis, an den Dampfmaschinen Knaben unter der Aufsicht eines Arbeiters arbeiten zu lassen, ist nicht neu; vielmehr hat einer der streikenden Arbeiter im vergangenen Jahr außer der Arbeit an seiner eigenen Maschine mit gutem Erfolg noch die Arbeit dreier anderer Dampfmaschinen überwacht, an denen Lehrlinge angestellt waren, die wirklich überhaupt keine körperliche Mühe aufzuwenden haben; die nächste Idee, an die Dampfmaschinen außer einigen Lehrlingen auch, immer von einem Arbeiter überwachte, Mädchen anzustellen, beruht auf der Überlegung, eine Ausgeglichenheit in der Zahl der Gießereiarbeiter zu bewahren; denn wenn an alle Dampfmaschinen Lehrlinge angestellt würden, fänden diese mit zwanzig Jahren in der Gießerei keine passende Beschäftigung mehr . . ."

Die egalitären und humanitären Erwägungen, mit denen Commoretti seine Rationalisierungsoffensive verbrämte, konnten nicht einmal seine nicht direkt betroffenen Arbeiter überzeugen: Auch sie ließen sich „aus falsch verstandener Solidarität zum Streik hinreißen"[55].

Das Problem des Akkords, das im Zentrum der kommenden großen Auseinandersetzung stehen sollte, lag zwei Teilstreiks bei Grondona und Elvetica (Breda) zugrunde. Die Akkordsätze waren in der ersten Firma so weit reduziert worden, daß die Schmiedegehilfen bei zehnstündiger Arbeitszeit täglich gerade noch 1,70 bis 2 L. verdienten. Auf Versprechungen hin nahmen sie nach einem Tag die Arbeit wieder auf. Fast drei Wochen lang streikten bei Breda die Dreher von Granatenhülsen gegen „eine übertriebene Senkung der Arbeitspreise", die Strenge eines Vorarbeiters und das Verhängen schwerer Strafen. Mit ihrem Verlangen nach einem Mindestlohn von 3,50 L. (aufgrund der neuen Akkordsätze verdienten sie jetzt nur noch 2,50 L. am Tag) scheiterten sie ebenso wie mit ihren anderen Forderungen[56]. Um die Wiederherstellung wichtiger Bestimmungen des seit 1872 gültigen Reglements ging es schließlich in einem viertägigen Streik von 200 Süffert-Arbeitern. Sie verlangten, für beschädigtes Werkzeug nicht länger haftbar gemacht zu werden, eine Vorankündigung von acht Tagen im Fall von Entlassungen, eine Toleranzgrenze von fünf Minuten beim morgendlichen Arbeitsbeginn usw. Kaum war dieser Streik durch einen Kompromiß beigelegt, löste Süffert einen neuen aus, indem er jede Verspätung mit anderthalb- anstatt mit dem bisher üblichen halbstündigen Lohnabzug bestrafte. Diesmal unterlagen die Arbeiter vollständig[57].

Ohne diese Präzedenzfälle ist kaum zu verstehen, weshalb auf dem Höhepunkt der Krise in der Maschinenbauindustrie, zu einem Zeitpunkt, als die meisten größeren Firmen ein Drittel oder die Hälfte ihrer Belegschaften entlassen hatten, 800 Arbeiter der Elvetica auf die Ankündigung, daß 40 Arbeiter entlassen werden sollten, mit dem Streik reagierten und sich ihnen in den folgenden Tagen die Mehrheit der Mailänder Metallarbeiter anschloß, so daß es zwischen dem 1. und 9. September 1891 nahezu zu einem Generalstreik in dieser Branche kam, dessen Länge und Kompaktheit nur noch durch den Streik der Bauarbeiter vom September 1887 übertroffen wurde[58]. Unter ungünstigeren materiellen Bedingungen und organisatorischen Voraussetzungen ist selten ein Streik begonnen worden: Die Krise hatte nicht nur Tausende von Metallarbeitern auf die Straße geworfen, sondern bedrohte auch die Arbeitsplätze der noch beschäftigten; und die Metallarbeiter waren nur zu einem kleinen Teil und erst seit kurzer Zeit organisiert und verfügten weder über eine Streikkasse noch über eine nationale Organisation, auf deren Unterstützung sie hätten rechnen können. Doch machen gerade diese Umstände, Symptome der großen Erbitterung unter den Arbeitern und ihrer Entschlossenheit, mit den augenblicklichen Zuständen Schluß zu machen, diesen Streik so bemerkenswert.

Ohne in die Details des Streiks, der mit einer vollständigen Niederlage für die Arbeiter endete – und enden mußte, wie einigen Zeitgenossen bereits bei seiner Ausrufung dämmerte –, einzutreten, ist gleich auf die erste und wichtigste der zehn Forderungen der Streikenden einzugehen: die Abschaffung der Akkordarbeit. Zwar gibt es – wenigstens für Mailand – keine Belege für die von Bürgermeister Belinzaghi während des Streiks geäußerte und von Filippo Turati übernommene Behauptung, daß die Arbeiter in Mailand früher *für* die Einführung der Akkordarbeit gestreikt hätten[59]; sicher ist aber, daß der Akkord in der Metall- wie in zahlreichen anderen Industrien

(Textil, Druckereien usw.) schon seit langem praktiziert wurde und daß er den Arbeitern anfangs manchen Vorteil gegenüber dem Zeitlohn gebracht hatte. Nach der offiziellen Streikstatistik sollen von den 263 Streiks, die sich ihr zufolge zwischen 1879 und 1884 in Italien ereigneten, nur fünf aus „Widerwillen gegen die Akkordarbeit" entsprungen sein[60]. Die Entlassung eines Arbeiters, der Akkordarbeit verweigert hatte, bei Süffert Anfang 1884 scheint ein atypischer Einzelfall gewesen zu sein[61]. Die Diskussion und die Ablehnung der Akkordarbeit seitens der Arbeiter verallgemeinerten sich seit der zweiten Hälfte der 80er Jahre in dem Maß, in dem das Akkordwesen ausgeweitet, verfeinert und intensiviert wurde[62]. Daß die Arbeiter der Elvetica als erste die Initiative zum offenen Kampf dagegen ergriffen, hatte einerseits allgemeine, andererseits betriebsspezifische Ursachen.

Seit dem Ende der 70er Jahre hatte die Mailänder Maschinenbauindustrie einen beispiellosen Aufschwung erlebt. Mehrere Firmen, die auf die Konstruktion von Eisenbahnmaterial spezialisiert waren, vergrößerten ihre Belegschaften derart, daß diese zu bestimmten Zeiten 800, 900 oder gar über 1000 Arbeiter erreichten. „Alle die alten Fabriken für Landwirtschaftsmaschinen verwandelten sich in wirkliche Großbetriebe, die sowohl das schwere Eisenbahnmaterial wie das verschiedenartige Material für die verarbeitenden Industrien herstellen konnten."[63] Die Vergrößerung der Betriebe stellte die Firmenleitungen vor Probleme neuer Art. Mit der Ausdehnung der Produktion und dem Vorwagen auf neue Gebiete (Lokomotiven, Werkzeugmaschinen usw.) hatten sich die Firmen in einem viel stärkeren Maß als bisher mit der ausländischen Konkurrenz zu messen, erhöhte sich ihre Abhängigkeit von der jeweiligen Konjunkturlage (und damit ihre Krisenanfälligkeit) und waren Fragen der betrieblichen Modernisierung und Spezialisierung sowie des Managements zu lösen, die sich vorher kaum gestellt hatten bzw. ignoriert worden waren. Diese Fragen griff mit der größten Entschlossenheit Ernesto Breda auf, der 1886 die durch die Krise von 1884 schwer angeschlagene Elvetica erworben hatte. Breda ging bei der totalen Umstrukturierung der Firma so radikal vor, daß er in einer Denkschrift von 1895 die Behauptung wagen konnte, daß in Italien die Maschinenbauindustrie nicht älter als zehn Jahre sei. Er gab dieser Industrie eine „neue Richtung", die sich ausschließlich an den fortgeschrittensten ausländischen, sowohl europäischen wie amerikanischen, Beispielen orientierte und die seine einheimischen Konkurrenten notgedrungen nicht ignorieren konnten[64]. Der von Breda eingeleitete Modernisierungs- und Rationalisierungsprozeß war für die italienische Maschinenbauindustrie in doppelter Hinsicht revolutionär. Zum einen spezialisierte er die Produktion auf wenige Zweige, in denen er nicht zuletzt durch Anwendung modernster ausländischer, selbst aus Amerika importierter Maschinerie einen hohen Grad an Effizienz erreichte, und zum andern packte er das Problem der Arbeitsproduktivität unter modernen betriebswirtschaftlichen Gesichtspunkten an. Beide Aspekte hingen für ihn eng miteinander zusammen, und er war einer der ganz wenigen in Italien, der nicht in die Klagen über die geringere Produktivität des italienischen Arbeiters einstimmte. Vielmehr erkannte er an, daß der italienische Arbeiter schlechter bezahlt werde:

„Jedoch brachte es keinen Vorteil, daß unsere Arbeiterschaft intelligent und ge-

117

nügsamer als vielleicht in keinem anderen Teil Europas war, weil die Notwendigkeit, sie zu vielfältigen Anstellungen zu gebrauchen, niemals erlaubte, sie zu perfektionieren und sie ökonomisch und gut produzieren zu lassen. Die Arbeitsstunde eines guten Arbeiters kostete weniger als anderswo, aber dies reichte wegen der geringen Erfahrungen nicht aus, das zu produzieren, was ein z. B. um ein Drittel höher bezahlter Arbeiter, der immer nur dieselbe Tätigkeit wiederholte, aufgrund seiner größeren Erfahrung in bloß einer halben Stunde produzieren konnte . . . Mochten die Belegschaften noch so geschickt sein, gleichwohl war es nötig, sie auch gegen ihren Willen einer rigoroseren Disziplin zu unterwerfen und sie daran zu gewöhnen."[65]

Bis zu dem Punkt, daß „Maschine und Arbeiter gewissermaßen ein einziges organisches und intelligentes Wesen" bildeten[66], schritt Breda in der „neuen Richtung" voran. In dieser breit angelegten Rationalisierungsoffensive kam dem Akkordsystem eine zentrale Bedeutung zu: Bot doch nur dieses die Gewähr, die Leistung des einzelnen Arbeiters wirksam kontrollieren zu können, und außerdem die Möglichkeit, die Arbeitsproduktivität ständig zu steigern. Den streikenden Arbeitern ließ Breda durch einen Vermittler ausrichten, „daß die Abschaffung der Akkordarbeit eine schwere Belastung für die Fabrikbesitzer darstellen würde, insofern der nach Zeitlohn bezahlte Arbeiter, dem der Antrieb zum Mehrverdienst fehlt, nicht mit der Intensität produzieren würde, wie es die Belange der Firma erfordern"[67].

Die Durchsetzung des Akkordsystems war eine unumgängliche Notwendigkeit; der besondere Zeitpunkt förderte seine Ausdehnung und erschwerte sie zugleich. Die seit Mitte 1889 zur Dauerkrise gewordenen Schwierigkeiten der Mailänder Maschinenbauer ließen sich nicht mehr allein durch Reduzierung der Belegschaften bewältigen. Auch bei Fortführung der Produktion mit verringertem Personalbestand hing das Überleben der Firmen von radikalen Lohnkosteneinsparungen, oder anders ausgedrückt: von einer merklichen Steigerung der Arbeitsproduktivität ab. Wenn infolge der Krise die Akkordlöhne in eine bodenlose Tiefe stürzten und den Widerstand der Arbeiter gegen dieses Lohnsystem mobilisierten[68], so waren die von der Krise ausgehenden Zwänge zur Umstrukturierung und Rationalisierung der Produktion auf der anderen Seite so übermächtig, daß nicht nur die Arbeiter ihren Widerstand aufgeben, sondern auch die Unternehmer von ihrer während des Streiks von 1891 bewiesenen Intransigenz abrücken mußten. Damals hatte der *Sole* das Ereignis kommentiert:

„Man kann einen Streik für eine Erhöhung des Akkordlohns verstehen, aber nicht einen solchen, um die Abschaffung der Arbeit nach Leistung durchzusetzen; dies käme dem Verzicht auf ein wirksames Kontrollmittel über die Bedingungen, unter denen die Arbeit stattfindet, und die Arbeitsproduktivität gleich."[69]

Die Arbeiter hielten zwar auch nach der Streikniederlage noch an ihrer prinzipiellen Ablehnung der Akkordarbeit fest, zeigten aber in dem Maß eine flexiblere Haltung, in dem die Unternehmer darauf verzichteten, den Akkord einseitig als Waffe zur Durchsetzung eines Niedrigstlohnniveaus zu benutzen. Eine längere, von den Drehern angeführte Agitation und zahlreiche Teilstreiks bewogen auch die Unternehmer zum Einlenken. Eine paritätische Kommission, der die Creme der Mailänder Maschinenbauer angehörte (Breda, Miani, Salmoiraghi usw.), verständigte sich 1896 auf folgende Formel:

„Die Kommission erkennt schiedsrichterlich an, daß unter den gegenwärtigen Bedingungen der Akkord ein technisch-verwaltungsmäßiges Mittel zur Ausführung der Arbeiten ist, auf das der Industrielle nicht verzichten kann, und die Kommission geht dazu über, dessen Modalitäten zu diskutieren, damit der Akkord seinem Zweck und dem fundamentalen Konzept der Vertragsfreiheit entspricht."

Darüber hinaus stellte die Kommission fest, daß die Akkordarbeit „immer eine Quelle des Gewinns für die Arbeiter sein müsse und daß sich nicht der Fall wiederholen dürfe, daß ein Arbeiter, nachdem er zwei Wochen im Akkord gearbeitet habe, nicht einmal das Minimum verdient habe, das durch den Zeitlohn festgesetzt sei"[70].

Noch in anderer Hinsicht wurden die Unternehmer durch die Vergrößerung der Betriebe und Belegschaften zum Umdenken genötigt. Die bisher übliche Praxis, in Krisenzeiten einen Teil der Belegschaften auf die Straße zu setzen, wurde unhaltbar. Wollten sie nicht in periodischen Abständen immer wieder die mühsam angelernten Arbeitskräfte, die sie „selbst vom platten Land" rekrutiert hatten, verlieren, mußten sie die Produktion so organisieren, daß als erstes die Kontinuität der Arbeit gesichert war.

„Dies wird auch eine soziale Frage, weil jene Landleute (campagnuoli), die sich durch die Fabriken an die neue Umgebung und an die relativ hohen Löhne gewöhnt haben, sich nicht mehr damit abfinden, aufs Land zurückzukehren, sondern in der Stadt bleiben und hier ein Heer von Arbeitslosen bilden, ein Element von Aufrührern und eine dauernde Gefahr für die öffentliche Ruhe[71]".

Bereits seit den 80er Jahren legten die lokalen Behörden und die Zentralregierung einen bemerkenswerten Eifer an den Tag, die Zahl der Arbeitslosen unter den Metallarbeitern und Maurern möglichst niedrig zu halten bzw. es nicht so weit kommen zu lassen, daß sie völlig mittellos dastanden (siehe Kap. V. 4). Die drohende Haltung und die vielen Demonstrationen der Arbeitslosen scheinen ihre Wirkung auf die für die öffentliche Ordnung Verantwortlichen nicht verfehlt zu haben. Aus einer durch einen Spitzel belauschten Diskussion gerade entlassener Metallarbeiter teilte der Mailänder Polizeipräsident dem Generalstaatsanwalt mit:

„Ein anderer Arbeiter . . . enthüllte, daß in Mailand die Geschäfte von Waren überfließen und daß man deshalb keine Gefahr läuft, Hungers zu sterben, da man notfalls hingehen könne, um sich zu holen, was man brauche; und daß es nicht genüge, gewisse Vorarbeiter bloß durchzuprügeln, sondern daß man sie geradezu verschwinden lassen müsse. An dieser Stelle bemerkte der Sozialist [Giuseppe] Croce, daß man gewisse Dinge tut, ohne über sie zu reden, und ohne Diskussion; und er erinnert, daß der Mord an Watrin in Decazeville in zwei Stunden die Ruhe unter mehreren Tausenden Streikenden wiederherstellte, und daß bei anderer Gelegenheit ein Messerstich erreichte, daß die von den Arbeitern verlangten Konzessionen gemacht wurden."[72]

Auch wenn diese Beispiele anscheinend keine Nachahmung fanden, bleibt die Episode bezeichnend für den Grad, den die Erbitterung und die offene oder latente Auflehnung unter den Arbeitern erreicht hatten. Ihr Widerstand gegen die Offensive der Unternehmer und deren Antwort lassen sich aus der Darstellung der Entwicklung der Maschinenbauindustrie nicht nur nicht ausblenden, sondern sie gehören zu den entscheidenden Momenten in der Dynamik der kapitalistischen Entwicklung. Dem Umstand, daß dieses Spannungsverhältnis in der Mailänder Maschinenbauindustrie so frühzeitig und so akut ausgeprägt war, verdankte sie ihren Vorsprung vor dem übrigen Italien. Einen großen Teil hat Breda dazu beigetragen, der mit seiner Entschlossenheit zur technischen und sozialen Rationalisierung zum offenen und ebenbürtigen Gegner der Klasse der Metallarbeiter wurde. Nicht Giovanni Agnelli, das Paradepferd der italienischen Unternehmergeschichte, war „vielleicht der erste, der nicht nur nach England und Deutschland, sondern auch nach den Vereinigten Staaten geblickt hat"[73]; das hatte bereits vor ihm Breda getan, der selber wie seine Mailänder Unternehmerkollegen Pirelli und De Angeli durch das europäische Ausland gereist war und auch – durch Studienreisen seiner Ingenieure und Techniker vermittelt – direkt, und zwar bereits vor 1900, Ausrüstungen und Know-how aus den USA nach Mailand importiert hatte[74]. In der Mailänder Maschinenbauindustrie war der moderne Großbetrieb stärker und in vollendeterer Ausprägung präsent als in irgendeiner anderen Industrie, und zwar, wie mit Nachdruck hervorgehoben werden muß, schon vor der Jahrhundertwende. Auch für diesen Fall galt, daß Arbeiterbewegung und große Industrie sich als synchrone und interdependente Bewegungen entwickeln.

4. Ein „traditioneller" Sektor: vom Seidenweber zur Textilarbeiterin

Die Textilindustrie beschäftigte in den Zensusjahren 1881 und 1901 nächst der Bekleidungs- und Metallindustrie die meisten Arbeitskräfte, doch blieb die prozentuale Zunahme der Textilarbeiter weit hinter derjenigen der meisten anderen Industrien zurück. Der Prozeß der Feminisierung der Textilarbeitskraft, der 1881 schon weit fortgeschritten war, setzte sich auch in den beiden folgenden Jahrzehnten noch fort: 1901 waren 70,5 % aller Arbeitskräfte in dieser Branche Frauen, die damit nur noch von der Bekleidungsindustrie übertroffen wurde (siehe Tab. 10). Alles in allem, könnte man schließen, eine Industrie am Rande des Industrialisierungsprozesses, die von Tilly völlig zu Recht als „statisch" und „traditionell" eingestuft wird. Wie früher schon angedeutet, ist jedoch eine solche Charakterisierung ziemlich fragwürdig. Denn unter der Oberfläche der Statistik verbergen sich tiefgreifende Veränderungen, die die Mailänder Textilindustrie im Verlauf des Industrialisierungsprozesses durchmachte und deren Ausmaß erst dann sichtbar wird, wenn man die Geschicke dieser Industrie und ihrer Arbeiter nicht von einem beliebigen Zensusjahr an verfolgt, sondern bis zu dem Zeitpunkt zurückgeht, wo die großen strukturellen Veränderungen in dieser Industrie wirklich begonnen hatten. Die Mailänder Textilindustrie gegen Ende des 19. Jahrhunderts hatte mit derjenigen vor der Einigung nicht viel mehr als den Namen gemeinsam. Wer in den 40er und auch noch in den 50er Jahren von „der"

Textilindustrie sprach, dachte in erster Linie an die Seidenweberei, doch von dieser war schon 1891 so gut wie nichts mehr übriggeblieben. Und ferner braucht man nicht weit vor 1881 zurückzugehen, um zu finden, daß die Textilarbeiter früher überwiegend männlich waren. In nur wenigen Jahrzehnten drängte sich daher der Prozeß zusammen, in dem die einstige Männerarbeit der Seidenweberei durch die Frauenarbeit einer Textilindustrie neuen Typs abgelöst wurde.

Den Punkt ihrer höchsten Entwicklung im 19. Jahrhundert hatte die Mailänder Seidenindustrie vor 1848 erreicht. 1833 beschäftigte sie etwa 6500 Personen, und 1844 soll es in der Stadt 4000 Webstühle gegeben haben. Bereits für den Beginn des nächsten Jahrzehnts werden erheblich niedrigere Ziffern genannt: knapp 2000 Webstühle, 1680 Weber, 248 Weberinnen, 450 Lehrlinge und Kinder und 422 andere Frauen, die als Spulerinnen, Anzettlerinnen usw. tätig waren[75]. Bis zu etwa diesem Zeitpunkt hielten sich die Mailänder und Comasker Seidenweberei die Waage; danach aber ging es mit der einen in demselben Maß bergab, wie es mit der anderen bergauf ging. Als Ursache für den Niedergang der Mailänder Seidenweberei wird häufig die durch die Flecksucht der Seidenraupen (pebrina) ausgelöste Seidenkrise der 50er Jahre genannt, die seit 1854 in der Tat zu einer beträchtlichen Verknappung und Verteuerung des Rohmaterials führte[76]. Ein Zusammenhang zwischen beiden Vorkommnissen bestand zweifellos; doch darf andererseits nicht übersehen werden, daß der Niedergang der Seidenindustrie in Mailand bereits vor dem Erscheinen der Pebrine begonnen hatte und deren Auswirkungen in Como und im Comasco merkwürdigerweise viel weniger spürbar waren als in Mailand. Auffälligerweise wurden die beiden Zentren der lombardischen Seidenweberei auch höchst unterschiedlich von einer Reihe ungünstiger Einflüsse in den folgenden Jahren betroffen, nämlich von dem Vordringen der Lyoner Konkurrenz, vom Verlust des österreichischen und venezianischen Marktes, dem amerikanischen Bürgerkrieg usw. Während die Zahl der aktiven Webstühle in Mailand 1860 bereits unter 1500 und bis 1864 gar auf 600 gesunken war, mußten Como und seine Provinz nur einen momentanen Rückschlag hinnehmen. In den eben genannten Jahren halbierte sich dort zwar die Zahl der aktiven Webstühle (auf etwa 2500), aber 1872 schlugen am Lario schon wieder 6500 und 1881 über 8000 Webstühle. 1895 hatte die Zahl der Handwebstühle leicht abgenommen, aber es waren bereits 1863 mechanische Webstühle in Betrieb. Dagegen zählte Mailand 1891 noch gerade 357 Hand- und bloß 39 Maschinenwebstühle in der Seidenweberei, hatte aber in einigen anderen Zweigen der Textilindustrie bedeutend hinzugewonnen[77].

In der Art der Produktion und Organisation der Arbeit hatte es zwischen Mailand und Como seit altersher beträchtliche Unterschiede gegeben. Mailand war auf die Herstellung von gemusterten und hochwertigen Stoffen spezialisiert, die eine stärkere Kontrolle der Produktion erforderten, und dementsprechend war die Produktion viel stärker in größeren Werkstätten und Fabriken zentralisiert als in Como, wo hauptsächlich Stoffe einfacher Ausführung hergestellt wurden. Aufgrund der Art ihrer Produkte geriet die Mailänder Weberei durch die Konkurrenz Lyons in viel größere Bedrängnis als Como, und – was vielleicht noch verhängnisvoller war – die Produktionsstrukturen waren in Mailand zu unelastisch, um sich der neuen Situation anzupassen[78]. Unelastisch – und zwar nach unten – waren vor allem die Löhne der groß-städtischen Seidenweber. Dies erschwerte die Umstellung auf konkurrenzfähige Produkte oder machte sie gar unmöglich. Konkurrenzfähig bleiben oder die Konkurrenzfähigkeit wiedergewinnen bedeutete in erster Linie Senkung der Lohnkosten, Sichunabhängigmachen von den Ansprüchen der städtischen Arbeiter, Exodus der Industrie auf das platte Land, Dezentralisation der Produktion. Der Anschluß an den internationalen Markt konnte nur gewonnen werden durch eine globale Umstrukturierung, die in Lyon schon viel früher eingeleitet worden war[79]. In Como, oder richtiger: in seiner Provinz – denn es war nicht etwa die Stadt, sondern das sie umgebende Land, das Mailand beerbte – gelang, wie aus den obigen Zahlen zu ersehen ist, in kürzester Frist die Umstrukturierung der Seidenweberei: Tausende von ländlichen Heimwebern ließen eine Industrie wiederaufblühen, die in dem städtischen zentralisierten Betrieb nicht länger gedeihen konnte.

Forderte man Maßnahmen zur Disziplinierung der Arbeiter, so hatte man in Mailand wie in Como noch bis zu den Jahren um die Einigung an erster Stelle die Weber im Auge. Daran hatte sich während hundert Jahren nichts geändert: Von dem Maria-theresianischen Edikt vom 30. Mai 1764, dem frühesten der mehr oder minder fruchtlosen und papiernen Versuche, das freie Lohnarbeiterverhältnis durch die Nachhilfe staatlicher Zwangsmaßnahmen im Sinne der Unternehmer zu regulieren, bis zu dem letzten Appell in dieser Sache, den die Mailänder Handelskammer 1864 an die Adresse des Staats richtete, zielten alle derartigen Pläne und Maßnahmen auf die Bändigung der „Insubordination" der Weber. Über ein Dutzend derartiger Projekte aus der Zeit der Reformen, der Napoleonischen Herrschaft und der Restauration sind bekannt, die allesamt das eine gemeinsam haben, daß sie entweder – und dies am häufigsten – unrealisierte Projekte blieben oder, falls sie realisiert wurden, ohne erkennbare Wirkung waren. Cesare Beccarias fundierten Vorschlägen erging es in dieser Hinsicht nicht besser als dem höchst egoistischen Drängen der Mailänder und Comasker Handelskammern, die seit den 1820er Jahren immer ungeduldiger Schiedsgerichte zur Regelung der „zwischen Arbeitern und Unternehmern auftauchenden Kontroversen" forderten. Mit unverhohlenem Neid blickte man in den 50er Jahren nach Frankreich, wo unter Louis Bonaparte die Arbeitsverhältnisse eine ganz den Wünschen der Unternehmer entsprechende Reglementierung gefunden hatten (Schiedsgerichte, Arbeitsbücher usw.)[80]. Weshalb die österreichischen Behörden, besonders nach 1848, sich diesen Wünschen gegenüber taub stellten, ist unschwer erkennbar: Ein Schuß galizischer Politik, die auf dem Land ganz unverhohlen betrieben wurde, war auch für die Städte angebracht, um das Selbstbewußtsein der lombardischen Bourgeoisie, deren Verhalten während der Revolution für die Zukunft zu Besorgnissen Anlaß gab, ein wenig im Zaum zu halten.

Von dem wirtschaftsliberalistischen Dogmatismus und dem sozialpolitischen Nachtwächterstaat der *Destra storica* hatten die Unternehmer geradesowenig zu erwarten. In der Disziplinierung der „verworfensten Klasse" der Gesellschaft[81] blieben sie auf sich allein angewiesen. Die Rolle des Staats beschränkte sich auf die Garantierung der „Freiheit der Arbeit" oder – mit Sombarts Worten – der „Ausbeutungsfreiheit". Über die „gerechte und billige Regelung der Dienstverhältnisse zwischen Fabrikbesitzern und Arbeitern" entschied ausschließlich das Kräfteverhältnis zwischen den beiden Parteien ohne das Dazwischentreten staatlich-institutioneller Vermittlungsinstanzen. Die ersten Runden in dieser Konfrontation gewannen die Unternehmer, auf deren Seite die riesige Reservearmee des „dichtbevölkerten Landes" mit seinen „geringeren Bedürfnissen" stand[82].

Im August 1860, als gerade die erste große Welle von Arbeiteragitationen und Streiks, welche die Stadt bislang erlebt hatte, zu verebben begann, verbreitete eine Tageszeitung die Nachricht, daß nun ihrerseits auch die Seidenspinner und -weber eine Lohnerhöhung und Arbeitszeitverkürzung forderten und für den Fall, daß „ihren Forderungen nicht Gerechtigkeit widerfahre", den Streik angedroht hätten. Die Zeitung versah die Nachricht mit einer Warnung an die Arbeiter: „Der geringste Verdacht [sc. von Koalitionen und Streiks] genügt, daß der Spinner und der Weber einer Materie, die in einer kleinen Einheit so viel Wert aufsaugt, die Arbeit einstellen und ihre Fabriken schließen. Dann beginnt für den armen Arbeiter ein sehr viel schmerzlicheres Unglück, und der Hunger bedroht ihn."[83] Der angekündigte Streik fand nicht statt, obgleich die Seidenweber sich früher als fast alle anderen Arbeiter am 4. März 1860 in einem Unterstützungsverein zusammengeschlossen hatten, zu dessen Programm unzweideutig auch der „Widerstand" gehörte[84]. 1861 zählte der Seidenweberverein mit fast 500 Mitgliedern zu den größten lokalen Arbeiterberufsvereinen, und kaum eine andere Gruppe von Arbeitern konnte auf eine so lange Tradition autonomer Assoziationsbestrebungen zurückblicken. Nach Lyoner Vorbild hatten die Seidenweber seit den 1830er Jahren auf Betriebsebene ein Netz von Unterstützungskassen eingerichtet und in den 50er Jahre wurden Pläne ventiliert, die einzelnen Kassen zu einem umfassenden „Vorsorgeverein" zusammenzuschließen. „Da die handwerklichen Klassen", nahm die Handelskammer zu diesen Bestrebungen Stellung, „Grundlage und Stärke der städtischen Bevölkerung bilden und da die größten Störungen der gesellschaftlichen Ordnung ihren Ursprung und ihre Ausbreitung in diesen Klassen haben, kann jede Maßnahme, die danach trachtet, ihre Zukunft sicher zu gestalten, nur zum Vorteil der Gesamtheit der Bürger gereichen."[85] Zu diesem Zeitpunkt (1854) war es fast schon belanglos, daß die Behörden dem beabsichtigten Zusammenschluß ihre Zustimmung verweigerten. Denn der Gefahr, daß die Weber durch ihre Bestrebungen, „ihre Zukunft sicher zu gestalten", die gesellschaftliche Ordnung stören würden, hatten die Unternehmer mit ihrer Politik der Produktionsverlagerung längst den Boden entzogen.

Auf die großen Veränderungen in der Mailänder und lombardischen Seidenweberei jener Jahre ging ein Bericht der Handelskammer von 1864 ausführlich ein:

„Die Herstellung auch nur der einfachen und gängigen Stoffe kann in den Städten aufgrund der höheren Preise für alles, was zum täglichen Leben gehört, nicht ökonomisch erfolgen. In ihnen, wie in Mailand, kann die Seidenweberei untergehen, aber viel üppiger kann sie auf dem dichtbevölkerten Land und vor allem, für die Lombardei, in der Umgebung von Como und oberhalb Mailands (in der Brianza) wiederaufblühen, wo es eine dichte und intelligente, bereits an die Behandlung und Bearbeitung der Seide gewöhnte Bevölkerung gibt. Die in diesen Jahren von einigen Comasker Fabrikanten in den umliegenden Dörfern gemachten Versuche bestätigen dies voll; jene Einwohner, die sich mit einem mäßigen Verdienst, entsprechend ihren geringeren Bedürfnissen, zufrieden zeigten, lieferten in kurzer Zeit eine so vollendete und auch bessere Arbeit als die erprobten Arbeiter der Stadt, da sie geduldiger und fügsamer sind."[86]

Einer der größten Mailänder Seidenfabrikanten erklärte einige Jahre später vor einem Ausschuß der *Inchiesta industriale:*

,,In Mailand kann es keine guten Arbeiter geben, weil es hier zu viele Zerstreuungen gibt: sei es aufgrund der Feste, sei es aufgrund anderer Ursachen, anstatt 300 Tage im Jahr zu arbeiten, arbeitet der Arbeiter nur 250 Tage. Mailand ist für die Manufakturen ungeeignet, und deshalb muß man sie nach auswärts verlagern."

Ganz konnte allerdings auch dieser Fabrikant, A. Osnago, nicht auf die erprobtere Arbeitskraft der Stadt verzichten und hatte für sein Unternehmen einen vielfach gewählten Kompromißweg eingeschlagen: Er verteilte die Produktion zwischen Stadt und Land und gewann so den großen Vorteil, auf Forderungen oder Streikdrohungen seiner Arbeiter einfach mit der Schließung des Betriebs reagieren zu können, ohne daß die gesamte Produktion zum Stillstand kam[87].

Etwas, aber nicht viel besser erging es zwei anderen Gruppen von Textilarbeitern, die gleichfalls auf ältere organisatorische Traditionen zurückblicken konnten. Die Seidenhutmacher und die Bandmacher waren überhaupt die einzigen unter den Textilarbeitern, die bis 1878 in den Ausstand traten: die ersteren zweimal (1860 und 1874), die letzteren viermal (1861, 1872 zweimal und 1877). Von 1878 bis 1892 sollte es dann allerdings nur noch ein Jahr ohne Streiks in der Textilindustrie geben. Diese Streiks wurden jedoch überwiegend von einem neuen Typus von Textilarbeiter, dem *tessile* ohne Attribut, ohne Hut, Band, Posament usw., getragen. Der ältere Typus des Textilarbeiters, der sich bislang noch als der streikfreudigste gezeigt hatte, brachte es in diesem Zeitraum gerade noch auf fünf von den insgesamt etwa 35 Streiks: 1878, 1884 und 1892 streikten noch viermal die Bandmacher und 1879 einmal die Hutmacher.

Ausgelöst wurde die lange Serie von Streiks durch eine intensive Organisation unter allen Kategorien von Textilarbeitern, die es 1878 mit der Gründung des ,,Verbandes der Textilgewerbe" (Confederazione delle arti tessili) unter der rührigen Präsidentschaft von Ambrogio Bernacchi sogar zu einer Art Einheitsgewerkschaft in dieser stark zersplitterten Branche brachten. Führend an dieser Bewegung waren anfangs die Bandmacher beteiligt, die 1878 durch eine dichte Folge von Partialstreiks den Unternehmern sogar einen Tarif abringen konnten. Danach ging es über Jahrzehnte mit ihrer Organisation, ihren Arbeits- und Lohnbedingungen laufend bergab, und dies nicht ohne eigenes Verschulden, wie die anonymen Arbeiter-Chronisten des Bandmacherverbands später selbst eingestanden. Auf die Ausdehnung der Frauenarbeit in dieser Industrie reagierten die Bandmacher mit einer Diskriminierung der Frauen, indem sie diese – noch bis 1896 – aus ihrer Organisation ausschlossen und ihnen während der 78er Streiks gerade sechs Lire wöchentlicher Streikunterstützung zuerkannten, während sie sich selbst immerhin 15 1/2 Lire bewilligten. Ihr Verhalten konnte die Feminisierung der Bandmacherei nicht nur nicht aufhalten, sondern leistete ihr sogar noch Vorschub. Um ihre eigene Stellung zu behaupten, machten sich die männlichen Bandmacher den von den Unternehmern praktizierten Lohndualismus zwischen Männern und Frauen zu eigen, mit dem Erfolg, daß die Frauen während eines Streiks von 1893 weiterarbeiteten. Wenn 1881 noch zwei von drei Bandmachern Männer gewesen waren, so waren bei der nächsten Bevölkerungszählung die Frauen schon weit in der Mehrheit. Aus Sabbatinis Industriestatistik läßt sich darüber hinaus entnehmen, daß 1891 in der zentralisierten Produktion die Männer kaum noch 20 % aller Arbeitskräfte ausmachten. Die Frauen gingen in die Fabrik, die Männer verblieben in der Werkstatt oder zu Hause[88].

Die Vereinbarung eines Tarifs war das Ergebnis einer so dichten Serie von Streiks in der Seidenweberei während der ersten Hälfte des Jahres 1879, daß man oft nicht mehr erkennen kann, wann ein Streik aufhörte und der nächste begann[89]. Doch auch dieser Tarif brachte denen, die ihn erkämpft hatten, wenig Glück. Was nach ihm ein Weber tatsächlich verdiente, kann ein Laie den verwirrenden Tarifbestimmungen unmöglich entnehmen. Selbst der *Circolo industriale e commerciale di Milano* mußte der Kommission für die Revision des Zolltarifs erklären, daß es aufgrund der großen Vielfalt der Artikel nicht möglich sei, die Verdienste in der Seidenweberei aufzuschlüsseln. Aus vielen Einzelangaben, die anläßlich von Streiks in den Tageszeitungen mitgeteilt wurden, ergibt sich jedoch eindeutig, daß in dem Jahrzehnt nach dem Tarifabschluß die Unternehmer laufend Akkordlohnreduktionen vornahmen, und dies bestätigte ausdrücklich auch der neue Tarif von 1888[90]. Die auch auf seiten der Arbeiter bestehende Konfusion über die im Tarif aufgezählten und die dort fehlenden Artikel sowie deren Bezahlung ist ein eindeutiges Indiz für die Veränderungen, die damals in der Seidenweberei stattfanden. Nach Colombo gab es 1881 in Mailand 1000 Webstühle und 1500 Weber für die Produktion von Seidenstoffen; zehn Jahre später waren es, Sabbatini zufolge, kaum noch die Hälfte[91]. Diese starken Differenzen erklären sich mit großer Wahrscheinlichkeit zum Teil aus unterschiedlichen Klassifizierungen. Laufend wurden neue Artikel eingeführt, unter denen die elastischen und Mischgewebe eine immer größere Rolle spielten. Die Diversifikation in der Textilindustrie war 1891 so weit fortgeschritten, daß Sabbatini die Mehrheit der Fabriken und Arbeiter unter *Industrie tessili varie* zusammenfaßte. Dieser Vorgang, nämlich das Aufkommen von und die Spezialisierung auf neue Produkte, stand in engem Zusammenhang mit zwei anderen gleichzeitigen Prozessen: der Mechanisierung und verstärkten Feminisierung der Textilindustrie. Die traditionelle Seidenweberei hatte Mailand an das platte Land abgetreten; die Stadt schickte sich an, eine neue Textilindustrie aufzubauen – auf neuen technologischen Voraussetzungen und mit neuen Arbeitskräften. Die erste Phase dieses Umstrukturierungsprozesses fiel in das letzte Viertel des Jahrhunderts; die Chronik der Textilstreiks bietet die fast einzige Handhabe, ihn – und sei es auch nur in Fragmenten – zu rekonstruieren.

Im April 1877 informierte der *Secolo* die Öffentlichkeit, daß ein Fabrikant von elastischen Geweben unter dem Vorwand des Kriegs seinen Arbeitern die Akkordlöhne um 20 % gekürzt und die Gründung eines Arbeitgeberverbandes betrieben habe, ,,um den Wert der Arbeit herabzudrücken''. Der ungenannt Angesprochene meldete sich zu Wort, daß er die Lohnkürzung nicht wegen des Krieges vorgenommen habe, sondern um der Konkurrenz der anderen Fabriken, die jüngst auf Dampfkraft umgestellt hätten, und derjenigen auf dem Land, „die alle niedrigere Löhne zu bezahlen haben", standhalten zu können. Der Vorsitzende des „Arbeitervereins elastische Gewebe" erklärte dagegen der Zeitung, daß zur Zeit in Mailand keine derartige mit Dampf betriebene Fabrik tätig sei; daß eine solche zwar seit letztem September bestehe und eine andere gebaut werde, sich der Dampfbetrieb bisher aber noch nicht als vorteilhaft erwiesen habe[92]. Hatte besagter Fabrikant – offensichtlich Corrado Schoch – milde ausgedrückt eine prophylaktische Lohnanpassung vorgenommen, so kann man sein Argument mit der Konkurrenz des platten Landes nur als scheinheilig bezeichnen, da er selber Besitzer einer ländlichen Fabrik in Vertova (Val Seriana) war. Die Funktion des Landes als Drücker der städtischen Löhne kann kaum eindringlicher illustriert werden, und daß Schoch bei einem anderen Arbeitskonflikt in seiner Mailänder Fabrik die ganze Produktion nach Vertova verlagerte, kann nach dem Gesagten kaum noch überraschen. Als sich seinem Beispiel auch die anderen Fabrikanten von elastischen Geweben anschlossen, gab es einen kurzen Generalstreik, infolge dessen die Lohnreduktion auf 9 % zurückgenommen wurde. Erst nach diesem Vorkommnis und den massiven Streiks von 1879, die mit der Vereinbarung eines Tarifs endeten, begann die Mechanisierung der Weberei, zu der sich als einer der ersten Fabrikanten auch Schoch entschloß.

Die Ruhe in dieser Industrie sollte von nicht langer Dauer sein. Im April 1880 eröffneten die 48 Weberinnen und 50 anderen Arbeiterinnen der Fabrik für elastische Strumpfwaren Centenari e Zinelli in der volkstümlichen Vorstadt der Porta Tenaglia eine lange Serie für Mailand neuartiger Streiks: neuartig insofern, als die im ganzen höchst unvollständigen Streikquellen zum ersten Mal keinen Zweifel daran lassen, daß es sich hier um einen reinen Frauenstreik handelte, wie es sie sonst nur noch in der Tabakmanufaktur gegeben hatte; neuartig aber auch dem Anlaß nach: Es war der erste Streik in der Textilindustrie gegen die Auswirkungen der Mechanisierung, gegen die dadurch ermöglichte intensivere Ausbeutung der Arbeitskraft, gegen den Zwang, das Lohnniveau nur durch eine ständige Beschleunigung des Arbeitstempos halten zu können. Gegen die Behauptung der Arbeiterinnen, daß eine Senkung des Stücklohns sie zum Streik veranlaßt habe, wandten die Firmeninhaber ein:

„*Es ist nicht wahr*, daß unsere Arbeiterinnen vor Jahren mehr verdient hätten als das, was sie heute verdienen; als wir 1877 die mechanische Arbeit einführten, mußten wir, um uns eine Belegschaft, die bis dahin fehlte, heranzubilden und um den damals völlig unerfahrenen Arbeiterinnen zu leben zu geben, ihnen überhöhte und den Verkaufsgegebenheiten unserer Produktion völlig unangemessene Preise zahlen. Preise, die wir nach und nach in dem Maß reduziert haben, in dem die Arbeiterinnen sich an ihren Beruf gewöhnt haben, auf die Weise jedoch, daß sie im Durchschnitt *jetzt erheblich mehr als damals* verdienen.*"*[93]

Der letzte Teil der Erklärung scheint, soweit man den Berichten der Presse und der Widersprüchlichkeit der Erklärung selbst entnehmen kann, nicht der Wirklichkeit entsprochen zu haben: Während eine „tüchtige Arbeiterin" bei einem zwölfstündigen Arbeitstag früher 2 L. verdienen konnte, waren es jetzt nur noch 1,50 L., und eine „mittelmäßige Arbeiterin" fiel gar von 1,20 L. auf 80 cent. Bei einer sehr extensiven Auslegung kann man der Erklärung der Firma aber auch eine gewisse Richtigkeit zubilligen. Ihre Maßnahme bezweckte nicht per se eine Lohnminderung, sondern wurde als Hebel zur Produktionssteigerung eingesetzt – gewissermaßen ein negatives Anreizsystem. Nicht die Prämie, sondern die Drohung des Lohnentzugs sollte die Arbeiterinnen zu höherer Leistung anhalten. Gegen diese Manipulation mit dem Lohn wandten sich die Arbeiterinnen. Sie konnten mit ihren eigenen Augen wahrnehmen, daß sie für ein bestimmtes Arbeitsquantum weniger Lohn erhielten als früher. Von den 24 Textilstreiks, die dem Konflikt bei Centenari e Zinelli bis 1892 folgten, waren mindestens zwei Drittel reine Frauenstreiks (wahrscheinlich sogar mehr, doch läßt sich dies aufgrund der Quellenlage nicht mit Sicherheit entscheiden) und mit der Ausnahme eines Solidaritätsstreiks für eine entlassene Arbeiterin sämtlich Defensivstreiks. Ihre hauptsächlichen Inhalte bildeten Lohn, Akkord und Arbeitszeit. Zwei Drittel dieser Streiks (über den Rest besteht keine Gewißheit) hatten mechanisierte Fabriken zum Schauplatz. Der Zusammenhang zwischen Mechanisierung und Feminisierung ergibt sich schlagend aus diesen Streikdaten. Mechanisierung bedeutete zugleich fabrikmäßige Konzentration der Produktion. Was früher schon über die Bandmacherei gesagt wurde, gilt in noch stärkerem Maß für andere Zweige der Textilindustrie (Baumwollweberei und Sabbatinis *Industrie tessili varie*): In den Textilfabriken von „industrieller Bedeutung" bildeten die weiblichen Arbeitskräfte die überwaltigende Mehrheit[94]. Die Textilarbeiterinnen standen an der Spitze der Kämpfe in diesem Sektor.

Aufgrund dieses Befundes erscheint gegenüber dem Etikett „Die Textilindustrie" eine gewisse Vorsicht geboten, da der Inhalt, den es bezeichnen soll, sich im Verlauf nur weniger Jahrzehnte radikal ändern kann und, wie zu sehen war, auch geändert hat. Die tiefstgreifenden strukturellen Veränderungen in der Mailänder Textilindustrie fielen in die 80er Jahre, als eine auf Maschinen- und Frauenarbeit beruhende neue Textilindustrie den Platz einzunehmen begann, den die Verlagerung der Seidenweberei offengelassen hatte. Wenn es demnach schon nicht gerechtfertigt ist, die Textilindustrie tout court als „traditionell" zu bezeichnen, so ist ihre Charakterisierung als „statisch" noch weniger aufrechtzuerhalten. Denn die Entwicklung einer Industrie bemißt sich nicht allein nach der Zahl der in ihr beschäftigten Arbeitskräfte, sondern auch und vor allem nach dem Grad ihrer Mechanisierung und Produktivität. Unter diesem Aspekt hatte die Textilindustrie seit dem Ende der 70er Jahre Riesenfortschritte gemacht – ein weiterer Beleg für die zentrale Stellung, die den Jahren vor 1900 in der Industrialisierung Mailands zukam.

5. Kleine Industrie und moderne Heimarbeit

Um 1890 waren in Mailand etwa 115 000 Arbeitskräfte im industriellen Sektor beschäftigt, aber weniger als ein Viertel von ihnen in Großbetrieben und längst nicht einmal die Hälfte in solchen Betrieben, denen Sabbatini eine „industrielle Bedeutung" zugesprochen hatte. Von diesen Daten ausgehend hat Tilly das Mailand vor der Jahrhundertwende als eine Stadt beschrieben, in der die moderne Industrie kaum erst Fuß gefaßt, in der die Mehrheit der Arbeiterbevölkerung in „rückständigen und unterproduktiven" Berufen gearbeitet, in der die Immigration einen wichtigeren strukturellen Wandel bedeutet habe als die Industrialisierung. Dagegen wurde in den vorigen Abschnitten zu zeigen versucht, daß gerade die 80er und beginnenden 90er Jahre die entscheidende Durchbruchsphase der Industriellen Revolution in Mailand bildeten: Denn in jenen Jahren erfolgte die Transformation „traditioneller" Sektoren und die Ausbreitung der Fabrikindustrie und liegen die Anfänge neuer Industrien. Die massenhafte Immigration ländlicher Arbeitskräfte bildete eine wesentliche Voraussetzung und einen integralen Bestandteil jener Entwicklungen und war ihnen nicht, wie Tilly darstellt, akzidentell. Da die Unterschiede zwischen den beiden Ergebnissen nur zum geringeren Teil daher rühren, wie man die italienische und speziell die Mailänder Industrialisierung periodisiert und ihre einzelnen Etappen bewertet, ihnen vielmehr grundsätzlichere Divergenzen über Natur und Geschichte des Industrialisierungsprozesses zugrunde liegen, sollen diese am Beispiel des Landes erörtert werden, dessen Industrialisierungsgeschichte gründlicher als die irgendeines anderen erforscht ist.

Am Ende eines langen Kapitels über die Industrielle Revolution in England schreibt David Landes:

„Geht man von den Berufsstatistiken aus, scheint es so, daß sich die britische Wirtschaft des Jahres 1851 nicht wesentlich von der des Jahres 1800 unterschied. Diese Zahlen beschreiben jedoch nur die Oberfläche der Gesellschaft und zudem in Begriffen, die den Wandel eskamotieren, indem eine starre Nomenklatur von Berufsbezeichnungen verwendet wird. Unter dieser Oberfläche wurden indessen die lebenstrotzenden Organe umgestaltet. Owohl sie – an Menschen oder Reichtum gemessen – nur einen Bruchteil des Ganzen bildeten, bestimmten sie die Verwandlung des Gesamtsystems. Wenn das Kleinunternehmen weiter blühte, so zum großen Teil deshalb, weil das Wachstum der großen Industrie die Nachfrage nach seinen Erzeugnissen erhöhte. Es war die Nachfrage der großen Produzenten selbst, ihrer Beschäftigten und der volkreichen Städte, die um diese Industriebetriebe emporwuchsen. Aber nicht nur die kleine Industrie wurde auf diese Weise mit dem modernen Industriebereich verknüpft. Die Landwirtschaft, der Handel, das Bankwesen – sie alle gerieten in immer stärkere Abhängigkeit von den Bedürfnissen, den Produkten, den Wertpapieren, den Investitionen in Lancashire, den Midlands und anderen Zentren der britischen Fabrikindustrie. Die Menschen jener Zeit ließen sich nicht von dem unveränderten Aussehen großer Teile der britischen Landschaft täuschen. Sie wußten vielmehr, daß sie eine Revolution durchlebt hatten."[95]

128

Hiermit wendet Landes sich gegen eine „oberflächliche" Interpretation der Zensusdaten und kurzschlüssige Folgerungen aus ihnen. Er weist auf die neue und überragende Stellung der Fabrik in der Gesamtwirtschaft hin, und zum anderen betrachtet er das Faktum, daß im sekundären Sektor noch „die meisten Arbeitskräfte in Industrien alten Typs: Bauberufe, Schneiderei, alle Arten ungelernter Arbeit, beschäftigt waren", nicht losgelöst von der „ökonomischen Grundlage für das Überleben älterer Produktionsweisen". Das im großen Maßstab und unter vielfältigen Formen praktizierte *sub-contracting* entsprang einem exakten ökonomischen Kalkül, in dem Probleme der Betriebsführung und der Kontrolle der Arbeitskraft eine hervorragende Rolle spielten[96]. Verdankte diesem System die kleine Industrie nicht nur ihre Fortexistenz, sondern gar häufig eine beträchtliche Ausdehnung, so ist auch das Überleben des Verlagssystems, oder vielmehr: dessen Transformation und Ausdehnung ins Riesige, eine unmittelbare Folge der Industriellen Revolution. „Die Industrielle Revolution", schreibt E. J. Hobsbawm, „vervielfachte Fabriken *und* Hausindustrie. Diese war entweder direkt von ersteren abhängig (wie in der Baumwollweberei) oder entwickelte sich in sehr schnell expandierenden Produktionszweigen, die von der Fabrik noch ganz unberührt waren (wie in der Bekleidungsindustrie), oder in Industrien, deren Betriebseinheiten auch dann klein blieben, wenn sie neue Antriebskräfte benutzten." Oder, wie E. P. Thompson es ausgedrückt hat: „Die starke Ausdehnung der Schwitzarbeit gehörte genauso zur [Industriellen] Revolution wie Fabrikproduktion und Dampfmaschinen."[97] Das ist nicht gerade eine ganz neue Erkenntnis; gleichwohl muß dieser Aspekt der Industriellen Revolution nachdrücklich in Erinnerung gerufen werden, da er nur allzuoft zugunsten der Annahme einer stetig fortschreitenden und fortschrittlichen „Modernisierung", für die alle Unterentwicklung lediglich Überbleibsel, Enklave von „Rückständigkeit" ist, übersehen oder verdrängt wird.

Schon Marx hat daran erinnert, „daß Manufakturen mit mehr oder minder verjährter Betriebsweise, wie Töpfereien, Glasereien usw., daß altmodische Handwerke, wie die Bäckerei, und endlich selbst die zerstreute sog. Hausarbeit, wie Nägelmacherei usw., seit lange der kapitalistischen Exploitation ebensosehr verfallen waren als die Fabrik"[98]. In ihrer Analyse der Gründe für das Weiterbestehen und die Ausdehnung der Heimarbeit – „dieser auf dem Hintergrund der großen Industrie aufgebauten Exploitationssphäre des Kapitals" – stimmen Landes und andere Autoren mit Marx völlig überein: „Der Heimarbeiter hat einen großen Vorteil: er ist billig."[99] Die Industrielle Revolution hat deswegen keine Kleider- und Möbelfabriken hervorgebracht, weil das Kapital in diesen und anderen „traditionellen" Sektoren gerade in der Anpassung an überkommene Produktionsformen und in der massenhaften Ausweitung „traditioneller" Berufe seine günstigsten Verwertungsbedingungen fand; aber dadurch wurden die Arbeiter dieser Berufe nicht weniger den Gesetzen der kapitalistischen Produktion unterworfen als die Fabrikarbeiter der großen Industrie[100]. Jene befriedigten die gewaltige Nachfrage nach „wohlfeiler Arbeit", und diese Rolle gestaltete ihre Arbeits- und Lebensbedingungen in der Regel noch trauriger als die der Fabrikarbeiter.

Man geht vollständig an der ökonomischen Realität Mailands um die Jahrhundertwende – und derjenigen Italiens im Jahr 1975 – vorbei, wenn man die Heimarbeiter als „ein Überbleibsel eines früheren Produktionssystems" beschreibt[101]. Eben die Enquête der *Società Umanitaria* von 1908, auf die Tilly ihre Darstellung der Heimarbeit in Mailand stützt, beginnt mit der Feststellung:

„Die Frage der Heimarbeit hat sich in Italien erst seit einigen Jahren gestellt, weil das Phänomen selbst mit seinen besonderen Merkmalen relativ neu ist wie übrigens auch die Entwicklung der Fabrik und der großen Industrie, an die die Heimarbeit zum Teil anknüpft, der sie sich zum großen Teil entgegenstellt und deren Ergänzung und Ersatz sie zu werden tendiert."

Unter Heimarbeit versteht der Autor, Alessandro Schiavi, dabei die – nach Marx – „sogenannte moderne Hausarbeit", die als *sweating system* eine traurige Berühmtheit erlangt hat und die sich von älteren Formen der Heimarbeit vor allem dadurch unterscheidet, daß der Arbeiter weder für den Eigenbedarf noch direkt für eine Kundschaft, mit der er selbst in Verkehr tritt, sondern – zumeist durch Mittelsmänner – für einen Fabrikanten, Kaufmann usw. produziert. Die Domäne dieser Form von Heimarbeit waren die Bekleidungsindustrien, deren hauptsächliche Arbeitskräfte Frauen und Kinder[102].

In den 80er und 90er Jahren waren in Mailand rund 30 000 Bekleidungsarbeiter, etwa 90 % der Arbeitskräfte dieser Branche, Heimarbeiter[103]. „Die eigentliche Hausindustrie", wie Zambelli sie nannte,

„ist ein Glücksfall für viele geschickte und erfahrene Unternehmer, die ohne Werkstatt, ohne Fabrik, ohne irgendeine Fabrikationsanlage, nur an dem Tisch ihres Geschäfts stehend, über Webstuhl, Nadel und Werkzeuge Tausender von Arbeitern verfügen, die sich glücklich schätzen, jemanden zu finden, der sie im Weben von Stoffen, Trikots und Posamenten anstellt; in der Stickerei und im Nähen von Kleidern und Unterwäsche; in der Herstellung von Kurz- und Galanteriewaren usw."[104]

Dem Glück der Unternehmer entsprach das Unglück der Heimarbeiter. Das geradezu sprichwörtliche Elend der „Schwitzarbeiter", das die Entrüstung und das Mitleid so vieler Zeitgenossen geweckt hat, war in Mailand nicht geringer als anderswo[105].

Neben dieser größten geschlossenen Gruppe von Heimarbeitern stand die sehr schwer greifbare und außerordentlich buntscheckige Welt der „kleinen Industrie", die Zeitgenossen als einen eigenen Typus zu beschreiben versuchten und die sie als das Hauptcharakteristikum der Mailänder Wirtschaft um 1880 ansahen. Aufgrund ihrer isolierten, individualistischen Produktionsweise und der Art ihrer Produkte überschnitt sich die „kleine Industrie" oftmals mit den Bekleidungsindustrien, doch tendierte sie insgesamt stärker zum Handwerk und Kleinbetrieb hin und erzeugte auch eine größere Vielzahl von Produkten.

Ein Reporter des *Secolo* beschrieb sie im Jahr 1884 folgendermaßen:

„Es gibt ein Mailand, das den Romanciers und Physiologen bisher entgangen ist: ein bescheidenes Mailand, gruppiert nach Familien, wo man sich abmüht und arbeitet, wo man unabhängig ist und nicht immer zu essen hat: das Mailand der kleinen Industrien. In den kleinen Stuben der volkstümlichen Viertel sind die Werkstatt, die Küche und manchmal auch der Schlafraum vereinigt; und Mann, Frau und die kleinen Kinder arbeiten alle zusammen mit den Werkzeugen, die ihren einzigen Reichtum bilden, elegante und künstlerische Gegenstände herzustellen, die, oft unter französischen und englischen Firmennamen, in den großen Kaufhäusern bewundert und gekauft werden . . . Die kleine Industrie braucht fast überhaupt kein Kapital und festigt die Familienbande, indem sie einen wohltätigen und moralischen Einfluß auf die Gewohnheiten des Volks ausübt. Es ist nicht wahr, daß der Fortschritt diese auf persönliche Bande und das Heim gegründete Industrie vernichtet; der Fortschritt koordiniert die Kräfte und verteilt die Anteile in dem unermeßlichen Feld der Arbeit; und er wird niemals die Entwicklung der individuellen Tätigkeit behindern können. Stickereien, Miniaturen, gewisse Artikel in Bronze, ein Teil der Keramik, Holzeinlegearbeiten, Spitzen, Papierschachteln, Hutfutter, Kettchen, Bijouteriewaren und viele andere ganz verschiedene Arbeiten gehören zu dieser Kategorie der kleinen Industrien. Der Vorstand des Hauses zeichnet, schneidet, mißt, formt und vollendet; die anderen Mitglieder der Familie und der eine oder andere kleine Lehrling unterstützen ihn. Doch was aus den bescheidenen Hütten dieser Arbeiter ohne Herrn (padrone) kommt, bildet einen wichtigen Zweig der Mailänder Produktion."[106]

Die Gesamtheit der Produkte der kleinen Industrie, zu denen außer den vorgenannten noch künstliche Blumen, Spielzeug, Zimmerschmuck, Fächer, Messerwaren, selbst Möbel gehörten, wurde oftmals unter dem etwas zu engen Begriff „articles de Paris" zusammengefaßt. Um eine genauere definitorische Abgrenzung der Industrie der „kleinen Besitzer", der „kleinen Fabrikanten" oder der „kleinen Industriellen", wie sie andere Autoren nannten, von dem Handwerk einerseits und von der auf die Konfektion konzentrierten „eigentlichen Hausarbeit" andererseits bemühte sich ein Berichterstatter der Handelskammer, der zu der Frage einer eventuellen Beteiligung der „kleinen Industrie Mailands" an der Turiner Nationalausstellung von 1884 Stellung nehmen sollte:

„Es ist nicht leicht, diese kleine Industrie säuberlich von der der Handwerker und von der großen Industrie, wie sie von Heimarbeitern ausgeübt wird, zu unterscheiden. In vielen Fällen und in ziemlich vielen Arten von Arbeit kann der Handwerker ein kleiner Industrieller werden; aber gewöhnlich arbeitet er, um lauter voneinander verschiedene Gegenstände herzustellen oder zu reparieren, je nach den Aufträgen, die er erhält. Der kleine Industrielle dagegen produziert auf gut Glück beträchtliche Mengen ein und desselben Gegenstands, wobei er für das Rohmaterial und alles zu seiner Bearbeitung Erforderliche sorgt; seine Industrie ist im Grunde, im mathematischen Sinn des Worts, ähnlich der großen Industrie, nur daß sie in mikroskopischen Verhältnissen ausgeübt wird, sei es aufgrund der Natur der Gegenstände, deren begrenzter Konsum sich mit keiner größeren Produktion vertrüge, sei es aufgrund des Fehlens von Mitteln, um sie im großen auszuüben."

Sehr präzis werden hier die starken Unterschiede zwischen kleiner Industrie und traditionellem Handwerk und ihre strukturelle Verwandtschaft mit der großen Industrie bezeichnet, und folgerichtig fügte der Berichterstatter hinzu, daß die „kleinen

131

Industriellen" nicht „aufhörten Arbeiter zu sein, mit denen sie die Vorzüge des unablässig tätigen Lebens teilen, aber leider auch die Nöte eines für ihre Bedürfnisse oft allzu begrenzten Lohns"[107]. Nach dieser letzten Bemerkung gehörten wohl die meisten der „kleinen Industriellen" nur nominell zu der Kategorie der Selbständigen; sie mochten zwar einige Stufen höher in der Lehnspyramide, mit der Victor Brants das System der Hausarbeit und seiner vielfachen Abstufungen verglichen hat[108], stehen als die Konfektionsarbeiter, gehorchten aber insgesamt auch den vom Gang der großen Industrie bestimmten Gesetzen von Angebot und Nachfrage. Die Lage der „kleinen Industriellen" gestaltete sich nicht zuletzt deshalb so prekär, weil sie vielfach in direkter Konkurrenz zur Fabrikproduktion standen. In der Herstellung von Fächern z. B. hatte die Schar der individuellen Produzenten mit der 1880 gegründeten Fabrik der Gebrüder Gondrand zu konkurrieren, die einen Teil der Arbeiten durch 65 Arbeiter in der Fabrik und einen anderen durch „Familienmütter und viele junge Frauen" in Heimarbeit ausführen ließ. Die Existenz einer einzigen solchen Fabrik, die große Mengen von Fächern in die Levante exportierte und „auf triumphale Weise" die Konkurrenz mit den Pariser Fabriken bestand, konnte nicht ohne negative Rückwirkungen auf die Kleinproduzenten in diesem Zweig bleiben[109]. Einem entsprechenden Konkurrenzdruck sahen sich die kleinen Schuhmacher, Schneider usw. durch die großen Konfektionshäuser.– in Mailand vor allem dasjenige der Gebrüder Bocconi, das den Grundstock zu der heutigen Kaufhauskette Rinascente legte – ausgesetzt, die gleichfalls die Vorteile der Fabrikfertigung mit denen der Heimarbeit kombinieren konnten.

Wenn sich aus der unüberschaubaren Menge der Individual- und Kleinstproduzenten die Konfektions-Heimarbeit und die „articles de Paris"-Industrien aufgrund ihrer Produkte noch mit einer gewissen Präzision ausgrenzen lassen, so läßt sich der große Rest von Klein- und Kleinstbetrieben nicht ohne weiteres in einzelne, durch bestimmte Merkmale gekennzeichnete Kategorien unterteilen. Denn sie kamen in nahezu allen Zweigen und Unterzweigen der Industrie vor, wie zahlreiche Hinweise in Sabbatinis Industriestatistik bezeugen. Selbst in der „mechanischen Kunst" war die Hausindustrie „ziemlich verbreitet" und stellte eine „nicht zu vernachlässigende Summe von Arbeit" dar. Leider hat Sabbatini wegen der „praktischen Schwierigkeiten einer derartigen Untersuchung" es unterlassen, die bereits begonnene Untersuchung über die „im Heim der einzelnen Arbeiter ausgeübte mechanische Industrie" fortzusetzen[110].

Die eigenartige Symbiose von Groß- und Kleinbetrieben in ein und derselben Branche läßt sich besonders gut an dem Druckereigewerbe ablesen, für das Mailand in Italien dieselbe Rolle spielte wie Leipzig für Deutschland. Die kleinen Druckereien dienten den großen in Zeiten guter Konjunktur als billige Erweiterung ihrer Produktionskapazität, indem überschüssige Aufträge an die Kleinbetriebe weitergegeben wurden; bei abflauender Konjunktur oder in Krisenzeiten wurde so das Risiko verringert, daß kapitalintensive Investitionen brachliegen blieben, da die weniger konkurrenzfähigen Kleinbetriebe als erste von der Krise betroffen wurden. Den verschärften Konkurrenzdruck, dem die Kleinbetriebe aufgrund ihrer geringeren Produktivität ausgesetzt waren, kompensierten sie durch eine verstärkte Ausbeutung der Arbeitskraft, insbesondere durch das Drücken der Löhne und durch die vermehrte Beschäftigung von Frauen und Kindern. Die Senkung des durchschnittlichen Lohnniveaus und die Schaffung minder qualifizierter Arbeitskräfte konnten ihrerseits wieder negativ auf die „privilegierte" Stellung der Arbeiter in den größeren Betrieben zurückwirken[111]. Dieser Struktur der Druckereiindustrie ist es nicht zuletzt zuzuschreiben, daß – nach den Worten des Inhabers einer Großdruckerei – „in Mailand die Druckereiarbeitskraft wohlfeiler ist als in den übrigen wichtigen Städten Italiens: dies erlaubt die preiswerten Ausgaben, die nur in Mailand hergestellt werden und bei höheren Löhnen unmöglich wären"[112].

Seit einigen Jahren beginnen in Italien, aber auch außerhalb, Politiker, Gewerkschafter, Publizisten und Wissenschaftler die für viele, wenn auch nicht für alle, überraschende Entdeckung zu machen, daß Heimarbeit, Handwerks- und Kleinbetriebe, Kleinhöfe und kleine Industrie, kurz: die Gesamtheit der marginalen Produktionseinheiten, der „traditionelle Sektor", sich nicht nur erfolgreich behaupten, sondern sogar in starker Ausbreitung begriffen sind. Allenthalben beginnt man, ein anderes Italien, das „wirkliche Land" zu entdecken, in dem Heimarbeiter und kindliche Arbeitskräfte Millionenziffern erreichen, die Figur des „Arbeiter-Bauern" sich wieder ausbreitet, die Dezentralisierung der Fabrik Riesenfortschritte macht. Eindringliche Analysen dieser Phänomene haben mit der bequemen Erklärung aufgeräumt, daß diese der „Unterentwicklung" des wirtschaftlichen und gesellschaftlichen Systems zuzuschreiben seien, und ihrerseits Erklärungen vorgeschlagen, die sich mit einer rein ökonomischen Argumentation nicht zufrieden geben[113]. Die ökonomischen Erwägungen, die für eine partielle Dekonzentration der Produktion sprechen, sind heute mehr oder minder dieselben, die um die Wende vom 19. zum 20. Jahrhundert für das Fortbestehen der Hausindustrie geltend gemacht worden sind.

Die breite, international geführte Diskussion über dieses Thema hat auf der Generalversammlung des Vereins für Socialpolitik von 1899 Lujo Brentano mit aller wünschenswerten Deutlichkeit zusammengefaßt:

„Die eigentliche Ursache [für das Fortbestehen der Hausindustrie] liegt meines Ermessens einmal und vor allem in der Möglichkeit, welche die hausindustrielle Betriebsform giebt, schlechte Konjunkturen abzuwälzen auf die Arbeiter. . . . Überall da, wo es sich um Saisonarbeit handelt, z. B. in der Konfektion, macht sich das geltend. Es bietet diese Betriebsform die Möglichkeit, die größten Bestellungen in kürzester Zeit zu befriedigen und wenn die rückläufige Konjunktur kommt, ist es dem Unternehmer leicht möglich, sein Kapital aus der Anlage zurückzuziehen. Der ganze Nachteil der rückläufigen Konjunktur wird dann vom Unternehmer abgewälzt auf den Arbeiter. Dieses Moment hat bereits historisch bei der ersten Entwicklung der Hausindustrie im 16. Jahrhundert mitgewirkt und es dürfte heute noch die Hauptursache des Fortbestehens dieser Betriebsform sein. Abgesehen davon liegt eine weitere Ursache darin, daß ein Unternehmer bei hausindustriellem Betrieb eine große Menge von Betriebskosten zu sparen vermag, für Beleuchtung, Ausgaben für Werkstätten usw. und ferner darin, daß die Arbeiterschutzgesetzgebung noch nicht auf die hausindustrielle Betriebsform Anwendung gefunden hat. Das letztere war sogar die Ursache, warum man in vielen Fällen eine Rückbildung hat eintreten lassen vom Fabrikbetrieb zur hausindustriellen Betriebsform."[114]

Analoge Gründe galten damals, wie an dem Beispiel der Mailänder Druckereien gezeigt wurde, und gelten heute gleichfalls für das Fortbestehen einer Myriade von Kleinbetrieben. „Die Gewohnheit großer Firmen, einen Teil ihrer Produktion, deren Nachfrage sehr schwankt oder zu gering ist, als daß sie eine Herstellung im großen rechtfertigte, weiterzuvergeben, ist für viele Industriegesellschaften festgestellt worden."[115] Schärfer als früher beginnt man heute die eminent politischen Implikationen, die den Tendenzen zur Dezentralisation der Produktion und dem Überleben des traditionellen Sektors innewohnen, wahrzunehmen. Einerseits spricht die chronische Schwäche der Gewerkschaften in den Kleinbetrieben für ihre Beibehaltung und Stärkung. Andererseits gibt es allgemeinpolitische Erwägungen, denen der traditionelle Sektor in Italien eine für ein hochentwickeltes Industrieland ungewöhnlich starke Stellung verdankt. Wenn die italienischen Parteien die Interessen anderer Bevölkerungsgruppen denen des traditionellen Sektors aufopfern, antworten sie damit – einer suggestiven Hypothese Suzanne Bergers zufolge – „auf die Gefahren einer politischen und sozialen Destabilisierung, die das Resultat jeglicher wirklichen Schwächung des traditionellen Sektors in der italienischen Gesellschaft sein dürfte, da dieser Probleme absorbiert und bewältigt, die sonst das, was die politischen Eliten für ein zerbrechliches gesellschaftliches Gefüge halten, zum Einsturz bringen könnten"[116]. Diese politische Konditionierung der ökonomischen Strukturen im Interesse der Bewahrung des gesellschaftlichen Status quo erinnert sehr stark an analoge Vorgänge im 19. Jahrhundert, wie sie im zweiten Kapitel beschrieben worden sind. Auch wenn von der heutigen Situation nicht ohne weiteres auf die damalige geschlossen werden darf, können die heute wirksamen und deutlicher wahrnehmbaren Tendenzen zur Bewahrung des traditionellen Sektors sehr wohl dazu beitragen, ähnliche Tendenzen im vorigen Jahrhundert – im vorliegenden Fall: die Bevorzugung der dezentralisierten Produktion und des Kleinbetriebs – zu erhellen, wie diese ihrerseits die historischen Wurzeln der heute manifesten Tendenzen aufzudecken vermögen.

Mit der Schwäche der italienischen Gewerkschaftsbewegung in den Jahrzehnten vor 1900 hängt es zusammen, daß direkte Zusammenhänge zwischen der Bevorzugung kleinbetrieblicher Produktionsformen und gewerkschaftlicher Organisation für die damalige Zeit nur in vereinzelten Fällen nachweisbar sind. Eine Form der Reaktion der Unternehmer auf gewerkschaftliche Organisation und Forderungen der Arbeiter war die im vorigen Abschnitt beschriebene Verlagerung der Produktion aus der Stadt heraus; eine andere, wie im Druckereigewerbe, die Ausnutzung marginaler Arbeitskraft in den kleineren Betrieben; noch eine andere, wie nach dem Streik und der Durchsetzung eines Tarifs bei den Maurern, der systematische Boykott der organisierten Arbeiter[117].

Ein explizites Zeugnis für die Ausdehnung der kleinstbetrieblichen Produktionsweise als Folge gewerkschaftlicher Organisation und von Streiks gibt es für den Zeitraum dieser Darstellung nur für die Goldschmiedearbeiter, die aufgrund ihrer hohen Qualifikation nicht so leicht durch andere Arbeiter ersetzbar waren. Zwischen 1859 und 1881, schrieb Zambelli in dem letzteren Jahr,

„haben sich die Goldschmiedefabriken mehr als verdreifacht. Macht man eine Unterscheidung zwischen großen und kleinen Fabrikanten, so belaufen sich die ersten auf hundert und die zweiten auf etwa 180. Letztere sind erst jüngst entstanden. Im Gefolge des Streiks der Goldschmiedearbeiter von 1871 [recte: 1872] wurden jene Arbeiter, die die höchsten Löhne verdienten, im allgemeinen nach und nach entlassen; daraufhin fingen diese an, auf eigene Rechnung zu arbeiten, indem sie sich je nach Bedarf den einen oder anderen Arbeiter zur Unterstützung nahmen. Diese starke Vermehrung der Fabrikanten hatte natürlich ihre Auswirkungen auf die Preise der Goldschmiedereiprodukte; da diejenigen weniger kosten mußten, wo die Werkstatt nichts anderes war als der Wohnraum der Fabrikanten, konnten sie zum eigenen und zum Vorteil der Kundschaft mit den älteren konkurrieren"[118].

Zambelli erzählt zwar korrekt die ganze Geschichte, faßt sich über deren Hintergründe aber recht kurz. Ende 1859 hatten die Goldschmiedearbeiter als eine der ersten Berufsgruppen ihren Unterstützungsverein (Società di Mutuo Soccorso) gegründet, der sich im nächsten Jahr bei den Unternehmern zum Fürsprecher einer 20%igen Lohnerhöhung und der Einführung einer von den Arbeitern entworfenen Arbeitsordnung machte, mit seinem Vorstoß aber hoffnungslos scheiterte. Danach blieb es ruhig bis zu dem Aufschwung von 1870/71, als infolge von Krieg, Belagerung und Kommune von Paris die französische Konkurrenz geschwächt war und einige Hunderte italienische Arbeiter aus der französischen Hauptstadt nach Mailand zurückgekehrt waren. In dieser Zeit lebte die Agitation unter den Goldschmiedearbeitern wieder auf, und es wurden „radikale Modifikationen" an dem Statut des alten Unterstützungsvereins vorgenommen, um so „eine neue und größere Assoziation zu gründen, die besser den Bedürfnissen und Ansprüchen der Arbeiter entspricht". Mit einem Zirkular vom 28. August 1872 präsentierte der reformierte, in Società Benvenuto Cellini umbenannte Arbeiterverein den Prinzipalen die Forderungen der Arbeiter: 25%ige Lohnerhöhung, Zehnstundentag, Regelung der Lehrlingsarbeit, Milderung der Bußen. Am 8. Oktober begann in mehreren Fabriken der Streik, der mit einer weitgehenden Akzeptierung der Forderungen endete. Zwei Jahre später wurde eine Streikunterstützungskasse (fondo miglioramento) angelegt. Dem ihm zugedachten Zweck konnte dieser Fond allerdings nicht dienen, denn in der Zwischenzeit hatten die Unternehmer in der von Zambelli beschriebenen Weise zum Gegenschlag ausgeholt. Die Arbeiter der Goldschmiede Coccini, der größten in Mailand, waren, als sie im Januar 1875 gegen die weitere Entlassung von fünf Arbeitsgenossen mit einem Streik protestierten, in gut zwei Jahren von 90 auf 40 zusammengeschmolzen. Für den Rest des Jahrhunderts blieb dies der letzte Streik unter den Goldschmiedearbeitern. Die Konkurrenz der neuen „Selbständigen" begann sich fühlbar zu machen[119].

Wenn die explizit antigewerkschaftliche Funktion der kleinbetrieblichen Produktionsweise in der Strategie der Unternehmer sich für das 19. Jahrhundert erst ganz vereinzelt belegen läßt, so sind die grundsätzlichen Erörterungen über und Stellungnahmen für diese Betriebsweise um so zahlreicher, ja sogar so zahlreich, daß man sie nicht als isolierte, bedeutungslose Stimmen abtun kann. Angemessener kann man sie als eine Konkretisierung und Weiterentwicklung der in Kapitel II dargestellten Diskussion über die industrielle Dekonzentration bezeichnen[120].

Giuseppe Colombo, aus dessen Rede gegen die Entwicklung Mailands zur „Arbeiterstadt" bereits ein Passus zitiert wurde[121], hat anläßlich der Nationalausstellung von 1881, zu einem Zeitpunkt, als die industrielle Entwicklung der ganzen Region sich bereits abzuzeichnen begann, die Frage nach der sozialpolitischen Opportunität der Zusammenballung der großen Industrie in einer Stadt wie Mailand gestellt: „Ist es notwendig, ist es zu wünschen", fragte er sich am Ende seiner Revue der Mailänder Industrien, in der er mit Ausführlichkeit und Wohlgefallen der „kleinen Industrie" gedacht hatte,

„daß Mailand Sitz eines Komplexes von großen Industrien wird? Wir glauben das nicht. Die große Industrie hat große Hilfsquellen, aber auch ihre Krisen; und wenn diese eintreten, sind sie ein großes Unglück für das Land, das davon betroffen ist. In der Stadt eine riesige Menge von Arbeitern zu konzentrieren, die in wenigen großen Fabriken einer beschränkten Anzahl in großem Maßstab betriebener Industrien beschäftigt sind, bietet Gefahren, die die kleine Industrie mit ihrer zerstreuteren und stärker unterteilten Arbeiterbevölkerung nicht mit sich bringt, da sie von einer viel größeren Diversifikation der Produktion von geringerer Bedeutung gekennzeichnet und weniger den Krisen ausgesetzt ist. Die Hausarbeit – durch deren Ausübung ein Teil der in solchen kleineren Industrien beschäftigten Arbeiterklasse zum öffentlichen Reichtum beiträgt und gleichwohl in den heimischen Wänden verbleibt und sich so dem Einfluß der Fabrikarbeit, die die Familienbande lockert und entwertet, entzieht – ist eine Form der industriellen Arbeit, die gerade begünstigt werden muß, weil sie eine Garantie von Moralität und Frieden ist: zwei Dinge, nach denen eine volkreiche Stadt in dieser Epoche ökonomischer und sozialer Revolutionen ein lebhaftes Bedürfnis verspürt"[122].

Man hat mit Verwunderung vermerkt, daß ausgerechnet der Apostel der kleinen Industrie und Heimarbeit durch seine Initiativen auf dem Gebiet der Elektrizitätserzeugung so viel dazu beigetragen hat, daß Mailand sich zu einer Stadt der großen Industrie entwickelte[123]. Dies entbehrt, rückblickend betrachtet, sicherlich nicht einer gewissen Ironie; aber um Colombo zu verstehen, muß man sich fragen, was 1882, als mit seiner tatkräftigen Unterstützung die erste elektrische Zentrale in Mailand eröffnet wurde, die Elektrizität bedeutete: an erster Stelle ein Mittel zur Beleuchtung der Stadt und von Gebäuden und sodann eine Antriebskraft für Motoren, und zwar *kleine* Motoren. (Die Probleme des Elektrizitätstransports über größere Entfernungen standen damals erst unmittelbar vor ihrer Lösung; vorher konnte niemand an die Verwendung von elektrischer Energie im großen Maßstab in der Industrie denken.)

Gerade das Problem der kleinen Motoren, der geeigneten Antriebskraft für die dezentralisierte Produktion, beschäftigte die Befürworter vielleicht mehr als irgendein anderes. Mit der Übertragung der Antriebskraft über längere Entfernungen und dem Aufkommen des kleinen wirtschaftlichen Motors sahen Pirelli und Luzzatti das „Morgenrot" der Hausindustrie aufleuchten[124]. Nicht ganz zu Unrecht; denn diese Erfindungen verliehen den Überlegungen über die industrielle Dekonzentration eine neue materielle Basis, führten sie mit dem Verlauf des technischen Fortschritts zusammen, vereinigten diesen mit ihren Sehnsüchten nach sozialem Frieden und der

Rettung der Familie. Schon 1863 machte G. Codazza im *Politecnico* die Mailänder mit den neuesten Erfindungen von kleinen Motoren – einschließlich des elektromagnetischen Motors – und mit den Fortschritten in der „Verteilung der Antriebskraft in die Wohnungen" vertraut und pries sie als Vorboten „einer großen Epoche in dem wirtschaftlichen und sozialen Leben, die die Unabhängigkeit des heimischen Herds und die Einheit der arbeitsamen Familie gegenüber der gegenwärtigen Immigration und Zusammenballung der Arbeitermassen um die Wassergefälle und die Dampfmaschinen wiederherstellen wird"[125].

Nach seinem Besuch der Pariser Weltausstellung von 1867 kam Colombo auf dieses Thema zurück:

„Die Heimarbeit, die so lange Zeit von der Invasion der großen Manufaktur unterdrückt war, beginnt zu hoffen, sich mit Hilfe der Gas- und Warmluftmotoren und der Fortschritte, die in diesen letzten Jahren das Problem der Transmission von Energie über große Entfernungen gemacht hat, sich von jener zu befreien. Nach der Erfindung der Dampfmaschine hatte die Fabrik zu ihrem Vorteil die Hausindustrie absorbiert; die Einheit der Familie, die beständige Gemeinschaft der Freuden und der Schmerzen, die die einen süßer und die anderen weniger bitter macht, war auf dem Wege zerstört zu werden durch die Notwendigkeit, die Arbeiter um die großen Motoren zusammenzuballen. . . . Aber heutigen Tags hat die Heimarbeit, auch wenn sie noch nicht über die Mittel verfügt, sich in den Formen von einstmals zu rekonstituieren, doch die Gewißheit, diese Mittel in Bälde zu besitzen. Die Warmluftmaschine von Laubereau, die Leuchtgasmotoren von Lenoir und Hugon, lassen den Augenblick nahe erscheinen, in dem die Hausindustrie einen wirtschaftlichen Motor zu ihrer Verfügung haben wird, der sich überall leicht installieren läßt, im fünften Stockwerk oder in der Dachkammer, jener kleinen Kraft mächtig, die die Proportionen der Industrie erfordern."[126]

Wenige Jahre später war es Tullo Massarani, ein anderer hervorragender Repräsentant der Mailänder Gemäßigten, der aus der Lektüre der „Grundzüge einer Theorie des Maschinenwesens" von Franz Reuleaux die tröstende Hoffnung schöpfte, daß „die Dezentralisierung der Arbeit dank der Verbreitung der kleinen Motoren nicht länger unmöglich sein dürfte"[127]. Die vielerorts unternommenen Experimente, kleine Wasserdruck-, Gas-, Preßluft- und Petroleummotoren in Arbeiterwohnungen zu installieren, erwiesen sich aus technischen und wirtschaftlichen Gründen als wenig befriedigend, und ebenso die Übertragung der Antriebskraft von einem zentralen, innerhalb eines Wohnkomplexes gelegenen Motor in die Arbeiterwohnungen. Das Problem der geeigneten Antriebskraft für die kleine und Hausindustrie wurde erst zu Beginn des 20. Jahrhunderts mit der Weiterentwicklung der Elektromotoren gelöst. „In den großen Zentren und auch in vielen kleineren", schrieb um 1910 Italo Ghersi, „ist der kleine Elektromotor jetzt das ideale Motörchen für die kleine Industrie"[128].

Der alte Traum der italienischen Konservativen, „die Fabrik (officina) in die Häuser, in den Schoß der Familie zu tragen"[129], hatte seine technische Lösung gefunden. Ohne Giuseppe Colombos Beitrag zur Elektrifizierung seines Landes hätte der Zeitpunkt seiner Erfüllung länger auf sich warten lassen. Dank der Elektrizität ist er heute für Millionen Italiener zur Wirklichkeit geworden, dank ihrer ist selbst der mechanische Webstuhl in die Wohnung des Arbeiters eingekehrt. 200 000 Heimarbeiter soll es heute allein in der Provinz Mailand geben[130].

Die Hausfrau in dem zweiten Hinterhof des Hauses Nr. 10 in der Via Volta, die mich während langer Aufenthalte in Mailand so freundlich beherbergt hat, gehörte zu dem großen Heer der modernen Heimarbeiterinnen. Es war erstaunlich zu sehen, welch riesige Mengen von Kinderhosenträgern sie, solange es ihre Hände und Augen noch taten, jeden Tag zusammennähte. Der „kleine wirtschaftliche Motor", über dessen Entwicklung seit den 1860er Jahren ein Colombo, ein Pirelli und Massarani nachgesonnen hatten, trieb ihre Nähmaschine an. Elektrisches Licht erleuchtete von morgens bis abends ihre Küche, die das Tageslicht aus eigener Kraft nie hell werden ließ.

V. Die Arbeiter und die Gemeinde

Der Übergang von der österreichischen zur piemontesischen Herrschaft war in Mailand von einer schnell verebbenden Welle patriotischer Hochstimmung begleitet. Doch insgesamt bewegten sich die Ereignisse des Jahres 1859 in geordneten, durchaus konstitutionellen Bahnen. Die Mailänder Arbeiter benutzten die neu gewonnenen verfassungsmäßigen Rechte, sich zu versammeln und zu assoziieren, um gegen die Teuerung zu protestieren und für Lohnerhöhungen zu streiken. In der großen Mehrheit verhielten sie sich den politischen Veränderungen gegenüber recht gleichgültig, und zu keinem Zeitpunkt stand eine Wiederholung der sozialen Erschütterungen von 1848 zu befürchten. Der monarchisch-cavourschen Partei fiel die Macht in der Stadt wie von selbst zu, da es eine ernsthafte Opposition nicht gab. Für die ersten Gemeinderatswahlen am 15. Januar 1860 hatten sich die Wählervereinigungen auf eine Einheitsliste geeinigt. Belanglos war es also, daß von den 10 438 eingeschriebenen Wählern (bei 185 000 Einwohnern) nur knapp 4000 ihre Stimme abgaben. Der Sieg der Gemäßigten stand von vornherein fest. Bis zum Beginn des nächsten Jahrhunderts blieb ihre Vorherrschaft im *Consiglio Comunale* (Gemeinderat) und in der *Giunta municipale* (Magistrat) unangefochten. An vereinzelten Stimmen des Protests hat es besonders seit den 70er und 80er Jahren im Stadtrat nicht gefehlt, aber es gab keine organisierte Opposition. Die Beteiligung der Arbeiterorganisationen und Sozialisten an den Gemeindewahlen nach der Erweiterung des Wahlrechts durch das Gesetz vom 10. Februar 1889 hatte bis zur „Wende" von 1899 eine mehr symbolische als reale Bedeutung. Ihre Hinwendung zu den Angelegenheiten der Gemeinde veränderte zwar das politische Klima der Stadt, aber ein größerer Wahlerfolg blieb ihnen bis 1899 versagt. Die demokratisch-radikale Opposition, deren Basis vor allem das *suburbio* bildete, bereitete den Gemäßigten manchmal Verdrießlichkeiten, konnte aber wegen ihrer zahlenmäßigen Unterlegenheit niemals wirklich gefährlich werden. Über vier Jahrzehnte hinweg stellten die Gemäßigten daher nicht nur alle Bürgermeister, sondern hielten auch alle anderen Schlüsselpositionen in der Stadt: die Verwaltungen der Wohlfahrts- und Bildungseinrichtungen, der Krankenhäuser, des Pfandhauses und der Sparkasse...[1].

Die Politik, welche die Gemäßigten gegenüber der mehr oder minder mittellosen Masse ihrer Mitbürger befolgten, ergibt sich aus einer Reihe von Maßnahmen, mit denen sie ihre Amtsführung eröffneten. Am 23. Dezember 1859 schlug die *Giunta* dem Gemeinderat vor, zum ersten Januar des kommenden Jahres die amtliche Regulierung des Brotpreises abzuschaffen. Am 4. Mai 1860 setzte der Gemeinderat einen Untersuchungsausschuß ein, der Bericht über den gegenwärtigen Stand des Ausbildungswesens erstatten und Vorschläge für seine Reformierung erarbeiten sollte. Am Ende desselben Jahres vereinbarte das *Municipio* mit der Wohltätigkeits-Kommission (Congregazione di Carità) die Einrichtung eines Armenhauses, dessen Bestehen Voraussetzung war, um die Straßenbettelei zu verbieten. Am 1. August 1861 verlas Tullo

Massarani im Gemeinderat einen Bericht über eine zu gründende Gesellschaft für die Errichtung von Arbeiterwohnungen. 1865 ordnete die Gemeinde schließlich die medizinische Versorgung der Armen entsprechend den Bestimmungen des Gesetzes vom 20. März desselben Jahres neu. Nahrung, Volksbildung, Armenpflege, Wohnung, Volksgesundheit – die Aktivität des *Municipio* erfaßte alle für das „Volk" lebenswichtigen Fragen: Seiner „Bürgerwürde" kamen die Gemäßigten entgegen, indem sie es zum besteuerbaren Wesen erklärten.

Den Geist, aus dem diese Maßnahmen geboren wurden, die sozialpolitischen Grundprinzipien gemäßigter Kommunalpolitik, legte Massarani am Ende seines Berichts über die Wohnungsfrage dar:

„Es gibt eine Theorie, oder vielmehr eine tönende und leere Phraseologie, die möchte, daß jeder Schritt des Individuums gelenkt, jedes Bedürfnis gestillt, jeder Erwartung vom Staat entsprochen werde; dies ist die Theorie der *ateliers nationaux* (officine nazionali), der gesetzlich festgelegten Löhne, der Zwangspreise, der Ausfuhrrestriktionen; und wir verabscheuen sie als untauglich, der Freiheit feindlich, die Würde der Arbeit beleidigend. Aber es gibt auch eine Theorie, die im Arbeiter den freien und verantwortlichen Bürger respektiert, der sich seiner eigenen Rechte und Pflichten bewußt ist; die sein Bewußtsein, seine Energie, sein beharrliches Wollen zum Angelpunkt jeglicher Hebung und jeglichen Fortschritts [des Arbeiters] macht; die ihm nicht Entmutigung mit Almosen oder Trunkenheit mit Schmeicheleien vermischt verabreichen will, sondern seine Kräfte erwecken, sie gegen Hindernisse wappnen und im Unglück stärken und ihn, soweit das möglich ist, zum Schiedsrichter und Meister seines Schicksals machen will. Dies ist die Theorie der Kindergärten, der Industrieschulen, der Ermunterungsgesellschaften, der Sparkassen, der Unterstützungsvereine; und Ihr, die Ihr sie in goldenen Lettern in den hundert Einrichtungen unserer Stadt eingemeißelt seht, fügt ihnen, meine Herren, eine weitere ehrenvolle Seite, einen weiteren Triumph hinzu."[2]

Im Grunde ging diese „Theorie" nicht über das Programm hinaus, das die lombardischen Reformer in den 40er Jahren unter dem Eindruck ihrer ersten Berührung mit der Industrialisierung zum Schutz und zur Kontrolle der Arbeiter entwickelt hatten: Schulpflicht und Armenschulen, Sparkassen und Unterstützungsvereine auf Gegenseitigkeit[3]. Was damals wegen der widrigen Zeitumstände, insbesondere wegen des Mißtrauens der österreichischen Behörden, dazu verurteilt war, meist toter Buchstabe zu bleiben, konnte nun verwirklicht werden. Dabei verließen die Mailänder Gemäßigten niemals den Boden ihrer liberalen Grundüberzeugung, daß die sozialen Probleme in letzter Instanz individuelle seien, daß allein richtige Erziehung und Aufklärung das Individuum befähigten, sich zum Meister seines eigenen Schicksals und zum vollwertigen Mitglied einer Gesellschaft freier und verantwortlicher Bürger zu erheben[4]. Solange die Arbeiter diesen Zustand der Vollkommenheit noch nicht erreicht hatten, waren sie wie unmündige Kinder zu behandeln, die man anzuleiten, denen man Ratschläge, Mahnungen und Warnungen zu erteilen hatte. Eine paternalistische Attitüde blieb daher ein konstantes Merkmal des Verhaltens der Gemäßigten gegenüber den Arbeitern[5]. Sein materielles Substrat hatte der Paternalismus in der privaten und öffentlichen Wohltätigkeit. Wie Lob und Tadel wurden Gaben aus öffentlicher und privater Hand den Arbeitern gewährt oder vorenthalten. Kaum etwas anderes versetzte sie im Laufe der Zeit so sehr in Empörung und Bitterkeit wie die Macht der Inhaber öffentlicher Ämter und privater Reichtümer, nach eigenem Gutdünken über ihr „Recht auf Existenz" zu schalten und zu walten. Von der Gemeinde forderten sie, lange bevor sie sich an den Staat wandten, die Festsetzung von Mindestlöhnen und Maximalpreisen; denn allein diese konnten ihnen materielle Unabhängigkeit gewähren, die Voraussetzung, sich von jeder Bevormundung zu befreien. Um den Widerspruch zwischen den liberalen Prinzipien der Gemäßigten und dem von den Arbeitern postulierten „Recht auf Existenz" bewegten sich die meisten Konflikte, an denen das Verhältnis zwischen den beiden Parteien im Verlauf der kommenden Jahrzehnte immer reicher werden sollte.

1. Das Budget der Gemeinde

Eine der vordringlichsten Aufgaben, die die neuen Verwalter der Stadt in Angriff zu nehmen hatten, war die Ordnung der Gemeindefinanzen. Ein besonders delikater Aspekt war die Verteilung der Lasten, da die Vertreter der weniger als 5 % Gemeindewahlberechtigten dabei über den nahezu ewig leeren Geldbeutel der Mehrheit ihrer Mitbürger zu entscheiden hatten. Am 21. September 1861 legte die *Giunta* dem Gemeinderat ihr – später ohne wesentliche Modifikationen gebilligtes – Projekt für die Ordnung und Erhebung der Konsumsteuern (dazio di consumo) vor und benutzte diese Gelegenheit, zu einem grundsätzlichen Diskurs über Steuergerechtigkeit auszuholen:

„Eine solche Steuer [sc. städtische Konsumsteuer] beruht auf dem Prinzip, daß alle diejenigen, die die besonderen Vorteile, welche mit den großen Gemeinden verbunden sind, genießen, auch den entsprechenden Ausgaben unterworfen sein müssen. Wenn auch der Proletarier diese Vorteile genießt, will es die Gerechtigkeit und verlangt es seine Bürgerwürde, daß er beiträgt, die Lasten der Gemeinde zu tragen. Der beständige Zuzug von Leuten aus der ländlichen Umgebung, die ein festes Domizil in unseren Mauern suchen, beweist, daß die Last der städtischen Konsumsteuer eine reichliche Entschädigung bietet in der größeren Leichtigkeit, Arbeit zu finden, höhere Löhne zu erhalten. . . . Es ist unbezweifelbar, daß die Konsumsteuer, um ertragreich zu sein, auf die lebensnotwendigen Dinge erhoben werden muß. . . . Wir sind fest davon überzeugt, daß es die Übertreibung eines guten Prinzips, nämlich den armen Klassen Unterstützung zu gewähren, ist, als unerläßlichen Grundsatz die vollständige Aufhebung jeglicher Steuer auf Mehl festzusetzen, ohne überhaupt auf die sehr gravierenden ökonomischen Schwierigkeiten zu achten, in die die Gemeinden damit gestürzt würden. Es ist sicherlich ein ausgezeichnetes Prinzip, die armen Klassen nicht zu belasten, aber zwischen Belastung und vollständiger Befreiung gibt es einen Mittelweg, auf dem sich die Interessen der Gemeinde mit denjenigen der zahlreichsten Klassen vereinigen lassen."[6]

Dieser „Mittelweg" sah in der Wirklichkeit so aus, daß man die indirekten Steuern zur Hauptsäule der Gemeindefinanzen machte: Sie trugen etwa zur Hälfte zu den ordentlichen Einnahmen bei, während der nächsthohe Anteil, die Gemeindezusatzsteuer auf Grund- und Hausbesitz, nur rund ein Drittel der Summe der von der Stadt und der Regierung kassierten Konsumsteuern betrug. Das Verhältnis in dem Aufkommen zwischen den beiden Steuern blieb zwischen 1870 und 1890 nahezu konstant[7]. Die „besonderen Vorteile", in deren Genuß die Bewohner der *città* gelangten, bestanden vor allem darin, daß sie die enorm wachsende Verschuldung der Stadt mittragen durften. Diese verachtfachte sich nahezu zwischen 1860 und dem Ende des Jahrhunderts (von 10 auf knapp 80 Mill. L.), und die Schuldentilgung bildete regelmäßig den größten Posten auf der Ausgabenseite des Gemeindeetats. Ihr folgten – mit weitem Abstand – die Ausgaben für „Gemeindepolizei und Hygiene", öffentlichen Unterricht und „verschiedene Dienste".

Für „den Proletarier" entscheidend war, daß die Gesamtheit der Sozial- und Bildungsausgaben nicht entfernt an den Betrag heranreichte, auf den sich die Einnahmen aus der Konsumsteuer beliefen. Mit den sich zu Millionen Lire addierenden Centesimi an Mehrausgaben für alle notwendigen Dinge wurden hauptsächlich die Umgestaltung des Zentrums finanziert, die beträchtlichen Summen aufgebracht, die das *Municipio* jährlich für die „Verschönerung der Stadt und die Bequemlichkeit des Publikums" (Cantù) ausgab. Die 42 Millionen Lire, die von 1886 bis 1898 für die Ausführung des Generalbebauungsplans bereitgestellt wurden[8], brachten den meisten Arbeitern keinen anderen Vorteil, als daß zeitweilig neue Arbeitsplätze geschaffen wurden. Dagegen erzielten bei dieser Gelegenheit viele Grundbesitzer durch die Veräußerung und Wertsteigerung von Grundstücken enorme Gewinne. Die der ganzen Haushaltspolitik der Gemeinde innewohnenden Ungerechtigkeiten wurden noch dadurch gesteigert, daß von den Investitionen für Infrastrukturen (Kanalisation, Trinkwasser, Beleuchtung usw.) der Löwenanteil auf die „herrschaftlichen" Stadtviertel entfiel und für die volkstümlichen, insbesondere für das *suburbio*, nur die Brosamen übrigblieben. Gegen diese Kommunalpolitik der Gemäßigten zogen die Arbeiterorganisationen und Sozialisten seit den 80er Jahren zu Felde und setzten ihr das Programm eines „Munizipalsozialismus" entgegen[9].

Bis 1898 blieb Mailand eine steuerpolitisch zweigeteilte Stadt: In der *città* galt der *dazio murato*, außerhalb der Mauern der *dazio forese*. Dieser fiskalische Dualismus war ein Unikum in Italien, das einige aufschlußreiche Einblicke in die finanziellen Alltagssorgen der „armen Klassen" ermöglicht. Es gibt keinen Grund, die von Cattaneo und anderen vorgebrachte Behauptung anzuzweifeln, daß der *dazio forese* für Arbeiter – und Unternehmer – einen starken Anreiz gebildet habe, das *suburbio* beim Wohnen, Einkaufen und Produzieren der *città* vorzuziehen. Aber welche Bedeutung hatten die Unterschiede in der Besteuerung lebensnotwendiger Dinge für den Einkaufskorb des Arbeiters? Während der *dazio murato* 1874 7,25 und 1893 9,7 Mill. L. erbrachte, lauten die entsprechenden Zahlen für den *dazio forese* 0,37 bzw. 2,01 Mill. L. Daraus ergibt sich, daß zu dem ersten Zeitpunkt jeder Einwohner der *città* im Durchschnitt 35,37 und in dem letzten Jahr 39,52, dagegen ein Einwohner des äußeren Kreises nur 5,28 bzw. 8,96 L. jährlich an Konsumsteuern zu zahlen hatte[10]. Der absolute

Abstand war also beträchtlich, auch wenn er sich innerhalb der Frist von anfänglich 7:1 auf etwa 4,5:1 verringerte[11].

Im Hinblick auf die Arbeiterbevölkerung sind diese Zahlen jedoch nur von begrenztem Aussagewert. Denn in der Stadt setzte sich knapp die Hälfte des Konsumsteueraufkommens aus den beiden Posten Getränke und Fleisch zusammen, die in dem Ausgaben- und Ernährungshaushalt eines durchschnittlichen Arbeiters nur eine untergeordnete Rolle spielten, während die außerhalb wohnenden Arbeiter durch den *dazio forese* viel stärker belastet wurden, als die statistischen Durchschnittswerte vermuten lassen. Um die Mitte der 90er Jahre, hat Luigi Einaudi errechnet, bezahlte ein „Arbeiter in den bescheidensten Verhältnissen" im äußeren Kreis in Wirklichkeit 22,97 L. städtische Konsumsteuern pro Jahr, während die Gemeinde von jedem Einwohner dieses Kreises im Durchschnitt nur 9,91 L. einnahm[12]. Wenn nach dieser Berechnung die Differenz in der Prokopfbesteuerung zwischen den Arbeitern diesseits und jenseits der Bastioni vielleicht nur 20 L. im Jahr betrug, so ist auf der anderen Seite zu berücksichtigen, daß die Preisunterschiede bei den wichtigsten Nahrungsmitteln in den beiden Stadtteilen nicht allein eine Folge der unterschiedlichen Besteuerung waren. Im Durchschnitt kostete – um das wichtigste Beispiel zu betrachten – eine *libbra* (800 gr.) Brot im *suburbio* 4 cent. weniger, was aber nur zur Hälfte eine Folge des Wegfalls der Konsumsteuer war. Wenn die amtliche Festsetzung des Brotpreises im äußeren Kreis dazu beitrug, den Preis dieses wichtigsten Artikels in der Volksnahrung niedriger als in der Stadt zu halten, so lassen sich die Preisunterschiede bei anderen Nahrungsmitteln auch nur zum Teil aus den niedrigeren Sätzen des *dazio forese* erklären. Im *suburbio* galten eben „suburbane" Preise, d. h. solche Preise, die sich der geringeren Kaufkraft seiner ärmeren Bevölkerung notwendigerweise anpaßten. Das Pech von Magistrat und Gemeinderat war es nun, daß „der Proletarier" sich nicht sonderlich dafür interessierte, zu welchem Anteil die städtischen Konsumsteuern genau für die höheren Preise in der *città* verantwortlich waren. Er schob ihnen pauschal die Verantwortung dafür zu und entlud bei passender Gelegenheit seine ganze Entrüstung gegen sie.

Nach einer vorsichtigen Schätzung kann man annehmen, daß eine vier- bis fünfköpfige Arbeiterfamilie bei ihren täglichen Nahrungsausgaben 30 bis 50 cent. einsparen konnte, wenn sie sämtliche Einkäufe in den Vorstädten tätigte. Diese Summe entsprach einem Viertel bis einem Drittel des Tagesverdienstes einer Textilarbeiterin oder, in Zeiten eines „guten" Preises, einem $^3/_4$ bis $1^1/_4$ kg Brot. Für die innerstädtischen Arbeiter waren diese Preisunterschiede zu groß, um sie ruhig hinzunehmen. Frauen, Männer, Kinder, ganze Familien bewegten sich zu Fuß in die Vorstädte, um dort einzukaufen. In der *città* wurde wenigstens ein Drittel mehr Brot verzehrt, als aus dem versteuerten Mehl gebacken werden konnte. Dieses Drittel, um 1880 immerhin 10 Millionen Kilogramm im Jahr, wurde, unter Ausnutzung einer Toleranzgrenze von einer *libbra* je Person, aus dem *suburbio* oder von noch weiterher herangeschafft oder in kleineren und größeren Mengen in die innere Stadt geschmuggelt.

„Der größere Teil der Arbeiter und viele bürgerliche Familien, die *giù dei ponti* wohnen, gehen zu den Bäckern in der Vorstadt, um vier bis sechs Centimes zu sparen, ohne darauf zu achten, ob die Ersparnis für die Mühe, den Zeitaufwand und die Abnutzung der Schuhe entschädigt. Wir begreifen, daß für eine vielköpfige Familie die Ersparnis so bedeutend ist, um Vater oder Mutter, eben das Haupt der Familie, das gerade freie Zeit hat, zu veranlassen, zwei oder drei Reisen am Tag für die Brotversorgung zu unternehmen."[13]

Auf Millionen solcher Gänge passierten die Angehörigen der „zahlreichsten Klassen" millionenfach die Stadttore, um sich ebensooft von den Zollwachen ausfragen und durchsuchen zu lassen. In seinen „Note azzurre" hat Carlo Dossi diese Szene festgehalten:

„Morgens am Zoll der Porta Tenaglia: So viele Passanten, so viele Flüche gegen den kgl. Zoll. Und es passieren am Tag noch andere hunderttausend; rechnet euch aus, wie viele Verwünschungen in einem Jahr. – – Der kleine Schmuggel wird hier von allen ausgeübt. Wer außerhalb der Mauern zwei Brote à eine ‚libbra' gekauft hat, gibt eines irgendeinem *magutt* [Maurer], sie gehen zusammen durch, dann nimmt er es wieder."[14]

Und in seiner Novelle „Giovanna" hat Paolo Valera die Geschichte des *popolano* Lorenzo Pagani aus dem Viertel des Verziere erzählt, der mehr aus Not denn aus eigenem Willen zum Zollbeamten wurde. „Die Verachtung des Volks vom Verziere war ihm in der Kehle steckengeblieben. . . . Er wurde nicht einmal mehr mit der Verachtung angeschaut, die man für einen Verräter und Deserteur hat. Für ihn hatte man nur Gleichgültigkeit, im Haß erstarrte Gleichgültigkeit, übrig."[15] Unverzeihlich war, daß Lorenzo sich zum Organ des verhaßten Fiskus hatte machen lassen. Eine der vielen offiziellen Untersuchungskommissionen, die sich mit dem Problem der Konsumsteuern und mit der „Brotfrage" befaßten, berichtete 1891 an den Stadtrat:

„Das lang zurückliegende Datum der Einführung [der Mehlsteuer] bedeutet nicht, daß sie inzwischen mit weniger Sensibilität registriert wird, da man sie nicht wie die Mahlsteuer und die an den Grenzen erhobenen Kornzölle mit den Produktionskosten verwechselt; man braucht nur die Mauern zu überschreiten, um aus den dort üblichen geringeren Preisen ihren rein fiskalischen Ursprung zu erkennen."[16]

Die Steuergrenze, welche die Gemeinde in zwei Städte verschiedener Kategorien zerteilte, bildete permanent einen Herd der Gärung und der Unruhe. Seiner Gefährlichkeit mochten die Stadtväter sich bewußt sein, doch eliminieren konnten sie ihn nicht. Die Steuergrenze auf die ganze Stadt auszudehnen, wagte man nicht einmal ernsthaft zu erwägen; sie ganz zu beseitigen, hätte den finanziellen Bankrott der Gemeinde bedeutet. So beließ man bis 1898 alles beim alten und beschränkte sich im wesentlichen darauf, die Nöte des Volks zu studieren.

2. „Brotfrage" und öffentliche Ordnung

Der Lebensstandard der italienischen Arbeiter während der Industriellen Revolution hat bislang kein sonderliches Interesse der Historiker auf sich gezogen. Auch wenn man es bedauerlich finden mag, daß für Italien nie eine „standard-of-living"-Debatte geführt worden ist, so darf doch nicht vergessen werden, daß die diesbezügliche Diskussion über die englische Industrielle Revolution bisher in entscheidenden Punkten mit einem non liquet geendet hat. Darüber hinaus nahm sie einen solchen Verlauf, daß sie sich selber ingesamt in Frage stellte; und zwar nicht nur aufgrund der bereits von Clapham gemachten Feststellung, „daß Statistiken materieller Wohlfahrt niemals das Glück eines Volks messen können"[17], sondern erst recht wegen der Unmöglichkeit, die tatsächliche Lage der Arbeiter zu ihren sich verändernden Bedürfnissen in Beziehung zu setzen[18]. Dieses Problem sei an einem naheliegenden Beispiel illustriert.

In historischen Untersuchungen über Arbeiterfamilienbudgets ist es üblich, zwischen dem primären, sekundären und tertiären Verbrauch zu unterscheiden und eine Rangfolge der Ausgaben etwa folgender Art aufzustellen: Ernährung, Kleidung, Wohnung, Heizung, Beleuchtung, Hygiene, moralische Bedürfnisse usw. An dieses Schema hielt sich auch die *Società Archimede*, der Unterstützungsverein der Mailänder Schmiede und Mechaniker, als sie 1878 von der Handelskammer aufgefordert wurde, über die „Preise für Nahrung und Miete" ihrer Mitglieder zu berichten. 3,28 Lire täglicher Ausgaben für Miete, Brot, Suppe, Holz, Kaffee, Zucker und Licht errechnete sie und fragte dann: „Und die Schuhe? Und die Kleider? Und die Bücher für die Kinder, die zur Schule gehen? Diese machen mindestens 50 weitere Centimes aus pro Tag. Und man beachte, daß hier von der Wäscherin, Wein, Fleisch, ein bißchen Wurst und Käse nicht gesprochen wird."[19] Umgekehrt gingen die Maurer vor, als sie 1890, mitten in der Krise, für die Einhaltung des drei Jahre zuvor vereinbarten Tarifs kämpften und bei dieser Gelegenheit den Unternehmern und dem Publikum eine Aufstellung ihrer Haushaltsausgaben unterbreiteten. An erster Stelle rangierten bei ihnen nicht die Ausgaben für Ernährung, sondern diejenigen für Kleidung, Wohnung und Hygiene. Ganz vorn standen die Ausgaben für den Ehemann: zwei Hüte, zwei Jacken, eine Weste, ein halbes Dutzend Taschentücher, zweiundfünfzigmal Friseur im Jahr usw.; dann folgten die entsprechenden Ausgaben für die Ehefrau und die Kinder und solche für den Haushalt. Nach Abzug dieser Ausgaben von 405 L. verblieben für jede der drei täglichen Mahlzeiten noch gerade 21 cent., aufzuteilen unter vier Personen. Mit dieser Rechnung wollten sie die Behauptung „vieler, daß die Forderungen der Maurer exorbitant" seien, entkräften und allen klarmachen, daß sie nicht mehr, „als was kaum zum Leben reicht", forderten[20]. 1890 war die von den Maurern aufgestellte Rechnung Grundlage ihrer Forderungen und wurde als solche von der Gegenseite hingenommen; zwei oder selbst nur ein Jahrzehnt früher hätte keine Zeitung es gewagt, dieses Dokument abzudrucken, so offensichtlich überspannt wäre allen diese Rechnung vorgekommen. Das neue Faktum, wodurch sich die Situation von 1890 von der früherer Jahrzehnte unterschied, lag in der „Organisation des Widerstands" unter den Maurern und in dem Generalstreik von 1887, mit dem sie bewiesen hatten, daß sie für die Erfüllung ihrer Bedürfnisse zu kämpfen entschlossen waren. Die *Società Archimede* dagegen sprach als ohnmächtige und einflußlose Repräsentantin einer damals noch meist unorganisierten und durch keine Kampferfahrungen selbstbewußter gewordenen Kategorie von Arbeitern. Nur soviel zur Veränderlichkeit der Bedürfnisse bzw. zur „Revolution der steigenden Erwartungen", die ihre nächstliegende Erklärung in der jeweiligen Stärke der Arbeiterschaft finden.

Läßt man diesen Aspekt einmal beiseite und betrachtet nur den faktischen Lebensstandard der Mailänder (und italienischen) Arbeiter in den ersten vier bis fünf Jahrzehnten nach der Einigung, so läßt sich dem Urteil Sombarts von 1889, daß Italiens industrielles Proletariat elender als das irgendeines anderen Landes sei[21], kaum etwas hinzufügen. Hauptmerkmal war die nahezu vollständige Unveränderlichkeit seiner Not. Der Anteil der Ausgaben für die Ernährung blieb in Mailand ebenso wie auf Landesebene nahezu konstant[22]. Ebenfalls unverändert blieb zwischen den 1860er und den Vorkriegsjahren die Kalorienmenge, die jedem Einwohner zur Verfügung stand; zwischenzeitlich, in den 80er und 90er Jahren, erreichte sie einen so tiefen Stand, daß die düstersten zeitgenössischen Beschreibungen über den Ernährungszustand der Volksmassen darin ihre volle statistische Bestätigung finden[23]. Nittis Feststellung von 1894, daß „es außerhalb jeden Zweifels liegt, daß der Ernährungshaushalt der Arbeiter wie der Bauern Italiens gewöhnlich unterhalb dessen liegt, was Voit für einen Durchschnittsarbeiter, der keine exzessive Arbeit ausführen muß, für notwendig hält"[24], dürfte auch für viele Mailänder Arbeiter zugetroffen haben. „Die Bildung und die Konsolidierung von Arbeiteraristokratien" im Mailand der 1880er Jahre ist eine phantasievolle Erfindung der modernen Literatur, die völlig unkritisch die nachweislich falschen Ergebnisse der älteren Lohnstatistik übernimmt[25]. Einige kritische Untersuchungen über Löhne und Lebensstandard der Mailänder Arbeiter haben vielmehr ergeben, daß selbst solche Berufe wie die Buchdruckergehilfen und Maurer alles andere als „aristokratische" Löhne empfingen[26]. Mag es auf der einen Seite, was vorerst bloße Vermutung ist, richtig sein, daß eine kleine Minderheit gelernter Arbeiter Löhne erhielt, die ihnen eine erträgliche Nahrung, Wohnung und Kleidung erlaubten, so stellt sich gegenüber der großen Mehrheit der Arbeiter eher die Frage, wie sie mit Löhnen von 2, 3 oder, wenn es hoch kam, 4 Lire am Tag überleben konnten. Wissenschaftlich läßt sich diese Frage noch nicht beantworten.

Nach den beiden einzigen verläßlichen Untersuchungen über den Ernährungshaushalt Mailänder Arbeiter und Arbeiterfamilien, der von Guido Bazzoni aus den 1860er Jahren und der von Angelo Pugliese aus dem Jahr 1913, blieb die Ernährung der Arbeiter in dem halben Jahrhundert quantitativ und vor allem qualitativ völlig unzureichend, und wahrscheinlich liegt hierin einer der Gründe, weshalb die durchschnittliche Lebenserwartung in Mailand noch bis Anfang des 20. Jahrhunderts unter dem Landesdurchschnitt lag[27]. Hieraus – und noch deutlicher aus den im übernächsten Abschnitt zu nennenden Indikatoren für das Massenelend – ergibt sich unzweideutig, daß jeder Centime für den Ernährungs- und Ausgabenhaushalt der meisten Arbeiterfamilien von größter Bedeutung war und daß selbst die kleinsten Preissteigerungen ausreichen konnten, um das labile, ein chronisches Nahrungsdefizit einschließende Gleichgewicht der Arbeiterfamilienbudgets aus den Angeln zu heben.

Diesen Hintergrund darf man bei der Frage, welche Bedeutung materiell und emotional dem Brotpreis zukam, nicht aus den Augen verlieren. Die Zeugnisse über den Anteil des Brots und anderer Getreideerzeugnisse an der Ernährung und an den Ausgaben der Arbeiter sind sehr disparat und teilweise in sich widersprüchlich, so daß sich aus ihnen kein einheitliches und gesichertes Bild gewinnen läßt[28]. Dem bereits erwähnten Bericht der *Società Archimede* von 1878 zufolge betrugen die Ausgaben für Brot und Reis (an dessen Stelle in anderen Fällen natürlich Nudeln, Mais usw. treten konnten) etwa 50 % der reinen Nahrungsausgaben. Mag für viele Arbeiter, vor allem in späteren Jahren, dieser Anteil auch niedriger gewesen sein, so dürfte für Mailand im 19. Jahrhundert gleichwohl dasselbe wie für Frankreich und England gegolten haben, daß die Getreideerzeugnisse stets den größten Einzelposten unter den Nahrungsausgaben des Volks bildeten[29]. Aber selbst wenn man dies – wie Perrot für die französischen Arbeiter im letzten Drittel des 19. Jahrhunderts – bezweifelt, bestand eine opinio communis darüber, daß ,,der Brotpreis", wie es noch 1913 die sozialistische Fraktion im Mailänder Stadtrat hervorgehoben hatte, ,,einen der wichtigsten Bestandteile in der Ökonomie der Volksklassen bildet"[30]. Das war nicht nur die Meinung der Sozialisten und Arbeiter selber, sondern auch der oberen Klassen, welche die Geschicke der Stadt lenkten.

Noch bevor im Januar 1860 die ersten Gemeinderatswahlen stattgefunden hatten, legte das *Municipio* dem Gemeinderat einen Bericht vor, in dem es die Abschaffung des *calmiere* bzw. der *meta* für Brot (amtliche Preisfestsetzung) zum 1. Januar 1860 empfahl. Damit entsprach die provisorische Gemeindeverwaltung einer alten Forderung der liberalen Ökonomen, die mit ihrer ganzen Autorität schon Beccaria, Verri und Gioia unterstützt hatten. Anfang 1859 war zeitweilig bereits der *calmiere* für Fleisch ausgesetzt und dann endgültig abgeschafft worden, und einige Zeit früher auch die amtliche Regulierung der Preise von Mehl und *pasta*. Während diese letzten Maßnahmen kaum Aufsehen erregten, scheint den Stadtvätern bei der Freigabe des Brotpreises nicht ganz wohl gewesen zu sein. Einmal verschoben sie aus nicht ganz klar ersichtlichen Gründen das ursprünglich für diese Maßnahme vorgesehene Datum auf den 1. Oktober 1860, und zum andern trafen sie Vorsorge, den Brotpreis künstlich niedrig zu halten. Das *Municipio* förderte die Errichtung von vier mit ,,verbesserten und ökonomischeren Methoden" arbeitenden Brotfabriken, die ihre Erzeugnisse über mehr als zwanzig Verkaufsstellen absetzten. Dank kleiner kommunaler Subventionen kostete in ihnen die *libbra* Brot bisweilen 4 cent. weniger als in den anderen Bäckerläden und manchmal sogar weniger als in den Corpi Santi, deren Gemeindevertretung sich mit einem Votum vom 14. September 1860 für die Beibehaltung des *calmiere* ausgesprochen hatte[31].

Diese Handlungsweise, die den wirtschaftsliberalen Grundsätzen der Gemäßigten ganz und gar zuwiderlief, hatte ihre Ursache darin, daß die Liberalisierung der Brotindustrie nicht die Ergebnisse zeitigte, die sich die Gegner des *calmiere* von ihr erhofft und deretwegen sie auf seine Abschaffung gedrängt hatten. Weder wurde das Brot besser noch billiger, sondern die Bäcker gingen eine dauernde Koalition ,,zum Schaden der Bürgerschaft" ein. Unerlaubte Preisabsprachen hielten die viel zu vielen

Kleinbetriebe am Leben, und das Gewerbe verharrte in seiner uralten Immobilität. (In den 60er Jahren gab es fast zweihundert Bäckereien in der Stadt, während weniger als ein Drittel als völlig ausreichend betrachtet wurde[32].) „Das Volk, dem der Brotpreis am Herzen liegt", war seit Jahrhunderten an die Brotpreisfestsetzung gewöhnt (nur zwischen 1781 und 1812 war der *calmiere* aufgehoben), und mit Rücksicht auf die öffentliche Ordnung konnte es das *Municipio* sich nicht erlauben, dieses Vorurteil „des ganzen Volks" zu ignorieren[33]. Die Welle von Unruhen und Streiks, die der polizeilich garantierten Friedhofsruhe der 50er Jahre gefolgt war, mahnte zur Vorsicht[34].

Im Verlauf der nächsten Jahre sahen sich Gemeinderat und *Giunta* immer wieder veranlaßt, den Brotpreisen – und auch dem Preis für Fleisch – ihre Aufmerksamkeit zu widmen. Indem es das System gezielter Subventionen beibehielt, gelang es dem *Municipio*, bis 1865 den Brotpreis innerhalb einer „vernünftigen Grenze" zu halten[35]. In den drei folgenden Jahren stiegen aber die Getreidepreise unaufhörlich an und mit ihnen der Brotpreis. Die Stadt wie das ganze Land durchlebten damals die kritischsten Jahre seit der Einigung. Die Einführung des Zwangskurses, durch die allein der drohende Staatsbankerott hatte abgewendet werden können, bewirkte eine allgemeine Depression der Reallöhne, und mit dem unglücklich geführten Krieg gegen Österreich verschärften sich die wirtschaftlichen Schwierigkeiten und die Arbeitslosigkeit. Im Sommer und Herbst 1867 – erstmals wieder nach den ebenso kritischen Jahren 1854/55 – wütete in Mailand und der Lombardei die Cholera. Um die Arbeiter gegen die Epidemie widerstandsfähiger zu machen, verordnete der Präfekt, vier Wochen nach ihrem ersten Auftreten, daß in den Filanden und Fabriken die Arbeitszeit nicht über zwölf Stunden ausgedehnt werden dürfe und den Arbeitern eine Mittagsruhe von wenigstens zwei Stunden zu gönnen sei; außerdem wurden die Unternehmer angehalten, dafür zu sorgen, daß den Arbeitern täglich eine warme Suppe verabreicht würde. Im Borgo degli Ortolani (vor der Porta Tenaglia) „erhob sich der *vulgo* zu einer Rebellion" gegen die seuchenhygienischen Maßnahmen der Behörden, „die nur durch das Aufgebot starker Ordnungskräfte unterdrückt werden konnte"[36]. In derselben Vorstadt war es bereits anfangs des Jahres zu Unruhen gegen die Eintreibung von Steuern gekommen, und in dessen weiterem Verlauf wurde die Stadt von Teuerungsunruhen heimgesucht[37]. Um die Not der „elendesten Klasse der einfachen Arbeiter" zu lindern, ergriff die *Giunta* im Winter 1867/68 die Initiative zu einer öffentlichen Wohltätigkeitssubskription, und es wurde eine „außerordentliche Wohltätigkeitskommission zur Verteilung der Unterstützungen an die bedürftigen und arbeitslosen Mailänder Arbeiter" gebildet[38].

Angesichts dieser traurigen Situation begann „die Frage des Brotpreises", „eine sehr ernste Frage", die Stadtverwalter erneut zu beunruhigen. Das festgefügte „Syndikat" der Bäcker ließ sich nicht von der Drohung einer Wiedereinführung des *calmiere* beeindrucken, und die *Giunta* konnte nur durch die Gewährung direkter Geldsubventionen an die „assoziierten" Bäcker verhindern, daß der Preis für ein Kilogramm Brot über die Rekordmarke von 60 cent. stieg. Inzwischen hatte man „jede Hoffnung auf eine freie Konkurrenz" aufgegeben, und auch die seit Jahren unterstützten Verkaufsstellen für billigeres Brot vermochten das gesamte Preisgefüge nicht zu beeinflussen[39]. Aufgrund der „nachdrücklichen Beschwerden der Bevölkerung" wurde 1869 eine Kommission zum „Studium der ernsten Brotfrage" gebildet. Noch in diesen Jahren stellte sich in Mailand die Soziale Frage als die „Brotfrage". Der Vorschlag, den *calmiere* zu reaktivieren und kommunale Bäckereien einzurichten, wurde als „unvereinbar mit den Prinzipien der ökonomischen Wissenschaft" verworfen. Die Lösung der Brotfrage stellte man vielmehr der privaten Initiative anheim, die allerdings zu überhaupt keinen Resultaten gelangte[40].

Als Mitte 1872 der Brotpreis wieder auf 60 cent. kletterte, blieben die traditionellen Unruhen aus – die Arbeiter traten aber in einen mehrtägigen Generalstreik für 20 %ige Lohnerhöhungen, die weitestgehend erfüllt werden mußten. Lange hielt die Genugtuung über diesen Erfolg nicht an. Der kurzen Prosperität folgten lange Jahre wirtschaftlicher Depression, und 1873/74 kletterte der Brotpreis im Jahresdurchschnitt auf eine Höhe, die er seit der schlimmsten Krise des Jahrhunderts, der von 1816/17, nicht mehr erreicht hatte[41]. In dieser Situation ergriffen die organisierten Arbeiter eine bislang unerhörte Initiative. Im Namen von 23 Arbeitervereinen wandte sich das *Consolato operaio milanese*, die Dachorganisation der städtischen Fachvereine, an den Bürgermeister und an den Präfekten, um von den Behörden die Unterhaltsmittel zu fordern, die sie von den Unternehmern inmitten der Krise nicht erlangen konnten. Als Sofortmaßnahme verlangten sie die Abschaffung bzw. Herabsetzung der Konsumsteuer und „besondere Maßnahmen wie die tägliche Verteilung von Brotgutscheinen an die bedürftigen Klassen und die Einrichtung von Armenküchen"[42]. Diese wurden erst in dem sehr strengen Winter 1879/80 verwirklicht[43], und die Konsumsteuern auf die lebensnotwendigen Dinge wurden um keinen Centime herabgesetzt. Das einzige, nicht unerhebliche Zugeständnis in der Brotfrage bestand in der Beibehaltung des *calmiere* im äußeren Kreis nach der Eingemeindung der Corpi Santi (1. Sept, 1873). Bürgermeister Belinzaghi hielt dessen Abschaffung für „zeitlich verfehlt", da das doppelte System von nicht unerheblichem Vorteil sei, um den Preis in der ganzen Gemeinde zu regulieren[44]. Die Absicht seines Nachfolgers Negri, die hieraus für die Arbeiter resultierenden Vorteile zu beschneiden, löste unmittelbar die Brotunruhen von 1886 aus.

Die Frage des Brotpreises und der Preise für andere lebensnotwendige Nahrungsmittel wurde immer stärker auch in der Öffentlichkeit diskutiert. Zunächst wurde sie von den bürgerlich-oppositionellen Zeitungen aufgegriffen und mit einiger Verspätung auch von den sozialistischen und Arbeiterblättern. Neben den ewigen Beschwerden über die Höhe des Brotpreises[45] begann man nun auch, sich intensiver um Qualität und Gewicht des Brots zu kümmern. Die Behörden tolerierten eine Abweichung von 5 % zwischen dem deklarierten und dem tatsächlichen Gewicht und hatten in der Vergangenheit schon gelegentlich zu leichte Brote beschlagnahmt. Neu war, daß die Arbeiter selber anfingen, das Brot nachzuwiegen und die krassesten Betrügereien über die demokratische Presse an die Öffentlichkeit zu bringen[46]. Beunruhigender waren jedoch die fortschreitende Qualitätsminderung und Verfälschung des Brots und anderer Lebensmittel, deren ganze Ausmaße eine breit angelegte Pressekampagne der betroffenen Bürgerschaft vor Augen hielt. Die Lebensmittelverfälschung war mittlerweile zu einer „richtigen Industrie" geworden, so daß der Gemeinderat sich zur Einrichtung eines chemischen Labors zur Lebensmittelkontrolle veranlaßt sah, da die herkömmlichen Kontrollmittel der ,,Raffinesse" der Fälscher nicht gewachsen waren[47].

Die einzige Antwort, welche die Regierenden auf all diese Klagen und Kritiken wußten, bestand darin, wiederum eine Kommission zur Untersuchung der Brotfrage einzusetzen. Der Stadtverordnete Fedele Massara, der die diesbezügliche Initiative ergriffen hatte, begründete sie damit, daß ,,wir die Brotfrage studieren müssen, um eine Pflicht zu erfüllen; wir müssen sie studieren, bevor das Murren des Volks uns dazu zwingt". Die einzige Möglichkeit, Preis und Qualität des Brots zu verbessern, sah die Kommission in der Errichtung von Großbäckereien. Dieser Vorschlag blieb nicht ganz ungehört, insofern das *Municipio* einige Jahre später die Abhaltung einer Internationalen Ausstellung für Müllerei- und Bäckereimaschinen unterstützte, die im In- und Ausland großes Interesse erregte[48]. Innerhalb ihrer gründlichen Untersuchung ermittelte die Kommission, daß im äußeren Kreis nur 55 % des Brots aus reinem Weizenmehl bestand, während der Rest sich auf Roggenmischbrot und Maisbrot (knapp 10 %) verteilte; in der *città* wurde dagegen fast ausschließlich ,,weißes Brot" gebacken. Von den zwei Menschenrassen, die nach Agostino Bertani in Italien lebten, ,,jene des weißen Brots und jene des dunklen Brots"[49], wohnte in Mailand die eine diesseits, die andere jenseits der Bastioni. Das Mischbrot war nicht mehr wie noch zu Zeiten Beccarias ausschließlich die Nahrung der Bauern und der ,,untersten und allerbedürftigsten Klassen"; im Mailand nach der Einigung brauchte auch niemand mehr, wie hundert Jahre zuvor Beccaria noch, über die ,,Mittel, den Gebrauch des Mischbrots, das die Handwerker und das niedrige Volk in Lyon und in anderen Städten Frankreichs, in Wien und in fast ganz Deutschland essen, bei dem Volk der Stadt verbreiteter zu machen", nachzugrübeln, und auch gab es an den Lohnarbeitern und Handwerkern nicht länger die unausrottbare Gewohnheit zu kritisieren, sich mit weißem Brot zu ernähren[50]. In ihren ,,Nahrungsgewohnheiten" waren die unteren Schichten Mailands längst auf die Standards des frühindustriellen Zeitalters herabgesunken.

Noch über einen anderen Aspekt der Brotfrage brachte die Untersuchungskommission von 1879 Aufschluß: ,,Gewöhnlich" bezahlte der Arbeiter seinen Bäcker wöchentlich, und ,,beträchtlich" waren die Verluste, welche die Bäcker wegen Zahlungsunfähigkeit ihrer Arbeiterkundschaft hinnehmen mußten. ,,In den Zeiten der Not des Arbeiters oder bei Unglücksfällen oder allgemeiner Teuerung . . . stützt sich der Arbeiter ganz auf seinen Bäcker, der sich damit zufrieden gibt, den Preis für die Ware nicht nur erst nach einigen Wochen, sondern auch in kleinen Raten zu erhalten. Daher kommt es, daß der Arbeiter nicht einmal um den Vorteil, anderswo für das Brot 4 cent. weniger zu bezahlen, seinen Bäcker verläßt. "[51] Das Schuldenbuch des Bäckers bildete das vollständigste Kartogramm allen Elends in einem Stadtviertel[52].

Der Zündstoff, der sich seit Jahren um die Brotfrage und das Problem der Konsumsteuern aufgehäuft hatte, entlud sich 1886 in der *rivoluzione della micca*. Im Januar dieses Jahres hatte der Gemeinderat über den Entwurf des Bebauungsplans beraten, dessen Kosten damals auf 30 Millionen L. veranschlagt wurden. Die Gemeinde brauchte Geld. In dieser Situation wies Bürgermeister Gaetano Negri die Zollwachen an, die gültigen Bestimmungen über die Erhebung der Konsumsteuer rigoros anzuwenden. Nach ihnen durfte jede Person nur ein halbes kg Brot unverzollt in die Stadt einführen, während man früher eine *libbra* oder gar anderthalb hatte anstandslos passieren lassen. Zwei *micche*, etwa eine *libbra*, Brot bildeten nun aber die Tagesration eines Arbeiters, der sich aus der Vorstadt ins Zentrum zur Arbeit begab. Anderthalb *micche* hätte er nach der neuen Verfügung nur noch auf seinem Weg zur Arbeit mit sich führen dürfen und die restliche halbe in der Stadt dazukaufen müssen: da die Bäcker nach oben abrundeten, eine Mehrausgabe von zwei Centimes, ein halbes oder ein dreiviertel Prozent des Tageslohns der Maurer, die am zahlreichsten von der Maßnahme betroffen waren.

Die Arbeiter der Vorstadt der Porta Tenaglia, des proletarischsten Viertels der Stadt, das Zentrum der zahlreichen Bauarbeiterimmigration aus der nordwestlichen Lombardei und Piemont und seit alters Ausgangspunkt der Volksaufstände war, rührten sich als erste. Zunächst Flüche auf Bürgermeister, *Giunta* und Wachen, dann Streitereien, Lärmen und Tumulte, als man sie – morgens um sechs – zwingt, das Brot, das sie zuviel bei sich trugen, fortzuwerfen oder umzukehren. Zu zahlen fällt niemand ein. Ein Reporter notiert die Äußerung eines Arbeiters: ,,Früher haben sie den Bäckern die Scheiben eingeschmissen. Jetzt sind der Bürgermeister und die *Giunta* dran.''[53]

Dieser Ausspruch symbolisiert das Ende einer uralten Tradition der Volksaufstände, deren Aktualität für das frühe 19. Jahrhundert nicht zuletzt Manzonis ,,Promessi sposi'' bezeugen. Um das vor den Bäckerläden tumultuierende Volk in dem Mailand Federigo Borromeos zu beschreiben, brauchte er nur den analogen Ereignissen seiner Jugendzeit zu folgen[54]. Selbst noch zu Beginn des Zeitraums dieser Darstellung, im Mai 1861, versuchten während einer Brotteuerung die Einwohner des Viertels um die Porta Ticinese, des anderen klassischen Unruheherds Mailands, die Brennerei Sessa e Fumagalli zu stürmen, da diese wegen ihres großen Getreidekonsums Ursache der letzten Brotpreiserhöhung sei. Geradezu unwillkürlich drängten sich den Zeitgenossen Manzonische Reminiszenzen auf: ,,Wie !, wird man im Ausland sagen, befinden wir uns noch in der Epoche der ,Promessi sposi' ? Mitten im 19. Jahrhundert glaubt man in einer Stadt wie Mailand noch an die Aushungerer ? Und warum, bitte schön, nicht auch an die Einschmierer?''[55] 1886 stellte sich diese Frage niemand mehr. Das Volk hatte gelernt, seine *affamatori* und *untori* in den Inhabern der lokalen Macht zu erkennen.

In der Nacht vom 31. März zum 1. April wurden Flugblätter, unterschrieben mit ,,Viele Arbeiter'', an den Mauern der Stadt angeheftet, die Polizei und Carabinieri sogleich in größte Unruhe und Alarmbereitschaft versetzten:

,,Bürger Arbeiter!

Das allgemeine Elend ist groß und unerträglich. Die Arbeit fehlt, die Bedürfnisse wachsen. Der arme Arbeiter weiß nicht mehr, wie er sich und seine Familie sättigen soll, und während er resigniert auf Hilfe, auf eine wirksame Unterstützung wartet, sieht er, daß die Zeiten immer schlimmer werden.

Zu den allgemeinen Steuern und Abgaben hat die Giunta municipale von Mailand die schändliche und schamlose Maßnahme hinzugefügt, das Einführen von Lebensmitteln in die Stadt und der MICCA BROT, die der Arbeiter auf seinem Weg zur Arbeit bei sich trägt, auf ein Minimum zu begrenzen.

So kann es nicht weitergehen.

Diese verhaßten Maßnahmen müssen beseitigt werden.

Deshalb – Donnerstagabend um 9 – findet euch alle auf der Piazza del Duomo ein, um euren Protest zu erheben, damit diese schändlichen Verordnungen – und zwar für immer – abgeschafft werden."[56]

Bevor die „Bürger Arbeiter" diesem Aufruf Folge leisten konnten, hatten die inzwischen alltäglich sich wiederholenden Zwischenfälle an der Porta Tenaglia solche Ausmaße angenommen, daß Polizei zum Schutz der Zollwachen eingesetzt werden mußte. Aus der Menge der etwa 200 Demonstranten wurden sieben Personen, unter ihnen fünf Maurer, verhaftet. Die eigentlichen Unruhen begannen indes erst abends mit der Demonstration auf dem Domplatz, die durch das provozierende Auftreten der Ordnungskräfte sehr schnell zu einer Straßenschlacht entartete und mit zahlreichen Verhaftungen endete. An dem folgenden Abend wiederholte sich dasselbe Schauspiel, und als sich auch dann noch kein Ende der Demonstrationen abzuzeichnen begann, beschloß der schleunigst zu einer Sondersitzung einberufene Gemeinderat am Abend des 3. April, die Maßnahmen des Bürgermeisters aufzuheben und die alte Gewohnheitsregelung wiederherzustellen. Am nächsten Abend versammelten sich aber noch einmal zahlreiche Demonstranten im Zentrum, um nun Amnestie für die Verurteilten und Verhafteten zu fordern. Die Justiz hatte schnell gearbeitet. Im Direktverfahren waren von 80 angeklagten Demonstranten bereits 57 verurteilt worden, während der Rest einem ordentlichen Gerichtsverfahren entgegensah. Der Polizeipräsident sah sich veranlaßt, ob solch „großzügiger und wirksamer Unterstützung" durch die Justiz dem Präfekten seine Genugtuung auszudrücken[57]. An der Spontaneität dieses Ausbruchs des Volkszorns ist um so weniger zu zweifeln, als selbst der *Partito Operaio* und das *Consolato Operaio* mit dem Bürgermeister Verhandlungen über die Konsumsteuer aufnehmen wollten, „in der Hoffnung, auf diese Weise weitere Unruhen zu vermeiden"[58].

Zum ersten Mal seit den heroischen *Cinque Giornate* (von 1848) und dem Aufstand vom 6. Februar 1853 hatte das Volk sich wieder der Straßen des Zentrums als Kampfplatz bemächtigt. Der *Fascio operaio* triumphierte:

„LA PIAZZA HA VINTO (Die Straße hat gesiegt).

Schon so lange hat man dieses arme Volk zwischen den vier Wänden eines Raums kastriert, schon so lange hatte es den Gebrauch seiner Kräfte verloren, daß zu befürchten war, daß es auch diesmal sich gegen die Bisse der Blutegel, die es aussaugen, taub stellt.

Statt dessen ist es erwacht, und wir haben es auf der Straße gesehen mit seinem pittoresken Äußern, mit seiner ungeschliffenen und aufrichtigen Sprache, mit seinen unberechenbaren und unwiderstehlichen Ausbrüchen, mit seiner gewaltigen und furchtgebietenden Stimme. Was auch immer die Ängstlichen und Feigen sagen mögen, auf der Straße hält sich das Volk sehr wacker!

Die Straße ist sein Raum, – die Straße ist sein Versammlungsplatz, – die Straße ist seine Tribüne: dorthin geht es, wenn es etwas zu sagen hat. Wie viele Male hat die Straße der Kanzel und dem Katheder eine Lektion über Zivilisation erteilt!

Das Volk, das sich an die Straße gewöhnt, erkennt sich selbst, erprobt seine Kraft und seine Macht, zeigt sich in seiner ganzen naiven und starken, offenherzigen und großmütigen Natur."[59]

In der Entwicklungsgeschichte der Mailänder Arbeiterklasse war mit diesem April 1886 eine Schwelle überschritten, ein Schritt getan, den niemand mehr rückgängig machen konnte. Nicht nur hatte „die Straße" (la piazza) gesiegt, sondern die Arbeiter hatten *die* Piazza – die Piazza del Duomo – erobert, den Mittelpunkt der bürgerlichen Stadt. Von nun an, mit dem Fortschreiten der Jahre immer häufiger und immer zahlreicher, bewegten sich die Mengen der Arbeiter, wann immer das Maß ihres Unmuts und ihrer Empörung voll war, von der Peripherie gegen das Zentrum, um die Ansprüche der „Arbeiterstadt" zur Geltung zu bringen: ein noch heute, und mit besonderer Häufigkeit seit dem Herbst 1969, sich immer wiederholender Vorgang. Den Versuch, „die Bedingungen der Arbeiter des inneren und äußeren Kreises in male einander anzugleichen", wagten Bürgermeister, *Giunta* und Stadtrat nicht zu wiederholen.

Die Geringfügigkeit des Betrags, der den Anlaß zu den Unruhen von 1886 abgegeben hatte, und nicht weniger das lange Zögern der Gemäßigten, den schon 1861 verkündeten steuerpolitischen Grundsatz, „daß die Konsumsteuer, um ertragreich zu sein, auf die lebensnotwendigen Dinge erhoben werden muß", auch auf das Gebiet des äußeren Kreises auszudehnen, deuten an, welch außerordentliche Bedeutung die Behörden und das Volk dem Brotpreis beimaßen. Die Nachgiebigkeit, die der Gemeinderat 1886 dem Druck „der Straße" gegenüber an den Tag gelegt hatte, wurde von den Konservativen als Skandal empfunden, und tatsächlich gibt es kein anderes Beispiel dafür, daß sich *Giunta* und Gemeinderat von „der Straße" eine derartige Maßnahme hätten aufnötigen lassen.

Als sich 1898 die allgemeinen Teuerungsunruhen nach Norden ausbreiteten, hoffte der Gemeinderat ihr Übergreifen auf Mailand abwenden zu können, indem er in größter Eile die Konsumsteuern auf Mehl, Brot usw. aussetzte. Diese Rechnung ging nicht auf, aber die Maßnahme an sich ist höchst bezeichnend: Zeigt sie doch, daß den Verwaltern der Stadt der Brotpreis noch immer als „der empfindlichste Anzeiger der Unzufriedenheit des Volks" galt[60]. Zu Recht wurde eingewandt, daß eine Erklärung, die ausschließlich die Elendslage des Volks in Betracht zieht, Ursachen, Verlauf und Resultaten des Mailänder Aufstands vom 6. bis 9. Mai 1898 nicht gerecht werde[61]. Daß materielle Not und Entbehrungen nicht per se zu Protest und Widerstand der Massen führen, ist ebenso richtig wie die Beobachtung, daß die Heftigkeit, welche die Unruhen 1898 gerade in Mailand annahmen, eng mit den Prozessen politischer Bewußtwerdung und Organisation der Mailänder Arbeiterschaft zusammenhingen[62]. Nur darf man hieraus nicht wie Charles Tilly schließen, daß die Hungerunruhen des „rebellischen Jahrhunderts" nur „scheinbar" aus Hunger geboren seien, ihnen in Wirklichkeit aber primär politische Zielsetzungen zugrunde gelegen hätten[63]. Diese „politische" Interpretation von kollektiver Gewalt führt zu neuen Einseitigkeiten, statt, wie sie vorgibt, die antiquierte Verelendungstheorie zu widerlegen. Mochten die armen Schichten des Südens auch noch hungriger sein als die im Norden, so hatten doch auch die Mailänder Arbeiter Hunger – auf gutes und billiges Brot, höhere Löhne und mehr Gerechtigkeit. Ein Artikel der Londoner *Times* über die 98er Unruhen brachte dies sehr präzis zum Ausdruck:

„Die wirtschaftliche Lage Italiens ist sehr ernst, und die Armut der Masse des Volks ist groß. Hierin sind die wirklichen Ursachen der weitverbreiteten Unzufriedenheit zu suchen, die jüngst zu Unruhe und Aufruhr geführt hat. Dafür den Sozialismus oder eine organisierte revolutionäre Bewegung verantwortlich zu machen, ist bloß eine Spielerei mit Worten, sofern nicht deutlich gemacht wird, daß diese Dinge ihre Wurzel in der materiellen Notlage des Volks haben. Es ist keine Antwort zu sagen, daß die schlimmsten Unruhen in Mailand vorgekommen seien, wo die Industrie blühe und es reichlich Arbeit gebe. Wenn es dort reichlich Arbeit gibt, gibt es dort gleichfalls eine Menge Steuern und auch ein höheres politisches Bewußtsein und größere Entschlossenheit als im Süden. Es mag sein, daß es der Arbeiterbevölkerung Mailands nicht buchstäblich an Brot fehlt, aber ihr Brot ist sehr teuer, und sie ist sich bewußt, daß es wegen der schlechten Verwaltung so teuer ist."[64]

Eben die Wahrnehmung dieses Zusammenhangs durch die Arbeiter hatte schon den Verlauf der Unruhen von 1886 bestimmt, und von ihm kann man nicht abstrahieren, wenn man die „wirklichen Ursachen" der Unruhen von 1898 ergründen will. Die Behörden saßen keinem Phantom auf, wenn sie das Steigen des Brotpreises mit großer Aufmerksamkeit verfolgten. Parallel zu den sukzessiven Brotpreiserhöhungen infolge des katastrophal schlechten Ausfalls der Getreideernte von 1897 hatten die Arbeiterorganisationen eine landesweite Agitation gegen die Brotteuerung entfacht. Sie wurde in Mailand mit solcher Intensität geführt, daß Ende Januar 1898 der Präfekt von Mailand sich veranlaßt fühlte, von sofort ab alle „weiteren öffentlichen Manifestationen in dieser Angelegenheit" zu verbieten und den Innenminister zu informieren, daß „bei einem Andauern der augenblicklichen Verhältnisse und bei neuen Brotpreiserhöhungen die Situation sich zuspitzen könne"[65].

In Mailand spitzte sich die Situation mehr zu als an irgendeinem anderen Ort Italiens. Noch einmal gehörten die Viertel um die Porta Garibaldi und die Porta Ticinese zu den gefährlichsten Aufstandsherden, doch die ersten Unruhen gingen diesmal von der Zone außerhalb der Porta Nuova, dem Zentrum der modernen Großbetriebe, aus. Die Unterdrückung des Aufstands nahm in Mailand gigantische Ausmaße an: Nach offizieller Version gab es 80 Tote und 450 Verletzte. Nachdem über die Stadt der Belagerungszustand verhängt, alle Gewalt an den Kommandierenden General Bava Beccaris übergegangen, sämtliche Arbeiterorganisationen aufgelöst und Hunderte ihrer Führer verhaftet oder geflohen waren, fanden die Gemäßigten den Mut, die Steuergrenze auch auf den größten Teil des äußeren Kreises auszudehnen, die kommunalen Subventionen für das *Teatro alla Scala* wiedereinzuführen, die *Società Umanitaria* dem Einfluß der Arbeiterorganisationen zu entreißen[66]. Doch eines wagten sie nicht: die Konsumsteuer auf Brot, Mehl, Reis usw. in der *città* wiedereinzuführen oder gar ihre Geltung auf die äußere Stadt auszudehnen. Diese vom Volk am meisten gehaßte Steuer blieb ein für allemal abgeschafft.

3. Wohnung, Krankheit und Resignation

Die Anspruchslosigkeit der Arbeiter in bezug auf Wohnung und Unterkunft, auf die anfangs dieses Jahrhunderts schon Maurice Halbwachs hingewiesen hat[67], wurde vielleicht nur noch von ihrer Gleichgültigkeit gegenüber ihrem Gesundheitszustand und der Erhaltung ihrer Lebenskraft übertroffen. Die Ursachen dieses Phänomens liegen für Mailand – wie für andere Städte und Länder – in der zweiten Hälfte des 19. Jahrhunderts auf der Hand. In einer Situation, in der die große Mehrheit der Arbeiter mehr oder minder dicht am Rande des Subsistenzminimums lebte, in der die Ausgaben für Essen, Trinken und Kleidung 70, 80 oder gar mehr Prozent ihres Lohns beanspruchten, konnten über das Allernotwendigste hinausgehende Ansprüche in Wohnung und Gesundheitspflege gar nicht erst aufkommen oder ihnen nachgegeben werden. Vor die absolute Notwendigkeit gestellt, einen Lohn, irgendeinen Lohn zu verdienen, bildete selbst die Rücksicht auf die Erhaltung ihrer körperlichen Unversehrtheit einen Luxus, den sie sich kaum leisten konnten. Seine Arbeitskraft versuchte der Arbeiter um einen möglichst hohen Preis zu verkaufen; deren Träger, seinen Leib, setzte er dafür jedem Risiko aus. In der Resignation des Volks wurden die Arbeitsunfälle *disgrazie* genannt[68].

Eine ähnliche Resignation herrschte gegenüber der Wohnungsfrage vor. „Der Arbeiter beruhigt sich ziemlich schnell nach seinen kleinen Zornesausbrüchen gegen den Hausbesitzer. Die Frage des Lohns ist für ihn von ganz anderer Bedeutung" – dieser Ausspruch eines französischen Polizeikommissars[69] traf auf die Mailänder Arbeiter des vorigen Jahrhunderts nicht weniger zu als auf die französischen. Über die Rangfolge der Bedürfnisse und ihrer Befriedigung konnte der Arbeiter nicht frei entscheiden; sie wurde ihm von außen aufgezwungen. An erster Stelle rangierte der Lohn, der die erste Voraussetzung zu seiner und seiner Familie Existenz bildete; die weitere Rangfolge – Nahrung und Kleidung, Wohnung usw. – ergab sich wie von selbst. Dem entsprach die Reihenfolge der Ziele seiner Kämpfe und die Energie, mit der er für sie eintrat. Zwischen 1860 und 1900 konnten die Mailänder Arbeiter ihr Lohnniveau im großen und ganzen nicht nur erfolgreich behaupten, sondern vielfach auch, und sei es nur geringfügig, verbessern; ähnlich verhielt es sich mit ihrem Ernährungszustand. Dagegen sprechen viele Indizien dafür, daß sich seine Wohnverhältnisse im Verlauf dieses Zeitraums verschlechtert haben. Die sanitären und hygienischen Verhältnisse blieben während der ganzen Zeit so katastrophal, daß sich nicht ausmachen läßt, ob sie sich verschlimmert oder leicht gebessert haben. Wenn, wie dies auch in Mailand der Fall war, die Mieten stiegen, reagierten die Arbeiter darauf, indem sie qualitativ und vor allem räumlich ihre Wohnungsansprüche noch weiter einschränkten. Mehraufwendungen für Miete wurden in der Regel nur in äußersten Notfällen in Kauf genommen[70].

Es ist sicherlich richtig, daß die allgemein niedrigen Arbeiterlöhne des vorigen Jahrhunderts den Mietausgaben einen sehr engen Spielraum setzten und daß deswegen der Arbeiterwohnungsbau – verglichen mit den Profiterwartungen in anderen Bereichen – „nicht eine besonders attraktive Investition" darstellte[71]. Aber damit bleibt noch unbeantwortet, weshalb es so lange gedauert hat, bis zum ersten Mal wirksame

Mittel zur Linderung der Wohnungsnot ergriffen wurden. Wie auch in den anderen europäischen Ländern war in Italien über kaum ein anderes der sozialen Probleme, die sich aus der Industrialisierung und Urbanisierung ergaben, mehr diskutiert und geschrieben worden als über die „Wohnungsfrage". Philanthropen, Sozialreformer, Mediziner, Hygieniker, die Verteidiger von Moralität und Familie, auch die Kommunalbehörden rief dieses Problem auf den Plan. Es gab eine Fülle gutgemeinter Vorschläge, Initiativen und auch verwirklichter Projekte, doch insgesamt blieb der Erfolg aller Anstrengungen recht bescheiden[72]. Auch die Stimmen, die aus der Wohnungsnot die soziale Rebellion aufsteigen sahen, verschafften sich kein wirkungsvolles Gehör. Die bittere Notwendigkeit, die häusliche Intimität mit Fremden teilen zu müssen, sie in der Nähe der Gattin, der eigenen Töchter schlafen zu lassen – warnte der *Secolo* –, sei eine Erniedrigung, welche die Arbeiter mit Schmerz erfülle: „Und jeden Tag verkleinert sich die schweigende Schar, die resigniert leidet und betet; und der Vergleich zwischen dem mit Fremden *geteilten Raum . . .* und den Palästen der Reichen schürt die Rebellion."[73]

Diese Prognose war für das 19. Jahrhundert unzutreffend, und weil sie unzutreffend war, ließ die Lösung der Wohnungsfrage in Italien so lange auf sich warten. Fast unwillkürlich drängt sich ein Vergleich mit der „Brotfrage" auf: Wie das sehr aktive Interesse der Arbeiter an billigem und ausreichendem Brot die Behörden zu dauernder Wachsamkeit und zu manchen Konzessionen in dieser Frage nötigte, so hatte die Passivität der Arbeiter in dem, was das Wohnen anging, die Inaktivität der Behörden auf diesem Gebiet zur Folge. Erst als zu Beginn des 20. Jahrhunderts die Mailänder Arbeiterschaft die Wohnungsfrage auf die Liste ihrer Forderungen setzte und mit Nachdruck auf deren Lösung drängte, entfaltete die Gemeinde eine kontinuierliche und partiell wirksame Aktivität auf dem Gebiet der *edilizia popolare* (etwa: sozialer Wohnungsbau). In den zehn Jahren nach 1900 wurden in Mailand 3696 unter dieser Rubrik klassifizierbare Räume gebaut, gegenüber knapp 1500 in den vier vorausgegangenen Jahrzehnten[74].

Noch 1891 vertrat die überwältigende Mehrheit des Gemeinderats den Standpunkt, daß die Vorstellung von der Gemeinde als Bauherrn und Eigentümer von Häusern, die an Arbeiter zu vermieten seien, nicht den ihr gesetzlich zugewiesenen Funktionen entspräche – „eine Beobachtung von um so größerem Gewicht, wenn man bedenkt, daß, sobald einmal das Prinzip eines öffentlichen Dienstes für Arbeiterwohnungen akzeptiert worden ist, es keinen Grund gebe, den Angestellten, die im eigentlichen Wortsinn keine Arbeiter sind, aber auch nur sehr bescheidene Einkünfte haben, eine gleiche Behandlung zu verweigern."[75] Kaum einer von den Stadtverordneten schien daran Anstoß zu nehmen, daß das *Municipio* seinerzeit 7,5 Mill. L. gezahlt hatte, um von einer fast bankerotten englischen Baugesellschaft die noch nicht fertiggestellte Galerie zu erwerben. Allein mit dieser Summe hätten 5–6000 Wohnräume für Arbeiter, einschließlich gemeinsamer Bade- und Waschanstalten nebst Kindergärten, gebaut werden können, wie die Bauleistungen der beiden 1862 und 1879 gegründeten Arbeiter-Wohnungsgesellschaften zeigen. Doch eine solche Rechnung gehört ins Reich der Spekulation. Solange das von den Arbeitern proklamierte „Recht auf Existenz" das „Recht auf Wohnung" noch nicht einschloß – noch nicht einschließen konnte, wie man vielleicht richtiger sagen muß –, blieb die Wohnungsfrage unlösbar.

Dabei hatte 1859 alles so vielversprechend begonnen. Die Frage der Arbeiterwohnungen war von den Mailänder Sozialreformern bereits vor der Annexion diskutiert worden. Es gab Projekte des Architekten Renzanigo für die Errichtung von 1000 bzw. 3000 Wohnräumen für Arbeiter, und Anfang 1860 machte sich auch die konservative *Perseveranza* zur Befürworterin von Vereinigungen, „um dem Volk preiswerte Wohnung und Nahrung zu geben"[76]. Schon im selben Jahr lag ein Statutenentwurf für eine „Gesellschaft zur Errichtung von Arbeiterwohnungen, öffentlichen Bade- und Waschanstalten" vor; noch bevor diese mit einem Dekret vom 18. Mai 1862 offiziell konstituiert wurde, wurde eine Subskription eröffnet, um das Anfangskapital von 500 000 L. aufzubringen. Dem energischen Zupacken der *Giunta* und an erster Stelle von Bürgermeister Beretta selber war es zuzuschreiben, daß diese Initiative so zügige und erfolgversprechende Fortschritte machte. Obwohl Bürgermeister und Mitglieder der *Giunta* selbst die ersten Aktien à 1000 L. zeichneten, blieb diese Initiative eine rein private, mit der der Gemeinderat nur insofern befaßt war, als die Absicht bestand, der Baugesellschaft ein Grundstück aus dem Besitz der Stadt kostenlos zu überlassen. Allein deswegen wurde die Angelegenheit vor das Gemeindeparlament gebracht und eine Kommission eingesetzt, um die Erfahrungen mit dem Arbeiterwohnungsbau in ausländischen Städten und in Florenz zu studieren. Wenn die Gemeinde durch die Überlassung eines großen Grundstücks an der heutigen Via S. Fermo, „in unmittelbarer Nähe zu den ansehnlichsten Fabriken", nämlich der Kgl. Münze, der Tabakmanufaktur, der Eisenbahnwerkstätten vor der Porta Nuova, der Elvetica . . ., zu dem erfolgreichen Start des Unternehmens wesentlich beitrug, so zeigte sich an dem schleppenden Fortgang der Zeichnung der mit 4 % verzinslichen Aktien, daß der Appell an die philanthropischen Gefühle des reichen und adeligen Mailand nicht ausreichte, um selbst nur das erste Projekt der Baugesellschaft zu vollenden. Als 1866 von den zuerst aufgelegten Aktien noch immer 85 ungezeichnet waren, sprang die Sparkasse mit einem Darlehen von 100 000 L. ein, um so wenigstens die laufenden Bauarbeiten zu vollenden[77].

Die zu einem großen Komplex zusammengeschlossenen, noch heute fast unverändert erhaltenen 22 Häuser an der Via S. Fermo und den angrenzenden Straßen, die in ihren 822 Räumen etwa 400 Familien und 2000 Personen beherbergen konnten (heute vielleicht einige weniger), sind sehr zu Recht unter architektonischen, ökonomischen, hygienischen und sozialen Gesichtspunkten als ein Musterbeispiel früher *edilizia popolare* gewürdigt worden. Am vorteilhaftesten von der privaten Bauspekulation unterschieden sich diese Häuser dadurch, daß sie ein zukunftsweisendes Gegenbeispiel zu dem Typus der „*casa a ballatoio*, des Symbols der Bauspekulation, der Überfüllung, der fatalen hygienischen Bedingungen der Mietskasernen des 19. Jahrhunderts", bildeten[78]. Sie kannten noch – oder schon – innere Treppenaufgänge, Toiletten und Wasseranschluß innerhalb einer jeden Wohnung, gemeinsame Einrichtungen wie Bade- und Waschanstalten und Kindergarten. Mit der Verwirklichung dieses Projekts waren die Mittel und der Initiativgeist der Baugesellschaft allerdings für das laufende Jahrhundert erschöpft.

Mit sehr viel bescheideneren Mitteln, aber weitergesteckten Plänen nahm sich 1879 eine neue „Gesellschaft zur Errichtung von Arbeiterwohnungen", eine Gründung des *Consolato Operaio*, der Arbeiterwohnungsfrage an. Das Ideal dieser Gesellschaft, die ganz unter dem Einfluß der kleinbürgerlichen Demokraten um den *Secolo*, insonderheit Carlo Romussis, stand, war der „Arbeiter-Eigentümer". Dementsprechend wurde mit dem Bau von einstöckigen Einfamilienhäusern zwergenhaften Zuschnitts begonnen. Als die ersten zwanzig, zur einen Hälfte zwei- und zur anderen vierräumigen, Häuschen in der zentral gelegenen Via Conservatorio fertiggestellt waren, jubelte der *Secolo*, schon eine ganze Stadt von Gartenhäuschen vor Augen:

„Tausend Arbeiterhäuser! das heißt also tausend Proletarierfamilien, die sich in tausend Besitzerfamilien verwandeln: praktischer Sozialismus, der, ohne irgend jemand etwas wegzunehmen, dem, der nichts besaß, einen Besitz gibt."[79]

Die Verantwortlichen in der neuen Baugesellschaft waren nicht bereit, aus den Erfahrungen ihrer Vorgängerin zu lernen. Obwohl bereits diese mit ihrem ursprünglichen Plan, die Arbeiter-Mieter ihrer Wohnungen durch kleine jährliche Amortisationszahlungen (zusätzlich zur Miete) im Verlauf von Jahrzehnten zu Besitzern ihrer Wohnungen werden zu lassen, längst gescheitert war, stellte man genau diesen Plan in den Mittelpunkt des Programms der neuen Gesellschaft und erlitt damit allerdings nach kurzer Zeit genauso Schiffbruch. Die meisten der neuen Besitzer waren nicht in der Lage, die Abzahlungsverträge einzuhalten, so daß die Gesellschaft erneut in den Besitz der Häuschen eintrat. In den beiden ersten Dezennien ihrer Existenz gelang es der Gesellschaft von 1879, gerade 621 Wohnräume für 242 Familien fertigzustellen. Die Gesamtbilanz vierzigjähriger Bemühungen, die Wohnungsfrage zu lösen, belief sich demnach auf 1443 Wohnräume für etwa 3500 Personen. Der Gedanke der genossenschaftlichen Selbsthilfe, der die Gründung des *Consolato* leitete, erwies sich in der Praxis als noch unwirksamer als der Appell an die private und öffentliche Wohltätigkeit. Die Wohnrealität der erdrückenden Mehrheit der Arbeiterbevölkerung blieb im 19. Jahrhundert von den Gesetzen der privaten Bauspekulation bestimmt.

Wenn die Belegungsdichte des Wohnraums als ein Indiz für die Wohnqualität gelten kann, so hat sich diese in Mailand zwischen 1881 und 1911 bedeutend verschlechtert. Zu dem ersten Zeitpunkt kamen im Durchschnitt im inneren Kreis 1,04 und im äußeren 2,13 Personen auf einen Raum; 1911 dagegen 2 Personen innerhalb der Navigli, 2,28 zwischen Navigli und spanischen Mauern, 3,13 zwischen der alten und der neuen Steuergrenze und 3,78 schließlich am äußersten Rand der Stadt[80]. Im selben Zeitraum hatte sich auch der Anteil derjenigen Personen, die in Ein- bis Dreizimmerwohnungen wohnten, von 68 auf 75 % erhöht. Eine erschreckende Höhe hatte die Belegungsdichte teilweise schon 1881 im äußeren Kreis erreicht. In den 12 627 „Wohnungen", die aus nur einem Raum bestanden, wohnten 43 161 Personen, so daß sich im Durchschnitt 3,4 Personen einen Raum teilten; und in den 8374 Zweizimmerwohnungen kamen im Durchschnitt noch 2,2 Personen auf einen Raum. „Wenn man über die oben genannten Ziffern nachdenkt", heißt es in dem *Censimento* von 1881, „und sich überlegt, daß häufig der einzige Raum zum Wohnen, als Küche und vielleicht auch zur Arbeit dient, muß man anerkennen, daß die Wohnsituation in Mailand noch ein großes Problem bildet."[81] An der Realität vorbei gingen allerdings die Bemerkung, daß man in der Vergangenheit schon „viel" zur Lösung des Problems getan habe, und die abschließend zum Ausdruck gebrachte Hoffnung, daß die Wohnbedürfnisse der „hochzivilisierten" Bevölkerung der Stadt bald befriedigt werden dürften. Denn gerade in jenen Jahren fand die Maxime, daß die Wohnungen mit einem oder zwei Räumen „die einzig geeigneten für die armen Familien" seien, allgemeine Anerkennung[82]. Darüber, wie in Mailand „geeignete" Wohnungen für die armen Familien geschaffen wurden und wie diese beschaffen waren, gibt für das 19. Jahrhundert keine Untersuchung Auskunft. Nur einige Schriftsteller, Architekten und Ärzte haben dieses Problems beiläufig gedacht.

Eine Möglichkeit, Wohnraum für die „arbeitenden Armen" zu schaffen, bestand darin, vorhandene Wohn-, Fabrik, und Stallgebäude zweckentsprechend umzubauen. Wie das geschah, hat Cucchi-Boasso beschrieben:

„Bis jetzt hatten die Arbeiterwohnungen [in Mailand] nichts, wodurch sie sich auszeichneten. Die alten Häuser, an bestimmten, wenig gefragten Punkten der Stadt verstreut, verwandelten sich, wenn sie von der Mittelschicht aufgegeben wurden, wie natürlich in Arbeiterwohnungen. Die einzelnen Wohnungen wurden aufgeteilt und lange Gänge (ballatoi) aus Holz in den Innenhöfen eingezogen, um die einzelnen Räume zugänglich zu machen, und in einem oder zwei von ihnen, je nach der Wohlhabenheit der Familien, richteten sich oftmals fünf oder sechs Personen zum Leben ein. So haben sich in Mailand, wie übrigens überall, jene Anhäufungen von Mietskasernen mit ihrem traurigen Anblick gebildet."[83]

Demselben Zweck dienten auch aufgelassene Fabriken wie die ehemalige Zuckerraffinerie an der Porta Vittoria, die von einer eigens zu diesem Zweck gegründeten Gesellschaft „für den Gebrauch als Arbeiterwohnungen" hergerichtet wurde[84]. Die Alltagswirklichkeit in diesen älteren, unbeschreiblich überfüllten Mietskasernen hat Paolo Valera in seinem Roman „La folla" beschrieben, der den *Casone del Terraggio* an der Porta Magenta zum Schauplatz hat, der zu Beginn der 1870er Jahre etwa anderthalbtausend Personen beherbergte[85]. Die Dispositionen der Artikel 11 bis 13 des Reglements für öffentliche Hygiene von 1877 weisen noch auf eine andere Möglichkeit der Wohnraumbeschaffung hin, über die eine Stadt mit ansehnlichen ländlichen und landwirtschaftlichen Gebieten, wie es damals Mailand war, verfügte:

„Die Besitzer und Leiter landwirtschaftlicher Betriebe dürfen keine Personen aufnehmen, um sie die Wintertage in ihren Ställen verbringen zu lassen, wenn diese nicht hochgewölbt oder hochüberdacht sind, gut belüftet und mit Luftlöchern versehen, welche die Außenluft einsaugen und die Dämpfe nach oben tragen, wo sie keinen Schaden anrichten können . . . Die Besitzer oder Pächter, die beabsichtigen, ihre Winterställe zu öffnen, müssen dafür eine Genehmigung vom Bürgermeister einholen, der sich vergewissern wird, daß der Raum zu diesem Zweck verwendet werden kann, ohne daß die Gesundheit der Personen, die sich in ihnen ansammeln, einen Schaden zu nehmen droht."[86]

Keine Statistik oder irgendein anderes offizielles Dokument läßt erkennen, daß in den Ställen tatsächlich auch Menschen übernachtet haben. Doch dieses Schweigen besagt nichts. So wenig wie Arbeitslose kennt der *Censimento* von 1881 Obdachlose, und die Art und Qualität der Behausungen können in den Rubriken „Häuser“, „Wohnungen“ und „Räume“ erst recht keine Berücksichtigung finden. Wie höchst unvollständig die *Censimenti* die flottierende Bevölkerung registrierten, wurde schon erwähnt. „Wer könnte glauben“, verwunderte sich der *Corriere della sera* über die Enthüllungen Paolo Locatellis, der achtzehn Jahre in der Verwaltung der Öffentlichen Sicherheit tätig gewesen war, „daß in unserer Stadt *achttausend*, ACHT-TAUSEND!, Personen ohne Wohnung leben?“[87] Daß die zitierten Bestimmungen des Reglements für öffentliche Hygiene eben einem großen Teil dieses Personenkreises zugute kamen, bestätigt um dieselbe Zeit Paolo Valera in seiner „Milano sconosciuta“: „In den Vorstädten Mailands gibt es – ohne Übertreibung – nicht weniger als vierhundert Gehöfte, in denen nicht weniger als 3000 arme Teufel schlafen, die seit Jahren keine zwei Soldi haben erübrigen können, um die Nacht an einem weniger luftigen Ort zu verbringen.“[88]

Viele andere Tausende von Individuen, „zum größten Teil Gelegenheitsarbeiter, die mit der saisonalen Migration aus den benachbarten Provinzen kommen“, nächtigten in „unmöglichen Locanden, wo die elementarsten Regeln der Hygiene vernachlässigt werden; schlafen in sehr feuchten, schmutzigen Räumen ohne Luft und Licht oder in einem oder zwei gemieteten Zimmern, wo sie sich übereinanderbetten; dort kochen und nächtigen sie und begeben sich im besten Fall auf etwas Stroh zur Ruhe.“ Dies berichtet nicht mehr der immer wieder – und so oft zu Unrecht – gescholtene und lauter Übertreibungen verdächtigte Valera, sondern ein in hohem Maß glaubwürdiger Zeuge, der Arzt E. Bassi[89]. Gerade für die Teile seiner Beschreibung, die am ehesten auf Skepsis stoßen könnten, gibt es ganz unzweideutige Bestätigungen. Noch 1902 kämpften die Ziegeleiarbeiter in der Stadt Mailand in einem dreiwöchigen Streik u. a. dafür, daß die Unternehmer ihnen pro Person einen Strohsack stellten, auf dem sie unter irgendwelchen Überdachungen oder in primitiven Hütten die Nacht verbringen konnten[90]. Und daß sich Arbeiter in Räumen übereinanderbetteten, ist nicht nur bildlich zu verstehen. Der *Censimento* von 1881 betrachtete solche Fälle, in denen zehn oder mehr Individuen in einem oder zwei Räumen zusammenlebten, nicht mehr als Familien, sondern als „eine Ansammlung von Individuen, die nicht von Familienbanden, sondern von der Gleichartigkeit des ausgeübten Berufs zusammengehalten werden, wie Schornsteinfeger, Lastträger und Obstverkäufer“, oder auch Maurer, die zu zwölf, vierzehn oder gar sechzehn Personen in einem Raum auf Strohlagern, „wie das Vieh in den Ställen“, kampierten[91].

Gegenüber solchen Privatquartieren und den heruntergekommenen Locanden bedeutete die Errichtung von Nachtasylen in hygienischer und sozialer Hinsicht schon einen Fortschritt. Die beiden ersten, 1884 eröffneten Asyle, ein größeres für Männer und ein kleineres für Frauen, die sich beide einer privaten Stiftung verdankten, beherbergten in den ersten Jahren ihres Bestehens über 18 000 Personen im Jahresdurchschnitt, von denen 80 % Arbeitslose waren und zwei Drittel nicht aus Mailand gebürtig[92]. Das Nachtasyl wurde zur letzten Station auf dem Leidensweg der *povera gent*, ohne einen anderen Ausweg als Resignation oder individualistische Rebellion gegen eine Welt voll Schmutz und Elend. Im *Asilo Teresa* reift Ninas Entschluß, mit der Welt der *lôcch* zu brechen:

„Doman mattina la me presenta a on scior, a on'ingegnee, a vun in cilinder; el ghe pensa lú a vestim, sigura! Voo ancami a fà la sciora, a mangià i bon boccon, a bev el vin e a dormí quattada! (...) Vuj veghen pú, perchè sont stuffa de patí, sont stuffa de fà sta vita! (Piange forte.)"[93]

Es gibt keinen Grund zu der Annahme, daß es sich bei den eben beschriebenen Wohnverhältnissen nur um Grenzfälle, um Notbehelfe gehandelt habe, die aus vorübergehenden Anpassungsschwierigkeiten an die schnell wachsende Nachfrage nach billigem Wohnraum resultierten und von der nur eine relativ begrenzte Anzahl von Personen betroffen gewesen sei. Die Mailänder Wohnsituation nahm im Gegenteil deswegen so katastrophale Züge an, weil auch die Masse der neuerrichteten Wohngebäude für Arbeiter und andere Arme nach den niedrigsten Standards geplant und errichtet wurde:

„Die neuen Viertel an der Porta Volta, Porta Tenaglia und Porta Garibaldi", heißt es in einer Publikation der Vereinigung der Ingenieure, „bestehen im allgemeinen aus riesigen Häuserblöcken, die zu jeweils ein oder zwei Räumen vermietet werden; daher viele Treppen, Außengänge (ballatoi) und auf den Dächern eine Myriade von Schornsteinen. Im Parterre Läden und Lagerräume, in den Innenhöfen Schuppen; kurz: überall die augenscheinliche Bestätigung der Spekulation, die aus allem Profit zieht. . . . In allerletzter Zeit ist die Spekulation bei uns bis dahin gediehen, daß der größte Teil der Gebäude, die für Privatwohnungen errichtet wurden, weit davon entfernt ist, jene Garantien für die Gesundheit zu bieten, die die moderne Hygiene verlangt. Unter diesem Gesichtspunkt verschlechterten sich die Privatgebäude, die nach 1859 in Mailand entstanden sind, immer mehr."[94]

Nicht nur wuchs der Anteil der Kleinwohnungen, je mehr neue Mietskasernen errichtet wurden, sondern auch die Agglomeration der Personen „nahm im direkten Verhältnis zu der Kleinheit der Wohnungen zu"[95]. Die Privatspekulation erfand zwar nicht die *casa a ballatoio*, machte sie aber in ihrer primitivsten Ausprägung zum vorherrschenden Typus der Wohnung des Armen[96].

„Derselbe Geist der Sparsamkeit, der im allgemeinen bei der Errichtung der Häuser für die Armen obwaltet (die eher zu dem Zweck ersonnen werden, Kapitalien vorteilhaft anzulegen, als zu dem, die legitimen Bedürfnisse der Bewohner zu befriedigen), verurteilt diese dazu, sich weniger Gemeinschaftslatrinen zu bedienen, die notwendigerweise immer schmutzig sein und für den ganzen Häuserblock richtige Infektionsherde bilden müssen; ohne von dem Nachteil zu sprechen, sei es unter dem Gesichtspunkt des Anstands, sei es unter dem der Bequemlichkeit, daß 30 oder 40 Personen beiderlei Geschlechts zu allen Stunden des Tages und auch zu einigen der Nacht über ein *ballatoio*, das allen Unbilden des Wetters ausgesetzt ist, zu einem einzigen Abort sich bewegen müssen."[97]

Ebenso wie die Architekten unterließen es die Ärzte unter den Mitgliedern des Ge-

161

meinderats und einige andere ihrer Kollegen nicht, die „Beleidigungen, die man in Mailand auch in den neuen Gebäuden der Hygiene zufügt", anzuprangern[98].

Neben der unzureichenden Ernährung trugen wesentlich die wenig schmeichelhaften hygienischen und sanitären Verhältnisse in den überfüllten Alt- und Neubauvierteln dazu bei, daß bis gegen Ende des Jahrhunderts in Mailand der allgemeine Gesundheitszustand der Bevölkerung äußerst prekär blieb. Dem alarmierenden Problem der Trinkwasserversorgung schenkte die Gemeinde erst gegen Ende der 80er Jahre, mit der Ausführung des Bebauungs- und Erweiterungsplans, größere, aber noch immer völlig unzureichende Beachtung, und öffentliche Bade- und Waschanstalten fehlten bis dahin ganz. In der Zurückdrängung der zahlreichen epidemisch und endemisch auftretenden Infektionskrankheiten war Mailand anderen italienischen Großstädten nur bei der Cholera voraus. In drei Wellen, etwa gleichzeitig mit ihrem Auftreten in anderen europäischen Ländern, hatte diese Epidemie Mailand schon vor der Einigung heimgesucht, bevor sie sich im Krisenjahr 1867 zum letzten Mal in der lombardischen Metropole ausbreitete. In der Stadt wütete sie am ärgsten in den beiden „volkreichsten und ärmsten" Vierteln um die Porta Garibaldi und die Porta Ticinese, aber nicht entfernt mit der Intensität wie in den Corpi Santi. Diese zählten mehr Ansteckungen und Tote als die fast viermal volkreichere Stadt. In der „ländlichen" Mentalität der Bevölkerung außerhalb der Mauern fand die Seuche einen fruchtbaren Boden für ihre Ausbreitung. 1867 kamen hier noch 154 Fälle von *occultazione del choleroso* vor, d. h. Angesteckte wurden in ihren Häusern tot oder in Agonie aufgefunden, die von ihren Angehörigen versteckt und nicht selten gegen die ausführenden Organe der Gesundheitsbehörde gewaltsam verteidigt worden waren. „Armut und eingewurzelten Gewohnheiten" schrieb der offizielle Bericht das hohe Kontingent an Opfern in den Corpi Santi zu. Aber auch in der Stadt breitete sich die Krankheit entlang ökonomischen und sozialen Linien aus: Ein Zehntel aller Angesteckten und Toten waren Näherinnen. Ganz gering war die Zahl der Opfer unter den Angehörigen der begüterten Klassen[99]. Von den folgenden Choleraepidemien blieb Mailand bis auf wenige singuläre Fälle ganz verschont. 1884, als die Seuche besonders heftig in Neapel wütete und im ganzen Land über 20 000 Tote forderte, erregte es landesweites Aufsehen, als sich ein Freiwilligenkorps – darunter viele Mailänder Demokraten und Sozialisten – bildete, um in Neapel Hilfsdienste zu leisten. Diese spektakuläre Geste leistete – unbeschadet ihrer hohen Selbstlosigkeit – dem Vorurteil über einen „gesunden" Norden und einen „kranken" Süden Vorschub. Die Wirklichkeit sah anders aus.

Im Gegensatz zu der nur periodisch eingeschleppten Cholera waren die Pocken latent oder offen bis zum Beginn der 90er Jahre in der Stadt präsent. In der Mitte der 50er und 60er und mit besonderer Heftigkeit zu Anfang der 70er Jahre breiteten sich die Pocken zur Epidemie aus. Nach dem Höhepunkt von 1871, mit 4467 Erkrankungen und 535 Todesfällen allein in der *città*, ging die Krankheit für gut ein Jahrzehnt stark zurück und setzte sich von 1884 bis 1889 noch einmal wie eine „Epidemie in Permanenz" in der Stadt fest. Obwohl die Pockenschutzimpfung schon lange in Mailand propagiert und praktiziert wurde, ergab sich, daß über 90 % der Erkrankten nicht geimpft waren. Der Widerstand vieler Arbeiter gegen die Impfung läßt sich zumindest teilweise aus der Furcht erklären, durch möglicherweise auftretende Komplikationen Arbeitstage und damit ihren Lohn zu verlieren. Das widerfuhr zumindest einigen Arbeitern aus der großen Maschinenfabrik Prinetti, die sich unter der Drohung sofortiger Entlassung im Betrieb hatten zwangsimpfen lassen und sich daraufhin ein Fieber zugezogen hatten[100].

Andere gefährliche Infektionskrankheiten wie Diphtherie, Typhus und Masern, gingen während der 80er und beginnenden 90er Jahre nicht zurück. Jahr für Jahr starben an diesen drei Krankheiten noch zwischen 500 und über 1000 Personen, erheblich mehr als in vielen anderen vergleichbaren in- und ausländischen Großstädten. Die Todesfälle durch akute Infektionskrankheiten deuten darauf hin, daß sich die sanitären Bedingungen der Stadt in dieser Zeit nicht verbessert haben[101]. Kaum gingen die Pocken, an denen in Mailand zwischen 1870 und 1890 nicht weniger als 20 000 Personen erkrankt waren, zurück, befielen Grippeepidemien die Stadt und fanden zahlreiche Opfer: Im Winter 1889/90 starben 1060 Personen und im folgenden Winter erkrankte etwa ein Viertel der Bevölkerung an Grippe[102]. Doch schlimmer als irgendeine dieser Infektionskrankheiten war die eher zunehmende als rückläufige Präsenz der Lungentuberkulose. Unter den diagnostizierten Todesursachen machte sie allein etwa 15 % aus (wie viele von den „anderen" Todesursachen der Statistik ihr auch zuzuschreiben sind, läßt sich unmöglich sagen). An Tuberkulose starben erheblich mehr Frauen als Männer. Sie war die eigentliche Berufskrankheit der Heimarbeiterinnen und wurde als so unvermeidlich hingenommen, daß man sie von offizieller Seite nicht einmal einer Enquête für würdig befand, die gegenüber so vielen anderen sozialen Mißständen und Problemen die erste, gewissermaßen obligatorische Antwort bildete[103].

Wenig Einfluß auf den allgemeinen Gesundheitszustand schien es zu haben, daß „Mailand wie in allem so auch in der sanitären Wohltätigkeit den ersten Platz" in Italien innehatte[104]. Zu den Institutionen, die sich, wie das *Ospedale Maggiore* und das *Pio Istituto di S. Corona*, schon seit Jahrhunderten der unentgeltlichen Pflege der armen Kranken gewidmet hatten, waren in den Jahrzehnten vor und nach der Einigung viele Spezialkliniken (für Hände und Füße, Augen, Zähne, Syphilis, Hals, Nase und Ohren, Gynäkologie) hinzugetreten, so daß die Gemeinde in der medizinischen Versorgung ihrer Armen den minimalen Anforderungen des Kommunal- und Provinzialgesetzes von 1865 zweifellos vollauf genügte.

Die einigen Dutzend von der Gemeinde oder aus den Einkünften Frommer Stiftungen besoldeter Ärzte hatten eine gewaltige Arbeit zu leisten. Allein durch das *Ospedale Maggiore* wurden jährlich über 20 000 Kranke, viele auch von außerhalb der Stadt, geschleust, und durchschnittlich wurden 25 000 Kranke von den Ärzten von *S. Corona* in Hausbesuchen betreut. Die ambulant Behandelten waren noch viel zahlreicher. Angesichts des krassen Mißverhältnisses zwischen der Anzahl der Ärzte und derjenigen der Patienten ist es kaum verwunderlich, daß die Beziehungen zwischen beiden in der Regel sehr locker oder äußerst gespannt bis feindlich waren. Die einen klagten und beschwerten sich über die anderen. Eine nicht ganz unparteiliche Stimme meinte, daß „die Fälle, in denen die Ärzte von den Armen malträtiert wurden, häufiger waren" als die umgekehrten[105]. Allerdings fehlte es auch nicht an selbstkritischen

Stimmen unter den Ärzten, die auf eine Reformierung der medizinischen Armenversorgung drängten. Am reformbedürftigsten erschien das Ambulatorium von *S. Corona* selbst, wo sich jeden Morgen nur vier Ärzte einer „wirklich enormen" Menge von Kranken konfrontiert sahen. „Unvollständige und unzureichende Visitationen, mehr oder minder unvollkommene Verordnungen und Verschreibungen – Verschreibungen von Arzneien, *ohne jeden Nutzen für den Kranken"*, waren die fast unvermeidliche Folge dieses Zustands; ganz zu schweigen von „der Torheit der armen Leute, die dorthin kommen oder sich bringen lassen, um sich untersuchen und heilen zu lassen, manchmal mit schwersten und oft ansteckenden Krankheiten behaftet, und so ihrer eigenen Gesundheit schweren Schaden zufügen und die anderer gefährden"[106]. Ihre erbärmlichen Gehälter zwangen die Ärzte von *S. Corona*, um jeden Preis Nebenbeschäftigungen zu suchen, was natürlich auf Kosten ihres amtlichen Dienstes ging. „Der Geist der neuen Zeiten" hatte zwar einige vorausblickende und sozial eingestellte Ärzte schon berührt, aber die alltägliche Praxis der medizinischen Versorgung der Armen siechte zwischen überalteten Strukturen und finanzieller Mittellosigkeit dahin. Arm und krank zu sein – Zustände, die so oft sich gegenseitig nicht nur ergänzten, sondern auch einander hervorbrachten – bedeutete für viele einen vorzeitigen Tod.

4. Armut, Arbeit und Wohltätigkeit

Auf dem Gebiet der sozialen Fürsorge waren die Gemeinden durch gesetzliche Bestimmungen außer zur Sorge für die mittellosen Kranken nur noch verpflichtet, sich um die Findelkinder und Irren zu kümmern. Jede weitergehende Armenunterstützung war dem Belieben der Gemeinden und der privaten Wohltätigkeit anheimgestellt. Der Staat selber tat nichts für die Armen; im Gegenteil, er bereicherte sich noch an ihnen, wie Nitti um 1890 sarkastisch feststellte: durch 75 Mill. L. jährlicher Lottoeinnahmen und 15 Mill. L. Vermögensteuer auf die Frommen Stiftungen (Opere Pie)[107].

Vielleicht auf kein anderes Attribut war das offizielle und reiche Mailand eifersüchtiger bedacht als auf das der *Milano benefica*. Keine andere Stadt Italiens konnte mit ihr hinsichtlich der Anzahl und des Reichtums der *Opere Pie* rivalisieren, welche Frömmigkeit und Mildtätigkeit vieler Jahrhunderte zum Wohl der Armen errichtet hatten[108]. Mit seinen mehr als 360 Frommen Stiftungen, äußerte Sacchi 1881, sei es Mailand gelungen, das „schwierige Problem des Pauperismus zu lösen"[109]. Aus diesen Worten sprach die Hoffnung eines alternden Reformers, der der Lösung dieses Problems sein Leben gewidmet hatte, aber nicht die Realität. Die Armenfürsorge, an deren Konzeption und Verwirklichung Sacchi in Mailand so starken Anteil gehabt hatte und die von dem Gedanken christlicher und humanitärer Verantwortung getragen war, sollte in den beiden kommenden Jahrzehnten eine tiefe Krise durchmachen: eine Krise, die den Weg zur Giolittianischen Sozialgesetzgebung freimachte.

In dem Umfang, wie sich der Pauperismus seit dem späten Mittelalter ausgebreitet hatte, hat es nicht an Vorschlägen gefehlt, dieser Gefährdung der sozialen und politischen Ordnung Herr zu werden. Die mittelalterliche Konzeption der *caritas* machte besonders seit dem 16. Jahrhundert einen radikalen Wandel durch. Die Essenz der modernen Wohltätigkeit hat Lodovico Antonio Muratori am Anfang des 18. Jahrhunderts in einem der maßgeblichen Werke zu diesem Thema auf die Formel gebracht: „Die weise Ökonomie der Almosen muß vor allem danach trachten, die Armen selbst arbeitsam und mühsalliebend zu machen." Als das wirksamste Mittel, dies zu erreichen, galt die Errichtung von öffentlichen Armenanstalten: Nur durch die Internierung der „wirklich Bedürftigen" konnte man den „falschen Bedürftigen" auf die Schliche kommen und sie zwingen, „sich ihren Händen anzuvertrauen, um nicht Hungers zu sterben"; auch die „wirklichen", eingeschlossenen Armen würden sich so daran gewöhnen, ihr Brot im Schweiße ihres Angesichts zu verdienen, „wie es Gott vom Beginn der Welt angeordnet hat"[110]. Diese „neue Sozialpolitik gegenüber dem Pauperismus" (Geremek) wurde auf wirksame Weise in der Lombardei erst im Zeitalter der Mariatheresianisch-Josephinischen Reformen in die Tat umgesetzt. Um sich der zahllosen „Müßiggänger" und „Vagabunden" zu erwehren, wurde 1766 in Mailand die erste *Casa di Correzione*, ein Zwangsarbeitshaus, und 1784 die erste *Casa di lavoro* in S. Vincenzo eröffnet[111]. Dieses „freiwillige" Arbeitshaus blieb bis 1901 geöffnet und bildete einen Markstein in der Durchsetzung einer neuen Arbeitsdisziplin in Mailand. Seit damals begannen Armer und Arbeiter sich zu einem unauflöslichen Binom zusammenzufügen, die Überzeugung sich zu verallgemeinern, daß ein Arbeiter arm sein und ein Armer arbeiten müsse. Der „müßiggehende" Arme wurde kriminalisiert; zu seiner „Besserung" diente das Arbeitshaus. Dessen mit drakonischen Bestimmungen gespicktes Reglement antizipierte ganze Generationen von Fabrikordnungen.

Die großen Subsistenzkrisen der ersten Hälfte des 19. Jahrhunderts gaben den Anlaß ab, die sich wandelnden Einstellungen gegenüber den Armen-Arbeitern zu einer neuen Doktrin über die Aufgaben der öffentlichen Wohltätigkeit zu präzisieren und praktisch zu erproben. Die mehrjährige, außerordentlich heftige Depression, die dem Ende der Napoleonischen Herrschaft wie fast überall in Europa auch in der Lombardei folgte, zwang die Wiener Regierung und die lombardischen Lokalbehörden zu Hilfsmaßnahmen für die pauperisierten Massen in Stadt und Land. Die zu diesem Zweck bereitgestellten Gelder wurden nur zum Teil zur direkten Unterstützung der Armen verwandt; andernteils dienten sie der Finanzierung öffentlicher Arbeiten, einer Art Notstandsprogramm zur Beschäftigung besonders der städtischen Arbeitslosen. Nicht mehr vor den Toren der Kirchen und Konvente fanden die arbeitsfähigen Armen Mailands ihr dürftiges Brot, sondern beim Ausheben des Naviglio di Pavia und im Straßenbau[112]. Zwischen 1816 und 1819 erlebte die Pauperismus-Literatur in der Lombardei ihre erste Blüte[113], und 1817 erschien gleich in zwei Auflagen Melchiorre Gioias Schrift „Problem: welches sind die gangbarsten, wirksamsten und wirtschaftlichsten Mittel, um die gegenwärtige Not des Volks in Europa zu lindern", die, wie der Autor versichert, aus den „aktuellen Umständen" heraus geschrieben sei und deren Grundgedanken von den Baumeistern der italienischen Einigung wie ihren Erben voll geteilt wurden[114].

Wenn Gioia als Alternative zu dem indiskrimierten Verteilen von Almosen vorschlug, ,,die Masse der Arbeiten zu vermehren", verfolgte er – ebenso wie die späteren Ökonomen und Politiker – nicht primär ökonomische Ziele, sondern die Erziehung der Armen zur Arbeit. Ausgehend von dem Axiom, daß ,,es in der menschlichen Natur eine äußerst starke Abneigung gegen das beständige Arbeiten gibt", daß ,,der Mensch, der auf irgendeine unentgeltliche Unterstützung hoffen kann, die Liebe zur Arbeit verliert" und daß in den ,,untersten Klassen" die Antipathie gegen die Arbeit nur von dem ,,Drang der natürlichen Bedürfnisse" besiegt werden kann, folgerte er:

,,Für jede wohl organisierte Regierung müßte es ein allgemeiner und fester Grundsatz sein, daß jedes Almosen, das einer körperlich kräftigen Person gegeben wird, ein soziales Verbrechen ist; daß diese entweder durch Arbeit einen Lohn empfängt oder Hungers stirbt: qui non laborat necque manducet"

– dieses Wort des Hl. Paulus hatte er auch der ganzen Schrift als Motto vorangestellt.

Die in der Lombardei eingeleiteten Programme öffentlicher Arbeiten verdienten ihm zufolge noch unter einem anderen Gesichtspunkt höchstes Lob:

,,Wenn man unter der Unterstützung der Armen versteht, einen Teil des Überflüssigen von der Seite, wo es in Fülle vorhanden ist, auf die Seite übergehen zu lassen, wo das Notwendigste fehlt, dann wollen es die augenblicklichen Verhältnisse, daß sich dieser Übergang auf eine Arbeit gründet, da es zwischen den reichen Bürgern auf der einen Seite und den körperlich kräftigen Armen auf der anderen kein Geben und Nehmen von Almosen geben darf, sondern nur echten und wirklichen Austausch von Werten."

In dieser Hinsicht bildeten die Krisen ein hervorragendes wirtschaftspädagogisches Mittel, den Armen die Austauschgesetze der neuen, im Entstehen begriffenen Wirtschaftsordnung einzuüben, sie den Wert ihrer einzigen Ware, ihrer Arbeitskraft, schätzen zu lehren. Nur in den Fällen, wo es den Behörden schlechterdings unmöglich sei, ,,*die Löhne durch Vermehrung der Arbeiten anwachsen zu lassen*", konzedierte Gioia eine direkte Unterstützung der Armen mit Lebensmitteln, vorbehaltlich der Beachtung zweier Grundsätze: das Brot müsse von der geringsten Qualität sein, und die Unterstützung müsse gezielt und mittels Vergabe von Brotgutscheinen erfolgen.

Ausdrücklich auf die 1817 gemachten Erfahrungen berief man sich in Mailand während der mehrjährigen, 1846 einsetzenden Krise, als Teuerung und Massenarbeitslosigkeit erneut massive Interventionen zugunsten der Unterschichten notwendig machten. Zur Beschäftigung des ,,niedrigen Volks" ersann man ,,künstliche Arbeitsanreize" wie ,,Erdbewegungen und andere einfache Handarbeiten, die keine besondere Eignung erfordern", und ferner wurden ausschließlich an die Armen wöchentlich Gutscheine für den Erwerb von Mischbrot ausgeteilt. In gewisser Hinsicht profitierten das Volk in den Städten und das Landvolk von den Rivalitäten zwischen den einheimischen Führungsschichten und den Österreichern, die sich gegenseitig die Gunst des Volks durch möglichst großzügige Unterstützungen streitig zu machen versuch-

166

ten. Schon im Frühjahr 1847 hatte sich Sacchi darüber zu beklagen, daß einige der Unterstützungsmaßnahmen den „guten Prinzipien der öffentlichen Ökonomie" zuwiderliefen[115]. Ganz unverhohlen stellte der Mailänder Adel die Benefizienz in den Dienst seiner politischen Ziele. Nach der zweiten „Kollekte der Damen" vom Januar 1848 berichtete die *Allgemeine Zeitung*: „Die Patrizier und Neuerer haben sich jetzt ein machiavellistisches Mittel ausgedacht, um einerseits den Haß gegen die Regierung zu schüren, und andererseits sich als Wohltäter bei den Bedürftigsten einzuschmeicheln, ihre Ergebenheit zu gewinnen, um sie nötigenfalls für ihre Ziele einzuspannen."[116]

Denselben politischen Gebrauch der Wohltätigkeit machten die Österreicher nach ihrer Rückkehr in die Stadt. In gebührlichem Abstand zur Revolution setzten dann die Klagen ein, daß man mit der „guten und schönen Mildtätigkeit, dem Arbeit zu geben, der keine hatte", gebrochen, den Arbeiter ohne Arbeit mit dem „gewöhnlichen" Armen in einen Topf geworfen und dem Drängen, „nicht so sehr bezahlte Arbeit, sondern einfach Geld zu bekommen", nachgegeben habe[117]. Gewisse Unterscheidungen hielt man um 1848 aber doch ein: Man unterteilte die Armen „nach ihren Bedürfnissen" in drei Klassen und ordnete die Arbeiter der ersten, die „einige Lire mehr" erhielt, zu. Zwei Aspekte der öffentlichen und privaten Armenunterstützung, die sich an den Revolutionsjahren besonders gut ablesen lassen, nämlich daß die arbeitsfähigen und arbeitswilligen Arbeiter ohne Arbeit gegenüber der undifferenzierten Masse der Armen im allgemeinen eine privilegierte Behandlung verdienten und daß sich aus der Ausübung der Wohltätigkeit politisches Kapital schlagen ließe, waren Erfahrungen, die in der Folgezeit nicht mehr verloren gehen sollten. Die nächste Gelegenheit, bei der man auf sie zurückgreifen sollte, war die schwere Arbeitslosenkrise der ersten Hälfte des Jahres 1859: Zwischen dem 1. April und 24. Juli wurden etwa 132 000 L. in wöchentlichen Raten an 6000 arbeitslose Arbeiter in Mailand als direkte Unterstützung ausgezahlt[118]. Das Stillhalten des Volks in den schwierigen Monaten vor und während des zweiten Unabhängigkeitskriegs ließ sich die Mailänder Oberschicht etwas kosten.

Von derartigen, politisch riskanten Ausnahmesituationen abgesehen blieben aber die von Gioia formulierten Grundsätze für die Ausübung der Armenpflege maßgeblich. Die meisten lehnten die gesetzliche Wohltätigkeit (carità legale) in ihrer Form als indiskriminiertes Verteilen von Almosen strikt ab, da das Elend in dem Maß, in dem es auf Unterstützung rechnen könne, anwachse und Elend und Unterstützung sich wechselseitig bedingten[119]. Dies war im Grunde auch die Auffassung Cavours. Zwar gehörte er zu den ganz wenigen, die ausdrücklich die gesetzliche Wohltätigkeit als gesellschaftliche Pflicht anerkannten, hatte dabei aber die Form der Armenunterstützung im Auge, wie sie seit 1834 in England, seit dem *Poor Law Amendment Act*, praktiziert wurde. Danach hatte die Armenpflege der „heilsamen, unumgänglichen Norm" zu folgen, daß die unterstützte Person sich in einer schlechteren Lage als der unabhängige Arbeiter befinden müsse, damit die Lage des Armen niemals von demjenigen gewünscht oder geneidet werde, der imstande sei, sein Leben auf ehrenhafte Weise im Schweiße seines Angesichts zu fristen[120].

Die Cavoursche Konzeption der gesetzlichen Wohltätigkeit, die sich bereits in der

Gesetzgebung des Königreichs Sardinien niedergeschlagen hatte[121], blieb auch für diejenige des neuen Einheitsstaats bestimmend. Die einander ablösenden Gesetze über die Öffentliche Sicherheit von 1859, 1865 und 1889 enthielten ihrer Substanz nach nahezu identische Bestimmungen über die Behandlung einerseits der „Müßiggänger" und „Landstreicher", andererseits der „Bettler"[122]. War beiden Kategorien gemeinsam, daß es sich um Personen „ohne Subsistenzmittel" – und selbstverständlich ohne feste Arbeit – handelte, so wurde ein Unterschied gemacht, ob diese zur Arbeit fähig oder unfähig waren. Personen der ersten Kategorie, die als Müßiggänger oder Landstreicher dem Amtsrichter denunziert wurden oder auch bloß „in der öffentlichen Meinung" als solche galten, wurden zunächst von dem Richter „ermahnt", „sich einer festen Arbeit hinzugeben"; waren sie dieser „Ermahnung" (ammonizione), durch die sie automatisch unter Polizeiaufsicht gestellt und wesentlicher Grundrechte beraubt wurden, nicht innerhalb einer bestimmten Frist nachgekommen, drohten ihnen Gefängnisstrafen von drei Monaten bis zu drei Jahren. Strafen desselben Ausmaßes hatten nach dem Gesetz von 1859 diejenigen Individuen zu gewärtigen, die in Gemeinden, in denen es ein Armenhaus gab, bettelten bzw. gegen die speziellen Bestimmungen, unter denen das Betteln in Gemeinden ohne Armenhaus erlaubt war, verstießen. Diese Bestimmungen wurden in den späteren Neufassungen der Gesetze über die Öffentliche Sicherheit im wesentlichen beibehalten: Der Arme ohne feste Arbeit stand immer mit einem Bein im Gefängnis[123].

„In den letzten Tagen machte die kgl. Polizeibehörde eine regelrechte Razzia auf Müßiggänger und Landstreicher, von denen sie ungefähr 400 festnahm"[124] – solche Kurzmeldungen gehörten in den 60er Jahren zu den Standardnachrichten der Mailänder Tageszeitungen. Verhaftungen und Verurteilungen wegen der genannten und verwandter Delikte erreichten, wie die Kriminalstatistik für den Gerichtsbezirk Mailand zeigt (siehe Tab. 17), in jenen Jahren eine erschreckende Höhe. Zwischen der Mitte der 70er und der 80er Jahre schwankte die Anzahl der *ammoniti* in demselben Bezirk zwischen einem Minimum von 3191 und einem Maximum von 4552 Personen;

Tab. 17: Müßiggänger, Landstreicher, Bettler und „verdächtige Personen"
im Gerichtsbezirk Mailand:
Anzahl der Vergehen und verhafteten Personen[125]

Jahr	Anzahl der Verhafteten	Anzahl der Vergehen
1863	?	1 096*
1864	?	1 094*
1865	1 377	1 521
1866	1 672	1 644
1867	3 076	3 076
1868	2 991	2 991
1869	2 590	2 590

* nur Città di Milano

zur selben Zeit gab es derer in ganz Italien zwischen 100 000 und 130 000[126]. Angesichts dieser Zahlen erhoben immer mehr Juristen ihre Stimme gegen die Ausübung und gegen die Einrichtung selbst der *ammonizione*, die ihren ursprünglichen Zweck der Prävention von Verbrechen nicht nur total verfehle, sondern im Gegenteil die Zahl der Delinquenten noch vergrößere[127].

Die aus der obigen Tabelle zu ersehende sprunghafte Zunahme der Verhaftungen von Müßiggängern und Landstreichern im Jahr 1867, das in Mailand wie in ganz Italien von einer schweren wirtschaftlichen und sozialen Krise gekennzeichnet war, macht unmißverständlich deutlich, daß ein sehr großer, wenn nicht gar der größere Teil der „ermahnten Müßiggänger" vorübergehend oder längerfristig Arbeitslose waren. Diese Annahme bestätigt ausdrücklich Luigi Marcionni, vormals Amtsrichter in Mailand und in dieser Eigenschaft mit dem Problem unmittelbar vertraut, als er 1877 in einer kritischen Darlegung festhielt, daß „der Müßiggang, d. h. das Leben in Müßiggang oder die Gewohnheit darin zu leben, sich leicht mit der Arbeitslosigkeit, auch der fortgesetzten, vermengt, die ihren Ursprung in sehr vielen und äußerst heiklen Zufälligkeiten des gesellschaftlichen Lebens haben kann"[128].

Der vorherrschende Typus des *ammonito* in Mailand scheint jener Antonio Mòlgora, mit Spitznahmen Luserta („Eidechse"), gewesen zu sein, der der Held einer kleinen, lebendigen Skizze in „Il ventre di Milano" ist. Nur auf Name und Alter weiß jener junge Mann genau zu antworten; die Frage des Richters nach seinem Wohnsitz bringt ihn bereits ins Stocken:

„Einen richtigen festen Wohnsitz habe ich jetzt, wo es Sommer und die tote Jahreszeit ist und ich keine Miete bezahlen kann, nicht.

– Und wo schläfst du?

– Mal hier, mal da. Manchmal schlafe ich im Haus eines meiner Genossen, der Miete bezahlen kann, manchmal im Nachtasyl, manchmal in der Locanda Berrini, manchmal auf der Wiese des Tivoli und manchmal in einem Gehöft.

– . . . Was ist dein Beruf?

– Hm . . . einen Beruf, das, was man einen festen Beruf nennt, habe ich zur Zeit nicht, weil, wie ich schon gesagt habe, jetzt die tote Jahreszeit ist . . . und dann gibt es die Konkurrenz von Arbeitern in meinem Beruf.

– Und worin bestände dieser Beruf?

– Ich bin Wasserträger (secchionaio).

– Aber jetzt bist du nicht mehr Wasserträger. Und wie lebst du?

– Ich schlage mich recht und schlecht durch. Ich habe viele Tätigkeiten. Morgens gehe ich auf den Verziere, um die Körbe von den Wagen zu laden.

– Aber das ist keine feste Beschäftigung, mein Lieber, dies ist kein Beruf, wie das Gesetz ihn verlangt."

Am Ende des Verhörs „ermahnte" der Richter Luserta und machte ihm die Auflage, sich binnen vierzehn Tagen eine feste Arbeit zu verschaffen[129]. Sollte ihm dies nicht gelingen oder er sich erneut beim Übernachten im Freien ergreifen lassen, dann war er nach den gesetzlichen Bestimmungen ein Straffälliger, der für das Vergehen der Arbeitslosigkeit im Zellengefängnis von San Vittore zu büßen hatte. Diese drakonischen Maßnahmen gegen die „freiwillige" Arbeitslosigkeit waren mehr als ein Mittel der Erziehung zur Arbeit: Sie waren eine der Bedingungen der Politik der niedrigen Löhne, ein Instrument unmittelbarer Zwangausübung, das Abertausende in Löhne einwilligen ließ, die buchstäblich Hungerlöhne waren.

Für Müßiggänger und Landstreicher unter 16 Jahren sahen weitschweifig gefaßte Bestimmungen der Gesetze über die Öffentliche Sicherheit von 1859 und 1865 vor, daß diese, sofern sie keine für sie verantwortlichen Verwandten hätten oder dieselben außerstande seien, für ihren Unterhalt aufzukommen, in Arbeitshäuser einzuliefern und die Kosten für ihren Lebensunterhalt von den Minderjährigen selbst zu tragen seien. Allein für die männlichen unter diesen jugendlichen „Rebellen gegen die Arbeit und die häusliche Zucht" hielt die Gemeinde Mailand drei Erziehungs- und Besserungsanstalten (Riformatori pei giovani) geöffnet, die in den Jahren um 1880 etwa 500 Knaben und Jugendliche beherbergten[130]. Diese erhielten dort eine Elementarbildung und erlernten gleichzeitig einen Beruf. Wie im freien Arbeitsverhältnis leisteten sie während dieser Lehrlingsausbildung allermeist unbezahlte Arbeit, durch die sie, wie das Gesetz es befahl, die Unkosten für ihre kasernenmäßige Unterbringung selbst bestritten. Aber statt aus den „Verirrten im zarten Alter . . . rechtschaffene und ehrbare Männer" zu machen, trugen diese Anstalten ihren Teil dazu bei, daß in Mailand die Jugendkriminalität überdurchschnittlich hoch war[131].

Nicht weniger als der jugendlichen Müßiggänger männlichen Geschlechts nahm die städtische Wohltätigkeit sich der „gefährdeten und gestrauchelten" Mädchen und jungen Frauen an. Etwa ein Dutzend Anstalten mit weit über 1000 Plätzen wirkte zu ihrem Wohl, und in einigen von ihnen wurde das „religiöse Prinzip" als „Unterstützung der Erziehung" so erfolgreich angewandt, daß der Bedarf an Überwachungspersonal zurückging und die Religion sich in einen „ökonomischen Faktor" verwandelte[132]. Kaum unterschieden sich von diesen Anstalten die beiden Waisenhäuser, in denen gleichfalls viele Hunderte von Mädchen und Knaben ihre Elementar- und in internen Werkstätten eine Berufsausbildung empfingen. Die Druckereien des Knabenwaisenhauses und des „Patronats für die Gefangenen und aus dem Gefängnis Entlassenen" (eine der drei Besserungsanstalten für Jungen), die nahezu ausschließlich kindliche und jugendliche Arbeiter beschäftigten, trugen dazu bei, die Löhne der freien Arbeiter in diesem Gewerbe herabzudrücken[133].

Darin erschöpften sich jedoch die Maßnahmen und Einrichtungen zum Wohl der arbeitslosen Armen noch nicht. 1861 erschien gleichzeitig in mehreren Tageszeitungen eine „Neue Statistik der Mailänder Wohltätigkeit", die ein über das Ausufern der Straßenbettelei indigniertes Publikum unterrichtete, daß das *Municipio* für die Eröffnung zweier provisorischer Armenhäuser (Ricoveri di Mendicità) gesorgt habe; in diese seien bereits 221 Individuen, 188 Männer und 33 Frauen, eingeliefert, die in flagranti beim Betteln ergriffen und als „unfähig, sich mit eigener Arbeit einen Unterhalt zu verschaffen", erkannt waren[134]. Die finanziellen Mittel zu ihrer Einrichtung stammten teilweise aus den Einnahmen eines Wohltätigkeitsfestes, das während des letzten Karnevals gegeben worden war, teils aus Zuschüssen der Gemeinde; und von Ende 1860 datierte das erste Abkommen zwischen *Municipio* und Wohltätigkeitskommission über das Armenhaus, durch das eine entsprechende ältere Anstalt, die seit längerer Zeit dahinsiechte, ersetzt wurde. Da das Gesetz über die Öffentliche Sicherheit, das einem fest umrissenen Kreis von Personen unter bestimmten Auflagen die Bettelei in denjenigen Gemeinden erlaubte, in denen noch keine Armenhäuser eingerichtet waren, gerade ein Jahr zuvor inkraftgetreten war, muß man anerkennen, daß das *Municipio* einen erstaunlichen Eifer an den Tag gelegt hat, dieser durch das Gesetz offengelassenen Möglichkeit einen Riegel vorzuschieben. Das Problem der Bettelei und des Armenhauses beschäftigte Munizipal- und politische Behörden sowie die Wohltätigkeitskommission noch ein ganzes Dezennium, bis es endlich 1869 eine definitive Regelung fand[135]. Für die Mentalität der Stadtväter ist höchst bezeichnend, daß sie unter allen Wohlfahrtseinrichtungen das Armenhaus am bereitwilligsten finanziell unterstützten. Die Zuschüsse dafür versechsfachten sich zwischen 1861 und 1884 (von 28 500 auf 173 500 L.), während die kommunalen Gesamtausgaben für öffentliche Fürsorge sich in demselben Zeitraum nur reichlich verdreifachten (von 218 500 auf 757 600 L.). Nächst den obligatorischen Zuschüssen für die chronisch Kranken im *Ospedale Maggiore* und im *Luogo Pio* von Abbiategrasso bildeten die – fakultativen – für das Armenhaus stets den größten Einzelposten in den Aufwendungen für öffentliche Fürsorge.

Dieser Ausgabeneifer für das Armenhaus ist um so bemerkenswerter, als bereits seit langem zwei Arbeitshäuser (Pie Case d'Industria e di Ricovero) in Mailand bestanden; denn zu dem bereits erwähnten in S. Vincenzo war 1815 noch das größere in S. Marco hinzugekommen. In ihnen konnten die Armen der Stadt als Interne Unterkunft, Nahrung und Kleidung oder als Externe allein Arbeit und Nahrung finden. Um 1860 beliefen sich deren feste Insassen auf etwa 350 Individuen, die tagsüber zur Arbeit erscheinenden Personen im Sommer auf etwa 600 und im Winter auf das Doppelte. In früheren Jahrzehnten waren die Frequentierungen sehr viel höher gewesen, und der zum Zeitpunkt der Einigung feststellbare Rückgang sollte sich in der Zukunft weiter fortsetzen und überhaupt die Bedeutung der beiden Häuser in der städtischen Armenpflege hinter anderen Einrichtungen stark zurücktreten. Die Häuser von S. Vincenzo und S. Marco waren – in den Augen der Verwalter der Stadt – mit dem Makel behaftet, daß sie zumindest formell ,,freiwillig" waren und, wie die rückläufigen Frequentierungszahlen andeuten, immer weniger Arme gewillt waren, von diesen Einrichtungen Gebrauch zu machen, in denen die Beköstigung sich auf das beschränkte, ,,was unbedingt notwendig ist, um nicht Hunger zu leiden"[136]. Der springende Punkt war, daß die Arbeitshäuser den Behörden keine juristische Handhabe boten, um gegen Bettler vorgehen zu können; das konnten sie erst nach der Eröffnung des Armenhauses.

Die Frage, wie die Trennungslinie zwischen Müßiggängern und Landstreichern einerseits und Bettlern (mendicanti) andererseits in der Praxis genau gezogen wurde, welche Personen also in das Armenhaus eingeliefert werden konnten, ist nicht leicht zu beantworten. Dem Wortlaut des Gesetzes von 1859 nach galten als Bettler solche Individuen, die ,,ohne irgendwelche Unterhaltmittel und wegen Krankheit oder vorgerückten Alters arbeitsuntauglich" waren; und nach dem Gesetz von 1889 waren dies Personen, die ,,zu jeglicher Arbeit untauglich" waren. Jedoch: Im Mailänder Armenhaus wurde gearbeitet. Seine ,,hauptsächlichen Industrien" bildeten die ,,Herstellung von Geweben, Stroh- und Fußmatten, Schneider-, Tischler-, Sattler- und Schmiedearbeiten"; in die Nettoerträge teilten sich die Insassen und die Verwaltung des Armenhauses[137]. Ähnlich verhielt es sich mit den Arbeitshäusern. Offiziell waren deren Insassen „untauglich zur Arbeit, die ihnen einen Unterhalt verschaffte"[138], aber in Wirklichkeit arbeiteten sie nicht weniger als ihre Leidensgefährten in den Besserungsanstalten, Waisenhäusern und im Armenhaus, welches so eingerichtet war, daß es „dem Armen keinerlei Verlockung [bot], in ihm beherbergt zu werden"[139]. Die Verlockung, nicht arbeiten zu müssen, bot es auf jeden Fall nicht. Dieser Umstand darf nicht übersehen werden, wenn man die Zahl seiner Insassen betrachtet (vgl. Tab. 18). Etwa ebenso zahlreich wie diese waren die jährlich neu eingelieferten Bettler[140].

Tab. 18: Insassen des Armenhauses (Tagesdurchschnitte)[141]

Jahr	Anzahl	Jahr	Anzahl
1873	458	1876	458
1874	504	1877	490
1875	491	1888	584

Diese Zahlen sind nicht einfach zu interpretieren. Waren die etwa 500 Personen, die jedes Jahr mit dem Armenhaus Bekanntschaft machten, für eine Großstadt wie Mailand viele oder wenige? Berücksichtigt werden muß dabei, daß „der größte Teil der Bettler", die durch Mailands Straßen zogen, wie der Bürgermeister im Stadtrat ausführte, aus der Provinz stammte und folglich für eine Einlieferung in das Mailänder Armenhaus nicht in Betracht kam; andere sich als ambulante Musikanten, die dem Stadtverordneten Massara zufolge noch „viel lästiger" waren, tarnten und so einer Verfolgung entzogen[142]. Doch selbst wenn man davon absieht, daß die wirkliche Zahl der Bettler erheblich über 500 gelegen hat, bleibt es bemerkenswert, daß immerhin so viele Mailänder Arme das Risiko eingingen, in das Armenhaus eingeliefert zu werden. Den oberen Klassen galt es als eine „Fromme Stiftung" wie die Anstalten für Taubstumme, Blinde, Skrofulöse oder die Kindergärten und Waisenhäuser; tatsächlich aber hafteten ihm alle Merkmale eines Gefängnisses an: zwangsweise Einlieferung, strengste Disziplin, Anstaltskleidung und Arbeitszwang[143]. Diejenigen, die in dieser Anstalt strandeten, waren solche Individuen, die dem gesetzlich verordneten Zwang, sich eine feste Arbeit zu verschaffen, nicht hatten folgen können oder wollen und dafür – ebenso wie die von den Bettlern schwer abzugrenzenden Müßiggänger – mit gerichtlichen Verfolgungen und einer gefängnisähnlichen Existenz büßen mußten. Die eigentliche Funktion des Armenhauses war nicht, zu helfen und zu bessern, sondern abzuschrecken – von der Versuchung, nicht zu arbeiten. Zwei Tatbestände sprechen dafür, daß es dieser Abschreckungsfunktion gerecht geworden ist: die zahllosen Fälle, in denen Arbeiter regelrechte Hungerlöhne akzeptiert haben, und der Umstand, daß die Insassenschaft des Armenhauses nicht noch zahlreicher war.

Die Bestimmungen und Maßnahmen gegen Müßiggänger und Bettler bildeten die extreme und folgerichtige Anwendung der von Cavour für die Ausübung der gesetzlichen Wohltätigkeit aufgestellten und allseits gutgeheißenen Norm, daß die Armenunterstützung so beschaffen sein müsse, daß sie keiner nur irgendwie zur Arbeit tauglichen Person als erstrebenswert erscheinen dürfe. In dieser Hinsicht stellte sie die ultima ratio dar, den Arbeitszwang für die Armen gesellschaftlich durchzusetzen und in dem Bewußtsein der Betroffenen als eine unausweichliche Notwendigkeit zu verankern.

Das Problem der Armut im Mailand der zweiten Hälfte des 19. Jahrhunderts war jedoch nur zum geringsten Teil ein Resultat des Hangs der unteren Klassen zum „Müßiggang", wie Generationen von Publizisten in stereotypen Litaneien wiederholt haben, sondern ein festes Merkmal der Arbeiterexistenz selbst. Die Möglichkeiten, sich durch seiner Hände Arbeit ein Überleben zu verdienen oder in akute Not zu geraten, lagen für die meisten Arbeiter so dicht beieinander, daß die Wohltätigkeitskommission am Ende der 70er Jahre noch die Gesamtheit der Arbeiter den potentiell Armen (poveri) und Notleidenden (miserabili) zurechnete und „ohne Übertreibung" feststellen zu können glaubte, „daß in der Gemeinde Mailand weit über 100 000 Personen sich in der Lage befinden, von dem einen auf den anderen Tag möglicherweise genötigt zu sein, die Hilfe der öffentlichen Wohlfahrt in Anspruch zu nehmen"; potentielle Armut und Not gehörten zu den „allgemeinen Lebensbedingungen der Arbeiterklasse"[144]. Diese Art von Armut, die eine Folge von Arbeitslosigkeit, Krankheit, Unfällen, Geburt oder Tod eines Familienmitgliedes, Alter und Invalidität oder einfach unzureichender Löhne sein konnte, galt als „unfreiwillige" und nicht entehrende, die zu lindern Aufgabe der Wohltätigkeitskommission war. In deren Mittel hatte sich der arme Arbeiter allerdings mit vielen anderen Gruppen von bedürftigen und notleidenden Personen zu teilen, die von verarmten Mitgliedern des Mittelstands bis zu den Insassen des Syphilishospitals reichten.

Bis 1890 erfolgte die Verwaltung der öffentlichen Wohlfahrt nach den Bestimmungen des Gesetzes über die *Opere Pie* vom 3. August 1862, das den Gemeinden auf diesem Gebiet die größten Freiheiten ließ und den Willen der Stifter weitgehend respektierte. Weder enthielt dies Gesetz genaue Kriterien, nach denen die Mittel zu verwenden seien, noch definierte es eindeutig den Kreis der Empfangsberechtigten. Niemand konnte ein Recht auf Unterstützung für sich beanspruchen, vielmehr hing diese von der Prüfung jedes einzelnen Falles ab, wobei auf die „Würdigkeit" des Betreffenden nicht weniger geachtet wurde als auf seine Bedürftigkeit[145]. Führte dieser weite Ermessensspielraum nicht selten zu persönlicher Willkür in der Verteilung der Unterstützungen, zu Begünstigung und Diskriminierung, so ermöglichte die mangelnde öffentliche Kontrolle der Frommen Stiftungen Mißwirtschaft und Vergeudung von Mitteln. Wie auch in anderen Gemeinden verschlangen in Mailand die Verwaltungsspesen zwischen 40 und 50 % der Einnahmen, und es entbehrt nicht einer gewissen Pikanterie, daß die Wohltätigkeitskommission das Universitätsstudium des Sohns von Giuseppe Marcora, eines reichen radikalen Abgeordneten aus Mailand, unterstützte[146]. Durch das geltende Gesetz und die herrschenden Gepflogenheiten waren die Bewohner des äußeren Kreises besonders benachteiligt, da die Wohltaten der meisten Stiftungen nach dem Willen ihrer Stifter und nach ihren Statuten allein den Bedürftigen der *città* vorbehalten waren. Diese Unzulänglichkeiten und Mißstände wurden durch das Crispische Gesetz über die *Opere Pie* von 1890, dessen Verkündung nicht zufällig mitten in die Wirtschaftskrise fiel, zwar nicht gänzlich beseitigt, aber doch abgemildert. Es beschnitt vor allem drastisch den autonomen Status der Wohlfahrtseinrichtungen, um sie dem öffentlichen Interesse an einer geregelten und wirksameren Wohlfahrtspflege unterzuordnen.

Um 1880 gab es in Mailand 214 Fromme Stiftungen öffentlich-rechtlichen Charakters, die über ein Gesamtvermögen von 120 Mill. L. und jährliche Erträge von 6,5 Mill. L. für wohltätige Zwecke verfügten. Hinzu kam eine größere Anzahl privater Wohlfahrtseinrichtungen, für die die entsprechenden Zahlen unbekannt sind. Der Löwenanteil dieser Summe kam der Krankenpflege zugute und ferner Institutionen, denen die Unterstützung und Pflege bestimmter Personengruppen oblag (Blinde, Taubstumme, Irre, Unheilbare, Heiratende, Gebärende und Stillende, Greise, Waisen, Gefängnisentlassene, „Gefährdete" usw.). Beträchtliche Zuschüsse flossen ferner an Kindergärten, Volks-, Berufs- und Abendschulen, Besserungsanstalten, die Arbeits- und Armenhäuser usw. Mehrere dieser Einrichtungen wurden auch von der Gemeinde subventioniert, deren Gesamtaufwendungen für öffentliche Wohlfahrt zwischen 1859 und 1893 von knapp 180 000 auf 971 000 L. anwuchsen[147]. Diejenigen Institutionen, die momentan oder chronisch in Not befindliche Personen mit Geldzuwendungen unterstützten, beliefen sich auf gut hundert und waren seit den Zeiten Josephs II. in den *Luoghi Pii Elemosinieri* zusammengefaßt. 1861 wurden aus deren Mitteln über 7000 Familien, d. h. fast jede sechste, unterstützt und 1880 über 22 000 Individuen. Die Unterstützungsbeträge, die auf eine Person entfielen, reichten von wenigen Soldi bis zu mehreren hundert Lire. Bevorzugt wurden einige Tausend Personen, die „feste Unterstützungen" empfingen, während die „gelegentlichen Unterstützungen" selten den Wochenlohn eines Arbeiters übertrafen und 1906 im Durchschnitt jährlich gar nur 10 Lire betrugen. Am krassesten waren wiederum die Armen des äußeren Kreises benachteiligt, die auch nach 1890 von den Empfangsberechtigten der *Luoghi Pii Elemosinieri* ausgeschlossen blieben. Während in der Stadt über eine Million Lire für die direkten Geldunterstützungen bereitstanden, mußten die Einwohner der ehemaligen Corpi Santi sich mit den geringen Zuschüssen der Gemeinde und der Sparkasse begnügen, die 1875 etwa 15 000 L. und dreißig Jahre später gut 150 000 L. betrugen[148]. Wer am wenigsten hatte, bekam auch am wenigsten.

Eines der untrüglichsten Indizien, wie groß die Anzahl der akuten Notfälle war, und gleichzeitig ein expliziter Beleg dafür, wie unzulänglich die verschiedenen Arten öffentlicher und privater Wohltätigkeit waren, sind die Statistiken über den Geschäftsgang des öffentlichen Pfandhauses (Monte di Pietà). Zwischen 1879 und 1889 stiegen die von dieser Institution gewährten Darlehen von 3,6 auf 6,25 Mill. L., auf eine Summe, die nicht weit hinter derjenigen für sämtliche Aufwendungen der öffentlichen und privaten Wohltätigkeit zurückblieb. Diese Zunahme ging zu einem großen Teil auf Kosten der Umsätze der privaten Pfandanstalten, die in demselben Zeitraum von 2,6 auf eine Mill. L. zurückgingen. Gleichzeitig nahm aber sowohl bei den Wertgegenständen wie bei den „verschiedenen" Pfändern die Höhe der Darlehen beträchtlich ab; bei den letzteren zwischen 1879 und 1885 fast um ein Drittel, von 14,50 auf knapp 10 Lire[149]. Das deutet darauf hin, daß viele Pfänder nicht an ihre ursprünglichen Besitzer zurückkehrten, daß immer weniger wertvolle Gegenstände auf das Pfandhaus getragen wurden. Wie wenig gerade viele der Ärmsten imstande waren, die verpfändeten Gegenstände wieder auszulösen, zeigen die häufigen Gratisrückerstattungen von Pfändern, die aus eigenen Spezialfonds des Pfandhauses, privaten Spenden und öffentlichen Kollekten bestritten wurden. Mit großer Regelmäßigkeit, allermeist in den Wintermonaten, erschienen Ankündigungen, daß die in den Magazinen des *Monte* ruhenden Woll- und Steppdecken sowie Winterkleider, auf die nicht mehr als 5 oder 8 Lire Vorschuß gezahlt waren, bis zu einer Gesamtsumme von zumeist 10 000 L. ihren Besitzern restituiert würden. Von dieser Form der Unterstützung wurde die Weißwäsche gelegentlich ausdrücklich ausgenommen. Die Hygiene des Körpers, welche die Traktatschreiber dem Volke predigten, hatte in der Wirklichkeit noch nicht den Rang eines in jedem Fall zu befriedigenden Bedürfnisses erlangt[150].

Dieses System von Armenpflege, das schon in „normalen" Zeiten eher schlecht denn recht sich bewährte, konnte den Anforderungen in Krisenzeiten nicht entfernt genügen und versagte vollends vor der Schwierigkeit, Hilfe bei länger anhaltender Massenarbeitslosigkeit zu gewähren. Die erste außerordentliche Maßnahme, die man in solchen Situationen ergriff, bestand darin, öffentliche Wohltätigkeitssubskriptionen zu eröffnen und die Menge der Notleidenden der privaten Mildtätigkeit zu empfehlen. Dieser Weg war – wie schon angedeutet – 1859 und 1868 vom *Municipio* beschritten worden, es sollte noch nicht das letzte Mal gewesen sein. Ein anderes Mittel, zu dem unweigerlich gegriffen wurde, war die verstärkte Agitation für den Schutz der „nationalen Arbeit", für Zollprotektionismus und Regierungsaufträge. Die erste derartige Kampagne nach der Einigung wurde in Mailand schon 1861/62 gestartet, als nach dem Ende der Rüstungsbestellungen die Metallindustrie in eine schwere Krise geraten war; andere, immer von den Metallindustriellen ausgehend, folgten 1867/68 und 1872, als die Maschinenbauindustrie inmitten des allgemeinen Booms eine Krise durchmachte. Zum Ritual dieser Kampagnen gehörte, daß die Arbeiter Petitionen an Parlament und Regierung unterzeichneten, Delegationen bildeten, die beim Präfekt vorstellig wurden, usw., während die Unternehmer im Hintergrund die Fäden zogen[151]. Die Häufigkeit der Krisen gerade in der Metallbranche zeigt an, wie stark der moderne industrielle Krisenzyklus in Mailand bereits ausgebildet war und daß ein neuer Typus von Arbeitslosigkeit sich der Stadt zu bemächtigen begann. Die im Gefolge der traditionellen Teuerungskrisen aufgetretene Arbeitslosigkeit hatte auch früher schon oftmals beängstigende Ausmaße angenommen, war aber weit seltener eingetreten. Der wichtigste Unterschied zwischen der Arbeitslosigkeit „alten" und „neuen" Typs lag jedoch in der Figur der Betroffenen. 1817 und 1848 waren sie zum größten Teil auch Arbeiter gewesen, deren Gesamtheit aber zu einem undifferenzierten *basso popolo* verschwamm. Schon seit den 60er Jahren sprach man dagegen immer häufiger von den Metallarbeitern, den Maurern usw., die arbeitslos waren. Spätestens seit dem städtischen Generalstreik von 1872 war nicht mehr zu übersehen, daß die Rolle des hauptsächlichen Erregers sozialer Unruhe von dem traditionellen *popolo* auf die sich bildende Arbeiterklasse überging. Mehr noch als an seinen inneren Unzulänglichkeiten sollte das traditionelle Armenunterstützungswesen an diesen Wandlungen, die sich mit großer Plötzlichkeit vollzogen, auf eine Grenze stoßen, wodurch es insgesamt in Frage gestellt wurde.

Noch am Ende der 70er Jahre deutete nichts auf eine solche Krise hin. In jenen Jahren großer Arbeitslosigkeit und Unterbeschäftigung waren es sogar die Arbeiterorganisationen selber, von denen zuerst an ,,die unerschöpfliche Großherzigkeit ihrer Mitbürger" appelliert und Wohltätigkeitssubskriptionen vorgeschlagen wurden[152]; noch niemals hatten einzelne Kategorien von Arbeitern eine solche Bereitwilligkeit gezeigt, unter dem Schlagwort des Schutzes der ,,nationalen Arbeit" sich vor den protektionistischen Karren der Unternehmer spannen zu lassen. In den Monaten, als über die Erneuerung des Handelsvertrags mit Frankreich und den neuen Zolltarif am hitzigsten diskutiert wurde, leitete der Verein der Bandmacher eine Agitation unter sämtlichen Mailänder Textilarbeitern ein, um für einen verstärkten Zollprotektionismus an das Parlament zu petitionieren, und die Bandmacher ließen sich von ihren Prinzipalen zu Straßendemonstrationen aufstacheln, um die Verabschiedung des Handelsvertrags zu verhindern[153]. Die Forderung des Rechts auf Arbeit und die industrieprotektionistische Formel des ,,Schutzes der nationalen Arbeit" gerieten in eine gefährliche Nähe zueinander, und ihre Verquickung sollte in den folgenden Jahren noch viel heillose Verwirrung unter den arbeitsuchenden Arbeitern stiften[154].

Kaum hatte die Mailänder Wirtschaft sich von der langen Depression der 70er Jahre erholt, als im Winter 1884/85 wegen des Ausbleibens der Bestellungen von Eisenbahnmaterial erneut eine schwere Krise sich dieses Sektors bemächtigte, die Tausende von Arbeitern, vor allem der Maschinenbaufabriken, auf die Straße warf. Unternehmer, Arbeiter und Behörden vereinigten sich in dem gemeinsamen Ruf nach Verteidigung der nationalen Arbeit und in dem Bemühen, Regierungsaufträge für die städtischen Fabriken zu erlangen. Die protektionistische Agitation schürte nicht nur die Konkurrenz zwischen den Arbeitern verschiedener Länder, sondern auch innerhalb ein und desselben Landes. Unmittelbar vor Weihnachten lud das *Municipio* zum ersten Mal seit vielen Jahren wieder die mildtätig und spendenfreudig gestimmte Bürgerschaft zu einer öffentlichen Subskription zur Unterstützung der Arbeitslosen ein, in die es sich selbst als erstes mit einem Betrag von 10 000 L., weniger als 1/17 des damaligen Zuschusses für das Armenhaus, eintrug. Der Erlös der Subskription sollte ausschließlich denjenigen Arbeitern zugute kommen, ,,die infolge der gegenwärtigen industriellen Krise die Fabriken verlassen mußten und sich ohne Arbeit befinden", d. h. vor allem den Metallarbeitern, die mit einem Dokument nachzuweisen hatten, daß sie unter diese Kategorie fielen. Viele Arbeiter, die nicht jene ,,besonderen Bedingungen" erfüllten und den Aufruf des *Municipio* ,,falsch auslegten", wurden von dem Unterstützungskomitee abgewiesen. Eine derartig diskriminatorische Unterstützungspraxis, welche die verschiedenen Kategorien von Arbeitern gegeneinander ausspielte, war für Mailand ein Novum. Dies hing unmittelbar mit der Neuartigkeit der augenblicklichen Arbeitslosigkeit zusammen. Die Mehrheit der Arbeitslosen setzte sich diesmal nicht mehr aus Arbeitern kleinerer und mittlerer Betriebe zusammen, sondern die größten Betriebe hatten gleichzeitig fast die Gesamtheit ihrer Belegschaften entlassen. Eine solch homogene Masse von Arbeitslosen hatte es bisher in der Stadt noch nicht gegeben, und die Risiken einer Störung der öffentlichen Ordnung waren beträchtlich. Allzu begreiflich war also die Sorge der Behörden, die Metallarbeiter mit Vorrang vor allen anderen zu unterstützen. Vor die Unmöglichkeit gestellt, allen Arbeitslosen zu helfen, war es ein geschickter Schachzug seitens des *Municipio*, sein Unterstützungskomitee mit dem ,,Volkskomitee zur Unterstützung der Arbeitslosen", das unter der Ägide des *Consolato Operaio* jüngst ins Leben getreten war, zu vereinigen und so die Arbeiterorganisationen an der undankbaren Aufgabe zu beteiligen, den einen Arbeitslosen eine Unterstützung zuzuerkennen und den anderen vorzuenthalten. Dies System funktionierte so trefflich, daß man es auch während der nächsten Krisen beibehielt und aus dem ,,Volkskomitee" ein ,,Ständiges Volkskomitee für Wohltätigkeit" machte[155].

Dieses neue, elastischere Verhalten der Behörden war nicht zuletzt von der wachsenden Stärke der lokalen Arbeiterbewegung bestimmt. Bezeichnend ist, daß derselbe Bürgermeister Negri, der sich in der Metallarbeiterkrise von 1884/85 so geschickt verhalten hatte, 1886 bei dem Ministerpräsidenten Depretis auf eine möglichst rasche gesetzliche Billigung des städtischen Bebauungsplans drängte, um dadurch neue Arbeitsplätze und ein Sicherheitsventil gegen den Druck der Arbeiterbewegung zu schaffen[156]. Die Vermehrung der Streiks und die Konsolidierung des *Partito Operaio* zeigten eine Verschärfung des sozialen Klimas an. ,,Zu dem Zweck, die Bataillone des Proletariats Beruf für Beruf zu organisieren und sie im Namen eines einzigen Rechts, des *Rechts auf Existenz*, zu verbrüdern", hatte sich im Frühjahr 1885 in Mailand der POI rekonstituiert und den ,,Widerstand gegen das Kapital" zu seinem Hauptziel erklärt. Auf dem zweiten Kongreß des POI, im Dezember 1885 in Mantua, stand auch die Frage der Arbeitslosigkeit auf der Tagesordnung. Als ,,praktisches Mittel" zu ihrer Bekämpfung erkannten die Kongreßteilnehmer allein ,,die von den organisierten Arbeitern erzwungene Verkürzung der Arbeitszeit und Abschaffung der Akkordarbeit" an. Für diese Fraktion der Mailänder und lombardischen Arbeiterbewegung zählte nichts anderes als ,,der offene und intransigente Klassenkampf auf ökonomischem Gebiet – *la resistenza*"[157]. Während die noch im Schlepptau der Radikalen stehenden Arbeiterorganisationen, wie das *Consolato* und die *Confederazione Operaia Lombarda*, und der vom *Secolo* gekürte ,,Arbeiterdeputierte" Antonio Maffi weiterhin dem Protektionismus und dem Schutz der nationalen Arbeit das Wort redeten[158], klangen auf seiten des POI in Mailand bisher ungehörte Töne an. Mit schneidender Schärfe hatte der *Fascio operaio* von seinem ersten Erscheinen an der Philanthropie der herrschenden Klassen und der herrschenden Praxis der Wohltätigkeit den Kampf angesagt. Unter dem Titel ,,Karneval und Benefizienz" apostrophierte er die Philanthropen als ,,heuchlerische Egoisten, die ihr euch eure Orgien vergeben lassen wollt, indem ihr ihnen den Mantel der Wohltätigkeit umhängt", und nahm von seinen Angriffen weder die neueröffneten Nachtasyle noch die Armenküchen aus[159]. Die Denunziation der ,,modischen Mildtätigkeit" war für die Ouvrieristen alles andere als eine rein moralische Angelegenheit. Dem Kampf gegen die Wohltätigkeit kam in ihren Augen deswegen eine so große Bedeutung zu, weil sie Gebende und Nehmende aneinanderkettete, gerade in den kritischsten Momenten den Lohn-

177

kampf blockierte, den Klassenkampf verschleierte, indem das Almosen an die Stelle des Lohns, Dankbarkeit und Unterwerfung an die Stelle von Forderung und Kampf traten[160]. Die „Verweigerung der Wohltätigkeit" wurde zu einem der wirksamsten Losungsworte während der nächsten Krise, in der Stadtrat und *Giunta* eingestehen mußten, mit dem Problem der Unterstützung und Regulierung der Arbeitslosen nicht länger fertig zu werden.

In der tiefen wirtschaftlichen Depression von 1889 bis 1894 wurde die Massenarbeitslosigkeit in Mailand zu einem Dauerzustand. Über Jahre hinweg gab es Abertausende von Arbeitslosen, die sich manchmal allein unter den Metallarbeitern auf 4000 oder unter den Bauarbeitern auf 3000 beliefen. Am resolutesten im Umgang mit den Arbeitslosen zeigten sich die Behörden der Öffentlichen Sicherheit, die laufend Razzien unter ihnen vornahmen, zu Massenverhaftungen schritten und zahlreiche Arbeiter ohne festen Wohnsitz in ihre Heimatgemeinden „repatriierten"[161]. Derartige und andere Polizeischikanen, wie das provozierende Auftreten von Polizeibeamten in Arbeiterversammlungen, die sich sogar in die Formulierung von Resolutionen einmischten, Rednern das Wort abschnitten oder Versammlungen auflösten, schürten nur die „Ressentiments gegen die Regierung und den Haß gegen die Bourgeoisie"[162].

Die materielle Unterstützung der Arbeitslosen vollzog sich in den Formen, wie sie teils seit Jahrzehnten praktiziert worden waren, teils sich erst in den letzten Jahren herausgebildet hatten: öffentliche Wohltätigkeitssubskriptionen, für die das *Municipio*, die Sparkasse, selbst der König ihren Pflichtobolus entrichteten, „Wohltätigkeitsspaziergänge", Wohltätigkeitsbälle usw. Je krasser das Mißverhältnis zwischen den Unterstützungsgeldern und der Menge der zu Unterstützenden wurde, desto bereitwilliger wurde den Arbeitern, ihren traditionellen Organisationen wie ad hoc gebildeten Komitees die Verteilung der stets völlig unzureichenden Mittel überlassen. Man ließ ein ganzes Dickicht von Unterstützungskomitees der Arbeiter entstehen, die, noch unerfahren in derartigen Angelegenheiten und gelegentlich auch mit moralisch zweifelhaften Personen besetzt, sich gegenseitig Gelder streitig machten, die früher von behördlicher Seite vorgemachten Parteilichkeiten in der Vergabe der Unterstützungen nachahmten und sich gegenseitig der Veruntreuung von Spendengeldern beschuldigten. Diese Verdächtigungen und Rivalitäten stifteten eine solche Verwirrung unter den Arbeitslosen, daß sich sogar – ob zu Recht, muß offenbleiben – der Verdacht festsetzte, Präfektur und Polizeibehörde stünden hinter dem am ärgsten kompromittierten Arbeiterkomitee, „um durch dieses die ganze Agitation der Arbeitslosen zu kontrollieren"[163]. Ferner tauchten die unvermeidlichen protektionistischen Parolen wieder auf, und Unternehmer und Arbeiterdelegierte antichambrierten gemeinsam – oder letztere auch allein – bei Ministern und Abgeordneten, um Aufträge für Mailänder Firmen zu erlangen. Die Gemeinde beeilte sich, einige Erdarbeiten ausführen zu lassen, für die ausschließlich in Mailand ansässige Arbeiter eingestellt wurden und zwar im Akkord, da sich die Bezahlung im Zeitlohn als zu teuer herausgestellt hatte[164].

Die Reaktionen der Arbeiter schienen sich – wie die Not selbst – kaum von denjenigen in früheren Krisen zu unterscheiden; über den vielfachen Parallelitäten dürfen jedoch nicht die Manifestationen eines neuen Selbstbewußtseins übersehen werden. Die Metallarbeiter machten sich als erste die Parole: ,,Verweigerung jeglicher Spende, die nach Almosen schmeckt" zu eigen; eine Arbeiterversammlung nach der anderen und mit der Zeit immer mehr Kategorien von Arbeitern folgten ihnen hierin nach[165]. Überdruß und Empörung hatten unter den Arbeitslosen so weit um sich gegriffen, daß auch die wiederauflebende Agitation der Anarchisten bei ihnen auf fruchtbaren Boden fiel. Die Worte des Anarchisten Gandolfi: ,,Arbeiter, nehmt keine Almosen an! Es ist Zeit für die soziale Revolution, um unsere Rechte geltend zu machen! Unternehmer und Regierung halten uns zum Narren", brachten die Erregung in einer Versammlung von Arbeitslosen bis zum Siedepunkt; gleichzeitig wurde Emidio Brando, ein Militanter des POI und Organisator der Metallarbeiter, der an der Spitze einer Arbeiterdelegation nach Rom gereist war, um von dem Minister für öffentliche Arbeiten Zusagen über Regierungsaufträge zu erwirken, von der Versammlung niedergeschrien: ,,Arbeiterbetrüger! Von den Unternehmern bestochen!"[166]

Diesem Potential von Unzufriedenheit und Aufsässigkeit suchten der *Fascio dei Lavoratori* (die lokale Organisation des POI), das *Consolato*, die Verbände der Buchdruckergehilfen und Maurer sowie einige andere Arbeiterorganisationen eine konstruktive Richtung zu geben, indem sie es für die Bewegung zur Konstituierung einer Arbeitskammer mobilisierten. Als symptomatisch für die Verwirrung unter den Arbeitern und die Zwiespältigkeit der Situation kann die Episode der ,,berüchtigten Suppengutscheine" gelten. Die Herzogin Visconti Modrone und einige andere Damen der Mailänder Gesellschaft hatten in der Scala ein grandioses Fest zugunsten der Armenküchen veranstaltet, dessen Reinerlös sich auf beachtliche 73 000 L. belief. Über die Verwendung dieser Gelder wurde in verschiedenen Arbeiterversammlungen diskutiert, nochmals der Grundsatz, die Annahme von Almosen zu verweigern, bekräftigt und schließlich der Vorschlag akzeptiert, die 73 000 L. als ersten Fond der zu gründenden Arbeitskammer zuzuweisen. Dieser Entschluß war so unvereinbar mit der akuten Not vieler Arbeitsloser, daß das Geld am Ende doch seinem ursprünglichen Zweck zugeführt wurde[167]. Trotzdem wurde drei Monate später die Arbeitskammer eröffnet. Inmitten der schlimmsten Krise wußten Mailands Arbeiter sich die Organisation zu schaffen, die binnen kürzester Zeit zum Zentrum der städtischen Arbeiterbewegung werden und es bis zum Faschismus bleiben sollte.

Als ,,Studienzentrum für Arbeiterfragen" und als ,,organisierten Handelsplatz von Daten über den Arbeitskräftemarkt" hatten auch der Stadtrat und die *Giunta* deren Gründung befürwortet und mit der Überlassung von Räumlichkeiten und der Zusage eines jährlichen, jederzeit widerrufbaren Zuschusses von 15 000 L. auch materiell unterstützt. Dieses Entgegenkommen hing mit einer Interpellation des seinerzeit einzigen sozialistischen Stadtverordneten, Osvaldo Gnocchi Viani, zusammen. Wie dieser beantragt hatte, setzte das Gemeindeparlament im Januar 1891 eine Kommission ein, die ,,Vorschläge und Maßnahmen im Hinblick auf die Arbeitskrisen" erarbeiten sollte. Die Beratungen dieser Kommission fanden ihren Niederschlag in einem ausführlichen Bericht, der Anfang Juni im Gemeinderat diskutiert und bei nur einer Gegenstimme angenommen wurde[168]. Seit genau dreißig Jahren, seitdem am 1. August 1861

Massarani dem Stadtrat über das Projekt der Arbeitersiedlung an der Via S. Fermo berichtet hatte, nahm dieses Gremium zum ersten Mal wieder grundsätzlich zu Fragen Stellung, welche unmittelbar die Interessen der Arbeiter berührten. Es gibt vielleicht kein aufschlußreicheres Dokument über das Verhältnis von Herrschenden und Beherrschten im Mailand des fin de siècle als diesen Bericht, mit dem die Repräsentanten der Gemeinde in einem Augenblick, als die schlimmste Krise Tausende ihrer Mitbürger in furchtbare Not gestürzt hatte, sich noch einmal zu den obsoletesten Prinzipien des wirtschaftlichen und gesellschaftlichen Freihändlertums bekannten.

Eindeutig befürwortend äußerte sich der Gemeinderat nur zu den beiden Vorschlägen, die Arbeitskammer zu unterstützen und (was in anderen Teilen Italiens schon längst praktiziert und durch ein Gesetz von 1889 bereits geregelt wurde) Arbeiten der Gemeinde an Arbeiterproduktionsgenossenschaften zu vergeben. Nicht weiter diskutiert wurde der unausgereifte Vorschlag eines „Arbeiterbasars", der Hausindustriellen und Handwerkern den Verkauf ihrer Produkte erleichtern sollte. Die Ablehnung einer direkten Intervention der Gemeinde bei der Errichtung von Arbeiterwohnnungen wurde schon im vorigen Abschnitt erwähnt.

Gleichfalls lehnte es der Gemeinderat ab, in die Verdingungsordnungen Klauseln über Mindestlöhne und Maximalarbeitszeit aufzunehmen. Gegenüber dieser Frage, die die damalige Arbeiterbewegung mehr als irgendeine andere beschäftigte, „behielt in der Kommission die allgemeine Auffassung die Oberhand, daß die ökonomischen Gesetze sich nicht ohne schwere Störungen verändern lassen und daß die Behörden nur in Ausnahmefällen, die hier aber nicht vorliegen, sich einmischen können, wenn etwa das Wohl der Arbeiter unmittelbar gefährdet ist oder die öffentliche Ordnung auf dem Spiel steht". Schließlich sah sich der Gemeinderat außerstande, die Konsumsteuern auf lebensnotwendige Dinge zu ermäßigen oder gar abzuschaffen.

Neben diesen sechs von Gnocchi Viani vorgeschlagenen Maßnahmen erwog die Kommission noch drei andere Projekte zur Arbeitsbeschaffung. Sie verwarf den Vorschlag, Unternehmern, welche trotz Verluste ihre Arbeiter weiterbeschäftigten, Geldentschädigungen zu gewähren, und desgleichen ein in jenen Monaten vieldiskutiertes Projekt, Arbeitswerkstätten (Officine del lavoro) einzurichten[169]. Dahinter witterten die Stadtverordneten die „Theorie der Nationalwerkstätten", vor deren Gefährlichkeit Massarani schon 1861 seine Kollegen gewarnt hatte. „Obwohl dem Projekt keine Erklärung des Rechts auf Arbeit vorausgeschickt ist", machte die Kommission als letzten Ablehnungsgrund geltend, „wohnt sie ihm gleichwohl inne, und auf jeden Fall muß die Erfahrung mit den *ateliers nationaux* in Paris von 1848 eine ernste Warnung davor sein, den Versuch noch einmal zu wiederholen." Dieser Befürchtung lagen mangelnde Kenntnis oder ein tiefes Mißverständnis der Nationalwerkstätten zugrunde. Mit ihrer Einrichtung hatte die Provisorische Regierung so wenig das Recht auf Arbeit anerkannt wie wenig später die Gesetzgebende Versammlung; vielmehr wurde mit ihnen an die jahrhundertalte Tradition der *ateliers de charité* angeknüpft. Diese Form öffentlicher Wohltätigkeit war den Mailändern seit der Krise von 1816/17 wohl vertraut, und an den Grundsatz der Arbeitsbeschaffung als Mildtätigkeit hielt man sich auch 1891: „Mit größter Sympathie" griff die Kommission des Stadtrats den Plan auf, „Arbeitshäuser (Case di lavoro) einzurichten, die den tüchtigen beschäftigungslosen Arbeitern vorübergehend ein Existenzminimum sichern können". Sie sollten nicht schlechter fahren als die „durch Leiden und Laster entkräfteten" Individuen, denen schon seit einem Jahrhundert die *Case d'Industria* offenstanden.

Für die Beurteilung der sozialpolitischen Anschauungen der Stadtverordneten ist es unerheblich, daß auch dieser Vorschlag Makulatur blieb. Seine Nichtverwirklichung verrät eher noch auch auf ihrer Seite ein gewisses Gespür, wie obsolet das Projekt war. Das einzige konkrete Resultat der Interpellation Gnocchi Vianis blieb demnach der finanzielle Zuschuß für die Arbeitskammer – mit dem Vorbehalt, daß diese nicht „ein Element des Widerstands oder des Kampfs" werden dürfe[170]. Während die Gemeinde durch die Konsumsteuern von den Arbeitern jährlich Millionen von Lire kassierte, reduzierte sich das, was sie für jene in der schlimmsten Arbeitslosenkrise tat, auf eine Subvention von 15 000 L. Selten wurde jedoch eine Subvention fruchtbringender angelegt. Schon ein halbes Jahr nach ihrer Eröffnung hatte die Arbeitskammer 8000 Arbeiter organisiert, und ihre Umgebung wurde daher zum „Hauptquartier von Polizisten und Carabinieri in Uniform und Zivil"[171]. In der Arbeitskammer bereiteten die Arbeiter, welche die offizielle Kommune zurückstieß, die Errichtung des *Comune dei lavoratori* vor [172].

5. Die Qualifizierung der Arbeitskraft

„Bei uns hat sich die Sorge, die Lage des Arbeiters zu verbessern, vor allem in dem Impuls geäußert, der der Volksbildung gegeben wurde, und zur Ehre unseres Landes muß man anerkennen, daß seit 1860 viel getan wurde, um die weniger begüterten Klassen der unschätzbaren Wohltaten der Erziehung teilwerden zu lassen"[173]. Diese Worte Francesco Bonasis aus dem Jahr 1879 haben besonders für Mailand ihre Gültigkeit. Gemäß der Überzeugung von Gemäßigten und Liberalen, daß die Soziale Frage vorrangig ein pädagogisches Problem sei, hatte man in Mailand nicht erst bis zu dem Gesetz Coppino von 1877 über die allgemeine Schulpflicht gewartet, um die Voraussetzungen zu schaffen, daß zumindest theoretisch jedes Kind eine Elementarschule besuchen könnte. Mag die späte gesetzliche Verankerung der allgemeinen Schulpflicht darauf hin deuten, daß sich auf der Ebene von Parlament und Regierung ihre Befürworter erst allmählich durchzusetzen vermochten, so kam die alte Streitfrage über Nutzen und Nachteil einer möglichst breiten Volksbildung in der lombardischen Metropole überhaupt nicht auf. In seltener Einmütigkeit stimmten Gemäßigte, Liberale, Radikale und die Arbeiter selbst darin überein, daß die Bildung des Volks nur von Vorteil sein könne. Von welcher Art Vorteil und zu wessen Vorteil, das wird etwas später zu fragen sein.

Zum Zeitpunkt der Einigung befand sich das öffentliche Unterrichtswesen in Mailand in einem wahrhaft kläglichen Zustand. Als „ein altes, zusammenstürzendes Gebäude" wurde es in einem Bericht der *Giunta* an den Gemeinderat geschildert, der daraufhin zur Feststellung der ganzen Schäden und zur Erarbeitung von Neuordnungsplänen eine „Kommission für das Unterrichtswesen" einsetzte, mit deren Vorsitz Carlo Tenca betraut wurde. Aus Tencas Bericht und dem zuvor erwähnten ergibt sich, daß 1860 knapp 6000 Schüler die achtzehn Gemeindeschulen besuchten, dagegen über 13 000 Schüler Privatschulen. Die meisten Gemeindeschulen befanden sich in einem so vernachlässigten Zustand, daß es die Mitglieder der Tenca-Kommission eine Überwindung kostete, den Fuß über ihre Schwelle zu setzen. Viele Schulräume waren düster, eng, feucht und fast alle ohne Unterrichtsmaterial; zum Teil in ungeeigneten Häusern untergebracht, über mehrere Stockwerke verteilt und in unmittelbarer Berührung mit einer zahlreichen Nachbarschaft; bis zu über hundert Kinder wurden in einem Raum zusammengepfercht. Ebenso trostlos war die Bezahlung der Lehrer, von denen manche weniger als zwei Lire am Tag erhielten, wogegen die Lehrerinnen noch unter diesem Betrag blieben. Welche Art von Lehrern für solche Hungerlöhne bestenfalls zu gewinnen waren, ist unschwer vorstellbar[174]. In den Corpi Santi besuchten 1860 gar nur 500 Kinder die öffentliche Grundschule und zwar in Räumen, die noch schlimmer als in der Stadt gewesen zu sein scheinen und in manchen Fällen eine direkte Schädigung der Gesundheit der Schüler darstellten[175]. Nach allem, was bisher über die Corpi Santi gesagt wurde, kann es nicht überraschen, daß in ihnen 1861 der Anteil der Analphabeten an der Gesamtbevölkerung mehr als doppelt so hoch war wie in der *città* (63,8 gegenüber 29,4 %).

Auf die naheliegende Frage, weshalb die Eltern ihre Kinder überhaupt auf solche Schulen schickten, antwortete der Bericht der Tenca-Kommission, daß dies, besonders in den ersten Klassen, „in die die ärmsten Kinder am zahlreichsten strömen", die Möglichkeit sei, die Kinder behüten und bewachen zu lassen, während die Eltern ihren täglichen Arbeiten nachgingen; eine große Anzahl von ihnen nehme deswegen sogar die für viele ungeheuerliche Ausgabe auf sich, die Kinder in das nachmittägliche Repetitorium zu schicken, um so den Aufenthalt des Kindes in der Schule zu verlängern. Das sei auch einer der Gründe, weshalb so viele Kinder die privaten, zumeist religiösen Schulen besuchten, was gelegentlich noch den zusätzlichen Vorzug hatte, daß es in ihnen die wenigen, unerläßlichen Büchlein umsonst gab. Für die „allerbedürftigsten" Kinder gab es das Lernmaterial auch an den kommunalen Schulen umsonst; doch die Studienkommission plädierte dafür, die entsprechenden Zuschüsse der Gemeinde auf die drei ersten Klassen zu beschränken, „in der natürlichen Annahme, daß die Kinder, welche [die 4. und 5.] Klasse durchlaufen, nicht ganz und gar armen Familien angehören". Dagegen sollte die Schule in ihrer Funktion als Aufbewahrungsanstalt für Kinder solcher Eltern, die beide berufstätig waren, weiter ausgebaut werden, indem die Schulzeit „bis wenigstens vier Uhr" verlängert würde. Den jüngsten Arbeiterkindern im Schulalter Obdach und Aufsicht zu gewähren, scheint damals von größerer Wichtigkeit gewesen zu sein, als ihre Unterrichtung über das achte oder neunte Lebensjahr hinaus, mit dem nicht wenige bereits in das Arbeitsalter eintraten, fortzusetzen. Ein bezeichnendes Licht auf diese Funktion von Grundschulen und Kindergärten wirft ein mehrtägiger Streik von 200 Arbeiterinnen und Arbeitern einer Textilfabrik vor der Porta Garibaldi, die sich deswegen einer Vorverlegung des Arbeitsbeginns auf 6 Uhr widersetzten, weil erst um halb sieben die Schulen und Kindergärten öffneten[176].

Zweifellos hat die Gemeinde in den folgenden Jahrzehnten viel für den Ausbau und die Verbesserung des Grundschulwesens getan. Jahr für Jahr steigerte sie die Aufwendungen für den öffentlichen Unterricht, so daß dieser Etatposten, der 1860 wenig mehr als 400 000 L. ausgemacht hatte, dreißig Jahre später 2,5 Millionen L. überstieg. Zu zwei Drittel dieser Aufwendungen war die Gemeinde nach dem Gesetz Casati von 1859, das den Gemeinden den ganzen finanziellen Unterhalt der Elementarschulen aufbürdete, verpflichtet; das restliche Drittel bildeten fakultative Ausgaben, mit denen Abend- und Sonntagsschulen unterhalten und andere Bildungseinrichtungen unterstützt wurden. Die Anzahl der Schulräume, die 1861 in der *città* und in den Corpi Santi zusammen gerade 85 betragen hatte, wurde bis zum Schuljahr 1890/91 auf 602 vermehrt. Entsprechend stieg kontinuierlich die Zahl der an öffentlichen Elementarschulen eingeschriebenen Schüler an; 1891 waren es bereits über 30 000. An den abendlichen und sonntäglichen Elementarschulen waren um dieselbe Zeit über 9000 Schüler eingeschrieben[177]. Die Bedeutung der Privatschulen blieb zwar nach wie vor groß, aber ihnen kam gegen Ende des Jahrhunderts nicht mehr entfernt das Gewicht zu, das sie zur Zeit der Einigung im städtischen Schulwesen besessen hatten. Solche Anstrengungen auf dem Gebiet der Elementarschulbildung führten dazu, daß der Analphabetismus trotz des beständigen Zuzugs vieler illiterater Immigranten ständig zurückging. Kamen 1872 auf 1000 Brautleute noch 194, welche die Heiratsurkunde nicht unterschrieben, so waren es 1891 bereits nur noch 64. Außer in Turin war gegen Ende des Jahrhunderts in keiner italienischen Stadt die Fähigkeit des Lesens und Schreibens weiter verbreitet als in Mailand.

Ob jedoch die starke Ausbreitung der Elementarbildung, wie einige Ökonomen behaupten, „sicherlich die Qualität der industriellen Arbeitskraft verbessert hat"[178], ist eine Frage, die man für das Mailand der zweiten Hälfte des 19. Jahrhunderts nicht ohne weiters zu bejahen vermag. Der Zusammenhang zwischen wirtschaftlichem Wachstum und Fortschritten in der Volksbildung scheint auf jeden Fall komplizierter und weniger unmittelbar gewesen zu sein, als die erwähnte Behauptung suggeriert. Zumindest die Alltagsrealität der Mailänder Elementarschule unterstützt die Ansicht, daß die Qualifizierung der Arbeitskraft eher über ihre gesellschaftliche Disziplinierung als über eine Vorbereitung der Schüler für eine spätere Berufstätigkeit angestrebt wurde.

Den tiefsten Einblick in die tatsächliche Situation der Mailänder Elementarschulen um 1890 gewähren die minutiösen Untersuchungen des Arztes und Stadtverordneten Malachia De Cristoforis[179]. Ihm zufolge entsprachen von den 35 damaligen Schulgebäuden nur sieben „vollständig ihrem Zweck", während elf, also bald ein Drittel, damit „unvereinbar" waren und sofort hätten ersetzt werden müssen. Dazu gehörten – ähnlich wie bei den Arbeiterwohnungen – einige der erst allerjüngst errichteten Schulen, die – einer anderen Stimme zufolge – unter dem Gesichtspunkt gebaut worden zu sein scheinen, „um der Gesundheit der Schüler, die sie besuchen, den größtmöglichen Schaden zuzufügen"[180]. Die zulässigen Klassengrößen (50 bis 55 Schüler) wurden in so vielen Fällen überschritten (in einigen Klassen drängten sich 70, 80 oder gar 90 Kinder), daß zur Unterbringung derjenigen, die die gesetzliche Höchstgrenze der Klassen überschritten, zwei weitere Schulen mit je 1000 Plätzen erforderlich gewesen wären[181]. Zwei Drittel aller Schulbänke waren von der Art, daß De Cristoforis sie im Interesse der körperlichen Entwicklung der Kinder am liebsten vernichtet gesehen hätte. Die Mittel für Heizung und Belüftung waren in der Mehrzahl der Räume unzulänglich oder „illusorisch", und Anschauungsmaterial für den Unterricht fehlte noch genauso wie vor dreißig Jahren.

Geht man von diesen „äußerlichen" Aspekten zu den unmittelbar Betroffenen und zu den Unterrichtsinhalten über, so wird das Bild nicht rosiger. Zunächst: Etwa 20 % der Schulpflichtigen eines Jahrgangs wurden von den Eltern nicht in die erste Klasse eingeschrieben, ohne daß diese Unterlassung irgendwelche Sanktionen nach sich gezogen hätte. Aber noch erstaunlicher ist, daß im Laufe eines Schuljahres die in der ersten Klasse eingeschriebenen Schüler um ein Drittel abnahmen – „und diese Ziffer läßt sich nicht allein mit der Sterblichkeit erklären". Dieses Phänomen der „verschwundenen" Kinder – in der 2. und 3. Klasse verschwand immerhin noch ein Fünftel – war in allen Klassen so verbreitet, daß die Statistik „eingeschriebene" und Schüler, „die besuchen", getrennt aufführte[182]. Über das Schicksal der Abertausende von Mädchen und Knaben, „die durch die Tür in die Schule eingetreten sind und sie durch das Fenster heimlich wieder verlassen haben, ohne daß irgend jemand sich darum gekümmert hätte", lassen sich nur Vermutungen anstellen. Alle Wahrscheinlichkeit spricht dafür, daß der Zwang, durch irgendeine Arbeit zum Unterhalt der Familie beizutragen, die meisten vom Schulbesuch ferngehalten hat. Aus diesen vorzeitigen Schulabgängern dürfte sich die Mehrheit derer zusammengesetzt haben, welche die Abendgrundschulen (für Männer) und die Sonntagsgrundschulen (für Frauen) der Gemeinde besuchten, da ihre Besucher zu neun Zehnteln nicht älter als 16 Jahre waren. In diesen Schulen war der Anteil der „verschwundenen" Schüler in den meisten Jahren allerdings noch viel größer[183].

Die Schüler, die nach diesem Aderlaß der normalen Schule noch verblieben, hatten einen dornenvollen Weg vor sich. Nicht einmal jeder dritte Schulanfänger hatte eine Chance, in die zweite Klasse versetzt zu werden, und nahezu 40 % aller Volksschüler eines Jahrgangs (1. bis 5. Klasse) blieben zu der Zeit, als De Cristoforis das Mailänder Schulwesen untersuchte, aber auch in früheren und späteren Jahren regelmäßig sitzen[184]. Die Ursache für diese erschreckend hohe Rate von Repetenten ist nach De Cristoforis in den Unterrichtsmethoden und -inhalten zu suchen. Mit harter Disziplin wurden die Kinder eingeschüchtert und durch viel zu schwierige Aufgaben überfordert. Zwei Drittel aller Sitzengebliebenen scheiterten im Rechnen. Für „das Kind des Armen und des Arbeiters, [das] häufig genug nur Kritik und Tadel erntet", kam als weitere Erschwernis hinzu, bei der Erfüllung der Hausaufgaben auf keinen Beistand zu Hause rechnen zu können. Angesichts der unbeschreiblichen Überfüllung vieler Arbeiterwohnungen scheint De Cristoforis' Beschreibung eines Knaben, der im Winter auf der Stufe einer Treppe sitzend, im Schein einer Gaslaterne seine Hausaufgaben machte, kein rührseliger Ausnahmefall gewesen zu sein[185].

Um zu erforschen, was man in diese armen Kinderköpfe hineinstopfte, versichert De Cristoforis, in „geduldiger Prüfung" Hunderte von Schulheften und Klassenbüchern durchgesehen zu haben und allenthalben auf einen erschreckenden Mangel an den elementarsten pädagogischen Einsichten und an Einfühlungsvermögen in die kindliche Psyche gestoßen zu sein. Das Ergebnis der Unterrichtung der Jüngsten in „Geschichte" sah z. B. so aus:

„Bei der Prüfung hört man die Kinder von sieben oder acht Jahren etwas herleiern über die Trunkenheit Noahs, den Brudermord Kains, den Egoismus Jakobs, die Sünden Sodoms, den Untergang Gomorrhas, dann Marathon, Salamis, Miltiades und ferner Nero, Caligula, Cleopatra usw. usw. Die Prüfer haben ihre Freude dran, und die Lehrer glauben, gewissenhaft ihre Pflicht erfüllt zu haben. Aber wenn man diese aufgezogenen Uhrwerke, die diese kleinen Schüler sind, fragt, wann und wo sie geboren sind, wissen sie keine Antwort."[186]

Die stichprobenhafte Durchsicht behördlich empfohlener Schulbücher bestätigt, daß De Cristoforis kaum übertrieben hat. Wurden die Köpfe der Allerjüngsten nicht gerade durch das Jonglieren mit vier- oder gar siebenstelligen Zahlen und durch die Konfrontation mit ihnen unverständlichen biblischen, antiken oder nationalen Geschichten verwirrt, dann predigte man ihnen ihre Pflichten:

„Der Mensch muß arbeiten. Auch die Vögel in der Luft und die Insekten auf der Erde arbeiten. Nur der Müßiggänger will nicht arbeiten, und der Faule arbeitet mit Unlust. Der Müßiggänger und der Faule handeln schlecht . . . Einige Kinder lieben das Lernen und die Arbeit wenig; sie lieben das Spielen sehr und wollen sich immer tummeln. Auch die Schmetterlinge vergnügen sich unablässig zwischen den Blumen, und die Zirpen singen den ganzen Tag auf den Pflanzen. Aber die Schmetterlinge sind unnütze Insekten, und die Zirpen sind lästige kleine Tiere"

– so sprach ein Priester in der 22. Auflage seines „Lesebuchs der ersten Stufe für das italienische Kind" zu den Acht- und Neunjährigen an Mailands und Italiens Schulen[187]. Und die jugendlichen Besucher der Abend- und Sonntagsschulen wurden nach dem christlichen in dem Smiles'schen Evangelium unterwiesen: „Wollen ist Können". „Ehre also der Arbeit! Wer wagt zu sagen, daß der Mensch um der Züchtigung willen zur Arbeit verurteilt wurde? Nein! Die Arbeit ist weder eine Züchtigung noch eine Belohnung; sie ist ein Bedürfnis des Menschen."[188]

In dieser Tonart war auch ein Großteil der Lektüre gehalten, die sich die gebildeten für die arbeitenden Klassen ausgedacht hatten. 1865 erschien Samuel Smiles' „Self-Help" erstmals in italienischer Übersetzung und erlebte in den nächsten zwölf Jahren nicht weniger als dreizehn weitere Auflagen. 1867 schrieb der Außenminister Menabrea einen Wettbewerb für die Abfassung eines rein italienischen Smiles aus, den Michele Lessona mit seinem „Volere è potere" gewann[189]. Unter die italienischen Heroen der Arbeit, denen die Jugendlichen nacheifern sollten, hatte Lessona auch schon die erfolgreichsten der noch lebenden Mailänder Unternehmer wie Ambrogio Binda und Giulio Richard aufgenommen; sein Fortsetzer Augusto Alfieri fügte diesen Namen Pirelli, Carlo Erba, Luigi Branca usw. hinzu[190]. „Zur Lektüre in den Elementarschulen, insbesondere in den Abendschulen für Handwerker", erschien 1874 die erste selbständige Biographie Ambrogio Bindas, die ihre Leser gleich zu Eingang mit der nachahmenswerten Mitteilung überfiel, daß der junge Binda bis zu seinem achtzehnten Lebensjahr, nach neun Jahren härtester Arbeit, 20 Lire habe „akkumulieren" können – Grundstock zu seiner späteren Fortüne[191].

Da es zu diesen Büchlein, die durchweg in Kleinoktav und zu sehr niedrigen Preisen erschienen, zumindest an den Elementar- und an den Fortbildungsschulen für Arbeiter, keine alternativen Schullesestoffe gegeben hat, kann man davon ausgehen, daß sie tatsächlich auch gelesen wurden; auch wenn es einem schwerfällt zu verstehen, „daß jene Publikationen unter den Arbeitern so geduldige Leser gefunden haben" sollen[192]. Noch 1883 bedankte sich die Zeitung des *Consolato Operaio* bei dem „berühmten Ökonomen" Alessandro Rossi, daß dieser den Fortbildungsschulen des *Consolato* 3000 Schulbücher geschenkt habe, die an die Arbeiterschülerinnen dieser Kurse verteilt werden sollten[193]. Daß es sich dabei nur um den eben angedeuteten Typus gehandelt haben kann, ist angesichts Rossis eigener pädagogischer Bemühungen um seine Wollarbeiter nicht fraglich. Kritik von Arbeiterseite am Schulunterricht und an den Schulbüchern, insbesondere an dem Übergewicht religiöser Inhalte, wurde gegelentlich in den Spalten des *Fascio operaio* laut; doch im selben Atemzug wurden die Arbeitereltern ermahnt, deswegen ihre Kinder nicht von der Schule zu nehmen. Auch wenn jene Bücher „zu weniger als nichts" von Nutzen seien, solle man die Heranwachsenden ruhig fortfahren lassen, durch sie das Lesen zu erlernen; später würden sie dann die Bücher lesen, „die von großem Nutzen sind. Und dann werden sie lesen, wie ihre *signori* es angestellt haben, Herren zu werden, und sie werden verstehen, weshalb sie arm bleiben und wie sie sich gegenseitig helfen können, eine bessere Position zu erkämpfen"[194].

Fragt man nach dem Nutzen, den sich die Urheber und Verantwortlichen von diesem System der Volksbildung versprochen haben, dann kann man nur mit einigen neueren Autoren schließen, daß die Hauptfunktion der Elementarschule weniger darin bestand zu unterrichten, als vielmehr „eine wachsende Masse unzufriedener Proletarier zu disziplinieren und sie in die . . . Gesellschaft zu integrieren"[195]. Nicht wenige Zeitgenossen räumten ohne Umschweife ein, daß eben dies ihr primärer Zweck sei, und dementsprechend wurde die moralische Erziehung (*educazione*) ausdrücklich über die auf praktische Zwecke gerichtete Unterrichtung (*istruzione*) gestellt[196]. De Cristoforis erkannte beide immerhin noch als gleichrangig an, doch auch sein bildungspolitischer Reformeifer war nicht zuletzt von Erwägungen gesellschaftlicher Stabilisierung geleitet:

„Die Unzufriedenheit der Massen, die so sehr von denjenigen, die jedwede Regung [der Massen] eingeschläfert sehen möchten und die nicht die sozialen Wunden von heute erkennen oder nicht wahrhaben wollen, gefürchtet wird, kann nur in der Erziehung und Bildung einen Zügel finden, durch den verhindert wird, daß jene Unzufriedenheit, die zum großen Teil so gerechtfertigt ist, sich in unbesonnenen und unangemessenen Manifestationen entlädt."[197]

Angesichts des Konsenses, der über die „Notwendigkeit, das Herz des Arbeiters nicht weniger als seinen Verstand zu erziehen", „den Charakter der Schüler noch mehr als ihre Intelligenz auszubilden", bestand[198], kann es nicht verwundern, daß der religiösen Unterweisung in den Schulen ein außerordentlich breiter Raum gewährt wurde. Nach dem Gesetz Casati war die religiöse Unterweisung in den beiden ersten Klassen der Elementarschule integrierender Bestandteil des Unterrichts, von gleichem Gewicht wie die anderen Fächer, Gegenstand der Versetzungsprüfung und von Einfluß auf die Gesamtnote; erst in den beiden folgenden Klassen wurde die Religionsnote gesondert vermerkt und für die Versetzung nicht mitberücksichtigt. Die Möglichkeit, sich vom Religionsunterricht befreien zu lassen, wurde durch so umständliche bürokratische Regelungen erschwert, daß von ihr faktisch kaum Gebrauch gemacht wurde[199]. Die religiöse Unterweisung blieb auch nach der Verkündung des Gesetzes Coppino (1877), das den obligatorischen Religionsunterricht durch eine Unterweisung in den ,,Grundbegriffen der Pflichten des Menschen und Bürgers'' ersetzt hatte, weiterhin allgemein üblich, da die Instruktionen für den Unterricht nicht entsprechend geändert wurden.

Nach dem Erlaß des Einheitsreglements für die Volksschulbildung vom 16. Februar 1888, in dem es noch hieß, daß ,,die religiöse Unterweisung ein wirksames Erziehungsmittel und eine Garantie sozialen Friedens und sozialer Prosperität'' bilde, wurden die Eltern der Volksschüler schriftlich befragt, ob sie eine religiöse Unterweisung ihrer Kinder wünschten; für 25 380 eingeschriebene Schüler (bei einer Gesamtzahl von 27 515) wurde diese Frage mit Ja und nur für 1422 mit Nein beantwortet[200]. De Cristoforis mochte gegen das Resultat dieser Befragung einwenden, daß dieselben Eltern, die damals mit Ja gestimmt hätten, in den Fällen, wo die Lehrer von sich aus jeglichen Religionsunterricht eingestellt hätten, keinerlei Reklamationen vorgebracht hätten, und die Antiklerikalen im Gemeinderat mochten noch so sehr gegen das unerlaubte Sprechen ,,katholischer Gebete'' protestieren, die Gemäßigten jedoch, die das städtische Schulwesen unter fester Kontrolle hatten, ließen sich dadurch nicht in ihrem Eifer für den Religionsunterricht beirren: Mit dem Reglement von 1888, belehrte die *Giunta* ihre Kritiker, mochte wohl für die Schüler der obligatorische Charakter des Religionsunterrichts weggefallen sein, ,,aber für die Gemeinden hörte er nicht auf, obligatorisch zu sein''. Die Gemäßigten taten alles dafür, daß ,,die Verehrung des Ewigen, des Unendlichen, des Göttlichen, die Verehrung jener Ideale, die das Kind vorbereiten, ein *galantuomo* zu sein'', nicht von den städtischen Schulen verbannt wurde[201].

Auf die wichtige Frage, wo und wie Kinder, Jugendliche und Erwachsene auf eine Berufstätigkeit – und zwar in Arbeiterberufen – vorbereitet wurden, kann hier nur in aller Kürze eingegangen werden, da es über diesen Punkt bislang keinerlei Untersuchungen und auch nur sehr spärliche und zerstreute Quellen gibt. Noch über das Ende des vorigen Jahrhunderts hinaus war im Königreich Italien die Berufsbildung (istruzione professionale) der Initiative von Privatleuten, Gemeinden und Provinzen überlassen. In dem Gesetz Casati, das bis zum Faschismus das Grundgesetz des italienischen Erziehungs- und Bildungswesens blieb, wurde ihrer überhaupt nicht gedacht, und die Aktivität des Staats beschränkte sich auf diesem Gebiet darauf, Enquêten durchzuführen und von anderer Seite ergriffene Initiativen gegebenenfalls finanziell zu unterstützen[202].

Dem Desinteresse von Gesetzgeber und Behörden an diesem Problem entsprachen dann auch die geringe Anzahl und Bedeutung der Berufsschulen in Mailand und anderswo. 1891 gab es ihrer in der Stadt zehn oder elf, die ausschließlich oder auch von Arbeitern besucht wurden, mit etwa 2700 Schülern. Sieben dieser Schulen waren städtischen Arbeitervereinen angegliedert und von den Arbeitern selbst im Zusammenwirken mit bürgerlichen Philanthropen gegründet worden. Wirkliche Spezialschulen besaßen die Schriftsetzer und Drucker, die Juweliere, Uhrmacher und Maurer, während in anderen Kurse mit verschiedenen Inhalten und Zielsetzungen angeboten wurden. Einige Schulen verwendeten einen nicht unerheblichen Teil ihrer Energien auf die Vermittlung von Elementarkenntnissen im Lesen und Schreiben sowie Rechnen. Der mögliche didaktische Erfolg der Berufsschulen war dadurch schon von vornherein sehr eingeschränkt, daß die meisten Schulbesucher zugleich berufstätig waren und – wie die Männer – nach einem in der Regel zehnstündigen Arbeitstag abends zwischen acht und zehn Uhr die Schulbänke drückten oder – wie die Frauen – an ihrem einzigen berufsfreien Tag der Woche sonntags zwischen elf und vier Uhr nachmittags. Zu welchen Resultaten die wohl meist unter großen persönlichen Opfern erbrachten Anstrengungen der Arbeiter, sich beruflich zu qualifizieren, im Einzelfall und insgesamt geführt haben, läßt sich nicht sagen. Um die Mitte der 80er Jahre beklagten die Mailänder Unternehmer jedoch noch ,,allgemein das fast vollständige Fehlen einer Berufsbildung". Nur in der Maschinenbauindustrie deutete sich damals dank der Kurse im Zeichnen, die von allen am meisten frequentiert wurden, eine Verbesserung des Ausbildungsniveaus von Direktoren, Vorarbeitern und einfachen Arbeitern an[203].

Dem Zweck, die berufliche Ausbildung der Arbeiter zu heben, diente auch die Entsendung sorgfältig ausgewählter Arbeiterdelegationen zu den National- und Weltausstellungen. Einem in anderen Ländern schon länger üblichen Brauch folgend organisierte und finanzierte das *Municipio* 1861 die Reise von zehn besonders tüchtigen Arbeitern zur Florentiner Nationalausstellung, die sich durch die Besichtigung der besten Erzeugnisse der nationalen Industrie weiterbilden und über das dort Gesehene Berichte anfertigen sollten. Aus Kostengründen schreckte man jedoch vor einer Entsendung Mailänder Arbeiter zu den Weltausstellungen der 60er und 70er Jahre zurück. Dank privater Initiative konnten allerdings doch 36 Arbeiter an der internationalen Arbeiterausstellung 1870 in London teilnehmen, und auf Kosten ihrer Prinzipale begaben sich einige Arbeiter zur Wiener Weltausstellung von 1873. Eine regelmäßige und zahlreichere Beteiligung Mailänder Arbeiter an den Ausstellungen begann mit der Mailänder Nationalausstellung von 1881. Bei dieser Gelegenheit wurden die Arbeiter auch erstmals an der Vorbereitung und Durchführung der Ausstellungsbesuche beteiligt. Die beiden größten Arbeiterassoziationen der Stadt, das *Consolato* und die *Associazione Generale*, bildeten einen gemeinsamen Ausschuß, dem die Aufbringung und Verwaltung der Gelder (zum größten Teil Spenden der Sparkasse, der Provinz, der Gemeinde selbst usw.), die Auswahl der Arbeiter, die technische Organisation, die Begutachtung und Prämierung der Berichte oblag. Dieses ,,Exekutivkomitee der Arbeiterunterstützungsvereine Mailands" schaffte es immerhin, über 80 000 Arbeiter und Bauern aus dreiundvierzig Provinzen durch die Ausstellung von

1881 zu schleusen. Zu den folgenden National- und Weltausstellungen rekonstituierte sich das Komitee der Mailänder Arbeitervereine jeweils neu, und es gelang ihm, 191 Arbeiter zur Turiner Ausstellung von 1884, 154 Arbeiter zur Pariser Weltausstellung von 1889 und 60 Arbeiter zur Palermitaner Nationalausstellung von 1892 zu schicken[204]. Der „Studienzweck" stand bei all diesen Reisen im Vordergrund, und tatsächlich fertigte die große Mehrheit der Arbeiter auch die Berichte über ihre Eindrücke und Erfahrungen auf den Ausstellungen an, zu deren Abfassung sie sich im voraus verpflichtet hatten.

Die Ansichten über den Nutzen dieser mit viel Propaganda und Rummel verbundenen Unternehmungen waren recht zwiespältig. Eine eindeutig ablehnende Haltung zeigten die Unternehmer, die sich für die berufliche Vervollkommnung ihrer Arbeiter von den Ausstellungsbesuchen offensichtlich keinen Gewinn versprachen. Aus Reklamegründen unterstützten die Gebrüder Bocconi und der Besitzer des *Secolo*, Edoardo Sonzogno, die Veranstaltungen mit ein paar hundert Lire, doch die anderen bekundeten ihr Desinteresse, indem sie die Subskriptionen ignorierten. Die wichtigsten Einwände gegen den Besuch der Ausstellungen durch die Arbeiter hatte schon 1862, nach der Besichtigung der Londoner Ausstellung, Giuseppe Colombo formuliert: Während die Arbeiter die Fabrikationsmethoden, die in den wichtigsten Zentren ihrer Industrie angewendet werden, „in ihren innersten Details" kennenlernen müßten, fänden sie auf den Ausstellungen „immer nur Produkte, wo sie Prozesse suchen"; „er hat selten Gelegenheit, seine Vorstellungen denen zu vermitteln, die sie anzuwenden vermögen"; in ihm bleibe nur ein „starker Eindruck dieses feierlichen Ereignisses" zurück und „jenes tiefe Fortschrittsgefühl, das seine natürliche Aktivität und Intelligenz befruchten und beflügeln kann"[205]. Die Vertreter des liberalen und radikalen Bürgertums in den Gutachterkommissionen bemängelten an den Arbeiterberichten, daß sie vielfach von ihrem Thema abschweiften und Kritik übten, die ihnen nicht anstünde: Die sozialen Fragen seien manchmal unzulänglich behandelt, und die Beziehungen zwischen Kapital und Arbeit nicht immer mit abwägender Gerechtigkeit dargestellt; von manchem seien diese Fragen „mit der Faust des Bedürfnisses geprüft worden, die Lohnforderungen stellt, welche das Verhältnis zwischen Angebot und Nachfrage eines Produkts übersteigen"[206]. Die Befürchtungen des *Municipio*, daß die Entsendung der Arbeiterdelegationen noch anderen Absichten dienen könne, als „die berufliche Bildung der Mailänder Arbeiter zu begünstigen", waren nicht ganz aus der Luft gegriffen. Um die Teilnahme an allen Reisen bewarben sich auch erfolgreich einige prominente Vertreter des *Partito Operaio*. Ihre Berichte fanden teilweise das höchste Lob der Gutachter, doch fielen sie auch durch ihre „fortschrittlichen Ideen" auf[207]. Die Reise im Sommer 1889 nach Paris benutzten sie dazu, an den internationalen Arbeiterkongressen, aus denen die 2. Internationale hervorgehen sollte, teilzunehmen und die Einrichtung und das Funktionieren der Pariser *Bourse du Travail* gründlich zu studieren. Sie sollte das genau nachgeahmte Modell der zwei Jahre später eröffneten Mailänder Arbeitskammer werden.

Starke Vorbehalte gegen die Weise, wie sie an den Ausstellungen beteiligt wurden, äußerte schließlich ein Teil der Arbeiter selber. Ihr Mißmut gegenüber der herrschenden Ausstellungspraxis entzündete sich daran, daß sie allesamt „nur dem Kapitalisten, nur dem Besitzer" gälten, dem von oftmals inkompetenten Jurys alle Preise und Ehrungen zuerkannt würden, während man den Arbeiter, den „ersten, unmittelbaren Faktor der Industrie und der Arbeit", bis auf ganz wenige Ausnahmen stets vernachlässige. Diese Kritik, die aus den Reihen der handwerklich geschicktesten und höchstqualifizierten Arbeiter kam und von Vertretern des radikalen Bürgertums im Umkreis des *Secolo* voll geteilt und unterstützt wurde, führte zur Veranstaltung reiner „Arbeiterausstellungen". Die erste derartige Ausstellung in Italien, die ausschließlich dem Druckereigewerbe vorbehalten war, fand 1887 in Mailand statt. Drei Jahre später folgte ihr eine allgemeine „Italienische Arbeiterausstellung" in Turin, zu der auch wieder eine vielköpfige Mailänder Arbeiterdelegation geschickt wurde[208]. Ihr Zweck sollte nicht darin bestehen, „die Wichtigkeit der Produktion des isolierten Arbeiters zu übertreiben, um sie der Produktion der großen Industrie entgegenzusetzen . . ., sondern im Umkreis der kleinen und manchmal auch großen Industrien jene für sich bestehenden Arbeiten zu sammeln, die der Arbeiter allein oder mit bescheidenen manuellen Hilfsmitteln vollbringen kann, die der Arbeit, die aus seiner bescheidenen Werkstatt hervorgeht, nicht den persönlichen Charakter nehmen"[209]. Den Idealtypus des Arbeiter-Ausstellers bildeten der Arbeiter-Erfinder und der Handwerker-Künstler und vor allem der „kleine Industrielle" der „articles de Paris"-Industrien, der das Arbeiterideal des städtischen Bürgertums, von Colombo bis Romussi, verkörperte[210]. Die Beförderer der Arbeiterausstellungen versuchten die Normen und Zielsetzungen, die den großen Welt- und Nationalausstellungen ihr Gepräge und ihre Attraktion gaben, auf den Kopf zu stellen: „Die Ausstellungen müssen für den Arbeiter und nicht für den Genießer dasein: ‚istruire non divertire'"[211]. Die Ware sollte in ein Produkt individueller und sinnvoller Tätigkeit zurückverwandelt, der Warenkonsument durch den Produzenten von Gebrauchsgütern verdrängt werden. Nicht einmal das „instruire en divertissant", der Slogan der Pariser Weltausstellung von 1900, sollte noch gelten.

Die organisierte sozialistische Arbeiterbewegung ließ mit einer radikalen Kritik dieser Konzeption, zu produzieren und auszustellen, nicht lange auf sich warten. Das *Consolato Operaio*, das inzwischen zur Mailänder Sektion des *Partito dei Lavoratori Italiani* geworden war, lehnte es 1893 entschieden ab, sich an den „sogenannten Arbeiterausstellungen" zu beteiligen; diese seien nichts anderes als „schöne und glatte Mystifikationen", die dem Proletariat keinerlei Nutzen brächten; vielmehr verlangsamten sie den Übergang der kleinen Produzenten in die Reihen des Proletariats und schwächten so das Heer, das gegen den Kapitalismus kämpfen müsse. Für diesen Teil der Mailänder Arbeiterschaft, der in der organisierten Arbeiterbewegung der Stadt eine unangefochtene Führungsrolle innehatte, stellten die industriellen Produkte nichts anderes dar als „eine kollektive Arbeit, die vom Kapitalismus ausgebeutet wird"; die Beteiligung der Arbeiter an Ausstellungen könne allein darin bestehen, daß sie über ihre Lage und ihre Organisationen informierten, daß sie die Ausstellungen als Mittel in ihrem Emanzipationskampf benützten[212].

Mit der Absage an beide Formen des Ausstellungswesens war auch dieser Versuch, die berufliche Bildung der Mailänder Arbeiter zu heben, gescheitert. Andere außer den beschriebenen haben die Verwalter der Stadt und Privatleute nicht unternommen.

Ihre eigentliche Berufserziehung sollte die Masse der Arbeiter durch die Arbeit selbst erhalten. Das „on-the-job training" war nicht nur für die angelernten, sondern auch für die gelernten und selbst hochqualifizierten Berufe das Normale. Auf die Anstrengungen, die Richard und De Angeli auf das Heranziehen qualifizierter Stammbelegschaften verwendeten, wurde bereits hingewiesen[213]. In der Elvetica gab es bereits in den ersten Jahren ihres Bestehens eine reguläre Lehrlingsausbildung, und Breda verwies später mit Stolz darauf, daß nicht nur die Arbeiter, sondern auch die Techniker und Ingenieure im Betrieb selbst ausgebildet würden[214]. Wie andere Firmen das Problem lösten, ist im einzelnen nicht bekannt, vermutlich aber auf ähnliche Weise.

Die wahrhaft kümmerlichen Anstrengungen, die der Staat und die lokalen Behörden für die berufliche Qualifizierung der Arbeiter unternahmen, verweisen zurück auf die Ausführungen in Kapitel II über den italienischen Weg der Industrialisierung. Wurde früher gesagt, daß es im Italien des 19. Jahrhunderts deswegen keine geeignete industrielle Arbeitskraft in größerem Umfang gab, weil sie weder gewollt wurde noch in der italienischen Variante des Industrialisierungsprozesses einen Platz gehabt hätte, so ist an dieser Stelle noch hinzuzufügen, daß die an sich schon ziemlich bescheidenen Aufwendungen für die Volksbildung so verwendet wurden, daß ihr Ertrag für die Berufsausbildung nur denkbar gering sein konnte. Die vielfachen Klagen über die „Inferiorität", „geringere Leistungsfähigkeit" usw. des italienischen Arbeiters waren sicherlich nicht ganz aus der Luft gegriffen; doch wer so bewußt die Bildung des Charakters des Arbeiters über die seiner Intelligenz stellte, den hätte das Resultat nicht so in Erstaunen versetzen dürfen. Außer einer disziplinierten auch eine fachlich qualifizierte Arbeiterschaft zu haben, hätte höhere finanzielle Aufwendungen für die Volksbildung zur Voraussetzung gehabt, als sie in Mailand – und andernorts – zwischen 1860 und 1900 erbracht wurden.

Hinsichtlich der oben skizzierten Konzeption und Praxis der Volkserziehung muß offenbleiben, ob sie ihren primären Zweck, die Massen zu disziplinieren und in den gesellschaftlichen Status quo zu integrieren, erreicht hat. Sowohl in dokumentarischer wie in methodologischer Hinsicht fehlen eindeutige Maßstäbe, um den Einfluß zu messen und zu bewerten, den die Schulerziehung und die anderen Formen der psychischen und geistigen Konditionierung auf die individuelle und kollektive Mentalität der Massen ausgeübt haben. Zwar läßt sich feststellen, daß die in die Erziehung des Volks gesetzten Hoffnungen sich in entscheidenden Punkten nicht erfüllt haben, daß große Teile der Volksklassen sich den Predigten über Klassenharmonie, Liebe zur Arbeit und religiöse Ergebung verschlossen oder gegen sie aufgelehnt haben. Doch demgegenüber ist zu fragen, ob der schulischen und außerschulischen Indoktrinierung nicht in dem Sinn eine Wirksamkeit zuzusprechen ist, daß durch sie „Schlimmeres" verhütet wurde: nämlich daß durch sie der Emanzipations- und Organisationsprozeß der Arbeiterschaft verlangsamt und entradikalisiert, die Häufigkeit von „Unruhen" und offener Rebellion in Grenzen gehalten wurde. Eine Beantwortung dieser Frage könnte von einer Berücksichtigung anderer Faktoren – des Einflusses des staatlichen Repressionsapparats, der großen materiellen Not der Massen usw. – nicht absehen. Den Einfluß solcher Faktoren einzugrenzen, sie gegeneinander abzuwägen und ihren Ort in dem komplexen Sozialisationsprozeß der Unterschichten genau zu bestimmen, ist eine Aufgabe, die den Rahmen und die Möglichkeiten dieser Darstellung jedoch übersteigt.

Analoge Probleme und Schwierigkeiten stellen sich bei der Frage ein, ob die Hoffnungen des Teils der Arbeiterschaft in Erfüllung gegangen sind, der die Schule der *signori* gegen diese selber zu wenden beabsichtigte, der in der Alphabetisierung der Massen eine wichtige Voraussetzung ihrer Emanzipation erblickte. Aus der Tatsache, daß in Mailand die Alphabetisierung und die Organisierung der Arbeiter etwa in gleichem Tempo voranschritten, lassen sich noch keine Anhaltspunkte gewinnen, ob diese Hoffnung der Ouvrieristen begründet war. Ganz offensichtlich ist, daß ein großer Teil der Arbeiter von ihrer Fähigkeit des Lesens zu politischen Zwecken ausgiebigen Gebrauch machte. Der radikale *Secolo*, die meistgelesene Tageszeitung nicht nur Mailands, sondern ganz Italiens, der zwischen 1881 und 1885 seine Auflage von 30 000 auf 130 000 Exemplare steigerte, hatte dem Präfekten zufolge seinen „größten Einfluß im niederen Volk und in der Schicht der Arbeiter" und zwar „zum Schaden der Institutionen und der Ordnung"[215]. Der Verbreitung unter der Mailänder Arbeiterschaft nach konnte sich kein anderes Druckerzeugnis in den 80er Jahren mit dieser außerordentlich geschickt und volkstümlich redigierten Zeitung messen[216]. Die Vorliebe so vieler Arbeiter für den *Secolo* bedeutete jedoch keineswegs, daß seine politischen Ansichten und Ziele von ihnen mehrheitlich geteilt wurden. Binnen kürzester Zeit ließen sie sein politisches Programm und die durch ihn unterstützte Organisation, das *Consolato Operaio*, im Stich, sobald sich ihnen im „Widerstandskampf" (lotta di resistenza) eine neue Perspektive zu eröffnen begann.

Auch die sozialistische Propaganda scheint um diese Zeit von nur geringem Einfluß auf das Denken und Handeln der Arbeiterschaft gewesen zu sein. Seit Mitte der 70er Jahre ergoß sich eine wahre Flut sozialistischer Propagandabroschüren auf sie. Den Anfang machte die 1875 gegründete *Biblioteca socialista italiana* der evolutionären Sozialisten um die Zeitung *La Plebe*. Aus demselben Umkreis folgten in den nächsten Jahren die Reihen der *Opuscoli socialisti*, der *Propaganda socialista* und der neuen Serie der *Biblioteca socialista*. Bis 1883, bis zu dem Jahr, in dem die *Plebe* endgültig ihr Erscheinen einstellte, erschienen allein in diesen Reihen vier bis fünf Dutzend Broschüren[217]. Äußerlich glichen sie den von Schenda beschriebenen „libretti popolari", den „Volksbüchlein": Zumeist handelte es sich um „ungeheftete Drucke im Oktavformat, welche, unaufgeschnitten, aus zweiseitig bedruckten Bögen bestehen und die, nach dem Falzen und Aufschneiden, Heftchen oder Büchlein von . . . 16, 20, 24 oder mehr Seiten ergeben"[218]. Von ihren unpolitischen Geschwistern unterschieden sich die sozialistischen Broschüren erheblich im Preis. Die meisten kosteten nur 5 cent., während der Preis der anderen sich um 10 bis 20 cent. bewegte. „Trotz der Behinderungen durch die Polizei" sollen Gnocchi Viani zufolge bis Anfang 1880 32 000 Exemplare dieser *opuscoli* abgesetzt worden sein[219]. Ob ein nennenswerter Teil von ihnen seine Leser unter Arbeitern gefunden hat, erscheint angesichts ihres Inhalts recht fraglich. In ihnen kamen hauptsächlich französische und italienische Sozialisten zu Wort, die ihre Leser aus der Wirklichkeit in eine imaginäre, zukünftige Welt entführten: in die des Sozialismus, Kollektivismus, Kommunismus oder Anarchismus. Die

Konstruktion der künftigen Gesellschaft hatte für ihre Autoren Vorrang vor der Analyse der bestehenden. Ging man auf diese überhaupt ein, dann auf eine sehr oberflächliche und abstrakte Weise. Ohne direkten Bezug zu der unmittelbaren Umgebung des Lesers wurde dieser aufgeklärt über das „Wesen" des Kapitalismus, des bürgerlichen Staats, der Religion, des Eigentums, der bürgerlichen Familie . . .[220]. Viele Jahre später schrieb Costantino Lazzari in seinen Erinnerungen über diese Literatur, daß er mit großem Eifer die Bücher und Heftchen insbesondere französischer und russischer Autoren, die über die soziale Frage handelten, gelesen habe, „aber diese ganze aufregende und suggestive Literatur gab nicht einen Hinweis für eine praktische und positive Arbeit"[221].

Wandlungen in diesen sterilen Formen eines „ideologischen Mäzenatentums"[222] kündigten sich mit dem ersten Auftreten der Ouvrieristen an. Die eben erwähnten Broschüren blieben zwar weiter im Umlauf und wurden noch durch andere ähnlichen Inhalts vermehrt; daneben erschienen aber neuartige Propagandaschriften wie Berettas „Schrei des Volkes" oder Lazzaris „Gesellschaftliche und ökonomische Notwendigkeit einer Arbeiterpartei", die unmittelbar die Realität der italienischen Arbeiter und Bauern zum Inhalt hatten und aus ihr heraus die Notwendigkeit gewerkschaftlicher und politischer Aktion und Organisation darlegten. Diese Schriften fanden ebenso wie der *Fascio operaio*, die erste wirkliche Arbeiterzeitung Mailands, eine beachtliche Verbreitung in und außerhalb der Stadt[223]. Ihr Erfolg läßt sich nur zum Teil mit den neuen Inhalten und Formen des politischen Diskurses erklären. Wenigstens ebenso wichtig für den starken Widerhall, den sie allenthalben fanden, war, daß ein Lazzari, Beretta, Alesini und viele andere ihrer Leserschaft nicht bloß als Literaten bekannt waren, sondern in erster Linie als Militante, als Redner unzähliger Versammlungen, als „Protestkandidaten", als Organisatoren und politisch Verfolgte.

Das gesprochene Wort ging dem geschriebenen voraus, begleitete und vertiefte es, verhundertfachte sein Echo. In den Versammlungen der politischen Zirkel und Arbeitervereine gedieh am besten jene Atmosphäre, die die Arbeiter selbst zum Reden brachte, in der die Arbeiter für neue Ideen gewonnen und die Kluft zwischen Führern und „Basis" am ehesten überbrückt wurde[224]. Es gibt wohlbegründete Zweifel daran, daß die starke Resonanz, die die ouvrieristische Propaganda unter den Arbeitern – und Bauern – fand, sich direkt den Fortschritten der Alphabetisierung verdankte. Vielmehr scheint es so gewesen zu sein, daß das Bedürfnis nach einer Erweiterung der Bildung und vor allem nach anderen Bildungsinhalten durch die ouvrieristische Propaganda erst geweckt und vertieft wurde. Indem die Ouvrieristen sich den Problemen der gegenwärtigen Gesellschaft, der materiellen Realität und der Erfahrungswelt der Arbeiter, zuwandten, vermochten sie diese von der einfachen Wahrheit zu überzeugen: „Wenn die italienischen Arbeiter sich nicht *auf sich selbst verlassen*, werden sie nie emanzipiert werden."[225] Um diese Wahrheit zu begreifen, bedurfte es nicht des Besuchs von Elementar-, Abend- und Sonntagsschulen. Die überzeugendste Lehrmeisterin dieser Wahrheit war ihre Existenz als Arbeiter selbst.

Auch in der religiösen Vorstellungswelt des Volks fanden die Ouvrieristen wirksame Anknüpfungspunkte für ihre Propaganda. Die antiklerikale Propaganda bürgerlicher Radikaler und mancher Sozialisten diente in ihren Augen zu nichts anderem, als „die Ausgebeuteten von dem wichtigsten Thema, nämlich ihrer ökonomischen Lage, abzulenken"[226]. Direkt gegen die Pfarrer kämpften sie nur, wenn diese sich zur verlängerten Hand der *padroni* machten und ihren Einfluß über die Arbeiter gegen deren eigene Interessen mißbrauchten. Das Evangelium war ihnen dagegen so teuer und geläufig wie nur irgendeinem Geistlichen. Allerdings legten sie es auf ihre eigene Weise aus:

„Die ersten, die den Zimmermann aus Galiläa bei seinem Apostolat begleiteten, waren arme Arbeiter; einfache Menschen und nicht Doktoren waren diejenigen, welche die Flamme der allgemeinen Brüderlichkeit entzündeten. Frauen und Arbeiter begleiteten die ersten Schritte Jesu, nahmen Teil an seinen Schmerzen und ließen sich mit Beben von seinen unsterblichen Hoffnungen erfassen."[227]

Wegen seiner Gewohnheit, Worte Jesu Christi und Geschichten aus dem Evangelium in seine Reden einzuflechten, nannten seine Genossen den Maurer Silvio Cattaneo den „göttlichen Meister" (el divin maester), und über die Meetings der streikenden Maurer berichtete die *Italia* als „die Predigten am Pulvinare". Denn fast alle Redner dort beriefen sich auf Christus, den großen Reformator, den großen Sozialisten:

„Als Christus durch Palästina irrte . . ., war er alles andere als ein Vagabund. Er irrte umher, um die Armen ihre Rechte zu lehren. Christus predigte der Menge: diese lauschte ihm, und nach und nach richtete sie ihr Haupt auf. Hört auch ihr und so werdet auch ihr siegen."[228]

Die evangelische Propaganda der Ouvrieristen stand am Anfang einer langen und wirkungsreichen Tradition des italienischen Volkslebens: der Tradition von „Jesus-Sozialist" und „Jesus-Marx", der das Proletariat in der Gestalt des toten Lazarus aus dem Grab des Kapitalismus wiederauferstehen läßt[229].

VI. Die Anfänge der Mailänder Arbeiterbewegung

1. Der Staat und die Arbeiter

In seinem IV. Italienischen Brief, der dem Thema „Unternehmer und Arbeiter" gewidmet war, führte Werner Sombart, an seine früheren Studien anknüpfend, aus, daß in Italien – abgesehen von einem im übrigen ziemlich wirkungslosen Kinderschutz – „die Gestaltung des Arbeitsverhältnisses schlechthin ein Werk des freien Spieles der wirthschaftlichen Kräfte [sei], richtiger, da der Gegendruck einer organisirten Arbeiterschaft z. Z. noch gering ist oder ganz fehlt, das eigenste Werk der Unternehmer"[1]. Diese Äußerung darf nicht in dem Sinn verstanden werden, daß der Staat in der Ausgestaltung der Arbeitsverhältnisse, oder allgemeiner: in den Beziehungen zwischen Unternehmern und Arbeitern, überhaupt nicht in Erscheinung getreten sei bzw. eine strikte Neutralität gewahrt habe; nach Lage der Dinge kann allein gemeint sein, daß der Staat – von geringfügigen Ausnahmen abgesehen – sich all solcher Eingriffe in die Arbeitsverhältnisse enthalten hat, welche die „vollkommene Ausbeutungsfreiheit" beschnitten hätten. Der sozial- und arbeitsgesetzgeberische Absentismus des italienischen Staats im vorigen Jahrhundert hat allzu häufig übersehen lassen, daß die Exekutive und die Justiz ständig auf die Arbeitsbeziehungen Einfluß nahmen. Über diese für die Arbeiter durchweg negative Einflußnahme weiß man bis heute nur sehr viel weniger als über die endlosen sozialreformerischen Diskussionen und gescheiterten Gesetzesvorhaben, die zeitgenössische und neuere Untersuchungen mit einem unausrottbaren Euphemismus als Sozialgesetzgebung zu bezeichnen pflegen. Die zum Schutz der Arbeiterschaft eingeführten Maßnahmen und Gesetze waren als einzelne und in ihrer Gesamtheit im 19. Jahrhundert so unzureichend und wirkungslos, daß an dieser Stelle auf ihre nähere Betrachtung verzichtet werden kann[2]. Will man eine realistische Vorstellung davon gewinnen, wie es um den Arbeiterschutz zwischen der Einigung und dem Ende des Jahrhunderts bestellt war, muß man sich einige andere Aspekte des Problems vergegenwärtigen.

Nach 1859 nahm der Arbeiterschutz in der Lombardei – wie übrigens auch in anderen Regionen – zunächst eine durchaus rückschrittliche Entwicklung. Im Zuge der Vereinheitlichung der Gesetzgebung wurde das aus der Zeit der österreichischen Herrschaft stammende Kinderschutzgesetz aufgehoben, und gleichfalls kam, was noch schwerer wiegt, die Übung außer Gebrauch, daß die Arbeitsordnungen vor ihrem Inkrafttreten den Handelskammern und staatlichen Behörden zur Prüfung vorzulegen seien[3]. Noch in anderer Hinsicht schlug dem lombardischen Arbeiter seine juristische Gleichstellung mit dem piemontesischen zum Nachteil aus. 1869, in einem Augenblick flotten Geschäftsgangs, wurde in Mailand eine Kampagne zur Abschaffung der außerordentlichen Feiertage eröffnet, zu deren Fürsprecher im Stadtrat sich der Bankier Pio Cozzi machte und die „mit dem größten Beifall" von der *Giunta* begrüßt und bei der Zentralregierung unterstützt wurde. Der Flut der kirchlichen Feiertage, die die Arbeiter „faul werden" ließe, wurde schleunigst ein Damm entgegengesetzt: Mit einem Dekret vom 17. Oktober 1869 wurde die Geltung des piemontesischen Festtagkalenders auf das übrige Land ausgedehnt und die Anzahl der außerordentlichen Feiertage im Jahr auf neun beschränkt[4].

Maßnahmen der Gemeinde zugunsten der Arbeiter scheiterten dagegen unweigerlich an dem starrköpfigen Widerstand der Regierung. In einer sich über Jahre hinziehenden Kontroverse mit den Zentralbehörden bemühte sich die Gemeinde darum, in die städtische Bauordnung einige Bestimmungen aufzunehmen, welche die Arbeiter vor einer allzu fahrlässigen Gefährdung ihres Lebens und ihrer Gesundheit schützen sollten. Doch „einer Theorie huldigend, die man – Tullo Massarani zufolge – nicht Freiheit, sondern grenzenlose Willkür der Bauherren nennen sollte", wurden die meisten derartigen Schutzbestimmungen vom Staatsrat und vom Beirat für Öffentliche Arbeiten aus der Bauordnung wieder gestrichen. Auch die schüchternen und verstohlenen Versuche, durch einige Bestimmungen des Reglements für öffentliche Hygiene ein Surrogat für die fehlende Fabrikgesetzgebung zu schaffen, wurden von der Regierung, die die ausschließliche gesetzgeberische Kompetenz auf diesem Gebiet für sich beanspruchte, vereitelt[5].

Mit kaum geringerer Beharrlichkeit sperrte sich noch gegen Ende dieses Zeitraums auch die Mailänder Unternehmerschaft gegen alle Bestrebungen und selbst Erwägungen, die auf gesetzgeberische Eingriffe in das Arbeitsverhältnis abzielten. Anlaß, zu dieser Frage öffentlich Stellung zu nehmen, bildete die von der Schweizer Regierung ergriffene Initiative, eine internationale Konferenz über die Lage der Arbeiter und den Arbeiterschutz einzuberufen, und des weiteren der Londoner Internationale Arbeiter-Kongreß vom November 1888, auf dem eine Mehrheit der Delegierten sich für eine Intervention des Staats zugunsten einer allgemeinen Reduzierung der Arbeitszeit auf acht Stunden ausgesprochen hatte. Die Tendenzen in der damaligen internationalen Arbeiterbewegung, die einer staatlichen Sozialgesetzgebung günstig waren, konnten die Mailänder Unternehmer um so weniger ignorieren, als auf dem Londoner Kongreß auch der *Partito Operaio* durch Costantino Lazzari vertreten war und der Gedanke einer allgemeinen Arbeitsniederlegung am 1. Mai zur Durchsetzung des Achtstundentags sich mit Windeseile auch der italienischen Arbeiterbewegung zu bemächtigen begann. In derartigen Bestrebungen erblickten die Unternehmer eine Gefahr, die „den Ruin der italienischen Industrie nach sich ziehen' würde", da die „Produktionsleistung" des italienischen Arbeiters in den hauptsächlichen Industrien zwei- und gelegentlich auch dreimal geringer sei als die des englischen.

„Wenn wir uns Italien betrachten", schrieb die *Industria*, wenige Tage nachdem am 1. Mai 1890 in Mailand zum erstenmal dieser Tag mit Massenarbeitsniederlegungen begangen worden war,

„erscheint die Unmöglichkeit, den Arbeitstag auf acht Stunden festzusetzen, noch offensichtlicher als anderswo. Viele Male haben wir aufgrund einer sorgfältigen Prüfung der technischen Bedingungen unserer Industrien dargelegt, wie unter den vielen Ursachen unserer Unterlegenheit im Konkurrenzkampf mit dem Ausland die unzureichende manuelle Erziehung der Arbeiter nicht die geringfügigste sei und daß sich daraus ergibt, daß scheinbar geringere Lohnkosten mit höheren Produktionskosten einhergehen. Dem versucht man mit verlängerten Arbeitszeiten zu begegnen, auch damit die Nachteile, die sich aus einer wenig profitablen Kapitalanlage ergeben, nicht noch vergrößert werden".

Die nur wenig später von Nitti in die italienische Diskussion geworfene und mit Nachdruck vertretene These, daß ein „sparsamer Umgang mit den Kräften des Arbeiters" dessen Produktivität erhöhe, läßt das Unternehmerblatt nur „innerhalb gewisser Grenzen" gelten, und es endet mit der Mahnung: „Die Arbeiter und ihre Freunde mögen bedenken, daß man nicht für die Zukunft der Arbeiter sorgt, indem man die Existenz der Fabriken bedroht, das Kapital entmutigt, jedes Einverständnis zwischen den Unternehmern und ihren Untergebenen zerstört; dies am wenigsten in einem Land, das gerade erst zum industriellen Leben erwacht ist und das so viele und so schwierige Hindernisse, um ans Ziel zu gelangen, überwinden muß."[6]

Ebensosehr, wenn nicht gar noch mehr als die radikalen Forderungen der Arbeiter fürchteten die Unternehmer die „bescheideneren und philanthropischen" Absichten der bürgerlichen Fürsprecher einer internationalen Arbeitsgesetzgebung, da die Gefahr größer sei, daß deren Vorschläge einer Begrenzung des Arbeitstages auf zehn oder elf Stunden von der Regierung erhört werden könnten. Sie klammerten sich an die zwölfte und dreizehnte Stunde wie seinerzeit die englischen Fabrikanten an Seniors „letzte Stunde". Diese Überzeugung, daß nur die extensive und gesetzlich unkontrollierte Ausbeutung der Arbeitskraft die einheimische Industrie am Leben erhalten und wachsen lassen könne, ließ sie, wie sich beinahe von selbst versteht, auch die anderen Formen eines gesetzlichen Arbeiterschutzes ablehnen. Die „vollkommene Ausbeutungsfreiheit" der Arbeitskraft, von der *Destra storica* nach der Einigung in ganz Italien etabliert und grundsätzlich auch von der *Sinistra* anerkannt, wurde noch bis gegen Ende des Jahrhunderts auch von den hervorragendsten Repräsentanten der norditalienischen Industriebourgeoisie niemals in Frage gestellt; sie galt ihnen so sehr als integraler Bestandteil und als Triebfeder des italienischen Wegs der Industrialisierung, daß in der industriellen Wirklichkeit der „moralischen Hauptstadt" die Arbeits- und Sozialgesetzgebung noch am Ende des Zeitraums dieser Darstellung duchaus einen Fremdkörper bildete.

Korrelat dieser staatlicherseits konzedierten und garantierten Ausbeutungsfreiheit war die fehlende „Freiheit der Arbeit" für die Arbeiter. Der aufrichtige Luigi Luzzatti war sich bewußt, eine „sonderbar erscheinende Behauptung" zu äußern, als er 1881 feststellte, „daß die Arbeit in Italien noch nicht frei ist und man dem Arbeiter nicht die Möglichkeit einräumt, um seinen Lohn mit friedlichen Vertragsabschlüssen zu verhandeln. Wie ihm die juristischen Garantien, die ihn bei seiner Arbeit schützen, fehlen, . . . so fehlen ihm auch die ursprünglichsten Rechte der Arbeit". Genau diesen Sachverhalt visierte auch Filippo Turati an, als er in seinem Plädoyer während des Mailänder Schwurgerichtsprozesses gegen den *Partito Operaio* diesen als „die Koalition der Arbeiterkräfte, um die Vertragsfreiheit mit den Kapitalisten einzuführen", bezeichnete[7]. Wie sehr die Freiheit des italienischen Arbeiters, „als freie Person über seine Arbeitskraft als seine Ware [zu] verfüg[en]"[8], durch legale und außerlegale Interventionsmöglichkeiten des Staats eingeschränkt war, soll im folgenden anhand der

Sonderbestimmungen über die Arbeiter in den Gesetzen über die Öffentliche Sicherheit, des Streikrechts und der Polizeipraxis näher erläutert werden.

Alle Gesetze über die Öffentliche Sicherheit, von 1859, 1865 und 1889, enthalten ein eigenes Kapitel „Über die Arbeiter". Von den sehr ausführlichen und peniblen Bestimmungen des Gesetzes von 1859 wurden in die beiden folgenden nur diejenigen über die Arbeitsbücher (libretti) und die *nota degli operai* übernommen, während die einschneidenden Restriktionen der Bewegungsfreiheit des Arbeiters und das Verbot, ohne vorherige Begleichung etwa erhaltener Vorschüsse den Arbeitsplatz zu wechseln, bereits in dem Gesetz von 1865 fallengelassen wurden[9]. Die Gründe für die Streichung dieser Bestimmungen dürften einerseits in der Schwierigkeit ihrer Anwendung gelegen haben und andererseits in der Erfahrung, daß sie die freie Zirkulation der Arbeitskräfte zu sehr behinderten. Es genügte, die Bewegungen des „müßiggehenden" Arbeiters zu kontrollieren; denn solange der Arbeiter arbeitete, bot die auch in dem Gesetz von 1889 noch unverändert beibehaltene Einrichtung der *nota degli operai*, d. h. die Verpflichtung für alle Arbeitgeber, die örtlichen Behörden der Öffentlichen Sicherheit ständig über alle ihre Beschäftigten mit Angabe von Namen, Alter und Geburtsort auf dem laufenden zu halten, eine ausreichende Garantie der Überwachung. Die Veränderungen, welche die Bestimmungen über das Arbeitsbuch erfuhren, waren dagegen nur scheinbar liberalerer Natur. Zwar waren die Arbeiter schon ab 1865 nicht mehr verpflichtet, ein Arbeitsbuch zu besitzen, aber gleichzeitig wurde den Unternehmern die Möglichkeit belassen, ihrerseits von den Arbeitern dessen Besitz zu verlangen. Dies bedeutete eine Entlastung für die Behörden, doch keinen Vorteil für die Arbeiter. Da das Arbeitsbuch nicht nur Angaben über Art und Dauer der geleisteten Arbeit, sondern auch über die „Führung" des Arbeiters enthielt und da die Weise, wie diese Rubrik ausgefüllt wurde, ganz in das Belieben des jeweiligen Arbeitgebers gestellt war, bot es nicht nur ein Mittel zur Kontrolle und Disziplinierung der Arbeiterschaft, sondern eröffnete auch der Willkür Tür und Tor.

In der Realität konnte das folgendermaßen aussehen: Der zweiwöchige Generalstreik der Mailänder Lederarbeiter von 1883 war noch keinen ganzen Monat vorüber, als ihre Prinzipale eine für alle Betriebe einheitliche und verbindliche Arbeitsordnung einführten, deren erster Artikel besagte, daß kein Arbeiter ohne Vorweisen eines Leumundszeugnisses oder Polizeidokuments eingestellt werde, und ein anderer, daß „Akte von Insubordination" Grund für eine fristlose Entlassung seien. Darüber, was eine „Insubordination" war, befand ausschließlich der Arbeitgeber wie auch über Inhalt und Wortlaut des Entlassungszeugnisses. So erhielt z. B. ein Lederarbeiter, der sich gegen eine „übermäßige Lohnkürzung" zur Wehr gesetzt hatte, zu seiner Entlassung folgendes Zeugnis:

„Hiermit bescheinige ich, Unterzeichneter, daß der hier genannte . . . in meiner Gerberei für viereinhalb Monate als Polierer gearbeitet hat und nicht wegen fehlender Arbeit entlassen worden ist, sondern wegen Unbotmäßigkeit gegen das Reglement und wegen Verweigerung der Arbeit. Hochachtungsvoll . . ."[10]

Es ist höchst unwahrscheinlich, daß der betroffene Arbeiter angesichts der erwähnten Einstellungsvoraussetzungen in seinem Beruf in Mailand wieder eine Anstellung gefunden hat. Auf denselben Zusammenhang zwischen Arbeitskämpfen und Verpflichtung, sich mit einem Arbeitsbuch auszurüsten, stößt man bei den Metallarbeitern. Bei diesen verstrich nicht einmal eine Woche zwischen ihrem ersten großen Streik (innerhalb des städtischen Generalstreiks vom August 1872) und der Einführung einer gleichfalls für alle Betriebe einheitlichen Arbeitsordnung, deren erster Artikel von jedem Arbeiter als Einstellungsvoraussetzung eine „Bescheinigung über seinen letzten Dienst mit den nach den geltenden Reglements über die Öffentliche Ordnung erforderlichen Anschriften" verlangte. Auch nach diesem Reglement konnten „Insubordination" und „Verweigerung der Arbeit" mit augenblicklicher Entlassung geahndet werden[11]. Anstelle des Arbeitsbuchs oder zusätzlich zu ihm konnte von den Arbeitern ein polizeiliches Leumundszeugnis verlangt werden, dessen Abschaffung zu den wichtigsten Forderungen in dem Metallarbeiterstreik von 1891 gehörte. – Derselbe Staat, der sich unwillens oder unfähig zeigte, seinen wenigen Sozialgesetzen, wie etwa dem Gesetz über die Kinderarbeit von 1886, Respekt zu verschaffen, bot, wenn es um die Kontrolle der Arbeiter ging, mit zuvorkommender Bereitwilligkeit den Unternehmern seine starke Hand an.

Die gesetzlichen und faktischen Einschränkungen der Koalitionsfreiheit und des Streikrechts trafen die Arbeiter noch härter. Aufgrund einer sorgfältigen Prüfung der einschlägigen Gesetzesbestimmungen und der Rechtsprechung – nach Art. 386 des Sardischen Strafgesetzbuchs waren Koalitionen und Streiks „ohne vernünftigen Grund" strafbar, und nach Art. 165 des neuen Strafgesetzbuchs von 1889 (Codice Penale Zanardelli) alle Streiks, die von „Gewalttätigkeit oder Drohung" begleitet waren – ist neuerdings überzeugend dargelegt worden, daß die Haltung von Polizei und Justiz gegenüber den Streiks auch vor 1890 viel weniger von deren Motiven („vernünftiger" bzw. „unvernünftiger Grund") als von den Modalitäten ihrer Ausführung (Behinderung der Freiheit der Arbeit, Störung der öffentlichen Ordnung) bestimmt war und daß der Gesetzgeber mit dem *Codice Zanardelli* nur eine durch die Rechtsprechung bereits vorgegebene Interpretation des Streikrechts besiegelte, nach der „praktisch jede Form von Streik" verfolgt werden konnte[12]. Wenn ein Urteil des Mailänder Appellationsgerichts, daß Preissteigerungen kein vernünftiger Grund seien, der eine Koalition rechtfertige, da der Umstand, daß andere Arbeiter sofort nach dem Streik in der fraglichen Fabrik die Arbeit aufgenommen hätten, zeige, daß der Lohn genügend und angemessen gewesen sei[13], allgemeine Anerkennung gefunden hätte, hätte es bis 1890 in Italien fast überhaupt keine Koalitionen und Streiks ohne strafrechtliche Konsequenzen geben können. Daß dem nicht so war, lag hauptsächlich daran, daß die Behörden – in erster Linie die *Pubblica Sicurezza*, der es nach dem Gesetz über die Öffentliche Sicherheit von 1859 in erster Instanz oblag, „alle Streitfragen, die zwischen Unternehmern, Arbeitern oder Dienstboten wegen der Löhne, Entschädigungen, Beendigung des Arbeitsverhältnisses oder irgendeiner anderen Ursache auftauchen, zu schlichten"[14] – sich eben weniger für die Ursachen als für die Formen und Begleiterscheinungen der Streiks interessierten.

Der unmittelbare Zusammenhang zwischen Gefährdung der öffentlichen Ordnung und „Interventionen" bei Streiks, worunter hier Verhaftungen, Anzeigen und Verurteilungen von Streikenden, Auflösungen von Protestzügen und -versammlungen gerechnet werden, läßt sich sehr gut aus der Mailänder Streikgeschichte ersehen. Zwölf von den vierzehn Streiks zwischen 1860 und 1886, für die derartige Interventionen festgestellt werden konnten, waren „große Streiks", d. h. solche, an denen Arbeiter mehrerer Betriebe oder die Mehrheit der Arbeiter einer Kategorie oder eine größere Anzahl von Arbeitern mehrerer Kategorien teilgenommen haben[15]; die „großen Streiks", für die sich solche Interventionen nicht nachweisen lassen, beliefen sich in demselben Zeitraum dagegen nur auf sechs[16]. Eine wie geringe Rolle der „vernünftige Grund" für die Interventionen spielte, zeigt sich besonders kraß an der Welle von Streiks im Jahr 1860, die fast alle durch die plötzliche Teuerung ausgelöst waren und in denen es meist um dieselben Forderungen (Lohnerhöhung und Arbeitszeitverkürzung) ging. Während die Druckereiarbeiter und Schneider unbehelligt blieben, hagelte es gegen die Maurer und Müllereigehilfen Verhaftungen und Prozesse. Die ganze Willkürlichkeit des Vorgehens erhellt nicht zuletzt daraus, daß zahlreiche streikende Maurer, gegen die man beim besten Willen nicht nach Art. 386 C. P. vorgehen konnte, wegen „Müßiggang" aufgrund einer sehr extensiven Auslegung des Gesetzes über die Öffentliche Sicherheit verhaftet wurden[17].

Wenn die Behörden in ihrer Haltung gegenüber den Streikenden sich einerseits von dem bloßen Umfang der Streiks, wie es sich besonders eindrucksvoll an dem Generalstreik von 1872 ablesen läßt[18], bestimmen ließen, so folgten sie andererseits nicht selten eher opportunistischen Gesichtspunkten. Als Beispiel hierfür mögen die beiden dicht aufeinanderfolgenden Generalstreiks der Bäckergesellen (August 1886) und der Maurer (September 1887) dienen. In dem Verlangen der ersten nach *einem* monatlichen Ruhetag, Anerkennung des Arbeitsvermittlungsbüros des Bäckergesellenvereins durch die Prinzipale und Respektierung des zwei Jahre zuvor vereinbarten Tarifs vermochte der Polizeipräsident nicht den vom Gesetz verlangten „vernünftigen Grund" für einen Streik zu erkennen. Als trotz seiner Warnung tausend Bäckergesellen in den Ausstand traten, ließ er gegen den fünfköpfigen Vereinsvorstand gemäß Art. 387 C. P., der Anstifter und Rädelsführer von Streiks mit Gefängnisstrafen von mindestens sechs Monate bedrohte, vorgehen, den Streikfond beschlagnahmen usw. Als besonders gravierend sah er es an, daß der Bäckerverein in einem Telegramm einige auswärtige, mit ihm in der „Italienischen Föderation der Bäckergesellen" zusammengeschlossene Vereine an die Pflichten des Verbandsstatuts erinnert hatte, die bestreikte Stadt weder mit Brot noch mit Arbeitern zu versorgen; dies sei eine „Verletzung der Freiheit der Unternehmer, sich der Arbeitskraft anderer Arbeiter zu bedienen, um ihre Industrie am Leben zu erhalten, und auch eine mehr als bösartige Verletzung des Rechts aller Bürger, die zum Unterhalt allernotwendigste Materie kaufen zu können"[19]. Diese Begründung des Polizeipräsidenten gibt sich nicht einmal die Mühe, auch nur den rechtlichen Anschein zu wahren, läßt dafür aber um so drastischer die realen Motive seines Vorgehens erkennen. Die Verletzung des frei erfundenen „Rechts aller Bürger", sich beim Bäcker mit Brot versorgen zu können, kollidierte mit keinem Artikel des Strafgesetzbuchs oder irgendeines anderen Gesetzes, aber sehr wohl mit den Vorstellungen der Obrigkeit über die öffentliche Ordnung. Solange deren Aufrechterhaltung – wirklich oder vermeintlich – davon abhing, daß die Brotfrage nicht aufgeworfen würde, mochten die Bäckergesellen ruhig weiterhin 365 Tage oder – wie es richtigerweise heißen muß – Nächte im Jahr arbeiten[20].

Wenn nicht gerade offener Unterstützung so doch eines weitgehenden Wohlwollens seitens des *Municipio*, der Regierung und der Presse erfreuten sich dagegen die Maurer, als sie zu Tausenden – auf dem Höhepunkt des Streiks waren es etwa 7000 – im September 1887 die Arbeit niederlegten, um die Einhaltung des erst im vergangenen April vereinbarten und von den Bauunternehmern systematisch boykottierten Tarifs zu erzwingen[21]. Wenigstens drei Gründe waren für diese wohlwollende Haltung maßgeblich. Das haus- und grundbesitzende Mailand – repräsentiert durch einige große Tageszeitungen – starrte gebannt auf den immer näher heranrückenden Michaelistag (29. September), zu dem manche der noch nicht fertiggestellten Wohnungen bezugsfertig sein mußten. Der Bürgermeister und das *Municipio* hatten großes Interesse, daß die mit der gerade erfolgten Verabschiedung des Bebauungsplans (1886) eingeleiteten Stadterneuerungsarbeiten nicht ins Stocken kamen. Diese Erwägung spielte sicherlich auch für die Regierung eine Rolle, die, wie Depretis es einige Jahre zuvor ausgedrückt hatte, der baulichen Sanierung Mailands „die größte Wichtigkeit auch unter dem Gesichtspunkt der öffentlichen Ordnung" beimaß[22]. Vom Innenministerium soll an die politischen Behörden in der Stadt die ausdrückliche Weisung ergangen sein, „auf den Streik nicht einzuwirken und nur im Fall einer Störung der öffentlichen Ordnung zu intervenieren"[23]. Ein größeres Aufgebot von Ordnungskräften trat öffentlich erst in Erscheinung, als die Streikbeteiligung gegen Monatsende bereits stark abgebröckelt war und eine drohende Geste angebracht schien, um die endgültige Beilegung des Konflikts zu beschleunigen. Die bei dieser Gelegenheit bewiesene Zurückhaltung der politischen Behörden scheint noch andere Motive gehabt zu haben. Denn auffällig ist, daß – ganz im Gegensatz zu dem, was für die Jahre 1860 bis 1886 zu beobachten war – zwischen 1887 und 1892 die Interventionen sich vorzüglich gegen solche Streiks richteten, von denen nur einzelne Betriebe betroffen waren[24], während die „großen Streiks" sich unbehelligter als in der Vergangenheit abspielen konnten[25]. Gegen die politischen Demonstrationen der Arbeiterschaft, insbesondere bei Gelegenheit der Arbeitsniederlegungen am 1. Mai, wurde allerdings unverändert der Kurs der Einschüchterung und Repression beibehalten[26].

Zwei Faktoren dürften für die beschriebenen Veränderungen sowie für die – zumindest zeitweilig – allgemein flexiblere und nachgiebigere Haltung gegenüber den Streiks in der Industrie vor allem verantwortlich gewesen sein: numerisches Anwachsen und politisch-organisatorische Stärkung der städtischen Arbeiterklasse und der rasante Aufstieg der Bauernbewegung seit der Mitte der 80er Jahre. Gegen 7000 Maurer oder 5000 Metallarbeiter im Ausstand mit denselben Repressionsmethoden vorzugehen, wie sie 1860 und 1872 angewandt worden waren, barg erhebliche Risiken in sich und hätte die Radikalisierung der Arbeiterschaft nur noch mehr beschleunigt. Wenn in den vorerwähnten Jahren die Streikenden sich noch in ihren Festtagskleidern auf die Straße begeben und keinen anderen Zuspruch als die paternalistischen Ermahnungen eines Massimo D'Azeglio und des Bürgermeisters *papà* Belinzaghi vernommen hatten[27], trafen sie nun tagtäglich zu Massenmeetings in der Arena oder im großen Saal des *Consolato Operaio* zusammen, um über jeden Schritt des Streiks zu dis-

kutieren und zu beschließen und den Reden der Lazzari, Croce, Casati, Turati zuzu-
hören. Die Sophisterei über die „vernünftigen" und „unvernünftigen" Streiks war
von der Bewegung der Arbeiter ein für alle Mal überholt worden[28], und der Staat be-
wies nur einen gewissen Realitätssinn, wenn er die Berechtigung ökonomischer
Streiks nicht länger grundsätzlich in Frage stellte. Die jeder willkürlichen Interpretation zugängliche Neufassung der Streikartikel im *Codice Zanardelli* ließ allerdings
nach wie vor die Möglichkeit offen, nötigenfalls Streiks gewaltsam zu unterdrücken
und ihre Urheber mit schwereren Strafen zu belegen als bisher.

In welchem Ausmaß die größere Duldsamkeit gegenüber den industriellen Streiks
dem Umstand zu verdanken war, daß der Staat mit der Niederschlagung der – wirklich oder vermeintlich – gefährlicheren, in jedem Fall aber eruptiveren und gewaltsa-
meren Agrarstreiks beschäftigt war, lehrt die Verfolgung des *Partito Operaio* und der
Herausgeber des *Fascio operaio*. Angesichts der sozialen Zusammensetzung der herrschenden Klassen Italiens ist es zwar begreiflich, daß diese auf die epidemische Ausbreitung der Agrarstreiks in den 80er Jahren empfindlicher und entschlossener reagierten; aber auf der anderen Seite hat es etwas Paradoxes an sich (dieses scheinbare
Paradoxon hängt aufs engste mit der in vielfacher Hinsicht ungewöhnlichen italienischen Bauernbewegung zusammen[29]), daß ausgerechnet der *Partito Operaio*, die ur-
eigenste Schöpfung einer städtisch-industriellen Arbeiterbewegung, der schon seinem
Namen nach sich von den Bauern und Landarbeitern absetzte[30], dreimal in seiner
kurzen Geschichte Opfer der gegen die Agrarstreiks gerichteten Repression wurde.
Für die bloße Veröffentlichung von Solidaritätsresolutionen mit den streikenden Tagelöhnern im Mantuanischen handelten sich deren Autoren und Giuseppe Croce als
Herausgeber des *Fascio operaio* einen Prozeß vor dem Mailänder Schwurgericht wegen „Verteidigung des Koalitionsdelikts" ein, in dem alle sieben Angeklagten zu Gefängnis von 20 Tagen bis zu einem Monat und Geldstrafen verurteilt wurden. Wie
schon früher erwähnt, führten die Agrarstreiks des Sommers 1885 im Alto Milanese,
derentwegen 102 Personen verurteilt wurden, zur vorübergehenden Auflösung der
Partei, zur Einkerkerung der ganzen Parteileitung und zum Prozeß von 1887, der mit
sehr viel schwereren Verurteilungen endete, nämlich mit Gefängnis bis zu neun Monaten und Geldstrafen bis zu 1700 Lire. Während der neuerlichen Streikbewegung im
Alto Milanese im Frühjahr 1889 schließlich wurden unter der Beschuldigung der
Aufwiegelung zum Streik, Bürgerkrieg, Plünderung usw. sieben der bekanntesten
Mailänder Ouvrieristen und Sozialisten festgenommen und tagelang in Haft gehalten,
ohne daß ein Haftbefehl gegen sie vorgelegen hätte. Die Beschuldigungen waren so
offensichtlich haltlos, daß diesmal kein Prozeß folgte; doch hatten sich in diesem Jahr
im Bezirk des Mailänder Appellationsgerichts in 87 Prozessen 527 andere Personen
wegen Streiks zu verantworten, von denen 308 verurteilt wurden[31].

Wie schon so viele Male in der Vergangenheit war auch bei dieser Gelegenheit eine
Nummer des *Fascio operaio* beschlagnahmt worden. Turati, der die inkriminierte
Ausgabe der *Italia* zusandte, fragte, ob es sich dabei nicht um die vorbedachte Absicht
handle, die Zeitung zu vernichten und ihr, indem man sie finanziell ruiniere, für im-
mer den Mund zu stopfen. Mit härteren Worten noch kommentierte die *Italia* den
Vorfall:

„Es ist die Gewalt, die brutale, zum System errichtete Gewalt. Wenn die Nummer der Zeitung, die uns Turati zugeschickt hat, beschlagnahmt werden kann, dann hat das Gesetz, dem Geist und dem Buchstaben nach, keinen Sinn mehr. Sie wollen eine Zeitung unterdrücken, und da sie nicht den Mut haben, es *alla russa* oder *alla tedesca* zu tun, geben sie sich den Anschein, sie mit dem Gesetz zu ermorden. Dies hat etwas wirklich Feiges an sich. Aber auch eine Anzeige geht ins Leere. Keiner kümmert sich darum. Illegale Verhaftungen, Beschlagnahmungen, Verfolgungen jeder Art, alles wird ungestraft getan."[32]

Man kann sogar noch weiter gehen und mit dem *Gazzettino Rosa* von 1872 sagen:

„In Mailand, der *capitale morale*, in dem gebildeten und zivilisierten Mailand, ist es die Polizei, die regiert. Sie kann die Wohnungen verletzen, über die Freiheit der Bürger verfügen, sie ausweisen, gefangensetzen, in die Verbannung schicken, ohne irgend jemand Rechenschaft abzulegen, ohne sich auch nur die Mühe zu geben, irgendeine Anklage zu formulieren, auf den einfachen Verdacht hin, daß dieses oder jenes Individuum aufgrund seiner Ideen, seiner Prinzipien *der Gesellschaft gefährlich sei* und die *allgemeine Sicherheit* beeinträchtigen könne."[33]

Auf einige Vorgänge, die dieses Verdikt stützen, wurde bereits hingewiesen: das provokatorische Verhalten von Polizei und Militär anläßlich der Unruhen von 1886 und 1898; das Vorgehen gegen „Müßiggänger", Streikende und Arbeitslose; den Mißbrauch, der mit der *ammonizione* getrieben wurde. Es würde ein eigenes Buch erfordern, um die polizeilichen Maßnahmen gegen politische Opponenten, Mazzinisten, Republikaner, Internationalisten, Anarchisten, Sozialisten und auch die Ouvrieristen, darzustellen. Ebenso wie die Presse unterlagen auch die anderen Formen der Meinungsäußerung strenger polizeilicher Überwachung. In nahezu allen Arbeiterversammlungen drängten sich Funktionäre der *Pubblica Sicurezza* um die Rednertribüne, die, sofern die Versammlung nicht schon im voraus verboten war, in jedem Augenblick eine Rede unterbrechen, eine Diskussion verbieten, eine Versammlung auflösen konnten. Wer sich in der Diskussion allzu weit vorgewagt hatte, lief Gefahr, anschließend verhaftet zu werden[34]. Um einige Tausende Exemplare von Turatis „Pflicht zum Widerstand" zu beschlagnahmen, besetzte die Polizei die Genossenschaftsdruckerei der Arbeiter, die Redaktionsräume der *Critica sociale* und die Arbeitskammer, während der mit der italienischen Polizeipraxis anscheinend nicht so vertraute Sombart sich verwunderte, weshalb diese Schrift „wesentlich gewerkvereinlerisch-agitatorischen Inhalts" verboten sei[35]. Federico Giorio, ein ehemaliger Beamter der Mailänder *Questura*, der mit seinen „Erinnerungen" die Öffentlichkeit in die verborgenen, nicht immer rechtstaatlichen Praktiken der Mailänder Polizei eingeweiht hatte, sollte diese Unvorsichtigkeit mit einer viermonatigen Gefängnisstrafe büßen[36]. Für die „gefährlichen Klassen der Gesellschaft"[37] gab es so wenig Rechtssicherheit, daß Andrea Costa, in seiner Interpellation an die Regierung wegen der Auflösung des POI „für die Arbeiter und Sozialisten" ein Ausnahmegesetz à la Bismarck gegenüber dem bestehenden Zustand befürwortete[38]. Seine Forderung nach einem „positiven Gesetz des Staats, das uns betrifft", glich der mancher Arbeiter, die *für* die Einführung von Fabrikordnungen streikten: Denn die unberechenbare Willkür mancher Unternehmer war noch unerträglicher als die Strenge der meisten Reglements[39].

Seltsam ist, daß die organisierte Arbeiterbewegung sich insgesamt unvergleichlich viel stärker für das Problem des nach außen gerichteten Militarismus interessierte als für die Organisation der Repression im Innern[40]. Dies ist um so erstaunlicher, als auch das Heer, die – neben der *Armata dei Carabinieri* und der *Guardia di Pubblica Sicurezza* – dritte bewaffnete Ordnungskraft, nach Kriterien organisiert war, die es eher zu Einsätzen gegen innere als äußere Gegner prädisponierten[41]. Um den 1. Mai des Jahres 1890 und der folgenden Jahre wurde die gesamte Mailänder Garnison in Alarmbereitschaft versetzt, und große Truppenverstärkungen wurden in die Stadt verlegt, so daß allein die Zahl der Soldaten – etwa 10 000 – die der demonstrierenden Arbeiter bei weitem übertraf. Die ostentative Mobilisierung des Heers gegen die städtischen Arbeiter gehörte fast zum Alltag der Mailänder – wie selbstverständlich auch der italienischen – Arbeitergeschichte. Die Ereignisse von 1872, als während des Generalstreiks Kavallerie mit gezogenem Säbel gegen die Menge auf dem Corso Garibaldi vorging, oder die heftigen Zusammenstöße auf der Piazza del Duomo im April 1886 oder der Einsatz von Kanonen während der Unruhen von 1898 waren keine „Betriebsunfälle“, sondern integraler Bestandteil einer Politik der Repression der Massen, die bei jenen Gelegenheiten bis zu ihrer äußersten Konsequenz geführt wurde[42]. Die liberale Öffentlichkeit mochte sich in der Presse und im Stadtrat über die „terroristischen, provokatorischen Maßnahmen“ eines Crispi empören, das Ausland mochte sie „belustigt“ zur Kenntnis nehmen, doch die unmittelbar Betroffenen, die Arbeiter, waren ihnen schutzlos ausgeliefert[43].

Die Wirkung, welche die permanenten Provokationen und Verfolgungen auf die Arbeiter hatten, dürfte der *Fascio operaio* an dem Vorfall der streikenden Reisschäler, die sich an den Polizeipräsidenten um Vermittlung in einem Arbeitskonflikt wandten, statt dessen aber verhaftet wurden, ganz zutreffend beschrieben haben: „Welche Haßgefühle erzeugen diese Verfolgungen seitens der Staatsgewalt, und welche Gefühle der Rache stauen sich auf für den großen Tag unserer Befreiung!“[44]

2. Die Arbeiter im Streik, 1860–1892

Die amtliche italienische Streikstatistik wurde schon frühzeitig gelobt, von der historischen Forschung unentwegt benutzt und nur selten kritisiert. Eine fortlaufende, von der *Direzione Generale della Statistica* herausgegebene Statistik der Streiks gibt es seit 1891; für die Jahre von 1860 bis 1890 wurde sie nachträglich zu verschiedenen Zeiten und von verschiedenen Personen bzw. Ämtern nach den beim Innenministerium eingegangenen Berichten der Präfekten rekonstruiert. Die Lückenhaftigkeit der von den Präfekten bis 1890 gemeldeten Streiks wurde schon frühzeitig von den Mitarbeitern des Statistischen Amts erkannt, die für die Kompilation der Streikstatistik von 1884 bis 1891 deshalb vielfach Lokalzeitungen als ergänzende Quelle heranzogen. Mit der fortlaufenden Führung und Herausgabe von Streikstatistiken seit 1892 wurden diese zwar zuverlässiger und einheitlicher, blieben aber noch immer lückenhaft. Nach einer Untersuchung der *Società Umanitaria* von 1904 enthielt die amtliche Statistik 5 bis 10 % weniger Streiks, als es in Wirklichkeit gegeben hatte; bei den Agrarstreiks scheint die Differenz jedoch erheblich größer gewesen zu sein.

Bis zum 31. Mai 1878, dem Zeitpunkt der ersten Streikenquête, ist die amtliche Streikstatistik für die Mailänder – wie überhaupt für jede lokale – Streikgeschichte völlig unbrauchbar, da sie bis dahin nur globale, allein nach Regionen aufgeschlüsselte Daten enthält; aber auch für den folgenden Zeitraum, vom 1. Juni 1878 bis zum 31. Dezember 1892, kommt sie nur als subsidiäre Quelle in Betracht. Der offiziellen Statistik zufolge gab es in diesem Zeitraum in Mailand 58 Streiks, eigenen Recherchen zufolge waren es dagegen wenigstens 139, wobei in dieser Zahl einige der größten Streiks, nämlich die Arbeitsniederlegungen am 1. Mai, noch nicht einmal enthalten sind (siehe Tab. 19). Dieser Befund, eine Fehlerquote von fast 140 %, stellt den Wert aller bisherigen Untersuchungen über Streiks in Italien während dieses Zeitraums, die sich auf die offizielle Statistik stützen, erheblich in Frage[45].

Völlig unersichtlich ist, wovon es abhing, ob ein Streik in die Statistik aufgenommen wurde oder nicht. Bis 1891 berichteten die Präfekten vornehmlich von solchen Streiks, die die Regierung „unter dem Gesichtspunkt der öffentlichen Ruhe" interessieren konnten; doch auch noch in diesem Jahr, als die Führung einer kontinuierlichen Streikstatistik beschlossen wurde, hielt der Innenminister mit einem Zirkular vom 16. April 1891 die Präfekten an, sich auf die Mitteilung solcher Vorkommnisse zu beschränken, „die ihrer Natur oder ihren Konsequenzen nach es wirklich verdienen, daß die Regierung ihre Aufmerksamkeit auf sie lenkt"[46]. Dieser Gesichtspunkt mag für die Kompilation der Statistiken von großer Wichtigkeit gewesen sein, aber keinesfalls war er – zumindest noch bis 1892 – allein ausschlaggebend. Denn einerseits erwähnt die Statistik Streiks mit vier oder fünf Teilnehmern, „vergaß" jedoch einen Streik wie den der Bauarbeiter von 1887 mit 7000 Teilnehmern. Aber auch hinsichtlich derjenigen Streiks, die Aufnahme in die Statistik fanden, waren deren Angaben im einzelnen zu überprüfen und vielfach zu korrigieren. In einigen Fällen beziffert die Statistik die Anzahl der Streikenden zu hoch, doch sehr viel häufiger viel zu niedrig. Ein eklatantes Beispiel für diese Diskrepanzen bietet der Metallarbeiterstreik von 1891. Während eine sehr detaillierte Statistik der Polizei in voller Übereinstimmung mit den in der Tagespresse genannten Zahlen von 5329 Streikenden spricht[47], erwähnt die amtliche Statistik bloß 2000 Streikende. Häufig sind auch ihre Angaben über Anlaß, Ziel, Dauer usw. der Streiks zu korrigieren.

Wie vollständig die Erstellung einer Streikstatistik für Mailand in den Jahren von 1860 bis 1892 geglückt ist, ist schwer zu sagen. Nach Tab. 19 gibt es nur für 56 % der Streiks zwischen 1878 und 1892 eine Mehrfachüberlieferung, während fast die Hälfte aller Streiks nur von einer Quellengattung erwähnt wird. Dieses ungünstige Verhältnis zwischen Einfach- und Mehrfachüberlieferung kann zu berechtigten Zweifeln an der Vollständigkeit der hier erstellten Statistik Anlaß geben. Bei der Lektüre der für diesen Zeitraum eingesehenen Tageszeitungen (*Il Secolo, L'Italia, L'Italia del popolo* [Fortsetzung der vorigen] und *Il Sole*) fand sich immer wieder, daß längst nicht alle Streiks von allen Zeitungen erwähnt wurden bzw. daß über die erwähnten nicht einheitlich berichtet wurde. Ziemlich sicher ist jedoch, daß eine Berücksichtigung weite-

Tab. 19: Überlieferung der Streiks: Mailand, 1878–1892[48]

Jahr	1. Nur durch eine Quelle überlieferte Streiks				2. Mehrfachüberlieferung		3. Insgesamt	
	a) Statistik	b) Archive	c) Tages-presse	d) Arbeiter-presse	a) mit Statistik	b) ohne Statistik	a) nur Statistik	b) alle Quellen
1878 (2. Sem.)		1			1	2	1	4
1879	1	3	3		3	1	4	11
1880		2	1		1	2	1	6
1881			3				–	3
1882	1	1			1		2	3
1883		1			2	1	2	5
1884		3		1	2	1	2	7
1885		2				2	–	4
1886		3	1	1	2	2	2	9
1887		1	1	1	1	3	1	7
1888	1	1	3		3	9	4	17
1889	3		4		10	2	13	19
1890			3		7	3	7	13
1891			6		7	2	7	15
1892	6		3		6	1	12	16
Zusammen	12	18	29	3	46	31	58	139

rer Zeitungen allenfalls zu geringen Korrekturen führen würde. Einige kleine Streiks könnten auf diese Weise vielleicht noch entdeckt, zusätzliche und genauere Daten über die bekannten Streiks gewonnen und der Anteil der Mehrfachüberlieferungen erhöht werden. Sehr unwahrscheinlich ist, daß hier für die Jahre ab 1878 ein größerer Streik übersehen wurde. Dagegen dürften die für die Jahre 1860 bis 1877/78 ermittelten Streiks (siehe Tab. 20) sehr viel eher hinter der tatsächlichen Anzahl zurückbleiben. Für diese Zeit sind die erhaltenen Akten der *Questura* noch dürftiger als für die folgenden Jahre; eine Arbeiterpresse war in den 60er und 70er Jahren in Mailand so gut wie inexistent, und, was am schwersten wiegt, für jene Zeit versiegt oftmals auch die wichtigste Quelle, die Tagespresse. Die Tatsache eines größeren Streiks wurde zwar erwähnt, aber die Meldung bestand meist in einem Kommentar über den bedauerlichen Vorfall statt in präzisen Informationen. Dieser mangelhaften Quellenlage ist die vielfache Unvollständigkeit der Tabellen 19 bis 22 zuzuschreiben. Da für ein Drittel aller Streiks nicht einmal die annähernde Zahl der Streikenden bekannt ist, war es nicht möglich, den Umfang der Streiks (Streikende je Streik) zu berechnen; gleichfalls mußte auf eine Berechnung der Streiktage verzichtet werden, da in zu vielen Fällen Unsicherheit über die genaue Streikdauer besteht. Nicht weniger bedauerlich ist, daß von 43,5 % der Streiks das Ergebnis unbekannt ist. Doch ungeachtet dieser und anderer Mängel bildet die Streikstatistik den wichtigsten Ausgangspunkt für eine Untersuchung der Mailänder Arbeitergeschichte in jenen Jahren.

In den Jahrzehnten zwischen 1860 und 1890 entdeckte die Mailänder Arbeiterschaft den Streik als Mittel des Arbeitskampfs – hierin liegt die wichtigste Aussage der Tabelle 20. Um die Tragweite dieses Vorgangs ganz zu ermessen, ist nicht nur an die Fesseln zu erinnern, mit denen der Staat die entstehende Streikbewegung einzuschnüren versuchte, sondern auch an die Hindernisse, die das liberale Bürgertum und Teile der Arbeiterbewegung selber der Entfaltung und Verallgemeinerung dieses Kampfmittels in den Weg legten. Auf die Prinzipien der Politischen Ökonomie, auf die ,,Natur''-Gesetze von Angebot und Nachfrage, beriefen sich die Vertreter des Bürgertums in erster Instanz, wenn es galt, die Arbeiter durch Vernunftgründe von der Unsinnigkeit der Streiks zu überzeugen. Doch als ob sie selber Zweifel an der Überzeugungskraft der ökonomischen Vernunft hegten, unterließen es die liberalen Ökonomen und Publizisten nicht, auch die Drohung zu gebrauchen: Der streikende Arbeiter wurde an seine Ersetzbarkeit erinnert und an die Möglichkeit der Kapitalisten, ihrerseits in den Streik zu treten; dem Versuch, ,,den Lohn der Arbeitskraft bestimmen zu wollen'', folgten unweigerlich Hunger und Not auf seiten des Arbeiters und seiner Familie. Das war die einzige, stets gleichlautende Antwort, mit der die liberale Öffentlichkeit auf die ersten großen Streikbewegungen – die von 1860 und 1872, ja auch schon auf die Streiks von 1848 – reagierte[49].

Ein wirksamer Widerstand gegen die Durchsetzung des Streiks als einer legitimen Waffe der Arbeiter dürfte seine Mißbilligung durch die frühe italienische Arbeiterbewegung gewesen sein. Als ein gesellschaftliches Krankheitsphänomen erschien er Mazzini und seinen Anhängern in der Arbeiterbewegung: Durch Streiks entstehe ,,ein gefährlicher Antagonismus zwischen den beiden Antriebskräften der Industrie, Kapitalist und Arbeiter'', der in dem Arbeiter ,,böse Gedanken gegen den Unterneh-

Tab. 20: Anzahl der Streiks und der Streikenden — Art, Ursachen und Ergebnisse der Streiks

Jahr	Anzahl der Streiks	Gesamtzahl der Streikenden für die in Klammern genannte Zahl der Streiks	Art: Angriff	Art: Abwehr	Art: Nicht klass./Unbek.	Löhne/Tarife: f. Erhöhung	Löhne/Tarife: g. Senkung	Löhne/Tarife: Andere	Arbeitszeit: f. Verkürzung	Arbeitszeit: g. Verlängerung	Arbeitszeit: Andere	Versch.: Disziplin	Versch.: g. Entlassungen	Versch.: Andere	Versch.: Unbekannt	Ergebnis: Erfolg	Ergebnis: Kompromiß	Ergebnis: Niederlage	Ergebnis: Nicht klass./Unbek.
1860	13	1.930 (5)	13			8		(1)	5(2)					(2)		4	3	3	3
1861	1			1			1									1			
1862	1			1		1										1			
1863	3		2	1		1		1				1(1)							3
1864	1			1			1											1	
1868	2	2.000 (2)	1	1				1				1							2
1869	2			2				1				1							2
1870																			
1871	1	60 (1)			1									1					1
1872	8	90 (1)	4	1	3	4	1			(1)				3		1			7
1873	3	480 (2)	3			2			1									1	2
1874	3		3			3													3
1875	3	40 (1)		1	2	1								1	1	1			2
1876																			
1877	4	24 (1)		1	3	1								3			1	1	2
1878	4	120 (3)	4				3(1)						1				2		2
1879	11	678 (6)	2	5	4	1	1	1(1)			1(1)	3	1	2	1	1		2	8
1880	6	903 (3)	1	3	2	1	3							1	1	1		1	4
1881	3	120 (2)	1	1	1	1						1		1					3
1882	3	400 (2)		2	1			1						2			1	1	1
1883	5	783 (5)	3	2		2	2	1	(2)				(1)			1		2	2
1884	7	467 (6)	2	3	2	1	2	1	(1)	1			1(2)		1	1	2	1	3
1885	4	123 (3)	1	1	2	1	1						(1)		1	2	1		1
1886	9	1.515 (5)	3	5	1		4				1	(1)	1	2(1)	1		4	3	2
1887	7	7.518 (6)	3	4		3			1	(1)		1	1	1		1	3	3	
1888	17	2.104 (14)	4	12	1	4	2	4(1)		2(1)	1	1	1(1)	2(1)		3	6	2	6
1889	19	1.880 (16)	6	9	4	5	1	3(1)	1	1	(2)	5(3)	1	1	1	1	5	5	8
1890	13	1.388 (13)	5	7	1	3	3	2(1)	1				(1)	4(1)		1	7	3	2
1891	15	7.518 (11)	4	7	4	1	4	5	1	1			(1)	2	1	1	3	5	6
1892	16	1.432 (14)	7	6	3	3		5(1)	2			1(4)	1	4(1)		5		6	5
Zus.	184	31.573 (122)	68	78	38	44	31(1)	28(6)	11(5)	6(1)	3(5)	16(13)	8(2)	22(5)	15	24	40	40	80

Zwischensummen: Art 184 — Löhne/Tarife 103(7) — Arbeitszeit 20(11) — Verschiedene 61(21) — Ursachen gesamt 184(39) — Ergebnis 184

mer erwecke" und ihn „mit Groll auf das Glück der anderen sozialen Klassen" blicken und ihn „jede gesunde Vorstellung von Ordnung und alle Liebe zur Arbeit" verlieren lasse[50]. Diese Ansicht blieb jahrzehntelang auch in der größten und einflußreichsten Mailänder Arbeiterorganisation, im Consolato Operaio, vorherrschend, und dessen radikal-demokratische Gönner wie Romussi ließen nichts unversucht, das Consolato und die ihm angeschlossenen Arbeitervereine auf eine prinzipielle Mißbilligung von Streiks festzulegen. Noch bis in die 80er Jahre hatte für die Sprecher des Consolato die Vermittlung und Schlichtung bei Arbeitskonflikten absolute Priorität vor der materiellen und moralischen Unterstützung der Streikenden[51]. Erst in seinem revidierten Programm von 1890 erkannte das Consolato zum ersten Mal den „Widerstand" (resistenza) als ein legitimes Mittel in dem Emanzipationskampf der Arbeiter an[52], zu einem Zeitpunkt also, als der Streik längst zu einer alltäglichen Erscheinung in den Beziehungen zwischen Kapital und Arbeit in Mailand geworden war. Die Gründe für diesen Sinneswandel liegen in der Entwicklung der Streikbewegung selbst und in dem Auftreten des *Partito Operaio* als autonomer Organisation der Arbeiter in den 80er Jahren. Die Ouvrieristen halfen den Weg zu ebnen, der von dem Bekenntnis der evolutionären Sozialisten um die Zeitschrift *La Plebe* zum „friedlichen Streik als einem Mittel legalen Widerstands" zu Filippo Turatis „Pflicht zum Widerstand" führt[53].

Die wichtigsten in Zahlen ausdrückbaren Daten über die Mailänder Streiks zwischen 1860 und 1892 enthalten die Tabellen 20 und 21. Eine quantifizierende Analyse dieser Daten kann und soll hier nicht erfolgen, da diese dafür zu wenige und zu unvollständig sind. Was in dieser Hinsicht über die Entstehungsphase moderner Streikbewegungen gesagt werden kann, ist erst neuerdings von Michelle Perrot am Beispiel Frankreichs so umfassend dargelegt worden, daß es dem im Augenblick kaum etwas hinzuzufügen gibt[54]. Mein Vorsatz bei der Interpretation der beiden Tabellen ist ein anderer und, wenn man so will, bescheidenerer: Sie soll zu der Erkenntnis der Arbeiterbedürfnisse hinführen und das Entstehen der städtischen Arbeiterbewegung aus der Entwicklung der Arbeiterkämpfe darlegen.

Die Verteilung der 184 Streiks über 33 Jahre ist in doppelter Hinsicht sehr ungleichmäßig: In den ersten zweieinhalb Dezennien gab es weniger Streiks als in den letzten acht Jahren (84 gegenüber 100), und die weniger zahlreichen Streiks der ersten Phase verteilen sich fast zur Hälfte auf nur vier Jahre. Drei Wellen (1860, 1872 und 1879/80) kennzeichnen die Auf- und Abwärtsbewegungen der Streiks bis zur Mitte der 80er Jahre, während seit ihrem Ende die Streiks mit nahezu gleicher Häufigkeit von Jahr zu Jahr auftraten. Erst in diesen Jahren war der Streik in Mailand wirklich heimisch geworden; dies nicht nur seiner Häufigkeit nach, sondern auch in bezug auf die stetige Zunahme der einzelnen Gruppen von Arbeitern, die erstmals oder zum wiederholten Male in den Streik traten. Bis 1892 hatten die Arbeiter aus 35 Kategorien wenigstens einmal und aus 21 Kategorien wenigstens dreimal gestreikt (siehe Tab. 21). Die meisten Streiks vereinigten die verschiedenen Gruppen der Textil- und Bekleidungsindustrien auf sich; doch gemessen an der Gesamtzahl der Beschäftigten in einer Branche war die Streikbereitschaft der Setzer und Drucker am größten.

Auf einige wichtige Fragen, welche die Tabellen 20 und 21 offen lassen, nämlich die nach dem Umfang der einzelnen Streiks und nach der Häufigkeit der „großen Streiks"[55], gibt die Tabelle 22 wenigstens eine partielle Antwort. Aus ihr ist zu ersehen, daß in etwa ein Sechstel aller Streiks eine größere Anzahl von Betrieben bzw. die Majorität der Arbeiter einer einzelnen Kategorie verwickelt war und daß in immerhin 18 Kategorien ein oder mehrere „große Streiks" stattfanden. Diese Tabelle läßt auch deutlicher die zeitliche Abfolge erkennen, in der die einzelnen Kategorien auf massive Weise in die Streikbewegung eintraten: Den anfänglich dominierenden Gruppen der Druckereiarbeiter und Maurer gesellten sich zunächst Berufe hinzu, die üblicherweise als weniger streikfreudig gelten; am Ende der 70er Jahre dominierten dann eindeutig die Textilarbeiter, während „moderne" Berufe, wie die Metallarbeiter und Gummiarbeiter, erst sehr spät hinzutraten. Bei der Tabelle 22 ist im Auge zu behalten, daß

Tab. 21: Anzahl der Streiks nach Branchen und Berufen

	1860	1861	1862	1863	1864	1868	1869	1871	1872	1873	1874	1875	1877	1878	1879	1880	1881	1882	1883	1884	1885	1886	1887	1888	1889	1890	1891	1892	Zus.
I. Nahrungsmittelindustrien																													
1. Bäcker																					1	1	1						3
2. Andere																				1			1	1					3
II. Chemische Industrien																													
3. Gaswerkarbeiter																									1				1
4. Gummiarbeiter																											2		2
5. Tabakarbeiter					2																								2
6. Streichholzarbeiter												1																	1
III. Druck und Papier																													
7. Drucker, Setzer usw.	1			2								1				1					1	1		1	4	2	2	3	19
8. Arbeiter in Papier					1					1														1					3
IV. Leder																													
9. Gerber und Lederarbeiter																		2	2			1			1			1	7
10. Schuhmacher																										2		1	3
11. Handschuhmacher																					1								1
V. Textil und Bekleidung																													
12. Färber										1												1			2	1			5
13. Weber und »tessili«															9	2		1	2	2		3	1	4	2	5	2	2	31
14. Schneider							1									1				1			1				1	2	7
15. Bandmacher		1						2					1	2											1			1	8
16. Hutmacher	1										1																	1	3
17. Knopfmacher													1			1	1	1									1		5

VI. *Verarbeitung von Holz usw.*

Nr.	Beruf	Werte (Spalten)	Zusammen
18.	Korbmacher	1 · 1	2
19.	Tischler	1 · 2	3
20.	Pfeifenmacher	2	2
21.	Korkenmacher	1	1

VII. *Metall- und Maschinenbau*

Nr.	Beruf	Werte (Spalten)	Zusammen
22.	Metall- u. Maschinenbauarb.	4 · 1 · 1 · 1 · 1 · 2 · 7 · 3 · 3 · 1	27
23.	Buchstabengießer	1	1
24.	Hufschmiede	1	1
25.	Gold- u. Silberschmiede	2 · 1 · 1	4

VIII. *Baustoffe, Glas, Keramik*

Nr.	Beruf	Werte (Spalten)	Zusammen
26.	Sand- u. Kiesgrubenarbeiter	1 · 1 · 1	3
27.	Ziegeleiarbeiter	1 · 2 · 1 · 1 · 1	7
28.	Arbeiter in Glas, Kacheln	1 · 1 · 1 · 1	4

IX. *Baugewerbe*

Nr.	Beruf	Werte (Spalten)	Zusammen
29.	Steinmetze	1 · 1	2
30.	Straßenpflasterer	1	1
31.	Maurer	2 · 1 · 2 · 4 · 3	13
32.	Tapezierer	1	1

X. *Dienstleistungen*

Nr.	Beruf	Werte (Spalten)	Zusammen
33.	Kutscher und Fuhrleute	1 · 1 · 1	3
34.	Straßenreiniger	2 · 1	3
35.	Telegrammboten	1 · 1	2

Zusammen: 13 · 1 · 1 · 3 · 1 · 2 · 2 · 1 · 8 · 3 · 3 · 3 · 4 · 4 · 11 · 6 · 3 · 5 · 7 · 4 · 9 · 7 · 17 · 19 · 13 · 15 · 16 · **184**

Tab. 22: Allgemeine und partielle Generalstreiks einzelner
Kategorien von Arbeitern

Datum	Kategorie	Zahl der Strei- kenden	Streik vorbe- reitet	Organisation vor/nach dem Streik
1860 Febr.	Druckereiarbeiter	600	ja	nach
März	Maurer	250 (?)	ja	nach
Apr./Mai	Schneider	?	ja	vor
Juli	Maurer	?	ja	nach
Nov.	Müllereiarb.	300	?	—
1863 April	Druckereiarbeiter	?	ja	vor
1868 Mai	Tabakarbeiterinnen	1 000	nein	—
Sept.	,,	1 000	nein	—
1872 Juli	Kiesgrubenarb.	?	?	vor (?)
1873 April	Ziegeleiarbeiter	400	ja	vor
1877 April	Bandmacher	ca. 225	?	vor
1878 Juli/Aug.	Kiesgrubenarb.	?	nein	vor
Aug.	Bandmacher	?	ja	vor
1878/79	Textilarbeiter	?	ja	vor
1880 Febr./Juni	Schriftsetzer	700	ja	vor
1883 Juni/Juli	Lederarbeiter	ca. 600	ja	vor
1884 Okt.	Reisschäler	300	ja	vor
1886 Aug.	Bäckergesellen	1 000	ja	vor
1887 Sept.	Maurer	7 000	ja	vor
1888 April	Straßenpflast.	400	?	vor
April	Buchdrucker	?	ja	vor
Juni	Korbmacher	200	ja	vor
1890 Febr.	Hufschmiede	100	ja	vor
Aug.	Korbmacher	220	ja	vor
1891 Aug.	Gummiarbeiter	1 200	ja	nach
Aug./Sept.	Metallarbeiter	5 300	ja*	nach*
Okt.	Schneider	?	ja	vor
1892 Aug.	Fliesenleger	200	ja	vor
Nov./Dez.	Druckereiarbeiter	?	ja	vor

* Siehe Anm. 56.

die dort aufgeführten ,,großen Streiks" zwar in vielen, aber längst nicht in allen Fällen
auch absolut die größten waren. Die branchenweiten Streiks von numerisch schwachen Kategorien von Arbeitern, etwa Reisschälern, Hufschmieden, Korbmachern
oder Fliesenlegern, blieben ihrem Umfang nach hinter vielen Streiks zurück, an denen
Arbeiter nur eines Betriebs beteiligt waren. Wenn in dieser Tabelle zweimal die

Korbmacher mit 200 bzw. 220 Streikenden aufgenommen wurden, dagegen aber nicht die 800 bis 1000 Metallarbeiter der Firma Miani, Silvestri e C. oder die 700 Maurergehilfen, die um dieselbe Zeit streikten, hängt das damit zusammen, daß letztere nur eine kleine Minderheit der in den beiden Katgorien insgesamt beschäftigten Arbeiter bildeten, die Korbmacher hingegen die überwältigende Mehrheit ihrer Kategorie. Die Häufung von Generalstreiks in den zahlenmäßig schwachen Kategorien, in denen kleine und kleinste Betriebseinheiten vorherrschten, ist ein ebenso signifikantes Indiz für die Verallgemeinerung der Streiks wie die Zunahme der großen, auf einen Betrieb beschränkten Arbeitsniederlegungen.

In allen Streiktabellen fehlen die zwei oder drei größten Streikbewegungen des ganzen Zeitraums: der städtische Generalstreik vom August 1872 und die Arbeitsniederlegungen am 1. Mai 1890 und 1891 (1892 fiel dieser Tag auf einen Sonntag). Die Einfügung dieser Streiks in die Tabelle 21 hätte deren Rahmen gesprengt. Denn 1872 streikten gleichzeitig über 30 Berufsgruppen, von denen etwa 15 in der Tabelle nicht auftauchen, da das ihr einziger Streik während der 33 Jahre war[57]. Im Falle der demonstrativen Arbeitsniederlegungen anläßlich der weltweiten Kampagne für den Achtstundentag macht die Unsicherheit der überlieferten Informationen über die Streiks deren Aufnahme in die Tabelle unmöglich. 1891 sollen zwei Drittel der Mailänder Arbeiter am 1. Mai der Arbeit ferngeblieben sein; ein Jahr zuvor erheblich weniger, doch immerhin ein großer Teil[58]. Die Namen vieler großer Fabriken, in denen an diesen Tagen wegen Fernbleibens der Arbeiter oder wegen vorsorglicher Schließung nicht gearbeitet wurde, sind zwar bekannt, aber zwei Drittel der Mailänder Arbeiterschaft in die Rubriken der Streiktabellen zu pressen, ist schlechterdings unmöglich. Das gilt nicht nur im Hinblick auf die 35 Berufsgruppen der Tabelle 21, sondern auch für die letzte Rubrik (,,Ergebnisse") der Tabelle 20. Obgleich die frühen Mai-Streiks weder unmittelbar noch mittelfristig zu dem intendierten Streikziel führten, läßt sich ihr Ergebnis weder als Kompromiß noch als Niederlage bezeichnen. Nachdrücklicher und massenhafter als jemals zuvor wurde von den Arbeitern die Forderung kürzerer Arbeitszeit erhoben, eine Forderung, welche die Arbeiterbewegung elektrisierte und den italienischen Weg der Industrialisierung an einem seiner neuralgischen Punkte in Frage stellte. Diese Forderung mit solchem Nachdruck aufgestellt zu haben, war, auch wenn sie noch lange unerfüllt bleiben sollte, alles andere als eine Niederlage.

Die Streikergebnisse in dieser weiteren Perspektive zu betrachten, bedeutet, die strenge Unterscheidung zwischen Erfolgen und Kompromissen einerseits und Niederlagen andererseits[59] überhaupt in Frage zu stellen. ,,Den Streik allein nach seinen unmittelbaren Erfolgen zu bemessen", bemerkt Perrot für die Jahre um 1890 völlig zu Recht, ,,wäre zu wenig . . . der Streik erzeugt sein Double: die Furcht vor dem Streik, mächtiges Abschreckungsinstrument, das die Haltung der Unternehmer beeinflußt. . . In den Gemütern gewinnt immer mehr die Ansicht an Boden, daß ,man den Lohn nicht senkt'. Ein großer Erfolg, der der Verweigerung der Arbeiter zuzuschreiben ist."[60] Das gilt im allgemeinen auch für Mailand in den 90er Jahren. Unabhängig von diesen Erwägungen verbietet es der sehr hohe Anteil von Streiks, deren Ergebnis unbekannt bzw. nicht klassifizierbar ist (43,5 %), aus einer Addition der Streiks nach den drei Formen ihres Ausgangs die Bilanz aus einer dreiunddreißigjährigen Streikgeschichte zu ziehen. 61,5 % Erfolge und Kompromisse täuschen zweifellos ein zu positives Gesamtergebnis vor. Überdies dauerte der Erfolg vieler Streiks oft nur wenige Wochen, wenn er nicht gar nur aus Versprechungen bestand oder wie so manche Tarifvereinbarung überhaupt allein auf dem Papier existierte. Ende der 80er Jahre führten die Setzer und Drucker wie die Maurer je ein halbes Dutzend Streiks, die allein die Respektierung schriftlich vereinbarter Tarife zum Ziel hatten.

Ebenso fragwürdig wie die Klassifizierung der Streiks nach ihren unmittelbaren Ergebnissen ist die übliche Unterscheidung zwischen Angriff- und Abwehrstreiks, nach der die einen „die Unternehmer zu Lohnerhöhungen bzw. Verbesserungen der Arbeitsbedingungen zwingen" und durch die anderen die „Unternehmer an Lohnsenkungen und anderen Verschlechterungen der Arbeitsbedingungen gehindert werden sollen". Nach dieser etwa auch von Kaelble und Volkmann gebrauchten Definition[61] gehörten von den 146 in dieser Hinsicht klassifizierbaren Streiks 46,5 % zur ersten und 53,5 % zur zweiten Kategorie. Doch dies Verhältnis ist im Grunde nicht mehr als ein Indiz für die Häufigkeit, mit der die Unternehmer versucht haben, die jeweiligen Arbeitsbedingungen zu verschlechtern; und umgekehrt war die von den Arbeitern geleistete „Abwehr" in jedem einzelnen Fall zugleich ein Akt des Angriffs auf die Autokratie der Unternehmer, auf ihr bis dahin selten offen in Frage gestelltes Recht, die Verwertungsbedingungen der Arbeitskraft aus eigener Machtfülle zu bestimmen.

Den eigentlichen Schlüssel zum Verständnis der Streikbewegung und der Konstituierung einer autonomen Arbeiterbewegung liefert die Betrachtung der Streikinhalte. Nach der Rubrik „Ursachen/Ziele" der Tabelle 20 stand in 56 % aller Streiks der Lohn im Mittelpunkt, wohingegen die anderen Streikinhalte weit zurücktraten: Die Arbeitszeit war in 10,3 %, Fragen der Disziplin in 8,7 % und der Protest gegen Entlassungen in 4,4 % der Fälle ausschließlicher oder hauptsächlicher Inhalt der Streiks; für 8,2 % der Fälle ist dieser unbekannt und 12 % entfallen auf „Verschiedene"; dazu gehören drei Streiks für die Beibehaltung des Beschäftigungsniveaus, drei andere wegen Veränderungen in der Arbeitsorganisation, zwei gegen die Ankündigung von Betriebsschließungen, zwei andere gegen die verstärkte Beschäftigung von Lehrlingen und Frauen und einer gegen die Selbstbeteiligung der Arbeiter an der Unfallversicherung; im Grunde genommen handelte es sich auch bei diesen Streiks um eine Verteidigung des Lohns. Zwei Streiks wurden aus Protest gegen die Entlassung politisch aktiver Arbeiter geführt, einer aus Solidarität mit den Arbeitslosen. Seit den 80er Jahren häuften sich die Fälle, in denen die Streikenden gleichzeitig mehrere Forderungen erhoben. In der Tabelle 20 sind die wichtigsten der Zweit- und Drittforderungen in Klammern neben den Hauptforderungen aufgeführt. Berücksichtigt man die eingeklammerten Zahlen mit, würden sich die obigen Prozentzahlen geringfügig zugunsten der Disziplin- und Arbeitszeitfragen verschieben; das erdrückende Übergewicht der Lohnforderungen würde dadurch jedoch nur unwesentlich berührt.

Die absolute Priorität, die dem Kampf um den Lohn und den damit eng verbundenen Forderungen (Arbeitszeit; Widerstand gegen Entlassungen usw.) zukam, wird noch augenfälliger, wenn man in Betracht zieht, wofür die Arbeiter *nicht* oder nur in seltenen Ausnahmefällen gestreikt haben. In 33 Jahren gab es nur einen einzigen

Streik, der sich ausschließlich gegen die Arbeitsplatzbedingungen richtete[62], und überhaupt keinen gegen die Zustände, die *unmittelbar* Leib und Leben des Arbeiters bedrohten. „Unsere Arbeiter", beschrieb Carlo Romussi ihre Haltung gegenüber den tödlichen Gefahren der Arbeitswelt, „bieten sich als freiwillige und bewußte Opfer dem Tod an, um den unerbittlichen Gott, den Hunger, zu befriedigen."[63] Dafür gibt es ebenso beeindruckende wie erschreckende Belege. Seit den frühen 80er Jahren nahm in Mailand die Zahl der Arbeitsunfälle rapide zu. Die einzige Institution in Italien, die es sich zur Aufgabe machte, diese Opfer zu zählen, die Ursachen der Arbeitsunfälle zu ermitteln, Abschlüsse von Unfallversicherungen zu propagieren und zu erleichtern und in Ausnahmefällen die Opfer direkt zu unterstützen, war eine private Mailänder Stiftung, das 1883 gegründete „Patronat für die Versicherung und die Unterstützung von Arbeitsunfällen"[64]. Da die Recherchen des Patronats sich fast ausschließlich auf die Unfallmeldungen der Krankenhäuser und der Tagespresse stützen konnten, blieben sie eingestandenermaßen erheblich hinter der wirklichen Zahl der Unfälle zurück. Eine zumindest annähernde Vorstellung von dem Ausmaß der jährlichen Arbeitsunfälle gibt die Tabelle 23. Wie die zweite und dritte Zeile der Tabelle zeigen, entfielen 1884/85 rund 85 % der dem Patronat bekannt gewordenen Unfälle allein auf die Stadt Mailand; legt man für die folgenden Jahre denselben Anteil zugrunde, so beliefen sich die in zehneinhalb Jahren registrierten Unfälle in Mailand auf fast 14 000.

Denjenigen Zeitgenossen, die diese Zahlen gründlich studiert hatten, war es nicht zweifelhaft, daß ein großer Teil der Unglücksfälle der „gierigen Spekulation", der

Tab. 23: Arbeitsunfälle in der Stadt und Provinz Mailand, die dem Patronato d'Assicurazione e di Soccorso per gli infortuni del lavoro bekannt wurden (1883–1893)[65]

Jahr	Unfälle Provinz	in der Stadt	Tödl. Unfälle	Invalidität	Individuell versichert	Unterstützung durch Unternehmer	Arbeiterverein
1883 (2. Sem.)	254		17		22	6	3
1884	1 390	1 196	43	80	123	158	46
1885	1 360	1 163	39	58	291		
1886	1 304		38	84	383		
1887	2 061		48	83	701		
1888	2 424		53	69	901		
1889	2 371		53	84	1 006		
1890	2 080		43	45	1 314		
1891*	1 150		39	30	1 358		
1892	1 060		47	25	1 412		
1893	1 007		44	27	1 468		

* Diese sehr starke Abnahme in der Zahl der deklarierten Unfälle ist hauptsächlich auf eine Veränderung in der Strafgesetzgebung zurückzuführen, derzufolge Verletzungen, deren Heilung voraussichtlich nicht länger als 5 Tage dauerte, nicht angezeigt zu werden brauchten.

Vernachlässigung jener Vorsichtsmaßnahmen, „die das Gesetz, die Reglements und auch bloß die elementarste Vorsicht gebieten", parteilichen Gutachten und der faktischen Straflosigkeit für die Unternehmer zuzuschreiben waren[66]. „Getrieben vom Hunger, von der Konkurrenz und von der Not"[67], setzten die Arbeiterinnen und Arbeiter nicht nur sich selbst, sondern auch ihre Kinder der Gefahr des Todes und entsetzlicher Verstümmelungen aus. Die mit bedrückender Regelmäßigkeit wiederkehrenden Unfallberichte der Tageszeitungen stellen die erste Generation der Maschinenbetriebe wie Vernichtungsmaschinen dar, deren Getriebe und Transmissionsriemen Mädchen und Knaben, Männer und Frauen buchstäblich verschlangen und erschlugen[68]. Dieser, wie Nitti mit bitterem Sarkasmus es ausdrückte, „am wenigsten gravierenden, aber am meisten mit Emotionen beladenen Seite der Arbeiterfrage"[69] wurde von einigen Sozialreformern, Politikern und Unternehmern, unter denen die Mailänder besonders zahlreich waren, immerhin so viel Beachtung geschenkt, daß zu Beginn der 90er Jahre in Italien mehrere zehntausend Arbeiter gegen Unfälle versichert waren[70]. Wie sogar schon die höchst unvollständigen Angaben in der letzten Rubrik der Tabelle 23 erkennen lassen, stand die durch die Arbeiterunterstützungsvereine geleistete Hilfe in einem schreienden Mißverhältnis zu der Zahl der Unfälle. Von der durch das Patronat eröffneten und aktiv unterstützten Möglichkeit, individuelle Verträge mit der 1883 errichteten „Nationalen Versicherungsanstalt für Arbeiter gegen Arbeitsunfälle" abzuschließen, machten bis 1893 knapp 9000 Arbeiter Gebrauch. Die meisten verhielten sich dem Problem gegenüber nicht nur passiv, sondern setzten sich verschiedentlich gegen Versuche der Unternehmer zur Wehr, die für ganze Belegschaften kollektiv abgeschlossenen Unfallversicherungen durch Lohnabzüge zu finanzieren. Wegen solcher Versuche kam es in und außerhalb Mailands gelegentlich zu Streiks und Unruhen in den Betrieben, obgleich die strittigen Beträge je Woche selten den Gegenwert für ein Pfund Brot erreichten[71].

Der Angriff des Unternehmers auf den Lohn, nicht der permanente Anschlag auf Leib und Leben des Arbeiters forderte seinen Widerstand heraus. Nur einmal bis 1892 löste die nicht abreißende Kette der „weißen Morde" (omicidi bianchi) eine große Erregung unter der Mailänder Arbeiterschaft aus: der Einsturz eines vor der Vollendung stehenden Hauses an der Porta Vittoria am 25. September 1889, der elf Arbeitern das Leben kostete. Zu groß war diesmal die Zahl der Opfer und zu offensichtlich die zynische Fahrlässigkeit, die dieses Unglück verschuldet hatte, als daß die Arbeiter es unbewegt hätten hinnehmen können. Ein riesiger Trauerzug geleitete die Toten zu Grabe. Der Maurer Silvio Cattaneo, der im Namen seiner Arbeitsgenossen über den Bahren der gefallenen Brüder sprach, wurde bei den Worten „. . . und noch mehr von unserem Blut wird vergossen werden, um andere reich werden zu lassen" vom Polizeipräsidenten am Weiterreden gehindert, im Anschluß an die Trauerfeier verhaftet und erst nach vier Tagen wieder freigelassen. Der verantwortliche Bauherr flüchtete ins Ausland; die Hinterbliebenen erhielten keine Unfallentschädigung, da der Bauunternehmer die Versicherungsprämien nicht gezahlt hatte[72].

Ein weiteres Mal konnten sich die Ouvrieristen in ihrem abgrundtiefen Mißtrauen gegen die staatliche Sozialgesetzgebung und die Philanthropie des Bürgertums bestätigt fühlen. „Für einen der stirbt, gibt es hundert, die, getrieben von der Not, an seine

Stelle treten"[73] – das war der Teufelskreis, der durchbrochen werden mußte. Um die tödliche Konkurrenz der Arbeiter untereinander zu eliminieren, mußte vor allem Sand in das Getriebe des Mechanismus geworfen werden, auf dem diese Konkurrenz beruhte. Das war die Politik der niedrigen Löhne und überlangen Arbeitszeiten, die sich nicht nur gegenseitig bedingten und ermöglichten, sondern auch die Existenz einer stets verfügbaren und gefügigen Reservearmee zur Folge hatten. Was als Passivität der Arbeiter gegenüber ihrer leiblichen Unversehrtheit erscheinen mag, kann unter diesem Blickwinkel eher als ein Realismus gelesen werden, der ihnen vom tagtäglichen Kampf für das Überleben aufgezwungen wurde; ein Realismus, der die Illusionen der Sozialreformer hinter sich gelassen oder nie geteilt hatte, der es sich nicht leisten konnte, die Emotionen der bürgerlichen Öffentlichkeit zu teilen[74].

Eine Beschäftigung mit der zeitgenössischen italienischen Lohnstatistik lohnt sich allenfalls unter der Fragestellung, ob ihre völlige Unzuverlässigkeit eher bewußter Irreführung oder krasser Ignoranz zuzuschreiben ist. Die Reallohnberechnungen des Statistischen Zentralamts haben schon unter den Zeitgenossen – auch auf seiten der Arbeiter – erhebliche Verwirrung gestiftet[75]. Die dornige Aufgabe, die fragmentarischen gedruckten Quellen für eine Geschichte der Industrielöhne zwischen 1860/70 und 1900 einer kritischen Prüfung zu unterziehen, hat neuerdings Stefano Merli auf sich genommen. Das Hauptresultat seiner Untersuchung lautet, daß die Industrielöhne von der Einigung bis 1878 leicht zugenommen und ihren höchsten Stand während dieser Zeit um 1870/71 erreicht hätten; vom Ende der 70er bis zum Beginn bzw. zur Mitte der 90er Jahre sei dann ein leichter Rückgang der Löhne zu beobachten, der in den letzten Jahren des Jahrhunderts einer neuerlichen Aufwärtstendenz Platz gemacht habe[76]. Zu einem partiell mit Merli übereinstimmenden Ergebnis gelangt auch Paolo Ercolani: ein einigermaßen kontinuierliches Ansteigen der Löhne bis 1881; danach, bis 1895, enorme, geradezu unglaubwürdig starke jährliche Schwankungen der Löhne und seit 1896 erneut ein stetiger Anstieg[77]. Mit dem von Merli konstatierten Verlauf der Industrielöhne decken sich dem Trend nach vollständig die Entwicklung des Nationaleinkommens pro capite und nahezu vollständig auch die Entwicklung des privaten Prokopfverbrauchs zwischen 1861 und 1900[78]. Diese Übereinstimmung darf zwar nicht überbewertet werden, da in diesen Jahrzehnten die Entwicklung des Nationaleinkommens und des privaten Verbrauchs noch sehr stark durch den Gang der Landwirtschaft und durch die Entwicklung der Einkommen aus der Landwirtschaft geprägt war, kann aber doch als ein weiterer Beleg für die wenigstens annähernde Richtigkeit der von Merli für ganz Italien beschriebenen Entwicklung der Industrielöhne gewertet werden.

Derselbe Verlauf der Lohnkurve läßt sich auch für Mailand beobachten. Nach den Verdingungsordnungen des Stadtbauamts lagen die Löhne für 20 Kategorien von Arbeitern, für die miteinander vergleichbare Daten vorliegen, 1878 durchweg – etwa zwischen einem Drittel und zwei Dritteln – höher als 1861, während zwischen 1878 und 1893 die Löhne in 21 Kategorien gefallen, in einer gleich geblieben und nur in einer gestiegen waren[79]. Da die Lohnkostenvoranschläge mit den tatsächlich gezahlten Löhnen nicht übereinzustimmen brauchten und tatsächlich auch nicht übereingestimmt haben (die den Arbeitern ausbezahlten Löhne waren erheblich niedriger), kann diese Quelle nur über den Trend der Lohnentwicklung, nicht aber über die absolute Höhe der Löhne Aufschluß geben. Andere zeitgenössische Dokumente enthalten zwar eine Fülle von Einzelangaben über Löhne, die in diesem und jenem Beruf zu diesem und jenem Zeitpunkt gezahlt worden sein sollen. In den meisten Fällen handelt es sich dabei um mehr oder minder grobe Schätzungen, die zu fiktiven Durchschnittswerten abgerundet und nicht ohne weiteres miteinander vergleichbar sind. Überdies wird kaum eine der noch so präzisen Lohnangaben der enormen Vielfalt der Akkordlöhne gerecht. Erwähnt wurde schon, daß selbst der *Circolo industriale e commerciale* sich außerstande sah, die tatsächlichen Verdienste der durchweg im Akkord arbeitenden Seidenweber anzugeben; ebenso bezeichnete es die Handelskammer in einer Relation von 1878 als unmöglich, über die in den wichtigsten Mailänder Industrien gezahlten Löhne wegen der Verbreitung des Akkordwesens „mit Genauigkeit" zu berichten[80]. Für den ganzen Zeitraum gibt es überhaupt nur eine minutiöse und exakte Untersuchung über die Effektivverdienste von Arbeitern, die auf der Grundlage der Lohnlisten der Maschinenfabrik Miani und Silvestri für ein ganzes Jahr (September 1886 bis September 1887) durchgeführt wurde. Auch aus dieser Untersuchung, die vier Jahre später, obgleich weniger vollständig, wiederholt wurde, ergibt sich, daß die Löhne in den 80er Jahren oder richtiger: am Ende der 80er Jahre gefallen sind[81]. An dieser Stelle kann es genügen, wenigstens den Trend der Lohnentwicklung angedeutet zu haben. Denn allein dieser – und nicht die absoluten Zahlen über Tages- und Wochenverdienste, an denen immer rätselhaft bleibt, wie die Arbeiter und gar noch ihre Familien von ihnen leben konnten – führt in die konfliktreiche Dynamik zwischen den Bewegungen der Preise, Löhne und Streiks ein.

Die beiden großen Streikwellen von 1860 und 1872, die wie zwei Paukenschläge die Mailänder Streikgeschichte eröffneten, fielen zusammen mit zwei markanten Inflationsphasen. Außer Krieg und Wirtschaftskrise führten 1859/60 noch drei andere Faktoren zu einer ebenso drastischen wie plötzlichen Entwertung der Arbeiterlöhne: die Umstellung von der österreichischen auf die italienische Lira, die Einführung des metrischen Systems bei Maßen und Gewichten sowie die Einführung der Zusatzsteuer auf Grund- und Hausbesitz. Im Gegensatz zu den allgemein gestiegenen, in neuer Währung zu zahlenden Preisen für Nahrungsmittel, Mieten usw. wurden die Löhne weiterhin nach dem um 15 bis 20 % geringeren Wert der österreichischen Lira berechnet; die neuen Maße und Gewichte wurden zu verschleierten, oftmals betrügerischen zusätzlichen Preiserhöhungen benutzt, und auf ähnliche Weise diente die neue Grundsteuer als Vorwand zu überproportionalen Mietpreiserhöhungen[82]. Dem Ausmaß der Lohndepression, von der alle Arbeiter unterschiedslos betroffen waren, entsprachen Umfang und Charakter der Streikbewegung: 13 Streiks, die sämtlich „Angriffstreiks" waren und dicht aufeinanderfolgten; in denen die Lohnforderung noch stärker dominierte als im Durchschnitt der folgenden 32 Jahre; denen eine noch erheblich größere Zahl von „Koalitionen" oder „Lohnbewegungen", insgesamt etwa 30, hinzuzurechnen ist, die dieselben Ziele wie die Streiks zum Inhalt hatten[83]. Der allgemeine Anstieg der Nominallöhne seit 1860 kann jedoch nicht ausschließlich auf diese Streikbewegung zurückgeführt werden. Anfang der 60er Jahre erreichten die

Tageslöhne der männlichen Mailänder Arbeiter im Durchschnitt kaum 2 Lire, d. h. sie lagen so tief, daß sie nicht zum „einfachen und kümmerlichen Lebensunterhalt des Arbeiters und seiner Familie" ausreichten[84], während gleichzeitig die Preise für die meisten Güter des täglichen Bedarfs kräftig anstiegen. Diesem Preisanstieg mußten die Löhne sich zumindest partiell anpassen: Jenseits einer im einzelnen schwer definierbaren Untergrenze drohten der Aufruhr des Hungers oder die buchstäbliche Aushungerung der Arbeitskraft, für die es noch nicht – wie später in den 80er Jahren – einen unbeschränkten Ersatz in der Massenimmigration gab.

Seinen begleitenden Umständen und Charakteristika nach ähnelte der Generalstreik von 1872 – wie übrigens auch die meisten anderen Streiks dieses und des nächsten Jahres – sehr stark der Streikwelle von 1860. Der inflationäre Schub, der den Boom von 1870/71 begleitete, und der starke Preisanstieg aller Getreideerzeugnisse im Jahr 1872 führten zu einem allgemeinen Kaufkraftverlust der Arbeiterlöhne, der demjenigen von 1859/60 kaum nachgestanden haben dürfte. Ebenso wie damals war die Gesamtheit der Arbeiterschaft betroffen. Für viele Arbeiter drohte der Lohn erneut unter eine Grenze zu sinken, unterhalb derer nicht einmal mehr der „einfache und kümmerliche Lebensunterhalt" gesichert war. Dieser unteren Lohngrenze näherten sich diesmal nicht nur die Mailänder, sondern auch die Industriearbeiter ganz Italiens an. Wie eine wahre Epidemie breiteten sich im Sommer 1872 die Streiks in Oberitalien aus (Pavia, Parma, Cremona, Lecco, Verona, Venedig usw.); in der letzten Juliwoche griff die Streikwelle auch auf Turin über, wo sie sich zu einem städtischen Generalstreik verdichtete[85]. Nur wenige Tage später, am 5. August, begann der Mailänder Generalstreik. „Wie mit einer Stimme verlangten alle: zehn Stunden Arbeit am Tag und eine Erhöhung der Löhne um 20 %" – diese Forderungen der Metallarbeiter teilte die überwältigende Mehrheit der Streikenden[86]. Lohnerhöhungen, in den meisten Fällen zwischen 10 und 20 %, wurden in fast allen Branchen durchgesetzt, während die weniger energisch verfochtene Forderung des Zehnstundentags nur in dem einen oder anderen Fall zu geringfügigen Arbeitszeitverkürzungen führte.

Im weiteren Verlauf der 70er Jahre scheinen die meisten Löhne dieselbe Aufwärtsbewegung beschrieben zu haben wie die Preise für Grundnahrungsmittel. Gegenüber dem Jahrfünft 1861–65 kostete im Durchschnitt der Jahre 1871–80 das Brot 30 %, Schweinefleisch 46 %, Butter 36 %, Reis 12 % mehr. Preiserhöhungen in derselben Größenordnung verzeichneten auch Kartoffeln, Speck, Käse, Mischbrot (mit Mais) und andere Nahrungsmittel; stationär blieben fast nur die Preise für Speiseöl und Wein[87]. Der generelle Anstieg der Löhne in den 70er Jahren scheint demnach ebenso wenig wie in dem vorausgegangenen Jahrzehnt zu einer Zunahme der realen Kaufkraft geführt zu haben, sondern bildete lediglich eine Anpassung an die stark gestiegenen Lebenshaltungskosten. Über die beiden Jahrzehnte hinweg mag sich das Verhältnis Löhne–Lebensmittelpreise für Teile der Mailänder Arbeiterschaft ein wenig verbessert, für andere verschlechtert haben. Wenn auch über diesen Punkt keine völlige Gewißheit besteht, so ist doch ganz sicher, daß die Löhne der meisten Arbeiter solche waren, die gemeinhin als Subsistenzlöhne bezeichnet werden. Eben der Umstand, daß die Löhne *allgemein* so niedrig waren, wirkte sich als vereinheitlichendes Element in den Kämpfen der Arbeiter aus, wie es die Streiks von 1860 und 1872 zeigen, in denen die städtische Arbeiterschaft einheitliche Forderungen stellte und für das eine Ziel, das Recht auf Überleben, kämpfte.

An der Wende von den 70er zu den 80er Jahren traten nun bemerkenswerte Wandlungen in der Mailänder Streikgeschichte ein, die im Laufe der Jahre immer deutlichere Konturen annehmen sollten: Die Streiks wurden sehr viel häufiger; dagegen blieben – sieht man von den „politischen" Streiks am 1. Mai einmal ab – die gleichzeitigen bzw. nahezu gleichzeitigen Arbeitseinstellungen vieler Kategorien von Arbeitern völlig aus. Von nun an streikte jede Kategorie oder, was noch viel häufiger der Fall war, jeder Betrieb für sich. Merklich nahm seit 1878 der Anteil der Abwehrstreiks, insbesondere solcher gegen Lohnsenkungen, zu. Ferner gewannen neben den Lohn- und Arbeitszeitfragen andere Streikinhalte an Boden, und begannen sich die Streikniederlagen zu häufen. In dieselbe Zeit fallen schließlich die Anfänge einer modernen Gewerkschaftsbewegung in Mailand. Um diese Wandlungen verständlich zu machen, muß zunächst an die nicht weniger bemerkenswerten Wandlungen in der wirtschaftlichen Situation der Stadt und in den Lebensbedingungen der Arbeiter erinnert werden.

In bezug auf den wirtschaftlichen Aufschwung der 80er Jahre genügt hier die Feststellung, daß die zunehmende Häufigkeit der Streiks vollständig mit der industriellen Expansion zusammenfiel und auch durch die Depression nicht abgeschwächt wurde. Auffällig ist, daß die sowohl absolut wie relativ meisten Abwehrstreiks in jene Jahre fielen, in denen Mailand sich anschickte, eine moderne Industriestadt zu werden; als die Ausgestaltung der Lohn-, Arbeitszeit- und Kommandoverhältnisse in der Fabrik (Reglements, Aufseher, Strafen usw.) dafür entscheidend wurde, ob, in welchem Umfang und auf welche Weise dies gelingen würde. So uneinheitlich sich in den einzelnen Branchen und Betrieben der Aufschwung gestaltete, so uneinheitlich entwickelte sich in ihnen die Streikbewegung. Von nun an war die Zugehörigkeit zu einer bestimmten Industrie oder einem bestimmten Betrieb für das Streikverhalten der einzelnen Arbeiterkategorien ausschlaggebend.

Diese Diversifizierung des Streikverhaltens hatte auf der anderen Seite eine gewisse Verbesserung des Lebensstandards der Arbeiter am Anfang der 80er Jahre zur Voraussetzung. Wenn vorn gesagt wurde, daß die Mehrheit der Löhne bis zum Ende der 70er Jahre vermutlich anstieg und in den drei folgenden Jahrfünften wieder leicht fiel, ist dabei zweierlei im Auge zu behalten: Das war der Verlauf der *Nominal*löhne, und das Fallen der Löhne war engstens mit der 1889/90 einsetzenden Krise verknüpft. Für die Mehrheit der Arbeiter dürften die Geldlöhne bis dahin einigermaßen stabil geblieben, in einigen Branchen auch noch gestiegen, allerdings in einigen auch – wie etwa in der Textilindustrie – gefallen sein. Das entscheidend Neue an der Situation der 80er Jahre gegenüber den beiden vorausgegangenen Jahrzehnten lag in der Preisentwicklung der Grundnahrungsmittel. Wenn die 70er Jahre ein Jahrzehnt allgemeiner und starker Teuerung gewesen waren, so leiteten die 80er Jahre eine langfristige Umkehr in der Preisentwicklung ein. Am stärksten sanken die Preise für Brot und andere Getreideerzeugnisse, aber auch diejenigen für Fleisch, Butter usw. gingen deutlich zurück. Die große Agrarkrise bescherte der Mailänder Arbeiterschaft nicht nur „die verhaßte Konkurrenz" der Immigranten, sondern auch einen „guten" Brotpreis. Die deflationistische Entwicklung wurde noch durch das fast völlige Verschwinden des Goldagios (seit 1881) verstärkt, woraus die Arbeiter wegen der relativen Inelastizität der Geldlöhne nach unten einen unmittelbaren, wenn auch zeitlich befristeten Vorteil zogen. Dank der allgemeinen Steigerung der Kaufkraft der Löhne dürfte zu Beginn der 80er Jahre erstmals ein größerer Teil der Mailänder Arbeiterschaft über Löhne verfügt haben, die sich – und sei es auch noch so wenig – über das Niveau barer Subsistenzlöhne erhoben.

Das war in mehrfacher Hinsicht von großer Tragweite. Stand bisher der Kampf für das Überleben im Vordergrund des Streikgeschehens, so war es von nun an die offensive oder defensive Behauptung eines einmal erreichten Lohnniveaus. Die Loslösung des Lohns von seiner alleruntersten Grenze war Voraussetzung, daß er auf breiter Front zum Angriffsziel der Unternehmer werden konnte, aber damit gleichzeitig auch zum Gegenstand der Verteidigung durch die Arbeiter. In dem Maß, in dem sich für die Arbeiter der Zwang lockerte, um jeden Preis und unter welchen Bedingungen auch immer ihre Arbeitskraft zu verkaufen, konnten die Arbeitskonflikte verstärkt auch auf andere Ebenen der Auseinandersetzung übergreifen. Häufiger trat nun das Ziel der Arbeitszeitverkürzung in den Gesichtskreis ihrer Forderungen. Zum ersten Mal konnten sie es sich überhaupt leisten, der Verlängerung der Arbeitszeit Widerstand entgegenzusetzen. Ebenso wurde die Disziplin in der Fabrik immer häufiger zu einem Gegenstand des Konflikts. Die Formen von Angriff und Widerstand wurden nicht nur vielfältiger, sondern auch rauher und unversöhnlicher. Ein deutliches Indiz hierfür ist die Zunahme der Streiks gegen Entlassungen seit der Mitte der 80er Jahre. Der Graben zwischen Arbeitern und Unternehmern vertiefte und die Fronten zwischen ihnen verhärteten sich. Die Arbeiter begannen zuerst den „Widerstand" in ihren Reihen förmlich zu organisieren. Die Unternehmer folgten ihnen hierin mit einiger Verspätung nach[88]. Für Mailand hatte die Stunde des Klassenkampfs geschlagen.

3. „Widerstandsbewegung" und „Klassenkampf"

Am 1. und 2. November 1890 fand in Mailand der fünfte und letzte Kongreß des *Partito Operaio Italiano* statt. In seinem Verlauf verabschiedeten die 105 Delegierten, die 130 Arbeitervereine, hauptsächlich Oberitaliens, repräsentierten, mehrere Resolutionen zu Fragen, die damals im Zentrum der Mailänder Arbeiterbewegung standen. Der Kongreß erklärte, daß „der Widerstand gegen die Kapitalisten die Grundlage des *Partito Operaio* ist, da nur so die Arbeiter sich als Ausgebeutete verteidigen können". Als ein wichtiges Ziel des POI bezeichneten die Kongreßteilnehmer des weiteren die Einrichtung von exklusiv proletarischen Arbeitskammern, „um die Interessen der Arbeitskraft gegen das Kapital zu verteidigen"; ferner bekräftigten sie die Notwendigkeit, die Agitation für den Achtstundentag fortzusetzen; und schließlich einigten sie sich auf acht Grundsätze, nach denen die Genossenschaftsbewegung in eine „antikapitalistische" umzugestalten sei[89].

Die Inhalte der drei ersten Resolutionen waren für die damalige Arbeiterbewegung allesamt neu. Noch zu Beginn der 80er Jahre waren „Widerstand gegen das Kapital", „Antikapitalismus", „Ausbeuter–Ausgebeutete", „Klassenkampf" innerhalb der Mailänder Arbeiterschaft ebenso Fremdworte gewesen wie Achtstundentag oder Arbeitskammer[90]. Eine lange Tradition hatten dagegen Begriffe wie „Vorsorge" oder „Selbsthilfe". Doch gerade diesen Allheilmitteln, welche die bürgerlichen Klassen zur Lösung der Sozialen Frage anboten, wurde in der letzten Resolution der Kampf angesagt. Der „ökonomische Klassenkampf", den der *Partito Operaio* propagierte, konzentrierte sich im wesentlichen auf drei Forderungen: mehr Lohn, weniger Arbeit und Beschäftigungsmöglichkeit für alle Arbeiter. Darin mochten und konnten die Radikalen, geschweige denn die Gemäßigten und Liberalen, den Ouvrieristen nicht nachfolgen. Die außerordentliche Wirksamkeit des POI beruhte darauf, daß er alle traditionellen und neuen politischen Formeln – einschließlich der sozialistischen und anarchistischen, welche die „künftige Form der menschlichen Gesellschaft" anvisierten – beiseite ließ und statt dessen den „Kampf für das Leben, das einem so großen Teil der Menschheit, der in Elend und Unzufriedenheit lebt, streitig gemacht wird", aufnahm[91].

Die Richtigkeit des vielfach paraphrasierten und wiederholten Diktums aus den Statuten der Internationalen Arbeiter-Assoziation, daß die Emanzipation der Arbeiterklasse durch die Arbeiterklasse selbst erobert werden müsse, enthüllte sich den Mailänder – und italienischen – Arbeitern nirgendwo eindringlicher als in ihren Beziehungen zu den Unternehmern[92]. Gerade in diesem zentralen Bereich ihres Lebens, in dem sie äußere Hilfe und Schutz am nötigsten gehabt hätten, wurden sie von den bürgerlichen Klassen im allgemeinen und vom Staat im besonderen am meisten im Stich gelassen. In den Arbeitsbeziehungen galt das Gesetz des Stärkeren, das seinen Niederschlag in den Fabrikreglements fand. Diese waren im Italien des vorigen Jahrhunderts von einer tyrannischen Strenge, die schon den Zeitgenossen auffiel[93]. Die älteren Fabrikordnungen und die Durchsetzung einer neuen Arbeitsdisziplin in der ersten Phase der Industrialisierung haben schon so oft das Interesse der Historiker auf sich gelenkt[94], daß dieses Problem für Mailand nur unter den drei zentralen Gesichtspunkten des Lohns, der Arbeitszeit und der Instabilität des Arbeitsverhältnisses betrachtet zu werden braucht. Daraus wird sich ergeben, welche Seiten des Arbeitsverhältnisses am unerträglichsten waren und weshalb Lohn, Arbeitszeit und Kontrolle des Arbeitsmarktes an erster Stelle der Arbeiterforderungen rangierten.

Die Aussagen über den Lohn in den Fabrikreglements sind durchweg negativer Natur[95]. Der Arbeiter, der durch die Aufnahme des Arbeitsverhältnisses das Reglement als für ihn verbindlich anerkannte, erfuhr aus ihm gewöhnlich an erster Stelle, daß die Firma einen Anspruch auf seinen Lohn habe. Den Lohn für acht oder vierzehn Tage oder ein bestimmtes Fixum behielt der Arbeitgeber als Kaution ein. Die Fälle, in denen der Arbeiter die Kaution ganz oder teilweise verlieren konnte, reichten von „ungerechtfertigtem" Fehlen, „unanständigem Betragen" bis zu unvollkommener Arbeit, Zerbrechen von Werkzeugen usw. Zusätzlich zur Kaution überließ der Arbeiter in vielen Fällen der Firma ein oder zwei weitere Wochenlöhne, da Lohnvorschüsse selten waren und die endgültige Abrechnung über die geleistete Arbeit regelmäßig erst mit ein oder zwei Wochen Abstand nachfolgte. Die einzigen weiteren Bestimmungen

222

über den Lohn befaßten sich mit Lohnabzügen, sei es in der Form von Bußgeldern, sei es in der Form von Beiträgen für die Betriebskrankenkasse[96]. Über das, was dem Arbeiter nun positiv an Lohn zustand, erwähnt ein einziges Reglement beiläufig, daß die „Preise" für die Akkordarbeiter in den verschiedenen Abteilungen angeschlagen seien. Der Lohn konnte und durfte nicht Bestandteil des Reglements sein, da es die Funktion einer Art von Kollektivvertrag mit der gesamten Belegschaft hatte; kollektive Lohnvereinbarungen wurden aber von der großen Mehrheit der Unternehmer strikt abgelehnt. Einmal wollten sie sich durch derartige Vereinbarungen gegenüber den Arbeitern nicht für die Zukunft binden, und zum andern sträubten sie sich dagegen, mit den Arbeitern eines ganzen Betriebes oder einer ganzen Kategorie bzw. mit ihren Vertretern in Verhandlungen einzutreten, die auch nur den Anschein erwecken konnten, daß sie die Arbeiter als gleichberechtigten und vertragsfähigen Verhandlungspartner anerkannten. Im Prinzip hielten die meisten Unternehmer noch bis zum Ende des Jahrhunderts an Gaetano Perellis Maxime fest: „Jeder [Arbeiter] hat das Recht, sein eigenes Interesse wahrzunehmen, aber jeder denke nur für sich."[97] In diesem Sinne antwortete der Inhaber der Goldschmiede Samuele Bigatti auf ein Zirkular des Verbands der Goldschmiedearbeiter, in dem alle Prinzipale zu einer 20%igen Lohnerhöhung und zur Einführung einer von den Arbeitern entworfenen Arbeitsordnung aufgefordert wurden: „Wir können unseren Arbeitern den Lohn herauf- und herabsetzen, wenn wir es für richtig halten, und ohne dazu von einem Ausschuß aufgefordert zu werden . . ., der uns – was reichlich absurd ist – Tag und Betrag der Erhöhung auf despotische Weise vorschreiben will."[98]

Die Weigerung der Unternehmer, mit den Arbeitern über Tarife kollektiv zu verhandeln, hatte zur Folge, daß sich das Tarifwesen nur außerordentlich langsam ausbreitete. Die wenigen kollektiven Tarifvereinbarungen zwischen 1860 und 1900 kamen überdies nur nach vorheriger Organisierung der Arbeiter und langwieriger Agitationen zustande und waren allesamt von Streiks oder Streikdrohungen begleitet. Am erfolgreichsten für die Einführung eines einheitlichen Tarifs kämpften die Buchdruckergehilfen, die es in den vier Jahrzehnten auf vier Tarifabschlüsse brachten. 1880 streikten 700 Setzer über drei Monate lang für die Durchsetzung eines Tarifs, der den zwanzig Jahre zuvor, gleichfalls nach einem Streik zustande gekommenen Tarif ablöste. Wie ablehnend die Unternehmer noch am Ende der 80er Jahre den kollektiven Tarifvereinbarungen gegenüberstanden, gab Giuseppe Treves, einer der größten Druckereibesitzer Mailands, nach dem Abschluß des Tarifs mit den Druckern von 1888 zu erkennen: „Den Tarif haben wir akzeptiert, weil ihr uns das Messer an die Gurgel gesetzt habt."[99] Zu anderen Tarifabschlüssen von einiger Bedeutung brachten es nur noch die Bäckergesellen (1865), die Bandmacher (1878), die Seidenweber (1879) und die Maurer (1887). Von diesen gelangten allein die Bäckergesellen durch die Androhung des Streiks zum Ziel[100]. Der Tarif der Maurer kam zwar durch gütliche Einigung zustande, aber für seine Respektierung mußten sie einen mehrwöchigen Streik führen[101]. Den Tarifabschlüssen in den beiden anderen Kategorien war eine so dichte Serie von Teil- und Generalstreiks vorausgegangen, daß die in den Tabellen 20 und 21 genannten Streikzahlen mit aller Wahrscheinlichkeit hinter der Wirklichkeit noch zurückbleiben[102].

Die wichtigste Berufsgruppe, die keinen einheitlichen Tarif erlangte, waren die Metallarbeiter. In den größeren Betrieben dieser Branche schloß die Firma üblicherweise mit jedem einzelnen Akkordarbeiter einen eigenen Vertrag, in dem dieser sich dazu verpflichtete, entweder allein oder im Verein mit anderen Arbeitern „eine bestimmte Arbeit für einen bestimmten Preis zu tun". Dementsprechend differierten die Löhne nicht nur zwischen einem Betrieb und dem anderen, sondern auch innerhalb eines Betriebs zwischen einer Abteilung und der anderen und zwischen den Arbeitern einer und derselben Abteilung ganz beträchtlich. So verdienten z. B. von 35 Schmiedearbeitern bei Miani und Silvestri, die in dem Werk am Viale Garibaldi beschäftigt waren, nicht zwei denselben Lohn. Bei einem Durchschnittslohn von 33,5 cent. je Stunde kam der höchstbezahlte Akkordarbeiter auf 73,14 cent., der schlechtestbezahlte auf knapp 20 cent. Während die Gießereiarbeiter im Jahresdurchschnitt 3,20 L. am Tag verdienten, betrug der Tagesverdienst der „an den Holzmaschinen Beschäftigten" nur 2,26 L. und der der Lastträger gar nur 1,88 L.[103]. In dieser Atomisierung des Lohngefüges darf man vielleicht die hauptsächliche Ursache erblicken, weshalb die Metallarbeiter solche Mühe hatten, zu einer einheitlichen und starken Organisation zu gelangen.

Im Gegensatz zu dem geflissentlichen Schweigen über den Lohn waren die Arbeitsordnungen in allen die Arbeitszeit betreffenden Fragen außerordentlich beredsam. Peinlich akribische Bestimmungen regelten Arbeitsbeginn und -ende, und die Strafen für Unpünktlichkeit und Fernbleiben, insbesondere am Montag, waren Legion. Aussagen über die Länge der Arbeitszeit, in der Regel zehn oder elf Stunden, enthielten nur wenige Reglements. Doch diesen folgten fast immer – ebenso wie in den Reglements, in denen die Länge des normalen Arbeitstages nicht festgelegt war – ein Zusatz, daß die Firma sich das Recht vorbehalte, „die Zahl der Arbeitsstunden nach ihrem Belieben, gemäß der Saison und den Erfordernissen der Fabrik herauf- und herabzusetzen"[104]. Die Weigerung, Überstunden- oder Festtagsarbeit zu verrichten, konnte mit Lohnabzügen bestraft werden oder bildete als „Verweigerung der Arbeit" auch einen Entlassungsgrund. Überstunden wurden teils wie normale Arbeitsstunden, teils mit Aufschlägen bis zu 20 % vergütet. Die Folgen der saisonalen und zyklischen Schwankungen in der Nachfrage konnten so ganz auf die Arbeiter abgewälzt werden: Einmal wurden sie zu einer übermäßigen Verausgabung ihrer Arbeitskraft gezwungen, ein anderes Mal blieben sie ganz ohne Arbeit und damit ohne Lohn. Für den Unternehmer entfiel dagegen die Notwendigkeit, zusätzliche Arbeitskräfte einzustellen bzw. die Arbeit gleichmäßiger über das ganze Jahr zu verteilen.

Obgleich die tote Jahreszeit nicht nur in so stark saisonabhängigen Zweigen wie im Baugewerbe oder in den Ziegeleien vier bis fünf Monate dauerte, sondern auch die Färber, Schneider oder Metallarbeiter oft monatelang im Jahr arbeitslos waren[105], wollten die Unternehmer nicht von dem Grundsatz abrücken, daß die Entscheidung, ob und wie lange die Arbeiter – und damit auch wie viele Arbeiter – zu arbeiten hätten, allein ihnen zustehe. Die Pfarrer mochten die Ausbreitung der Festtagsarbeit als eine Hauptursache der wachsenden religiösen Indifferenz unter den Arbeitern denunzieren, doch die Unternehmer fuhren fort, im Bedarfsfall an Sonn- und Festtagen arbeiten zu lassen[106]. Den Zimmerleuten oder den Baumwollweberinnen, die einen oder auch nur einen halben Tag frei haben wollten, um ihre Patrone, den Hl. Josef und den Hl. Hiob, zu ehren, wurde das verwehrt[107]. Die Abschaffung der außerordentlichen religiösen Feste war damit motiviert worden, daß „ein Ruhetag alle sieben Tage mehr als genug sei"[108], doch in manchen Betrieben und Berufen wurde an 365 Tagen im Jahr gearbeitet[109]. In der gleichzeitigen Forderung der Arbeiter nach einer Erhöhung der Löhne *und* einer Verkürzung der Arbeitszeit erblickte Carlo Zambelli ein „Faktum, das sie in der öffentlichen Meinung diskreditiert, da sich die Ansicht verbreite, daß die Arbeiter ihre Lage nicht auf anständige Weise verbessern, sondern weniger arbeiten wollen". Es sei eine geradezu unverständliche und für die Arbeiter selbst nachteilige Forderung, wenn die gegenwärtig gezahlten Löhne schon nicht ausreichten, die Bedürfnisse der Arbeiter zu befriedigen[110]. Noch drei Jahrzehnte später versteiften sich die Mailänder Unternehmer darauf, daß eine international einheitliche Reduzierung der Arbeitszeit die Existenz der italienischen Industrie gefährde, weigerten sich aber anzuerkennen, daß die überlangen Arbeitszeiten eine Folge der niedrigen Löhne und gleichzeitig ein Mittel waren, um die Löhne niedrig zu halten und die Gesamtarbeitskraft in einen bezahlten und einen unbezahlten Teil aufzuspalten.

Aufs engste mit der Regelung der Arbeitszeitverhältnisse hingen die Bestimmungen über Entlassungen und Kündigungen zusammen. Die Arbeitsordnungen enthielten so weite und dehnbare Bestimmungen über die Entlassung von Arbeitern aus disziplinarischen Gründen, daß ihre Beschäftigung de facto stets nur eine geduldete war. „Mangel an Respekt", „Untreue", „Unbotmäßigkeit", „Störung des Betriebsfriedens", „Handlungen oder Worte gegen die Moral" usw. konnten allesamt mit fristloser Kündigung geahndet werden. Jeder versuchte oder vollendete Streik konnte als „Verweigerung der Arbeit" sogleich die Auflösung des Arbeitsverhältnisses nach sich ziehen. Gravierender als diese Bestimmungen war jedoch, wie in vielen Betrieben die *reguläre* Kündigung geregelt war. In den meisten Betrieben der Maschinenbauindustrie, aber auch bei Pirelli und anderen Firmen galt, daß jeder Arbeiter zu jeder Zeit und ohne Vorankündigung entlassen werden oder von sich aus kündigen konnte[111]. Wenn die Unternehmer sich ausdrücklich die Möglichkeit vorbehielten, einzelne Arbeiter, die gesamten oder Teile ihrer Belegschaften für kürzere oder längere Zeit zu suspendieren oder ohne die Aussicht auf eine Wiederbeschäftigung zu entlassen, ließ sich dies auf der einen Seite mit „technischen" Gründen wie der Auftrags- und Absatzlage usw. rechtfertigen und bildete insofern eine logische und notwendige Ergänzung zu ihrer Freiheit, die Arbeitszeit nach Belieben zu verlängern oder zu verkürzern. Andererseits kam es aber vor, daß Unternehmer ihre gesamte Belegschaft deswegen suspendierten, um sie für eine geheimgehaltene Lohnreduzierung reif zu machen; dieser vermochten Arbeiter, die tagelang nichts verdient hatten, nur einen schwachen Widerstand entgegenzusetzen[112]. Die großen Mailänder Brennereien warfen wiederholt ihre sämtlichen – etwa 600 – Arbeiter auf die Straße, um mit diesem Akt Druck auf die Regierung auszuüben, ihnen die Zahlung hinterzogener Steuern zu erlassen[113]. Die Not, in welche die Entlassenen gestürzt wurden, war so groß, daß drei von ihnen keinen anderen Ausweg als den Selbstmord wußten[114].

Von ihrem Recht, nach eigenem Gutdünken zu entlassen, die Arbeitszeit herauf- oder herunterzusetzen und einzustellen, wen sie wollten, machten die Unternehmer ausgiebigen Gebrauch in der Krise. Anfang 1890, als es in der Metallindustrie annähernd 4000 Arbeitslose gab, wurde in allen Maschinenbaufabriken die Arbeitszeit verlängert. Der Zeitpunkt für diese Maßnahme war so günstig gewählt, daß allein die Invitti-Arbeiter in einen kurzen Streik traten und sich mit den Forderungen ihrer arbeitslosen Kollegen solidarisierten[115]. Um die streikenden Metallarbeiter zu besiegen, stellten im nächsten Jahr die Industriellen „arme Bauern aus dem Bergland" zu halbem Lohn ein[116]. Am systematischsten wurde die Konkurrenz zwischen städtischen und ländlichen Arbeitern von den Bauunternehmern in der Krise ausgenützt. Nach zahllosen vorausgegangenen Verstößen gegen den Tarif von 1887 erklärten sie diesen am 15. September 1891 förmlich für null und nichtig, behielten sich „volle Handlungsfreiheit" in der Lohnfestsetzung vor und brachten erneut den Grundsatz zur Geltung, daß der Lohn „sich immer nach der größeren und geringeren Nachfrage richten muß"[117]. „Auf vielen Baustellen ist die Arbeitszeit so, als ob es die Vereinbarung von 1887 nicht gebe", schrieb damals die Zeitung des Maurerverbandes[118]. Während Tausende von Maurern in der Stadt arbeitslos waren, warben die Baumeister Arbeitskräfte aus dem Varesotto, Novarese und Biellese und selbst aus der Gegend von Mantua an. Das gerade mit Unterstützung der Gemeinde eröffnete Vermittlungsbüro der Arbeitskammer wurde von ihnen genauso boykottiert wie zuvor dasjenige des Maurerverbandes[119].

Rücksichtslos versuchte auch die Firma Pirelli die allgemeine Krise gegen die Arbeiter auszunützen. Am 30. Juli 1891 wurde in der Fabrik ein Anschlag angeheftet, daß die Firma „zu ihrem tiefen Bedauern" sich genötigt sehe, wegen des „Wütens der Konkurrenz" die Löhne allgemein um 10 % zu senken; gleichzeitig ließ sie verlauten, daß die Entlassung von 150 bis 200 Arbeitern bevorstehe. Daraufhin kam es am 3. August zu einem Warnstreik, an dem bis auf zwei alle Arbeiter teilnahmen. Pirelli ging auf die Forderungen der Arbeiter ein und verzichtete sowohl auf die Lohnreduzierung wie auf Entlassungen. Das ist der Gang der Ereignisse, wie ihn die Tageszeitungen berichteten[120]; ihre Hintergründe klären die Akten der *Questura* auf. Ein Beamter der VII. Sektion schrieb unter dem 24. August an den Polizeipräsidenten:

„Es war ein unglücklicher Einfall der Firma Pirelli, den Arbeitern die Löhne kürzen zu wollen, während das Werk die Ausführung dringender und bedeutender Arbeiten übernommen hatte. Die Arbeiter, auf dem laufenden über die Verpflichtungen der Firma, beugten sich nicht den Zumutungen des Hauses, das daraufhin zurückstecken mußte und aus dem Konflikt, den es unvorsichtigerweise vom Zaun gebrochen hatte, mit einer Einbuße an Autorität und Prestige gegenüber den Arbeitern hervorging. Die Firma hat es daraufhin für richtig gehalten, ihre Autorität zu bekräftigen, indem sie den inneren Dienst auf eine bisher unbekannte Weise strenger disziplinierte."[121]

„Diese feindliche und harte Haltung der Firma", fuhr derselbe Beamte fort, „versetzte die Arbeiter in Unruhe", und so sei es am vorigen Tag zur Konstituierung eines „Widerstandsvereins" durch 200 Arbeiterinnen und Arbeiter von Pirelli gekommen. Als Pirelli daraufhin Pilade De Mattei, einen der politisch aktivsten Arbeiter seiner Fabrik, entließ, hatte das einen weiteren Streik, den zweiten innerhalb von vier Wochen, zur Folge[122]. So war eine neue Gruppe von Arbeitern für die Widerstandsbewegung gewonnen.

Die Krise, welche die Mailänder und italienische Industrie erschütterte, die Arbeitskonflikte vermehrte und die Kluft zwischen Arbeitern und Unternehmern vertiefte, hinterließ nicht weniger tiefe Spuren auf dem Feld der Arbeiterorganisation. Damals bildeten sich in der städtischen Arbeiterbewegung diejenigen Strukturen heraus, die ihr für Jahrzehnte ihr Gepräge geben sollten.

Eine der neuen Organisationsformen, die Arbeitskammer (Camera del Lavoro), ist in jüngster Zeit zweimal so ausführlich beschrieben worden[123], daß es an dieser Stelle genügt, ihren Platz in der Entwicklungsgeschichte der Mailänder Arbeiterklasse näher zu bestimmen. Wie vorn gezeigt wurde, bildete die permanente Instabilität des Beschäftigungsverhältnisses eines der brennendsten Probleme in den Arbeitsbeziehungen. Ebenso wie sie jeden Arbeiter ohne Angabe von Gründen oder aus nichtigstem Anlaß entließen, konnten die Unternehmer einstellen, wen es ihnen beliebte. Über Einstellung und Entlassung verfügten sie noch freier als über Lohn und Arbeitszeit. Alle Eroberungen der Arbeiter auf diesem Gebiet waren durch die absolute Kontrolle der Unternehmer über den Arbeitsmarkt ständig in Frage gestellt.

Auf die Regulierung des Arbeitsmarktes hatten die Arbeiter ebenso lange wie vergeblich Einfluß zu nehmen versucht. Schon die ersten Unterstützungsvereine hatten vielfach Arbeitsvermittlungsbüros eingerichtet, die allerdings eine zumeist rein papierene Existenz führten. Sie vermochten wenig gegen die privaten Vermittler, welche die Arbeitsvermittlung gewerbsmäßig und behördlich autorisiert betrieben[124]. Ihr größter Nachteil lag darin, daß die Arbeitsvermittlung über Dutzende selbständig agierender Fachvereine zerstreut war, daß sie die große Masse der ungelernten und angelernten Arbeiter praktisch nicht erfaßte und überhaupt der Struktur des Arbeitsmarktes mit seiner starken Fluktuation der Arbeitskräfte zwischen einzelnen Berufen und Branchen nicht gerecht wurde. Nichts konnte überdies die Unternehmer dazu bewegen, die zahlreichen Stellenvermittlungsbüros der Arbeitervereine zu benutzen; es sei denn ihr Interesse, einen wirklich qualifizierten Arbeiter zu gewinnen, oder der Wunsch, mit den Vereinen, die in ihrer Branche ein starkes Gewicht hatten, gute Beziehungen zu unterhalten. Das eine wie das andere war äußerst selten. In zwei großen Berufsgruppen, im Bäckerei- und im Baugewerbe, die seit langem besonders intensiv für das *collocamento di classe*, d. h. für die ausschließlich in Händen der Arbeiter liegende Arbeitsvermittlung, gekämpft hatten, spielte sich die Arbeitsvermittlung noch um 1890 unter freiem Himmel ab. Am Pontaccio, der heutigen Via Tivoli, befand sich wie seit Jahrhunderten der Arbeitsmarkt, der *Ponte*, der Maurer; die Bäcker hatten ihren *Ponte* auf der Piazza Mercanti[125]. In anderen stark übersetzten Gewerben, wie etwa in der Gastronomie, beherrschte der private Vermittler den Arbeitsmarkt. Über den Kampf gegen diesen „ewigen Feind" ihrer Klasse, „der schamlos die Gutmütigkeit und das Unglück anderer zu seinem Vorteil ausbeutet", gelangten die Köche und Kellner zum „Widerstand"[126].

Diesen „Parasiten der modernen Gesellschaft" das Handwerk zu legen und dem entwürdigenden Schauspiel, das sich tagtäglich auf den *Ponti* abspielte, ein Ende zu setzen, gehörte zu den vordringlichsten Aufgaben der Arbeitskammer. Sie war die erste Institution in Italien, die sich der Arbeitslosen und Arbeitsuchenden annahm und ihnen im Wortsinn ein Obdach gewährte. Die Anfänge der Arbeitslosenstatistik in Italien datieren von der Eröffnung der Arbeitsnachweise dieser Kammer[127]. Ihre anfänglich wichtigste Zielsetzung, nämlich „als Vermittlung zwischen Arbeitsangebot und -nachfrage [zu] dienen und die Interessen der Arbeiter in allen Lebenslagen [zu] schützen"[128], sollte erreicht werden durch die Einrichtung von Nachrichtendiensten über die Lage des Arbeitsmarktes, Festlegung der Arbeitsbedingungen für Lehrlinge, die Vertretung der Forderungen und Interessen der Lohnarbeiter gegenüber der Gemeinde und dem Staat, Bildung von Schiedsgerichten und Genossenschaften usw.[129]. Die für die Zukunft der Arbeiterorganisation wichtigste Bestimmung lautete, daß der Kammer nur *Lohn*arbeitervereinigungen, die nach Gewerben organisiert sind, beitreten konnten. Diese Bestimmung bildete gewissermaßen das Fundament, auf dem das ganze Gebäude der Arbeitskammer ruhte. Denn sie konnte nur dann eine Institution zur Wahrung der Interessen der Arbeiterschaft werden, wenn sie eine Institution der organisierten Arbeiterschaft selbst wurde. In diesem Sinne konnte Gnocchi Viani zu Recht davon sprechen, daß die Mailänder Arbeitskammer keine Nachahmung der Pariser *Bourse du Travail*, sondern eine Schöpfung des *Partito Operaio* war[130].

Ebenso wie der POI verfolgte die Arbeitskammer zielstrebig den Zusammenschluß der Arbeiter in unabhängigen Organisationen, von denen alle nicht wirklich lohnabhängigen Elemente ausgeschlossen blieben. Über diese Abschließung der Arbeiter von allen ihrer Klasse fremden Personen kam es während der Beschlußfassung über das Statut zu einer langen und heftigen Kontroverse zwischen Ouvrieristen und Anhängern des *Consolato Operaio*, in der erstere sich durchsetzten. Dies bedeutete den endgültigen Todesstoß für die „gemischten Vereine", zu denen – wie eben in vielen Unterstützungsvereinen des *Consolato* – auch Arbeitgeber, Werkmeister, kleine Selbständige, bürgerliche Ehrenmitglieder usw. Zutritt hatten. Indem das Prinzip der exklusiv proletarischen Organisation für die Arbeitskammer übernommen wurde, war über ihre zukünftige Entwicklung bereits die wichtigste Vorentscheidung gefallen: In ihren Organisationsprinzipien lag, wie Sombart frühzeitig erkannt hat, das Geheimnis der neugestaltenden Tätigkeit der Kammern. Seine Prognose, daß die zahlreichen Arbeitervereine, insbesondere auch die Unterstützungsvereine, sich „als ausgezeichnete Ansätze zu modern-gewerkschaftlichen Organisationen erweisen würden, sobald es erst einmal gelungen, sie von ihren bürgerlichen Elementen und sie aus dem Zwielicht der Harmoniefreudigkeit in das helle Licht des zielbewußten, ökonomischen Kampfes herauszuziehen", konnte er schon um die Mitte der 90er Jahre voll bestätigt finden[131]. Die anfängliche Hoffnung bürgerlicher Kreise, daß die Arbeitskammer zu einem „neuen Sicherheitsventil", zu einer „neuen konservativen Kraft im wahrsten Sinne des Wortes" werden möge, und die der Sprecher des *Consolato*, daß die neue Institution zur „Vermittlerin der industriellen Interessen" werden möge, „um so die Konflikte zwischen Prinzipalen und Arbeitern zu vermeiden", wurden gründlich und schnell enttäuscht[132]. Die Mehrheit der organisierten Arbeiter folgte denjenigen, „die sich in die Reihen des Klassenkampfs eingegliedert haben" und in den Arbeitskammern ein Kampfinstrument des Proletariats sahen[133].

228

Wie die ursprünglich wichtigste Zielsetzung der Arbeitskammern, nämlich die Regulierung des Arbeitsmarktes durch die Arbeiter selbst und in letzter Instanz die monopolistische Kontrolle über die Gesamtarbeitskraft durch die organisierte Arbeiterschaft, vor dem Hintergrund einer extrem ungünstigen Arbeitsmarktsituation gesehen werden muß, so sind auch die in der Arbeitskammer verwirklichten Organisationsprinzipien in einen weiteren Zusammenhang zu stellen. In der an Vereinsbildungen überaus reichen Mailänder Arbeitergeschichte lassen sich drei Grundtypen von Arbeiterberufsvereinen (Società per arti e mestieri) unterscheiden: der „Unterstützungsverein auf Gegenseitigkeit" (Società di mutuo soccorso), der „Besserungsverein" (Società di miglioramento) und der „Widerstandsverein" (Società di resistenza). Vier Berufsvereine bestanden schon zum Zeitpunkt der Einigung, und wenigstens 161 weitere wurden bis 1892 gegründet bzw. nach Auflösung eines älteren Vereins wiedergegründet (vgl. Tab. 24). Obgleich es bis 1892 nur wenige Widerstandsvereine gab, die nicht auch die für die Unterstützungsvereine charakteristischen Aufgaben: Unterstützung bei Krankheit, „unfreiwilliger" Arbeitslosigkeit, Alter, Tod, Arbeitsvermittlung, Berufsbildung usw. verfolgten, werden sie sämtlich in der dritten Rubrik der Tabelle aufgeführt, da die Ablehnung bzw. Akzeptierung der *resistenza* der historische Scheidepunkt in der Organisation der Arbeiter war. Auf dem Weg vom traditionellen Mutualismus zur modernen Gewerkschaftsbewegung gab es in vielen Fällen eine Art Zwischenstation: das *miglioramento*. Die Besserungsvereine standen zwischen den beiden anderen Vereinstypen, partizipierten an den Zielen beider, ohne sich jedoch schon explizit zum „Widerstand" zu bekennen[134].

Im großen und ganzen gehörten die beiden ersten Dezennien nach der Einigung dem Mutualismus. Über das Für und Wider mutualistischer Vereine war im Zusammenhang mit der Industrialismus-Debatte in Mailand und anderen Teilen Italiens bereits seit den 1840er Jahren sehr lebhaft diskutiert worden. Diesem Thema hatte sich auch der *Congresso degli scienziati italiani* auf seiner Luccheser Tagung von 1843 gewidmet, und seitdem verschwand es nicht mehr aus der öffentlichen Diskussion. Zu den entschiedensten Befürwortern von Unterstützungsvereinen gehörten Mailänder wie Gottardo Calvi und Alessandro Porro. Mit ihren Plänen, die Gründung von Unterstützungsvereinen, sofern diese sich ausschließlich auf die „Fürsorge" und „Vorsorge" beschränkten, zu ermuntern und deren Tätigkeit durch moralische Patronage und technische Hilfestellung zu unterstützen, stießen sie jedoch allerorts auf eine „systematische Indifferenz", wenn nicht gar auf „offene Feindseligkeit". „Das Beispiel des Einflusses, den die sogenannte Gesellschaft der *Mutuellistes* in den traurigen Ereignissen von Lyon ausgeübt hatte", schreckte die öffentliche Meinung vor einer Nachahmung solcher Experimente nicht weniger zurück als die Befürchtung, daß die Assoziationen und Ligen der Arbeiter zu Koalitionen und Streiks führen würden[136]. Gegen derartige Befürchtungen, denen sich noch die prinzipiell ablehnende Haltung der österreichischen Behörden gegen nahezu alle Formen von Assoziationen hinzugesellte, vermochten Calvi und seine Mitstreiter wenig auszurichten. So kam es, daß am Vorabend der Einigung in Mailand bloß vier Arbeiterunterstützungsvereine existierten[137].

Mit den Ereignissen von 1859 veränderte sich dies negative Bild nahezu von einem

Tab. 24: Gründungen und Wiedergründungen von Arbeiterberufsvereinen
(Società per arti e mestieri), 1859–1892[135]

Jahr	Mutuo soccorso	Miglioramento	Resistenza
vor 1859	4		
1859	2		1
1860	12		2
1861	4		
1862	4		
1863	2		
1864	1		
1865	1		
1867	2		
1868	1		
1870	1		
1871	1		
1872	3		1
1873	3		
1874	6		1
1875	4		
1876	2		
1877	3	3	
1878			2
1879	1	1	1
1880	1		
1881	1	1	
1882	6	1	1
1883	2	3	1
1884	3	1	2
1885		1	9
1886	1	1	8
1887	1	2	3
1888	2	2	3
1889		1	3
1890	2		1
1891	3	6	3
1892	1	8	10
?	1	1	
Zusammen:	81	32	52

Tag auf den andern. Seitens der herrschenden Klassen und ihrer bürgerlichen Opponenten setzte ein regelrechter Wettlauf ein, die Gunst der Arbeiter und Einfluß auf sie

zu gewinnen. Gemäßigte und Mazzinisten traten zu Hunderten als Ehrenmitglieder in die Unterstützungsvereine ein, bemächtigten sich gelegentlich ihrer Präsidentschaften und bemühten sich darum – je nach ihrer politischen Einstellung –, die Arbeiter von der Politik fernzuhalten bzw. zu ihr hinzuführen. Aus unterschiedlichen Motiven gaben die einen wie die andern dem „kumulativen" oder „gemischten Verein" den Vorzug, dem alle Arbeiter und Handwerker ohne Ansehung ihres Berufs oder Gewerbes angehören konnten. Erstere glaubten, auf diese Weise die Unterstützungsvereine auf rein fürsorgerische Aufgaben festlegen und die – bei den Berufs- oder Fachvereinen gegebene – Gefahr abwenden zu können, daß sie sich eines Tages in Widerstandsvereine verwandeln würden. Die Mazzinisten ihrerseits beargwöhnten den fachbezogenen Korporativismus der Berufsvereine, der die Arbeiter politischen Fragen entfremde und sie die Interessen ihrer Klasse und ihres Gewerbes über die allgemeinen Interessen der Nation stellen lasse[138]. In ihrer Vorliebe für den „gemischten Verein" waren diese beiden ansonsten einander feindlichen Parteien sich völlig einig, und beide unterstützten mit allen Kräften und umwarben die am 1. Januar 1860 gegründete *Associazione Generale degli Operai di Milano*, die schon Ende 1861 fast 3500 Mitglieder zählte, nicht viel weniger als alle anderen Unterstützungsvereine der Stadt zusammen.

Bis 1863/64, bis zum Rücktritt Gaspare Stampas als Sekretär der *Associazione Generale*, wurde der Verband von Mazzinisten und anderen Demokraten beherrscht; in den folgenden Jahren geriet er immer stärker unter den Einfluß der Gemäßigten, die sich seiner mit der 1867 erfolgten Wahl Carlo Foldis zum Präsidenten der *Associazione Generale* endgültig bemächtigten. Seit 1864, als die *Associazione* mit etwa fünfeinhalbtausend Mitgliedern ihre größte Ausdehnung erreicht hatte, ging es mit ihr langsam, aber stetig bergab. Seit den 70er Jahren war sie ein reiner Krankenversicherungs- und Arbeiterfortbildungsverein, dessen Vorsitz und Verwaltungsämter die Creme der Mailänder Aristokratie innehatte[139].

Wenn die *Associazione* anfangs einen so jähen Aufstieg nahm, daß sie die gesamte Mailänder Arbeiterbewegung zu verkörpern schien, war dies nicht zuletzt der ebenso patriotisch wie idealistisch gefärbten Begeisterung der Mazzinisten für die Sache der Arbeiter zuzuschreiben; und wenn sie ein längeres Leben als irgendein anderer um diese Zeit gegründeter Arbeiterverein führte, so deshalb, weil ihre hochgestellten Gönner sich als umsichtige Verwalter ihres beträchtlichen Vermögens erwiesen und es durch großzügige Freigebigkeit vermehrten. Die Geschicke dieses Vereins demonstrieren beispielhaft das Scheitern zweier, mehr scheinbar als tatsächlich entgegengesetzter Versuche, die Arbeiterfrage zu lösen. Entkleidet man das Programm, das Gemäßigte und Mazzinisten zur Lösung der Arbeiterfrage vorschlugen, ihres politisch und weltanschaulich gefärbten Beiwerks, so findet man kaum noch einen anderen Unterschied zwischen ihnen, als daß die Gemäßigten direkt heraus sagten, was Mazzini und seine Anhänger in verklausulierte und edle Worte kleideten. Das Fazit ihres Diskurses war im Grunde dasselbe: Arbeiter, spart, assoziiert euch und helft euch selbst. Für die Gemäßigten entwickelte dies Programm am klarsten Luigi Luzzatti in seinem „Neuen Kursus der Volksökonomie", den er Anfang 1864 in zwölf Lektionen vor den Mitgliedern der *Associazione Generale* hielt[140]. Er begnügte sich nicht damit, sein

Thema – „Die Unterstützungs- und Genossenschaftsvereine in ihren Beziehungen zu den arbeitenden Klassen" – unter allen nur denkbaren Aspekten abzuhandeln, sondern half selbst tatkräftig mit, dies Programm zu verwirklichen. Dank seiner Initiative wurde 1865 in Mailand die erste italienische Volksbank nach Schulze-Delitzschem Vorbild gegründet; doch schon im fünften Jahr ihres Bestehens hatten die Leiter der Bank zu beklagen, „daß die Arbeiterklasse in diesem Verein, der mit ihr und für sie entstand, in der Minderheit bleibt und von ihm nicht in dem Ausmaß profitiert, das Mailand mit seinen Industrien und bedeutenden wirtschaftlichen Aktivitäten ihr bietet"[141]. Die Volksbank entfernte sich binnen kürzester Frist ebenso weit von ihren ursprünglichen Zielen wie einige Jahrzehnte zuvor die Sparkasse, die auch zum Schutz und zum Nutzen der „Klasse der Lohnabhängigen und Handwerker" gegründet worden war[142].

Für Mazzinis Vorstellung, wie die arbeitenden Klassen zu emanzipieren seien, war der Spargedanke gleichfalls von zentraler Bedeutung. In seinen „Doveri dell'uomo" (letzte Fassung 1860), welche die Quintessenz seiner Soziallehre enthielten und für deren Verbreitung er selbst und seine Anhänger sich mit großem Erfolg einsetzten[143], erkannte Mazzini zwar an, daß für wenigstens dreiviertel der Menschen, die der Arbeiterklasse angehören, das Leben ein tagtäglicher Kampf sei, um sich die unentbehrlichsten Existenzmittel zu erobern:

„Sie arbeiten mit ihren Händen zehn, zwölf und manchmal vierzehn Stunden am Tag, und aus dieser unablässigen, monotonen und mühseligen Arbeit gewinnen sie kaum das *Notwendige* zur Fristung ihrer *physischen* Existenz. Diese Menschen die Pflicht des Voranschreitens (progredire) zu lehren, ihnen von intellektuellem und moralischem Leben, von politischen Rechten und von Erziehung zu sprechen, ist unter den gegenwärtigen Bedingungen eine wahrhafte Ironie. Sie haben weder die *Zeit* noch die *Mittel* um voranzuschreiten."

Unmittelbar an die Arbeiter gewandt, fügte er hinzu: „Es ist klar, daß ihr *weniger* arbeiten und *mehr* verdienen müßt."[144]

Doch als ob er diese Worte nie gesprochen hätte, fuhr er – mit expliziter Stoßrichtung gegen die Sozialisten – fort, „alle Lehren über Rechte und materielles Wohlergehen" anzugreifen, um den Arbeitern als einziges Heilmittel in ihrer Lage „die Vereinigung des Kapitals und der Arbeit in denselben Händen" vorzuschlagen. „Die assoziierte Arbeit, die Teilung der Früchte der Arbeit bzw. des Ertrags des Verkaufs dieser Produkte unter den Arbeitenden im Verhältnis zur geleisteten Arbeit und des Werts jeder Arbeit: darin liegt die gesellschaftliche Zukunft." Hatte er zuvor noch eingeräumt, daß die geringen Verdienste der Arbeiter jede Hoffnung auf ein wirksames Sparen zunichte machten, so zwingt ihn sein anderer Gedanke in die entgegengesetzte Richtung: Die erste Quelle jenes Kapitals, mit dem die assoziierte Arbeit begonnen werden könne, „liegt in euch selbst, in eurer Sparsamkeit, in eurem Opfergeist. . . . Es gibt fast keine Schwierigkeit, die ein fester Wille, getragen von dem Bewußtsein, das Gute zu tun, nicht überwinden könnte. Ihr könnt mit euren Ersparnissen beitragen, dem ersten kleinen Fond eine Hilfe in Geld zu geben, oder einige Rohstoffe oder Werkzeuge beisteuern"[145]. Wie Luzzatti erblickte auch Mazzini in den

Volksbanken die geeignetste Institution, um sein Ideal einer Welt unabhängiger Kleinproduzenten zu verwirklichen. Im Gegensatz zu jenem fehlten den Mazzinisten alle Möglichkeiten, auch nur eine solche Institution ins Leben zu rufen. Je mehr sich herausstellte, wie unüberbrückbar die Kluft zwischen ihren Plänen und den Mitteln, sie zu verwirklichen, war, desto fordernder und irrealistischer wurde ihr Appell an die Arbeiter, „auf unbedachte und schädliche Ausgaben zu verzichten, . . . gewisse Bedürfnisse zu unterdrücken, die zu dem schmalen Arbeitseinkommen nicht passen". Die Kapitalbeschaffung für eine Produktivgenossenschaft stellte sich in ihren Köpfen so dar, daß ein Arbeiter, etwa ein Tischler oder Schneider, bei einem Wochenlohn von 13,5 L. im Jahr 173,65 L. ersparen könne, um dann sogleich mit anderen zur Gründung einer solchen Genossenschaft zu schreiten[146]. Die Wirklichkeitsferne solcher Gedankenspielereien richtete sich selbst. Der eindringliche Appell der Mazzinisten an die etwa dreißig Arbeitervereine, die nach Berufen und Gewerben organisiert waren, sich der *Associazione Generale* anzuschließen, blieb ohne Echo[147].

Um die Mitte der 60er Jahre waren die Versuche sowohl der Mazzinisten wie der Gemäßigten, einen dominierenden Einfluß in der städtischen Arbeiterbewegung zu gewinnen, im Grunde schon gescheitert. Denn der in den Berufsvereinen organisierte Teil der Arbeiterschaft entzog sich weitgehend ihrer Einmischung und Bevormundung; diesem Teil der Arbeiterbewegung sollte aber die Zukunft gehören. Das tiefe Mißtrauen der Arbeiter gegen die Einmischung der bürgerlichen Klassen in ihre Angelegenheiten, das ein konstantes Merkmal des Ouvrierismus ist, war schon in den 60er Jahren so ausgeprägt, daß sie eine Stimme, die ihnen nur zusätzliche Opfer abverlangte, einfach ignorierten. Die in den Berufsvereinen organisierte Arbeiterbewegung zog sich ganz auf sich selbst zurück. Etwa drei Jahrzehnte sollte es dauern, bis sie die Kampf- und Organisationsformen gefunden hatte, die sie der Erreichung des Ziels näher bringen sollten, das ein Mazzini im selben Atemzug ausgesprochen und verleugnet hatte: „*Weniger* arbeiten und *mehr* verdienen." Dieses Ziel konnte er letztlich nicht wollen, denn seine Verfolgung führte unweigerlich zu dem „schlimmsten aller gesellschaftlichen Verbrechen, zum Bürgerkrieg zwischen einer Klasse und der anderen"[148]. Mazzini, der ewige Verbannte, der durch die Länder des industrialisierten Europas Umherirrende, wußte besser als irgendein anderer seiner Landsleute, daß der Kampf für das „materielle Wohlergehen" nicht vom Klassenkampf zu trennen war. Weil sie diesen Kampf ganz bewußt gewollt haben, gelang es den Ouvrieristen, sich gegen Ende der 80er Jahre an die Spitze der Mailänder Arbeiterbewegung zu setzen und ihr die Impulse zu vermitteln, die in den folgenden Jahren zur Bildung klassenkämpferischer Partei- und Gewerkschaftsorganisationen führten. Der Weg dahin war langwierig, voller Windungen und Hindernisse.

In dasselbe Jahr wie die Gründung der *Associazione Generale* fallen auch die allerersten Anfänge einer organisierten Widerstandsbewegung in Mailand. Die gut zwanzig Arbeitervereine, die sich um 1860 herum gebildet hatten, verfolgten dem Namen nach und nach außen hin alle den Zweck der „gegenseitigen Hilfe", da den Arbeitern Zusammenschlüsse anderer Art nicht gestattet waren; doch gebrauchten einige Vereine – nachweislich die der Bandmacher, Seidenweber und Buchdruckergehilfen – den

Mutualismus als Deckmantel, um auch ihre „freiwillig" arbeitslosen Mitglieder zu unterstützen. Von der *Associazione Generale* und der Mehrheit der wirklich und ausschließlich mutualistischen Fachvereine unterschieden sich diese verkappten Gewerkschaftsvereine nebst einem runden Dutzend anderer Berufsvereine nach außen hin dadurch, daß sie in ihren Reihen keine „Ehren-, wohltätigen, wohlverdienten Mitglieder" usw. duldeten; nur eine oder zwei Ausnahmen gab es von dieser Regel: Die meisten von ihnen rechneten es sich zur Ehre an, Garibaldi oder Mazzini, manchmal auch beiden zusammen, oder einem anderen hervorragenden Patrioten oder um die Arbeiter verdienten Bürger die Würde eines Ehrenvorsitzenden oder Ehrenmitglieds zu verleihen. Der Grund, weshalb sich so viele Vereine[149] von allen ihrer Klasse fremden Elementen fernhielten, ergibt sich – zumindest teilweise – schon aus den Streiks von 1860.

Nach der Tabelle 22 waren von den fünf „großen Streiks" dieses Jahres wenigstens vier „vorbereitet", d. h. die Arbeiter hatten vor Beginn des Streiks sich untereinander über bestimmte Forderungen verständigt, mit den Unternehmern Verhandlungen aufgenommen oder aufzunehmen versucht und waren erst, nachdem diese auf ihre Forderungen nicht eingegangen waren, in den Ausstand getreten. In allen diesen Fällen standen Streikvorbereitung und Bildung von Fachvereinen in einem engen Zusammenhang. Die Schneidergesellen waren schon seit 1859 organisiert, und die Vereinsgründungen der Buchdruckergehilfen und Maurer waren eine unmittelbare Folge der Streiks dieser Berufsgruppen. Der Streik der Bandmacher der Firma Visconti vom nächsten Jahr war von ihrem Verein von langer Hand vorbereitet; das Gleiche gilt für die Streiks der Druckereiarbeiter von 1863. Wenn es eine Selbstverständlichkeit ist, daß in den Vereinen der beiden letzten Gruppen, deren primäres Ziel der „Widerstand" war, Nicht-Arbeiter keinen Platz hatten, so ist es auf der anderen Seite auffällig, daß bis zu dem Generalstreik von 1872 nur solche Kategorien von Arbeitern streikten, die entweder überhaupt nicht in mutualistischen Fachvereinen organisiert waren oder in deren Vereinen höchstens ein oder zwei Ehrenmitglieder geduldet wurden. Die Vermutung scheint unabweisbar, daß die Arbeiter dieser und anderer mutualistischer Vereine deswegen unter sich bleiben wollten, weil sie die „gegenseitige Hilfe" gelegentlich in einem weiteren Sinn auslegten, als bürgerliche Ehrenmitglieder, die häufig ihre *padroni* selbst waren, hätten gutheißen können, und weil sie sich auf den Vereinssitzungen manchmal etwas zu sagen hatten, was nicht für fremde Ohren bestimmt war. Wie sehr die ihrer primären Zielsetzung nach mutualistischen Fachvereine der Vorbereitung und Auslösung von Streiks dienlich waren, ergibt sich überdies daraus, daß die meisten „großen Streiks" zwischen 1873 und 1892 auch in den Fällen „vorbereitet" waren, in denen – wie bei den Ziegeleiarbeitern, Reisschälern, Korbmachern, Fliesenlegern – die Arbeiter lediglich in einem Unterstützungsverein organisiert waren. „Große Streiks" ohne jegliche vorherige Organisation führten nach 1860 lediglich die Tabakarbeiterinnen und die Gummiarbeiter – zwei Kategorien, in denen die Gesamtheit der Arbeiter mit der Belegschaft nur eines einzigen Betriebs zusammenfiel und folglich die Schwierigkeit, sich mit den Arbeitern anderer Betriebe zu verständigen und Aktionen zu koordinieren, nicht bestand.

Ihr Dissens mit der *Associazione Generale* führte vierzehn Fachvereine am 24. März

1860 zur Gründung des *Consolato delle Associazioni operaie per arti e mestieri*. Unter Wahrung der vollen Autonomie der Mitgliedsvereine sollte das *Consolato Operaio*, wie die Zeitgenossen es kurz nannten, die zusammengeschlossenen Vereine „moralisch und materiell gegenüber den Behörden und der Bürgerschaft vertreten, mit dem Auftrag, mit jedem praktisch möglichen Mittel die moralische, ökonomische und politische Erziehung der Arbeiterklasse zu befördern"[150]. Der Vagheit dieses Programms entsprach das bunte Durcheinander der Initiativen, die das *Consolato* ergriff, um die ihm gestellte Aufgabe zu erfüllen[151]. Im Verlauf der Jahre schlossen sich ihm immer mehr Vereine an, so daß es in der zweiten Hälfte der 80er Jahre, zur Zeit seiner größten Ausdehnung, zwischen 45 und 50 Vereine mit zusammen 6–9000 Mitgliedern zählte[152]. In demselben Maß wie seine Mitgliedschaft wuchs auch sein Ansehen. Vom Beginn der 70er bis zum Ende der 80er Jahre war es Mittelpunkt und einflußreichste Repräsentantin der organisierten Arbeiterschaft. Politiker und Behörden achteten auf seine Stimme ebenso sehr wie die Arbeiter selbst. Dies war auch die Zeit, in der es politisch fast ganz unter die Kontrolle der Radikalen geriet. Ihre sozial- und wirtschaftspolitischen Vorstellungen schlugen sich auch in dem neuen Programm des *Consolato* nieder. Etwa zur selben Zeit, als die Ouvrieristen die Parole vom „Kampf gegen das Kapital" lancierten, setzte das *Consolato* es sich zur Aufgabe, „die Beziehungen zwischen Arbeitern und Kapitalisten durch die Beförderung von Schiedsgerichten harmonischer zu gestalten", und durch die Einführung und Ausbreitung der Gewinnbeteiligung jenes Ziel zu erreichen, „das die Ökonomen ‚Vergesellschaftung des Kapitals' nennen"[153]. Indem die Radikalen, und an erster Stelle Carlo Romussi, den Unterstützungsvereinen ihre sehr stark an Mazzini anknüpfenden Vorstellungen, wie „die Beziehungen zwischen Kapital und Arbeit *gemäß der Gerechtigkeit* zu verbessern" seien, aufzuoktroyieren versuchten, untergruben sie langsam, aber beständig ihre Machtstellung im *Consolato*. Wie sie sich einst von dem engstirnigen Mutualismus der *Associazione Generale* und von den Projekten der Mazzinisten und Gemäßigten zur Lösung der Arbeiterfrage abgewandt hatten, so entfernten die Fachvereine sich nun immer stärker von dem wirtschaftsfriedlichen Programm der Radikalen.

Wenn es den Ouvrieristen und Sozialisten, wie gleich zu sehen ist, zwar gelang, den Einfluß der Radikalen auf die Arbeiterschaft fast ganz zurückzudrängen, in bisher von der Organisation unberührte Arbeiterschichten einzubrechen und die große Mehrheit der organisierten Arbeiterschaft für das Programm des „Klassenkampfs" zu gewinnen, so ist auf der anderen Seite nicht zu übersehen, daß auch ihren Erfolgen Grenzen gesetzt waren: Die Mehrheit, und zwar die überwältigende Mehrheit der Mailänder Arbeiter blieb zunächst außerhalb der neuen Organisationen. Der hauptsächliche Grund hierfür war die Existenz der Betriebsvereine.

Über vielleicht keinen anderen Aspekt der Arbeiterorganisation fließen die Quellen so spärlich, sind die Aussagen der Literatur so dürftig wie über die Institution des betrieblichen Unterstützungsvereins (Società interna di mutuo soccorso)[154]. Dieser wies in der Regel folgende Merkmale auf: Die Initiative zu seiner Gründung ging vom Unternehmer aus, der auch die Statuten und Reglements festlegte und als Verwalter fungierte. Seine Zwecke entsprachen denjenigen der meisten unabhängigen oder „äußeren" Unterstützungsvereine (Hilfe bei Krankheit, Unfall, Tod usw.), doch im Gegensatz zu diesen basierten sie allesamt auf Zwangsmitgliedschaft. Finanziert wurde der Betriebsverein entweder durch Lohnabzüge oder – seltener – durch „Zuschüsse" der Unternehmer; außerdem durch die nie versiegende Quelle der Bußgelder. Arbeiter, die sich ohne einen in den Augen ihrer Arbeitgeber zwingenden Grund vom Betrieb entfernten, gingen aller Ansprüche an die Betriebskrankenkasse und sogar der von ihnen eingezahlten Beiträge verlustig. In einigen der älteren Großbetriebe umfaßte der Betriebspaternalismus auch Werkswohnungen, Werksküchen, Werkskindergärten usw., die alle dem doppelten Zweck dienten, den Arbeiter enger an den Betrieb zu binden und ihn von den autonomen Fachvereinen fernzuhalten.

Den ersten Unterstützungsverein in einem Mailänder Betrieb, der alle eben genannten Merkmale aufwies, gründete in den 40er Jahren der Keramikfabrikant Richard[155]. Zunächst folgten nur wenige Unternehmer seinem Beispiel, und noch am Ende der 60er Jahre gab es erst „sehr wenige" solcher Unterstützungskassen in Mailand und überhaupt in Italien[156]. Seit den 70er Jahren schossen sie dagegen wie Pilze aus dem Boden: Ihrer dreißig waren auf der Nationalausstellung von 1881 vertreten, und wenigstens halb so viele wurden im nächsten Jahrzehnt gegründet[157]. „Die Kapitalisten" hatten sich, wie der *Fascio operaio* schrieb, des „Assoziationsprinzips unter ihren Arbeitern" bemächtigt und gelernt, „schlau, wie sie sind, es auszubeuten"[158].

Die Existenz des betrieblichen Unterstützungswesens wurde von den Ouvrieristen ganz zu Recht als „eines der gravierendsten Hindernisse für unsere Organisation" bezeichnet. Denn die meisten Arbeiter der Betriebe mit eigener Krankenkasse waren für die autonomen Arbeiterorganisationen als verloren zu betrachten, da sie es sich finanziell beim besten Willen nicht leisten konnten, neben den Zwangsbeiträgen für den Betriebsverein noch 15 oder 20 cent. pro Woche als Mitgliedsbeitrag für einen freien Arbeiterverein aufzubringen[159]. Auf diese Weise wurden Abertausende von Arbeitern von den mutualistischen Vereinen des *Consolato Operaio* ferngehalten und damit indirekt auch von der aufkeimenden Widerstandsbewegung, die mit den unabhängigen Unterstützungs- und den Besserungsvereinen eng verflochten und von ihnen nicht säuberlich zu trennen war. Gerade das scheint in der Absicht vieler Unternehmer gelegen zu haben. Darauf deutet zumindest der Zeitpunkt hin, zu dem die Mehrzahl der Betriebsvereine gegründet wurde. Die wenigsten von ihnen entstanden – wie bei Richard – gleichzeitig oder nahezu gleichzeitig mit der Gründung der Firma, sondern in den Jahren, als die unabhängigen mutualistischen Vereine ihre größte Ausbreitung erlangten, die ersten Besserungsvereine ins Leben traten und die organisierte Widerstandsbewegung zum ersten Mal in Italien von sich reden machte. Als 1893 in der Vorstadt der Porta Magenta, dem Sitz der Großfärberei De Angeli, ein freier Unterstützungsverein gegründet wurde, warnte der Firmeninhaber seine fast 1000 Arbeiter, dem neuen Verein beizutreten; denn: „sie *dürfen* und sie *können* nicht das Bedürfnis verspüren, irgendeinem Verein beizutreten, da er [sc. De Angeli] daran denkt, sie im Krankheitsfall zu unterstützen."[160]

An dem Wesen dieser Einrichtung selber lag es, daß Betriebsvereine hauptsächlich in den größeren und größten Betrieben eingerichtet wurden. Sie fanden sich in fast allen Großbetrieben, die bisher erwähnt wurden: bei Binda, Richard, Grondona, der

Elvetica, den bekanntesten Fabrikgründungen der 40er und 50er Jahre, ebenso wie bei den späteren, bei Pirelli, De Angeli, Prinetti, Lizars, Stigler usw.; auch in den meisten Großbetrieben des Druckereigewerbes und der chemischen Industrie traf man auf sie; gleichfalls in der Gasfabrik, der Tabakmanufaktur, der Omnibus-Gesellschaft, dem Konfektionshaus der Gebrüder Bocconi mit ihren Hunderten von Beschäftigten. Die Gesamtheit ihrer Mitglieder dürfte die des *Consolato* zur Zeit seiner größten Blüte bei weitem übertroffen haben; doch gab es nur zwei kleinere Betriebsvereine, die mit der freien Arbeiterbewegung überhaupt in Berührung traten[161]. Einzig die Buchdruckergehilfen vermochten es, sich trotz der Existenz zahlreicher Betriebsvereine in ihrem Gewerbe in starken unabhängigen Organisationen zusammenzuschließen. Die meisten Belegschaften der Betriebe mit Unterstützungskassen dagegen fanden nur mit starker Verspätung Anschluß an die autonome Arbeiterbewegung, nämlich erst in den Jahren um 1900, als der Mutualismus nicht länger ihr organisatorisches Rückgrat bildete.

Einen nicht sonderlich erfolgreichen Versuch, einem „inneren" einen „äußeren" Unterstützungsverein entgegenzusetzen, unternahmen schon 1882 die Tabakarbeiterinnen. Solche Versuche – auch unter der eindeutigen Zielsetzung des „Widerstands" – häuften sich in der Krise. Die Konstituierung einer Widerstandsliga durch 200 Pirelli-Arbeiter zwischen den beiden Streiks vom Sommer 1891 wurde bereits erwähnt. Ein langes Leben dürfte dieser Gründung nicht beschieden gewesen sein, da sich der Chronist des Gummiarbeiter-Vereins schon nach anderthalb Jahrzehnten ihrer nicht mehr entsann[162]. Ebenso glücklos waren die Angestellten der Omnibus-Gesellschaft bei ihrem Versuch, den „Widerstand" in ihren Reihen zu organisieren[163]. Auch das wichtigste Resultat des Metallarbeiterstreiks von 1891, die im Oktober dieses Jahres erfolgte Gründung des „Widerstandsverbandes der Mailänder Metallarbeiter und verwandter Berufe", war nicht von langem Bestand. Von seinen anfänglich 1000 Mitgliedern waren gegen Ende des nächsten Jahres gerade noch 400 übriggeblieben, und sein Verfall setzte sich später noch fort. Nur die Eisenbahner schafften es in jenen Jahren, dauerhafte Grundlagen für ihre Widerstandsorganisation zu legen[164].

Erst in der zweiten Hälfte der 90er Jahre begann es sich in den Großbetrieben stärker zu regen. 1896 entstanden unabhängige Organisationen unter den Arbeitern von De Angeli und Carlo Erba, 1897 unter den Papierarbeitern von Binda und im folgenden Jahr organisierten sich die Arbeiter von Pirelli erneut[165]. Wie alle anderen Arbeiterorganisationen wurden auch diese im Mai 1898, als der Belagerungszustand über die Stadt verhängt war, aufgelöst. Doch dauerte es in einigen Fällen nur wenige Wochen und Monate, bis sie zu neuem Leben erwachten. Die innenpolitische Liberalisierung, welche die im Februar 1901 gebildete Regierung Zanardelli/Giolitti einleitete, fiel mit einer Organisationsbewegung ohnegleichen zusammen: Bis zum September 1902 waren in 163 Sektionen der Arbeitskammer 43 292 Arbeiter und Angestellte eingeschrieben. Unter ihnen fehlten diesmal auch nicht mehr die Arbeiter der Großbetriebe.

Diese erstaunlichen organisatorischen Fortschritte lassen sich von der Entwicklung der Arbeiterbewegung von dem ersten Auftreten der Ouvrieristen bis zur Gründung des *Partito dei Lavoratori Italiani* nicht trennen. Noch bis zur ersten Hälfte der 80er Jahre fehlte in Mailand eine Widerstandsbewegung, die diesen Namen wirklich verdient hätte. Um die wenigen verkappten Widerstandsvereine aus den ersten Jahren des Arbeiterverbindungswesens wurde es schon bald still. In das gewohnte Bild der Anfänge einer Gewerkschaftsbewegung paßt es, daß die Schriftsetzer die ersten waren, die 1872 erneut zur Gründung eines solchen Vereins schritten und ihnen die Buchdrucker hierin mit einigen Jahren Abstand nachfolgten (1878). Wenn neben ihnen nur noch die Goldschmiedegesellen, Textil- und Strickwarenarbeiter sich im Verlauf dieses Jahrzehnts gewerkschaftlich organisierten, kann das nach dem, was über die Entwicklung dieser Industrien gesagt wurde, gleichfalls nicht überraschen[166]. Nach diesen ganz und gar nicht zufälligen, aber untereinander durchaus beziehungslosen Vereinsbildungen kehrte noch einmal eine dreijährige Stille auf dem Gebiet der Widerstandsbewegung ein. Gebrochen wurde sie zuerst von einer Seite, von der man es nicht ohne weiteres erwartet hätte: nämlich von den Handschuhmachern.

Diese waren schon seit 1868 in einem Unterstützungs- und seit 1879 in einem Besserungsverein organisiert, nach dessen Statut die Ehrenmitglieder von der Bekleidung aller Verbandsfunktionen ausgeschlossen waren. Drei Jahre später gingen die Handschuhmacher noch einen, den entscheidenden Schritt weiter. Das Statut der 1882 konstituierten ,,Liga der Arbeit unter den Handschuharbeitern Mailands'' bestimmte als Zweck des Zusammenschlusses, ,,einen Fond zu bilden, um die Mitglieder zu unterstützen, die wegen Meinungsverschiedenheiten zwischen Prinzipalen und Arbeitern über die Preise oder wegen Fragen von allgemeinem Interesse für den Verein arbeitslos geworden waren''; ein anderer Artikel legte fest, daß ,,nur Arbeiter'' dem Verein beitreten können, dagegen nicht die Prinzipale und Werkmeister[167]. De facto galten diese Bestimmungen auch schon in einigen älteren Arbeitervereinen. Neu war dagegen, daß der Trennungsstrich zwischen Unternehmern nebst ihrem Anhang und Arbeitern so explizit und eindeutig gezogen wurde. Hierin kündigte sich bereits der Einfluß der Ouvrieristen auf die gewerkschaftliche Organisationsbewegung an. Das personelle Bindeglied war in diesem Fall der Handschuhmacher Giuseppe Croce, der sich schon seit Jahren der Organisierung seiner Klasse gewidmet hatte und zu der Handvoll von Arbeitern gehörte, die seit 1881 die ,,Bildung einer *Arbeiterpartei*, die von allen alten Parteien der Bourgeoisie getrennt und von ihnen verschieden ist'', ansteuerten[168]. Die erste Etappe dieses Ziels erreichten sie im Sommer 1882, als sich eine ouvrieristische Fraktion vom *Circolo Operaio Milanese* abspaltete und in der Form eines ersten ephemeren *Partito Operaio* bei den politischen Wahlen dieses Jahres die Kandidatur des Sozialisten Gnocchi Viani gegen Antonio Maffi, den Arbeiterkandidaten des *Secolo* und des *Consolato Operaio*, unterstützte; die nächste wichtige Etappe im Jahr 1885, als die Partei neu gegründet wurde und sich binnen kurzem so weit konsolidierte, daß sie wirkungsvoll den Kampf gegen die Radikalen und ihre Vormachtstellung innerhalb der städtischen Arbeiterbewegung aufnehmen konnte. Um hinter das Geheimnis ihres Erfolgs zu gelangen, ist von dem Punkt auszugehen, den die Ouvrieristen gleich in ihrer ersten programmatischen Erklärung von 1882 als das ,,wichtigste Ziel unserer Partei'' bezeichnet haben: ,,Widerstandsligen zu gründen.''[169]

238

Die Gründung des Widerstandsvereins der Handschuhmacher, der noch nach einem Jahrzehnt kaum hundert Mitglieder zählte, verdiente kaum der Erwähnung, wenn er nicht die erste Verwirklichung dieses Programmpunkts gewesen wäre. Durch ihre Neubestimmung der „Rechte der Arbeiter" gaben die Ouvrieristen der Arbeiterorganisation neue Inhalte und neue Formen:

„Die hauptsächlichen Rechte [der Arbeiter] bestehen darin, *den Lohn und die Arbeitszeit der ausschließlichen Verfügungsgewalt der Unternehmer zu entreißen*. Mit Entreißen ist . . . die eigene *Stärke* der Arbeiter gemeint. Das Kampfmittel ist die *Vereinigung der Arbeiter aller Berufe und Gewerbe*, weil nur *die Vereinigung stark macht*. . . . Die Arbeiterassoziationen müssen die *Stärke* der Arbeiter selbst sein, und zwar in dem Sinn, daß sie ihre gesellschaftliche Stellung als unterworfene und unterdrückte *Klasse* erkennen. . . . Organisieren wir uns also *als Klasse* in einer *Arbeiterpartei*."[170]

Nur einer nach den Maßstäben späterer Ideologien urteilenden Kritik konnte es einfallen, dieses Programm und insbesondere den exklusiv proletarischen Charakter des *Partito Operaio* als „Primitivismus und Infantilismus" abzutun[171]. In historischer Perspektive sind solche Urteile völlig haltlos. Den Kampf um Lohn und Arbeitszeit über alle anderen Forderungen, die autonome Klassenorganisation über alle anderen Organisationsformen gestellt zu haben, war vielmehr eine genau berechnete, realistische und im Grunde überfällige Antwort auf die Zuspitzung des ökonomischen Klassenkampfs und auf die politische Konstellation der 80er Jahre. Die von den Ouvrieristen gebrauchte Formel, sich und ihre Partei zu definieren – „Wir sind Arbeiter im engsten Sinne des Wortes, das heißt: Handarbeiter"[172] – hatte dieselbe Funktion und Wirkung wie das Lassallesche Diktum von der „einen reaktionären Masse", nämlich den Klassengegensatz den Arbeitern bewußt zu machen und den Polarisierungsprozeß zwischen den Klassen zu beschleunigen. Diese Selbstdefinition der Ouvrieristen war so klar und einleuchtend, daß sie in eine Satzung nach der anderen der neugegründeten Widerstandsvereine Eingang fand: Nur „die reinen und einfachen Arbeiter im engsten Sinne des Wortes" konnten Mitglieder werden, während die *padroni* – „darunter sind diejenigen zu verstehen, die einen oder mehr Arbeiter in ihrer Abhängigkeit halten" – wie zur Bekräftigung noch einmal audrücklich ausgeschlossen wurden[173].

Fest steht, daß „die Bewegung der Arbeiter, die nur auf ihre eigenen Kräfte bauen"[174], von den Ouvrieristen wesentlich beeinflußt und mitgetragen wurde, doch läßt sich heute nicht mehr bestimmen, welcher Anteil ihnen bei der Konstituierung der Widerstandsvereine oder Widerstandsligen, wie sie sich immer häufiger nannten, im einzelnen zukam. Von großer Wirksamkeit war ihre Aktivität zweifellos in den Jahren 1885/86, in denen mehr Widerstandsvereine entstanden als in dem gesamten vorausgegangenen Vierteljahrhundert (siehe Tab. 24). Wenigstens sieben der neugegründeten Ligen und „Syndikate" gehörten offiziell dem POI an. Eine deutliche Verlangsamung der Bewegung trat um die Mitte des Jahres 1886 mit der zeitweiligen Auflösung der Partei ein.

Um die Rolle der Ouvrieristen jedoch nicht überzubewerten, muß daran erinnert werden, daß manche Widerstandsvereine nicht mehr als einige Dutzend Mitglieder zählten und manchmal schon nach einigen Monaten wieder eingingen. Die verschiedentlichen Mißerfolge und Rückschläge konnten die Bewegung zwar bremsen, aber nicht mehr aufhalten. Wie sehr sie ein gesamtitalienisches Phänomen war, zeigen die zahlreichen Versuche, gleichartige Berufsvereine in überregionalen und nationalen Berufsverbänden (Federazioni di mestiere) zusammenzuschließen. Bis 1881 gab es überhaupt nur einen einzigen derartigen Verband, nämlich die 1872 gegründete „Vereinigung der italienischen Buchdruckergehilfen"; doch zwischen 1882 und 1892 versuchten es wenigstens noch dreizehn andere Kategorien von Arbeitern, den Buchdruckern auf diesem Weg nachzufolgen. Bei keinem dieser Versuche, von denen einige über das Stadium von Projekten nicht hinausgelangten, andere schon nach wenigen Jahren scheiterten, fehlten Arbeiter aus Mailand[175].

Der große, endgültige Durchbruch der Widerstandsbewegung erfolgte zu Beginn der 90er Jahre. Bis Jahresende 1892 wurden in der Arbeitskammer 40 Fachsektionen gebildet, in die sich 8479 Mitglieder einschrieben[176]. Zwar dürfen nur diejenigen ihrer Mitglieder, die solchen Sektionen angehörten, die mit Widerstandsvereinen identisch waren, der eigentlichen Widerstandsbewegung zugerechnet werden, doch auch die übrigen hatten den ersten Schritt zu dieser Bewegung hin getan, indem sie das organisatorische Grundprinzip der Kammer, die Trennung von den *padroni*, akzeptierten. Die weitere Stärkung der Widerstandsbewegung läßt sich an der Bildung dreizehn neuer Ligen in den Jahren 1891/92 ablesen und vor allem an den massenhaften Beitritten zum *Partito dei Lavoratori*: Bis Ende 1893 schlossen sich ihm aus Mailand 26 Fachvereine mit etwa 6000 Mitgliedern und 13 andere politische und genossenschaftliche Organisationen mit 2700 Mitgliedern an[177]. Die Gesamtheit dieser Arbeiter hatte sich mit dem Eintritt in die Partei automatisch für die Widerstandsbewegung entschieden, da in ihrem Programm der „gewerkschaftliche Kampf zur unmittelbaren Verbesserung der Existenz des Arbeiters" gleichberechtigt neben dem „umfassenderen Kampf zur Eroberung der politischen Machtstellungen" rangierte[178]. Wie viele Arbeiter nun genau – ob zehn-, zwölf- oder gar fünfzehntausend – um 1892/93 für die Widerstandsbewegung gewonnen wurden, ist eine vergleichsweise bedeutungslose Frage gegenüber dem Faktum, daß sie in jedem Fall die überwältigende Mehrheit der organisierten städtischen Arbeiterschaft verkörperten.

Die Arbeiter Mailands vermochten nur dadurch der gesamtitalienischen Arbeiterbewegung so kräftige neue Impulse zu geben, sie insgesamt in eine neue Richtung zu lenken, daß sie die Arbeiterbewegung ihrer Stadt revolutionierten. Denn der Übergang von den mutualistischen zu den autonomen Klassenorganisationen markierte einen tieferen Einschnitt in der über hundertjährigen Geschichte der italienischen Arbeiterbewegung als irgendein früheres oder späteres Ereignis – in einem gewissen Sinn war es sogar ihre eigentliche Geburtsstunde. Dieser Einschnitt war von solcher Beschaffenheit, daß er Kontinuitäten in der Organisation, die allmählich Transformation von Überkommenem, nicht ausschloß. So erwiesen sich die älteren Unterstützungsvereine vielfach als „geeignete Gefäße . . ., um mit proletarischem Geist angefüllt zu werden", als „geneigt und geeignet, die Cadres für eine umfassende gewerkschaftliche Organisation des italienischen Proletariats zu bilden"[179]. Mochten die „Gefäße" auch älteren Ursprungs sein, der Geist der *resistenza*, der die Mailänder Arbeiter erfüllte, war neu – es war der Geist der *lotta di classe*.

Dieser Begriff selbst wie die Sprache des Klassenkampfs – insbesondere das Begriffspaar „Ausbeuter – Ausgebeutete" – waren noch bis zum Anfang der 80er Jahre in der Mailänder und italienischen Arbeiterbewegung so gut wie unbekannt[180]. Dagegen eigneten sich die Ouvrieristen gleich mit ihrem ersten Auftreten diese Begriffe an und stellten sie in das Zentrum ihrer Agitation. Schon in einer der ersten Nummern ging der *Fascio operaio* mit einer Neapolitaner Arbeiterzeitung ins Gericht, die den Antagonismus, den Kampf zwischen Kapital und Arbeit als unvereinbar mit der großen Industrie bezeichnet hatte, da der Kampf dem Kapital schade und gleichzeitig, und vielleicht noch mehr, dem Arbeiter:

„Wie ist es möglich, daß [unser Mitbruder aus Neapel] nicht einsieht, daß der Friede zwischen Kapital und Arbeit ein Traum ist und jeden Tag unmöglicher wird? Sieht er nicht, daß es die kapitalistische Klasse ist, die den Antagonismus erzeugt, Haß und Kämpfe zwischen Produzenten und Kapitalisten entfacht? Eben jene Klasse, die mit ihrem zügellosen Egoismus, mit ihren Spekulationen mit den Produkten unseres Schweißes uns bis zum letzten Blutstropfen ausbeutet? . . . Unser Mitbruder möge sich, sofern seine Leser wirklich der Arbeiterklasse angehören, davon überzeugen, daß zwischen Ausgebeuteten und Ausbeutern keine Harmonie möglich ist."[181]

Die Ouvrieristen wurden nicht müde zu wiederholen, daß die Kapitalisten die Urheber dieses Kampfs seien[182]; daß sie, um die Arbeiter zu unterwerfen und auszubeuten, vor keinem Mittel zurückschreckten; daß sie, um die menschliche Arbeitskraft zu ersetzen, nicht nur die Wissenschaft und die Technik mobilisierten, sondern „sogar die Tiere gegen das Proletariat" ins Feld führten[183]. Unerschrocken schleuderten sie ihren Gegnern das Galileische *Eppur si muove* entgegen: „Und sie bewegt sich doch diese ganze Welt von Ausgebeuteten, von der Mühsal, dem Elend und der Unwissenheit Verrohten" – mit diesen Worten brach der *Fascio operaio* sein dreimonatiges, auferzwungenes Schweigen nach dem Verbot des *Partito Operaio*[184]. Die Konstatierung der Klassenspaltung – „auf der einen Seite die Klasse der ausgebeuteten Proletarier und Arbeiter, auf der anderen die Klasse der ausbeutenden Unternehmer und Kapitalisten"[185] – bildete den Ausgangspunkt des neuen Parteiprogramms von 1887. Daraus wurde gefolgert, daß der Klassenkampf die einzige Form und Ebene der Auseinandersetzung sei, um den Kampf zwischen den Klassen zu überwinden. Der Klassenkampf wurde zum Inhalt des Programms wie der Organisation. Aus dem Programm von 1887 wurde die Entgegensetzung von „ausgebeuteten Arbeitern" und „Kapitalisten und Monopolisten der gesellschaftlichen Reichtümer" in die Programme der Sozialistischen Partei Italiens von 1892 und 1919 übernommen.

In demselben Brief, in dem er Friedrich Engels über die Begleitumstände und Hintergründe des Genueser Gründungskongresses der sozialistischen Partei in Kenntnis setzte, schrieb Antonio Labriola, daß „der Begriff des ‚Klassenkampfs' in den Köpfen der Italiener noch so elastisch, so luftig, so metaphorisch [sei], daß die Mazzinisten (Dio e Popolo!) sich seiner nach dem Kongreß von Palermo fast bemächtigt" hätten[186]. Verständlich ist dieser Ausbruch eines einsamen Theoretikers und Marxisten, und möglicherweise gab es auf dem Genueser Kongreß außer Filippo Turati kaum einen Delegierten, der eine präzise Vorstellung vom Klassenkampf in seinem marxistischen Sinn hatte. Ob Turatis vielfachen Anstrengungen, der entstehenden sozialistischen Arbeiterbewegung das Wesen des „modernen Klassenkampfs" zu verdeutlichen, Erfolg beschieden war, läßt sich nur schwer beurteilen[187]. Dahingestellt bleiben mag auch, inwieweit die Vorstellungen, welche die Delegierten auf den Internationalen Arbeiter-Kongressen von Paris und Brüssel (1889 und 1891), die sich beide auf den „Boden des Klassenkampfs" stellten, und die durch sie repräsentierten Arbeiter anderer Länder vom Klassenkampf hatten, denjenigen Labriolas entsprachen. Denn dies ist eine für das Verständnis der Arbeiterbewegung ziemlich unerhebliche Frage. „Wie der Arbeiter das Mysterium der kapitalistischen Akkumulation intuitiv erfaßt hatte, noch bevor die wissenschaftliche Analyse ihm ihre Formel darbot"[188], so hatte er auch eine sehr präzise Vorstellung von „Klassenkampf" und „Ausbeutung", die in der sinnlichen Wahrnehmung wurzelte.

So hielt etwa ein Maurer namens Manzoni, der sich auf eine Wahlversammlung der Gemäßigten verirrt hatte, seinen illustren Vorrednern entgegen:

„Ich möchte meine Beschwerden vorbringen. Ich habe sie nicht aus Büchern, sondern sie ergeben sich mir aus der Lage, in der ich mich befinde. Ich habe eine Frau, zwei Kinder, ein drittes ist unterwegs, und am Samstag wollen der Metzger und der Bäcker Geld von mir, und ich habe nicht genug, um sie zu bezahlen. Der Herr Ingenieur [Vorredner] spricht sehr schön, und theoretisch mag er auch recht haben; aber ich *sehe*, daß die Maschinen uns eine erbarmungslose Konkurrenz machen, daß unsere Arbeitskraft ausgebeutet wird."[189]

Während seines Verhörs entgegnete Costantino Lazzari dem Gerichtsvorsitzenden, der meinte, daß das Elend der Arbeiter oft übertrieben würde:

„Haben Sie, Herr Präsident, schon mal versucht, in der Fabrik zu arbeiten? (Heiterkeit). Probieren Sie es, zwölf oder vierzehn Stunden am Tag für drei oder vier Lire in einer Fabrik zu arbeiten. – Die Besitzer benützen die Maschinen, um die Arbeiter hinwegzufegen; diese dagegen bereiten sich darauf vor, die Ausbeuter hinwegzufegen. Das ist ein Kampf zwischen einer Klasse und der anderen."[190]

Völlig unbelastet von allen theoretischen Distinktionen zwischen Mehrarbeit, Mehrwert und dergleichen definierte Emidio Brando „als Ausgebeutete diejenigen, die trotz ehrlicher Arbeit nicht genug verdienen, um davon leben zu können"[191]. In den Augen des Arbeiter-Geschichtsschreibers Pietro Bellotti enthielt das Programm des Maurerverbandes von 1886 – „Verteidigung der moralischen und ökonomischen Interessen der Klasse", Wachsamkeit, daß die vereinbarten Tarife und Arbeitszeiten eingehalten werden, usw. – als „Hauptpunkt den Ausdruck des Klassenkampfs, was besagen will: Kampf gegen den Kapitalismus, um für den Arbeiter bessere Lebensbedingungen zu erkämpfen"[192]. Nichts anderes meinten auch seine Vereinsgenossen, wenn sie als das Ziel ihrer Organisation die „moralische und ökonomische Hebung" bezeichneten: „moralisch in bezug auf die Verkürzung der Arbeitszeit, ökonomisch in bezug auf die Erhöhung des Lohns."[193]

Den Kern all dieser Äußerungen faßten die Ouvrieristen dahingehend zusammen, daß der Klassenkampf ihres Jahrhunderts „die Form des Lohns" angenommen habe[194]. Im wesentlichen um die Anerkennung dieser Tatsache und die aus ihr abzuleitenden Konsequenzen drehten sich die inneren Auseinandersetzungen in der Mailänder Arbeiterbewegung um 1890. Die Protagonisten, die sich in diesem Konflikt gegenüberstanden, waren auf der einen Seite Mazzinisten und Radikale *(Consolato Operaio)*, auf der anderen Ouvrieristen und Sozialisten *(Fascio dei Lavoratori* und *Lega Socialista Milanese)*.

Der Prozeß der Annäherung und schließlichen Fusion der beiden Fraktionen der städtischen Arbeiterbewegung war dadurch gekennzeichnet, daß das *Consolato* eine Position nach der andern seines alten Programms aufgab – bis auf eine: die Negierung des Klassenkampfs. Hatte es im Januar 1889 das Ansinnen des *Fascio dei Lavoratori*, „die *resistenza*, d. h. die Bildung besonderer Streikkassen", in sein Programm aufzunehmen, noch strikt zurückgewiesen, so sah sich Antonio Maffi Anfang des nächsten Jahres bereits zu dem Eingeständnis genötigt, daß derjenige mit Blindheit geschlagen sein müsse, der heute behaupten wolle, daß die „Vorsorge" allein ausreiche, um die Arbeit zu verteidigen und das gesellschaftliche Ungleichgewicht zu bändigen, das der Antagonismus zwischen Kapital und Arbeit hervorgerufen habe; und Maffi selbst war es, der das neue Programm des *Consolato* redigierte, mit dem es, im dreißigsten Jahr seines Bestehens, sich erstmals zum „Widerstand" bekannte[195]. Die Ouvrieristen, die keine Gelegenheit ausgelassen hatten, den „Arbeiterabgeordneten" vor seinen Wählern bloßzustellen, räumten nun öffentlich ein, daß der Maffi von 1890 nicht mehr derjenige von 1886 sei[196]. *Consolato* und *Fascio* arbeiteten eng zusammen bei den jährlich sich wiederholenden Kampagnen für den Achtstundentag, bei der Errichtung der Arbeitskammer und schlossen im Juni 1891 einen „Bündnispakt", der in seinen wichtigsten Punkten das ouvrieristische Programm wiederholte[197]. In dem ersten Rechenschaftsbericht des *Consolato* nach Annahme des neuen Programms hieß es sogar, daß nun auch die in ihm zusammengeschlossenen Vereine das „Banner des Klassenkampfs" adoptiert hätten, aber –

„nicht als Symbol des Kriegs zwischen Habenichtsen und Habenden, sondern vielmehr als Krieg gegen das heutige gesellschaftliche System, das die Menschen in zwei Klassen trennt, und als Appell an alle Arbeiter für die einmütige und solidarische Verteidigung der eigenen Interessen, d. h. ihrer Rechte auf Existenz, Arbeit und Gerechtigkeit"[198].

Die Ambiguität dieses Bekenntnisses trat noch deutlicher in den internen Diskussionen des *Consolato* hervor: Unter Klassenkampf sei nicht der Haß einer Klasse auf die andere zu verstehen, sondern die Behauptung der Rechte der Arbeiter gegen den Kapitalismus. Der Sekretär Provaggi erklärte ohne Umschweife, daß das *Consolato* den Klassenkampf bekämpfe; ähnlich äußerte sich Maffi, wenn er seine taktischen Rücksichten fallenließ[199]. Schützenhilfe erhielten sie auch von reinen Mazzinisten wie Luigi De Andreis, der den Arbeitern auseinandersetzte, daß „die säuberliche Unterscheidung von Ausgebeuteten und Ausbeutern praktisch unmöglich sei" und sie sich mit dem Programm des Klassenkampfs der Mitwirkung der Intellektuellen beraubten[200]. Mit diesen Erklärungen und Präzisierungen war die Frontlinie zwischen den beiden Lagern der Arbeiterbewegung eindeutig abgesteckt: Was sie trennte, war die Akzeptierung bzw. Zurückweisung des ,,Klassenkampfs" als intransigenten Lohnkampfs.

Ouvrieristen und Sozialisten brauchten nicht zur Eroberung des *Consolato* anzusetzen. In den Monaten, die dem Genueser Kongreß folgten, fiel es ihnen wie eine reife Frucht von selbst zu. Die hitzigen Diskussionen, die über die Frage des Beitritts zu der neuen Arbeiterpartei entbrannten, kreisten einzig um das Ja oder Nein zum Klassenkampf. Radikale und Mazzinisten führten ein ebenso verzweifeltes wie hoffnungsloses Rückzugsgefecht. Als ein Verein nach dem andern abtrünnig wurde und die Mehrheit der verbliebenen am 20. Oktober 1892 schließlich die Fusion mit der neuen Partei beschloß und den ,,Klassenkampf proklamierte", traten sie aus dem *Consolato* aus. Fünfzehn kleinere Fachvereine zogen sie mit sich, die sich im nächsten Monat zum *Tribunato delle società operaie milanesi* zusammenschlossen[201]. Das *Tribunato* mochte der geistige Erbe des einstigen *Consolato* sein; doch das ,,Gefäß" eigneten sich die Sozialisten an, um es ,,mit proletarischem Geist anzufüllen". Nachdem es zur Mailänder Sektion des *Partito dei Lavoratori Italiani* geworden war, begann das *Consolato* nach einigen Jahren der Stagnation und des Niedergangs wieder zu wachsen. Nun traten ihm auch die großen Berufsgruppen der Maurer und Metallarbeiter bei. Am 24. Januar 1893 gaben sich die 36 zusammengeschlossenen Vereine ein neues Programm, das ganz auf den Widerstand gegen das Kapital und den Klassenkampf ausgerichtet war[202]. Mit der Annahme dieses Programms trat die Mailänder Arbeiterbewegung in einen neuen Abschnitt ihrer Geschichte ein.

VII. Schluß

Den ersten Anstoß zu dieser Untersuchung hatte eine einfache Frage gegeben: Weshalb entstand in Mailand, vor allen anderen Städten und Provinzen Italiens, eine moderne Arbeiterbewegung, wie war sie beschaffen und weshalb gingen von hier die stärksten, in einem gewissen Sinn die entscheidenden Impulse zur Bildung politischer und wirtschaftlicher Klassenorganisationen des italienischen Proletariats aus? Der Versuch, sie zu beantworten, führte weit über das Terrain jener historischen Spezialdisziplin hinaus, der sie entstammte: der Geschichte der Arbeiterbewegung. Denn es stellte sich nur allzu bald heraus, daß sich innerhalb ihres traditionell viel zu eng abgesteckten Rahmens das hervorstechendste Merkmal der Mailänder wie der italienischen Arbeiterbewegung, deren „Frühreife", nicht erklären ließ.

Anstatt, wie die ältere Arbeitergeschichtsschreibung vorgeschlagen hat, diese und andere „Besonderheiten" der italienischen Arbeiterbewegung geistesgeschichtlich, in der internationalen Zirkulation von politischen Vorbildern und Einflüssen und der nationalen Tradierung von Ideen und Vorläufern zu begründen, wurden sie hier in den Zusammenhang der entscheidenden wirtschaftsgeschichtlichen Besonderheit Italiens im 19. Jahrhundert gestellt: die Verspätung seiner Industrialisierung, seine Situation als industrielles Nachfolgeland. Anstelle der Internationalität und internationalen Wirksamkeit von Ideen in der Arbeiterbewegung wurden der gesamteuropäische Kontext der italienischen Industriellen Revolution und die übernationalen Auswirkungen voraufgegangener Industrialisierungsprozesse in den Vordergrund gerückt: Die italienische Industrielle Revolution kann nicht als eine bloß zeitlich verschobene Wiederholung der entsprechenden Entwicklung in anderen Ländern verstanden werden, sondern zeichnete sich durch fundamentale Eigenarten aus. Lassen sich diese nach ihrer formalen Seite hin als Langsamkeit, als diskontinuierlicher Verlauf und extreme Ungleichmäßigkeit der Entwicklung resümieren, nach ihrer inhaltlichen als Tendenz zur industriellen Dekonzentration, als technologische Rückständigkeit der meisten Sektoren, übermäßige Beschäftigung marginaler Arbeitskräfte usw., so geht doch in diesen im engen Sinn ökonomischen Phänomen das entscheidende Charakteristikum jener Frühreife- bzw. Nachzüglersituation nicht auf: nämlich die Tatsache, daß jene Eigentümlichkeiten nicht einer im Nationalcharakter oder in Naturkonstanten begründeten „ursprünglichen Unterentwicklung" zugeschrieben werden können, sondern Momente eines eigenen Entwicklungsmodells sind, in das soziale und politische Erfahrungen anderer Länder mit der Industrialisierung eingegangen sind. Diese Erfahrungen betrafen insbesondere die mit ihr verbundenen Konflikte zwischen den herrschenden Klassen und entstehender Arbeiterklasse und lagen den Widerständen zugrunde, die, gleichsam als Bremsen gegen eine überhastete und durchgreifende Industrialisierung in jenes Modell eingebaut, vordergründig als Symptome von Unterentwicklung interpretierbar wurden.

Vor dem Hintergrund dieses eigenständigen italienischen Wegs der Industrialisierung ließ sich nun auch eine Antwort darauf finden, weshalb Italien keinen so markanten und eindeutig datierbaren Industrialisierungsspurt erlebt hat wie einige andere Länder; weshalb seine Industrialisierung unter quantitativen Gesichtspunkten „revolutionäre" Züge so sehr vermissen ließ. Gleichwohl trägt diese Darstellung ihren Titel zu Recht. Mag auch die Industrielle Revolution der Wirtschaftshistoriker, die ausschließlich nach Wachstumsprozenten definiert wird und deren räumlicher Bezugsrahmen der Nationalstaat als ganzer ist, mit guten Gründen auf die ganze oder einen Teil der Zeitspanne von 1896 bis 1908 datiert werden, so bleibt davon die Tatsache unberührt, daß in Mailand – und möglicherweise auch in anderen wirtschaftlichen Zentren Norditaliens, wie z. B. Turin oder Genua – eine Industrielle Revolution schon wesentlich früher eingesetzt hat. Dafür und gegen die These, in Italien sei die Entstehung einer Arbeiterbewegung der Industriellen Revolution vorausgeeilt, sprechen ungefähr alle Ergebnisse der vorliegenden Arbeit. Sie machte deutlich, daß die Arbeitsverhältnisse und das städtische Leben zwischen der Einigung und der Jahrhundertwende auf einer Vielzahl von Ebenen revolutioniert wurden, daß sich Prozesse städtebaulichen, demographischen, wirtschaftlichen, sozialen, geistigen Wandels vollzogen, in denen Elemente tiefgreifender Transformation, Brüche und Neuschöpfungen eindeutig über solche der Evolution und Kontinuität dominierten.

Zu den auffälligsten Veränderungen gehörte die Entstehung einer neuen Stadt. Während die Bevölkerung des alten Mailand, in dessen Mauern es nach Cattaneo noch Raum für hunderttausend Einwohner gab, nur geringfügig zunahm, wuchs aus den Vorstädten der ländlichen Gebiete in seinem unmittelbaren Umkreis eine andere Stadt empor. Diese überflügelte am Ende des Jahrhunderts die *città* nicht nur an Einwohnern, sondern sie hatte in vier Jahrzehnten mehr neue aufgenommen, als jene zum Zeitpunkt der Einigung beherbergt hatte. In dem Gebiet, wo es Anfang der 60er Jahre gerade acht Fabriken mit über hundert Beschäftigten gegeben hatte, gab es um 1890 etwa sechsmal so viele, dagegen nicht einmal ein halbes Dutzend innerhalb des Naviglio, während die übrigen sich auf die Peripherie des inneren Kreises verteilten (siehe Karte I)[1].

Das Mailand der neuen Fabriken war zugleich dasjenige der Arbeiter. Die Vorstädte im Norden, die noch um 1860 nach den dort vorzugsweise wohnenden Gärtnern und Wäschern benannt wurden (Borgo degli Ortolani und Borgo dei Lavandai), hatten ihren ursprünglichen Charakter während eines Menschenlebens völlig verändert. In ihnen und ihrer Umgebung wohnte nun das Gros der Metall-, Chemie- und Bauarbeiter. Auch im Süden, wo am Zusammenfluß von Naviglio Grande und Naviglio di Pavia der Borgo di San Gottardo schon vor der Einigung ein industrielles Zentrum gebildet hatte, herrschten nun die Arbeiter der zahlreichen Fabriken vor. Auch an anderen Stellen außerhalb der Mauern ballten sie sich zusammen: vor der Porta Romana und Porta Lodovica, im Nordwesten an der Bovisa, die bevorzugter Standort der chemischen Industrie wurde, oder in San Cristoforo und La Maddalena, Örtlichkeiten in der ländlichen Zone, die von den Riesenbetrieben von Richard und De Angeli beherrscht wurden. Nur von den Arbeitern des Druckereigewerbes, der hauptsächlich in Heimarbeit und Kleinbetrieben organisierten Bekleidungsindustrien, der Präzisionsinstrumente-, Edelmetall- und Juwelierindustrien wohnte 1901 noch eine knappe Mehrheit in der *cittá*[2].

Die Auswirkungen des „Depretisianischen Booms" der 80er Jahre auf die Mailänder Wirtschaft waren in verschiedener Beziehung revolutionierend. Allein in der zweiten Hälfte dieses Jahrzehnts wurden in der Industrie mehr neue Motoren mit einer dreifach höheren Leistung installiert, als es bis dahin in der Stadt gegeben hatte. Um dieselbe Zeit arbeiteten in industriellen Großbetrieben, die noch in den 70er Jahren eine Ausnahmeerscheinung gebildet hatten, reichlich 25 000 Personen. Der Anzahl und dem Umfang der Großbetriebe nach setzte sich in jenen Jahren die zukunftsträchtigste der städtischen Industrien, der Maschinenbau, an die Spitze aller Branchen, und nach dem wenigen, was über diesen Punkt bekannt ist, waren es Maschinenbauunternehmer wie Breda, die zuerst Methoden wissenschaftlicher Betriebsführung in Mailand Eingang verschafften und systematisch ihre Betriebe rationalisierten, um die Arbeitsproduktivität zu erhöhen. Gleichzeitig fand in der Textilindustrie, die bis dahin den ersten Platz in der städtischen Wirtschaft eingenommen hatte, eine tiefgreifende Umstrukturierung statt: Die männlichen Handarbeiter wurden weitgehend durch weibliche Maschinenarbeiter ersetzt. In der Bekleidungsindustrie erreichte die „Schwitzarbeit" schon damals eine solche Ausdehnung, daß Mailand auch in dieser Hinsicht keinen Vergleich mit den Metropolen früher industrialisierter Länder zu scheuen brauchte.

Ein anderes, für ein industrielles Ballungsgebiet typisches Problem tauchte schon um 1890 auf: der Massenverkehr. Wie aus den globalen Ziffern über die geographische Verteilung der einzelnen Industrien und Berufsgruppen über das Stadtgebiet zu schließen ist, scheinen viele, vielleicht sogar eine Mehrheit der Arbeiter relativ nahe bei ihren Arbeitsplätzen gewohnt zu haben; für andere traf das jedoch nicht zu. So hatten etwa viele Maurer einen Arbeitsweg von vier bis acht Kilometern zweimal täglich zurückzulegen, und ebenso lange waren die Arbeiter der Bindaschen Papiermühle unterwegs, die vor der Porta Tenaglia und Porta Garibaldi wohnten[3]. Zwar wurde erst 1893 damit begonnen, die Pferdeomnibusse durch elektrische Straßenbahnen zu ersetzen, und überstieg erstmals 1899 die Anzahl der Fahrscheine, die jährlich je Einwohner verkauft wurden, die Marke von hundert, doch schon 1892 trafen zahlreiche Arbeitervereine zu einer Diskussion über die „Straßenbahnfrage" zusammen. Bei dieser Gelegenheit stellte man fest, daß der Fahrpreis von 10 cent. den meisten die Benutzung städtischer Verkehrsmittel verbot, und verlangte man von der Gemeinde, besondere Linien zu den entferntest liegenden Fabriken einzurichten. Die damals in Mode kommenden Zweiräder oder „Velozipede" waren wegen ihres hohen Preises von etwa 400 Lire für die Arbeiter noch unerschwinglich. Von den 2500 Fahrrädern, die 1893 in Mailand verkehrten, war nur ein Fünftel im äußeren Kreis registriert[4].

Wer waren diese Arbeiter, die selbst ein so neuartiges Problem wie die „Straßenbahnfrage" aufgriffen; die gerade die Arbeitskammer gegründet hatten; auf deren Ankündigung hin, am 1. Mai für den Achtstundentag zu demonstrieren, die Stadt faktisch in den Belagerungszustand versetzt worden war? Zeitgenössische Äußerungen hierzu sind selten und von einer auffälligen Unbestimmtheit, in der sich die Schwierigkeit widerspiegelt, ein ganz neues Phänomen zu erfassen – die Bildung einer modernen Arbeiterklasse. Noch zu Beginn des industriellen Aufschwungs der 80er Jahre setzte der alternde Giuseppe Sacchi den „dritten Stand" Mailands mit dem „guten Volk des Hl. Ambrosius" gleich, ganz von einer Sichtweise des „Volks" eingefangen, die in Cantùs liebevollen Ausmalungen des *Meneghino* ihren beredtesten Ausdruck gefunden hatte. Beiläufig deutete Sacchi zwar an, daß „sich inzwischen dem alten Viertel um die Porta Ticinese eine neue Stadt hinzugesellt" habe, doch machte sein Erkundungseifer, der bis in die verwinkeltsten Gassen der Altstadt vordrang, vor ihr halt[5]. In Bertolazzis volkstümlichen Stücken beherrschte fast ganz die pittoreske und leidende *Plebe* die Bühne, unter die sich nur gelegentlich einige Arbeiter mischen, aber rasch wieder abtreten[6].

Deutlicher wahrnehmbar ist die neu entstehende Klasse in den Beobachtungen derjenigen, die sich nicht nur mit dem Herzen zu ihr hingezogen fühlten, sondern mit Wort und Tat für ihre Sache eintraten und im Namen des Sozialismus die Ouvrieristen aus ihrer proletarischen Abkapselung herauszuziehen suchten. Anna Maria Mozzoni, eine der frühesten und zugleich bedeutendsten italienischen Feministinnen, beschrieb die zu einem der häufigen Kongresse versammelten Arbeiter: „Sie glänzen nicht durch große Bildung. Mit Mühe schleppt sich ihre Rede dahin; verworren sind ihre Vorstellungen; die Kundgebung ihrer Ideen ist wie eine recht schwere Geburt." Ihnen fehle die Erkenntnis des Möglichen, sie würfen das Tatsächliche und das Rechtmäßige zusammen, widerstrebten jeder Disziplin; doch sei ihre tiefe Überzeugung, ihre nie nachlassende Ausdauer, ihr Opfergeist zu bewundern. „Davon sind sie so durchdrungen, daß sie glauben, die Erde erheben zu können; sie kümmern sich weder um den unmittelbaren Erfolg noch um den von morgen; sie wollen nur ihre Ideen ausbreiten, für die sie, noch jung, bereits viel gearbeitet und gelitten haben."[7] In den streikenden Metallarbeitern erkannte Turati den festen Willen, „in der Diskussion über ihre eigenen Interessen ihre Stimme zu Gehör zu bringen", und hinter den „mannigfaltigsten und widersprüchlichsten Ideen" der Arbeitslosen ahnte Labriola den „wild entschlossenen Vorsatz, alles einzureißen und mit Gewalt alles neu zu errichten"[8].

Alle drei vermißten an diesen Arbeitern, die „jetzt zum ersten Mal die Erziehung zum modernen kämpfenden Proletariat durchmachen", programmatische Klarheit ihrer Ziele und beklagten ihren Mangel an Organisation. Aus der Perspektive der Urteilenden ist beides verständlich und in gewisser Hinsicht ihre Kritik sogar berechtigt; zu einem anderen Schluß gelangt man jedoch, wenn man sich die damalige Situation in ihrem historischen Kontext vergegenwärtigt. Mochten die neu gegründete Partei und die Anfänge zu einer formellen gewerkschaftlichen Organisation einstweilen auch nicht mehr als Verheißungen für die Zukunft sein, so hatten Mailands Arbeiter doch längst bewiesen, daß sie zu kämpfen wußten. In den zwanzig Jahren von 1871 bis 1890 gab es nur in vier französischen Départements mehr Streiks als in der lombardischen Hauptstadt allein[9], und in diesen Kämpfen hatten die Arbeiter eine Entdeckung gemacht, hinter der die ausgefeiltesten Programme verblaßten: Sie hatten den Lohn „entdeckt" als eine variable, zu ihren Gunsten veränderliche Größe; sie wußten vom relativen Lohn, ohne seine Theorie zu kennen. Diese Entdeckung war von ganz anderem Gewicht als die Aneignung sozialistischer Doktrinen; und sofern sie sich um solche überhaupt kümmerten, legten sie diese auf eine Weise aus, welche die Unternehmer Schlimmes für die Zukunft befürchten ließ. Wenige Tage nach dem Aufstand von 1898 äußerte sich Ernesto De Angeli gegenüber Pasquale Villari: „Sozialismus? Darüber kann man schöne Worte machen. Glauben Sie, daß unsere Arbeiter von diesem neuen Evangelium die edelsten und unschädlichsten Ideale übernehmen? Ganz im Gegenteil. Sie machen sich ausschließlich die Vorstellung zu eigen, daß allein die manuelle Arbeit entlohnt werden soll, daß der Reichtum nicht vom Kapital und dem Talent dessen, der dieses Kapital anwendet, erzeugt wird, sondern von den Opfern der Handarbeit. Wenn wir zulassen, daß diese falsche Vorstellung zur festen Überzeugung wird, lassen sich bald noch ganz andere Folgen absehen."[10]

Diese „falsche Vorstellung" hatte schon um 1890 in der Mailänder Arbeiterklasse so weit um sich gegriffen, daß von da an Gemäßigte, Radikale, Mazzinisten keinen direkten Einfluß mehr auf sie hatten. Luigi Luzzatti, einer der aufrichtigsten und entschiedensten Verfechter sozialer Reformen, der drei Jahrzehnte zuvor persönlich vor die Mailänder Arbeiter getreten war, um ihnen im Mutualismus den Weg zur Lösung des „schrecklichen Problems des Proletariats" zu weisen, unternahm einen letzten vergeblichen Versuch, sie von der abschüssigen Bahn des Klassenkampfs zurückzuhalten[11]. Maffi, der in Genua in das Zentralkomitee der Sozialistischen Partei gewählt worden war, demissionierte knapp zwei Monate später von seinem Amt, da er glaubte, die im Wahlprogramm der Partei niedergelegten Grundsätze nicht vertreten zu können[12].

Die liberal-gemäßigte wie die mazzinistisch-radikale Version des Mutualismus erwiesen sich in gleicher Weise als untauglich, die sozialen Probleme des industriellen Zeitalters zu lösen. Zweifel an seiner Wirksamkeit hatte schon ein halbes Jahrhundert zuvor Romagnosi geäußert. Er vermochte nicht zu begreifen, wie man damit das „allgemeine Elend von Millionen armer Arbeiter" heilen könne[13]. Dieser Zweifel wurde Jahrzehnte später einer immer wachsenden Zahl von Arbeitern zur Gewißheit. Die bürgerlichen Klassen vernahmen dagegen nur Romagnosis Warnungen vor den sozialen Erschütterungen des Industrialismus und versuchten, ihnen mit dem italienischen Weg der Industrialisierung Rechnung zu tragen. Eine geschichtliche Ironie liegt darin, daß sie damit, statt dem Übel zuvorzukommen, es nur noch verschlimmerten. Die „Frühreife" und die Radikalität der italienischen Arbeiterbewegung waren zugleich ein Resultat dieses spezifischen Industrialisierungsprozesses und ein Angriff auf ihn.

Anmerkungen

I. Einleitung

[1] L'Italia del popolo, 9./10. Febr., 9./10. und 17./18. März 1891.

[2] Zu Sombarts italienischen Schriften siehe E. Ragionieri, Socialdemocrazia tedesca e socialisti italiani, 1875–1895. L'influenza della socialdemocrazia tedesca sulla formazione del Partito Socialista Italiano, Milano 1961, App. A: ,,Werner Sombart e il movimento operaio italiano.''

[3] W. Sombart, Der gegenwärtige Stand der italienischen Arbeiterbewegung, in: Sozialpolitisches Centralblatt, Jg. 1, Nr. 39, 26. Sept. 1892, S. 479–483; ders., Italienische Briefe I und III, ebd., Jg. 3, Nr. 28 und 31, 9. April und 30. April 1894, S. 326 u. 365.

[4] G. Manacorda, Il movimento operaio italiano attraverso i suoi congressi. Dalle origini alla formazione del Partito socialista (1853–1892), Roma 1971[3], S. 48–50 (Vorwort zur ersten Auflage von 1953).

[5] Rerum scriptor (= Gaetano Salvemini), I partiti politici milanesi nel secolo XIX, Milano 1899 (wiederabgedruckt in: ders., Opere, Bd. II/2: Scritti sul Risorgimento, hg. von P. Pieri u. C. Pischedda, Milano 1961, S. 27–123).

[6] G. Manacorda, Formazione e primo sviluppo del Partito socialista in Italia. Il problema storico e i più recenti orientamenti storiografici, in: Il movimento operaio e socialista. Bilancio storiografico e problemi storici. Atti del Convegno promosso da ,,Mondo operaio'' per il 70° del Partito Socialista Italiano, Firenze 18–20 gennaio 1963, Milano 1965, S. 144–149 (die Übersetzung dieses Zitats und aller folgenden stammen, sofern nicht ausdrücklich anders angemerkt, vom Verfasser).

[7] Ebd., S. 174 f.; G. Procacci, Antonio Labriola primo marxista italiano, in: Rinascita, 19. Jan. 1963, S. 26.

[8] Manacorda, Formazione, S. 152; ders., Il movimento operaio, S. 139 f.

[9] Manacorda, Formazione, S. 149 f.: ,,Wer sind also die ‚Arbeiter', die die Basis des *Partito dei Lavoratori Italiani* bilden?''

[10] Manacorda, Il movimento operaio, S. 49.

[11] Vgl. etwa die im Literaturverzeichnis genannten Werke von Briguglio, Cortesi und Perli.

[12] S. Merli, Proletariato di fabbrica e capitalismo industriale. Il caso italiano: 1880–1900, Firenze 1972; der 1973 erschienene 2. Band enthält eine Zusammenstellung von 367 Dokumenten über die italienische Arbeiterklasse in dem fraglichen Zeitraum.

[13] G. Barone, La nascita del proletariato industriale in Italia, in: Studi storici, Bd. 14, 1973, S. 699–709; im selben Sinn äußert sich auch A. Monti, Alle origini della classe operaia italiana, in: Quaderni storici, Bd. 8, 1973, S. 1040–1048.

[14] Siehe die im Lit.-Verz. genannten Arbeiten von Gigli Marchetti, Mereu und Osnaghi Dodi (1972), die zusammen mit zwei anderen Abhandlungen (A. Cocucci Deretta, I cappelai monzesi, und L. Davite, I lavoratori meccanici e metallurgici in Lombardia) in dem Sammelband Grande industria, proletariato e organizzazione di classe in Italia (= Classe, Nr. 5, Febr. 1972), vereinigt sind.

[15] L. A. Tilly, The Working Class of Milan, 1881–1911, Ph. D. Dissertation, University of Toronto 1973.

[16] A. Gerschenkron, Economic Backwardness in Historical Perspective. A Book of Essays, Cambridge, Mass. 1966[2], S. 62.

[17] Partito dei Lavoratori Italiani. Comitato Centrale. Milano, Rapporto al Congresso internazionale di Zurigo (1893) sulla costituzione e sull'azione del Partito dei Lavoratori Italiani, Milano 1893, S. 20.

[18] W. Sombart, Italienische Briefe II, in: Sozialpolitisches Centralblatt, Jg. 3, Nr. 30, 23. April 1894, S. 355.

[19] Merli, Bd. 1, S. 33; K. Marx, Das Kapital, Bd. 1 (= Marx/Engels, Werke, Bd. 23), Berlin 1962, S. 393.

[20] Gerschenkron, Backwardness, S. 41; zur Kritik an Rostow siehe ebd., S. 355–357, und R. Romano, Vorwort zur Neuausgabe von R. Morandi, Storia della grande industria in Italia, Torino 1966, S. 16–20.

[21] Gerschenkron, Backwardness, S. 44 u. 78.

[22] E. J. Hobsbawm, From Social History to the History of Society, in: Daedalus, Bd. 100, Nr. 1, 1971, S. 24.

[23] L. Cafagna, The Industrial Revolution in Italy, 1830–1914, in: C. M. Cipolla (Hg.), The Fontana Economic History of Europe, Bd. IV/1, London 1973, S. 279–284; B. Caizzi, L'economia lombarda durante la restaurazione (1814–1859), Milano 1972, S. 80–84; A. De Maddalena, Prezzi e mercedi a Milano dal 1701 al 1860, Milano 1974, S. 267.

[24] A. De Maddalena, L'industria milanese dalla restaurazione austriaca alla vigilia dell'unificazione nelle rivelazioni della Camera di commercio di Milano, Milano 1957, S. 24 f.

[25] L. Cafagna, L'avventura industriale di Giovanni Agnelli e la storia imprenditoriale italiana, in: Quaderni storici, Bd. 8, 1973, S. 154 f.; G. Toniolo, Alcune tendenze dello sviluppo economico italiano, 1861–1940, in: ders. (Hg.), Lo sviluppo economico italiano, Bari 1973, S. 7, Anm. 11.

[26] Cafagna, The Industrial Revolution, S. 291 f., und Castronovo, La storia economica, S. 86.

[27] Die wichtigsten Arbeiten über diesen Zeitraum, auf die sich die folgende Darstellung stützt, sind: Gerschenkron, Backwardness, S. 72–89: „Notes on the Rate of Industrial Growth in Italy, 1881–1913", und S. 367–421: „Description of an Index of Italian Industrial Development, 1881–1913"; Toniolo, Tendenze, S. 13–30; S. Fenoaltea, Riflessioni sull'esperienza industriale italiana dal Risorgimento alla prima guerra mondiale, in: Toniolo (Hg.), S. 121–156; ders., Decollo, ciclo e intervento dello stato, in: A. Caracciolo (Hg.), La formazione dell'Italia industriale, Bari 1971³, S. 95–113; Cafagna, The Industrial Revolution, S. 292–325; ders., La formazione di una „base industriale" fra il 1896 e il 1914, in: Studi storici, Bd. 2, 1961, S. 690–724; vgl. auch die allerneuste Synthese von V. Castronovo, La storia economica, in: R. Romano u. C. Vivanti (Hg.), Storia d'Italia, Bd. IV/1: Dall'Unità a oggi, Torino 1975, Teil 1.

[28] Fenoaltea, Decollo, S. 100 u. 108; eine ähnliche Auffassung findet sich bereits bei Cafagna, La formazione, S. 694.

[29] Cafagna, The Industrial Revolution, S. 321.

[30] G. Luzzatto, L'economia italiana dal 1861 al 1894, Torino 1968², S. 116–118.

[31] Atti del Comitato della Inchiesta industriale, 5 Bde., Roma 1873–74, Bd. 5, categ. 14, § 1 (Mobilie, carrozze ed altri veicoli), S. 3: mündliche Aussage von F. Grondona; im selben Sinn äußerten sich auch die Zeitung Il Giorno vom 11. März 1872, und einige Jahre früher der Wollfabrikant A. Rossi (siehe L. Avagliano, Alessandro Rossi e le origini dell'Italia industriale, Napoli 1970, S. 135).

[32] Toniolo, Tendenze, S. 11–13; ebenso Luzzatto, Economia, S. 113.

[33] Siehe unten Kap. V. 5. Diesen Gedanken äußerte als erster und, so weit ich sehe, als einziger bereits R. Morandi, Storia della grande industria in Italia (1931), Torino 1966, S. 122.

[34] Fenoaltea, Decollo, S. 98–100 u. 109–113 (Hervorhebung von mir); ders., Riflessioni, S. 129–135.

[35] Gerschenkron, Backwardness, S. 79–83 u. 116 f.; ders., The Industrial Development of Italy: A Debate with Rosario Romeo, in: ders., Continuity in History and Other Essays, Cambridge/Mass. 1968, S. 117–119; Fenoaltea, Decollo, S. 108 u. 112 f.; ders., Riflessioni, S. 136–138 u. 142 f.; ders., Le ferrovie e lo sviluppo economico italiano, 1861–1913, in: Toniolo (Hg.), S. 178. Nachdrücklich verteidigt wurde die Wirtschaftspolitik der Regierung dagegen von

R. Romeo, Risorgimento e capitalismo (Taschenbuchausgabe „Universale Laterza"), Bari 1970, S. 175–179, und von M. Calzavarini, Il protezionismo industriale e la tariffa doganale del 1887, in: Clio, Bd. 2, 1966, S. 55–93.

[36] Cafagna, The Industrial Revolution, S. 293 f. u. 299 f.; Gerschenkron, Backwardness, S. 84 f. u. 115 f.; ders., Continuity, S. 103–106.

[37] Siehe unten Kap. II, S. 49.

[38] Gerschenkron, Backwardness, S. 78–86, 113 f. u. 363 f.

[39] Ebd., S. 85 f.

[40] R. Romeo, Breve storia della grande industria in Italia, Rocca San Casciano 1967³, S. 99; vgl. auch Cafagna, The Industrial Revolution, S. 300–302.

[41] G. Are, Economia e politica nell'Italia liberale (1890–1915), Bologna 1974, S. 78.

II. Die Industrielle Revolution in Italien

[1] G. D. Romagnosi, Considerazioni sulla libertà commerciale in oggi adottata dall'Inghilterra, in: Annali universali di statistica, Bd. 20, 1829, S. 131 (= Opere, hg. von A. De Giorgi, Bd. VI/1, Milano 1845, S. 60 f.).

[2] Vgl. F. Sirugo, L'Europa delle riforme. Cavour e lo sviluppo economico del suo tempo (1830–1850) = Introduzione zu ders. (Hg.), Camillo Cavour, Scritti di economia, 1835–1850, Milano 1962, S. XLVIII–LII.

[3] G. Quazza, L'età della decadenza nella storiografia del dopoguerra, in: Studi storici, Bd. 9, 1968, S. 63–72; C. M. Cipolla, The Economic Decline of Italy, in: ders. (Hg.), The Economic Decline of Empires, London 1970, S. 196–214; B. Caizzi, Industria, commercio e banca in Lombardia nel XVIII secolo, Milano 1968, S. 137.

[4] L. Cafagna, La „rivoluzione agraria" in Lombardia, in: Annali Feltrinelli, Bd. 2, 1959, S. 370 f.

[5] J. C. L. Simonde de Sismondi, Études sur l'économie politique, Bd. 1, Paris 1837, S. 34; vgl. auch L. Epsztein, L'économie et la morale aux débuts du capitalisme industriel en France et en Grande-Bretagne, Paris 1966, S. 113 ff.

[6] G. D. Romagnosi, Osservazioni economiche sull'Italia . . ., in: Annali universali di statistica, Bd. 19, 1829, S. 145–150; dort anonym veröffentlicht; Zuschreibung nach ders., Opere, Bd. VI/1, S. 244–247.

[7] M. Gioja, Sulle manifatture nazionali e tariffe daziarie. Discorso popolare, Milano 1819, S. 46. Zu Giojas Ansichten über die Bekämpfung des Pauperismus siehe unten Kap. V, S. 165 f.

[8] Romagnosi, Osservazioni.

[9] M. Romani, L'economia milanese nell'età della Restaurazione, in: Storia di Milano, Bd. 14, Milano 1960, S. 720–722, bes. S. 720, Anm. 1; L. Cafagna, Agricoltura e accumulazione negli scritti economici di Carlo Cattaneo, in: Società, Bd. 12, 1956, S. 623–648, bes. S. 646 f.; ders., Carlo Cattaneo economista militante, in: C. G. Lacaita (Hg.), L'opera e l'eredità di Carlo Cattaneo, Bd. 1: L'opera, Bologna 1975, S. 207–244; zu Cavour siehe unten Anm. 34.

[10] C. Correnti, Dell'industria cotoniera, in: Annali universali di statistica, Bd. 76, 1843, S. 320; ders., L'Austria e la Lombardia (1847), in: ders., Scritti scelti, Bd. 1, Roma 1891, S. 581.

[11] Annali universali di statistica, Bd. 39, 1834, S. 87–90 (Auszüge aus dem Werk des Barons C. d'Haussez, La Grande-Bretagne en mil huit cent trente-trois, 2 Bde., Paris 1833); G. Sacchi, Sull'industria manifatturiera in Inghilterra, e sull'influenza che esercita sullo stato fisico della popolazione, ebd., Bd. 40, 1834, S. 89; ders., Progetto di una statistica generale, ebd., Bd. 71, 1842, S. 190; ders., ebd., Bd. 91, 1847, S. 152; C. Cavour, Corso di economia politica professato dal signor Francesco Ferrara (Dezember 1849), in: ders., Scritti di economia, S. 451. – Zu Frankreich vgl. M. Perrot, Enquêtes sur la condition ouvrière en France au 19ᵉ siècle, Paris 1972, S. 24,

252

aus deren weiteren Ausführungen die starken Affinitäten der hier zitierten Autoren mit den französischen „sozialen" Ökonomen deutlich werden.

[12] Sacchi, Progetto; G. B. Michelini, Interrogazioni proposte a chi intende visitare le manifatture, in: Rivista europea, Jg. 5, 1842, Teil 4, S. 284–301; G. Sacchi, Esposizione pubblica . . ., in: Annali universali di statistica, Bd. 115, 1853, S. 70. – Aus eigener Anschauung kannten auch Cavour und Petitti die Verhältnisse in England, Frankreich, Belgien usw.

[13] Anon., Cenni statistici su le macchine a vapore nella contea di Lancashire, o Lancaster, centro dell'industria britannica, in: Annali universali di statistica, Bd. 10, 1826, S. 157–159; Anon., Manchester; sua origine, suoi progressi e sua condizione presente, in: ebd., Bd. 53, 1837, S. 34–42; zahlreiche weitere Belege enthalten die in den vorigen und nachfolgenden Anmerkungen zitierten Artikel. – Zu dem gesamten Komplex siehe auch K. R. Greenfield, Economics and Liberalism in the Risorgimento. A Study of Nationalism in Lombardy, 1814–1848 (1934), Baltimore 1965[2], S. 236 ff., und Morandi, S. 87–89, die beide auf einige der in diesem Abschnitt zitierten Passagen bereits hingewiesen haben. Es verdient hervorgehoben zu werden, daß diese Autoren, die beide in den 1930er Jahren geschrieben haben, für das hier diskutierte Problem eine größere Sensibilität bewiesen haben als alle späteren.

[14] G. Levi, Dell'organizzazione del lavoro, in: Rivista europea, 1847, 2. Sem., S. 678; ebenso argumentieren Michelini; L. Valerio, Interrogazioni proposte a chi intende visitare le manifatture, Torino 1841 (in Auszügen veröffentlicht in: Annali universali di statistica, Bd. 71, 1842, S. 188–204); G. Sacchi in seinen Erläuterungen zur vorigen Schrift (S. 186–191 u. 204); C. Cavour, Influenza delle riforme sulle condizioni economiche dell'Italia (Dez. 1847), in: ders., Scritti di economia, S. 287–290.

[15] Siehe Greenfield, S. 119–122; G. M. Bravo, Torino operaia. Mondo del lavoro e idee sociali nell'età di Carlo Alberto, Torino 1968, S. 69–75; F. Della Peruta, Aspetti della società italiana nell'Italia della restaurazione, in: Studi storici, Bd. 17, 1976, S. 41 ff.; S. Zaninelli, Il lavoro dei fanciulli nell'industria lombarda alla metà del secolo XIX, in: Annuario del Centro studi CISL, Bd. 2, 1964, S. 269–286; über Europa insgesamt: W. L. Langer, Political and Social Upheavel, 1832–1852, New York 1969, S. 210–212. – Zu Petitti siehe die großartige Ausgabe seiner ausgewählten Werke von G. M. Bravo (Hg.), C. I. Petitti di Roreto, Opere scelte, 2 Bde., Torino 1969.

[16] Cavour, Influenza (s. o. Anm. 14), S. 290.

[17] Anon., Manchester (s. o. Anm. 13), S. 42.

[18] Michelini, S. 294.

[19] Annali universali di statistica, Bd. 76, 1843, S. 40 f., Anm. 1: Kommentar des Herausgebers, wahrscheinlich Giuseppe Sacchis, zu einem Artikel von L. A. Parravicini, Della necessità di promuovere le macchine, le manifatture, il commercio e le scuole tecniche in Italia.

[20] G. Sacchi, in: Annali universali di statistica, Bd. 91, 1847, S. 150–153 (Besprechung des Werks von G. Frattini, Sulla filatura e tessitura del cotone in Lombardia . . ., Milano 1846); vgl. auch Greenfield, S. 121 f.

[21] M. Perrot, Les ouvriers en grève. France 1871–1890, 2 Bde., Paris 1974, Bd. 1, S. 188, die dazu auf den Aufsatz von M. Ozouf, L'image de la ville chez Claude-Nicolas Ledoux, in: Annales ESC, Bd. 21, 1966, S. 1273–1304, verweist.

[22] G. Sacchi, Esposizione pubblica degli oggetti d'industria e delle manifatture in Milano, in: Annali universali di statistica, Bd. 115, 1853, S. 74.

[23] Siehe S. Soldani, Contadini, operai e „popolo" nella rivoluzione del 1848–49 in Italia, in: Studi storici, Bd. 14, 1973, S. 599–602.

[24] G. de Cavour, Des idées communistes et des moyens d'en combattre le développement, in: Bibliothèque universelle de Genève, 4. série, 1re année, tome 1, 1846, S. 6 (das nächste Zitat auf S. 9). – Zu den Reaktionen der herrschenden Klassen auf die von der Industrialisierung ausgehenden Bedrohungen für die gesellschaftliche Ordnung vgl. den grundlegenden Aufsatz von G. Manacorda, Lo spettro del comunismo nel Risorgimento (1951), in: ders., Storiografia e socia-

lismo, Padova 1967, S. 65–88; außerdem: G. Salvemini, Mazzini, App. C: ,,La paura del socialismo fra il 1847 e il 1860", in: ders., Opere, Bd. II/2, S. 248–251; Bravo, Torino operaia, S. 197 ff.; ders., Storia del socialismo, 1789–1848, Roma 1971, S. 385 ff.; A. Bernardello, La paura del comunismo e dei tumulti popolari a Venezia e nelle province venete nel 1848–49, in: Nuova rivista storica, Bd. 54, 1970, S. 50–113.

[25] C. Cavour, La sollevazione operaia di giugno e il socialismo (Juni 1848), in: ders., Scritti di economia, S. 385. Zu Cavours Haltung gegenüber der Februar-Revolution siehe R. Romeo, Cavour e il suo tempo, Bd. II/1, Bari 1977, S. 300 ff.

[26] Zu den Reaktionen auf die englische Industrielle Revolution in den Ländern der ,,zweiten Generation" und zu einigen höchst signifikanten Divergenzen zwischen der englischen und der kontinentalen Industrialisierung siehe D. S. Landes, The Unbound Prometheus. Technological Change and Industrial Development in Western Europe from 1750 to the Present, London 1969, S. 188–192; Epsztein, L'économie et la morale; D. K. Cohen, The Vicomte de Bonald's Critique of Industrialism, in: The Journal of Modern History, Bd. 41, 1969, S. 475–484; P. N. Stearns, British Industry through the Eyes of French Industrialists (1820–1848), ebd., Bd. 37, 1965, S. 50–61; ders., Die Herausbildung einer sozialen Gesinnung im Frühindustrialismus. Ein Vergleich der Auffassungen französischer, britischer und deutscher Unternehmer, in: Kölner Zeitschrift für Soziologie und Sozialpsychologie, Sonderheft 16, 1972, S. 320–342.

[27] Romeo, Risorgimento e capitalismo, Teil II; Gerschenkron, Backwardness, Kap. V, bes. S. 110–112; ders., Continuity, Kap. V (Diskussion mit Romeo).

[28] E. R. Tannenbaum u. E. P. Noether (Hg.), Modern Italy. A Topical History Since 1861, New York 1974, S. XXVIII f. (Einleitung der Herausgeber).

[29] Vgl. E. J. Hobsbawm, Primitive Rebels. Studies in Archaic Forms of Social Movement in the 19th and 20th Centuries, Manchester 1959; V. Hunecke, Die neuere Literatur zur Geschichte der italienischen Arbeiterbewegung, Teil I: Von den Anfängen bis zum Vorabend des Ersten Weltkriegs, in: Archiv für Sozialgeschichte, Bd. 14, 1974, S. 560 ff.

[30] Tannenbaum/Noether, S. XI. Aus der unübersehbaren Literatur über die italienische Einigung sei in diesem Zusammenhang allein auf die tiefgründige Gedächtnisrede von E. Garin, Cento anni: Interpretazioni storiche e programmi politici, in: ders., La cultura italiana tra '800 e '900, Bari 1963, S. 3–25, verwiesen.

[31] Hierzu vgl. das wichtige Buch von G. Are, Il problema dello sviluppo industriale nell'età della Destra, Pisa 1965, und ders., Il problema delle industrie di base in Italia dopo l'Unità, in: Critica storica, Bd. 3, 1964, S. 287–326.

[32] W. Sombart, Die Handelspolitik Italiens seit der Einigung des Königreichs, in: Schriften des Vereins für Socialpolitik, Bd. 49, Leipzig 1892, S. 86.

[33] L. Cafagna, Industrialismo e politica economica dopo l'unità d'Italia, in: Annali Feltrinelli, Bd. 5, 1962, S. 151; vgl. hierzu auch die beiden wichtigen Aufsätze von G. Mori, Osservazioni sul libero-scambismo dei moderati nel Risorgimento, in: ders., Studi di storia dell'industria, Roma 1967², S. 29–41, und: La genesi della industrializzazione italiana, in: ders., Il capitalismo industriale in Italia. Processo d'industrializzazione e storia d'Italia, Roma 1977, S. 65–79; ferner: Fenoaltea, Riflessioni, S. 143 f.; A. Pedone, La politica del commercio estero, in: G. Fuà (Hg.), Lo sviluppo economico in Italia, Bd. 2, Milano 1974², S. 242 f.; L. Izzo, Vicende della politica commerciale italo-francese dal 1860 al 1892, in: Rassegna storica del Risorgimento, Bd. 44, 1957, S. 390–408, bes. S. 395.

[34] F. Chabod, Storia della politica estera italiana dal 1870 al 1896 (1951) (Taschenbuchausgabe ,,Universale Laterza"), 2 Bde., Bari 1965, Bd. 1, S. 404–415; zu Cavours wirtschaftspolitischen Anschauungen siehe Cafagna, Industrialismo, S. 155–164, und Are, Il problema dello sviluppo industriale, S. 24–44.

[35] G. de Cavour, Des idées communistes, S. 36 (siehe zu dieser Metapher den Kommentar von G. Manacorda [Hg.], Il socialismo nella storia d'Italia [Taschenbuchausgabe ,,Universale Laterza"], Bd. 1, Bari 1972², S. 17, Anm. 1, S. 5 u. 21); Cavour, La sollevazione operaia (s. o.

Anm. 25), S. 382 (vgl. zu dieser Stelle auch Chabod, S. 386 u. 431); L. Luzzatti, Le diverse tendenze sociali degli operai italiani, in: Nuova antologia, Bd. 101, 1888, S. 664 (= ders., Opere, Bd. 4, Bologna 1952, S. 60).

[36] Are, Il problema dello sviluppo industriale, S. 57–60 (dort auch die Zitate aus der Relation Fabronis); siehe auch ebd., S. 64, die Begründung, mit welcher der Abgeordnete Mellana eine Beteiligung Italiens an der Londoner Weltausstellung von 1862 ablehnt.

[37] G. B. Pirelli, La fabbrica d'acciajo fuso del Sig. Federico Krupp ad Essen (Prussia Renania), in: Il Politecnico, Bd. 19, 1871, S. 669–679 u. 757–771 (die Zitate auf S. 671 u. 770 f.).

[38] L. Luzzatti, Le rivelazioni della previdenza all'Esposizione nazionale di Milano, Teil I, in: Nuova antologia, Bd. 60, 1881, S. 4 f., Anm. 2.

[39] Vgl. G. Are, Alla ricerca di una filosofia dell'industrializzazione nella cultura e nei programmi politici in Italia (1861–1915), in: Nuova rivista storica, Bd. 53, 1969, S. 45; Chabod, S. 412; I. Barbadoro, Storia del sindacalismo italiano, Bd. 1: La Federterra, Firenze 1973, Kap. V: ,,La mezzadria e la compartecipazione".

[40] Are, Alla ricerca, S. 70.

[41] Siehe Perrot, Les ouvriers en grève, Bd. 2, S. 714.

[42] R. Vivarelli, Italia liberale e fascismo, in: Rivista storica italiana, Bd. 82, 1970, S. 680.

[43] Zum ,,Echo" der Pariser Kommune in Italien vgl. außer Chabod, S. 424 ff., noch: A. Berselli, La questione sociale e i moderati italiani nel 1871, in: Clio, Bd. 1, 1965, S. 208–237; R. De Mattei, Le prime discussioni in Italia sull'esistenza d'una ,,questione sociale", in: Ricerche storiche e economiche in memoria di Corrado Barbagallo, Bd. 3, 1970, S. 103–119; F. Della Peruta, La Comune e l'opinione pubblica in Italia, in: Il Calendario del popolo, Jg. 27, Nr. 316, Febr. 1971, S. 2911–2914. Mit großer Ausführlichkeit ist dieses Problem darüber hinaus in zahlreichen Darstellungen über die Arbeiterbewegung berücksichtigt worden (Rosselli, Romano, Hostetter, Conti usw.).

[44] Eine auf die beiden Stichworte ,,operai" und ,,questione sociale" beschränkte statistische Auswertung von A. Pagliaini, Catalogo generale della libreria italiana dall'anno 1847 a tutto il 1899, Indice per materie, Bde. 2 und 3, Milano 1910 und 1922, zeigt, daß die selbständigen Publikationen über die Soziale Frage bis 1871 äußerst selten waren, 1872 sprunghaft anstiegen, in den Jahren bis 1889 nur dreimal, nämlich 1879, 1882 und 1884, das Niveau von 1872 übertrafen und erst ab 1890 regelmäßig in größerer Häufigkeit erschienen (etwa 15 im Jahresdurchschnitt). Die sehr viel zahlreicheren Veröffentlichungen zur Sozialen Frage in Zeitungen und Zeitschriften dürften ihrer Häufigkeit nach diesem Verlauf entsprochen haben.

[45] Siehe De Mattei.

[46] Chabod, S. 390 ff.

[47] E. Fano, Delle istituzioni di previdenza e della condizione delle classi lavoratrici in Italia, in: Il Politecnico, Bd. 16, 1863, S. 132. – Alessandro Rossi, der sich dieser Initiativen noch entsann, versuchte später, in seinem Kampf gegen die Sozialgesetzgebung, die frühen Warnungen Sacchis und Correntis als Übertreibungen zu disqualifizieren (vgl. E. Franzina, Alle origini dell'Italia industriale, S. 211).

[48] Siehe Luzzatto, L'economia italiana, S. 87.

[49] A. Errera, Inchiesta sulle condizioni degli operai nelle fabbriche, in: Archivio di statistica, Bd. 4, 1879, S. 113–188 (auf S. 116 erinnert Errera kurz an die Untersuchungen von Petitti und Sacchi); ausführlich über Luzzattis *Associazione* handelt V. Sellin, Die Anfänge staatlicher Sozialreform im liberalen Italien, Stuttgart 1971, bes. S. 36, 43 f. u. 89 f.

[50] W. Sombart, Lohnstatistische Studien, in: Archiv für soziale Gesetzgebung und Statistik, Bd. 2, 1889, S. 280.

[51] Zu diesen ,,konservativen" Reformern vgl. außer Luzzatto, L'economia italiana, S. 142 f., vor allem den Aufsatz von R. Villari, Alle origini del dibattito sulla ,,questione sociale", in: ders., Conservatori e democratici nell'Italia liberale, Bari 1964, S. 43–89. – Programmatisch hatte Pasquale Villari 1878 formuliert: ,,Die Soziale Frage, welche heute die zivilisiertesten Län-

der allesamt bedroht, nimmt in den verschiedenen Völkern verschiedene Formen an. In Italien ist sie wesentlich eine Agrarfrage" (in: ders., Lettere meridionali ed altri scritti sulla questione sociale in Italia, Torino 1885[2], S. 315); in der Substanz teilte dieses Urteil auch noch Nitti Anfang der 90er Jahre (F. S. Nitti, La legislazione sociale, S. 186, 189 u. 223).

[52] P. Villari, La questione sociale, in: Rassegna settimanale, 27. Nov. 1881 (in: ders., Lettere meridionali, S. 333 f.).

[53] F. S. Nitti, L'assicurazione obbligatoria e la responsabilità dei padroni e imprenditori per gli infortuni sul lavoro (März 1890), in: ders., Scritti di economia e finanza, Bd. 2, Bari 1960 (= Ed. naz. delle Opere di F.S.N., Bd. 6), S. 483; ders., La legislazione sociale in Italia e le sue difficoltà (1892), in: ders., Scritti sulla questione meridionale, Bd. 1, Bari 1958 (= Opere, Bd. 1), S. 173 u. 205; ders., Per la plebe (1893), ebd., S. 463–467; ders., Poor Relief in Italy (Jan. 1892), ebd., S. 225–249. – Bisher habe ich noch nicht feststellen können, wann und bei welcher Gelegenheit Cavour die ihm von Nitti zugeschriebene Äußerung getan hat.

[54] Siehe R. Villari, Alle origini, S. 74–76 (dort auch die Zitate); Atti della Commissione d'inchiesta per la revisione della tariffa doganale. II. Parte industriale. Relazione del deputato V. Ellena, Roma 1886, S. 72. Ausführlich über das Gesetz von 1886 handeln Sellin, S. 87–105, und G. Monteleone, La legislazione sociale al Parlamento italiano. La legge del 1886 sul lavoro dei fanciulli, in: Movimento operaio e socialista, Bd. 20, 1974, S. 229–284.

[55] So argumentieren etwa N. Rosselli, Mazzini e Bakunin. Dodici anni di movimento operaio in Italia (1860–1872) (1927), Torino 1967, S. 53 f., und De Mattei, S. 107 f.; Cavour, Corso di economia politica, S. 447.

[56] Rassegna settimanale, 23. Mai 1880 (zitiert in: R. Villari, Alle origini, S. 76); in diese Richtung tendiert der oben in Anm. 42 zitierte Aufsatz von Vivarelli.

[57] Siehe oben, S. 43.

[58] Chabod, S. 385, 390, 418–420 u. 428.

[59] Il Secolo, 12./13. Okt. 1881 (Replik auf einen Artikel in La Perseveranza vom 12. d. M.).

[60] Corriere della sera, 6./7. Juli 1890: „Conservazione e democrazia".

[61] G. Are, Rezension zu Sellin, in: Storia contemporanea, Bd. 4, 1973, S. 170.

[62] T. Vignoli, Delle condizioni morali e civili d'Italia, Milano 1876, zitiert in: Chabod, S. 423; vgl. auch ebd., S. 388–390, 407 u. 422 f. – Die Priorität der Erziehung der Massen vor allen anderen Reformen wurde von der Mehrheit der Zeitgenossen anerkannt; zu den diesbezüglichen Auffassungen A. Rossis vgl. den Aufsatz von Franzina (siehe nächste Anm.), zu denjenigen Luzzattis vgl. Sellin, S. 33, 37 f., 84 u. ö., und L. Luzzatti, Le rivelazioni della previdenza all'Esposizione nazionale di Milano, Teil II, in: Nuova antologia, Bd. 60, 1881, S. 203–224, bes. S. 223 f.; siehe auch unten Kap. V. 5 (S. 181 ff.).

[63] Aus der in den letzten Jahren enorm angeschwollenen Literatur über Rossi seien nur die folgenden Arbeiten genannt: Are, Alla ricerca, S. 70–109; Avagliano, A. Rossi; M. Sabbatini, Formazione e ideologie della società industriale in Italia: I. L'impresa industriale e l'ideologia imprenditoriale di A. R., in: Ideologie, Nr. 12, 1970, S. 160–171; S. Lanaro, Mercantilismo agrario e formazione del capitale nel pensiero di A. R., in: Quaderni storici, Bd. 6, 1971, S. 48–156; G. Baglioni, La costruzione di un paternalismo organico nel pensiero di un imprenditore italiano d'eccezione: A. R., in: Studi di sociologia, Bd. 9, 1971, S. 289–351; E. Franzina, Alle origini dell'Italia industriale: ideologia e impresa in A. R., in: Classe, Nr. 4, 1971, S. 179–231.

[64] Chabod, S. 388 f.; Sellin, S. 93 f.; Merli, Bd. 1, S. 357–371.

[65] W. Sombart, Italienische Briefe IV, in: Sozialpolitisches Centralblatt, Jg. 3, Nr. 33, 1894, S. 393.

[66] Zur Kritik dieser Richtung und insbesondere der Konzeption einer „ursprünglichen Unterentwicklung" vgl. G. Kay, Development and Underdevelopment: A Marxist Analysis, London 1975.

[67] Gerschenkron, Backwardness, S. 7, 22–26 u. 86 f.

[68] Vgl. Fenoaltea, Riflessioni, S. 143.

[69] Zur Kritik der italienischen Unternehmergeschichtsschreibung siehe Cafagna, L'avventura industriale di G. Agnelli; das ältere Buch von Rodolfo Morandi kann noch immer als der geglückteste Versuch einer Integrierung von Industrie-, Unternehmer- und Arbeitergeschichte gelten.

[70] V. Ellena, La statistica di alcune industrie italiane, in: Annali di statistica, Ser. II, Bd. 13, 1880, S. 5–16; zu der von Ellena kritisierten Steuerpolitik siehe A. Pedone, Il bilancio dello Stato, in: G. Fuà (Hg.), Lo sviluppo economico in Italia, Bd. 2, Milano 1974², bes. S. 210–215.

[71] Sombart, Handelspolitik, S. 140–143; Sombart bezieht sich einige Male, so auch im letzten Zitat, ohne ihn namentlich zu nennen, auf Ellena, Atti della Commissione d'inchiesta, S. 70 f.

[72] Vgl. z. B. O. Vitali, La formazione del capitale, in: G. Fuà (Hg.), Lo sviluppo economico in Italia, Bd. 2, Milano 1974², S. 100.

[73] Vgl. z. B. F. Crouzet (Hg.), Capital Formation in the Industrial Revolution, London 1972; P. Bairoch, Révolution industrielle et sous-développement, Paris 1974⁴, S. 45–70; R. Braun u. a. (Hg.), Industrielle Revolution. Wirtschaftliche Aspekte, Köln 1972, Teil IV: „Die Kapitalbildung" (dort vor allem den Aufsatz von K. Borchardt, Zur Frage des Kapitalmangels in der ersten Hälfte des 19. Jahrhunderts in Deutschland).

[74] Belege für die einzelnen Firmen – Elvetica und Grondona: A. Forti Messina, Appunti su un regolamento di fabbrica del 1847, in: Movimento operaio e socialista, Bd. 16, 1970, S. 191 f., Anm. 2; Caizzi, L'economia lombarda, S. 166–169; Camera di Commercio di Milano, Movimento delle ditte commerciali nel 1888 (Anlage zu den „Atti"), S. 27; M. Gobbini, Art. „Ernesto Breda", in: Dizionario biografico degli italiani, Bd. 14, 1972, S. 97. – Richard: M. Lessona, Volere è potere, Firenze 1869, S. 348 ff.; L. Testa, L'ultimo quarto di secolo dell'industria italiana, Milano 1898, S. 258 ff.; L'Industria, 4. Dez. 1892. – Binda: Lessona, S. 339 ff.; F. Ravizza, Ambrogio Binda nei suoi tempi e oggidì, in: Biblioteca „Ambrogio Binda" della Famiglia Meneghina. Catalogo compilato dal dott. L. Diotallevi, Milano 1955, S. XXXIX f. – Pirelli: Pirelli e C. nel suo cinquantenario. 1872–1922. Le origini e il progressivo sviluppo della ditta Pirelli e C., Milano o. J., S. 26. – De Angeli: Art. „Ernesto De Angeli", in: Confederazione Generale dell'Industria Italiana (Hg.), Creatori di lavoro, Roma 1968³, S. 201 f. – Riva: G. Ucelli, La Riva, 1861–1951, Milano o. J., S. 9–13. – Invitti und Süffert: Camera di Commercio di Milano, Movimento delle ditte, S. 19 u. 26.

[75] L. Sabbatini, Notizie sulle condizioni industriali della Provincia di Milano, Milano 1893 (= Annali di statistica, Ser. IV, Bd. 65), S. 59–62.

[76] Zur Entwicklung und Verteilung nach Sektoren des italienischen Aktienkapitals vgl. außer Cafagna, Formazione, S. 693, 696 f. u. 715–718, C. Jarach, Lo sviluppo ed i profitti delle Società per Azioni Italiane, Torino 1906, der auch auf die 80er Jahre ausführlich eingeht.

[77] Siehe B. Gille, Les investissements français en Italie (1815–1914), Torino 1968, S. 319 ff.

[78] Gerschenkron, Continuity, S. 103 ff.; vgl. ders., Backwardness, S. 87–89 u. 363. – Ausführlich über das italienische Bankwesen und die Industriefinanzierung handelt J. S. Cohen, Italy, 1861–1914, in: R. Cameron (Hg.), Banking and Economic Development. Some Lessons of History, New York 1972, S. 58–90, dessen allgemeine Schlußfolgerungen mit der hier vorgeschlagenen Interpretation zumindest teilweise übereinstimmen (C. beschränkt sich fast ausschließlich auf die Schilderung der Angebotseite).

[79] G. Luzzatto, La Lombardia e Milano nel 1859, in: Mondo economico, 13. Juni 1959, S. 14; ders., L'evoluzione economica della Lombardia dal 1860 al 1922, in: La Cassa di Risparmio delle Provincie Lombarde nella evoluzione economica della regione, Milano 1923, S. 456; ders., L'economia italiana, S. 117; siehe ferner M. Romani, Un secolo di vita agricola in Lombardia (1861–1961), Milano 1963, S. 8 mit Anm. 17; Caizzi, L'economia lombarda, S. 295–301; Greenfield, S. 125–127, und Kap. VI: „Capital and Credit" (S. 128–143).

[80] St. Jacini, Grundbesitz und Landvolk in der Lombardie. Nach der dritten ital. Original-Auflage übersetzt von P. Franco, Mailand 1857, S. 187–190.

[81] So etwa von C. Cantù, Grande illustrazione del Lombardo-Veneto, Bd. 1, Milano 1857, S. 391 f., und G. Merlini, Il passato, il presente e l'avvenire della industria manifatturiera in Lombardia, Milano 1857, S. 209 u. 223.

[82] L. Einaudi, Un principe mercante. Studio nell'espansione coloniale italiana, Torino 1900, S. 160 (zitiert in: Gerschenkron, Backwardness, S. 84 f., der irrtümlicherweise von Giulio Einaudi spricht).

[83] C. Cattaneo, Interdizioni israelitiche (1836), in: ders., Opere scelte, hg. von D. Castelnuovo Frigessi, Bd. 1, Torino 1972, S. 209 f. u. 175.

[84] Vgl. Toniolo, Tendenze, S. 20 f.

[85] Vgl. außer den grundlegenden Hinweisen bei Morandi, S. 120–124 u. 149–170, vor allem Merli, Bd. 1, Teile I u. II, passim.

[86] Associazione contro la miseria, La questione degli operai, Milano 1862, S. 8 f.; vgl. auch dies., La Commissione Provvisoria, Al Parlamento Italiano ed al Consiglio dei Ministri, Milano 1862 (Denkschrift gegen die Konzession der Neapolitanischen Eisenbahnen an die Gesellschaft Rothschild-Talabot). Auf diese Fragen geht en passant auch L. Cafagna (Hg.), Il nord nella storia d'Italia. Antologia politica dell'Italia industriale, Bari 1962, S. 116–118, ein; zur antifreihändlerischen Opposition nach 1860 vgl. Are, Il problema dello sviluppo industriale, passim, und Cafagna, Industrialismo, bes. S. 152 ff. u. 164 ff.

[87] Siehe unten Kap. V, S. 175 ff.

[88] Associazione contro la miseria, La questione degli operai, S. 9 f.

[89] F. S. Nitti, I problemi del lavoro (1893), in: ders., Scritti di economia e finanza, Bd. 2, S. 271–290 (das folgende Zitat auf S. 286); ders., L'alimentazione e la forza di lavoro dei popoli (1894), in: ebd., S. 434–482; ders., L'economia degli alti salari (1895), in: ebd., S. 347–433. Die geplante eigene Abhandlung über die Arbeitszeit kam nicht zustande.

[90] J. Schoenhof, The Economy of High Wages. An Inquiry into the Cause of High Wages and Their Effect on Methods and Cost Production, New York 1892; R. W. C. Taylor, The Modern Factory System, London 1891 (der von Nitti erwähnte Taylor ist selbstverständlich nicht der berühmte Frederick Winslow Taylor, wie der Herausgeber dieses Bandes seiner Schriften anmerkt).

[91] Nitti, L'alimentazione, S. 453 ff.

[92] L. Bodio, Di alcuni indici misuratori del movimento economico in Italia, Roma 1891[2], S. 58.

[93] Ellena, Statistica, S. 11 f.; siehe etwa auch F. Borghi, Sull'industria del cotone, in: Conferenze sulla Esposizione Nazionale del 1881, Milano 1881, S. 214 u. 216; Il Sole, 31. Aug. 1890; zu Frankreich vgl. Stearns, British Industry, S. 55 f.

[94] Atti del Comitato della Inchiesta industriale, Bd. 4, categ. 5, §§ 2 e 3 (Filatura del lino e della canapa), S. 4: mündliche Aussage des Inhabers von Cusani e C., Mailand, mit Fabrik in Cassano d'Adda.

[95] Siehe G. Procacci, La lotta di classe in Italia agli inizi del secolo XX, Roma 1970, S. 13 f.

[96] Beeindruckende Beispiele für die Flucht der Industrien aus Mailand in der ersten Hälfte des 19. Jahrhunderts nennt De Maddalena, L'industria milanese, S. 15 f., 27 f. u. 37 (Glas, Möbel, Hüte).

[97] Nitti, La legislazione sociale, S. 213; W. Sombart, Studien zur Entwicklungsgeschichte des italienischen Proletariats, I–III, in: Archiv für soziale Gesetzgebung und Statistik, Bd. 6, 1893, S. 198–201 (das nächste Zitat auf S. 197); zur Frauen- und Kinderarbeit vgl. außerdem Procacci, La lotta di classe, S. 9–13, und Merli, Bd. 1, S. 109–112 u. 239–243. Zum fehlenden Arbeiterschutz siehe unten Kap. VI. 1, S. 195 f.

[98] Cafagna, Formazione, S. 723.

[99] Gerschenkron, Backwardness, S. 9; vgl. ebd., S. 126 f.

[100] Ellena, Statistica, S. 11; ders., Atti della Commissione d'inchiesta, S. 70 f.

[101] Ellena, Statistica, S. 16 f., Anm. 1.

[102] Siehe unten Kap. IV, Anm. 5.

[103] Gerschenkron, Backwardness, S. 9 f. (das Zitat folgt der deutschen Übersetzung in: Braun [Hg.], Industrielle Revolution, S. 62); vgl. ebd., S. 50.

[104] Cafagna, The Industrial Revolution, S. 319.

III. Mailand und seine Bevölkerung

[1] Vgl. hierzu und zum Folgenden F. Reggiori, Milano 1800–1943. Itinerario urbanistico-edilizio, Milano 1947, bes. S. 23 ff.; A. Buzzi-Donato, Note sullo sviluppo di Milano negli ultimi cento anni, in: Quaderni di documentazione e studio, Nr. 1, 1969, S. 1 ff.; P. Farina u. A. Grimoldi (Hg.), Per quale Milano. Conoscere la storia di Milano per cambiare la città, Milano 1973.

[2] Farina u. Grimoldi, S. 221.

[3] Cantù, Grande illustrazione, Bd. 1, S. 278 u. 356.

[4] Ebd., S. 353. Nach F. Nasi, 1860–1899: Da Beretta a Vigoni (= Città di Milano, Nr. 85/5), Milano 1968, S. 22, gab die Gemeinde zwischen 1810 und 1860 für diese Zwecke 20 Mill. L. aus.

[5] Bis zur Reform des Gemeindewahlrechts von 1889 besaßen gerade 5 % aller Mailänder das Wahlrecht, von dem allerdings nicht einmal die Hälfte, bisweilen nur ein Drittel der eingeschriebenen Wähler Gebrauch machte.

[6] C. Cattaneo, Sul progetto d'una piazza pel Duomo di Milano, in: Il Politecnico, Bd. 1, 1839, S. 238.

[7] Siehe Milano tecnica dal 1859 al 1884. Pubblicazione fatta a cura del Collegio degli ingegneri ed architetti, Milano 1885, S. 121 ff. u. 159 ff.; C. Zucchi, Igiene, in: Mediolanum, Bd. 1, 1881, S. 99–114; A. Cantalupi, I lavori per la costruzione del Carcere Cellulare Giudiziario in Milano, Milano 1880.

[8] I. U. Tarchetti, Paolina (Misteri del Coperto de' Figini), Milano 1866, in: ders., Tutte le opere, hg. von E. Ghidetti, Bd. 1, Rocca San Casciano 1967, S. 252.

[9] G. Sacchi, Intorno alla fondazione di nuove abitazioni per la classe operaja in Milano, in: Annali universali di statistica, Bd. 137, 1859, S. 30 ff.; vgl. auch ebd., Bd. 144, 1860, S. 88 ff.

[10] T. Massarani, Rapporto municipale sulla società edificatrice di case per operai, di bagni e lavatoi pubblici, in: Atti del Municipio 1861, Sitzung des Consiglio Comunale vom 1. Aug. 1861, S. 304 ff.

[11] Relazione del Sindaco sulla gestione municipale del 1861 . . ., in: La Lombardia, 7. Dez. 1861 (Suppl.).

[12] Atti del Municipio 1873–74, Sitzung des Consiglio Comunale vom 6. Nov. 1873, S. 63 ff.: Interpellation von Tullo Massarani ,,über die Wohnungen für die arbeitenden Klassen"; einige Zahlen für 1864, in: La Lombardia, 24. Sept. 1864; vgl. auch Il Giorno, 15. Dez. 1871.

[13] ,,La casa del povero", in: Il Secolo, 4./5. Aug. 1889: ,,Milano è stata sventrata . . .";dieser Artikel wurde später von der Zeitung Il Muratore, 28. Aug. 1892, unter dem Titel ,,Lo sventramento della città di Milano. Le case dei ricchi e quelle dei poveri", wiederabgedruckt.

[14] Siehe Il Secolo, 5./6. Okt. 1887; 29./30. Sept. 1888; 29./30. Sept. und 2./3. Okt. 1890 (,,Die Emigration von Arbeitern über die Zollgrenze zeigt sich besonders stark in den Vierteln um die Porta Garibaldi, Porta Ticinese und Porta Nuova"). – Die Zahl der abgerissenen Häuser nach MAIC, Notizie sulle condizioni demografiche, edilizie ed amministrative di alcune grandi città italiane ed estere nel 1891, Roma 1893, S. 86 (im äußeren Kreis wurden in derselben Zeit 91 Häuser abgerissen).

[15] Atti del Municipio 1883–84, Sitzung des Consiglio Comunale vom 16. April 1884, S. 381.

[16] Siehe Tilly, Working Class, S. 303–305, und M. T. Mereu, Origini e primi sviluppi dell'organizzazione di classe dei muratori milanesi, in: Classe, Nr. 5, 1972, S. 248, die sich beide auf die Berechnungen von G. Montemartini, La questione delle case operaie in Milano. Indagini statisti-

che, Milano 1903, stützen. – Die zeitgenössische Presse ist voll von phantastisch hohen und teils widersprüchlichen Angaben über leerstehende Wohnräume (zwischen 6000 und 42 000), so daß man diesen nur eine geringe Glaubwürdigkeit beimessen kann (siehe z. B. Il Secolo, 11./12. Febr. 1884; 2./3. Okt. 1890; 29./30. Sept. 1891; L'Italia del popolo, 19./20. und 29./30. Sept. 1890; 29./30. Sept. 1891; Il Muratore, 29. März 1891). – Allerdings sollte es zu denken geben, daß auch noch in diesen Jahren in Mailand 36 000 und in ganz Italien 3 Millionen Wohnungen leerstehen (Corriere della sera, 19. April 1972; 20. Nov. 1975; vgl. auch Struttura demografica e residenziale di Milano nei dati dell'XI Censimento Generale della Popolazione, in: Quaderni di documentazione e studio, Nr. 5, Milano o. J. [1975 oder 1976], S. 171–75).

[17] Knappe Darstellung der Eingemeindungsfrage zwischen 1860 und 1873: C. Ranzini, 1873. Milano si espande (= Città di Milano, Nr. 89/6), Milano 1972.

[18] C. Cattaneo, Sui dazj suburbani di Milano (1863), in: ders., Scritti economici, hg. von A. Bertolini, Bd. 3, Firenze 1956, S. 418–439; Anon. (= Primo Oldini), L'autonomia e l'integrità del Comune dei Corpi Santi di Milano a risconto del progetto di smembramento e di parziale aggregazione a Milano, Milano 1864; Cattaneos Rezension dieser Schrift ist wiederabgedruckt in: ders., I problemi dello stato italiano, hg. von C. G. Lacaita, Milano 1966, S. 340–346. Die folgenden Zitate: Cattaneo, Sui dazj, S. 430; Oldini, L'autonomia, S. 48 f., und Rezension, S. 345 f.

[19] Vgl. G. Aliberti, Il dazio sui consumi dopo l'Unità, in: Nord e Sud, Jg. 14, Aug.–Sept. 1967, S. 218–250.

[20] Siehe z. B. Il Giorno, 6. und 15. Dez. 1871; 11. März 1872 (zu dieser Zeitung des Comune dei Corpi Santi, die einen offiziösen Charakter hatte und als Sprachrohr der industriellen Interessen der Gemeinde diente, vgl. F. Della Peruta [Hrsg.], I periodici di Milano. Bibliografia e storia, Bd. 1 [1860–1904], Milano 1956, S. 39 f.); außerdem: Sulla domanda della Città di Milano per l'aggregazione del Comune dei Corpi Santi. Relazione della Giunta Municipale del Comune dei Corpi Santi di Milano al proprio Consiglio Comunale, Milano 1872, S. 14 f. u. 18 ff.

[21] Cattaneo, Sui dazj, S. 428 f.

[22] Vgl. M. Choury, Le Paris communard, Paris 1970, und G. Soria, Grande histoire de la Commune, Bd. 2, Paris 1970, S. 250 ff.

[23] Oldini, S. 13.

[24] Sulla domanda della Città di Milano, S. 16.

[25] Oldini, S. 45, 49 u. 54; Cattaneo, Rezension, S. 344–346.

[26] Cattaneo, Sui dazj, S. 429.

[27] Vgl. etwa ,,Come vivono gli operai fuori Porta Ticinese", in: L'Italia, 27./28. Jan. 1887; diese Beschreibung des Gebiets der *cascine* unterscheidet sich kaum von derjenigen, die zwei Jahrzehnte zuvor anläßlich der Cholera-Epidemie über die Lebens- und Wohnbedingungen in den Corpi Santi von offizieller Seite gegeben wurde (Sul cholera nel Comune dei Corpi Santi di Milano durante l'anno 1867. Relazione della Commissione sanitaria al Consiglio Comunale, Milano 1868, S. 7 ff.).

[28] So drückte sich Giovan Battista Pirelli 1886 als Berichterstatter der Kommission für die Prüfung des städtischen Bebauungsplans aus (zit. in: Nasi, Beretta, S. 59).

[29] Vgl. Nasi, ebd., S. 43 f. u. 47 f.

[30] Auf deren Wichtigkeit hat unlängst nochmals W. H. Hubbard, Der Wachstumsprozeß in den österreichischen Groß-Städten 1869–1910, in: Kölner Zeitschrift für Soziologie und Sozialpsychologie, Sonderheft 16, 1972, S. 389 ff., hingewiesen.

[31] Über die demographische Entwicklung Mailands zwischen der Einigung und dem Ersten Weltkrieg haben zuletzt gehandelt: A. De Maddalena, Rilievi sull'esperienza demografica ed economica milanese dal 1861 al 1915, in: L'economia italiana dal 1861 al 1961, Milano 1961, S. 79–107; Tilly, Working Class, passim; É. Dalmasso, Milan. Capitale économique de l'Italie, Paris 1971, bes. S. 30 ff., 449 ff. In all diesen Darstellungen werden die 60er und 70er Jahre nur sehr flüchtig behandelt, mehrere zentrale Fragen vollständig übergangen und einige Schlußfolgerun-

gen gezogen, die einer näheren Nachprüfung nicht standhalten. Deswegen ist auf die Mailänder Demographie hier noch einmal ausführlicher einzugehen. Unentbehrlich ist dabei das in keiner dieser Darstellungen berücksichtigte Werk von G. Mortara, Le popolazioni delle grandi città italiane. Studio demografico, Torino 1908 (De Maddalena zitiert dies Buch zwar, hat es offenbar aber nicht wirklich berücksichtigt).

[32] Falls nicht ausdrücklich anders vermerkt, beziehen sich alle nachfolgenden Angaben auf die Wohnbevölkerung („popolazione presente" oder „popolazione di fatto"), die sich aus allen in der Gemeinde Anwesenden zusammensetzt, aber die abwesende Bevölkerung mit Hauptwohnsitz in der Gemeinde ausschließt; die „popolazione legale" oder „popolazione residente" wird dagegen von allen Einwohnern mit festem Wohnsitz in der Gemeinde einschließlich der abwesenden Personen gebildet (siehe die Definition in: Atti del Municipio 1891–92, I. Allegato, Resoconto morale 1889–90–91, S. 63).

[33] Cantù, Grande illustrazione, S. 276.

[34] Censimento della popolazione della Città di Milano nella notte dal 31 dicembre 1861 al 1° gennajo 1862, Milano 1862; Censimento della popolazione della Città di Milano, eseguito in base allo stato di fatto della mezzanotte del 31 dicembre 1871 al 1° gennajo 1872, Milano 1872; La popolazione di Milano secondo il censimento 31 dicembre 1881. Relazione della Giunta comunale di statistica, Milano 1883; La popolazione di Milano secondo il censimento eseguito il 9 febbraio 1901, Milano 1903; Dati statistici a corredo del resoconto dell'Amministrazione comunale, 1884 ff., Milano 1885 ff. (in späteren Jgg. variiert der Titel der Dati statistici gelegentlich).

[35] Die sehr langsame Bevölkerungszunahme des inneren Kreises zwischen 1861 und 1871 hängt u. a. zusammen mit einer starken Verminderung der Garnison, der Aufhebung bzw. Verlegung verschiedener Regierungs- und Verwaltungsbehörden, der Auflösung einiger religiöser Körperschaften usw. (siehe Censimento . . . 18/1, und MAIC, Ufficio Generale di Statistica, Popolazione presente ed assente per comuni . . . Censimento 31 dicembre 1871, Bd. 1, Roma 1874, S. XXXVI).

[36] Quelle: Mortara, S. 302 (teilweise korrigiert nach den von Mortara selbst genannten absoluten Zahlen). Wegen der Doppelregistrierung Tausender von Findelkindern ist die Zahl von 38,6 % für die Jahre 1862–71 zweifellos viel zu hoch (siehe unten S. 81).

[37] E. A. Wrigley, Bevölkerungsstruktur im Wandel, München 1969, S. 161; vgl. auch A. Armengaud, La population française au XIXe siècle, Paris 1971, S. 30–32 u. 37 f.

[38] Dasselbe Phänomen läßt sich auch für ganz Italien beobachten; vgl. Direzione Generale della statistica, Risultati dell'inchiesta sulle condizioni igieniche e sanitarie nei comuni del Regno, Relazione generale, Roma 1886, S. CXLIII u. 131.

[39] Absolute Zahlen für die Jahre ab 1881 in: Dati statistici 1901, S. 28. – Einige charakteristische Abweichungen gegenüber ganz Italien ergeben sich aus dem Aufsatz von A. Santini, Cicli economici e fluttuazioni demografiche: nuzialità e natalità in Italia, 1863–1964, in: E. Sori (Hg.), Demografia storica, Bologna 1975, S. 331–357.

[40] Tilly, Working Class, S. 126.

[41] Mortara, S. 89; Procacci, La lotta di classe, S. 12.

[42] Mortara, ebd.; Tilly, Working Class, S. 293–296.

[43] Mortara, S. 142–147; Tilly, Working Class, S. 293.

[44] Die einzige, soweit ich feststellen konnte, vollständige Serie der Geburtenziffern für die 60er Jahre findet sich in: Annali di statistica, Ser. III, Bd. 9, 1884, S. 34 (De Maddalena, Rilievi, enthält überhaupt keine Geburtszahlen für diese Zeit); geringfügig abweichende Zahlen für die Jahre ab 1866 in: Ufficio dello Stato Civile di Milano, Statistica, Jg. 8, 1873, S. 13 u. 27. – Da die jährlichen Einwohnerzahlen der *Anagrafe* für die 60er Jahre völlig unzuverlässig sind, wurden die Geburts- und Sterbeziffern je 1000 Einwohner unter Zugrundelegung eines gleichmäßigen jährlichen Bevölkerungszuwachses zwischen den *Censimenti* von 1861 und 1871 errechnet.

[45] Fr. S. Hügel, Die Findelhäuser und das Findelwesen Europa's, ihre Geschichte, Gesetzgebung, Statistik und Reform, Wien 1863, S. 394 u. 137. Zur Geschichte des Mailänder Findelhau-

ses: ebd., S. 213–230 (nur bis zum Jahr 1856); G. Rossi, Relazione introduttiva alla discussione del tema: Modificazioni di sistema da introdursi nella esposizione degli infanti, per raggiungere lo scopo morale di una minore esposizione dei figli legittimi in Lombardia . . ., in: Atti della Società lombarda di economia politica, Jg. 1, fasc. 1–2, Milano 1864, S. 33–56, bes. S. 37 ff.; L. Casati, Del ricovero degli esposti in Milano e dei successivi regolamenti ed ordini che lo ressero, in: Il Politecnico, Bd. 25, 1865, S. 333–351, Bd. 26, 1865, S. 33–49, u. Bd. 27, 1865, S. 34–54; L. Pellegrini, L',,esposizione" dei fanciulli a Milano dal 1860 al 1901, in: M. Gorni u. L. Pellegrini, Un problema di storia sociale: L'infanzia abbandonata in Italia nel secolo XIX, Firenze 1974, S. 109–238; leider behandelt die Verfasserin in ihrer ansonsten gründlichen Arbeit die Jahre vor der Schließung der Drehlade nur summarisch; in diesem Teil vermißt man auch wichtige statistische Daten, die nur durch eine (von mir geplante) Auswertung der Register des Findelhauses zu beschaffen sind.

[46] Pellegrini, S. 121.

[47] Die Zahlen der ersten (ohne die Jahre 1865/66) und dritten Kolumne nach Pellegrini, S. 122, 152 u. 154; die bei Pellegrini fehlenden Zahlen nach: M. Rizzi, Intorno allo stato morale ed economico del Pio Istituto di maternità e dei Ricoveri pei bambini lattanti in Milano dall 'anno 1858 al 1862, in: Annali universali di statistica, Bd. 156, 1863, S. 251; G. Frattini, Sul movimento della popolazione nella città di Milano nell 'anno 1864 confrontato con quello del 1863, in: ebd., Bd. 162, 1865, S. 316 f.; G. Monti, L'esposizione dei bambini alla Ruota di Milano nell 'anno 1864, Milano 1865, S. 7; C. Frua, Sulla questione del torno. Relazione fatta all 'onorevole Consiglio degli istituti ospitalieri di Milano il giorno 6 febbrajo 1866, Milano 1866, S. 4 f.; G. Giulini, Sull 'andamento e sulla riforma della Pia Casa degli esposti e delle partorienti a Santa Caterina alla Ruota negli anni 1867–68. Relazione all 'onorevole Consiglio Provinciale . . ., Milano, o. J., S. 5 f.; Città di Milano, Stato Civile, Statistica, 1867 bis 1869.

[48] Mit ,,Verlassung" soll nach Hügel das wörtlich unübersetzbare ,,abbandonare" (frz.: abandonner) wiedergegeben werden. Von ,,ausgesetzten" oder ,,Findelkindern" (esposti, trovatelli) zu sprechen, ist deswegen nicht ganz korrekt, da nur sehr wenige Kinder wirklich auf der Straße, vor Kirchenportalen usw. ausgesetzt wurden; die meisten wurden dem Findelhaus direkt – eben nicht zuletzt durch die Drehlade – übergeben. Dasselbe konstatiert für das Paris des ausgehenden 18. Jahrhunderts C. Delasselle, Les enfants abandonnés à Paris au XVIIIe siècle, in: Annales ESC, Bd. 30, 1975, S. 187–218.

[49] Zum technischen Vorgang der Rekognition oder Anerkennung (riconoscimento) mittels den Findlingen beigefügter Erkennungszeichen usw. siehe Hügel, S. 222.

[50] A. Buffini, Ragionamenti storici economico-statistici e morali intorno all 'Ospizio dei trovatelli in Milano, Teil 1, Milano 1844, S. 123 f.

[51] Pellegrini, S. 124, und G. Riccardi, La questione degli esposti, in: Annali universali di statistica, Bd. 169, 1867, S. 10.

[52] ,,Sulla popolazione di Milano", in: Annali universali di statistica, Bd. 157, 1864, S. 88; Frattini, Sul movimento, S. 316; Monti, S. 5 f.

[53] Auch die Registrierung der Todesfälle ist wegen des Aufenthalts Tausender städtischer Findelkinder auf dem Lande und wegen der Anwesenheit vieler Findelkinder, die juristisch zu anderen Gemeinden gehörten, in der Stadt für diese Zeit noch ungenauer als für die spätere (s. u. S. 84). Wenn Mailand nach den Daten der *Anagrafe* 1870 angeblich 18000 Einwohner mehr zählte als im Zensusjahr 1871, ist das u. a. damit zu erklären, daß Abertausende von doppelt registrierten Neugeborenen bei ihrem Tod nur einmal aus dem Standesamtsregister gelöscht wurden.

[54] ,,Nuovi studj sulla piaga dell'esposizione", in: Annali universali di statistica, Bd. 116, 1853, S. 269f. Auch die neuere Forschung bestätigt, daß die Kindesaussetzungen in Mailand sehr viel häufiger als in Frankreich waren; siehe E. Shorter, The Making of the Modern Family, New York 1975, S. 194.

[55] Cantù, Grande illustrazione, S. 290.

[56] Riccardi, S. 11–13.

[57] Shorter, S. 174 f.

[58] Monti, S. 7 f.

[58a] M. Rizzi, Relazione intorno allo stato morale ed economico del Pio Istituto di maternità e dei Ricoveri pei bambini lattanti in Milano negli anni 1870, 1871 e 1872, Milano 1874, S. 6 f. u. 25.

[59] Riccardi, S. 11; Frua, S. 15; Monti, S. 8 f.; Rossi, Relazione introduttiva, S. 55; P. Volpi, Rapporto . . ., in: Atti della Società lombarda di economia politica, fas. 3 e 4 e prima parte del fasc. 5 (anno secondo), S. 83; Pellegrini, S. 132 f. u. 137.

[60] F. Lebrun, Naissances illégitimes et abandons d'enfants en Anjou au XVIIIe siècle, in: Annales ESC, Bd. 27, 1972, S. 1188.

[61] Riccardi, S. 13 f.; Pellegrini, S. 125–128.

[62] Rizzi, Intorno allo stato, S. 240 ff.; Riccardi, S. 17 ff.

[63] De Maddalena, Rilievi, S. 95; Tilly, Working Class, S. 280.

[64] Zahlen nach: G. Savallo, Guida di Milano e provincia, Jg. 15, 1895, Milano 1895, S. 34.

[65] Mortara, S. 177 f.; vgl. ebd., S. 86, 170, 173 f., 252 u. 272 ff.

[66] A. Schiavi, La mortalità infantile in Milano. Risultati di un'inchiesta sui nati nel 1903 in rapporto ai modi di allattamento e alle condizioni economiche dei genitori (= Pubblicazioni dell'Ufficio del Lavoro della Società Umanitaria, Nr. 17), Milano 1908; vgl. auch De Maddalena, Rilievi, S. 95–97, und Tilly, Working Class, S. 280 f., und allgemein: B. Duden u. U. Ottmüller, Der süße Bronnen. Zur Geschichte des Stillens, in: Courage, 1978, Nr. 2, S. 15–21.

[67] Mortara, S. 254 u. 221.

[68] Vgl. Wrigley, S. 164 ff.; T. McKeown u. R. G. Record, Reasons for the Decline of Mortality in England and Wales during the Nineteenth Century, in: Population Studies, Bd. 16, 1963, S. 94–122; T. McKeown, The Modern Rise of Population, London 1976, bes. Kap. 7; dagegen argumentiert P. E. Razzell, An Interpretation of the Modern Rise of Population in Europe. A Critique, in: Population Studies, Bd. 28, 1974, S. 5–17.

[69] Tilly, Working Class, S. 174–182, 217 u. 413 f., kritisiert an De Maddalena völlig zu Recht, daß dieser die Immigration zu einseitig aus den „pull"-Faktoren anstatt aus den „push"-Faktoren zu erklären versuche.

[70] Quelle: ebd., S. 212.

[71] Il Secolo, 11./12. Nov. 1890.

[72] Dati statistici 1884, S. 123; vgl. zum Folgenden Tilly, Working Class, S. 201 u. 218 ff.

[73] Dati statistici 1901, S. 232 f.; vgl. zum Folgenden auch Tilly, Working Class, S. 191–197.

[74] Quelle: Mortara, S. 368 f.

[75] A. Young, Travels during the Years 1787, 1788 and 1789. Bd. 2, London 1794² (Reprint New York 1970), S. 152 ff. u. 286 f. (vgl. Cafagna, La „rivoluzione agraria", S. 411 ff.); G. Cantoni, Campagne e contadini in Lombardia durante il risorgimento, hg. von C. G. Lacaita, Milano 1976; F. Cardani u. F. Massara, Sulle condizioni economico-morali del contadino comasco, milanese, pavese e lodigiano . . ., in: Atti della Società lombarda di economia politica di Milano, Jg. 2, fasc. 9, Milano 1865, S. 259–283; vgl. ferner F. Della Peruta, Le campagne lombarde nel Risorgimento, in: ders., Democrazia e socialismo nel Risorgimento, Roma 1965, S. 37–58; ders., I contadini nella rivoluzione lombarda del 1848, in: ebd., S. 59–108; ders., Per la storia della società lombarda nell'età della restaurazione, in: Studi storici, Bd. 16, 1975, S. 305–339; S. Chizzola Bondelli, Contributo alla conoscenza delle condizioni di vita dei contadini della diocesi di Milano (1850–1880), in: Bollettino dell'archivio per la storia del movimento sociale cattolico in Italia, Bd. 1, 1966, S. 26–59; Romani, Un secolo, bes. S. 47–66.

[76] Jacini, S. 279 f.

[77] Atti della Giunta per la inchiesta agraria e sulle condizioni della classe agricola, Bd. VI/1, Roma 1882, S. 3–179: „Relazione del Commissario Conte Stefano Jacini, Senatore del Regno,

sulla Decima Circoscrizione" (das Zitat auf S. 141 f.); zur Lage der Bauern in den verschiedenen geologischen Gebieten der Lombardei siehe bes. S. 46 ff., 89 ff. u. 139 ff.

[78] Siehe außer Luzzatto, L'economia italiana, S. 168–173, und Romani, Un secolo, S. 77 ff., noch R. Soldi, La crisi economica in Italia dal 1882 al 1896, in: Rivista di politica economica, Jg. 23, 1933, bes. S. 1008 ff.

[79] P. Buzzoni, Un centenario in casa nostra. Notizie delle principali vicende naturali, civili, ecclesiastiche, politiche avvenute dal 1791 al 1892 nei sobborghi meridionali di Milano e terre vicine, Milano 1892, S. 54 f. (zitiert in: Romani, Un secolo, S. 135 f., Anm. 8); zur Emigration vgl. außer Romani, ebd., S. 135–137, noch Chizzola Bondelli, S. 43–47. – Eine umfassende Dokumentation des physischen und moralischen Zustands der Unterklassen in der Provinz Mailand (ohne Mailand selbst) zu Beginn der Agrarkrise liegt in einer offiziellen Enquête vor: Le condizioni sanitarie della Provincia di Milano. Atti della Commissione di Inchiesta nominata dal prefetto di Milano Comm. Achille Basile per le indagini sulla pellagra, Milano 1885.

[80] Die ersten Zahlen nach De Maddalena, Rilievi, S. 88. Genaue Angaben über die berufs- und statusmäßige Verteilung der Immigranten auf die beiden Kreise enthalten die Dati statistici für die Jahre 1884 bis 1898.

[81] Il Fascio operaio, 27./28. März 1886; vgl. auch ebd., 9./10. März 1888. Das Parteiorgan des POI beschäftigte sich immer wieder in programmatischen Artikeln mit der Lage und Organisierung der Bauern (z. B. 2. und 8./9. Dez. 1883; 25./26. Dez. 1886; 14./15. April 1888); siehe auch C. Lazzari, Il Partito Operaio. Suo programma, sua organizzazione, in: La Freccia (Cremona), 6. März 1886; diese am 14. Febr. 1886 im Teatro Ricci in Cremona gehaltene Rede wurde im selben Jahr noch als Propagandabroschüre veröffentlicht (Alessandria, Tip. Sociale) und bildete einen der Hauptanklagepunkte gegen Lazzari im Prozeß von 1887 (siehe L'Italia, 20./21. Jan. 1887). Über den POI und die Agrarstreiks haben – allerdings ohne bis zu den grundsätzlichen Problemen vorzustoßen – gehandelt: R. Hostetter, Lotta di classe nelle campagne. Il movimento contadino di resistenza nella Val padana: 1884–1885, in: Movimento operaio e socialista, Bd. 16, 1970, S. 45–72, bes. S. 68 ff., und L. Briguglio, Il Partito Operaio Italiano e gli anarchici, Roma 1969, S. 76–84.

[82] Siehe unten Kap. VI, S.202

[83] La Perseveranza, 14. Juli 1885: „Gli scioperi dei contadini", und 17. Juli 1885: „Ancora gli scioperi delle campagne."

[84] Trotz intensiver Nachforschungen ist es mir nicht gelungen, die Akten dieses Prozesses und das 1886 von der Polizei sequestrierte Archiv des POI ausfindig zu machen. Hinweise auf letzteres, eine „endlose Reihe von beschlagnahmten Papieren und Dokumenten", die von der Anklagebehörde geordnet und in vier Bänden zusammengefaßt wurden, finden sich in ACS, Min. di Grazia e Giustizia, Dir. Gen., Affari penali, Misc., anno 1889, busta 83 bis, fas. 191 „Partito Operaio Italiano". – Ein relativ ausführliches, oftmals wörtliches Prozeßprotokoll bringt die unabhängige Tageszeitung L'Italia in den Nummern vom 19./20. Jan. bis 1./2. Febr. 1887.

[85] Siehe etwa die Verteidigung des Angeklagten Giuseppe Croce: „Von den Rechnungsbüchern [mit den Leistungen der Bauern] zu sprechen, war keine Anstachelung zum Bürgerkrieg, sondern eine Belehrung der Bauern über ihre Rechte." . . . Vorsitzender: „Die Anklage wirft Euch jedoch vor, gesagt zu haben, daß die Bauern, wenn die Zeit der Kokons gekommen sei und die Besitzer diese austeilten, sofortige Bezahlung verlangen sollten." Croce: „Nein! Ich habe bloß gesagt, daß sie mit den Unternehmern sofort das Gewicht und den Preis überprüfen sollten, um zu vermeiden, daß in die Rechnungsbücher irrtümliche Eintragungen gemacht würden" (L'Italia, 19./20. Jan. 1887).

[86] Il prefetto al questore, Milano 11 aprile 1890 (zitiert in: Briguglio, S. 100).

[87] Zum Ausbau des Kleinbahnsystems in dem Gebiet um Mailand siehe C. Osnago, Ferrovie e stazioni, in: Milano tecnica dal 1859 al 1884, S. 524 ff., und Farina u. Grimoldi, S. 240–242 (mit

ausführlichen weiteren Literaturangaben). – Auf ein ähnliches Phänomen, entlang der Eisenbahnlinie Rom–Florenz, hat Procacci, La lotta di classe, S. 132 f., hingewiesen.

IV. Arbeiter und industrielle Entwicklung

[1] C. Zambelli, in: Mediolanum, Bd. 4, 1881, S. 57; G. Frattini, Storia e statistica della industria manifatturiera in Lombardia, Milano 1856.

[2] Il Sole, 7. Okt. 1892; Ankündigung von Sabbatini, Notizie.

[3] Auch Dalmasso, S. 139–164, und Tilly, Working Class, S. 44–60 u. 154–165, bleiben in *diesem* Punkt recht oberflächlich.

[4] Procacci, Lotta di classe, S. 3.

[5] Zu der ganzen Frage siehe Procacci, S. 3–9, und Merli, Bd. 1, S. 70–73 u. 85–89. Nach der Definition des Gesetzes über die Kinderarbeit von 1886 verstand man unter Fabrik (opificio) „jeden Arbeitsplatz, wo manuelle Arbeiten industrieller Natur mit Hilfe eines mechanischen Motors ohne Rücksicht auf die Anzahl der beschäftigten Arbeiter ausgeführt werden"; in den Fällen, wo „keinerlei Art von Motoren" Verwendung fand, wurde jeder Ort als Fabrik betrachtet, wo wenigstens zehn Arbeiter „ständig" zusammen arbeiteten (Procacci, S. 6 f.; Merli, S. 70 f.).

[6] Tilly, Working Class, S. 2; vgl. auch ebd., S. 410, und dies., I fatti di maggio: The Working Class of Milan and the Rebellion of 1898, in: R. J. Bezucha (Hg.), Modern European Social History, Lexington/Mass. 1972, S. 133.

[7] Über die methodischen und technischen Aspekte hat sie ausführlich in The Working Class of Milan, App. A (S. 417–443) Rechenschaft abgelegt.

[8] Ebd., S. 99–102 u. 456.

[9] Quelle: Ebd., S. 112.

[10] Quelle: Ebd., S. 114.

[11] Ebd., S. 117–125.

[12] Ebd., S. 125.

[13] Ebd., S. 125–146.

[14] Ebd., S. 110–117 (das Zitat auf S. 115).

[15] Ebd., S. 111 u. 115; vgl. auch S. 7, 130, 144 f., 219 f., 357 u. 411 f.

[16] Ebd., S. 229.

[17] L'Italia, 19./20. Jan., und 24./25. Sept. 1887. – Sowohl Manacorda, Il Movimento operaio italiano, S. 50, als auch L. A. Tilly, Skilled Workers and Collective Action: Milan, 1870–1898, Discussion Papers in Western European Studies, Center for Western European Studies. The University of Michigan, Ann Arbor 1976, weisen mit Nachdruck auf die Affinität dieser Arbeiter zum traditionellen Handwerker hin, unterschlagen aber, daß fast alle genannten Führer des POI in den jeweils größten Fabriken ihrer Branche gearbeitet haben. In der frühen Arbeiterbewegung bildeten „handwerkliche" Ausbildung und die Erfahrung der großen Fabrik keine getrennten Sphären oder gar Gegensätze, sondern waren so eng miteinander verflochten wie die handwerkliche und Fabrikarbeit selbst.

[18] Quelle: Tilly, Working Class, S. 106–109.

[19] Ebd., S. 357.

[20] Ebd., S. 146 f. u. 285.

[21] Merli, Bd. 1, S. 86.

[22] La popolazione di Milano secondo il censimento . . . 1881, S. 72; vgl. auch La popolazione di Milano secondo il censimento . . . 1901, S. 25.

[23] Pirelli e C. nel suo cinquantenario, S. 44; 250 Arbeiter für 1881 nennt G. Benvenisti u. a., Annuario dell'industria e degl'industriali di Milano, Milano 1890, S. 21–32; siehe auch unten S. 107

[24] L'Italia, 17./18. Sept. 1887, und Il Secolo, 27./28. Febr. 1888; mit diesen Zahlen stimmen grosso modo auch etwas spätere Angaben überein: 1° Maggio, 1. Mai 1892 (zu diesem ,,numero unico'' siehe Della Peruta [Hg.], I periodici di Milano, S. 162 f.), und Mereu, S. 257. – Vgl. auch L. Osnaghi Dodi, L'azione sociale dei cattolici nel milanese (1878–1904), Milano 1974, S. 183–190, über die außerordentlich starke Mobilität der Arbeiterbevölkerung in Stadt und Provinz Mailand um 1900.

[25] ACCM, scatola 68, fasc. 1, B.

[26] Diesen Ausdruck gebraucht eben im Hinblick auf die hier diskutierten Probleme der Berufs- und Gewerbestatistik V. Brants, La petite industrie contemporaine, Paris 1902, S. 47.

[27] A. Errera, Le grandi e le piccole industrie, Napoli 1877, S. 82 (zitiert in: F. Marconcini, L'industria domestica salariata nei rapporti interni e internazionali, Torino 1914, S. 92). – Ähnlich, nur in viel größerem Maßstab, ist noch heute die Handschuhindustrie in Neapel organisiert, über deren Ausdehnung ebenfalls keine offizielle Statistik auch nur annähernd richtige Auskunft gibt (siehe M. A. Macciocchi, Lettere dall'interno del PCI a Louis Althusser, Milano 1969).

[28] Il Secolo, 29./30. Nov. 1888; L'Italia del popolo, 21./22. Okt. 1890.

[29] Giunta Comunale di Statistica, Relazione colla quale si accompagna alla Prefettura della Provincia di Milano il lavoro sulla grande industria manifatturiera della Città di Milano nell'anno 1861, Milano 1865, S. 6.

[30] L. Corio, Milano in ombra. Abissi plebei, Milano 1885, S. 13, 15 f. u. 39 (zuerst erschienen in: La Vita nuova, 1876/77); siehe auch C. Arrighi, I locchi, in: Il ventre di Milano. Fisiologia della capitale morale per cura di una società di letterati, 2 Bde., Milano 1888, Bd. 2, S. 134 ff., und ders., La canaglia felice (1885), Firenze 1971, S. 61 ff.

[31] Siehe außer den bereits zitierten Schriften von Corio, Arrighi und Tarchetti (s. o. Kap. III, Anm. 8) noch folgende Werke von Valera (s. nächste Anm. und unten Kap. V, Anm. 15 u. 52), Dossi (s. u. Kap. V, Anm. 14), Bertolazzi (s. u. Kap. V, Anm. 93) und die Novellensammlung von Giovanni Verga, Per le vie, Milano 1883. – Zu dieser in Deutschland nahezu unbekannten Literatur siehe G. Mariani, Storia della Scapigliatura, Caltanissetta 1967, bes. Kap. 10, und außerdem zu Bertolazzi: F. Portinari, Realismo e realtà, Einleitung zu C. Bertolazzi, El nost Milan e altre commedie, Torino 1971, und L. Althusser, Le ,,Piccolo'', Bertolazzi et Brecht (Notes sur un théâtre matérialiste), in: ders., Pour Marx, Paris 1969, S. 129–152 (in der im Verlag Suhrkamp erschienenen dt. Übers. von ,,Pour Marx'' wird die Auslassung dieses Aufsatzes mit keinem Sterbenswörtchen erwähnt); zu Arrighi: G. Catalano, Introduzione zu dem in der vorigen Anm. zitierten Roman; zu Valera: G. Viazzi, Appunti sulla prosa di Paolo Valera in: Belfagor, Bd. 28, 1973, S. 206–216; zu Tarchetti: E. Ghidetti, Introduzione zu der zitierten Werk-Ausgabe.

[32] P. Valera, Milano sconosciuta, Milano 1879, S. 134 (zuerst erschienen in: La Plebe, 26. März bis 30. Sept. 1878); siehe auch F. Fontana, Gli avventizi, in: Il ventre di Milano, Bd. 2, S. 110–113.

[33] Über das Manufaktur- und Fabrikwesen in Mailand im 18. und in der ersten Hälfte des 19. Jahrhunderts vgl. außer Caizzi, Industria; ders., L'economia lombarda; De Maddalena, L'industria milanese, noch E. Verga, Le corporazioni delle industrie tessili in Milano. Loro rapporti e conflitti nei secoli XVI–XVIII, in: Archivio storico lombardo, Ser. III, Bd. 19, 1903, S. 64–125, bes. S. 105 ff., und A. Visconti, Le condizioni degli operai agli albori dell'industria libera in Lombardia nel secolo XVIII, Milano 1923.

[34] Zitiert in: Greenfield: S. 97 f. Auf die Instabilität der Arbeitskraft weisen für das 18. Jahrhundert auch E. Verga, S. 114, Anm. 1, und Caizzi, Industria, S. 138 ff., hin.

[35] Vgl. S. Zaninelli, L'attività manifatturiera lombarda nel 1840, in: Archivio storico lombardo, Ser. IX, Bd. 3, 1963, S. 482–508.

[36] D. L. Magrini, I. R. Fabbrica nazionale privilegiata di bottoni . . . di Ambrogio Binda, in: Gazzetta ufficiale di Milano, 7. Nov. 1856; weitere Einzelheiten über die Fabrik (Umsatz, Belegschaft, Löhne usw.) bringt De Maddalena, L'industria milanese, S. 27.

[37] Lessona, S. 343 f. Zu den Unternehmungen Bindas in späteren Jahren siehe Atti del Co-

mitato della Inchiesta industriale, Bd. 2, categ. 12, § 2 (Carta, stracci ed altre materie), S. 21 f., u. ebd., Bd. 5, s. v. ,,Mercerie, bottoni"; Mediolanum, Bd. 4, 1881, S. 58; Milano tecnica, S. 450 f.; Benvenisti, S. 152 ff.; M. Gobbini, Art. ,,Ambrogio Binda", in: Dizionario biografico degli italiani, Bd. 10, 1968, S. 490 f.

[38] ,,Stato dell'industria delle porcellane e terraglie in Milano", in: Annali universali di statistica, Bd. 104, 1850, S. 296–298 (nach: Eco della Borsa); G. Richard, Considerazioni sulle condizioni dell'industria ceramica e proposte pel suo maggiore sviluppo in Italia, in: Il Politecnico, Bd. 18, 1863, S. 166; Atti del Comitato della Inchiesta industriale, Bd. 5, categ. 15, § 6 (Ceramica), S. 5 (mündliche Aussage von G. Richard); Errera, Inchiesta, S. 135 f.; Benvenisti, S. 43 ff.; L'Italia, 27./28. Jan. 1887 (,,Come vivono gli operai fuori Porta Ticinese. Beneficenza illuminata").

[39] Benvenisti, S. 11–21; Il Fascio operaio, 9./10. März 1888; Il Sole, 28. Mai 1890; G. Giacosa, Tre senatori. De Angeli – Faldella – Fogazzaro, in: Nuova antologia, Bd. 150, 1896, S. 586 ff.; E. De Angeli an P. Villari, 24. Mai 1898, abgedruckt in: A. Ginzburg Rossi-Doria, A proposito del secondo ministero di Rudinì, in: Studi storici, Bd. 9, 1968, S. 412.

[40] Pirelli e C. nel suo cinquantenario, S. 44; E. Torelli Viollier an P. Villari, 3. Juni 1898, abgedruckt in: L. Villari, I fatti di Milano del 1898. La testimonianza di Eugenio Torelli Viollier, in: Studi storici, Bd. 8, 1967, S. 504 f. – Siehe auch unten Kap. VI, S. 226f.

[41] Siehe W. Lexis, Art. ,,Großbetrieb und Kleinbetrieb", in: Hdw. d. StW., Bd. 5, 1910³, S. 67 ff.

[42] Quelle: Annuario statistico del Comune dei Corpi Santi, Provincia e Circondario di Milano, Mandamento VII e VIII con indicazioni sull'andamento amministrativo coll'aggiunta della popolazione stabile e nomade a tutto il 31 dicembre 1863, compilato per cura dell'ufficio d'Anagrafe del Comune stesso, Milano 1864, S. XVII–XXVII.

[43] 1871 beschäftigten Pelitti 150–200, Treves 104 und Sonzogno 100 Arbeiter; siehe Atti del Comitato della Inchiesta industriale, Bd. 3, categ. 14, § 2 (Stromenti musicali), S. 13, und ebd., categ. 13, § 1 (Stampa), S. 15. Anläßlich zweier Streiks der *sigaraje* erfährt man, daß die R. Fabbrica dei tabacchi damals etwa 1000 Arbeiterinnen beschäftigte (siehe Il Secolo, 29. Mai, 17. und 18. Sept. 1868).

[44] Siehe die Relation der Mailänder Handelskammer vom 16. Dez. 1872, in: Atti del Comitato d'inchiesta industriale. Relazioni delle Camere di Commercio, Parte II, Roma 1873, S. 34–40. Zur Verwohlfeilerung der Arbeitskraft infolge der Einführung des Zwangskurses siehe auch Camera di Commercio di Milano, Relazione della Commissione incaricata dalla Camera di Commercio di Milano di riferire sul Progetto Magliani per l'abolizione del corso forzoso, Milano 1880, S. 5, und G. Are, Una fonte per lo studio della fondazione industriale in Italia: l'inchiesta del 1870–74, in: Studi storici, Bd. 4, 1963, S. 497 f.

[45] ,,Memoria degli industriali dei Corpi Santi al Comitato per l'inchiesta industriale", in: Il Giorno, 17. Jan. 1872.

[46] G. Colombo, Milano industriale, in: Mediolanum, Bd. 3, 1881, S. 37–64; vgl. ebd., Bd. 4, 1881, S. 51–75 (,,Industria e commercio"), und C. Saldini, Milano industriale, in: Milano 1881, Milano 1881², S. 363–382.

[47] Quelle: Camera di Commercio di Milano, Statistica al 30 giugno 1891 delle caldaie a vapore dei motori a vapore, a gas, elettrici ed idraulici nel distretto camerale di Milano, Milano 1891, S. XIII u. XVIII; der Autor dieser Statistik, Alberto Riva, unterzieht alle früheren derartigen Statistiken einer eingehenden Kritik und gelangt für das Jahr 1881 zu einem von früheren Berechnungen stark abweichenden Ergebnis (3000 statt 2000 PS, wie Colombo annahm).

[48] Siehe oben S. 95 mit Anm. 5.

[49] Siehe den Diskussionsbeitrag von V. Ellena in der Sitzung des *Consiglio superiore di statistica* vom 25. Nov. 1882, in: Annali di statistica, Ser. III, Bd. 7, 1883, S. 5–17.

[50] Berechnet nach Sabbatini, S. 403–410.

[51] Die der Tabelle zugrunde liegenden Daten sind etwa zur Hälfte dem Annuario dell'indu-

stria von Benvenisti (s. o. Anm. 23) entnommen; die restlichen entstammen einem breiten Fächer von Quellen, die teilweise mit denen identisch sind, auf denen die Streikstatistik in Kap. VI (siehe dort Anm. 48) beruht.

[52] Kopie der Fabrikordnung von 1872 nebst einer revidierten Fassung von 1888 in: ASM, Questura, cart. 46, fasc. ,,sciopero Süffert 1889"; siehe ferner Il Secolo, 12. Aug. 1872, und Il Giorno, 13. Aug. 1872; C. Buratti, L'armonia degli interessi sociali. Scritti popolari di economia politica, Milano 1874, S. 206–208 (zu Burattis Schrift siehe auch B. Malon, Die sociale Lage in Italien, in: Die Zukunft [Berlin], Jg. 1, 1877–78, S. 251 f.). – Offensichtlich kannte Buratti seinen Adam Smith schlecht, der fast hundert Jahre früher festgehalten hatte: ,,Masters are always and everywhere in a sort of tacit, but constant and uniform combination, not to raise the wages of labour above their actual rate" (The Wealth of Nations, Buch I, Kap. 8, Penguin ed., S. 169).

[53] Zu den vier Streiks siehe Il Secolo, 12./13. und 13./14. Febr. 1879 (Maschinenfabrik Porta, via Vettabia); Il Secolo, 4./5. Okt. 1881 (Elvetica); Il Fascio operaio, 1./2. Mai 1886 (Grondona); ASM, Questura, cart. 45 (Streik am 12.–13. Nov. 1887 in der Gießerei Besana, Carloni e C., via S. Rocco).

[54] ACS, Min. di Grazia e Giustizia, Dir. Gen., Affari penali, anno 1889, busta 83 bis, fasc. 191; L'Italia, 14./15. bis 17./18. Febr., 11./12., 16./17. und 18./19. April 1889; Il Secolo, 16./17. Febr. 1889; Il Sole, 15./16., 18./19. Febr. und 18. April 1889.

[55] L'Italia, 28./29. Aug. bis 3./4. Sept. 1888; Il Sole, 27./28. und 30. Aug. 1888; Il Lavoratore comasco, 8. Sept. 1888.

[56] Il Secolo, 25./26. Febr. und 21./22. März 1889; L'Italia, 24./25., 25./26., 28. Febr. und 21./22. März 1889; Il Sole, 24. Febr., 10., 14., 20. und 22. März 1889.

[57] L'Italia, 18./19., 20./21. Febr., 2./3., 5./6. und 6./7. April 1889; Il Secolo, 18./19., 20. Febr. und 2./3. April 1889; Il Sole, 18./19. und 20. Febr. 1889.

[58] Zum Metallarbeiterstreik von 1891 siehe Merli, Bd. 1, S. 377–379, 474–476 u. 518 f.; C. Carotti, L'introduzione dell'organizzazione ,,scientifica" del lavoro in Italia e la prima lotta contro il cottimo, in: Classe, Nr. 7, 1973, S. 277–313; R. Casero, La Camera del Lavoro di Milano dalle origini alla repressione del maggio 1898, in: M. Bonaccini u. R. Casero, La Camera del Lavoro di Milano dalle origini al 1904, Milano 1975, S. 60–65; D. Bigazzi, ,,Fierezza del mestiere" e organizzazione di classe: Gli operai meccanici milanesi (1880–1900), in: Società e storia, Nr. 1, 1978; der vorzügliche Aufsatz von Bigazzi berührt sich streckenweise auch mit den anderen Ausführungen dieses Abschnitts.

[59] Richtig ist allein, daß die Metallarbeiter früher teilweise selbst die Einführung der Akkordarbeit gewünscht hatten (siehe Il Secolo, 31. Aug./1. Sept. 1891).

[60] A. Di San Giuliano, Relazione . . . sul disegno di legge . . . 30 maggio 1883. Disposizioni relative agli scioperi, Seduta del 23 aprile 1884, in: Atti Parlamentari, Camera dei Deputati, legislatura XV – 1ª sessione 1882–83–84, doc. n. 114-A, S. 58.

[61] Il Fascio operaio, 12./13. Jan. 1884.

[62] Siehe etwa Il Fascio operaio, 23./24. Okt. 1886; 5./6. Febr. 1887; 21./22. April 1888; L'Italia, 23./24. Sept. 1889; F. Turati, Il dovere della resistenza, Milano 1892, S. 8 ff.

[63] G. Colombo, L'industria della costruzione delle macchine in Italia nel 1861 e nel 1881, in: L'ingegneria alla Esposizione industriale italiana in Milano (1881). Le gallerie delle macchine del lavoro e del materiale ferroviario, Milano 1882, S. 25; vgl. ders., Sui progressi compiuti nell'industria delle macchine dall'epoca dell'esposizione di Firenze ad oggi, in: Conferenze sulla Esposizione Nazionale del 1881, Milano 1881, S. 43–72; F. Ajraghi, Lo stabilimento Grondona per la fabbrica di carrozze e veicoli ferroviarj all'Esposizione Nazionale del 1881 in Milano, Milano 1881; spätere Beschreibungen der Mailänder Maschinenbauindustrie: Relazione della Commissione per le industrie meccaniche e navali (relatore A. Bozzoni), Roma 1885, S. 82–87; Sabbatini, S. 151–174.

[64] Ing. Ernesto Breda. Milano. Concorso ai premi al merito industriale indetto con R. Decreto del 4 agosto, 1895. Memoriale e descrizione dello stabilimento, o. O. o. J. (aber Milano

1896), S. 5 f.; zu Breda siehe die wenigen, aber vorzüglichen Seiten von M. Gobbini, Art. ,,Ernesto Breda", in: Dizionario biografico degli italiani, Bd. 14, 1972, S. 95–100. – Den Akkordlohn als Mittel der betrieblichen Organisation und Kontrolle behandelt S. Pollard, The Genesis of Modern Management, London 1965, S. 189–192.

[65] Breda, Memoriale, S. 6.

[66] Società Italiana Ernesto Breda per costruzioni meccaniche – Milano, Per la millesima locomotiva, Milano 1908, S. 9 f.

[67] L'Italia del popolo, 28./29. Aug. 1891.

[68] Zur Kontraktion der Akkordlöhne und zur Produktivitätssteigerung in der Krise siehe die Beispiele bei Merli, Bd. 1, S. 377, und Carotti, S. 284 f. Analoge Vorgänge in der französischen Maschinenbauindustrie in den 80er Jahren beschreibt Perrot, Les ouvriers en grève, Bd. 1, S. 263 f. u. 272 ff.

[69] Il Sole, 7./8. Sept. 1891; siehe auch den Artikel ,,Ancora lo sciopero" vom 3. Sept. 1891.

[70] Zitiert in: Origini, vicende e conquiste delle organizzazioni operaie aderenti alla Camera del Lavoro di Milano (= Pubblicazioni dell'Ufficio del Lavoro della Società Umanitaria, Nr. 18), Milano 1909, S. 5.

[71] Breda, Memoriale, zitiert in: Gobbini, S. 97.

[72] Il Questore di Milano al Procuratore Generale, Milano, 12. April 1889, Kopie in: ACS, Min. di Grazia e Giustizia, Dir. Gen., Affari penali, anno 1889, busta 83 bis, fasc. 191. – Zu der Ermordung des Ingenieurs Watrin durch streikende Arbeiter im Januar 1886, die damals das größte Aufsehen erregte, siehe Perrot, Les ouvriers en grève, s. v. Watrin.

[73] Cafagna, L'avventura industriale di G. Agnelli, S. 160.

[74] Siehe Società Breda, Per la millesima locomotiva (s. o. Anm. 66), S. 12 f., und Ing. Ernesto Breda, Le locomotive in America e in Europa. Osservazioni e confronti, Milano 1900; vgl. auch Gobbini, E. Breda, S. 97.

[75] De Maddalena, L'industria milanese, S. 13 und passim; A. Piazza, Cenni sul setificio, in: Annali universali di statistica, Bd. 82, 1844, S. 180; ebd., Bd. 113, 1853, S. 253 f. (,,Quadro dimostrativo della manifattura serica in Milano"); ebd., Bd. 115, 1853, S. 66, und Bd. 119, 1854, S. 185; zu den letzten und einigen der folgenden Angaben siehe auch Sabbatini, S. 260–283.

[76] Zur Seidenkrise vgl. Caizzi, L'economia lombarda, S. 46–53, und ders., La crisi economica del Lombardo-Veneto nel decennio 1850–59, in: Nuova rivista storica, Bd. 42, 1958, S. 205–222.

[77] Relazione della Camera di Commercio ed Arti di Milano sopra la statistica e l'andamento del commercio e delle arti del proprio Distretto nell'anno 1863, Milano 1864, S. 12 f.; Relazione della Camera di Commercio ed Arti di Milano per l'anno 1864, Milano 1865, S. 12–15; L. Osnaghi Dodi, Sfruttamento del lavoro nell'industria tessile comasca e prime esperienze di organizzazione operaia, in: Classe, Nr. 5, 1972, S. 92–96; Sabbatini, S. 266 u. 282.

[78] Zu diesen Unterschieden zwischen Mailand und Como siehe Frattini, Storia, S. 80; Caizzi, L'economia lombarda, S. 80 ff.; Morandi, S. 73.

[79] Siehe R. J. Bezucha, The Lyon Uprising of 1834. Social and Political Conflict in the Early July Monarchy, Cambridge/Mass. 1974, S. 24 f. u. 40.

[80] Pläne und Maßnahmen zur Disziplinierung der Arbeiter und zur Regulierung der Arbeitsverhältnisse in chronologischer Reihenfolge: Edikt von 1764: Caizzi, Industria, S. 143; Visconti, S. 16 f. – Beccaria und andere Initiativen in den 1780er Jahren: C. Beccaria, Intorno a un editto sulla disciplina degli operai del setificio (1789), in: ders., Opere, hg. von S. Romagnoli, Bd. 2, Firenze 1958, S. 582–597; C. A. Vianello, Economisti minori del Settecento Lombardo, Milano 1942, S. XLI–XLIV; ders., Le crisi di sviluppo dell'industria serica comasca da Maria Teresa a Napoleone, Sonderdruck aus: Periodico storico comense, Bd. 5, 1942, S. 19–21. – Napoleonische Zeit: D. Severin, Figure e momenti di storia comasca, Como 1965, S. 54; ders., L'industria serica comacina durante il dominio austriaco (1737–1859). Iniziativa privata e pubblica amministrazione, Como 1960, S. 90 f.; E. Tarlé, Le blocus continental et le Royaume d'Italie, Paris 1928, S. 82–89. – Vorstöße der Mailänder Handelskammer von 1822, 1828, 1841, 1850/51, 1854

und 1864: M. Romani, in: Storia di Milano, Bd. 14, 1960, S. 695 f., Anm. 3; De Maddalena, L'industria milanese, S. 10; Caizzi, L'economia lombarda, S. 99 f.; F. Catalano, I Barabba. La rivolta del 6 febbraio 1853 a Milano, Milano 1953, S. 19 f.; ders., L'Italia di cent'anni fa, Milano 1962, S. 57 f.; Annali universali di statistica, Bd. 119, 1854, S. 300 f.; Relazione della Camera di Commercio . . . per l'anno 1864 (s. o. Anm. 77), S. 18. – Handelskammer Como 1853: Severin, Figure e momenti, S. 60 f.; Catalano, I Barabba, S. 82–85.

[81] Frattini, Storia, S. 83; siehe auch ebd., S. 229–231, wo F. Vorschläge zur Regulierung der Arbeitsverhältnisse entwickelt.

[82] Relazione della Camera di Commercio . . . per l'anno 1864, S. 18 u. 16.

[83] La Lombardia, 16. Aug. 1860. Zu den Streiks von 1860 siehe den sehr informativen Aufsatz von A. Forti Messina, Agitazioni e scioperi operai a Milano all'indomani dell'Unità, in: Nuova rivista storica, Bd. 52, 1968, S. 73–115.

[84] Statuto della Associazione dei Tessitori in seta di Milano . . ., Milano 1882, Art. 1; MAIC, Statistica delle società di mutuo soccorso 1873 (ungefährer Titel; mir war nur ein Exemplar ohne Titelblatt zugänglich), S. XX, und F. Bonasi, Relazione presentata a S. E. il Ministro dell'Interno nel mese di marzo 1879 dalla commissione d'inchiesta sugli scioperi, Roma 1885, S. 23.

[85] „Stato economico della pia istituzione di mutuo soccorso dei tipografi di Milano, e nuova fondazione di un'associazione di mutuo soccorso pei lavoranti in seta", in: Annali universali di statistica, Bd. 119, 1854, S. 184–196 u. 293–301 (das Zitat auf S. 187); vgl. auch L. Cimminiello, Il mutuo soccorso a Milano dalle origini fino al 1860, tesi di laurea, Università degli Studi di Milano. Facoltà di Lettere e Filosofia, a. a. 1970/71, S. 399 ff.

[86] Relazione della Camera di Commercio . . . per l'anno 1864, S. 16. – Ein fast identisches Räsonnement findet sich in: Esposizione Industriale Italiana del 1881 in Milano. Relazioni dei giurati, Le industrie tessili, Milano 1883, Sezione XIV (b), Tessuti di seta, S. 3 f.

[87] Atti del Comitato della Inchiesta industriale, Bd. 4, categ. 6, § 3 (Tessitura della seta), S. 10 (mündliche Aussage von A. Osnago); ebd., Bd. 2, categ. 6, § 3, S. 24; siehe ferner Greenfield, S. 103, und G. Colombo, Scritti e discorsi, Bd. 2, Milano 1934, S. 891. – Die im Text erwähnten Betriebsschließungen ereigneten sich während zweier Streiks im Jahr 1888.

[88] Società Umanitaria, Origini, S. 257 ff.; Unione nazionale mutua miglioramento d'ambo i sessi fra lavoranti in nastri ed affini, Cronistoria-statistica sociale. 1859–1909. Compilata in occasione del 50° anniversario di fondazione. Sede centrale: Milano, Milano o. J., bes. S. 10 ff.; Sabbatini, S. 283.

[89] Ausführliche Dokumentation über die Textilarbeiterstreiks von 1877 ff. in: ASM, Questura, cart. 42 bis 45 und 47.

[90] Tariffa dei prezzi di fattura pei lavoranti tessitori in seta, Milano 1879; Tariffa dei prezzi di fattura dei lavoranti tessitori in seta di Milano, Milano 1888; Circolo industriale e commerciale di Milano, Risposte all'interrogatorio industriale per la revisione della tariffa doganale, Milano 1886, S. 12.

[91] Colombo, Milano industriale, S. 52; Sabbatini, S. 266.

[92] Il Secolo, 26./27. und 28./29. April 1877.

[93] Il Secolo, 29./30. April 1880; zu diesem Streik siehe ebd., 27./28., 28./29. April und 5./6. Mai 1880, und ASM, Questura, cart. 43.

[94] Sabbatini, S. 296 u. 322–327.

[95] Landes, S. 122 (übersetzt in Anlehnung an die dt. Ausgabe Der entfesselte Prometheus, Köln 1973, S. 122, die jedoch in dem zitierten Passus zwei schwere, sinnentstellende Übersetzungsfehler aufweist).

[96] Ebd., S. 117–120. Zu dieser Funktion des *sub-contracting* siehe auch Pollard, S. 38 ff. u. 189, sowie E. J. Hobsbawm, Labouring Men. Studies in the History of Labour, London 1968, S. 297–300.

[97] E. J. Hobsbawm, The Standard of Living during the Industrial Revolution, in: Economic

History Review, Ser. II, Bd. 14, 1963–64, S. 127; E. P. Thompson, The Making of the English Working Class, Penguin ed. 1968, S. 289.

[98] Marx, Das Kapital, Bd. 1, S. 316.

[99] Ebd., S. 489 u. 485; Landes, S. 118.

[100] Vgl. E. J. Hobsbawm, Industry and Empire. An Economic History of Britain since 1750, London 1968, Kap. III und IV, bes. S. 53 f. u. 71.

[101] Tilly, Working Class, S. 275.

[102] A. Schiavi, Saggio di un'inchiesta sul lavoro a domicilio in Milano, in: La Riforma sociale, Ser. III, Bd. 22 (Suppl.), 1911, S. 5 f.

[103] Siehe Tilly, Working Class, S. 67, 72 u. 107.

[104] Mediolanum, Bd. 4, 1881, S. 53.

[105] Auf die katastrophalen Zustände in der „piccola industria privata" hatte C. Correnti bereits 1844 hingewiesen (Annali universali di statistica, Bd. 81, 1844, S. 315). Daß die Zustände in der Haus- und kleinen Industrie im allgemeinen schlimmer gewesen sind als in den größeren Betrieben, bezeugen für Mailand einmütig auch die späteren Zeugnisse: Errera, Inchiesta, S. 138 f.; MAIC, Annali dell'industria e del commercio, Nr. 15, 1880, S. 225 f.; Rapporto della Presidenza della Camera di Commercio di Milano intorno al risultato delle indagini sugli scioperi, 10 maggio 1878, fol. 10, in: ACCM, scatola 68, fasc. 1; und schließlich ein dichterisches Zeugnis: F. Giarelli, Le galoppine dei magazzini, in: Il ventre di Milano, Bd. 2, S. 61–67.

[106] Il Secolo, 14./15. Jan. 1884: „Le piccole industrie".

[107] Sulla proposta di organizzare pel venturo anno a Torino – a cura e spese della Camera di Commercio di Milano – una esposizione collettiva della piccola industria milanese, in: Atti della Camera di Commercio, Alleg. B al verbale della seduta del giorno 5 aprile 1883; zur kleinen Industrie siehe ferner Colombo, Milano industriale, S. 39–41 u. 51–61; Saldini, S. 365 f.; Il ventre di Milano, Bd. 2, S. 169–171.

[108] Brants, S. 73.

[109] Il Secolo, 20./21. Jan. 1886, und Sabbatini, S. 383.

[110] Ebd., S. 161; siehe auch S. 343 u. 381.

[111] A. Gigli Marchetti, Gli operai tipografi milanesi all'avanguardia della organizzazione di classe in Italia, in: Classe, Nr. 5, 1972, S. 1–82.

[112] Atti del Comitato della Inchiesta industriale, Bd. 3, categ. 13, § 1 (Stampa), S. 15 (Aussage von Cav. Treves).

[113] Aus der reichhaltigen Literatur sei nur auf folgende beiden vorzüglichen Arbeiten verwiesen: M. Paci, Mercato del lavoro e classi sociali in Italia, Bologna 1973, Kap. 10 („Sviluppo capitalistico e proletariato marginale"), und S. Berger, The Uses of the Traditional Sector: Why the Declining Classes Survive, Massachusetts Institute of Technology, Cambridge/Mass., revised draft, May 1973.

[114] Schriften des Vereins für Socialpolitik, Bd. 88, Leipzig 1900, S. 94; vgl. auch P. Gemähling, Travailleurs au rabais. La lutte syndicale contre les sous-concurrences ouvrières, Paris 1910, S. 240 ff. u. 340 ff. Zur ökonomischen Rationalität des Verlagssystems siehe auch Landes, S. 42 f. u. 56 f.

[115] Berger, S. 20.

[116] Ebd., S. 27 f.; vgl. auch S. 19 ff., und Paci, S. 285 ff.

[117] Siehe unten Kap. VI, S. 226.

[118] Mediolanum, Bd. 4, 1881, S. 59.

[119] L'eco degli operaj, 30. Sept., 28. Okt. und 11. Nov. 1860; Atti del Comitato della Inchiesta industriale, Bd. 5, categ. 16, § 1 (Oreficeria), S. 1; Gazzettino Rosa, 10. Dez. 1871; Società Benvenuto Cellini di miglioramento e M. S. fra lavoranti orefici, argentieri, cesellatori in Milano: Cronistoria della società, 1859–1909, Milano 1909; zu den Streiks von 1872 und 1875 siehe ASM, Questura, cart. 41; La Lanterna, 13. Sept. 1872; Il Secolo, 12. Okt. 1872; 14./15. und 16./17. Jan. 1875.

[120] Siehe oben Kapitel II, S. 32 ff. und 40 f.

[121] Siehe oben Kapitel III, S. 68 f.

[122] Colombo, Milano industriale, S. 61.

[123] Tilly, Working Class, S. 102.

[124] Siehe oben Kap. II, S. 41 f.

[125] G. Codazza, Idee sulla convenienza di uno stabilimento centrale che conceda presso di sè l'uso della forza motrice a diversi manifatturieri, in: Il Politecnico, Bd. 16, 1863, S. 233–253 (das Zitat auf S. 238); Beispiele für die „cottage-factory", die Codazza vorgeschwebt hat, erwähnen Landes, S. 282, Anm. 1, und M. Dobb, Entwicklung des Kapitalismus, Köln 1970, S. 265.

[126] G. Colombo, L'esposizione del 1867, in: Il Politecnico, Bd. 32, 1868, S. 227 f. (= Scritti e discorsi, Bd. 2, Milano 1934, S. 995). Über die Motoren in der kleinen und Hausindustrie vgl. auch Brants, S. 150–156, und Marconcini, S. 731–743. Zu den von Colombo erwähnten Motoren und Erfindungen nebst späteren auf diesem Gebiet siehe Landes, S. 279 f., 282 ff. u. 288.

[127] T. Massarani, Studi di politica e di storia, Firenze 1875, S. 529, Anm. 1; F. Reuleaux, Theoretische Kinematik. Grundzüge einer Theorie des Maschinenwesens, Braunschweig 1875.

[128] I. Ghersi, Piccole industrie: Scuole e musei industriali, industrie agricole e rurali, Milano 1911[3], S. 60.

[129] Äußerung Alessandro Rossis von 1874, zitiert in: Merli, Bd. 1, S. 257.

[130] Siehe z. B. Corriere della sera, 24. Okt. 1974; 2. April 1976; ferner: R. Ball, Bankruptcy Italian Style, in: Fortune, Febr. 1975, S. 150 u. 152, und D. Holden, The Fall of Rome goes on and on, in: The New York Times Magazine, 9. März 1975, S. 84.

V. Die Arbeiter und die Gemeinde

[1] Vgl. Nasi, Beretta, passim, und Storia amministrativa delle province lombarde, Bd. 3: Il Comune di Milano, Milano 1970, Kap. I und II.

[2] Atti del Municipio 1861, Sitzung des Consiglio Comunale vom 1. Aug. 1861, S. 312 f., und Annali universali di statistica, Bd. 147, 1861, S. 136.

[3] Vgl. Greenfield, S. 244.

[4] Siehe oben Kap. II, S. 47.

[5] Siehe etwa die Begrüßungsansprache des Bürgermeisters Beretta auf dem 8. Kongreß der italienischen Arbeitervereine in Mailand vom 26.–28. Okt. 1860 (Sunto degli atti dell'VIII Congresso generale delle Società operaje italiane tenutosi il 26, 27 e 28 ottobre 1860 in Milano, Milano 1861, S. 8), den unten in Kap. VI, Anm. 27, erwähnten Aufruf des Bürgermeisters Belinzaghi an die streikenden Arbeiter und La Plebe, 6. Jan. 1876: „Gli operai e il sindaco Belinzaghi".

[6] Atti del Municipio 1860, Sitzung des Consiglio Comunale vom 21. Sept. 1860, S. 207 f. u. 213.

[7] Die offiziellen Dokumente über den Haushalt und die Finanzen der Gemeinde sind Legion. Nützliche, längere Zeiträume berücksichtigende Statistiken finden sich in: Dati statistici 1893, S. 244–251, und ebd., 1898, S. 245; Annali di statistica, Ser. III, Bd. 9, 1884, S. 33; MAIC, Notizie sulle condizioni demografiche, S. 95 f.; an Darstellungen vgl. außer den oben in Anm. 1 genannten noch F. Volpi, Le finanze dei comuni e delle province del Regno d'Italia, 1860–1890, Torino 1962, bes. S. 19 ff., 50 u. 58; A. Pedone, Il bilancio dello Stato, in: G. Fuà (Hg.), Lo sviluppo economico in Italia, Milano [2]1974, S. 210 u. 214 ff.

[8] Dati statistici 1898, S. 298 f.

[9] Siehe z. B. Lotta di classe, 18./19. Juni 1893: „Socialismo municipale", wo der Generalbebauungsplan der Gemeinde kritisiert wird.

[10] Dati statistici 1898, S. 245, und Atti del Municipio 1893–94, I. Allegato: Resoconto morale della Giunta Municipale per le annate 1892–93–94, S. 38 f.

[11] Mitte der 60er Jahre, als Cattaneo über diese Materie schrieb, standen die Einwohner der

272

Corpi Santi in steuerlicher Hinsicht noch besser da, was seiner diesbezüglichen Argumentation noch stärkeres Gewicht verleiht.

[12] L. Einaudi, La riforma tributaria di un grande comune (1896/97), in: ders., Cronache economiche e politiche di un trentennio (1893–1925), Bd. 1 (1893–1902), Torino 1959, S. 17.

[13] Mediolanum, Bd. 4, 1881, S. 101; siehe auch Relazione al Consiglio Comunale di Milano per proposte di provvedimenti in ordine alle crisi operaje, Milano 1891, S. 26 f. (auch in: Atti del Municipio 1890–91, S. 259–286).

[14] C. Dossi, Note azzurre, Nr. 4262, hg. von D. Isella, Bd. 1, Milano 1964, S. 516.

[15] P. Valera, Amori bestiali, Roma 1884, S. 93.

[16] Relazione al Consiglio Comunale (s. o. Anm. 13), S. 26.

[17] Zitiert in: A. J. Taylor (Hg.), The Standard of Living in Britain in the Industrial Revolution, London 1975, S. LIII; das Vorwort und die anderen Beiträge zu diesem Band informieren umfassend über den augenblicklichen Stand der Diskussion.

[18] Über die Relativität der „menschlichen Bedürfnisse" aus der Sicht der Arbeiter vgl. Il Fascio operaio, 2./3. Febr. 1884.

[19] Brief der „Società Archimede che comprende gli operai fabbri, meccanici, fonditori" vom 26. April 1878 in: ACCM, scatola 68, fasc. 1.

[20] Dieses Dokument wurde mehrfach veröffentlicht: Il Muratore, 23. Juni 1889; Il Muratore, 31. Mai 1891 (zur Unterscheidung dieser beiden Zeitungen siehe Della Peruta [Hg.], I periodici di Milano, S. 124 f. u. 127 ff.); L'Italia del popolo, 15./16. Sept. 1891.

[21] Sombart, Lohnstatistische Studien, S. 280.

[22] Siehe B. Barberi, I consumi nel primo secolo dell'Unità d'Italia, 1861–1960, Milano 1961, S. 22 ff.; P. Pettenati, Alcune relazioni tra i consumi e lo sviluppo, in: G. Fuà (Hg.), Lo sviluppo economico in Italia, Bd. 2, 1974², S. 326; G. Galletti, I prezzi dei generi alimentari in Milano dal 1798 al 1918, in: Comune di Milano, Annuario storico-statistico per il 1917, S. LXXVIII (die Untersuchung Gallettis, der weder seine Quellen noch seine Berechnungsmethoden offenlegt, ist mit einer gewissen Vorsicht zu gebrauchen).

[23] Istituto Centrale di Statistica, Sommario di statistiche storiche italiane, 1861–1955, Roma 1958, S. 233; Galletti, S. LXXV; auf den Rückgang des privaten Konsums in der Zeit von etwa 1875 bis 1895 weisen auch Barberi, S. 33, und B. Giardina, Analisi statistica dei consumi in Italia, 1875–1960, Milano 1971, S. 83, hin. – Die neueste zusammenfassende Untersuchung über Arbeiterfamilienbudgets und den Ernährungshaushalt der Arbeiter findet sich in Merli, Bd. 1, S. 431–446.

[24] Nitti, L'alimentazione, S. 454.

[25] G. Carocci, Agostino Depretis e la politica interna italiana dal 1876 al 1887, Torino 1956, S. 503. Zu den Löhnen in Mailand siehe unten Kap. VI. 2.

[26] Siehe die Aufsätze von Gigli Marchetti und Mereu.

[27] G. Bazzoni, L'alimentazione e le risorse economiche del popolo minuto di Milano, Milano 1868, bes. S. 29 ff., 40 f., 54 ff. u. 62 ff.; A. Pugliese, Il bilancio alimentare di 51 famiglie operaie milanesi, Milano 1914; Zusammenfassung der Ergebnisse von Pugliese in: S. Somogyi, Cento anni di bilanci familiari in Italia (1857–1956), in: Annali Feltrinelli, Bd. 2, 1959, S. 135 u. 170–174, und Tilly, Working Class, S. 257–260.

[28] Wenig glaubwürdig oder zumindest nicht repräsentativ sind die von Galletti, S. LXXX f., und Zambelli, in: Mediolanum, Bd. 4, 1881, S. 91 ff., genannten Zahlen über Brot- und Fleischkonsum. Einige andere, kaum zu verallgemeinernde Angaben über die Nahrungsausgaben einiger Mailänder Arbeiter in: Risultati dell'inchiesta . . . (s. o. Kap. III, Anm. 38), S. CXXXVI u. 123 f. – Erst nach der Niederschrift dieses Kapitels wurde mir das Buch von S. Zaninelli, I consumi a Milano nell'Ottocento (= Archivio economico dell'unificazione italiana, Ser. II, Bd. 21), Roma 1974, bekannt; es enthält so wenig Neues, daß diesem Kapitel weder eine Zeile hinzuzufügen noch an ihm zu verändern ist.

[29] Siehe J. Burnett, A History of the Cost of Living, Harmondsworth 1969, S. 273 u. 205 ff.;

273

J.-C. Toutain, La consommation alimentaire en France de 1789 à 1964, in: Économies et sociétés. Cahiers de l'I.S.E.A., Bd. 5, 1971, S. 2025; zu stark von Toutain abweichenden Ergebnissen gelangt Perrot, Les ouvriers en grève, Bd. 1, S. 230 ff. u. 244 f., die die Arbeiterfamilienbudgets der Schule von Le Play auswertet.

[30] Atti del Comune di Milano 1912–1913, Teil 1, Sitzung des Consiglio Comunale vom 5. März 1913, S. 557.

[31] Atti del Municipio 1859, Sitzung des Consiglio Comunale vom 23. Dez. 1859, S. 47–54; ebd., 1860, Sitzung des Consiglio Comunale vom 11. Juli 1860, S. 169–171; ebd., 1864, Sitzung des Consiglio Comunale vom 26. Nov. 1863, S. 8; ASM, Questura, cart. 109.

[32] Cooperazione ed industria, 15./30. Mai 1868, S. 156 ff. (,,Della panificazione in Milano e progetto d'un panificio cooperativo").

[33] Zu der vor 1859 in Mailand geführten Diskussion über den ,,calmiere del pane" siehe A. Guerrieri, Delle mete o dei calmieri, in: Rivista europea, 1845, 2. Sem., S. 377–396; ,,Polemica sulla quistione delle mete o dei calmieri", ebd., 1846, 1. Sem., S. 95–106; G. Sacchi, Annotazione (zu: C. Cavour, Sulla libertà annonaria), in: Annali universali di statistica, Bd. 105, 1850, S. 70–72 (das Zirkular von Cavour, ebd., S. 54–70); Il Milanese, 7. Aug. 1850 (,,Pane e prestinai"); G. Sommariva, Il pane, in: Il Tesoro, 30. Juni 1851; ders., Ancora sul pane?, ebd., 2. Juli 1851 (die drei letzten Artikel sind wiederabgedruckt in: D. Bertoni Jovine [Hg.], I periodici popolari del Risorgimento, Bd. 2, Milano 1959, S. 92 u. 103 f.); die kurzen Zitate im Text aus den Artikeln von Sacchi und Sommariva.

[34] Nach den schon erwähnten zahlreichen Arbeiteragitationen und Streiks von 1859/60 und den Brotunruhen an der Porta Ticinese am 22. Mai 1861 kam es im September desselben Jahres erneut zu Unruhen in der Gegend der Porta Ticinese und der Porta Comasina (später Porta Garibaldi) wegen des Geldumtauschs, der für die Besitzer von Kupfermünzen mit hohen Verlusten verbunden war.

[35] Rendiconto morale della civica amministrazione nell'annata 1865, S. 14.

[36] ASM, Questura, cart. 28; Sul cholera nel Comune dei Corpi Santi (s. o. Kap. III, Anm. 27). Zum Haß des Volks auf die ,,marchands de santé" (Ärzte, Chirurgen usw.) in Zeiten von Epidemien siehe R. Baehrel, La haine de classe en temps d'épidémie, in: Annales ESC, Bd. 7, 1952, S. 357–360.

[37] La Lombardia, 17. und 19. Jan. 1867; L. Valiani, Le prime grandi agitazioni operaie a Milano e a Torino, in: Movimento operaio, Bd. 2, 1950, S. 364; Valiani zufolge soll es auch zu Streiks gekommen sein, wofür ich allerdings keine Belege finden konnte; dieser Punkt bedarf noch näherer Nachprüfung.

[38] Atti del Municipio 1868, Sitzung des Consiglio Comunale vom 10. Jan. 1868, S. 34; Il Secolo, 8. Jan. 1868.

[39] Rendiconto morale della civica amministrazione nell'annata 1868, S. 29 f.

[40] Rendiconto morale . . . 1869, S. 24; Rendiconto morale . . . 1870, S. 22 f.

[41] Siehe Galletti, S. LX f., und für die Zeit vor 1860 auch De Maddalena, Prezzi.

[42] Il Secolo, 20. Jan. 1874; siehe auch A. Maffi, Il Consolato operaio milanese e i suoi trent'anni di vita, Milano 1891, S. 7.

[43] F. Toni, Cucine economiche, in: Milano tecnica dal 1859 al 1884, S. 379–381.

[44] Rendiconto della Amministrazione della Città di Milano . . . 1876/77, S. 13; siehe auch Relazione della Commissione municipale incaricata dal R. Commissario straordinario degli studi sui prezzi del pane e sul calmiere nel circondario esterno del Comune (30 dicembre 1894), in: Dati statistici 1894, S. 199 f. u. 202.

[45] Siehe z. B. La Plebe, 24./25. Nov. und 8. Dez. 1875; 8. Mai 1877; 1. Okt. 1882; Il Momento, 18. Dez. 1879; L'Italia, 25./27. Dez. 1882; 31. Dez. 1882/1. Jan. 1883; 2./3. Jan. 1884; Il Fascio operaio, 13./14. Aug. 1887 (,,La quistione dello stomaco").

[46] Il Secolo, 22. und 24. Juni 1867; 14./15. Juli, 7./8. und 30./31. Aug. 1878; 3./4. Okt. 1880; La Lanterna, 4. Aug. 1872; 5. Jan. 1873.

[47] Atti del Municipio 1882–83, Sitzung des Consiglio Comunale vom 24. März 1883, S. 221 ff.; L. Gabba, Adulterazione e falsificazione degli alimentari, Milano 1884, bes. S. VI f.; über die Ergebnisse der Analysen des *Laboratorio chimico municipale* berichten regelmäßig die Dati statistici und die Tageszeitungen; Kritik von Arbeiterseite an der Qualität der Nahrungsmittel: La Plebe, 1. Okt. 1882; Il Fascio operaio, 29. Juli und 7. Okt. 1883. – Zur Lebensmittelfälschung und -verfälschung als einem speziellen Problem der frühen Industrialisierung und Urbanisierung siehe J. Burnett, History of Food Adulteration in Great Britain in the Nineteenth Century, with Special Reference to Bread, Tea and Beer, in: Bulletin of the Institute of Historical Research, Bd. 32, 1959, S. 104–109; ders., Plenty and Want. A Social History of Diet in England from 1815 to the Present Day, Harmondsworth 1968, S. 99 ff. u. 240 ff.

[48] Atti del Municipio 1879–80, Sitzung des Consiglio Comunale vom 13. Okt. 1879, S. 31 ff.; Relazione della Commissione d'Inchiesta sulle condizioni dell'industria della panificazione in Milano . . ., Milano 1881 (auch in: Atti del Municipio 1881–82); Atti del Comitato esecutivo della Esposizione internazionale di apparecchi di macinazione e panificazione in Milano – maggio-agosto 1887, 2 Bde., Milano 1888; siehe auch Foreign Office 1887. Miscellaneous Series, Nr. 57. Reports on Subjects of General and Commercial Interest. Italy. Report on the Milan Miller's and Baker's International Exhibition, 1887 (by Consul-General D. E. Colnaghi), London 1887.

[49] So äußerte sich Bertani am 7. Juni 1872 in einer Rede vor der Abgeordnetenkammer (zitiert in: Rosselli, S. 32).

[50] C. Beccaria, Sul pane di mistura (1785), in: C. A. Vianello (Hg.), Le consulte amministrative di C. Beccaria, Milano 1943, S. 92–97, und ders., Sulla libertà di panizzazione (1785), ebd., S. 97–99.

[51] Relazione della Commissione d'Inchiesta . . ., S. 59 u. 61.

[52] Siehe P. Valera, La folla, Milano 1901, S. 179 ff. (Schilderung des „prestino" Taschini an der Porta Magenta).

[53] Il Secolo, 26./27. März 1886.

[54] Siehe etwa die zeitgenössische Beschreibung eines Brotaufstands aus dem Jahr 1800 von L. Mantovani, Diario politico-ecclesiastico di Milano, Milano 1968, S. 29.

[55] Il Pungolo, 23. Mai 1861; über die Unruhen ebd., 22. Mai, und La Lombardia, 22. bis 24. Mai. – Die Überzeugung, daß allenthalben Giftsalber am Werk seien, um die Armen zu vernichten, scheint im 19. Jahrhundert in den Unterschichten nicht weniger verbreitet gewesen zu sein als zu der Zeit, in der sich das Pestdrama der „Verlobten" abspielte (siehe Baehrel, S. 356 f.; A. Manzoni, I promessi sposi, Kap. 31 u. 32).

[56] Flugblatt in: ASM, Questura, cart. 45, mit viel anderem Material über die Unruhen; ausführliche Informationen enthält auch die gesamte Tagespresse; Faksimilewiedergabe dieses und anderer Flugblätter in: L'Italia, 1./2. und 2./3. April 1886.

[57] Il questore al prefetto, 6. April 1886, in: ASM, Questura, cart. 45.

[58] Gemeinsames Manifest von POI und *Consolato* in: Il Secolo, 3./4. April 1886.

[59] Il Fascio operaio, 10./11. April 1886.

[60] Thompson, Making, S. 68; vgl. ebd., S. 348, und ders., The Moral Economy of the English Crowd in the Eighteenth Century, in: Past & Present, Nr. 50, 1971, S. 76–136.

[61] Tilly, I fatti di maggio, S. 129.

[62] Zu den Unruhen von 1898 in Italien und Mailand siehe U. Levra, Il colpo di stato della borghesia. La crisi politica di fine secolo in Italia, 1896–1900, Milano 1975, passim (über Mailand: S. 102–116); A. Nascimbene, Il movimento operaio in Italia. La questione sociale a Milano dal 1890 al 1900, Milano 1972, S. 195–215; G. Candeloro, Storia dell'Italia moderna, Bd. 7, Milano 1974, S. 51–63.

[63] C. Tilly, Collective Violence in European Perspective, in: H. D. Graham u. T. D. Gurr (Hg.), The History of Violence in America: Historical and Comparative Perspectives, New York 1969, S. 16; vgl. auch ders., Food Supply and Public Order in Modern Europe, in: ders.

(Hg.), The Formation of National States in Western Europe, Princeton/N.J. 1975, S. 380–455, bes. S. 389 ff.

[64] The Times, 18. Mai 1898.

[65] Zu den Brotpreisagitationen in Mailand siehe Levra, S. 43 f. u. 66; Nascimbene, S. 195 ff.; Casero, S. 143 ff.; vgl. auch Merli, Bd. 1, S. 755 ff.

[66] Levra, S. 150.

[67] M. Halbwachs, La classe ouvrière et les niveaux de vie. Recherches sur la hiérarchie des besoins dans les sociétés industrielles, Paris 1912, S. 423 ff.; ders., Les expropriations et le prix des terrains à Paris (1860–1900), Paris 1909; vgl. Perrot, Les ouvriers en grève, Bd. 1, S. 216–224, und Bd. 2, S. 813.

[68] Merli, Bd. 1, S. 492; über Arbeitsunfälle in Mailand siehe unten Kap. VI, S. 215 ff.

[69] Zitiert in: Perrot, Les ouvriers en grève, Bd. 1, S. 223 (aus dem Bericht eines Polizeikommissars).

[70] Nach den Zahlen von Galletti, S. LXXVIII, blieb der Anteil der Ausgaben für Wohnung, Heizung und Beleuchtung in dem Budget der „typischen Arbeiterfamilie" in Mailand zwischen 1860 und 1914 nahezu konstant; vgl. auch Tilly, Working Class, S. 305 f.

[71] Burnett, A History of the Cost of Living, S. 218; vgl. auch ebd., S. 276 ff.

[72] Vgl. A. Sutcliffe, Working-Class Housing in Nineteenth Century Britain: A Review of Recent Research, in: Bulletin of the Society for the Study of Labour History, Nr. 24, 1972, S. 46 f., und für Italien: L. Bortolotti, Livorno, 1748–1958. Profilo storico-urbanistico, Firenze 1970, S. 258–278.

[73] Il Secolo, 4./5. Aug. 1889.

[74] Die Zahl von 3696 Räumen nach Buzzi-Donato, S. 17, der für die Jahre 1861–1900 irrtümlich die viel zu hohe Zahl von 4562 Räumen nennt; anscheinend hat Buzzi-Donato die nicht realisierten Projekte der 1879 gegründeten Baugesellschaft des *Consolato* mitgezählt; viel zu hohe Zahlen auch in Farina u. Grimoldi, S. 238. Zu den *nach* 1900 gebauten „Sozialwohnungen" siehe Farina u. Grimoldi, S. 239, und Tilly, Working Class, S. 302–309.

[75] Relazione al Consiglio Comunale . . ., S. 16.

[76] G. Sacchi, Intorno alla fondazione di nuove abitazioni per la classe operaja in Milano, in: Annali universali di statistica, Bd. 137, 1859, S. 30–45; ders., Le nuove case per gli operaj da istituirsi a Milano ed a Bologna, in: ebd., Bd. 141, 1860, S. 219–224, und Bd. 144, 1860, S. 88–92; La Perseveranza, 7. Febr. 1860; siehe ferner L. Tatti, Proposta per la costruzione di bagni e lavatoj pubblici per la classe operaja in Milano, Milano 1854 (siehe die Besprechung in: Annali universali di statistica, Bd. 118, 1854, S. 118), und Fede e avvenire, 18. Juli und 8. Aug. 1863 (Projekt von Dell'Acqua für die Errichtung von „casette operaie nei sobborghi di Milano").

[77] La Perseveranza, 21. März und 24. April 1861; 15. Jan. 1866; vgl. auch La Lombardia, 20. April 1863, und 11. Jan. 1865.

[78] Siehe Facoltà di Architettura, Politecnico di Milano, a. a. 1970/71, ricerca Vercelloni: La formazione dell'area metropolitana milanese, S. 6/5 bis 6/9.; zu den beiden Baugesellschaften von 1862 und 1879 siehe auch F. Toni, Case operaje, in: Milano tecnica, S. 372–378; Mediolanum, Bd. 4, 1881, S. 132–137; Direzione Generale della Statistica, Sulle associazioni cooperative in Italia, Roma 1890, S. 43–47; N. Sacerdoti, La questione delle case operaie in Milano, in: Il Politecnico, Jg. 50, 1902, S. 37–55, bes. S. 47 ff. – Zur „casa a ballatoio" siehe unten Anm. 96.

[79] Il Secolo, 13./14. März 1882; vgl. auch C. Romussi, Le case operaie di Milano, in: Rivista della beneficenza pubblica, Bd. 9, 1881, S. 263–273; ders., La casa operaia in Milano, in: La Cooperazione italiana, April 1887, S. 28–30; ebd., April 1889, S. 37–39, und Mai 1890, S. 53 f. Zu den Anfängen der Eigenheimideologie in Italien vgl. A. Tosi u. R. Pisoni, Alle origini della politica dell'alloggio popolare in Italia: analisi di una ideologia, in: Studi di sociologia, Bd. 10, 1972, S. 449–477.

[80] Mortara, S. 151 f., Anm. 2; Buzzi-Donato, S. 8 u. 12; Tilly, Working Class, S. 302, 305 u. 309; vgl. auch M. Cerasi u. G. Ferraresi, La residenza operaia a Milano, Roma 1974, S. 28 ff.

[81] La popolazione di Milano secondo il censimento 31 dicembre 1881, S. 27.

[82] Äußerung Tullo Massaranis in der Sitzung des Consiglio Comunale vom 6. Nov. 1873) (Atti del Municipio 1873–74, S. 63).

[83] F. Cucchi-Boasso, La classe lavoratrice di Milano e delle campagne circostanti, in: La Rassegna nazionale, Jg. 6, Bd. 17, 1884, S. 429.

[84] La Lombardia, 12. Febr. 1862.

[85] Valera, La folla.

[86] Regolamento d'igiene pubblica per il Comune di Milano e norme per la sua applicazione, Milano 1877, S. 21; dieses Regolamento blieb bis 1902 in Kraft.

[87] Corriere della sera, 12./13. April 1878 (zitiert in: F. Catalano, Vita politica e questioni sociali [1859–1900], in: Storia di Milano, Bd. 15, 1962, S. 194); P. Locatelli, Miseria e beneficenza. Ricordi di un funzionario di Pubblica Sicurezza, Milano 1878.

[88] Valera, Milano sconosciuta, S. 184 f.

[89] E. Bassi, Le abitazioni operaie a Milano, in: La Cooperazione italiana, Aug. 1888, S. 60.

[90] Società Umanitaria, Origini, S. 58.

[91] La popolazione di Milano secondo il censimento . . . 1881, S. 26 f.; Il Secolo, 21./22. Febr. 1889.

[92] Dati statistici 1884, S. 267; ebd., 1886, S. 302 f.; Savallo, Guida di Milano, S. 403.

[93] C. Bertolazzi, El nost Milan: La povera gent (1893), 4. Akt, 5. Szene: ,,Ai Asili notturni". Inhalt der in unübersetzbarem Dialekt gesprochenen Worte Ninas: Morgen früh biete ich mich einem Herrn an, einem Ingenieur, einem mit Zylinder; er soll für meine Kleider sorgen, bestimmt! Auch ich will eine Dame sein, gute Bissen essen, Wein trinken und in einem richtigen Bett schlafen! . . . Ich hab' es satt, zu leiden, ich hab' es satt, so zu leben! (weint heftig).

[94] T. V. Paravicini, Palazzi ed abitazioni civili, in: Milano tecnica, S. 367 f.

[95] S. Allocchio, La Nuova Milano, Milano 1884, S. 41.

[96] Die ,,casa a ballatoio" ist gewöhnlich ein mehrstöckiges Haus (Mietskaserne), dessen einzelne Wohnungen über allen Bewohnern gemeinsame Außengänge (die sog. ,,ringhiera") zugänglich sind. Die hygienischen Einrichtungen werden von mehreren Familien gemeinsam benutzt und befinden sich entweder zu ebener Erde oder (häufiger) am Ende der Außengänge (vgl. Cerasi u. Ferraresi, S. 35). Abbildung einer ,,casa a ballatoio" in: Storia di Milano, Bd. 16, 1962, nach S. 64. Eindrucksvolle Beispiele dieses Häusertyps gibt es noch heute (1974) in der Via Savona / Ecke Via Cerano, Corso Garibaldi / Ecke Via Moscova, hinter der Stazione di P. Garibaldi usw.

[97] E. Mantegazza, Progetto di una casa per famiglie operaie in Milano, Milano 1877, S. 17.

[98] Atti del Municipio 1883–84, Sitzung des Consiglio Comunale vom 29. Dez. 1883, S. 144; ebd., Sitzung des Consiglio Comunale vom 2. Jan. 1884, S. 156; siehe auch Il Secolo, 26./27. Juni 1884.

[99] Über die Cholera in Mailand und in den Corpi Santi: Annali universali di statistica, Bd. 125, 1856, S. 97; Relazione della Commissione sanitaria di Milano sul cholera morbus nell'anno 1855, Milano 1856; Il cholera in Milano nell'anno 1867. Relazione della Commissione straordinaria di sanità, Milano 1868; Sul cholera nel Comune dei Corpi Santi; ASM, Questura, cart. 28.

[100] Il Lavoratore comasco, 21. Juli 1888; über die Pocken in Mailand: N. Breganze, Il vajuolo epidemico nel 1870–71 in Milano, osservato nell'Ospitale della Rotonda, in: Gazzetta medica italiana. Lombardia, Bd. 31, 1871, S. 213–215, 221–224, 229–232; Bd. 32, 1872, S. 133–139 u. 244; L'epidemia vajulosa a Milano nel triennio 1870–71–72. Relazione dell'Ufficio Medico Municipale, Milano 1872; F. Ferrario, Il vajuolo e la Rotonda in Milano nell'anno 1888, Milano 1889.

[101] MAIC, Notizie sulle condizioni demografiche, S. 82 u. 94; Dati statistici 1889, Parte II, S. XIII; ebd., 1893, quadro LXXXVI u. LXXXVII; zu dem letzten epidemischen Auftreten der Diphtherie in Mailand siehe F. Dell'Acqua, La difteria in Milano nel triennio 1873–74–75. Note

statistiche e informazioni, in: R. Istituto Lombardo di Scienze e Lettere, Rendiconti, Ser. II, Bd. 9, 1876, S. 261–282 u. 419–433.

[102] L'Italia del popolo, 3./4. Nov. 1890; Dati statistici 1892, S. 113.

[103] Dati statistici 1889, Parte II, S. XVI u. CXI; ebd., 1892, S. 108.

[104] G. Caneva Zanini, Studio sul servizio sanitario pei poveri in Milano, Milano 1889, S. 23; die folgenden Ausführungen nach dieser und der in der nächsten Anm. genannten Schrift von Canetta. – Die in diesem Abschnitt angerissenen Probleme werden in der neueren Literatur völlig ignoriert; die diesbezüglichen Kapitel in der „Storia di Milano" der Fondazione Treccani sind medizingeschichtlich, ohne Bezug auf die soziale Wirklichkeit geschrieben. Eine sehr reichhaltige, noch gänzlich unausgeschöpfte Dokumentation zu diesem Thema enthalten die ersten Jahrgänge der Dati statistici.

[105] P. Canetta, Storia del Pio Istituto di S. Corona di Milano, Milano 1883, S. 119.

[106] Caneva Zanini, S. 18 f.

[107] Nitti, Poor Relief in Italy (s. o. Kap. II, Anm. 53), S. 246; vgl. auch P. Villari, Le opere pie ed i poveri (1878), in: ders., Lettere meridionali, S. 353–362. Über die wichtigsten gesetzlichen Regelungen unterrichtet F. Molteni, Le funzioni sociali dei Comuni, in: Atti del Congresso celebrativo del centenario delle leggi amministrative di unificazione, sez. III, vol. 1: I Comuni, Vicenza 1967, S. 217–252, bes. S. 228 ff.

[108] Siehe L. Vitali, Beneficenza e previdenza, in: Mediolanum, Bd. 1, 1881, S. 342–400; ders., La beneficenza in Milano, Milano 1880; L. E. Rossi, Milano benefica e previdente, Milano 1906.

[109] G. Sacchi, La pubblica beneficenza in Milano, in: Milano 1881, Milano 1881², S. 336.

[110] L. A. Muratori, Della carità cristiana, in quanto essa è amore del prossimo, trattato morale, Modena 1723, S. 326; vgl. hierzu die ganzen Kap. 31 bis 33 (S. 309–350), sowie B. Geremek, Renfermement des pauvres en Italie (XIVᵉ–XVIIᵉ siècle). Remarques préliminaires, in: Mélanges en honneur de F. Braudel, Bd. 1, Toulouse 1973, S. 205–217, und ders., Il pauperismo nell'età preindustriale (secoli XIV–XVIII), in: R. Romano u. C. Vivanti (Hg.), Storia d'Italia, Bd. 5/1, Torino 1973, S. 669–698, bes. S. 688 ff.

[111] Siehe P. Testori, Origini e funzionamento delle case di lavoro in Lombardia (1784–1900), tesi di laurea, Università degli Studi di Milano. Facoltà di Lettere e Filosofia, a. a. 1970/71.

[112] Siehe R. J. Rath, The Habsburgs and the Great Depression in Lombardy-Venetia, 1814–18, in: The Journal of Modern History, Bd. 13, 1941, S. 305–320.

[113] Siehe L. Cossa, Saggio di bibliografia delle opere italiane anteriori al 1849 sulla teoria della beneficenza, in: ders., Saggi bibliografici di economia politica, Nachdruck Bologna 1963, S. 96 f.

[114] M. Gioia, Problema quali sono i mezzi più spediti, più efficaci, più economici per alleviare l'attuale miseria del popolo in Europa. Discorso popolare dell'autore del Nuovo prospetto delle scienze economiche, Milano 1817 (die folgenden Zitate nach dieser Ausgabe); eine zweite Auflage erschien bei einem anderen Buchhändler noch im selben Jahr in Mailand.

[115] Siehe die fortlaufenden Berichte von G. Sacchi in: Annali universali di statistica, Bd. 91, 1847, S. 194 ff., 301 ff., 317 ff.; Bd. 92, 1847, S. 207 ff.; Bd. 93, 1847, S. 198 ff.

[116] Zitiert in: Della Peruta, I contadini, S. 76; vgl. ebd., S. 73 ff.

[117] C. Alfieri, Del soccorso di famiglia. Riordinamento della pubblica e privata beneficenza in Milano, Milano 1853, S. 20.

[118] Annali universali di statistica, Bd. 139, 1859, S. 65–67.

[119] Vgl. u. a. F. Manfredi, Della Società di Mutuo Soccorso pei lavoranti in cappelli di feltro a Milano, in: Rivista europea, 1844, 1. Sem., S. 287–301, bes. S. 288 f.; F. Sanseverino, Delle società di mutuo soccorso, in: Annali universali di statistica, Bd. 129, 1857, S. 229 ff.; E. Fano, Delle istituzioni di previdenza e della condizione delle classi lavoratrici in Italia, in: Il Politecnico, Bd. 16, 1863, S. 121–139; ders., Origini morali e storiche ed utilità delle associazioni di mutuo soccorso, ebd., Bd. 19, 1863, S. 272 ff.; P. Villari, I poveri in Inghilterra (1879), in: ders., Lettere meridionali, S. 363–368; Nitti, Poor Relief in Italy.

[120] C. Cavour, in: Il Risorgimento, 17. März 1848 (in: ders., Scritti di economia, S. 329 f.); ausführlich hierüber handelt R. Romeo, Cavour e il suo tempo, Bd. 1, Bari 1969, S. 406 ff. u. 546 ff. – Zu dem in der Armenpflege bis heute gültigen Grundsatz der „less eligibility" siehe F. Fox Piven u. R. A. Cloward, Regulating the Poor. The Functions of Public Welfare, London 1972.

[121] Vgl. Bravo, Torino operaia, S. 49.

[122] Leggi sulla P. S., 13. Nov. 1859, Art. 82–91 u. 101–104; 20. März 1865, Art. 67–76; 30. Juni 1889, Art. 80–84 u. 94; abgedruckt in: Cronaca politica, legislativa ed amministrativa dagli ultimi tempi della dominazione austriaca nell'Italia in avanti, Bd. 3, Milano o. J., S. 407–427; Raccolta degli atti ufficiali, delle leggi, dei decreti . . . anno 1865, Bd. 14 – app. prima, Milano o. J., S. 39–54; ebd., Bd. 37, Milano 1888, S. 1491–1511.

[123] Aus der umfangreichen zeitgenössischen Literatur über diese Gesetze sei hier nur auf die Schrift von Luigi Lucchini, Professor für Strafrecht an der Universität Siena und Herausgeber der angesehenen „Rivista penale" verwiesen: Sull'ammonizione e sul domicilio coatto secondo la vigente legislazione italiana. Studi statistici e critici, in: Annali di statistica, Ser. II, Bd. 25, 1881, S. 1–157. Unter den neueren Autoren siehe die Beiträge von P. Barile, La pubblica sicurezza; G. Amato, La libertà personale; und D. Vincenzi, Le situazioni soggettive, in dem Sammelband Atti del Congresso celebrativo . . ., sez. IV, vol. 2: La Pubblica sicurezza, Vicenza 1967, und G. Neppi Modona, Carcere e società civile dall'Unità a Giolitti, in: Rivista di storia contemporanea, 1972, S. 341–380, der auch über die entsprechenden Bestimmungen des Codice Penale Sardo handelt.

[124] La Lombardia, 5. Febr. 1864.

[125] Die Zahlen für 1863/64 nach Bazzoni, S. 110 f.; die anderen Zahlen nach La Lombardia, 17. Jan. 1867; La Perseveranza, 17. Jan. 1868; 6. Febr. 1869; 13. Jan. 1870. Entsprechende Zahlen für frühere und spätere Jahre konnte ich nicht ermitteln.

[126] Mediolanum, Bd. 2, 1881, S. 194; Rivista penale, Bd. 13, 1880, S. 276; L. Marcionni, La pubblica sicurezza, le ammonizioni e la polizia giudiziaria in Milano (Sonderdruck aus: Monitore dei Tribunali, Bd. 18), Milano 1877, S. 10; C. Oliva, Relazione statistica dei lavori compiuti nel distretto della Corte d'Appello di Milano nell'anno 1881, Milano 1882, S. 31; dasselbe für 1882, ebd. 1883, S. 87; C. Municchi, Relazione statistica dei lavori compiuti nel distretto della Corte d'Appello di Milano nell'anno 1885, Milano 1886, S. 57 f.

[127] Vgl. die in Anm. 123, 126 und 129 zitierten Schriften von Lucchini (mit umfangreicher Bibliographie), Marcionni, Oliva, Municchi und Borgonovo.

[128] Marcionni, S. 11.

[129] E. C., Gli ammoniti, in: Il ventre di Milano, Bd. 2, S. 36–39 (das Zitat auf S. 38); eine ganz ähnliche Episode berichtet auch der Rechtsanwalt G. Borgonovo, Gli ammoniti, oziosi e traviate. Mali e rimedii, Genova 1879, S. 1–5.

[130] Vitali, Beneficenza e previdenza, S. 365–367; Esposizione industriale italiana del 1881 in Milano. Relazioni dei giurati, Classe 66ª (a). La beneficenza, relatore Avv. cav. Giovanni Florenzano, Milano 1884, S. 64–66; Dati statistici 1884, S. 213; das kurze Zitat aus Marcionni, S. 13.

[131] Marcionni, S. 12 f. Zur unbezahlten Lehrlingsarbeit siehe Merli, Bd. 1, S. 154 f.

[132] Vitali, Beneficenza e previdenza, S. 363–365.

[133] Gigli Marchetti, S. 8 f.; vgl. auch Merli, Bd. 1, S. 236 f.

[134] La Lombardia, 14. Sept. 1861; derselbe Artikel auch in La Perseveranza und nach dieser Zeitung in den Annali universali di statistica, Bd. 147, 1861, S. 289–293.

[135] G. Merlo, Relazione sull'origine e vicende delle Pie Case d'industria e di ricovero in Milano, Milano 1884, S. 6 ff.; La beneficenza della Congregazione di Carità di Milano. Ricordi storici e note di attualità, Milano 1906, S. 29 ff.; Atti del Municipio 1869, Sitzungen des Consiglio Comunale vom 20. u. 22. Mai 1869, S. 373–383; ebd., S. 649 f. (Manifesto).

[136] Dott. Berti, Gli istituti di beneficenza di Milano, in: Annali universali di statistica, Bd.

146, 1861, S. 311; siehe ferner Testori, Origini, und G. Sacchi, Sulla pubblica beneficenza in Lombardia, in: Annali universali di statistica, Bd. 98, 1848, S. 253.

[137] Vitali, Beneficenza e previdenza, S. 375; siehe auch Merlo, S. 11 u. 14.

[138] Annali universali di statistica, Bd. 147, 1861, S. 290.

[139] Vitali, Beneficenza e previdenza, S. 375.

[140] Von 1883 bis 1886 jährlich zwischen 424 und 456 Personen (Dati statistici 1885 und 1886).

[141] Quelle: Opere Pie amministrate dalla Congregazione di Carità di Milano, Resoconto, bilanci consuntivi, 1873–1877, Milano 1879, S. 53 ff., und Bilancio consuntivo 1888.

[142] Atti del Municipio 1879–80, Sitzung des Consiglio Comunale vom 2. April 1880, S. 221 f.; ebd., 1881–82, Sitzung des Consiglio Comunale vom 27. März 1882, S. 186. Ab 1883 konnten auch solche Personen in das Armenhaus eingeliefert werden, die weniger als zehn Jahre lang in der Gemeinde ansässig waren, und ab 1888 auch diejenigen, die nicht in flagranti beim Betteln ergriffen worden waren.

[143] Siehe Regolamento interno del Ricovero di Mendicità in Milano, in: Atti del Municipio 1870, S. 583–591.

[144] Congregazione di Carità, Resoconto . . . 1873–1877, S. 36 f.

[145] Ebd., S. 38.

[146] Il Secolo, 4./5. April 1878; Mediolanum, Bd. 4, 1881, S. 307; Nitti, Poor Relief in Italy, S. 233.

[147] Le istituzioni di beneficenza nel Comune di Milano. Relazione della Giunta Comunale di Statistica, Milano 1883; Foglio periodico della Prefettura di Milano, Bollettino, Jg. 13, 1878, S. 1336–1353; Dati statistici 1884, S. 225 u. 227 (Zahlen für die späteren Jahre in den folgenden Jahrgängen).

[148] Siehe die in der vorigen und in den Anmerkungen 135 und 141 zitierte Literatur.

[149] Monte di Pietà in Milano, Bilancio consuntivo 1888, Milano 1889, S. 198 (zitiert in: A. Schwarz, Mailands Lage und Bedeutung als Handelsstadt, II. Teil, Köln 1891, S. 38); Dati statistici 1884, S. 183; ebd., 1885, S. 254; ebd., 1886, S. 233.

[150] Atti del Municipio 1864, S. 478; Il Secolo, 13./14. März 1878; 20./21. Dez. 1879; 3./4. Jan. 1882; 24./25. Okt. 1889; 3./4. April 1891.

[151] Siehe zu der in Kap. II, Anm. 86, genannten Literatur noch Catalano, Vita politica, S. 62; ASM, Questura, cart. 37 (Brief des Polizeipräsidenten an den Präfekten vom 22. Juli 1862): Il Secolo, 24. und 31. Juli 1872; L. Guerrini, Organizzazioni e lotte dei ferrovieri italiani, Bd. 1: 1862–1907, Firenze 1957, S. 11.

[152] Il Secolo, 13./14. April 1877, und La Plebe, 3. April 1877 (Initiativen des *Consolato Operaio* und der Mazzinischen *Fratellanza Artigiana*).

[153] Il Secolo, 13./14. April, 30. April/1. Mai, 20./21. Aug. 1878; 31. Dez. 1878/1. Jan. 1879; Unione nazionale . . . lavoranti in nastri ed affini, Cronistoria-statistica sociale (s. o. Kap. IV, Anm. 88), S. 10 f.; Catalano, Vita politica, S. 182 f. – Zu gleichartigen Arbeiteragitationen in Neapel siehe: L. De Rosa, Operai e protezionismo a Napoli (1881–1883), in: ders., La rivoluzione industriale in Italia e il Mezzogiorno, Bari 1974[2], S. 71–90, und in Frankreich: Perrot, Les ouvriers en grève, Bd. 1, S. 160 u. 173 ff.; Bd. 2, S. 681.

[154] Über das Thema „I nuovi elettori alla difesa del lavoro nazionale" hielt Alessandro Rossi am 12. Sept. 1882 in Mailand eine Wahlkampfrede, die auch von einigen hundert Arbeitern besucht und mit großem Applaus bedacht wurde. Mehrere Maschinenbauunternehmer (Elvetica, Grondona usw.) hatten ihren Arbeitern die Möglichkeit gegeben, diese Veranstaltung zu besuchen. Als der Radikalprotektionist Rossi zwei Tage später im *Consolato Operaio* sprach, wurde er auch dort mit großer Zustimmung von den Arbeitern angehört (siehe Il Sole, 9./10. bis 15. Sept. 1882, und O. Gnocchi-Viani, Risposta di un socialista ad un Senatore, Milano 1882, bes. S. 7–9; vgl. auch Avagliano, S. 83 ff.).

[155] Atti del Municipio 1884–85, Parte II, S. 37 f., 41 f. u. 52; ASM, Questura, cart. 44; L'Italia, 25./26. Nov., 19./20., 22./23., 28./29. Dez. 1884, u. ö.; Il Secolo, 12./13., 18./19., 19./20.

Dez. 1884; 8./9. Jan. 1885; 28./29. April 1887; Il Fascio operaio, 22./23. Nov. 1884; 21./22. Nov. 1885. – 1884 war das einzige Jahr zwischen 1881 und 1887, in dem der Gerschenkronsche Produktionsindex für den Maschinenbau einen leichten Rückgang aufweist (Gerschenkron, Backwardness, S. 75).

[156] Carocci, S. 498; vgl. ebd., S. 492.

[157] Manacorda, Il movimento operaio, S. 233; die beiden vorausgegangenen Zitate nach D. Perli, I congressi del Partito Operaio Italiano, Padova 1972, S. 70 u. 80, die die Statuten, Kongreßprotokolle usw. des POI wiederveröffentlicht hat.

[158] Siehe G. Arcangeli, La Confederazione Operaia Lombarda, tesi di laurea, Università degli Studi di Milano. Facoltà di Lettere e Filosofia, a. a. 1971–72, Kap. III: „Protezionismo industriale e agrario nella stampa della Confederazione Operaia Lombarda."

[159] Das Zitat aus Il Fascio operaio, 26./27. Febr. 1887; vgl. ebd., 9. Sept. 1883; 18./19. Juni, 2./3. Juli, 13./14. Aug. 1887; 28./29. April 1888. Angriffe dieser Art waren bereits von La Plebe (siehe etwa den langen Leitartikel vom 18. Juli 1880 „Della beneficenza") und von der unregelmäßig zwischen 1880 und 1883 erschienenen anarchistischen La Lotta (zu dieser Zeitung vgl. Della Peruta [Hg.], I periodici di Milano, S. 82–84) geführt worden. Diese beiden Zeitungen dürften jedoch nur von sehr wenigen Arbeitern gelesen worden sein, während Il Fascio operaio für die damaligen italienischen Verhältnisse eine beachtliche Verbreitung hatte (siehe die Dokumente in: Perli, S. 79, 106 u. 142 f.; Briguglio, S. 11–15 u. 180 f.; F. Anzi, Battaglie d'altri tempi, 1882–1892, Milano 1917, S. 48 u. 50).

[160] Siehe C. Lazzari, Il Partito Operaio. Suo programma, sua organizzazione, Alessandria 1886, S. 6 f.

[161] Il Secolo, 26./27. Febr. 1889; 14./15. Dez. 1890; Il Sole, 25./26. Febr., 8. und 19. März 1890; L'Italia del popolo, 1./2., 14./15. Sept., und 20./21. Dez. 1890; Il lavoratore comasco, 20. Dez. 1890; siehe auch Casero, S. 18 u. 45.

[162] Il Secolo, 22./23. Sept. 1890.

[163] L'Italia del popolo, 30. Juni/1. Juli 1891, zitiert in: Casero, S. 57; ebd., Kap. I–II, passim über die Arbeitslosenkrise von 1890/91.

[164] Casero, S. 51, und Relazione . . . crisi operaje, S. 32.

[165] Casero, bes. S. 25 f., 43 f.; L'Italia del popolo, 1./2., 22./23. Sept. 1890; 5./6. Jan. 1891; Il Secolo, 21./22. Juli, 20./21. Sept. 1890.

[166] Il Secolo, 26./27. Febr. 1890.

[167] Casero, S. 57 f.; Il Sole, 23. April und 9. Juli 1891.

[168] Atti del Municipio 1890–91, Sitzung des Consiglio Comunale vom 10. Jan. 1891, S. 148–153; ebd., Sitzung des Consiglio Comunale vom 5. Juni 1891, S. 259–287; lange Auszüge aus der Relation bereits in Il Secolo und L'Italia del popolo vom 21./22. Mai 1891 (die folgenden Zitate nach der bereits in Anm. 13 zitierten separaten Veröffentlichung); vgl. auch Foreign Office. 1891. Miscellaneous Series, Nr. 211. Reports on Subjects of General and Commercial Interest. Italy. Report on the Condition of Labour in Italy. Report by Consul-General Sir D. Colnaghi on the Labour Question in Italy, London 1891, S. 76–78: „The Municipality of Milan and the Labour Question".

[169] Es handelt sich um die anonyme Schrift Disoccupazione operaia. Cause e rimedi, Milano 1891 (datiert: Mailand, 27. Dez. 1890); dazu siehe auch L'Italia del popolo, 22./23. Jan., 23./24. Jan. (Brief Filippo Turatis zu der Schrift), 29./30. Jan., und 6./7. Febr. 1891, und Casero, S. 48–51.

[170] Worte des Beigeordneten Decio Nulli während der Diskussion vom 5. Juni 1891; der Zuschuß für die Arbeitskammer wurde endgültig in der Sitzung des Stadtrats vom 5. Aug. 1891 bewilligt (Atti del Municipio 1890–91, S. 343 f.).

[171] L'Italia del popolo, 22./23. Febr. 1892.

[172] Siehe A. Labriola, Le Camere del Lavoro (1901), in: ders., Scritti politici, 1886–1904, hg. von V. Gerratana, Bari 1970, S. 484 f. – Zur Arbeitskammer siehe auch unten Kap. VI, S. 227 f.

[173] Bonasi, Relazione, S. 25.

[174] Atti del Municipio 1860, Sitzung des Consiglio Comunale vom 4. Mai 1860, S. 63–68; ebd., 1861, Sitzung des Consiglio Comunale vom 6. Mai 1861, S. 135–150 („Rapporto della Commissione per gli studi"). – Die verbreitete Ansicht, daß die Österreicher bei ihrem Abzug aus der Lombardei ein mustergültiges Volksschulwesen hinterlassen hätten, ist neuerdings völlig zu Recht von E. Becchi, Gli strumenti del leggere e dello scrivere, in: 1815–1898. Quando il popolo cominciò a leggere. Mostra dell'alfabetizzazione e diffusione della letteratura in Lombardia, hg. von L. Dalle Nogare, Monza 1974, S. 29–43, zurückgewiesen worden.

[175] Il Suburbano, 15. Nov. 1862, und La Lombardia, 14. Okt. 1863.

[176] Il Secolo, 25./26. bis 29./30. Juni 1879.

[177] Zahlen nach Mediolanum, Bd. 4, 1881, S. 248 f.; MAIC, Notizie sulle condizioni demografiche, S. 96; Dati statistici 1901, S. 206; ebd., 1906, S. 344. Ein, gerade auch in statistischer Hinsicht, enorm reichhaltiges, bislang nicht ausgewertetes Material über das Volksschulwesen enthalten außer den Dati statistici, den Atti del Municipio, den Rendiconti morali der Bürgermeister auch verschiedene amtliche Untersuchungen.

[178] Toniolo, Tendenze, S. 15; vgl. auch V. Zamagni, Istruzione e sviluppo economico in Italia, 1861–1913 (in demselben Sammelband wie der Aufsatz von Toniolo), S. 187–240, bes. S. 188, 198–201, 216 u. 233 f.

[179] M. De Cristoforis, La scuola elementare nel Comune di Milano. Edifici, materiale, igiene della scuola, programmi, istruzione, coordinamento, proposte, Milano 1890; der Inhalt dieser Untersuchung war Gegenstand einer Interpellation des Autors im Consiglio Comunale am 29. März 1890 (Atti del Municipio 1889–90, S. 131–160); alle folgenden Angaben und Zitate, soweit nicht ausdrücklich anders vermerkt, nach dieser Schrift.

[180] Il Secolo, 16./17. Mai 1884; siehe ebd., 14./15. Juni 1884; 22./23. Okt. 1888; 30./31. März 1890.

[181] Vgl. zu diesem Punkt auch Il Secolo, 19./20. Sept., und 15./16. Okt. 1889.

[182] Genauere Zahlen für Mailand in: MAIC, Statistica dell'istruzione elementare per l'anno scolastico 1891–92, Roma 1893, S. 44 f.; in den privaten Schulen betrug der Anteil der „verschwundenen" Schüler dagegen nur knapp 10 % (ebd., S. 77).

[183] Dati statistici 1906, S. 344 (Zahlen für die Schuljahre ab 1873/74).

[184] Zahlen über die versetzten Schüler in den Jahren 1876/77 bis 1900/01 in: Dati statistici 1901, S. 266.

[185] Zur Überforderung der Schüler, insbesondere der Mädchen, durch Hausaufgaben siehe auch Il Secolo, 8./9. März 1888.

[186] De Cristoforis, S. 13; eine ähnliche Aufzählung als Kostprobe aus Schulbüchern findet sich auch in: Il Fascio operaio, 2./3. Febr. 1884.

[187] G. Tarra, Primo grado di letture al fanciullo italiano, 22. Aufl., Milano 1886, S. 25 f. Eine Zusammenstellung empfohlener Schulbücher in: Foglio periodico della R. Prefettura di Milano, 1884, S. 716 f. Die Biblioteca Nazionale Braidense bewahrt Hunderte von Schulbüchern aus der zweiten Hälfte des 19. Jahrhunderts auf, von denen ich allerdings nur einen kleinen Teil durchsehen konnte; deren systematische Auswertung wäre eine äußerst lohnende Aufgabe.

[188] G. Traverso (maestro comunale in Milano), Letture educative ed istruttive, Milano 1882³, S. 117 u. 173 (auch dieses Buch gehört zu den empfohlenen).

[189] Siehe G. Baglioni, La versione italiana della letteratura del „self-help" dall'inizio del processo di industrializzazione, in: Studi di sociologia, Bd. 9, 1971, S. 352–396, und Chabod, S. 392; zur weltweiten Verbreitung von Smiles siehe A. Briggs, Samuel Smiles and the Gospel of Work, in: ders., Victorian People, Harmondsworth 1971, S. 124–147.

[190] M. Lessona, Volere è potere, Firenze 1869; A. Alfani, Battaglie e vittorie. Nuovi esempi di Volere è potere, Firenze 1890.

[191] A. Caprari, Ambrogio Binda. Racconto di A. C. ad uso di lettura nelle Scuole primarie specie nelle serali per artigiani, Parma 1874. – Einige andere Bücher dieses Genres: G. B. Cipani,

Il futuro operajo. Piccola enciclopedia scolastica pei giovanetti che frequentano le classi superiori delle scuole primarie popolari, 2 Bde., Milano 1884 (Cipani war Direktor der Arbeiterschulen des Lanificio Rossi in Schio; auch dieses Werk enthält eine Biographie Bindas); F. Gallo, La felicità di chi lavora. Racconti popolari, Milano 1886[2]; F. Manfroni, L'operaja esemplare. Libro di lettura proposto alle donne italiane, Milano 1894[2].

[192] Rosselli, S. 57.

[193] La Rivista operaia, 24. Nov. 1883.

[194] Il Fascio operaio, 2./3. Febr. 1884; vgl. auch ebd., 5. und 12. Aug., 25. Nov., 2. Dez. 1883; L'Italia, 24./25. Juni 1889 (aus einer Rede Alfredo Casatis, in der er die Arbeiter auf die Notwendigkeit des Schulbesuchs hinweist).

[195] Landes, S. 341; in ähnlichem Sinn äußern sich auch z. B. Langer, S. 208 f.; J. E. Talbott, The History of Education, in: Daedalus, Bd. 100, Nr. 1, 1971, S. 133–150, bes. S. 138 ff.; M. J. Bowman u. C. A. Anderson, Human Capital and Economic Modernization in Historical Perspective, in: Fourth International Conference of Economic History, Bloomington 1968, Paris, S. 260 f.

[196] Cucchi-Boasso, S. 430; Fano, Origini, S. 273 f.; Inchiesta nelle scuole elementari del Comune di Milano. Relazione della Commissione civica degli studi all'onor. Giunta municipale, Milano 1893, S. 16.

[197] Atti del Municipio 1889–90, Sitzung des Consiglio Comunale vom 29. März 1890, S. 152.

[198] Bonasi, Relazione, S. 25.

[199] Siehe A. Amati, Del movimento delle scuole elementari, classiche e tecniche in Milano e in altre città lombarde dal 1857 al 1870, Milano 1870, S. 45, und A. Gabelli, L'istruzione in Italia, Bd. 1, Bologna 1891, S. 49 ff.

[200] Il Sole, 11. Jan. 1889: ,,L'istruzione religiosa nelle scuole".

[201] Relazione della Commissione civica degli studi, S. 17; vgl. ferner die dieser angebundene ,,controrelazione" von De Cristoforis und die Relazione sull'inchiesta nelle scuole del Comune in seguito al voto del 14 gennaio del Consiglio comunale, Milano 1893, S. 6, sowie Atti del Municipio 1892–93, Sitzung des Consiglio Comunale vom 14. Jan. 1893, S. 234 ff. (Interpellation De Andreis).

[202] Vgl. A. Tonelli, L'istruzione tecnica e professionale di Stato nelle strutture e nei programmi da Casati ai giorni nostri, Milano 1964.

[203] Circolo industriale, Risposte (s. o. Kap. IV, Anm. 90), S. 12 f.; siehe des weiteren A. Errera, L'istruzione industriale all'Esposizione Nazionale di Milano, in: Conferenze sulla Esposizione Nazionale del 1881, Milano 1881, S. 253–293; P. Ravasio, Scuole popolari, in: Mediolanum, Bd. 2, 1881, S. 373–386; Sabbatini, S. 15 f.

[204] Atti del Municipio 1861, Sitzung des Consiglio Comunale vom 20. Sept. 1861, S. 336 f.; ebd., 1862, Sitzung des Consiglio Comunale vom 28. Febr. 1862, S. 90–92; ebd., 1883–84, Sitzung des Consiglio Comunale vom 28. März 1884, S. 309 ff.; ebd., 1888–89, Sitzung des Consiglio Comunale vom 28. März 1889, S. 287 ff.; Il Secolo, 18. März 1870; 25. März 1871; 11. April 1873; Esposizione Nazionale 1881 in Milano. Atti del Comitato esecutivo delle Società di Mutuo Soccorso degli operai di Milano, Milano 1882; Esposizione Generale Italiana 1884 – Torino. Comitato delle Società di Mutuo Soccorso operaje di Milano, Atti del Comitato e notizie sugli operai inviati a Torino a scopo di studio, Milano 1886; Esposizione Internazionale di Parigi 1889. Comitato delle Società di Mutuo Soccorso operaie di Milano, Atti del Comitato per l'invio di operai a Parigi a scopo di studio e relazioni migliori fra le premiate, Milano 1891; Esposizione Nazionale Italiana, 1891–92. Palermo. Comitato delle società operaie di Milano, Atti del Comitato e notizie sugli operai inviati a Palermo a scopo di studio, Milano 1893. – Schon 1877 hatten das *Consolato Operaio* und die *Associazione Generale* eine Kommission gebildet, um einige Arbeiter zur Pariser Ausstellung von 1878 zu schicken (Il Secolo, 1./2. Mai 1877); dieses Vorhaben scheint jedoch nicht verwirklicht worden zu sein; 1878 begab sich nur eine Turiner Arbeiterdelegation nach Paris (siehe Relazioni degli operai piemontesi inviati alla Esposizione univer-

sale di Parigi nel 1878, Torino 1879). Auf Kosten des Römer Municipio war 1873 schon eine Arbeiterdelegation aus der Hauptstadt nach Wien gereist (siehe Relazioni degli operai italiani inviati dalle Società operaie romane all'Esposizione Universale di Vienna nel 1873 a spese del Municipio, Roma 1875). – Siehe auch U. Haltern, Die „Welt als Schaustellung". Zur Funktion und Bedeutung der internationalen Industrieausstellung im 19. und 20. Jh., in: Vierteljahrschrift für Sozial- und Wirtschaftsgeschichte, Bd. 60, 1973, S. 21 ff.

[205] G. Colombo, Sulla missione degli industriali inviati in Inghilterra per voto del Consiglio Provinciale di Milano in occasione della mostra universale che ebbe luogo a Londra nel 1862 (1862), in: ders., Scritti e discorsi, Bd. 2, Milano 1934, S. 944–946.

[206] Esposizione. . . Torino, Atti, S. 88 f.; siehe auch Esposizione. . . Parigi, Atti, S. XV f., und Esposizione . . . Palermo, Atti, S. 27 ff.

[207] Esposizione. . . Torino, Atti, S. 75 u. 84 (über die Relationen von Augusto Dante und Giuseppe Croce). Croce gehörte auch der Delegation nach Paris an, und unter den Arbeitern, die 1892 nach Palermo fuhren, befanden sich u. a. bekannten Ouvrieristen und Sozialisten auch Alfredo Casati, Carlo Dell'Avalle und Antonio Frattini.

[208] Relazione sulla mostra tipografica operaia nazionale e delle arti affini della Città di Milano, Milano 7 agosto – 4 settembre 1887, Milano 1887 (das Zitat auf S. 11); M. Arneudo, La prima esposizione operaia italiana tenuta in Torino nel 1890. Relazione storico-amministrativa con allegati, Milano 1892; Il Sole, 29. Okt. und 5. Nov. 1890. – 1875, aus Anlaß ihres 15jährigen Bestehens hatte schon die *Associazione Generale* eine „esposizione industriale operaia" veranstaltet, über die aber keine näheren Einzelheiten bekannt sind (vgl. Cinquant'anni di vita sociale [1860–1909] dell'Associazione Generale di Mutuo Soccorso degli Operai di Milano, Milano, o. J., S. 5).

[209] Arneudo, S. 56.

[210] Vgl. z. B. Il Secolo, 1./2. Sept. 1875; 9./10. Dez. 1881.

[211] Relazione sulla mostra tipografica, S. 29. – Zur ideologischen Funktion der Weltausstellungen siehe Haltern, S. 36 ff., und A. Abruzzese, Lo spettacolo dell'alienazione. Nascita dell',,ideologia" del pubblico dalla crisi dell'arte borghese, in: Contropiano, 1968, Nr. 2, S. 379–421, bes. S. 402–415.

[212] Lotta di classe, 10./11. Sept. 1892 („I soliti inganni. Le cosidette ,Mostre operaie'"); ebd., 15./16. April 1893 (Resolution gegen die Beteiligung an Arbeiterausstellungen; wiederabgedruckt in: Merli, Bd. 2, S. 158); ebd., 16./17. Dez. 1893 („Esposizione operaia", mit einem langen Zitat aus dem „Vorwärts" vom 10. d. M.); Giornale delle Camere del lavoro, 1. Jan. 1894 („Esposizioni Riunite di Milano"; wiederabgedruckt in: Merli, Bd. 2, S. 285 f.); Società Umanitaria, Origini, S. XLIX u. LIII.

[213] Siehe oben Kap. IV, S. 106 f.

[214] Eco della Borsa, 17. Febr. 1855; zu Breda siehe oben Kap. IV, S. 117 f.

[215] ACS, Min. dell'Interno, Gabinetto, Rapporti dei prefetti, busta 10: Prefetto di Milano, 1883, 1° sem. – Zur Entwicklung der Auflagenhöhe der Zeitung zwischen 1866 und 1885 siehe Il Secolo, 5./6. Mai 1885.

[216] Vgl. F. Nasi, Il peso della carta. Giornali, sindaci e qualche altra cosa di Milano dall'unità al fascismo, Bologna 1966, S. 49 ff.

[217] Eine mit vielen Fehlern und Lücken behaftete Bibliographie dieser Broschüren in: Répertoire international des sources pour l'étude des mouvements sociaux aux XIXe et XXe siècles. La Première Internationale, Bd. 3, Paris 1963, S. 125 ff. Die umfangreichsten, obgleich längst nicht vollständigen Kollektionen dieser Broschüren besitzen die Mailänder Nationalbibliothek und das Istituto Feltrinelli.

[218] R. Schenda, Italienische Volkslesestoffe im 19. Jahrhundert. Einführung und Bibliographie zur Sammlung italienischer Volksbüchlein im Museo Pitrè, Palermo, in: Archiv für Geschichte des Buchwesens, Bd. 7, 1965–67, Sp. 209–300 (das Zitat in Sp. 209).

[219] Gnocchi-Viani, Le mouvement littéraire socialiste en Italie, in: La Revue socialiste, Nr. 1, 20. Jan. 1880, S. 30.

[220] Eine Meisterleistung popularisierender Verflachung bildet etwa Gnocchi-Vianis Il Capitale borghese (1879 ; 1880³); Cafieros gleichfalls 1879 erschienenes Kompendium von Marx' „Kapital" erlebte dagegen in jenen Jahren keine zweite Auflage.

[221] C. Lazzari, Memorie, in: Movimento operaio, Bd. 4, 1952, S. 610.

[222] Merli, Bd. 1, S. 573.

[223] G. Beretta. Il grido della plebe, discorso elettorale, Milano 1887; C. Lazzari, Necessità sociale ed economica di un partito operaio, Milano 1888; einen starken Absatz fanden auch L. Alesini, I lavoratori e l'emancipazione, Varese 1887; Almanacco del Partito Operaio Italiano. Emancipazione. 1887, Milano 1887, sowie andere Schriften von Lazzari, Malatesta und G. Rossi (Cardias); dazu vgl. F. Anzi, Il Partito Operaio Italiano, 1882–1891. Episodi e appunti, Milano 1933, S. 63; zur Verbreitung von Il Fascio operaio siehe oben Anm. 159.

[224] Über die propagandistische Wirksamkeit des Versammlungslebens und die Vorzüge des gesprochenen Worts vgl. Il Fascio operaio, 28./29. Nov. 1885, und 21./22. April 1888; vgl. auch A. Audiganne, Mémoires d'un ouvrier de Paris, 1871–1872, Paris 1873, S. 13: „Aux rapports par lettres, les ouvriers préfèrent les communications verbales, où l'on se dit en moins de temps beaucoup plus de choses!" Zur Multiplizierung der Wirkung des geschriebenen durch das gesprochene Wort vgl. auch P. Hollis, The Pauper Press. A Study in Working-Class Radicalism of the 1830s, Oxford 1970, bes. S. 119, und zur überlegenen Wirkung des Redners in der frühen Arbeiterbewegung vgl. D. Thompson, The Early Chartists, London 1971, S. 137.

[225] Siehe unten Kap. VI, Anm. 92.

[226] Il Fascio operaio, 6./7. Nov. 1886: „La borghesia clericale".

[227] Il Fascio operaio, 19. Aug. 1883.

[228] L'Italia, 23./24. Sept. 1887, zitiert in: Mereu, S. 310; siehe ebd., S. 286–290.

[229] Siehe A. Nesti, „Gesù socialista". Una tradizione popolare italiana (1880–1920), Torino 1974², und S. Morini, La propaganda di C. Prampolini fra i contadini reggiani (1886–1900), in: R. Zangheri (Hg.), Le campagne emiliane nell'epoca moderna. Saggi e testimonianze, Milano 1957, S. 195–207. Dieser Gebrauch des Christentums durch die frühe Arbeiter- und sozialistische Bewegung ist historisch sehr viel bedeutsamer gewesen als ihr oft nur zweifelhaft nachgewiesener Antiklerikalismus; vorwiegend geistesgeschichtlich und losgelöst von der Arbeiterbewegung untersucht dieses Thema G. Verucci, Anticlericalismo, libero pensiero e ateismo nel movimento operaio e socialista italiano (1861–1878), in: Chiesa e religiosità in Italia dopo l'Unità (1861–1878). Atti del quarto convegno di storia della chiesa, La Mendola 31 agosto – 5 settembre 1971, Relazioni, Bd. 2, Milano 1973, S. 177–224.

VI. Die Anfänge der Mailänder Arbeiterbewegung

[1] W. Sombart, Italienische Briefe IV: Unternehmer und Arbeiter, in: Sozialpolitisches Centralblatt, 3. Jg., Nr. 33, 1894, S. 392.

[2] Kritische Würdigungen der italienischen Sozialgesetzgebung: Morandi, S. 157 ff.; Vincenzi, S. 347, 356–358 u. 365–369; Merli, Bd. 1, S. 335–356 u. 221 ff. Zu der nur selten gebührend beachteten Kritik seitens der Arbeiter, insbesondere der Ouvrieristen, an der Sozialgesetzgebung siehe Manacorda, Il movimento operaio, Kap. V–VII, passim.

[3] Siehe Merli, Bd. 1, S. 148 u. 212; Forti Messina, Appunti, S. 191–201.

[4] Gazzetta Ufficiale del Regno d'Italia, 23. Nov. 1869; Il Secolo, 3. und 14. Jan., 8. März, 25. Nov. und 13. Dez. 1869; Atti del Municipio 1869, Sitzung des Consiglio Comunale vom 29. Dez. 1868, S. 122.

[5] Atti del Municipio 1877–78, Sitzung des Consiglio Comunale vom 28. Dez. 1877, S. 69 ff.;

ebd., 1881–82, S. 93 ff. u. 338 ff. (28. Dez. 1881 und 11. Juli 1882); ebd., 1883–84, S. 139 ff. u. 150 ff. (29. Dez. 1883 und 2. Jan. 1884); vgl. auch Merli, Bd. 1, S. 212.

[6] L'Industria, 11. Mai 1890, S. 289 f. („Il primo maggio"); ebd., 2. Dez. 1888, S. 781 f. („Il congresso dell'Internazionale [sic!] a Londra e le ore di lavoro"); 16. Dez. 1888, S. 814 f. („Ancora sulle ore di lavoro"; mit einem Brief Costantino Lazzaris an die Zeitschrift); 14. April 1889, S. 241 f. („Una legislazione internazionale sul lavoro delle fabbriche").

[7] L. Luzzatti, Le rivelazioni della previdenza all'Esposizione nazionale di Milano, III, in: Nuova antologia, Bd. 60, 1881, S. 681; die „arringa dell'avvocato Turati" auszugsweise in: L'Italia, 29./30. Jan. 1887.

[8] Marx, Das Kapital, Bd. 1, S. 183.

[9] Legge di P.S. 1859, Art. 28–42; dass. für 1865, Art. 48–50; dass. für 1889, Art. 78 f. Dazu vgl. Vincenzi, S. 348 u. 371 f., und Barile, S. 19 f.

[10] Regolamento per gli operaj conciatori e raffinatori di pellami, Milano, 5 agosto 1883 (Kopie in: ASM, Questura, cart. 44; Wortlaut auch in: Il Fascio operaio, 2. Sept. 1883); Il Fascio operaio, 20./21. Febr. 1886.

[11] Zu dem Reglement von 1872 siehe oben Kap. IV, Anm. 52. Auch schon in dem Art. 2 des „Regolamento pelli operaj ammessi nello stabilimento dell'Elvetica" von 1847 wurde von den Arbeitern „ein Leumundszeugnis ihres Pfarrers und der Gemeindeverwaltung sowie ein Attest des löblichen Dienstes, sofern die Person aus einem anderen Betrieb kommt", verlangt (Forti Messina, Appunti, S. 191).

[12] Vincenzi, S. 351 f., 360–362 u. 369–371; G. Neppi Modona, Sciopero, potere politico e magistratura 1870–1922, Bari 1969, Kap. I (S. 47 Wortlaut der betreffenden Artikel der Strafgesetzbücher); vgl. auch Sellin, S. 106–110.

[13] Siehe Neppi Modona, Sciopero, S. 29 f.

[14] Art. 39; weiter heißt es dort: „wenn die Schlichtung nicht zustande kommt, verweist sie die Parteien an das zuständige Gericht." Eine solche Bestimmung ist zwar nicht mehr in den folgenden Gesetzen über die Öffentliche Sicherheit enthalten, aber die Praxis blieb dieselbe.

[15] Maurer (März und Juli 1860); Müllergesellen (Nov. 1860); Tabakarbeiterinnen (Sept. 1868); städtischer Generalstreik (Aug. 1872); Ziegeleiarbeiter (April 1873); Bandmacher (Aug. 1878); Textilarbeiter (Febr. bis Dez. 1879); Schriftsetzer (Febr.–Juni 1880); Lederarbeiter (Juni 1883); Reissschäler (Okt. 1884); Bäckergesellen (Aug. 1886). – Interventionen gegen Streikende nur eines Betriebs: Maschinenbauer (Febr. 1869); Färber (Aug. 1873).

[16] Druckereiarbeiter (Febr. 1860); Schneider (April/Mai 1860); Druckereiarbeiter (April 1863); Kiesgrubenarbeiter (Juli 1872 und Aug. 1878); Bandmacher (April 1877).

[17] L'Intendente Dirigente la Questura del Cicondario di Milano [al R.] Ministro dell'Interno, Milano, 19. Juli 1860, in: ACS, Ministro Interno, Gabinetto, Atti diversi (1849–1895), busta 2, fasc. 7.

[18] Bereits in den ersten Tagen des Streiks wurden über hundert Arbeiter verhaftet und viele von ihnen im Direktverfahren zu teilweise empfindlichen Gefängnisstrafen (sieben, sechs, vier usw. Monate) verurteilt (Gazzettino Rosa, 7. Aug. 1872; Il Secolo, 5. und 8. bis 10. Aug. 1872).

[19] Il Procuratore Generale di Milano al Ministro di Grazia e Giustizia, Milano, 5. Aug. 1886, in: ACS, Min. di Grazia e Giustizia, Dir. Gen., Affari penali, anno 1886, busta 73, fasc. 3, vol. 2; vgl. ferner Il Panattiere Lombardo, 28. April 1889; ASM, Questura, cart. 44; P. Premoli, L'organizzazione e le agitazioni dei lavoranti panettieri in Milano, in: Il lavoro notturno dei panettieri in Milano. Risultato di un'inchiesta statistica e igienica (= Pubblicazioni dell'Ufficio del Lavoro della Società Umanitaria, Nr. 14), Milano 1907, S. 35–39.

[20] Eine große, 1889 eingeleitete Agitation zur Abschaffung der Nachtarbeit scheiterte auf klägliche Weise, und das Problem harrte noch zu Beginn des nächsten Jahrhunderts auf eine Lösung; vgl. außer der in der vorigen Anm. zitierten Schrift, Il lavoro notturno dei panettieri, noch: ASM, Questura, cart. 46; A. Casati, L'abolizione del lavoro notturno dei lavoranti panattieri, Milano 1890, und Merli, Bd. 1, S. 556 f.

[21] Siehe Mereu, S. 305–314; M. Palazzi, Lo sciopero dei muratori, Milano 1887, und Il Procuratore Generale al Ministro di Grazia e Giustizia, Milano, 15. Sept. 1887, in: ACS, Min. di Grazia e Giustizia, Dir. Gen., Affari penali, anno 1887, busta 76, fasc. 8.

[22] Depretis an den Präfekten von Mailand, 17. Febr. 1883, zitiert in: Carocci, S. 492.

[23] L'Italia, 14./15. Sept. 1887, zitiert in: Mereu, S. 308.

[24] Interventionen erfolgten bei den Streiks der Weberinnen des Cotonificio Veneziano (Dez. 1887), der Dreher bei Breda (Febr./März 1889), der Gaswerkarbeiter (April 1889), der Drucker bei Treves (April 1889), der Knopfmacherinnen bei Robbiati (April 1891), der Weberinnen bei Schoch (Aug. 1892).

[25] Außer dem Streik der Maurer noch diejenigen der Pflasterer (April 1888), Drucker (1888), Korbmacher (Juni 1888 und Aug. 1890), Hufschmiede (Febr. 1890), Metallarbeiter (Aug./Sept. 1891), Gummiarbeiter (Aug. 1891), Schneider und Schneiderinnen (Okt. 1891), Fliesenleger (Aug. 1892), Setzer und Drucker (1892). – Hervorzuheben ist, daß im Verlauf des Metallarbeiterstreiks bei Zusammenstößen am Rande des Streikgeschehens etwa 50 Personen verhaftet wurden (Il Secolo, 7./8. Sept. 1891; Mitteilung Turatis), die Polizei aber offensichtlich einer direkten Konfrontation mit der Masse der Streikenden auswich.

[26] Siehe unten S. 204. mit Anm. 42.

[27] Siehe Forti Messina, Agitazioni, S. 101; Il Secolo, 7. Aug. 1872. Zu D'Azeglios Rolle als Streikschlichter im Jahr 1860 siehe B. Ferrari, Massimo D'Azeglio governatore di Milano nel 1860, in: Bollettino storico-bibliografico subalpino, Bd. 58, 1960, S. 297–299 (zu seiner bei dieser Gelegenheit abgefaßten Mahnschrift ,,Agli operai" siehe unten Anm. 49); Belinzaghis ,,Invito agli operaj a riprendere le proprie occupazioni" vom 7. Aug. 1872, in: Atti del Municipio 1872, S. 485 f.

[28] Vgl. Il Fascio operaio, 26./27. März 1887: ,,Gli scioperi irragionevoli", und ebd., 6./7. Nov. 1886: ,,Di chi la colpa?" (über die Ursachen von Streiks).

[29] Siehe dazu meinen Forschungsbericht, Die neuere Literatur zur Geschichte der italienischen Arbeiterbewegung. Teil I: Von den Anfängen bis zum Vorabend des Ersten Weltkriegs, in: Archiv für Sozialgeschichte, Bd. 14, 1974, S. 571–578.

[30] Siehe Filippo Turati an Friedrich Engels, 9. Febr. 1892: ,,. . . Et de peur de gâter j'ai traduit *classe ouvrière* par classe *operaja* et non pas *lavoratrice* (travailleuse), ce qui comprendrait aussi les paysans" (in: La corrispondenza di Marx e Engels con italiani, 1848–1895, hg. von G. Del Bo, Milano 1964, S. 417).

[31] Zu den Prozessen von 1885 und 1887 siehe O. Gnocchi-Viani, Il partito operaio italiano, 1882–1885, Milano 1885, S. 140 u. 164–181; F. Turati, Il primo processo del Partito Operaio Italiano (note critiche di un socialista), in: Rivista italiana del socialismo (Lugo/Imola), März bis Mai 1887 (wiederabgedruckt in: Turati giovane. Scapigliatura, positivismo, marxismo, hg. von L. Cortesi, Milano 1962, S. 325–373), und Turati an Benoît Malon, Mailand, 22. Febr. 1887, in: La Revue socialiste, 3. Jg., März 1887, S. 274–277 (Turati hatte in diesem Prozeß die Verteidigung von Alfredo Casati und Emidio Brando übernommen). Zu den Geschehnissen von 1889 siehe L'Italia, 23./24., 28./29. Mai; 11./12., 16./17. Juni 1889; 5./6. Jan. 1890. Über die Streiks berichten ausführlich die Tageszeitungen, während die offizielle Statistik nur einen kleinen Teil von ihnen verzeichnet (MAIC, Statistica degli scioperi avvenuti nell'industria e nell'agricoltura durante gli anni dal 1884 al 1891, Roma 1892, S. 75–77).

[32] L'Italia, 31. Mai 1889 (dort auch der Brief Turatis vom 30. d. M.); zu den häufigen Beschlagnahmungen des Fascio operaio siehe ASM, Questura, cart. 116 ,,Opuscoli e giornali sequestrati".

[33] Gazzettino Rosa, 23. März 1872; siehe auch den Brief von Theodor Cuno an Friedrich Engels, Düsseldorf, 17. April 1872, in dem das bekannte Mitglied der IAA seiner Empörung über die ihm durch die italienische Polizei widerfahrene Behandlung Luft macht (in: La corrispondenza di Marx e Engels con italiani, S. 178–180).

[34] Siehe z. B. Il Secolo, 14./15. und 17./18. Juli 1890; 6./7. Sept. 1891; L'Italia del popolo, 15./16., 21./22. Juli, 20./21. und 22./23. Sept. 1890.

[35] F. Turati, Il dovere della resistenza. Agli operai metallurgici di Milano, Milano 1892; L'Italia del popolo, 20./21. Jan. 1892; Critica sociale, 1. Febr. 1892, S. 36 f.; Sombart, Studien . . . I–III, S. 207, Anm. 1.

[36] F. Giorio, Ricordi di Questura, Milano 1882; zum Prozeß gegen Giorio wegen dieser Veröffentlichung siehe L'Italia, 18./19. Febr. 1883; vgl. auch La Plebe, 19. Nov. 1882.

[37] Legge di P.S., 1889, Titolo III: ,,Disposizioni relative alle classi pericolose della società''.

[38] Atti Parlamentari, Camera dei Deputati, legislatura XVI, 1ᵃ sessione, Discussioni, tornata del 2 luglio 1886, S. 434.

[39] Siehe Merli, Bd. 1, S. 148, Anm. 16, u. S. 173.

[40] Siehe z. B. Il Fascio operaio, 12./13., 19./20. Febr.; 19./20. März; 9./10. April; 28./29. Mai 1887; 28./29. April; 19./20. Mai; 9./10. Juni 1888; zur Kritik am bürgerlichen Antimilitarismus siehe ebd., 17./18. März 1888 (,,L'arcadia della pace''); vgl. auch R. Rainero, L'anticolonialismo italiano da Assab a Adua (1869–1896), Milano 1971, passim, dessen Interpretation des Phänomens man allerdings nicht immer zustimmen kann.

[41] Vgl. G. Rochat, L'esercito italiano degli ultimi cento anni, in: R. Romano u. C. Vivanti (Hg.), Storia d'Italia, Bd. 5/2, Torino 1973, S. 1869 ff.

[42] Drei Tage vor dem 1. Mai 1890 erklärte der Polizeipräsident Sangiorgi einer Arbeiterdelegation, daß er bezüglich der befürchteten Demonstrationen ,,sehr strenge Weisungen'' aus Rom erhalten habe und ihnen in jedem Fall Respekt verschaffen werde; er werde alle Menschenansammlungen auflösen – ,,auch unter Einsatz von Kanonen'' (L'Italia, 27./28. April 1890).

[43] A. Labriola, Il Primo Maggio e il movimento operaio in Italia (1890), in: ders., Scritti politici, S. 225–230; Atti del Municipio 1889–90, Sitzung des Consiglio Comunale vom 8. Mai 1890, S. 199 f. (Anfrage des Stadtverordneten Prof. Edoardo Porro).

[44] Il Fascio operaio, 11./12. Okt. 1884.

[45] MAIC, Direzione Generale della Statistica, Statistica degli scioperi avvenuti nell'industria e nell' agricoltura durante gli anni dal 1884 al 1891, Roma 1892; –, . . . durante gli anni 1892 e 1893, Roma 1894; zur Geschichte der italienischen Streikstatistik vgl. außer den Vorworten zu diesen Bänden die beiden bereits zitierten Relationen von Bonasi und Di San Giuliano; Scioperi, serrate e vertenze fra capitale e lavoro in Milano nel 1903 (= Pubblicazioni dell'Ufficio del Lavoro della Società Umanitaria, Nr. 7), Milano 1904. – Kritik an der Statistik der Agrarstreiks übten Procacci, La lotta di classe, S. 78 ff. u. 149, und R. Zangheri, Introduzione zu ders. (Hg.), Lotte agrarie in Italia. La Federazione nazionale dei lavoratori della terra, 1901–1926, Milano 1960, S. XXX f. – Von den Zahlen der Direzione Generale della Statistica gehen u. a. folgende Untersuchungen aus: Merli, Bd. 1, S. 562–572; Tilly, Working Class, S. 360–370 u. 453–455; dies., Skilled Workers; A. Lay u. a., Classe operaia e scioperi: Ipotesi per il periodo 1880–1923, in: Quaderni storici, Bd. 8, 1973, S. 87–147; A. Lay u. M. L. Pesante, Ciclo economico e lotte operaie in Europa, 1880–1920, in: Rivista di storia contemporanea, 1974, S. 389–421. – Ein enthusiastisches Lob spendete der frühen italienischen Streikstatistik Werner Sombart, Studien . . . I–III, S. 218–258, und ders., Strikes in Italien, in: Sozialpolitisches Centralblatt, Jg. 2, Nr. 47, 1893, S. 557–560.

[46] Statistica degli scioperi . . . dal 1884 al 1891, S. 3; Statistica degli scioperi . . . 1892 e 1893, S. 3; vgl. auch F. Virgilii, Lo sciopero nella vita moderna, in: Studi senesi, Bd. 13, 1896, S. 276–293.

[47] ASM, Questura, cart. 49; abgedruckt in: Carotti, S. 310–313.

[48] Die Angaben dieser und der folgenden Tabellen beruhen auf einer systematischen Auswertung der im Quellen- und Literaturverzeichnis angeführten Archivbestände und gedruckten Quellen. Für die Streiks des Jahres 1860 wurde dem in einigen Punkten zu korrigierenden Aufsatz von Forti Messina, Agitazioni, gefolgt; und für einige Streiks der Schriftsetzer und Buchdrucker sowie Maurer den beiden Monographien von Gigli Marchetti und Mereu. – Einige Ab-

weichungen zwischen den Angaben der Tab. 19 und der amtlichen Streikstatistik sind auf eine falsche Datierung seitens der amtlichen Statistik zurückzuführen (z. B. Jahresanfang statt Jahresende). Solche Streiks, zu denen die Statistik des MAIC neben der Berufsangabe der Streikenden und dem Jahr des Streiks keine weiteren Angaben enthält, wurden als zweifelhaft nicht mitberücksichtigt, wenn sich für sie keine anderen Quellenbelege fanden.

[49] Zu 1848: F. Sanseverino, Discorso letto il giorno 14. maggio a.c. inaugurandosi in Milano la Società di Mutuo Soccorso ed insegnamento degli operai sarti, in: Annali universali di statistica, Bd. 96, 1848, S. 286–292; G. Quadrio, Agli operai sarti, in: Pio IX, 11. April 1848; Anon., Agli operai, in: Trattenimenti di Carlambrogio da Montevecchia, Nr. 4, April 1848 (die beiden letzten Artikel wiederabgedruckt in: D. Bertoni Jovine [Hg.], I periodici popolari del Risorgimento, Bd. 1, Milano 1959, S. 311–316 u. 333 f.). – Zu 1860: M. D'Azeglio, Agli operai. Un'altra parola d'un amico (1860), in: ders., Scritti e discorsi politici, Bd. 3, Firenze 1938, S. 309–327; Riccardo Sineo, in: L'eco degli operaj, 8. Nov. 1860; C. Zambelli, Un rimedio contro la miseria. All'Onorevole Giunta Municipale di Milano, Milano 1861. – Zu 1872: L. Paladini, Gli scioperi e la questione sociale in Italia. Parole ai poveri ed ai ricchi, Milano 1873 (1874³); Buratti, L'armonia; N. Lo Savio, Del salariato e delle istituzioni che lo debbono modificare. Studio economico sociale, Milano 1874, S. 97–110: ,,Gli scioperi e le casse di resistenza".

[50] Fede e avvenire, 21. April 1863 (,,Ancora lo sciopero"); ebd., 9. und 17. Jan. 1863 (,,Lo sciopero" und ,,I Probi viri o Probi uomini"), und 6. Juni 1863 (,,Gli scioperi a Torino"). Den Anlaß zu den drei ersten Artikeln bildeten die Streiks der Buchdruckergehilfen vom Januar und April 1863. Aus der in den ersten Jahren ihres Bestehens von Mazzinisten beherrschten *Associazione Generale degli Operai di Milano* wurden Mitglieder, die sich für das Mittel des Streiks – ,,Vorläufer des Verbrechens" – erklärten, sofort ausgeschlossen (L'Unità italiana, 29. Sept. 1861). – Noch bis zum Beginn der 80er Jahre sahen die Mazzinisten im Streik bestenfalls ein ,,manchmal unvermeidliches" Übel (vgl. Manacorda, Il movimento operaio, S. 83, 122–124 u. 182 f.).

[51] Siehe Gazzettino Rosa, 1. Sept. 1873; Atti della Camera di Commercio ed Arti di Milano, Sitzung vom 29. Mai 1879; Vitali, Beneficenza e previdenza, S. 397 f.; Statistica degli scioperi . . . dal 1884 al 1891, S. 17.

[52] Siehe unten S. 243.

[53] La Plebe, 13. Jan. 1876; Turati, Il dovere della resistenza. En passant sei daran erinnert, daß auch die Mailänder Internationalisten – unter dem Einfluß Proudhonscher Ideen – anfänglich gegen die Streiks Stellung bezogen (vgl. ,,Gli scioperi", in: Il Martello, 25. Febr. 1872). – Auf eine entsprechende Anfrage Werner Sombarts antwortete Filippo Turati, daß der POI als einzige Partei in Italien die Streiks unterstützt habe (Brief vom 19. Febr. 1893, zitiert in: Ragionieri, S. 378, Anm. 20).

[54] Perrot, Les ouvriers en grève; ausführlicher auf dieses Werk und das vom Ansatz her sehr verschiedene Buch von E. Shorter u. C. Tilly, Strikes in France, 1830–1968, London 1974, bin ich in: Archiv für Sozialgeschichte, Bd. 15, 1975, S. 582–589, eingegangen.

[55] Siehe oben S. 200.

[56] Nur ein Teil der Streikenden, die Elvetica-Arbeiter, hatten sich über die Ausrufung des Streiks im voraus verständigt, während sich die Belegschaften der meisten anderen Betriebe mehr oder minder spontan dem Streik anschlossen. Eine kleine Fraktion der Metallarbeiter war bereits in der 1889 gegründeten *Federazione di miglioramento fra le Arti Meccaniche* organisiert, doch ihre Widerstandsorganisation, die *Lega metallurgica*, war ein Ergebnis des Streiks.

[57] Zu diesem Streik siehe außer der Tagespresse MRM, Archivio Ferrari, cart. 14, plico 21, mit einem anonymen Bericht über die Streiks in den Corpi Santi und einem – unvollständigen – ,,Prospetto delle diverse classi degli operaj nel Comune dei Corpi Santi di Milano che si diedero allo sciopero nel mese d'agosto 1872"; Hinweis auf die Existenz dieser Dokumente in: L. Valiani, La storia del movimento socialista in Italia dalle origini al 1921, in: Rivista storica italiana, Bd. 68, 1956, S. 628, Anm. 1.

289

[58] L'Italia, 1./3. Mai 1890; Il Secolo, 1./3. Mai 1890, und 1./3. Mai 1891; Il Sole, 2./3. Mai 1891.

[59] Ebenso wie von Perrot, Shorter u. Tilly und anderen Streikforschern werden hier die Kompromisse den positiven Ergebnissen zugerechnet.

[60] Perrot, Les ouvriers en grève, Bd. 2, S. 714.

[61] H. Kaelble u. H. Volkmann, Konjunktur und Streik während des Übergangs zum Organisierten Kapitalismus in Deutschland, in: Zeitschrift für Wirtschafts- und Sozialwissenschaften, Bd. 92, 1972, S. 522, Anm. 13.

[62] Juli 1880 in der Schneiderei Martinenghi wegen unzureichender Belüftung der Arbeitsräume.

[63] Anon. (= Carlo Romussi), Il libro delle società operaie (= Biblioteca del popolo, Bd. 103), Milano 1880, S. 37. – Das eindrucksvollste literarische Zeugnis aus jener Zeit über die ,,Gleichgültigkeit" der Arbeiter im Hinblick auf ihr Leben und ihre Gesundheit ist der ,,Germinal" von Émile Zola.

[64] Statuto del Patronato d'Assicurazione e di Soccorso per gli infortuni del lavoro, amministratore della fondazione Gio. Battista Ponti, approvato dall'assemblea generale del giorno 2 maggio 1883 . . ., Milano 1883; U. Pisa, Il Patronato d'Assicurazione e Soccorso per gli infortuni del lavoro in Milano, in: Rivista della beneficenza pubblica e delle istituzioni di previdenza, Bd. 16, 1888, S. 453–457; U. Gobbi, I provvedimenti per gli infortuni sul lavoro, in: Giornale degli economisti, Bd. 5, 1. Sem., 1890, S. 3–28; U. Rabbeno, Die Arbeiterversicherung in Italien, in: Hdw. d. StW., Bd. 1, Jena 1890, S. 578 ff.; Mereu, S. 273–276.

[65] Quelle: Patronato . . . per gli infortuni del lavoro, Gli infortuni del lavoro nel 1883 e 1884 e la responsabilità degli imprenditori. Relazione della Commissione d'inchiesta, Milano 1885; —, Relazione sull'opera del patronato nell'anno 1888, Milano 1889, und Jgg. 1889 bis 1892, ebd. 1890/93; U. Gobbi, Il Patronato per gli infortuni del lavoro (conferenza, 1 luglio 1887), in: Atti del Comitato esecutivo della Esposizione internazionale di apparecchi di macinazione e panificazione in Milano, Bd. 1, Milano 1888, S. 45–57; Giornale della R. Società italiana d'igiene, Bd. 8, 1886, S. 143 f. u. 828; U. Pisa, L'activité du Patronat d'assurance et de secours pour les accidents du travail de Milan depuis le 31 décembre 1888 au 31 décembre 1893, in: Congrès international des accidents du travail et des assurances sociales. Troisième session tenue à Milan du 1er au 6 octobre 1894, Bd. 2, Milan 1895, S. 476 f.

[66] Gli infortuni del lavoro nel 1883 e 1884, S. XVIII; Patronato, Relazione . . . 1888, S. 33; Relazione . . . 1889, S. 50 f.; L'Italia, 24./25. Jan. 1890 (Brief des Verwaltungsrats des *Patronato* an die Minister Crispi und Miceli).

[67] Il Fascio operaio, 8./9. Dez. 1883.

[68] Siehe z. B. Il Sole, 11. Febr. 1888; 23. Febr. 1889; 22. April und 10. Okt. 1891, mit Berichten von vier tödlichen Unfällen: eines zwölfjährigen ,,garzone" in der Maschinenbaufabrik Larini e Nathan, einer vierzehnjährigen ,,ragazza operaia" in dem Elektrizitätswerk Edison, einer Arbeiterin in der Jutespinnerei Frattini und eines Arbeiters in der Maschinenbaufabrik Miani e Venturi; in allen Fällen handelte es sich um Großbetriebe. Aberhunderte derartiger Beispiele ließen sich aus der Presse anführen. Zu der besonders hohen Unfallrate unter den kindlichen Arbeitern siehe Gli infortuni del lavoro nel 1883 e 1884, S. VIII f.; Gobbi, I provvedimenti, S. 6–8 u. 11; Merli, Bd. 1, S. 329–331.

[69] Nitti, L'assicurazione (s. o. Kap. II, Anm. 53), S. 486.

[70] Hierzu und zur parlamentarischen Vorgeschichte der staatlichen Unfallversicherung siehe Sellin, S. 154–170, und G. Monteleone, La legislazione sociale al Parlamento italiano. Gli infortuni sul lavoro e la responsabilità civile dei padroni, 1879–1886, in: Movimento operaio e socialista, Bd. 22, 1976, S. 177–214.

[71] L'Italia, 15./16. Febr. 1889; L'Italia del popolo, 1./2. Jan. 1891; siehe auch Merli, Bd. 1, S. 327, 333 u. 343.

[72] L'Italia, 25./26. Sept. bis 3./4. Okt. 1889; Wortlaut der – angeblich von Lazzari aufgesetz-

ten – Rede Cattaneos in der Nr. vom 28./29. Sept. 1889 und in: Il Muratore, 6. Okt. 1889 (wiederabgedruckt in: Merli, Bd. 2, S. 24–26).

[73] Il Fascio operaio, 8./9. Dez. 1883.

[74] Zu den Anfängen der Arbeiteragitationen gegen die ,,omicidi bianchi" und für einen besseren Schutz gegen Arbeitsunfälle siehe Merli, Bd. 1, S. 492 f., und Bd. 2, S. 80, 324, 355–357, 360–366 u. 383 f.

[75] Eine Zusammenfassung der offiziellen Lohnstatistik bietet die Abhandlung von A. Geisser u. E. Magrini, Contribuzione alla storia e statistica dei salari industriali in Italia nella seconda metà del secolo XIX, in: La Riforma sociale, Jg. 11, Bd. 14, 1904, S. 753–906. Ungeachtet der fundierten Kritik, die G. Montemartini, L'evoluzione dei salari industriali nella seconda metà del secolo XIX in Italia, in: Critica sociale, 1. Jan. 1905, S. 10–12, schon frühzeitig an dem Werk geübt hat, wird es heute noch lobend erwähnt u. a. von C. Vannutelli, Occupazione e salari dal 1861 al 1961, in: L'economia italiana dal 1861 al 1961, Milano 1961, S. 562, und, was nur schwer verständlich ist, selbst von G. Candeloro, Storia dell'Italia moderna, Bd. 6, Milano 1970, S. 471. – Zweifel an den Reallohnstatistiken des Annuario statistico italiano wurden schon von einem anonymen Autor (Sombart?) im Sozialpolitischen Centralblatt, 22. Febr. 1892, S. 107, angemeldet.

[76] Merli, Bd. 1, S. 373–431.

[77] P. Ercolani, Documentazione statistica di base, in: G. Fuà (Hg.), Lo sviluppo economico in Italia, Bd. 3, Milano 1975², S. 466 f.

[78] Istituto Centrale di Statistica, Indagine statistica sullo sviluppo del reddito nazionale dal 1861 al 1956 (= Annali di statistica, Jg. 86, Ser. VIII, Bd. 9), Roma 1957, S. 251 u. 262.

[79] Città di Milano – Ufficio tecnico – Amministrazione edilizia stradale, Capitolato d'onere ed elenco generale dei prezzi, Milano 1861; Capitolato normale d'oneri ed elenco dei prezzi unitari per le somministrazioni ed opere di manutenzione nei fabbricati comunali della Città di Milano od in affitto alla medesima, Milano 1878; Capitolato normale d'oneri per l'appalto mediante asta pubblica delle somministrazioni ed opere di ordinaria e straordinaria manutenzione nei fabbricati comunali della Città di Milano od in affitto alla stessa, Milano 1893.

[80] Rapporto della Presidenza della Camera di Commercio di Milano intorno al risultato delle indagini sugli scioperi, Milano, 10. Mai 1878, in: ACCM, scat. 68, fasc. 1.

[81] ,,Notizie sulle mercedi degli operai addetti allo stabilimento della ditta Miani, Silvestri e C., di Milano", in: Annali di statistica, Ser. IV, Bd. 26, 1888, S. 87–109; Annuario statistico italiano, 1892, S. 464.

[82] Associazione contro la miseria, La questione degli operai, Milano 1862, S. 1 u. 7; Zambelli, S. 38; Annali universali di statistica, Bd. 147, 1861, S. 121 f.

[83] Zwölf der dreizehn Streiks fielen in die Monate Januar bis Juli; die Bildung von 30 ,,Koalitionen" erwähnt Forti Messina, Agitazioni, S. 110; die von der Autorin genannte Zahl von elf Streiks ist wenigstens um zwei zu tief gegriffen.

[84] La questione degli operai, S. 7, und G. Perelli, in: L'Unità italiana, 29. Dez. 1861; eine ministerielle Veröffentlichung nennt für Mailand Durchschnittslöhne von kaum 1,50 Lire pro Tag (Statistica del Regno d'Italia, Società di Mutuo Soccorso. Anno 1862, hg. vom Ministero d'Agricoltura, Industria e Commercio, Torino 1864, S. 52–56).

[85] Zu dem Turiner Streik siehe M. Nejrotti, Correnti anarchiche e socialiste a Torino (1870–1888), in: Annali della Fondazione Luigi Einaudi, Bd. 2, 1968, S. 197–199. – Die italienischen Streiks vom Sommer 1872 reihen sich in eine weltweite Streikbewegung diesseits und jenseits des Atlantiks ein, deren Verlauf und Ursachen meines Wissens bislang noch einer Beschreibung und Analyse harren.

[86] Zitiert in: Il Secolo, 12. Aug. 1872. Zur Inflation als einer Hauptursache der Streiks siehe Gazzettino Rosa, 7. Aug. 1872.

[87] Siehe Ravizza (capo ragioniere), Statistica dei prezzi del frumento, del pane, del vino, delle

carni, del burro e del riso, Anhang zu: Dati statistici 1908, S. 12 f., und Dati statistici 1884, S. 164 f.

[88] Ad hoc gebildete Antistreikkoalitionen der Unternehmer sind mir für die Ausstände der Metallarbeiter, Lederarbeiter und Reisschäler (vgl. Il Fascio operaio, 11./12. Okt. 1884) bekannt geworden. Die Organisierung der Seidenindustriellen (12. Febr. 1877 Gründung der *Associazione serica italiana*) und der Bauunternehmer (1. Mai 1887 Gründung des *Collegio dei capimastri ed imprenditori di Milano*) fiel mit einer Welle intensivster Organisation der Arbeitnehmer in diesen Branchen zusammen (vgl. Il Secolo, 26./27. April 1877, und Mereu, S. 301–303). Andere, nicht immer genau datierbare Zusammenschlüsse von Unternehmern als Reaktion auf die Organisierung der Arbeiter werden in Società Umanitaria, Origini, S. XXXVII, genannt (vgl. auch Merli, Bd. 1, S. 542–544). Eine feste Organisation, die nicht primär gegen die Arbeiter gerichtet gewesen zu sein scheint, hatten sich 1885 die „capi-officina meccanici industriali di Milano" gegeben (vgl. Il Secolo, 22./23. Dez. 1885, und Il Sole, 6. April 1892). Informelle Unternehmerkoalitionen scheint es jedoch bei allen größeren Streiks, die mehrere Betriebe erfaßten, gegeben zu haben. – Aus der einzigen Monographie zu diesem Thema (L. Vidotti, L'organizzazione industriale lombarda nell'ultimo cinquantennio, Milano 1959) und aus der offiziösen Darstellung La Camera di Commercio di Milano, Milano 1960, läßt sich für den hier interessierenden Zeitraum allein entnehmen, daß die Geschichte der Anfänge der Unternehmerorganisation in Mailand und in der Lombardei noch ganz zu schreiben ist.

[89] Il Fascio operaio, 9. Nov. 1890 (wiederabgedruckt in: Merli, Bd. 2, S. 61–63).

[90] Auf der Ebene der Organisationen und Publizistik tauchten einige dieser Themen allerdings schon früher auf. So wurde z. B. die Errichtung einer Arbeitskammer bereits 1874 vom *Consolato operaio* gefordert (vgl. Il Secolo, 11. Sept. 1874) und später von La Plebe weiter propagiert (2. Sept. 1877; 12. Dez. 1880); auch das Thema der „resistenza al capitale" wurde gelegentlich von dieser Zeitung aufgegriffen. Doch dies waren noch ganz isolierte Stimmen; auf breiterer Basis setzten sich die neuen Forderungen und Begriffe erst nach der Mitte der 80er Jahre durch.

[91] Il Fascio operaio, 11./12. Dez. 1886: „La nostra condotta".

[92] Die Malonsche Version dieses Diktums „Wenn die italienischen Arbeiter sich nicht *auf sich selbst verlassen*, werden sie nie emanzipiert werden" – erschien jahrelang als Motto im Kopf des *Fascio operaio*. Ebenso wie Eugène Pottier in der „Internationale" verarbeitete auch Filippo Turati das Marxsche Diktum im Refrain seiner „Hymne der Arbeiter" (1886): „. . . Il riscatto del lavoro/de'suoi figli opra sarà;/o vivremo del lavoro,/o pugnando si morrà." – Ferner hieß es etwa in der ersten Nummer der Zeitung des Schuhmacherverbands: „Wir Arbeiter sind schließlich davon überzeugt, daß die *Emanzipation der Arbeiter das Werk des Arbeiters selbst sein muß* . . ." (Il Calzolaio, 7. Sept. 1890). „Die Erlösung der Arbeiter muß das Werk der Arbeiter sein", galt damals vielen Arbeitern schon als „der bekannte Ausspruch von Carlo Marx" (L'Italia del popolo, 11./12. Aug. 1890). Andere Versionen dieses Diktums kursierten bereits in der frühen englischen Arbeiterbewegung (siehe etwa D. J. Rowe [Hg.], London Radicalism, 1830–1843, London 1970, S. 164).

[93] Sombart, Italienische Briefe IV, S. 392 f., und Merli, Bd. 1, S. 147.

[94] Vgl. außer Merli, Bd. 1, S. 147–176, etwa E. Gruner, Die Stellung des Schweizer Arbeiters in Fabrik und Familie während des 19. Jahrhunderts, in: R. Braun u. a. (Hg.), Gesellschaft in der industriellen Revolution, Köln 1973, S. 129–134; Pollard, Kap. V; E. P. Thompson, Time, Work-Discipline, and Industrial Capitalism, in: Past & Present, Nr. 38, 1967, S. 56–97; Perrot, Les ouvriers en grève, Bd. 1, S. 295–303.

[95] Außer auf einige von Merli berücksichtigte Mailänder Fabrikreglements und die bereits zitierten Einheitsreglements für die Metallarbeiter (s. o. Kap. IV, Anm. 52) und Lederarbeiter (s. o. Anm. 10) stützt sich die Darstellung auf folgende Fabrikordnungen: Carlo Marti e C., Manifattura in pelli di capra e vitelli cerati uso in Francia, Regolamento per gli operai, Milano 1° Giugno 1873 (in: ACCM, scat. 68, fasc. 1); Reglements der Reisschälereien Travelli und Fiocchi

(in: Il Fascio operaio, 11./12. Okt. 1884, und 18./19. Juni 1887); Regolamento amministrativo, disciplinare pei montatori, sformatori, macchinisti, tagliatori, orlatrici, pulitori ed operai giornalieri addetti allo Stabilimento Crema Rovatti e C. (Schuhfabrik), ca. 1888/89; Società per la lavorazione della gomma elastica e della guttaperca Pirelli e C. Milano, Regolamento per gli operai, ca. 1888/89; Regolamento d'ammissione degli operai negli stabilimenti della Ditta Annibale Fumagalli, Milano – Arnate – Torrazza (tessitura meccanica ed a mano), Gallarate 1891; Regolamento per gli operai dello stabilimento Achille Brioschi, Milano (Prodotti chimici e galenici), Milano 1891.

[96] Eine allenthalben praktizierte Form des Lohnentzugs bildete die zeitweilige Ausschließung von der Arbeit wegen Zuspätkommen oder Fernbleiben. Zu der Summe der täglichen Bußgelder in der Grondona und Elvetica siehe La Lotta, 31. Okt. 1880, und L'Italia del popolo, 11./12. Juli 1892.

[97] G. Perelli, Manuale di avvertimenti generali per iscegliere lo stato, per l'operajo, pel fabbricatore, bottegajo e negoziante, Milano 1856, S. 49.

[98] Zitiert in: L'Eco degli operaj, 28. Okt. 1860.

[99] Zitiert in: L'Italia, 6./7. April 1889. Ausführlich über die Tarife im Druckereigewerbe handelt Gigli Marchetti, S. 23–42.

[100] Siehe ASM, Questura, cart. 109, fasc. ,,prestinai", und cart. 20, fasc. ,,sciopero dei prestinai"; ferner Premoli, S. 29.

[101] Siehe oben Anm. 21.

[102] Siehe oben Kap. IV, Anm. 90.

[103] Siehe ,,Notizie sulle mercedi degli operai addetti allo stabilimento della ditta Miani, Silvestri e C." (s. o. Anm. 81).

[104] Regolamento Pirelli, Art. 2; diese Bestimmung scheint seit Bestehen der Firma gegolten zu haben (siehe Errera, Inchiesta, S. 136). Fast identische Bestimmungen enthalten auch die Reglements Marti, Brioschi, Crema e Rovatti, Operai Conciatori und Stabilimento Lombardi Leone (zu letzterem vgl. Il Fascio operaio, 24./25. Dez. 1884).

[105] Angaben über die Dauer der ,,stagione morta" in verschiedenen Industrien und Berufen finden sich in: Sabbatini, S. 100; La questione degli operai, S. 8; G. Aleati, Le retribuzioni dei lavoratori edili di Milano, Pavia e nei rispettivi territori dal 1819 al 1890 (= Archivio economico dell'unificazione italiana, Ser. I, Bd. 11, fasc. 1), Roma 1961, S. 9; Relationen der Società Archimede, Società Tintoretto, Società di miglioramento dei Sarti e Sarte, in: ACCM, scat. 68, fasc. 1; Merli, Bd. 1, S. 118–121.

[106] Osnaghi Dodi, L'azione sociale, S. 193 f.

[107] Il Sole, 22. März 1889; Il Secolo, 30. Sept./1. Okt. 1890.

[108] Il Secolo, 3. Jan. 1869; siehe auch oben S. 195 f.

[109] Atti del Comitato della Inchiesta industriale, Bd. 2, categ. 9 (Cappelli di feltro), S. 11; Il Secolo, 2./3. Sept. 1886. – 1878 wurde ein Comitato fautore del riposo festivo gebildet (La Plebe, 16. Mai 1878); 1883 eine Lega dei lavoratori pel riposo domenicale, 1891 eine Lega nazionale pel riposo festivo (siehe Della Peruta [Hg.], I periodici di Milano, S. 98 u. 150, und L'Italia del popolo, 16./17. Dez. 1890), die alle mehr oder minder erfolglos für die Einführung eines wöchentlichen Ruhetages kämpften.

[110] Zambelli, S. 55.

[111] Regolamento Meccanici, Art. 11; Regolamento Pirelli, Art. 7; Regolamento Brioschi, Art. 7; Regolamento Marti, Art. 13 (nur für Akkordarbeiter); bei Travelli konnte jeder Arbeiter, der dem Firmeninhaber ,,nicht genehm" war, ohne Angabe von Gründen mit achttägiger Vorankündigung entlassen werden.

[112] Il Secolo, 14./15. Jan. 1875 (Fratelli Coccini); Il Fascio operaio, 9./10. Jan. 1886 (Prinetti, Stucchi e C.).

[113] Il Secolo, 24./25. Febr. 1886; 13./14. Mai 1888; Il Fascio operaio, 19./20. Mai 1888; Il Lavoratore comasco, 26. Mai 1888. – Aus ähnlichen Gründen schlossen 1863 zeitweilig die Spiel-

kartenfabriken (La Lombardia, 11. und 21. Mai 1863). 1887 entließ die Kartoffelmehlfabrik L. Vismara auf einen Schlag 400 Arbeiter, da sie der deutschen Konkurrenz nicht gewachsen war (L'Italia, 19./20. Aug. 1887, und Il Secolo, 20./21. und 26./27. Aug. 1887).

[114] Il Secolo, 30./31. Mai 1888, und 24./25. Jan. 1889. – Auf die starke Zunahme der Selbstmorde in Mailand seit den 1860er Jahren und den hohen Anteil der Arbeiter unter den Selbstmördern (etwa zwei Drittel) beabsichtige ich an anderer Stelle einzugehen.

[115] L'Italia, 10./11. Febr. und 5./6. März 1890; Il Secolo, 5./6. März 1890.

[116] L'Italia del popolo, 31. Aug./1. Sept. 1891; siehe auch Il Secolo vom selben Tag.

[117] Wortlaut der Resolution in: Il Secolo, 16./17. Sept. 1891.

[118] Il Muratore, 31. Mai 1891, zitiert in: Mereu, S. 263.

[119] L'Italia, 18./19. Febr. 1889, und 5./6. März 1890; Il Secolo, 12./13. März 1890; 11./12. Mai 1891; 12./13. Febr. 1892; Il Sole, März 1892, passim; L'Italia del popolo, 29./30. Juli 1892; Lotta di classe, 30./31. Juli 1892; siehe auch Mereu, S. 316 f.

[120] L'Italia del popolo, 31. Juli/1. Aug. bis 4./5. Aug. 1891.

[121] Questura di Milano, Sezione VII^a al Questore, 24. Aug. 1891, in: ASM, Questura, cart. 48 (dort auch viele andere Dokumente über diesen Konflikt); siehe auch Casero, S. 59 f.

[122] L'Italia del popolo, 2./3. Sept. 1891.

[123] Merli, Bd. 1, S. 631–784; Bonaccini/Casero. Der deutsche Leser sei noch auf zwei ältere, durchaus lesenswerte Abhandlungen in unserer Sprache hingewiesen: W. Sombart, Studien zur Entwicklungsgeschichte des italienischen Proletariats, IV: Die Arbeiterkammern (Camere del Lavoro) in Italien, in: Archiv für soziale Gesetzgebung und Statistik, Bd. 8, 1895, S. 521–574 (der Anhang enthält eine Übersetzung von Statuten und Reglement der Mailänder Arbeitskammer); A. Schiavi u. E. Pinardi, Die italienischen Arbeitskammern (= Schriften der Gesellschaft für soziale Reform, 14), Jena 1904; vgl. außerdem Foreign Office. 1892. Miscellaneous Series, Nr. 276. Reports on Subjects of General and Commercial Interest. Italy. Further Report on the Condition of Labour in Italy . . ., London 1893, S. 22 ff.

[124] Eine plastische Schilderung eines privaten Arbeitsvermittlungsbüros findet sich in Valera, Milano sconosciuta, S. 60 f.

[125] Zu den Bestrebungen der verschiedenen Bäckervereine, die Arbeitsvermittlung selbst zu organisieren, siehe Regolamento parziale per il collocamento ai giovani prestinaj . . ., Milano 1860; L'Unità italiana, 2. Jan. 1864; Premoli, passim; zur Arbeitsvermittlung der Maurer siehe Mereu, S. 258 f.

[126] Circolo Fratellanza fra cuochi, camerieri, caffettieri, pasticcieri ed affini. 7 dicembre 1886. A ricordo della Festa inaugurale del vessillo sociale. Discorsi pronunciati nella solenne circostanza, Milano 1887 (aus der Rede des Generalsekretärs Emilio Vago).

[127] Il Sole, 18. und 20. Febr. 1892. – Eine 1885 mit Unterstützung des *Municipio* beim *Consolato Operaio* gebildete *Società per il collocamento degli operai in cerca di lavoro* scheint nur von ephemerer Dauer und recht wirkungslos gewesen zu sein (L'Italia, 20./21. Okt. 1885, und Il Secolo, 23./24. Okt. 1885). – 1891 unternahm das Innenministerium einen ersten, allem Anschein nach ergebnislosen Anlauf, sich eine „genaue und wahrheitsgetreue Vorstellung von der Lage unserer Arbeiter im Hinblick auf die Arbeitslosigkeit" zu verschaffen (Il Sole, 25. April 1891).

[128] Città di Milano. Camera del Lavoro (Locali del Castello di fianco alla ferrovia Nord), Statuto, Milano o. J. (1890); hier zitiert nach der Übersetzung von Sombart (s. o. Anm. 123).

[129] Ausführlich hierüber Sombart, Studien . . . IV, S. 545 ff.

[130] O. Gnocchi-Viani u. G. Garibotti, Le Camere del Lavoro industriali ed agricole, Cremona 1893, S. 5.

[131] Sombart, Studien . . . IV, S. 560.

[132] L'Italia, 31. März/1. April 1890 (Kommentar der Zeitung); Il Secolo, 28./29. Aug. 1889 (Programm des *Consolato* für die Kommunalwahlen am 10. Nov. 1889).

[133] Il Fascio operaio, 16. März 1890.

[134] Eine abweichende Unterscheidung zwischen *Società di miglioramento* und *Società di resi-*

stenza nimmt Merli vor, der erstere auch als einen „neuen Typus von *Mutuo Soccorso*" bezeichnet und die Anfänge der eigentlichen Widerstandsbewegung erst auf die Jahre 1890/91 datiert (Proletariato di fabbrica, Bd. 1, S. 594 ff.). Die einen sind ihm zufolge „auf die Initiative einiger bewußterer Arbeiter hin" entstanden, die anderen „aufgrund eines Massenphänomens". Diese Unterscheidung sagt jedoch wenig über die tatsächlichen Zielsetzungen einer Arbeiterorganisation aus, und im übrigen verdankt sich auch die Widerstandsbewegung der 80er Jahre einem „Massenphänomen".

[135] Die Angaben über die meisten Unterstützungs- und einige Besserungs- und Widerstandsvereine nach: Statistica del Regno d'Italia, Società di Mutuo Soccorso. Anno 1862; Statistik der Unterstützungsvereine für 1873; Direzione Generale della Statistica, Statistica delle Società di mutuo soccorso. Anno 1878, Roma 1880; —, Statistica delle Società di mutuo soccorso e delle istituzioni cooperative annesse alle medesime. Anno 1885, Roma 1888; —, Elenco delle Società di mutuo soccorso esistenti al 1° gennaio 1895, Roma 1898; Vitali, Beneficenza, S. 464–562; Rossi, Milano benefica, S. 539–557; Comune di Milano, Annuario storico-statistico, Jg. 32, 1915, S. 290 ff.; weitere Angaben wurden etwa 130 Programmen, Statuten, Rechenschaftsberichten, Gedenkschriften usw. von Arbeitervereinen entnommen, die ich in den Nationalbibliotheken von Florenz und Mailand einsah. Die Angaben über die meisten Besserungs- und Widerstandsvereine beruhen größtenteils auf Nachrichten der Arbeiter- und Tagespresse. – In der Zuordnung eines Arbeitervereins zu den drei Gruppen: *mutuo soccorso, miglioramento* und *resistenza* kann nicht allein von seinem Namen ausgegangen werden. Denn, um nur zwei Beispiele zu nennen, der Unterstützungsverband der Seidenweber (gegr. 1860) und der Besserungsverein der Maurergehilfen (gegr. 1886) verfolgten unzweifelhaft von dem Tag ihrer Gründung an auch das Ziel des „Widerstands". Die tatsächlichen Ziele eines Vereins ergeben sich jedoch recht eindeutig aus seinen Statuten, Rechenschaftsberichten, den vielen Einzelinformationen der Archive sowie Tages- und Arbeiterpresse, so daß die Angaben der Tabelle, zumindest was die Unterscheidung von Unterstützungs- und Widerstandsvereinen angeht, ein hohes Maß an Genauigkeit für sich in Anspruch nehmen dürfen. (Unter den 14 Besserungsvereinen, die allein 1891/92 gegründet wurden und über die es nur spärliche Informationen gibt, befand sich wahrscheinlich mancher verkappter Widerstandsverein.) – Als Wiedergründungen zählen hier auch solche Umwandlungen von Vereinen, die zu einem Bruch mit seinen bisherigen Zielen führten, d. h. wenn ein bislang ausschließlich auf *mutuo soccorso* und *miglioramento* festgelegter Verein sich der *resistenza* zuwandte.

[136] A. Porro, Delle associazioni di mutuo soccorso, in: Rivista europea, 1845, 2. Sem., S. 267 f. Dieselben Befürchtungen äußerte auch der Bürgermeister von Genua in einem Brief vom 19. Jan. 1850 an den Innenminister (abgedruckt in: Catalano, I Barabba, S. 86 f.). Zu Calvi siehe dessen Artikel „Sulle società di mutuo soccorso per gli artigiani" und „Delle società di mutuo soccorso esistenti in Italia", in: Rivista europea, 1843, 2. Sem., S. 345–364, und 1844, 2. Sem., S. 710–723; vgl. außerdem G. Manacorda, Sulle origini del movimento operaio in Italia, in: ders., Storiografia e socialismo, Padova 1967, S. 89–111.

[137] Vgl. F. Sanseverino, Delle società di mutuo soccorso, in: Annali universali di statistica, Bd. 129, 1857, S. 229–279, bes. S. 260 ff.; Cimminiello, Il mutuo soccorso a Milano, und L. Conti, L'assistenza e la previdenza sociale. Storia e problemi, Milano 1958, S. 28 ff.

[138] Manacorda, Il movimento operaio, Kap. I und II.

[139] Diese Angaben nach L'Unità italiana, der weitaus wichtigsten Quelle über die *Associazione* im ersten Jahrzehnt ihres Bestehens; eine genaue Statistik der Bewegung ihrer Mitglieder in: Dati statistici 1884, S. 238 f.

[140] L. Luzzatti, Nuovo corso di economia popolare, in: Annali universali di statistica, Bd. 158, 1864, S. 7–21; Bd. 159, 1864, S. 58–64 (wiederabgedruckt in: ders., Opere, Bd. 4, 1952, S. 10–22).

[141] Geschäftsbericht der Volksbank für das Jahr 1870, zitiert in: 1865–1925. La Banca Popolare di Milano nel suo sessantesimo di fondazione, Milano 1926, S. 93; vgl. auch I cento anni della

Banca Popolare di Milano (1865–1965), Milano 1965, S. 38, und A. Confalonieri, Banca e industria in Italia, 1894–1906, Bd. 1: Le premesse: Dall'abolizione del corso forzoso alla caduta del Credito Mobiliare, Milano 1974, S. 245 ff.

[142] Siehe Greenfield, S. 138. – 1884 machten die Spareinlagen bis 100 L. bei der Sparkasse, die 35 % aller Sparbücher umfaßten, nicht einmal 1 % der gesamten Spareinlagen aus (siehe Dati statistici 1884, S. 179). – Ein dritter, von den Arbeitern des *Consolato Operaio* selbst unternommener Versuch, den Sparsinn ihrer Klasse zu wecken und ihr leichteren Zugang zu Krediten zu verschaffen, führte 1883 zu der Gründung der *Banca cooperativa operaia*. Sie allein entwickelte sich nicht zu einem kapitalistischen, für die Arbeiter unerreichbaren Geldinstitut, machte aber schon nach zehn Jahren bankerott. In den Bankerott führte sie der ganze Stolz und der Lebensnerv der Einrichtung: das Darlehen auf Ehrenwort (siehe Lotta di classe, 11./12. Febr. 1893).

[143] Zur Verbreitung der Schrift vgl. T. Grandi, Appunti di bibliografia mazziniana, Milano 1961, S. 23 ff. u. 79 ff. Die wichtige Ergänzung von 1860 zu den ,,Doveri", die ,,Questione economica", wurde allein von der Mailänder L'Unità italiana in den gut zehn Jahren ihres Bestehens dreimal abgedruckt (4. April bis 11. Juni 1860; 5. Jan. bis 2. Febr. 1862; 4. Juli bis 1. Aug. 1868).

[144] G. Mazzini, Dei doveri dell'uomo, hg. von P. Rossi, Milano 1972[2], S. 96 f.; vgl. ebd., S. 29.

[145] Ebd., S. 30, 106 f., 28 u. 109 f. Vgl. zu diesen Stellen die eindringliche Analyse von A. Asor Rosa, Scrittori e popolo. Il populismo nella letteratura italiana contemporanea, Roma 1972[4], S. 30–36.

[146] Fede e avvenire, 7. März 1863.

[147] Fede e avvenire, 4. April 1863.

[148] Mazzini, Dei doveri dell'uomo, S. 30.

[149] Nach den sehr unvollständigen Angaben der Statistiken der *Società di M. S.* von 1862 und 1873, die einzige Quelle über diesen Punkt, waren es immerhin 16 Vereine, denen auf jeden Fall noch die *Società tipografi* nebst ihren Nachfolgeorganisationen hinzuzurechnen wäre.

[150] Statuto del Consolato delle Associazioni Operaje per Arti e Mestieri consociate di Milano modificato dalle stesse nelle adunanze generali del 3 novembre e 6 dicembre 1864, Milano 1865, Art. 1.

[151] Einen summarischen, teilweise recht einseitigen Überblick über die – im übrigen noch ganz zu schreibende – Geschichte des *Consolato* gibt dessen führendes Mitglied A. Maffi, Il Consolato operaio milanese e i suoi trent'anni di vita, Milano 1891.

[152] Die Angaben über die Mitgliederzahlen des *Consolato* differieren von einer Quelle zur anderen; für die 80er Jahre werden u. a. folgende Zahlen genannt: 5000 (La Rivista operaia, 15. Sept. 1883); 7448 (Dati statistici 1885, S. 328 f.); ca. 4000 (Il Secolo, 27./28. März 1885); ca. 9000 für 1887 (L'Italia, 26./27. Nov. 1888); ca. 6600 (L'Italia del popolo, 15./16. Juli 1890). Die beiden letztgenannten Zahlen dürften einigermaßen zuverlässig den Mitgliederstand für diese Jahre widerspiegeln. Die letzte Zahl ist auch durch andere Quellen verbürgt, und fest steht, daß das *Consolato* vor 1889/90 seine größte Ausdehnung erreichte. Seit diesen Jahren erwuchs ihm im *Fascio dei Lavoratori*, der lokalen Organisation des POI, eine mächtige Konkurrenz. Im Juli 1890 gehörten dem *Fascio* 19 Sektionen mit 5341 Mitgliedern an (L'Italia del popolo, ebd.).

[153] Statuto del Consolato delle associazioni operaie di mutuo soccorso di Milano, o. O., o. J. (ca. 1882), S. 3–6, und Congresso operaio lombardo tenutosi in Milano nei giorni 25 e 26 settembre 1881, Como 1881, S. 16 f.

[154] So weit ich sehe, gehen als einzige Merli, Bd. 1, S. 344–347, und Gigli Marchetti, S. 56, auf die *Società interne* ein.

[155] Regolamento della Società di mutuo soccorso per gli ammalati dello stabilimento di terraglie e porcellane dei Sigg. Giulio Richard e Comp. a S. Cristoforo presso Milano, Milano 1863; Regolamento della Società di mutuo soccorso fra gli operai addetti allo stabilimento Richard S. Cristoforo, Milano 1879; Annali universali di statistica, Bd. 106, 1850, S. 262; E. Fano, Della ca-

rità preventiva e dell'ordinamento delle società di mutuo soccorso in Italia, Milano 1868, S. 514 f.

[156] Cooperazione ed industria, 5. Aug. 1867. Zu den bekanntesten Großbetrieben mit *Società interne* gehörten auch die Fabriken von Binda; 1868 wurde die *Cassa di sussidio malattia della S. A. degli omnibus* gegründet.

[157] Verzeichnis der 30 *Società interne* in: Esposizione . . . Milano, Atti del Comitato, Allegato 5: „Elenco delle società e rappresentanze intervenute gratuitamente all'Esposizione Nazionale 1881, III. Società di M. S. di stabilimenti industriali: Milano." Sehr wahrscheinlich wurden in den 80er Jahren noch mehr neue Betriebsvereine gegründet als die fünfzehn, deren Existenz die von mir durchgesehenen Quellen bezeugen. Diese Frage wird sich so lange nicht genauer klären lassen, wie der Forschung die Mailänder Firmenarchive verschlossen bleiben.

[158] Il Fascio operaio, 4./5. Aug. 1888.

[159] Il Fascio operaio, 19./20. Jan. und 9./10. Febr. 1884. Außer von den Ouvrieristen und Buchdruckergehilfen (siehe z. B. La Tipografia milanese, 7. Nov. 1881: „Le società interne") wurde diesem Problem von der Arbeiterbewegung eine auffallend geringe Aufmerksamkeit geschenkt.

[160] Lotta di classe, 18./19. Juni 1893.

[161] Die *Società interne* der Druckereien Sonzogno und Reggiani gehörten eine Zeitlang dem *Consolato Operaio* an.

[162] Siehe Società Umanitaria, Origini, S. 114.

[163] L'Italia del popolo, 30. April/1. Mai 1892.

[164] Zur Organisation der Eisenbahner, die sich angemessen überhaupt nur auf Landesebene darstellen läßt, siehe Guerrini, Organizzazioni, und E. Finzi, Alle origini del movimento sindacale: I ferrovieri, Bologna 1975.

[165] Società Umanitaria, Origini, S. 60, 109, 114, 478 u. 480 f.

[166] Siehe oben Kap. IV, S. 124 ff. und 134 f.

[167] Statuto della Lega del lavoro fra i lavoranti guantai di Milano per indizi e sostegno al lavoratore approvato nell'Assemblea di costituzione il 1° marzo 1882, Milano 1882, Art. 2 und 3; siehe auch Il Fascio operaio, 23./24. Febr. 1884, und La Rivista operaia, 23. Febr. 1884.

[168] La Plebe, 30. Juni 1881.

[169] „Programma della sezione milanese del Partito Operaio Italiano", in: La Plebe, 6. Aug. 1882.

[170] Il Fascio operaio, 4./5. Aug. 1888: „I diritti degli operai e l'organizzazione."

[171] L. Cortesi, La costituzione del Partito Socialista Italiano, Milano 1962², S. 64.

[172] Il Fascio operaio, 29. Juli 1883 (erste Nr.): „Chi siamo e cosa vogliamo"; vollständig ins Deutsche übersetzte diesen langen programmatischen Artikel R. Michels in seinem Aufsatz: Eine exklusiv proletarische Bewegung in Italien im Jahre 1883, in: Dokumente des Sozialismus, Bd. 4, 1904, S. 65–67; von großem Unverständnis des Ouvrierismus zeugt Michels' Kommentierung des Artikels.

[173] Siehe z. B. Statuto della Società incoraggiamento fra i lavoranti tappezzieri in stoffa di Milano, Milano 1885; Statuto della Associazione di miglioramento fra i lavoranti muratori, badilanti, manuali e garzoni di Milano e d'intorni, Milano 1886; Statuto dell'Associazione di M. S. e miglioramento fra i lavoranti muratori . . ., Milano 1891; Federazione di miglioramento fra le Arti Meccaniche. Statuto sociale, Milano 1890; Statuto della Società di mutuo soccorso e miglioramento con cooperativa fra i lavoranti scalpellini in Milano . . ., Milano 1891.

[174] Gnocchi-Viani, Il partito operaio, S. 87.

[175] In chronologischer Reihenfolge waren dies: Lederarbeiter (1882), Bäckergesellen (1883), Hutmacher (1884), Tabakarbeiterinnen (1884), Schneider (1884), Tischler (1885), Maurer (1886), Schuster (1888), Eisenbahner (1890), Lithographen (1891), Köche (1892), Textilarbeiter (1892), Metallarbeiter (1892). Über sieben dieser geglückten oder versuchten Verbandsgründungen handelt Merli, Bd. 1, S. 785–837, der allerdings einige von ihnen zu spät datiert. Die obi-

gen Angaben beruhen auf Nachrichten in der Tages- und Arbeiterpresse. – Über den Aufschwung der *Federazioni di mestiere* nach 1900 vgl. Procacci, La lotta di classe, S. 25–53.

[176] Camera del Lavoro di Milano, Rendiconto della gestione amministrativa dal 1° ottobre 1891 al 31 dicembre 1892, Milano o. J.

[177] Die Mitgliedszahlen schließen eine nicht genau feststellbare Anzahl von Doppelzählungen ein, da alle Arbeiter, die – was durchaus möglich war – mehreren Mitgliedsvereinen der Partei angehörten, doppelt und unter Umständen sogar dreimal gezählt wurden. Dies rührt daher, daß der *Partito dei Lavoratori* bis zur Revision seines Statuts auf dem Kongreß von Parma (1895) nur kollektive Mitgliedschaften kannte. Die Zahlen im Text fußen auf den Angaben der Lotta di classe, Sept. 1892 bis Dez. 1893, und des ersten Rechenschaftsberichts der Partei: Il primo anno del Partito dei lavoratori italiani. Relazione morale e bilancio presentati dal Comitato Centrale al Congresso nazionale di Reggio Emilia il giorno 8 settembre 1893, Milano 1893, S. 16–18. Nicht mitgezählt wurden die insgesamt 2720 Mitglieder der *Società di M. S. fra i macchinisti e fuochisti ferrovieri italiani* und der *Unione ferrovieri italiani*, deren Verbandssitz damals Mailand war, deren Mitglieder sich aber über das ganze Land verteilten.

[178] Zitiert nach der Übersetzung von Sombart, Der gegenwärtige Stand, S. 482.

[179] Sombart, Studien . . . I–III, S. 206 u. 209; vgl. ders., Der gegenwärtige Stand, S. 480.

[180] So weit ich sehe, führte als einer der ersten Andrea Costa um 1880/81 den Begriff „lotta di classe" als politische Kampfparole in das Vokabular der italienischen Arbeiterbewegung ein (siehe die Zitate in: Manacorda, Il movimento operaio, S. 158 f. u. 165). Nach meiner Kenntnis der Quellen tauchte der Begriff nicht vor 1883 in der Mailänder Arbeiterbewegung auf. Auch in der französischen Arbeiterbewegung war der Ausdruck „lutte de classes" zu Beginn der 80er Jahre noch ziemlich selten (siehe Perrot, Les ouvriers en grève, Bd. 2, S. 625 ff.).

[181] Il Fascio operaio, 25. Nov. 1883: „L'armonia fra capitale e lavoro." – Die Belege zu den folgenden Ausführungen ließen sich leicht um ein Vielfaches vermehren.

[182] Il Fascio operaio, 16./17. Okt. 1886; 31. März/1. April 1888; 5./6. Mai 1888.

[183] Ebd., 30./31. Juli 1887 (Bericht über Experimente mit Affen, um Landarbeiter zu ersetzen). – Der versuchsweise Einsatz von Affen an Fließbändern in den USA veranlaßte noch 1970 Pierre Carniti, den Sekretär der christlichen Metallarbeitergewerkschaft Italiens (FIM-CISL), „einen anderen Typus von Arbeitsorganisation in den Fabriken" zu fordern, „der weniger entfremdend ist als jener, den eine ausschließlich an der Produktivität orientierte Rationalität durchgesetzt hat" (siehe Corriere della sera, 19. Nov. 1970).

[184] Il Fascio operaio, 30./31. Okt. 1886: „Eppur si muove" (Leitartikel).

[185] Programm des POI von 1887, in: Il Fascio operaio, 1./2. Okt. 1887.

[186] Antonio Labriola an Friedrich Engels, Neapel, 2. Sept. 1892, in: La corrispondenza di Marx e Engels, S. 449. – Auf dem 18. Kongreß der Mazzinischen *Società operaie affratellate* (Palermo, 26.–29. Mai 1892) war ein Antrag des „Kollektivisten" Magliano angenommen worden, daß sich die Föderation der italienischen Arbeiter von dem Konzept des Klassenkampfs zwischen Proletariern und Kapitalisten leiten lassen müsse.

[187] F. Turati, La volatilizzazione della lotta di classe, in: Critica sociale, 1. Juli 1892, S. 196–200 (dieser Artikel richtet sich gegen die konfusen Ansichten Gnocchi-Vianis über den Klassenkampf). „In forma più popolare" erläuterte Turati das Thema in dem Artikel „La lotta di classe moderna", in: La lotta di classe, 18. Juni 1892 (dazu siehe L. Basso, Alle origini del Partito Socialista Italiano. Il numero unico „La lotta di classe" [18 giugno 1892], in: Rivista storica del socialismo, Bd. 3, 1960, S. 471–477), der noch im selben Jahr auch als Propagandabroschüre erschien (La moderna lotta di classe, Milano, Uffici della Critica Sociale, 1892, 15 S., 10 cent.). Auch seine Einleitung zu F. Engels, Fra capitalista e lavoratore. La ragione intima del loro conflitto secondo Marx, Milano 1891, benutzte Turati, um das Thema den italienischen Arbeitern zu explizieren.

[188] Turati, La volatilizzazione, S. 200.

[189] L'Italia, 19./20. Mai 1886 (im Original teilweise in Dialekt; die Hervorhebung vom Verfasser).

[190] L'Italia, 20./21. Jan. 1887.

[191] L'Italia del popolo, 19./20. Juni 1890.

[192] P. Bellotti, L'origine e scopi della scuola professionale muraria e della società muratori, Milano 1914, S. 4 f.

[193] Società di mutuo soccorso e miglioramento fra i lavoranti muratori di Milano e provincia, Rendiconto amministrativo annuale. Gestione dal 1° ottobre 1888 al 31 dicembre 1889, Milano 1890, S. 3.

[194] Il Fascio operaio, 31. März/1. April 1888.

[195] Il Sole, 20. Jan. 1889 (,,Divergenze fra operai"). Maffis Äußerung in: La Borsa del Lavoro in Milano, suoi scopi, benefici e modo di funzione. Pubblicazione del Comitato di studio e propaganda fra le società operaie aderenti, Milano 1890, S. 3 (Zuschreibung nach L'Italia del popolo, 26./27. Aug. 1891; vgl. Casero, S. 28, Anm. 43); Statuto del Consolato delle Associazioni operaie di Mutuo Soccorso di Milano discusso ed approvato al Congresso tenutosi il giorno 15 [recte: 16] novembre 1890, Milano 1891, S. 8 (daß Maffi Redakteur des Programms war, geht aus L'Italia del popolo, 10./11. Nov. 1890 hervor).

[196] L'Italia del popolo, 12./13. Sept. 1890; vgl. ebd., 18./19. Sept. 1890, und 13./14. April 1891.

[197] Wortlaut in: L'Italia del popolo, 16./17. Juni 1891.

[198] Consolato operaio milanese, Rendiconto amministrativo, 1891–92, Milano, o. J.

[199] Il Secolo, 10./11. und 17./18. Mai 1892; ebd., 10./11. Okt. 1890 (über Maffi).

[200] L'Italia del popolo, 19./20. Juni 1890: ,,La lotta di classe" (Vortrag von De Andreis im *Circolo Operaio*).

[201] Il Secolo, 28./29. Sept.; 21./22., 27./28. Okt.; 17./18., 24./25. Nov. 1892; Lotta di classe, 17./18. Sept. und 26./27. Nov. 1892.

[202] Consolato Operaio. Sezione Milanese del Partito dei Lavoratori Italiani. Sede: via Crocefisso 15. Febbraio 1893, Milano 1893 (in Auszügen wiederabgedruckt in: Merli, Bd. 2, S. 147 f.).

VII. Schluß

[1] Was R. Pracchi, Contributo allo studio geografico delle industrie di Milano nel periodo 1883–1886, in: Atti del XVII Congresso geografico italiano, Bd. 3, Bari 1957, S. 483–486, über die geographische Verteilung der Industrien schreibt und nach ihm Dalmasso, S. 273 u. 275, wiederholt, wimmelt so sehr von Fehlern, daß es besser unveröffentlicht geblieben wäre.

[2] Vgl. La popolazione di Milano secondo il censimento . . . 1901, S. 22–24.

[3] Merli, Bd. 1, S. 264; Errera, Inchiesta, S. 134.

[4] Dati statistici 1911, S. 352; L'Italia del popolo, 4./5. April 1892; Atti del Municipio 1893–94, I. Allegato: Resoconto morale della Giunta Municipale per le annate 1892–93–94, S. 37; Il Sole, 15. Jan. 1892. – Nicht viel anders sah die Frage des innerstädtischen Verkehrs um dieselbe Zeit in England aus (vgl. Burnett, A History of the Cost of Living, S. 216 f.).

[5] G. Sacchi, La vita intima, in: Mediolanum, Bd. 2, 1881, S. 77–96; C. Cantù, Schizzo storico, in: Milano e il suo territorio, Bd. 1, Milano 1844, S. 76 f.; teilweise wörtlich wiederholt in: ders., Grande illustrazione, Bd. 1, S. 289 ff.

[6] C. Bertolazzi, El nost Milan: La povera gent (1893), 3. Akt, 3. u. 4. Szene; zu dieser Stelle vgl. Althusser, S. 132 u. 135 f.

[7] A. M. M. (= Anna Maria Mozzoni), Gli oratori che vanno e quelli che vengono, in: L'Italia del popolo, 19./20. Okt. 1890.

[8] Turati, Il dovere della resistenza, S. 14; Labriola, Organizzatevi, in: I diritti del lavoro, 12. April 1891 (wiederabgedruckt in: ders., Scritti politici, S. 256; dort auch das folgende Zitat).

[9] Perrot, Les ouvriers en grève, Bd. 2, S. 727 f.

[10] De Angeli an Villari (s. o. Kap. IV, Anm. 39), S. 413.

[11] L. Luzzatti, Una parola sulle società di mutuo soccorso (1864), in: ders., Opere, Bd. 4, Bologna 1952, S. 5; ders., Le classi dirigenti e gli operai in Inghilterra. A proposito della lotta di classe, in: Nuova antologia, Bd. 126, 1892, S. 193–207 (Antwort auf eine – nicht zu Ende geführte – Diskussion mit Leonida Bissolati anläßlich des Arbeiterkongresses von Crema).

[12] Il primo anno del Partito dei lavoratori italiani (s. o. Kap. VI, Anm. 177), S. 4; Lotta di classe, 11./12. Febr. 1893.

[13] G. D. Romagnosi, Della condizione morale e fisica degli operaj, in: Annali universali di statistica, Bd. 28, 1831, S. 9 ff. (= Opere, Bd. VI/1, S. 519–522).

Quellen- und Literaturverzeichnis

1. Ungedruckte Quellen

ACCM (Archivio della Camera di Commercio di Milano), scatola 68, fasc. 1, B – Diverse – I° Questioni sociali – Scioperi – b) Nomina da parte del Ministero di una Commissione d'inchiesta (3/2/1878) – Raccolta di notizie e relazione della Camera di Commercio (13/5/1878).

ACS (Archivio Centrale dello Stato, Roma)
Ministero di Grazia e Giustizia, Direzione Generale, Miscellanea, Affari penali, anno 1886, busta 73, fasc. 3, vol. 2; anno 1887, busta 76, fasc. 8; anno 1889, busta 83 bis, fasc. 191.
Ministero dell'Interno, Gabinetto, Atti diversi, busta 2, fasc. 7;
—, —, Rapporti dei prefetti, busta 10.

ASM (Archivio di Stato di Milano), Questura, cartella 20, 28, 37, 38, 40 bis 49, 58, 109 und 116.

MRM (Museo del Risorgimento di Milano), Archivio Ferrari, cartella 14, plico 21.

2. Amtliche und halbamtliche Publikationen

Atti del Comitato esecutivo della Esposizione internazionale di apparecchi di macinazione e panificazione in Milano – maggio – agosto 1887, 2 Bde., Milano 1888.

Atti del Comitato della Inchiesta industriale, 5 Bde., Roma 1873–74.

Atti del Comitato d'Inchiesta industriale. Relazioni delle Camere di Commercio, Parte II, Roma 1873.

Atti della Commissione d'inchiesta per la revisione della tariffa doganale. II. Parte industriale. Relazione del deputato V. Ellena, Roma 1886.

Atti della Giunta per la inchiesta agraria e sulle condizioni della classe agricola, Bd. VI/1, Roma 1882.

Atti Parlamentari, Camera dei Deputati, legislatura XVI, sessione I, Discussioni.

Bonasi, Francesco, Relazione presentata a S. E. il Ministro dell'Interno nel mese di marzo 1879 dalla Commissione d'inchiesta sugli scioperi . . ., Roma 1885.

Camera di Commercio di Milano, Atti, 1877–83, 1888, 1890 ff.

–, Relazione della Camera di Commercio ed Arti di Milano per l'anno 1864, Milano 1865.

–, Relazione della Camera di Commercio ed Arti di Milano sopra la statistica e l'andamento del commercio e delle arti del proprio Distretto nell'anno 1863, Milano 1864.

–, Relazione della Commissione incaricata dalla Camera di Commercio di Milano di riferire sul Progetto Magliani per l'abolizione del corso forzoso, Milano 1880.

–, Statistica al 30 giugno 1891 delle caldaie a vapore dei motori a vapore, a gas, elettrici ed idraulici nel distretto camerale di Milano, Milano 1891.

Comune dei Corpi Santi di Milano, Annuario statistico del Comune dei Corpi Santi, Provincia e Circondario di Milano, Mandamento VII e VIII con indicazioni sull'andamento amministrativo coll'aggiunta della popolazione stabile e nomade a tutto il 31 dicembre 1863 compilato per cura dell'Ufficio d'Anagrafe del Comune stesso, Milano 1864.

–, L'autonomia e l'integrità del Comune dei Corpi Santi di Milano a riscontro del progetto di smembramento e di parziale aggregazione a Milano, Milano 1864 (Verfasser: Primo Oldini).

–, Sul cholera nel Comune dei Corpi Santi di Milano durante l'anno 1867. Relazione della Commissione sanitaria al Consiglio Comunale, Milano 1868.

–, Sulla domanda della Città di Milano per l'aggregazione del Comune dei Corpi Santi. Relazione della Giunta Municipale del Comune dei Corpi Santi di Milano al proprio Consiglio Comunale, Milano 1872.

Comune di Milano, Annuario storico-statistico per il 1918.

–, Atti del Municipio di Milano, 1859 ff.

–, Censimento della popolazione della città di Milano nella notte dal 31 dicembre 1861 al l gennajo 1862, Milano 1862.

–, Censimento della popolazione della città di Milano, eseguito in base allo stato di fatto dalla mezzanotte del 31 dicembre 1871 al 1° gennajo 1872, Milano 1872.

–, Il cholera in Milano nell'anno 1867. Relazione della Commissione straordinaria di sanità, Milano 1868.

–, Dati statistici a corredo del resoconto dell'Amministrazione comunale, 1884 ff. (Titel variiert gelegentlich in den späteren Jahrgängen).

–, L'epidemia vajulosa a Milano nel triennio 1870–71–72. Relazione dell'Ufficio Medico Municipale, Milano 1872.

–, Inchiesta nelle scuole elementari del Comune di Milano. Relazione della Commissione civica degli studi all'onor. Giunta Municipale, Milano 1893.

–, Le istituzioni di beneficenza nel Comune di Milano. Relazione della Giunta Comunale di Statistica, Milano 1883.

–, La popolazione di Milano secondo il censimento 31 dicembre 1881. Relazione della Giunta comunale di statistica, Milano 1883.

–, La popolazione di Milano secondo il censimento eseguito il 9 febbraio 1901, Milano 1903.

–, Regolamento d'igiene pubblica per il Comune di Milano e norme per la sua applicazione, Milano 1877.

–, Relazione della Commissione sanitaria di Milano sul cholera-morbus nell'anno 1855, Milano 1856.

–, Relazione della Commissione d'Inchiesta sulle condizioni dell'industria della panificazione in Milano nominata in seguito alle deliberazioni prese dal Consiglio Comunale nelle sedute ordinarie del 13 e 15 ottobre 1879, Milano 1881.

–, Relazione della Commissione municipale incaricata dal R. Commissario straordinario degli studi sui prezzi del pane e sul calmiere nel circondario esterno del Comune (30 dicembre 1894), in: Dati statistici 1894, S. 193–205.

–, Relazione al Consiglio Comunale di Milano per proposte di provvedimenti in ordine alle crisi operaje, Milano 1891.

–, Relazione sull'inchiesta nelle scuole del Comune in seguito al voto del 14 gennaio del Consiglio Comunale, Milano 1893.

–, Giunta Comunale di statistica. Relazione colla quale si accompagna alla Prefettura della Provincia di Milano il lavoro sulla grande industria manifatturiera della Città di Milano nell'anno 1861, Milano 1865.

–, Rendiconto morale della civica amministrazione nell'annata . . ., 1864 ff.

–, Ufficio dello Stato Civile di Milano, Statistica, 1866 bis 1873 (Titel variiert).

–, Ufficio tecnico – Amministrazione edilizia stradale, Capitolato d'onere ed elenco generale dei prezzi, Milano 1861.

–, Capitolato normale d'oneri ed elenco dei prezzi unitari per le somministrazioni ed opere di manutenzione nei fabbricati comunali della Città di Milano od in affitto alla medesima, Milano 1878.

–, Capitolato normale d'oneri per l'appalto mediante asta pubblica delle somministrazioni ed opere di ordinaria e straordinaria manutenzione nei fabbricati comunali della Città di Milano od in affitto alla stessa, Milano 1893.

Congregazione di Carità di Milano, La beneficenza della Congregazione di Carità di Milano. Ricordi storici e note di attualità, Milano 1906.

–, Note storiche e statistiche sulle principali beneficenze amministrate dalla Congregazione di Carità di Milano, Milano 1906.
–, Opere pie amministrate dalla Congregazione di Carità di Milano. Resoconto bilanci consuntivi 1873–77, Milano 1879.
–, Bilanci consuntivi.
Cronaca politica, legislativa ed amministrativa dagli ultimi tempi della dominazione austriaca nell'Italia in avanti (später: Raccolta degli atti ufficiali, . . .), Bde. 3, 14 und 27, Milano o. J.
Di San Giuliano, A., Relazione . . . sul disegno di legge . . . 30 maggio 1883. Disposizioni relative agli scioperi, Seduta del 23 aprile 1884, in: Atti Parlamentari, Camera dei Deputati, legislatura XV–1ª Sessione 1882–83–84, doc. n. 114–A.
Ellena, Vittorio, La statistica di alcune industrie italiane, in: Annali di statistica, Ser. II, Bd. 13, 1880, S. 1–141.
Foreign Office. 1887. Miscellaneous Series, Nr. 57. Reports on Subjects of General and Commercial Interest. Italy. Report on the Milan Miller's and Baker's International Exhibition, 1887 (by Consul-General D. E. Colnaghi), London 1887.
–, 1891. Misc. Ser., Nr. 211. Reports . . . Report on the Condition of Labour in Italy. Report by Consul-General Sir D. Colnaghi on the Labour Question in Italy, London 1891.
–, –, Nr. 276. Reports . . . Further Report on the Condition . . ., London 1893.
Gazzetta ufficiale del Regno d'Italia, 1869.
Istituto Centrale di Statistica, Indagine statistica sullo sviluppo del reddito nazionale dell'Italia dal 1861 al 1956 (= Annali di statistica, Ser. VIII, Bd. 9), Roma 1957.
–, Sommario di statistiche storiche italiane, 1861–1955, Roma 1958.
MAIC (Ministero di Agricoltura, Industria e Commercio), Annali del Ministero di Agricoltura, Industria e Commercio (Divisione Industria e Commercio), Bd. 103, Roma 1877 (,,Ricerche sopra la condizione degli operai nelle fabbriche").
–, Appunti di statistica edilizia e finanziaria di alcune grandi città d'Europa, in: Annali di statistica, Ser. II, Bd. 19, 1881, S. 145–209.
–, Cenni statistici intorno alle condizioni demografiche ed edilizie di alcune città italiane ed estere, ebd., Ser. III, Bd. 9, 1884, S. 3–141.
–, Saggio di statistica delle mercedi pagate agli operai degli stabilimenti meccanici e metallurgici e dei cantieri navali. Notizie sommarie sulle mercedi pagate in altre industrie, ebd., Ser. IV, Bd. 26, 1888.
–, Direzione Generale della Statistica, Annuario statistico italiano, 1892.
–, Sulle associazioni cooperative in Italia. Saggio statistico, Roma 1890.
–, Elenco delle Società di mutuo soccorso esistenti al 1° gennaio 1895, Roma 1898.
–, Notizie sulle condizioni edilizie e demografiche della città di Roma e di alcune altre grandi città italiane ed estere nel 1888, Roma 1889.
–, Notizie sulle condizioni demografiche, edilizie ed amministrative di alcune grandi città italiane ed estere nel 1891, Roma 1893.
–, Risultati dell'inchiesta sulle condizioni igieniche e sanitarie nei comuni del Regno, 3 Bde., Roma 1886.
–, Statistica dell'istruzione elementare per l'anno scolastico 1891–92, Roma 1893.
–, Statistica degli scioperi avvenuti nell'industria e nell'agricoltura durante gli anni dal 1884 al 1891, Roma 1892.
–, . . . durante gli anni 1892 e 1893, Roma 1894.
–, Statistica delle Società di Mutuo Soccorso. Anno 1878, Roma 1880.
–, Statistica delle Società di Mutuo Soccorso e delle istituzioni cooperative annesse alle medesime. Anno 1885, Roma 1888.
–, Statistica del Regno d'Italia, Società di Mutuo Soccorso. Anno 1862, Torino 1864.
–, dasselbe für 1873 (mir war nur ein Exemplar ohne Titelblatt zugänglich).
Patronato d'Assicurazione e di Soccorso per gli infortuni del lavoro, amministratore della fondazione Gio. Battista Ponti, Statuto . . . approvato dall' Assemblea Generale del giorno 2 maggio 1883 . . ., Milano 1883.

303

–, Gli infortuni del lavoro nel 1883 e 1884 e la responsabilità degli imprenditori. Relazione della Commissione d'inchiesta, Milano 1885.

–, Relazione sull'opera del patronato nell'anno . . ., 1888 bis 1892, Milano 1889–1893.

Provincia di Milano, Le condizioni sanitarie della Provincia di Milano. Atti della Commissione di Inchiesta nominata dal prefetto di Milano Comm. Achille Basile per le indagini sulla pellagra, Milano 1885.

Relazione della Commissione per le industrie meccaniche e navali (relatore: A. Bozzoni), Roma 1885.

Sabbatini, Leopoldo, Notizie sulle condizioni industriali della Provincia di Milano (= Annali di statistica, Ser. IV, Bd. 65), Milano 1893.

3. Zeitgenössische Periodika*

a) Tageszeitungen

Corriere della sera, 1876–(1892) (Stichproben).
Il Gazzettino Rosa, 1868–1873.
L'Italia, 1882–1890.
L'Italia del popolo, 1890–(1892).
La Lombardia, 1859–(1872).
La Perseveranza, 1859–(1872) (spätere Jgg. in Stichproben).
Il Pungolo, 1859–(1861).
Il Secolo, 1866–(1892).
Il Sole, 1865–(1892) (bis 1878 in Stichproben).
Il Suburbano, 1862–1864.
L'Unità italiana, 1860–1871 (1860 Genova; ab 1861 Milano).

b) Arbeiterpresse und sozialistische Periodika

Il Calzolaio, 1890–1891.
Critica sociale, 1891–(1893).
L'eco degli operai, 1860 (26. Aug.–18. Nov.).
Il Fascio operaio, 1883–1889 (später Alessandria).
Fede e avvenire, 1863 (3. Jan.–28. Nov.).

---

* Der Erscheinungsort aller Periodika ist, sofern nicht ausdrücklich anders vermerkt, Mailand. Die Zahlen hinter dem Titel geben das erste und letzte Erscheinungsjahr an. Die eingeklammerten Zahlen bedeuten, daß das Periodikum noch über das angegebene Jahr hinaus erschien, die späteren Jahrgänge aber nicht durchgesehen wurden. Außer den oben genannten Periodika wurden noch zahlreiche „numeri unici" und andere kurzlebige Zeitungen benutzt, über die umfassend F. Della Peruta (Hg.), I periodici di Milano, Bibliografia e storia, Bd. 1: 1860–1904, Milano 1956, unterrichtet. Diese Bibliographie enthält ausführliche Informationen über die demokratischen, radikalen, republikanischen, katholischen und sozialistischen Periodika. Für die Tageszeitungen sind V. Castronovo, La stampa italiana dall'Unità al fascismo (Taschenbuchausgabe „Universale Laterza"), Bari 1973, und F. Nasi, Il peso della carta. Giornali, sindaci e qualche altra cosa di Milano dall'unità al fascismo, Bologna 1966, und für die anarchistischen Periodika L. Bettini, Bibliografia dell'anarchismo, Bd. 1: Periodici e numeri unici anarchici in lingua italiana pubblicati in Italia (1872–1971), Firenze 1972, zu konsultieren.

L'Italia operaia, 1880 (15. Aug.–12. Sept.).
La Lanterna, 1872–1874.
Il Lavoratore comasco (Como), 1888–(1892).
La Lotta, 1880–1883.
Lotta di classe, 1892–(1894).
Il Martello, 1872 (4. Febr.–3. März).
Il Muratore, 1889–(1892).
La Plebe, 1875–1883.
La Rivista operaia, 1883–1884.

c) Andere Zeitungen und Zeitschriften

Annali universali di statistica, 1824–1871.
Cooperazione ed industria, 1867–1869.
La Cooperazione italiana, 1887–(1892).
Giornale della (R.) Società Italiana d'igiene, 1879–(1893).
Il Giorno, 1871–1873.
L'Industria, 1887–(1892).
Il Politecnico, 1839–1844, 1860–(1900) (Stichproben).
Rivista della beneficenza pubblica e delle istituzioni di previdenza, 1873–(1893) (zuerst Rom,
    später Mailand).
Rivista europea, 1838–1847.
I periodici popolari del Risorgimento, 3 Bde., hg. von Dina Bertoni Jovine, Milano 1959/60.

4. Andere zeitgenössische Publikationen (bis ca. 1900)

Alfani, Augusto, Battaglie e vittorie. Nuovi esempi di Volere è Potere, Firenze 1890.
Alfieri, Carlo, Del soccorso di famiglia. Riordinamento della pubblica e privata beneficenza in
    Milano, Milano 1853.
Allocchio, Stefano, La nuova Milano, Milano 1884.
Almanacco del Partito Operaio Italiano. Emancipazione. Anno 1887, Milano 1887.
Amati, Amato, Del movimento delle scuole elementari, classiche e tecniche in Milano e in altre
    città lombarde dal 1857 al 1870, Milano 1870.
Arneudo, Marcellino, La prima esposizione operaia italiana tenuta in Torino nel 1890. Relazione
    storico-amministrativa, Milano 1892.
Arrighi, Cletto, La canaglia felice. Romanzo milanese (1885), hg. von Gabriele Catalano, Fi-
    renze 1971.
Associazione contro la miseria, La questione degli operai, Milano 1862.
–, La Commissione Provvisoria, Al Parlamento Italiano ed al Consiglio dei Ministri, Milano
    1862.
D'Azeglio, Massimo, Agli operai. Un'altra parola d'un amico (1860), in: ders., Scritti e discorsi
    politici, hg. von M. De Rubis, Bd. 3, Firenze 1938, S. 307–327.
Bazzoni, Guido, L'alimentazione e le risorse economiche del popolo minuto di Milano, Milano
    1868.
Beccaria, Cesare, Opere, hg. von S. Romagnoli, 2 Bde., Firenze 1958.
–, Le consulte amministrative inedite, hg. von C. A. Vianello, Milano 1943.
Benvenisti, G., Bolaffio, L. F. u. Gramola, A., Annuario dell'industria e degl'industriali di Mi-
    lano . . ., Anno primo, 1890–91, Milano 1890.
Berti (dott.), Gli istituti di beneficenza di Milano . . ., in: Annali universali di statistica, Bd. 146,
    1861, S. 289–317.

Bertolazzi, Carlo, El nost Milan. La povera gent. Commedia in 4 atti (1893), in: ders., El nost Milan e altre commedie, hg. von Folco Portinari, Torino 1971.

Bodio, Luigi, Di alcuni indici misuratori del movimento economico in Italia, Roma ²1891.

Bonaccorsi, Pietro, Le case economiche per gli operai, in: Il Politecnico, Bd. 26, 1878, S. 294–300 und 321–326.

Borgonovo, Giacomo, Gli ammoniti, oziosi e traviate. Mali e rimedii, Genova 1879.

Breda, Ernesto (ing.), Concorso ai premi al merito industriale indetto con R. Decreto del 4 agosto, 1895. Memoriale e descrizione dello stabilimento, o. O., o. J. (1896).

–, Le locomotive in America e in Europa. Osservazioni e confronti, Milano 1900.

Società Italiana Ernesto Breda per costruzioni meccaniche – Milano, Per la millesima locomotiva, Milano 1908.

Breganze, N. (dott.), Il vajuolo epidemico nel 1870–71 in Milano, osservato nell'Ospitale della Rotonda, in: Gazzetta medica italiana. Lombardia, Bd. 31, 1871, S. 213–215, S. 221–224, 229–232; Bd. 32, 1872, S. 133–139 u. 244.

Buffini, Andrea, Ragionamenti storici economico-statistici e morali intorno all'Ospizio dei trovatelli in Milano, 2 Teile, Milano 1844/45.

Buratti, Carlo, L'armonia degli interessi sociali. Scritti popolari di economia politica, Milano 1874.

Calvi, Gottardo, Sulle società di mutuo soccorso per gli artigiani, in: Rivista europea, 1843, 2. Sem., S. 345–364.

–, Delle società di mutuo soccorso esistenti in Italia, in: ebd., 1844, 2. Sem., S. 710–723.

Camera del Lavoro di Milano, La Borsa del Lavoro in Milano, suoi scopi, benefici e modo di funzione. Pubblicazione del Comitato di studio e propaganda fra le società operaie aderenti. Sede: Via San Vittore al Teatro, 13, Milano 1890.

–, Città di Milano. La Camera del Lavoro nei suoi primi nove mesi d'esistenza. Relazione della Commissione esecutiva provvisoria fatta al Teatro della Canobbiana il 15 maggio 1892, Milano 1892.

–, Statuto, Milano o. J. (1890).

–, Rendiconto della gestione amministrativa dal 1° ottobre 1891 al 31 dicembre 1892, Milano o. J.

Canetta, Pietro, Storia del Pio Istituto di S. Corona di Milano, Milano 1883.

Caneva Zanini, Giuseppe, Studio sul servizio sanitario pei poveri in Milano, Milano 1889.

Cantoni, Giovanni, Campagne e contadini in Lombardia durante il risorgimento, hg. von C. G. Lacaita, Milano 1976.

Cantù, Cesare, Grande illustrazione del Lombardo-Veneto . . ., Bd. 1, Milano 1857.

Caprari, Achille, Ambrogio Binda. Racconto . . . ad uso di lettura nelle scuole primarie specie nelle serali pei gli artigiani, Parma 1874.

Cardani, Francesco u. Massara, Fedele, Sulle condizioni economico-morali del contadino comasco, milanese, pavese e lodigiano . . ., in: Atti della Società lombarda di economia politica, Jg. 2, fasc. 9, Milano 1865, S. 259–283.

Casati, Alfredo, L'abolizione del lavoro notturno dei lavoranti panattieri, Milano 1890.

Casati, Luigi, Del ricovero degli esposti in Milano e dei successivi regolamenti ed ordini che lo ressero, in: Il Politecnico, Bd. 25, 1865, S. 333–351; Bd. 26, 1865, S. 33–49; Bd. 27, 1865, S. 34–54.

Cattaneo, Carlo, Opere scelte, 4 Bde., hg. von D. Castelnuovo Frigessi, Torino 1972.

–, I problemi dello stato italiano, hg. von C. G. Lacaita, Milano 1966.

–, Sul progetto d'una piazza pel Duomo di Milano, in: Il Politecnico, Bd. 1, 1839, S. 237–252.

–, Scritti economici, 3 Bde., hg. von A. Bertolino, Firenze 1956.

Cavour, Camillo, Scritti di economia, 1835–1850, hg. von F. Sirugo, Milano 1962.

Cavour, Gustave de, Des idées communistes et des moyens d'en combattre le développement, in: Bibliothèque universelle de Genève, 4. Série, 1ʳᵉ année, tome 1, 1846, S. 5–39.

Circolo industriale e commerciale di Milano, Risposte all'interrogatorio industriale per la revisione della tariffa doganale, Milano 1886.

Codazza, G., Idee sulla convenienza di uno stabilimento centrale che conceda presso di sè l'uso della forza motrice a diversi manifatturieri, in: Il Politecnico, Bd. 16, 1863, S. 233–253.

Colombo, Giuseppe, L'esposizione del 1867, in: Il Politecnico, Bd. 32, 1868, S. 30–49 und 213–236.

–, L'industria della costruzione delle macchine in Italia nel 1861 e nel 1881, in: L'ingegneria alla Esposizione industriale italiana in Milano (1881). Le gallerie delle macchine del lavoro e del materiale ferroviario, Milano 1882, S. 5–31.

–, L'industria delle macchine all'Esposizione di Milano, in: Nuova antologia, Bd. 59, 1881, S. 338–357.

–, Milano industriale, in: Mediolanum, Bd. 4, Milano 1881, S. 37–64.

–, Scritti e discorsi, Bd. 2: Scritti e discorsi scientifici, Milano 1934.

Conferenze sulla Esposizione Nazionale del 1881 tenute . . ., Milano 1881.

Congresso Operaio Lombardo tenutosi in Milano nei giorni 25 e 26 settembre 1881, Como 1881.

Corio, Lodovico, Milano in ombra. Abissi plebei, Milano 1885.

Correnti, Cesare, Scritti scelti, Bd. 1: 1831–1847, hg. von Tullo Massarani, Roma 1891.

La corrispondenza di Marx e Engels con italiani, 1848–1895, hg. von G. Del Bo, Milano 1964.

Cucchi-Boasso, F., La classe lavoratrice di Milano e delle campagne circostanti, in: La Rassegna nazionale, Jg. 6, Bd. 17, 1884, S. 412–433.

De Cristoforis, Malachia, La scuola elementare nel Comune di Milano. Edifici, materiale, igiene della scuola, programmi, istruzione, coordinamento, proposte, Milano 1890.

Dell'Acqua, Felice, La difteria in Milano nel triennio 1873–74–75. Note statistiche e informazioni, in: Reale Istituto Lombardo di Scienze e Lettere, Rendiconti, Ser. II, Bd. 9, Milano 1876, S. 261–282 und 419–433.

–, Igiene e sanità. L'Ufficio medico municipale. Resoconto statistico e note pel 1885, Milano 1886.

Disoccupazione operaia. Cause e rimedi, Milano 1891.

Dossi, Carlo, Note azzurre, 2 Bde., hg. von D. Isella, Milano 1964.

Einaudi, Luigi, La riforma tributaria di un grande comune (1896/97), in: ders., Cronache economiche e politiche di un trentennio (1893–1925), Bd. 1 (1893–1902), Torino 1959, S. 16–31.

Errera, Alberto, Inchiesta sulle condizioni degli operai nelle fabbriche, in: Archivio di statistica, Bd. 4, 1879, S. 113–188.

Esposizione Generale Italiana 1884 – Torino. Comitato delle Società di mutuo soccorso operaje di Milano, Atti del Comitato e notizie sugli operai inviati a Torino a scopo di studio, Milano 1886.

Esposizione industriale italiana del 1881 in Milano. Relazioni dei giurati, Classe 66ª (a). La beneficenza, relatore Avv. cav. Giovanni Florenzano, Milano 1884.

–, –, Sezione IV., classi 55ª e 56ª, Ingegneria, Lavori Pubblici ecc., relatore Prof. Celeste Clericetti, Milano 1883.

Esposizione Internazionale di Parigi 1889. Comitato delle Società di mutuo soccorso operaie di Milano, Atti del Comitato per l'invio di operai a Parigi a scopo di studio e relazioni migliori fra le premiate, Milano 1891.

Esposizione Nazionale Italiana, 1891–92. Palermo. – Comitato delle società operaie di Milano, Atti del Comitato e notizie sugli operai inviati a Palermo a scopo di studio, Milano 1893.

Esposizione Nazionale 1881 in Milano, Atti del Comitato esecutivo delle Società di Mutuo soccorso degli operai di Milano, Milano 1882.

Fano, Enrico, Della carità preventiva e dell'ordinamento delle società di mutuo soccorso in Italia, Milano 1868.

–, Delle istituzioni di previdenza e della condizione delle classi lavoratrici in Italia, in: Il Politecnico, Bd. 16, 1863, S. 121–139.

–, Origini morali e storiche ed utilità delle associazioni di mutuo soccorso, ebd., Bd. 19, 1863, S. 272–292.

Ferrario, Francesco, Il vajuolo e la Rotonda in Milano nell'anno 1888, Milano 1889.

Frattini, Giovanni, Storia e statistica della industria manifatturiera in Lombardia, Milano 1856.

Frua, Carlo, Sulla questione del torno. Relazione fatta all'onorevole Consiglio degli istituti ospitalieri di Milano il giorno 6 febbrajo 1866, Milano 1866.

Gabba, Luigi, Adulterazione e falsificazione degli alimentari, Milano 1884.

Gabelli, Aristide, L'istruzione in Italia, 2 Bde., Bologna 1891.

Galletti, Giuseppe, I prezzi dei generi alimentari in Milano dal 1798 al 1918, in: Comune di Milano. Annuario storico-statistico per il 1917, S. XI–XCVII.

Ghersi, Italo, Piccole industrie: Scuole e musei industriali, industrie agricole e rurali . . ., Milano (1898) 1911[3].

Giacosa, Giuseppe, Tre senatori. De Angeli – Faldella – Fogazzaro, in: Nuova antologia, Bd. 150, 1896, S. 577–590.

Gioja, Melchiorre, Sulle manifatture nazionali e tariffe daziarie. Discorso popolare, Milano 1819.

–, Problema quali sono i mezzi più spediti, più efficaci, più economici per alleviare l'attuale miseria del popolo in Europa. Discorso popolare dell'autore del Nuovo prospetto delle scienze economiche, Milano (Pirotta) gennaio 1817.

Giorio, Federico, Ricordi di Questura, Milano 1882.

Giulini, Giorgio, Sull'andamento e sulla riforma della Pia Casa degli esposti e delle partorienti a Santa Caterina alla Ruota negli anni 1867–68. Relazione all'onorevole Consiglio Provinciale letta . . . nella seduta del giorno 17 dicembre 1868, Milano o. J.

Gnocchi-Viani, Osvaldo, Le mouvement littéraire socialiste en Italie, in: La Revue socialiste (Paris), Nr. 1, 20. Jan. 1880, S. 25–31.

–, Il partito operaio italiano, 1882–1885, Milano 1885.

–, Risposta di un socialista ad un Senatore, Milano 1882.

– u. G. Garibotti, Le Camere del Lavoro industriali ed agricole, Cremona 1893.

Gobbi, Ulisse, Gli infortuni del lavoro, in: Giornale degli economisti, Bd. 1, 1886, S. 301–327.

–, I provvedimenti per gli infortuni sul lavoro, in: ebd., Bd. 5, 1. Sem., 1890, S. 3–28.

Guerrieri, Anselmo, Delle mete o dei calmieri, in: Rivista europea, 1845, 2. Sem., S. 377–396.

Hügel, Fr. S., Die Findelhäuser und das Findelwesen Europa's, ihre Geschichte, Gesetzgebung, Statistik und Reform, Wien 1863.

Jacini, Stephan, Grundbesitz und Landvolk in der Lombardie. Nach der dritten ital. Original-Auflage übersetzt von P. Franco, Mailand 1857.

Labriola, Antonio, Scritti politici, 1886–1904, hg. von V. Gerratana, Bari 1970.

Lavezzari, Tommaso, I tramways nella Provincia di Milano, in: Il Politecnico, Bd. 30, 1882, S. 20–51.

Lazzari, Costantino, Memorie, hg. von A. Schiavi, in: Movimento operaio, Bd. 4, 1952, S. 598–633 und 789–837.

–, Necessità sociale ed economica di un partito operaio, Milano 1888.

–, Il partito operaio. Suo programma, sua organizzazione. Conferenza tenuta nel Teatro Ricci di Cremona il giorno 14 febbraio 1886, Alessandria 1886.

Lessona, Michele, Volere è potere, Firenze 1869.

Locatelli, Paolo, Miseria e beneficenza. Ricordi di un funzionario di Pubblica Sicurezza, Milano 1878.

Lo Savio, Nicolò, Del salariato e delle istituzioni che lo debbono modificare. Studio economico sociale, Milano 1874.

Lucchini, Luigi, Sull'ammonizione e sul domicilio coatto secondo la vigente legislazione italiana. Studi statistici e critici, in: Annali di statistica, Ser. II, Bd. 25, 1881, S. 1–157.

Luzzatti, Luigi, Le classi dirigenti e gli operai in Inghilterra. A proposito della lotta di classe, in: Nuova antologia, Bd. 126, 1892, S. 193–207.

–, Le diverse tendenze sociali degli operai italiani, ebd., Bd. 101, 1888, S. 664–685.

–, Nuovo corso di economia popolare, in: Annali universali di statistica, Bd. 158, 1864, S. 7–21; Bd. 159, 1864, S. 58–64.

–, La pace sociale all'esposizione di Parigi, in: Nuova antologia, Bd. 108, 1889, S. 649–675, und Bd. 109, 1890, S. 325–344.

–, Il risorgimento dell'Internazionale, ebd., Bd. 102, 1888, S. 507–515.

–, Le rivelazioni della previdenza all'Esposizione nazionale di Milano, I–III, ebd., Bd. 60, 1881, S. 3–21, 203–224 und 681–700.

Maffi, Antonio, Il Consolato operaio milanese e i suoi trent'anni di vita, Milano 1891.

Manfredi, Felice, Della Società di Mutuo Soccorso pei lavoranti in cappelli di feltro a Milano, in: Rivista europea, 1844, 1. Sem., S. 287–301.

Mantegazza, Emilio, Progetto di una casa per famiglie operaie in Milano, Milano 1877.

Mantovani, Luigi, Diario politico-ecclesiastico di Milano, Milano 1968.

Marcionni, Luigi, La pubblica sicurezza, le ammonizioni e la polizia giudiziaria in Milano, Milano 1877.

Massarani, Tullo, Studi di politica e di storia, Firenze 1875.

Mazzini, Giuseppe, Dei doveri dell'uomo, hg. von P. Rossi, Milano 1972[2].

Mediolanum, 4 Bde., Milano 1881.

Merlini, Giovanni, Il passato, il presente e l'avvenire della industria manifatturiera in Lombardia, Milano 1857.

Merlo, Giuseppe, Relazione sull'origine e vicende delle Pie Case d'industria e di ricovero in Milano, Milano 1884.

Michelini, G. B., Interrogazioni proposte a chi intende visitare le manifatture, in: Rivista europea, 1842, parte IV, S. 284–301.

Milano 1881, Milano 1881[2].

Milano tecnica dal 1859 al 1884. Pubblicazione fatta a cura del Collegio degli ingegneri ed architetti, Milano 1885.

Milano e il suo territorio, 2 Bde., Milano 1844.

Montemartini, Giovanni, L'evoluzione dei salari industriali nella seconda metà del secolo XIX in Italia, in: Critica sociale, 1. Jan. 1905, S. 10–12.

–, La questione delle case operaie in Milano. Indagini statistiche (= Pubblicazioni dell'Ufficio del Lavoro della Società Umanitaria, Nr. 1), Milano 1903.

Monti, Giuseppe, L'esposizione dei bambini alla Ruota di Milano nell'anno 1864, Milano 1865.

Municchi, Carlo, Relazione statistica dei lavori compiuti nel distretto della Corte d'Appello di Milano nell'anno 1885 . . ., Milano 1886.

Muratori, Lodovico Antonio, Della carità cristiana, in quanto essa è amore del prossimo, trattato morale, Modena 1723.

Nitti, Francesco Saverio, Scritti di economia e finanza, Bd. 2 (= Edizione nazionale delle Opere di F. S. N., Bd. 6), Bari 1960.

–, Scritti sulla questione meridionale, Bd. 1 (= Ed. naz. delle Opere, Bd. 1), Bari 1958.

Oliva, Cesare, Relazione statistica dei lavori compiuti nel distretto della Corte d'Appello di Milano nell'anno 1881 . . ., Milano 1882 (dasselbe für 1882, ebd. 1883).

Palazzi, Mario, Lo sciopero dei muratori, Milano 1887.

Paravicini, T. V., Palazzi ed abitazioni civili, in: Milano tecnica dal 1859 al 1884, Milano 1885, S. 331–369.

Partito dei Lavoratori Italiani. Comitato Centrale. Milano, Rapporto al Congresso internazionale di Zurigo (1893) sulla costituzione e sull'azione del Partito dei Lavoratori Italiani, Milano 1893.

Perelli, Gaetano, Manuale di avvertimenti generali per iscegliere lo stato, per l'operajo, pel fabbricatore, bottegajo e negoziante, Milano 1856.

Petitti di Roreto, Carlo Ilarione, Opere scelte, hg. von G. M. Bravo, 2 Bde., Torino 1969.

Piazza, Angelo, Cenni sul setificio, in: Annali universali di statistica, Bd. 82, 1844, S. 173–184.

Pirelli, G. B., La fabbrica d'acciajo fuso del Sig. Federico Krupp ad Essen (Prussia Renania), in: Il Politecnico, Bd. 19, 1871, S. 669–679 und 757–771.

Pisa, Ugo, L'activité du Patronat d'assurance et de secours pour les accidents du travail, de Milan depuis le 31 décembre 1888 au 31 décembre 1893, in: Congrès international des accidents du travail et des assurances sociales. Troisième session tenue à Milan du 1er au 6 octobre 1894, Bd. 2, Milan 1895, S. 471–482.

Porro, Alessandro, Delle associazioni di mutuo soccorso, in: Rivista europea, 1845, 2. Sem., S. 254–281.

Premoli, Pietro, L'organizzazione e le agitazioni dei lavoranti panettieri in Milano, in: Il lavoro notturno dei panettieri in Milano. Risultato di un'inchiesta statistica e igienica (= Pubblicazioni dell'Ufficio del Lavoro della Società Umanitaria, Nr. 14), Milano 1907, S. 27–78.

Il primo anno del Partito dei lavoratori italiani. Relazione morale e bilancio presentati dal Comitato Centrale al Congresso nazionale di Reggio Emilia il giorno 8 settembre 1893, Milano 1893.

Ravizza (Ragioniere Capo), Statistica dei prezzi del frumento, del pane, del vino, delle carni, del burro e del riso (Prezzi del frumento dal 1700 al 1908; per gli altri generi dal 1801 al 1908), Anhang zu: Dati statistici 1908, Milano 1909.

Relazione sulla mostra tipografica operaia nazionale e delle arti affini della Città di Milano, Milano 7 agosto – 4 settembre 1887, Milano 1887.

Riccardi, Giuseppe, La questione degli esposti. Atti della Commissione nominata per studiare la nuova organizzazione della Pia Casa degli Esposti di Milano, in: Annali universali di statistica, Bd. 169, 1867, S. 7–21.

Richard, Giulio, Considerazioni sulle condizioni dell'industria ceramica e proposte pel suo maggiore sviluppo in Italia, in: Il Politecnico, Bd. 18, 1863, S. 145–180.

Rizzi, Mosè, Intorno allo stato morale ed economico del Pio Istituto di maternità e dei Ricoveri pei bambini lattanti in Milano dall'anno 1858 al 1862, in: Annali universali di statistica, Bd. 156, 1863, S. 239–260; dasselbe für die Jahre 1870–1872, Milano 1874.

Romagnosi, Gian Domenico, Opere, Bd. VI/1, hg. von A. De Giorgi, Milano 1845.

Romussi, Carlo, Il libro delle società operaie (= Biblioteca del popolo, Bd. 103), Milano 1880.

Rossi, Guglielmo, Relazione introduttiva alla discussione del tema: Modificazioni di sistema da introdursi nella esposizione degli infanti, per raggiungere lo scopo morale di una minore esposizione dei figli legittimi in Lombardia . . ., in: Atti della Società lombarda di economia politica, Jg. 1, fasc. 1–2, Milano 1864, S. 33–56.

Sacchi, Giuseppe, Esposizione pubblica degli oggetti d'industria e delle manifatture in Milano, in: Annali universali di statistica, Bd. 115, 1853, S. 65–78 u. 177–182.

–, Progetto di una statistica generale dell'industria italiana in relazione al miglior essere della popolazione, in: ebd., Bd. 71, 1842, S. 186–204.

–, La pubblica beneficenza in Milano, in: Milano 1881, Milano 1881[2], S. 335–359.

Sacerdoti, N., La questione delle case operaie in Milano, in: Il Politecnico, Jg. 50, 1902, S. 37–55.

Saldini, Cesare, Milano industriale, in: Milano 1881, Milano 1881[2], S. 363–382.

Sanseverino, Faustino, Discorso letto il giorno 14 maggio a.c. inaugurandosi in Milano la Società di mutuo soccorso ed insegnamento degli operai sarti, in: Annali universali di statistica, Bd. 96, 1848, S. 286–292.

–, Delle società di mutuo soccorso, in: ebd., Bd. 129, 1857, S. 229–279.

Savallo, G., Guida di Milano e provincia, anno XV, 1895, Milano 1895.

Schiavi, Alessandro, La mortalità infantile in Milano. Risultati di un'inchiesta sui nati nel 1903 in rapporto ai modi di allattamento, e alle condizioni economiche dei genitori (= Pubblicazioni dell'Ufficio del Lavoro della Società Umanitaria, Nr. 17), Milano 1908.

–, Saggio di un'inchiesta sul lavoro a domicilio in Milano, in: La Riforma sociale, Ser. III, Jg. 17, Bd. 22 (Suppl.), 1911.

Schwarz, Adolph, Mailands Lage und Bedeutung als Handelsstadt, 2 Teile, Köln 1890/91.

Simonde de Sismondi, J. C. L., Études sur l'économie politique, 2 Bde., Paris 1837/38.

Società Umanitaria, Origini, vicende e conquiste delle organizzazioni operaie aderenti alla Camera del Lavoro di Milano (= Pubblicazioni dell'Ufficio del Lavoro della Società Umanitaria, Nr. 18), Milano 1909.

–, Scioperi, serrate e vertenze fra capitale e lavoro in Milano nel 1903 (= Pubblicazioni . . ., Nr. 7), Milano 1904.

Sombart, Werner, Die Handelspolitik Italiens seit der Einigung des Königreichs, in: Schriften des Vereins für Socialpolitik, Bd. 49, Leipzig 1892, S. 75–166.

–, Italienische Briefe, I–VI, in: Sozialpolitisches Centralblatt, Jg. 3, Nr. 28–38, 1894.

–, Der gegenwärtige Stand der italienischen Arbeiterbewegung, in: ebd., Jg. 1, Nr. 39, 1892, S. 479–483.

–, Lohnstatistische Studien, in: Archiv für soziale Gesetzgebung und Statistik, Bd. 2, 1889, S. 259–280.

–, Studien zur Entwicklungsgeschichte des italienischen Proletariats, I–III, in: ebd., Bd. 6, 1893, S. 177–258.

–, IV: Die Arbeiterkammern (Camere del Lavoro) in Italien, in: ebd., Bd. 8, 1895, S. 521–574.

–, Strikes in Italien, in: Sozialpolitisches Centralblatt, Jg. 2, Nr. 47, 1893, S. 557–560.

Sunto degli atti dell'VIII Congresso generale delle Società operaje italiane tenutosi il 26, 27 e 28 ottobre 1860 in Milano, Milano 1861.

Tarchetti, Igino Ugo, Paolina. Mistero del Coperto de' Figini (1866), in: ders., Tutte le opere, Bd. 1, hg. von E. Ghidetti, Rocca San Casciano, 1967.

Tarra, Giulio, Primo grado di letture al fanciullo italiano, parte prima, Milano 1886[22].

Toni, Federico, Case operaje – Asili notturni – Cucine economiche, in: Milano tecnica dal 1859 al 1884, Milano 1885, S. 371–381.

Turati, Filippo, Brief an Benoît Malon, in: La Revue socialiste, 3. Jg., März 1887, S. 274–277.

–, Il dovere della resistenza. Agli operai metallurgici di Milano, Milano 1892.

–, La moderna lotta di classe, Milano 1892.

–, Le otto ore di lavoro, Milano 1891.

Turati giovane. Scapigliatura, positivismo, marxismo, hg. von L. Cortesi, Milano 1962.

Valera, Paolo, Amori bestiali, Roma 1884.

–, La folla, Milano 1901.

–, Milano sconosciuta, Milano 1879.

Valerio, Lorenzo, Interrogazioni proposte a chi intende visitare le manifatture, Torino 1841.

Il ventre di Milano. Fisiologia della capitale morale per cura di una società di letterati, 2 Bde., Milano 1888.

Verga, Giovanni, Per le vie, Milano 1883.

Villari, Pasquale, Le lettere meridionali ed altri scritti sulla questione sociale in Italia, Torino 1885[2].

Virgilii, Filippo, Lo sciopero nella vita moderna, in: Studi senesi, Bd. 13, 1896, S. 196–234, 273–345; Bd. 14, 1897, S. 3–40.

Vitali, Luigi, La beneficenza in Milano, Milano 1880.

Young, Arthur, Travels, During the Years 1787, 1788, and 1789 . . ., 2 Bde., London 1794[2] (Nachdruck New York 1970).

Zambelli, Carlo, Un rimedio contro la miseria, Milano 1861.

Darüber hinaus wurde eine große Anzahl von Publikationen der Arbeitervereine, Propagandabroschüren, Fabrikreglements und Schulbüchern benützt, über die sich genauere Angaben in den Anmerkungen zu dieser Arbeit finden.

5. Darstellungen

Abruzzese, Alberto, Lo spettacolo come coefficiente dell'alienazione. Nascita dell',,ideologia" del pubblico dalla crisi dell'arte borghese, in: Contropiano, 1968, Nr. 2, S. 379–421.

Aleati, Giuseppe, Le retribuzioni dei lavoratori edili di Milano, Pavia e nei rispettivi territori dal 1819 al 1890 (= Archivio economico dell'unificazione italiana, Ser. I, Bd. 11, fasc. 1), Roma 1961.

Aliberti, Giovanni, Il dazio sui consumi dopo l'Unità, in: Nord e Sud, Jg. 14, Aug./Sept. 1967, S. 218–250.

Althusser, Louis, Le ,,Piccolo", Bertolazzi e Brecht, in: ders., Pour Marx, Paris 1969, S. 129–152.

Amato, Giuliano, La libertà personale, in: Atti del Congresso celebrativo del centenario delle leggi amministrative di unificazione, sez. IV, vol. 2: La pubblica sicurezza, Vicenza 1967, S. 51–180.

Anzi, Felice, Battaglie d'altri tempi, 1882–1892, Milano 1917.

–, Il Partito Operaio Italiano, 1882–1891. Episodi e appunti. Cronistoria autobiografica di un giornalaio-giornalista, Milano 1933.

Arcangeli, Graziella, La Confederazione Operaia Lombarda, tesi di laurea, Università degli Studi di Milano. Facoltà di Lettere e Filosofia, a.a. 1971–72.

Are, Giuseppe, Una fonte per lo studio della fondazione industriale in Italia: l'inchiesta del 1870–74, in: Studi storici, Bd. 4, 1963, S. 241–291 und 479–520.

–, Il problema delle industrie di base in Italia dopo l'Unità, in: Critica storica, Bd. 3, 1964, S. 287–326.

–, Il problema dello sviluppo industriale nell'età della Destra, Pisa 1965.

–, Alla ricerca di una filosofia dell'industrializzazione nella cultura e nei programmi politici in Italia (1861–1915), in: Nuova rivista storica, Bd. 53, 1969, S. 44–133.

Armengaud, André, La population française au XIXe siècle, Paris 1971.

Asor Rosa, Alberto, Scrittori e popolo. Il populismo nella letteratura italiana contemporanea, Roma [4]1972.

Avagliano, Lucio, Alessandro Rossi e le origini dell'Italia industriale, Napoli 1970.

Baehrel, René, La haine de classe en temps d'épidémie, in: Annales ESC, Bd. 7, 1952, S. 351–360.

Baglioni, Guido, La versione italiana della letteratura del ,,self-help" dall'inizio del processo di industrializzazione, in: Studi di sociologia, Bd. 9, 1971, S. 352–396.

Bairoch, Paul, Révolution industrielle et sous-développement, Paris 1974[4].

Barberi, Benedetto, I consumi nel primo secolo dell'Unità d'Italia, 1861–1960, Milano 1961.

Barile, Paolo, La pubblica sicurezza, in: Atti del Congresso celebrativo del centenario delle leggi amministrative di unificazione, sez. IV, vol. 2: La pubblica sicurezza, Vicenza 1967, S. 9–50.

Basso, Lelio, Alle origini del Partito Socialista Italiano. Il numero unico ,,La lotta di classe" (18 giugno 1892), in: Rivista storica del socialismo, Bd. 3, 1960, S. 471–477.

Becchi, Egle, Gli strumenti del leggere e dello scrivere, in: 1815–1898. Quando il popolo cominciò a leggere. Mostra dell'alfabetizzazione e diffusione della letteratura in Lombardia, hg. von L. Dalle Nogare, Monza 1974, S. 29–43.

Berger, Suzanne, The Uses of the Traditional Sector: Why the Declining Classes Survive, Massachusetts Institute of Technology, Cambridge/Mass., Revised Draft, May 1973; eine ital. Übers. des Artikels in: F. L. Cavazza u. S. Graubard (Hg.), Il caso italiano, Milano 1974, S. 292–314.

Bernardello, Adolfo, La paura del comunismo e dei tumulti popolari a Venezia e nelle province venete nel 1848–49, in: Nuova rivista storica, Bd. 54, 1970, S. 50–113.

Berselli, Aldo, La questione sociale e i moderati italiani nel 1871, in: Clio, Bd. 1, 1965, S. 208–237.

Bezucha, Robert J., The Lyon Uprising of 1834. Social and Political Conflict in the Early July Monarchy, Cambridge, Mass. 1974.

Bigazzi, Duccio, ,,Fierezza del mestiere" e organizzazione di classe: Gli operai meccanici milanesi (1880–1900), in: Società e storia, Nr. 1, 1978, S. 87–108.

Bonaccini, Marina u. Casero, Renza, La Camera del Lavoro di Milano dalle origini al 1904, Milano 1975.

Bortolotti, Lando, Livorno 1748–1958. Profilo storico-urbanistico, Firenze 1970.

Bowman, Mary Jean u. Anderson, Arnold C., Human Capital and Economic Modernization in

Historical Perspective, in: Fourth International Conference of Economic History. Bloomington 1968, Paris/La Haye 1973, S. 247–272.

Brants, Victor, La petite industrie contemporaine, Paris 1902.

Braun, Rudolf u. a. (Hg.), Gesellschaft in der industriellen Revolution, Köln 1973.

–, Industrielle Revolution. Wirtschaftliche Aspekte, Köln 1972.

Bravo, Gian Mario, Storia del socialismo 1789–1848. Il pensiero socialista prima di Marx, Roma 1971.

–, Torino operaia. Mondo del lavoro e idee sociali nell'età di Carlo Alberto, Torino 1968.

Briggs, Asa, Samuel Smiles and the Gospel of Work, in: ders., Victorian People, Harmondsworth 1971, S. 124–147.

Briguglio, Letterio, Il Partito Operaio Italiano e gli anarchici, Roma 1969.

Burnett, John, A History of the Cost of Living, Harmondsworth 1969.

–, History of Food Adulteration in Great Britain in the Nineteenth Century with Special Reference to Bread, Tea and Beer, in: Bulletin of the Institute of Historical Research, Bd. 32, 1959, S. 104–109.

–, Plenty and Want. A Social History of Diet in England from 1815 to the Present Day, Harmondsworth 1968.

Buzzi-Donato, Alessandro, Note sullo sviluppo di Milano negli ultimi cento anni, in: Quaderni di documentazione e studio, Nr. 1, 1969, S. 1–131.

Cafagna, Luciano, Agricoltura e accumulazione negli scritti economici di Carlo Cattaneo, in: Società, Bd. 12, 1956, S. 623–648.

–, L'avventura industriale di Giovanni Agnelli e la storia imprenditoriale italiana, in: Quaderni storici, Bd. 8, 1973, S. 148–160.

–, La formazione di una ,,base industriale" fra il 1896 e il 1914, in: Studi storici, Bd. 2, 1961, S. 690–724.

–, The Industrial Revolution in Italy, 1830–1914, in: C. M. Cipolla (Hg.), The Fontana Economic History of Europe, Bd. 4/1, London 1973, S. 279–328.

–, Industrialismo e politica economica dopo l'unità d'Italia. Dalla unificazione doganale al trattato di commercio con la Francia, in: Annali Feltrinelli, Bd. 5, 1962, S. 150–180.

–, La ,,rivoluzione agraria" inLombardia, ebd., Bd. 2, 1959, S. 367–428.

– (Hg.), Il nord nella storia d'Italia. Antologia politica dell'Italia industriale, Bari 1962.

Caizzi, Bruno, La crisi economica del Lombardo-Veneto nel decennio 1850–59, in: Nuova rivista storica, Bd. 42, 1958, S. 205–222.

–, L'economia lombarda durante la restaurazione (1814–1859), Milano 1972.

–, Industria, commercio e banca in Lombardia nel XVIII secolo, Milano 1968.

Candeloro, Giorgio, Storia dell'Italia moderna, Bde. 5 bis 7, Milano 1968–1974.

Caracciolo, Alberto (Hg.), La formazione dell'Italia industriale, Bari 1971².

Carocci, Giampiero, Agostino Depretis e la politica interna italiana dal 1876 al 1887, Torino 1956.

Carotti, Carlo, L'introduzione dell'organizzazione ,,scientifica" del lavoro in Italia e la prima lotta contro il cottimo, in: Classe, Nr. 7, 1973, S. 277–313.

Casero, Renza, La Camera del Lavoro di Milano dalle origini alla repressione del maggio 1898, in: M. Bonaccini u. R. Casero, La Camera del Lavoro di Milano dalle origini al 1904, Milano 1975, S. 11–155.

Castronovo, Valerio, La stampa italiana dall'Unità al fascismo (Taschenbuchausgabe ,,Universale Laterza"), Bari 1973.

–, La storia economica, in: R. Romano u. C. Vivanti (Hg.), Storia d'Italia, Bd. 4/1: Dall'Unità a oggi, Torino 1975, S. 3–506.

Catalano, Franco, I Barabba. La rivolta del 6 febbraio 1853 a Milano, Milano 1953.

–, L'Italia di cent'anni fa. Politica ed economia nel 1859–60, Milano/Varese, 1962.

–, Vita politica e questioni sociali (1859–1900), in: Storia di Milano, Bd. 15, Milano 1962, S. 35–316.

Cerasi, Maurice u. Ferraresi, Giorgio, La residenza operaia a Milano, Roma 1974.

313

Chabod, Federico, Storia della politica estera italiana dal 1870 al 1896 (Taschenbuchausgabe „Universale Laterza"), 2 Bde., Bari 1965 (1. Auf. 1951).

Chizzola Bondelli, Silvana, Contributo alla conoscenza delle condizioni di vita dei contadini della diocesi di Milano (1850–1880), in: Bollettino dell'archivio per la storia del movimento sociale cattolico in Italia, Bd. 1, 1966, S. 26–59.

Cimminiello, Lidia, Il mutuo soccorso a Milano dalle origini fino al 1860, tesi di laurea, Università degli Studi di Milano. Facoltà di Lettere e Filosofia, a.a. 1970–71.

Cipolla, Carlo M., The Economic Decline of Italy, in: ders. (Hg.), The Economic Decline of Empires, London 1970, S. 196–214.

Cohen, D. K., The Vicomte de Bonald's Critique of Industrialism, in: The Journal of Modern History, Bd. 41, 1969, S. 475–484.

Cohen, Jon S., Italy, 1861–1914, in: R. Cameron (Hg.), Banking and Industrial Development. Some Lessons of History, New York 1972, S. 58–90.

Confalonieri, Antonio, Banca e industria in Italia, 1894–1906, Bd. 1: Le premesse: Dall'abolizione del corso forzoso alla caduta del Credito Mobiliare, Milano 1974.

Conti, Laura, L'assistenza e la previdenza sociale. Storia e problemi, Milano 1958.

Coppa, Frank J., The Italian Tariff and the Conflict Between Agriculture and Industry: The Commercial Policy of Liberal Italy, 1860–1922, in: The Journal of Economic History, Bd. 30, 1970, S. 742–769.

Cortesi, Luigi, La costituzione del Partito Socialista Italiano, Milano ²1962.

Cossa, Luigi, Saggio di bibliografia delle opere economiche italiane anteriori al 1849 sulla teoria della beneficenza, in: ders., Saggi bibliografici di economia politica. Nachdruck Bologna 1963, S. 89–102.

Crouzet, François (Hg.), Capital Formation in the Industrial Revolution, London 1972.

Dalmasso, Étienne, Milan. Capitale économique de l'Italie. Étude géographique, Paris 1971.

Delasselle, Claude, Les enfants abandonnés à Paris au XVIIIe siècle, in: Annales ESC, Bd. 30, 1975, S. 187–218.

Della Peruta, Franco, Aspetti della società italiana nell'Italia della restaurazione, in: Studi storici, Bd. 17, 1976, S. 27–68.

–, Democrazia e socialismo nel Risorgimento, Roma 1965.

–, Per la storia della società lombarda nell'età della restaurazione, in: Studi storici, Bd. 16, 1975, S. 305–339.

– (Hg.), I periodici di Milano. Bibliografia e storia, Bd. 1: 1860–1904, Milano 1956.

De Maddalena, Aldo, L'industria milanese dalla restaurazione austriaca alla vigilia dell'unificazione nelle rivelazioni della Camera di commercio di Milano, Milano 1957.

–, Preise, Löhne und Geldwesen im Verlauf der wirtschaftlichen Entwicklung Mailands vom 17. bis zum 19. Jahrhundert, in: Wirtschaftliche Strukturen im säkularen Wandel. Festschrift für Wilhelm Abel zum 70. Geburtstag, hg. von I. Bog u. a., Bd. 2, Hannover 1974, S. 469–493.

–, I prezzi dei generi commestibili e dei prodotti agricoli sul mercato di Milano dal 1800 al 1890 (= Archivio economico dell'unificazione italiana, Bd. 5, fasc. 3), Roma 1957.

–, Prezzi e mercedi a Milano dal 1701 al 1860, Milano 1974.

–, Rilievi sull'esperienza demografica ed economica milanese dal 1861 al 1915, in: L'economia italiana dal 1861 al 1961, Milano 1961, S. 79–107.

De Mattei, Rodolfo, Le prime discussioni in Italia sull'esistenza d'una „questione sociale", in: Ricerche storiche ed economiche in memoria di Corrado Barbagallo, Bd. 3, Napoli 1970, S. 103–119.

Dizionario biografico degli italiani, Roma 1960 ff.

Duden, Barbara u. Ottmüller, Uta, Der süße Bronnen. Zur Geschichte des Stillens, in: Courage, Jg. 3, Nr. 2, 1978, S. 15–21.

Epsztein, Léon, L'économie et la morale aux débuts du capitalisme industriel en France et en Grande-Bretagne, Paris 1966.

Farina, Paolo u. Grimoldi, Alberto, Per quale Milano. Conoscere la storia di Milano per cambiare la città, Milano 1973.

Fenoaltea, Stefano, Decollo, ciclo e intervento dello Stato, in: A. Caracciolo (Hg.), La formazione dell'Italia industriale, Bari 1971[3], S. 95–113.

–, Riflessioni sull'esperienza industriale italiana dal Risorgimento alla prima guerra mondiale, in: G. Toniolo (Hg.), Lo sviluppo economico italiano, Bari 1973, S. 121–156.

Ferrari, Bernardino, Massimo d'Azeglio governatore di Milano nel 1860, in: Bollettino storico-bibliografico subalpino, Bd. 58, 1960, S. 282–323.

Forti Messina, Annalucia, Agitazioni e scioperi operai a Milano all'indomani dell'Unità, in: Nuova rivista storica, Bd. 52, 1968, S. 73–115.

–, Appunti su un regolamento di fabbrica del 1847, in: Movimento operaio e socialista, Bd. 16, 1970, S. 191–201.

Fox Piven, Frances u. Cloward, Richard A., Regulating the Poor. The Functions of Public Welfare, London 1972.

Franzina, Emilio, Alle origini dell'Italia industriale: ideologia e impresa in A. Rossi, in: Classe, Nr. 4, 1971, S. 179–231.

Fuà, Giorgio (Hg.), Lo sviluppo economico in Italia. Storia dell'economia italiana negli ultimi cento anni, Bde. 2 und 3, Milano 1974/75[2].

Garin, Eugenio, La cultura italiana tra '800 e '900, Bari 1962.

Geisser, Alberto u. Magrini, Effren, Contribuzione alla storia e statistica dei salari industriali in Italia nella seconda metà del secolo XIX, in: La Riforma sociale, Bd. 14, 1904, S. 753–906.

Gemähling, Paul, Travailleurs au rabais. La lutte syndicale contre les sous-concurrences ouvrières, Paris 1910.

Geremek, Bronislaw, Il pauperismo nell'età preindustriale (secoli XIV–XVIII), in: R. Romano u. C. Vivanti (Hg.), Storia d'Italia, Bd. 5/1, Torino 1973, S. 669–698.

–, Renfermement des pauvres en Italie (XIVe–XVIIe siècle). Remarques préliminaires, in: Mélanges en honneur de Fernand Braudel, Bd. 1, Toulouse 1973, S. 205–217.

Gerschenkron, Alexander, Continuity in History and Other Essays, Cambridge, Mass. 1968.

–, Economic Backwardness in Historical Perspective. A Book of Essays, Cambridge, Mass. [2]1966.

Giardina, Basilio, Analisi statistica dei consumi in Italia, 1875–1960, Milano 1971.

Gigli Marchetti, Ada, Gli operai tipografi milanesi all'avanguardia della organizzazione di classe in Italia, in: Classe, Nr. 5, 1972, S. 1–82.

Gille, Bertrand, Les investissements français in Italie (1815–1914) (= Archivio economico dell'unificazione italiana, Ser. II, Bd. 16), Torino 1968.

Ginzburg Rossi-Doria, Anna, A proposito del secondo ministero di Rudinì, in: Studi storici, Bd. 9, 1968, S. 404–415.

Gorni, Mariagrazia u. Pellegrini, Laura, Un problema di storia sociale. L'infanzia abbandonata in Italia nel secolo XIX, Firenze 1974.

Grandi, Terenzio, Appunti di bibliografia mazziniana, Milano 1961.

Greenfield, Kent Roberts, Economics and Liberalism in the Risorgimento. A Study of Nationalism in Lombardy, 1814–1848 (1934), Baltimore 1965[2].

Guerrini, Libertario, Organizzazioni e lotte dei ferrovieri italiani, Bd. 1: 1862–1907, Firenze 1957.

Halbwachs, Maurice, La classe ouvrière et les niveaux de vie. Recherches sur la hiérarchie des besoins dans les sociétés industrielles contemporaines, Paris 1912.

Haltern, Utz, Die „Welt als Schaustellung". Zur Funktion und Bedeutung der internationalen Industrieausstellung im 19. und 20. Jahrhundert, in: Vierteljahrschrift für Sozial- und Wirtschaftsgeschichte, Bd. 60, 1973, S. 1–40.

Handwörterbuch der Staatswissenschaften, 8 Bde., Jena 1909–1911[3].

Hobsbawm, Eric J., Labouring Men. Studies in the History of Labour, London 1968.

–, From Social History to the History of Society, in: Daedalus, Bd. 100, Nr. 1, 1971, S. 20–45.

315

–, The Standard of Living during the Industrial Revolution. A Discussion, in: The Economic History Review, Ser. II, Bd. 16, 1963/64, S. 119–134.

Hostetter, Richard, Lotta di classe nelle campagne. Il movimento contadino di resistenza nella Val Padana: 1884–1885, in: Movimento operaio e socialista, Bd. 16, 1970, S. 45–72.

Hubbard, William H., Der Wachstumsprozeß in den österreichischen Groß-Städten 1869–1910. Eine historisch-demographische Untersuchung, in: Kölner Zeitschrift für Soziologie und Sozialpsychologie, Sonderheft 16, 1972, S. 386–418.

Izzo, Luigi, Vicende della politica commerciale italo-francese dal 1860 al 1892, in: Rassegna storica del Risorgimento, Bd. 44, 1957, S. 390–408.

Jarach, Cesare, Lo sviluppo ed i profitti della Società per Azioni Italiane, Torino 1906.

Kaelble, Hartmut u. Volkmann, Heinrich, Konjunktur und Streik während des Übergangs zum Organisierten Kapitalismus in Deutschland, in: Zeitschrift für Wirtschafts- und Sozialwissenschaften, Bd. 92, 1972, S. 513–544.

Kay, Geoffrey, Development and Underdevelopment: A Marxist Analysis, London 1975.

Landes, David S., The Unbound Prometheus. Technological Change and Industrial Development in Western Europe from 1750 to the Present, London 1969 (dt. Übers. Köln 1973).

Langer, William L., Political and Social Upheaval, 1832–1852, New York 1969.

Lay, Adriana u. Pesante, Maria Luisa, Ciclo economico e lotte operaie in Europa, 1880–1920, in: Rivista di storia contemporanea, 1974, S. 389–421.

Lay, A., Marucco, Dora, Pesante, M. L., Classe operaia e scioperi: Ipotesi per il periodo 1880–1923, in: Quaderni storici, Bd. 8, 1973, S. 87–147.

Lebrun, François, Naissances illégitimes et abandons d'enfants en Anjou au XVIIIe siècle, in: Annales ESC, Bd. 27, 1972, S. 1183–1189.

Levra, Umberto, Il colpo di stato della borghesia. La crisi politica di fine secolo in Italia, 1896–1900, Milano 1975.

Luzzatto, Gino, L'economia italiana dal 1861 al 1894, Torino 1968².

–, L'evoluzione economica della Lombardia dal 1861 al 1922, in: La Cassa di Risparmio delle Provincie Lombarde nella evoluzione economica della regione, Milano 1923, S. 449–526.

–, La Lombardia e Milano nel 1859, in: Mondo economico, Jg. 14, Nr. 24, 13. Juni 1959, S. 12–14.

Manacorda, Gastone, Formazione e primo sviluppo del Partito socialista in Italia. Il problema storico e i più recenti orientamenti storiografici, in: Il movimento operaio e socialista. Bilancio storiografico e problemi storici. Atti del Convegno promosso da ,,Mondo operaio" per il 70° del Partito Socialista Italiano. Firenze, 18–20 gennaio 1963, Milano 1965, S. 144–177.

–, Il movimento operaio italiano attraverso i suoi congressi. Dalle origini alla formazione del Partito socialista (1853–1892), Roma 1971³.

–, Storiografia e socialismo, Padova 1967.

– (Hg.), Il socialismo nella storia d'Italia. Storia documentaria dal Risorgimento alla Repubblica (Taschenbuchausgabe ,,Universale Laterza"), 2 Bde., Bari 1972².

Marconcini, Federico, L'industria domestica salariata nei rapporti interni e internazionali, Torino 1914.

Mariani, Gaetano, Storia della Scapigliatura, Caltanissetta 1967.

McKeown, T., The Modern Rise of Population, London 1976.

– u. Record, R. G., Reasons for the Decline of Mortality in England and Wales during the Nineteenth Century, in: Population Studies, Bd. 16, 1963, S. 94–122.

Mereu, Maria Teresa, Origini e primi sviluppi dell'organizzazione di classe dei muratori milanesi, in: Classe, Nr. 5, 1972, S. 243–331.

Merli, Stefano, Proletariato di fabbrica e capitalismo industriale. Il caso italiano, 2 Bde., Firenze 1972/73.

Michels, Robert, Die exklusive Arbeiterpartei in Norditalien, in: Archiv für die Geschichte des Sozialismus und der Arbeiterbewegung, Bd. 1, 1911, S. 285–315.

–, Eine exklusiv proletarische Bewegung in Italien im Jahre 1883, in: Dokumente des Sozialismus, Bd. 4, 1904, S. 64–69.

Molteni, Francesco, Le funzioni sociali dei Comuni, in: Atti del Congresso celebrativo delle leggi amministrative di unificazione, sez. III, vol. 1: I Comuni, Vicenza 1967, S. 217–253.

Monteleone, Giulio, La legislazione sociale al Parlamento italiano. La legge del 1886 sul lavoro dei fanciulli, in: Movimento operaio e socialista, Bd. 20, 1974, S. 229–284.

–, La legislazione sociale al Parlamento italiano. Gli infortuni sul lavoro e la responsabilità civile dei padroni, in: ebd., Bd. 22, 1976, S. 177–214.

Morandi, Rodolfo, Storia della grande industria in Italia (1931), Torino 1966.

Mori, Giorgio, La genesi della industrializzazione italiana, in: ders., Il capitalismo industriale in Italia, Roma 1977, S. 65–79.

–, Osservazioni sul libero-scambismo dei moderati nel Risorgimento, in: ders., Studi di storia dell'industria, Roma 1967², S. 29–41.

Morini, Sergio, La propaganda di C. Prampolini fra i contadini reggiani (1860–1900), in: R. Zangheri (Hg.), Le campagne italiane nell'epoca moderna. Saggi e testimonianze, Milano 1957, S. 195–207.

Mortara, Giorgio, Le popolazioni delle grandi città italiane. Studio demografico, Torino 1908.

Nascimbene, Adalberto, Il movimento operaio in Italia. La questione sociale a Milano dal 1890 al 1900, Milano 1972.

Nasi, Franco, 1860–1899: Da Beretta a Vigoni. Quarant'anni di amministrazione comunale (= Città di Milano, Nr. 85/5), Milano 1968.

–, Il peso della carta. Giornali, sindaci e qualche altra cosa di Milano dall'unità al fascismo, Bologna 1966.

Nejrotti, Mariella, Correnti anarchiche e socialiste a Torino (1870–1888), in: Annali della Fondazione Luigi Einaudi, Bd. 2, 1968, S. 185–212.

Neppi Modona, Guido, Carcere e società civile dall'Unità a Giolitti, in: Rivista di storia contemporanea, 1972, S. 341–380.

–, Sciopero, potere politico e magistratura, 1870–1922, Bari 1969.

Nesti, Arnaldo, „Gesù socialista". Una tradizione popolare italiana (1880–1920), Torino 1974².

Osnaghi Dodi, Luisa, L'azione sociale dei cattolici nel milanese (1878–1904), Milano 1974.

–, Sfruttamento del lavoro nell'industria tessile comasca e prime esperienze di organizzazione operaia, in: Classe, Nr. 5, 1972, S. 83–151.

Paci, Massimo, Mercato del lavoro e classi sociali in Italia. Ricerche sulla composizione del proletariato, Bologna 1973.

Perli, Diana, I congressi del Partito Operaio Italiano, Padova 1972.

Perrot, Michelle, Enquêtes sur la condition ouvrière en France au 19ᵉ siècle, Paris 1972.

–, Les ouvriers en grève. France 1871–1890, 2 Bde., Paris 1974.

Pirelli & C. nel suo cinquantenario, 1872–1922. Le origini e il progressivo sviluppo della ditta Pirelli & C., Milano o. J.

Pollard, Sidney, The Genesis of Modern Management. A Study of the Industrial Revolution in Great Britain, London 1965.

Procacci, Giuliano, Antonio Labriola primo marxista italiano, in: Rinascita, 19. Jan. 1963, S. 24–26.

–, La lotta di classe in Italia agli inizi del secolo XX, Roma 1970.

Quazza, Guido, L'età della decadenza nella storiografia del dopoguerra, in: Studi storici, Bd. 9, 1968, S. 30–106.

Ragionieri, Ernesto, Socialdemocrazia tedesca e socialisti italiani, 1875–1895. L'influenza della socialdemocrazia tedesca sulla formazione del Partito Socialista Italiano, Milano 1961.

Rainero, Romain, L'anticolonialismo italiano da Assab a Adua (1869–1896), Milano 1971.

Ranzini, Claudia, 1873: Milano si espande. L'aggregazione dei Corpi Santi (= Città di Milano, Nr. 89/6), Milano 1972.

Rath, R. John, The Habsburgs and the Great Depression in Lombardy-Venetia, 1814–1818, in: The Journal of Modern History, Bd. 13, 1941, S. 305–320.

Razzell, P. E., An Interpretation of the Modern Rise of Population in Europe. A Critique, in: Population Studies, Bd. 28, 1974, S. 5–17.

Reggiori, Ferdinando, Milano 1800–1943. Itinerario urbanistico-edilizio, Milano 1947.

Rochat, Giorgio, L'esercito italiano degli ultimi cento anni, in: R. Romano u. C. Vivanti (Hg.), Storia d'Italia, Bd. 5/2, Torino 1973, S. 1867–1902.

Romani, Mario, Un secolo di vita agricola in Lombardia (1861–1961), Milano 1963.

Romeo, Rosario, Cavour e il suo tempo, Bari, Bd. 1, 1969; Bd. II/1, 1977.

–, Risorgimento e capitalismo (Taschenbuchausgabe ,,Universale Laterza"), Bari 1970.

–, Breve storia della grande industria in Italia, Rocca San Casciano 1967[3].

Rosselli, Nello, Mazzini e Bakunin. Dodici anni di movimento operaio in Italia (1860–1872), Torino 1967 (1. Aufl. 1927).

Rossi, Leone Emilio, Milano benefica e previdente. Cenni storici e statistici sulle istituzioni di beneficenza e di previdenza, Milano 1906.

Salvemini, Gaetano, Opere, Bd. II/2: Scritti sul Risorgimento, hg. von P. Pieri u. C. Pischedda, Milano 1961.

Santini, Antonio, Cicli economici e fluttuazioni demografiche: nuzialità e natalità in Italia, 1863–1964, in: E. Sori (Hg.), Demografia storica, Bologna 1975, S. 331–357.

Schenda, Rudolf, Italienische Volkslesestoffe im 19. Jahrhundert. Einführung und Bibliographie zur Sammlung italienischer Volksbüchlein im Museo Pitrè, Palermo, in: Archiv für Geschichte des Buchwesens, Bd. 7, 1965–67, Sp. 209–300.

Schiavi, A. u. Pinardi, E., Die italienischen Arbeitskammern (= Schriften der Gesellschaft für soziale Reform, 14), Jena 1904.

Sellin, Volker, Die Anfänge staatlicher Sozialreform im liberalen Italien, Stuttgart 1971.

Severin, Dante, Figure e momenti di storia comasca, Como 1965.

–, L'industria serica comacina durante il dominio austriaco (1737–1859). Iniziativa privata e pubblica amministrazione, Como 1960.

Shorter, Edward, The Making of the Modern Family, New York 1975.

Soldani, Simonetta, Contadini, operai e ,,popolo" nella rivoluzione del 1848–49 in Italia, in: Studi storici, Bd. 14, 1973, S. 557–613.

Somogyi, Stefano, Cento anni di bilanci familiari in Italia (1857–1956), in: Annali Feltrinelli, Bd. 2, 1959, S. 121–263.

Stearns, Peter, British Industry Through the Eyes of French Industrialists (1820–1848), in: The Journal of Modern History, Bd. 37, 1965, S. 50–61.

–, Die Herausbildung einer sozialen Gesinnung im Frühindustrialismus. Ein Vergleich der Auffassungen französischer, britischer und deutscher Unternehmer, in: Kölner Zeitschrift für Soziologie und Sozialpsychologie, Sonderheft 16, 1972, S. 320–342.

Storia amministrativa delle province lombarde, Bd. 3: Il Comune di Milano, Milano 1970.

Storia di Milano (Fondazione Treccani degli Alfieri per la storia di Milano), Bde. 12 bis 16, Milano 1959–62.

Talbott, John E., The History of Education, in: Daedalus, Bd. 100, Nr. 1, 1971, S. 135–150.

Tannenbaum, Edward R. u. Noether, Emiliana P. (Hg.), Modern Italy. A Topical History Since 1861, New York 1974.

Tarlé, Eugène, Le blocus continental et le Royaume d'Italie. La situation économique de l'Italie sous Napoléon Ier d'après des documents inédits, Paris 1928.

Taylor, Arthur J. (Hg.), The Standard of Living in Britain in the Industrial Revolution, London 1975.

Testori, Paola, Origini e funzionamento delle case di lavoro in Lombardia (1784–1900), tesi di laurea, Università degli Studi di Milano. Facoltà di Lettere e Filosofia, a.a. 1970/71.

Thompson, Edward P., The Making of the English Working Class (1963), Harmondsworth 1968.

–, The Moral Economy of the English Crowd in the Eighteenth Century, in: Past & Present, Nr. 50, 1971, S. 76–136.

–, Time, Work-Discipline and Industrial Capitalism, in: ebd., Nr. 38, 1967, S. 56–97.

Tilly, Charles, Collective Violence in European Perspective, in: H. D. Graham u. T. Gurr

(Hg.), The History of Violence in America: Historical and Comparative Perspectives, New York 1969, S. 4–45.

–, Food Supply and Public Order in Modern Europe, in: ders. (Hg.), The Formation of National States in Western Europe, Princeton/N.J. 1975, S. 380–455.

Tilly, Louise A., I fatti di maggio: The Working Class of Milan and the Rebellion of 1898, in: R. J. Bezucha (Hg.), Modern European Social History, Lexington/Mass. 1972, S. 124–158.

–, Skilled Workers and Collective Action: Milan, 1870–1898, Discussion Papers in Western European Studies, Center for Western European Studies, University of Michigan, Ann Arbor, Dec. 1976.

–, Urban Growth, Industrialization and Women's Employment in Milan, Italy, 1881–1911, Center for Research on Social Organization, University of Michigan, Ann Arbor, July 1976.

–, The Working Class of Milan, 1881–1911, Ph.D. Dissertation, University of Toronto 1973 (University Microfilms Ann Arbor).

Tonelli, Aldo, L'istruzione tecnica e professionale di Stato nelle strutture e nei programmi da Casati ai giorni nostri, Milano 1964.

Toniolo, Gianni, Alcune tendenze dello sviluppo economico italiano, 1861–1940, in: ders. (Hg.), Lo sviluppo economico italiano, 1861–1940, Bari 1973, S. 1–37.

Tosi, Antonio u. Pisoni, Rodolfo, Alle origini della politica dell'alloggio popolare in Italia: analisi di una ideologia, in: Studi di sociologia, Bd. 10, 1972, S. 449–477.

Toutain, Jean-Claude, La consommation alimentaire en France de 1789 à 1964, in: Économies et sociétés. Cahiers de l'I.S.E.A., Bd. 5, 1971, S. 1909–2049.

Ucelli, Guido, La Riva: 1861–1951, Milano o. J.

Valiani, Leo, Le prime grandi agitazioni operaie a Milano e a Torino, in: Movimento operaio, Bd. 2, 1950, S. 362–367.

–, La storia del movimento socialista in Italia dalle origini al 1921, in: Rivista storica italiana, Bd. 68, 1956, S. 417–450 u. 621–669.

Verga, Ettore, Le corporazioni delle industrie tessili in Milano. Loro rapporti e conflitti nei secoli XVI–XVIII, in: Archivio storico lombardo, Ser. III, Bd. 19, 1903, S. 64–125.

Verhandlungen der am 25., 26. und 27. September 1899 in Breslau abgehaltenen Generalversammlung des Vereins für Socialpolitik über die Hausindustrie und ihre gesetzliche Regelung . . . (= Schriften des Vereins für Socialpolitik, Bd. 88), Leipzig 1900.

Verucci, Guido, Anticlericalismo, libero pensiero e ateismo nel movimento operaio e socialista italiano (1861–1878), in: Chiesa e religiosità in Italia dopo l'Unità (1861–1878). Atti del quarto Convegno di storia della chiesa, La Mendola 31 agosto – 5 settembre 1971, Relazioni, Bd. 2, Milano 1973, S. 177–224.

Vianello, Carlo Antonio, Le crisi di sviluppo dell'industria serica comasca da Maria Teresa a Napoleone, Sonderdruck aus: Periodico storico comense, Bd. 5, 1942.

–, (Hg.), Economisti minori del Settecento lombardo, Milano 1942.

Viazzi, Glauco, Appunti sulla prosa di Paolo Valera, in: Belfagor, Bd. 28, 1973, S. 206–216.

Villari, Lucio, I fatti di Milano del 1898. La testimonianza di Eugenio Torelli Viollier, in: Studi storici, Bd. 8, 1967, S. 534–549.

Villari, Rosario, Alle origini del dibattito sulla ,,questione sociale", in: ders., Conservatori e democratici nell'Italia liberale, Bari 1964, S. 43–89.

Vincenzi, Diana, Le situazioni soggetive, in: Atti del Congresso celebrativo del centenario delle leggi amministrative di unificazione, sez. IV, vol. 2: La pubblica sicurezza, Vicenza 1967, S. 343–394.

Visconti, Alessandro, Le condizioni degli operai agli albori dell'industria libera in Lombardia nel secolo XVIII, Milano 1923.

Vivarelli, Roberto, Italia liberale e fascismo, in: Rivista storica italiana, Bd. 82, 1970, S. 669–703.

Volpi, Francesco, Le finanze dei comuni e delle province del Regno d'Italia, 1860–1890 (= Archivio economico dell'unificazione italiana, Ser. II, Bd. 5), Torino 1962.

Wrigley, E. A., Bevölkerungsstruktur im Wandel. Methoden und Ergebnisse der Demographie, München 1969.

Zamagni, Vera, Istruzione e sviluppo economico in Italia, 1861–1913, in: G. Toniolo (Hg.), Lo sviluppo economico italiano, 1861–1940, Bari 1973, S. 187–241.

Zaninelli, Sergio, L'attività manifatturiera lombarda nel 1840, in: Archivio storico lombardo, Ser. IX, Bd. 3, 1963, S. 482–508.

–, I consumi a Milano nell'Ottocento (= Archivio economico dell'unificazione italiana, Ser. II, Bd. 21), Roma 1974.

–, Il lavoro dei fanciulli nell'industria lombarda alla metà del secolo XIX, in: Annuario del Centro studi CISL, Bd. 2 (1962–1963), Firenze 1964, S. 269–286.

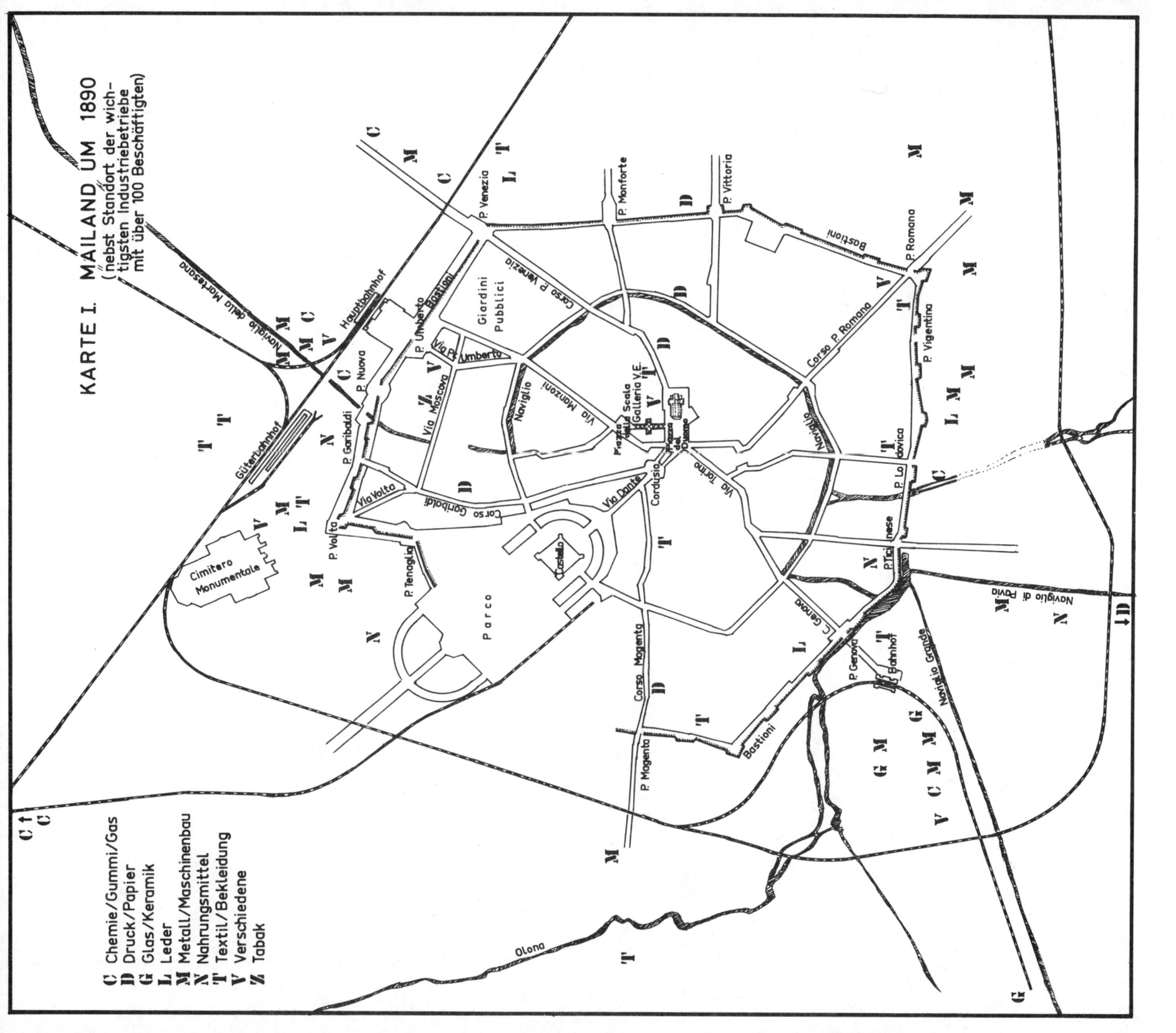

KARTE I. MAILAND UM 1890
("nebst Standort der wichtigsten Industriebetriebe
mit über 100 Beschäftigten)

C Chemie/Gummi/Gas
D Druck/Papier
G Glas/Keramik
L Leder
M Metall/Maschinenbau
N Nahrungsmittel
T Textil/Bekleidung
V Verschiedene
Z Tabak

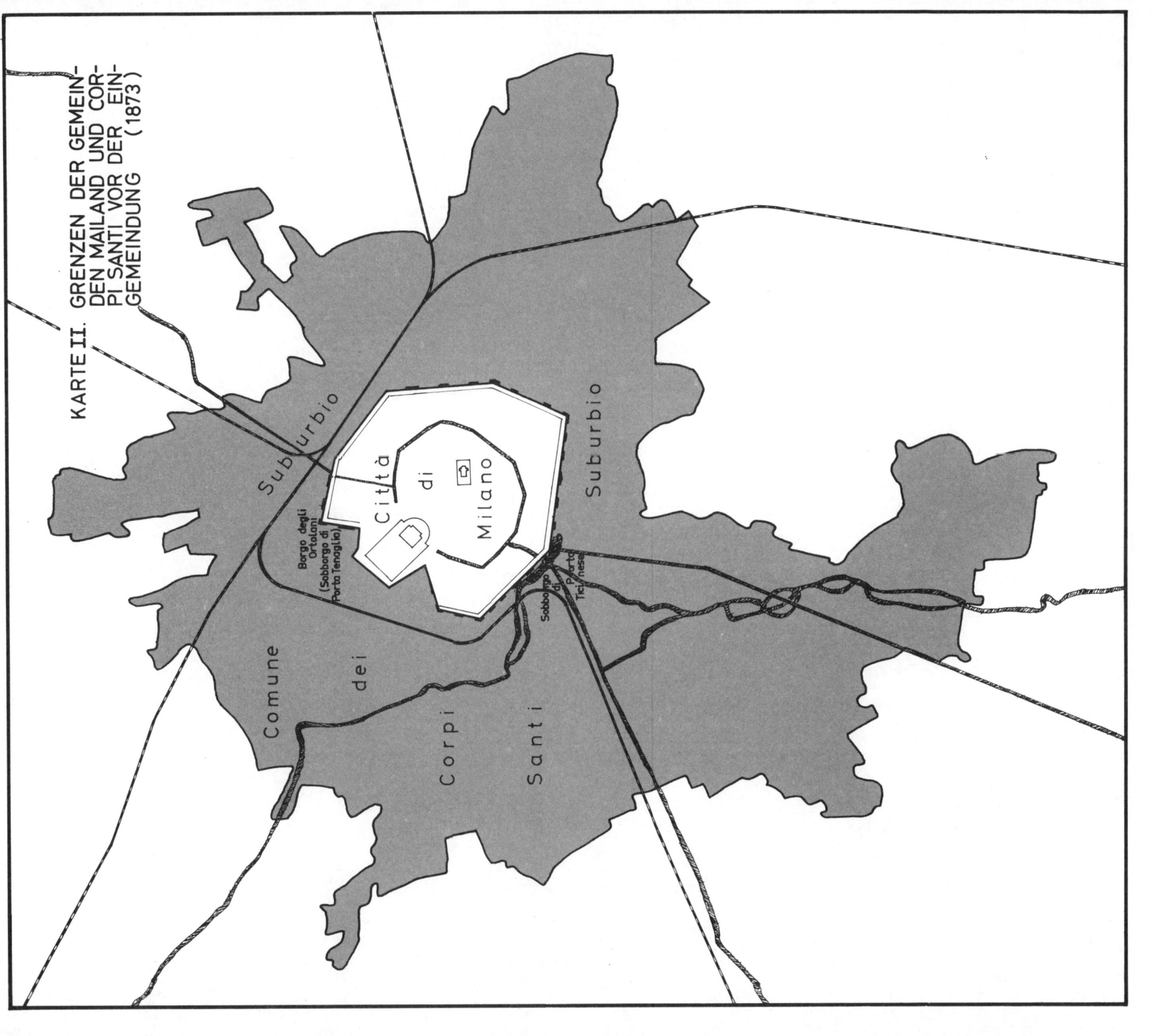

KARTE II. GRENZEN DER GEMEIN-
DEN MAILAND UND COR-
PI SANTI VOR DER EIN-
GEMEINDUNG (1873)

Suburbio

Suburbio

Comune

dei

Corpi

Santi

Città

di

Milano

Borgo degli
Ortolani
(Sobborgo di
Porta Tenaglia)

Sobborgo di
Porta
Ticinese

Register

Nicht aufgenommen wurden nur einmal genannte neuere Autoren und bloß beiläufig erwähnte geographische Namen, die keinen unmittelbaren Bezug zu Mailand und seiner Umgebung haben; außerdem wurde auf die Stichworte Europa, Italien und Mailand (allgemein) verzichtet.

326

Hans Rosenberg · Die Weltwirtschaftskrise 1857 - 1859

2. Auflage 1974. Mit einem Vorbericht. XXV, 210 Seiten, kartoniert
(Kleine Vandenhoeck-Reihe 1396)

„Es geht keineswegs ... allein um die Krise von 1857/59, sondern um die konjunkturelle Entwicklung der europäischen und nordamerikanischen Wirtschaft von 1848 bis 1859. Die fotomechanisch, also unverändert nachgedruckte Arbeit ist heute zweifelsohne in manchen Details überholt, aber nach wie vor sachlich und methodisch ebenso vorbildlich wie unersetzlich."   *Das Historisch-Politische Buch*

Reinhard Spree unter Mitarbeit von Michael Tybus
Wachstumstrends und Konjunkturzyklen in der deutschen Wirtschaft von 1820 bis 1913

Quantitativer Rahmen für eine Konjunkturgeschichte des 19. Jahrhunderts
1978. 215 Seiten mit 58 Schaubildern und 30 Tabellen. Ausführliches Summary

Die Literatur zum Wachstum der deutschen Wirtschaft und seinen Konjunkturen im 19. und frühen 20. Jahrhundert ist umfangreich, eine quantitative und zugleich den Prozeßcharakter betonende Analyse der Wachstumszyklen auf gesamtwirtschaftlicher Ebene gibt es jedoch bisher nicht. Hierum geht es in Reinhard Sprees Buch. Zum ersten Mal wird versucht, die Wachstumszyklen in Deutschland vom Beginn des 19. Jahrhunderts bis zum Ersten Weltkrieg anhand einheitlicher Maßstäbe in Form von 18 Konjunkturindikatoren auf Langzeitreihen-Basis systematisch zu erfassen und darzustellen.

Peter Kriedte / Hans Medick / Jürgen Schlumbohm
Industrialisierung vor der Industrialisierung

Gewerbliche Warenproduktion auf dem Land in der Formationsperiode des Kapitalismus
Mit Beiträgen von H. Kisch und F. F. Mendels
393 Seiten, Leinen und Paperback

Seit dem späten Mittelalter, verstärkt seit dem 16./17. Jahrhundert, entwickelte sich in zahlreichen ländlichen Gebieten eine spezialisierte Massenproduktion gewerblicher Güter für ferne Absatzmärkte. Die hier vorgelegten Analysen zum Problem dieser Industrialisierung vor der Industrialisierung versuchen, in umfassender Kenntnis der Forschung einen Mittelweg „partieller Theoretisierung" zu gehen. Sie verbinden einen konzeptionellen Neuansatz mit empirischer Darstellung. Agrarische Entwicklung und entstehender Weltmarkt, Bevölkerungsentwicklung und Bevölkerungsstruktur, Haushalt und Familie, Produktionsverhältnisse und Produktivkräfte, politisch-institutionelle Rahmenbedingungen sowie Ursachen und Charakter von Krisen und Konjunkturen werden in ihrer Wechselwirkung untersucht. Zwei regionale Fallstudien kommen ergänzend hinzu. In einer gesamtgesellschaftlichen Betrachtung wird die gewerbliche Warenproduktion in den großen Transformationsprozeß der europäischen Agrargesellschaften hineingestellt und zugleich als zentrales Moment der Entstehung des industriellen Kapitalismus begriffen.

VANDENHOECK & RUPRECHT IN GÖTTINGEN UND ZÜRICH

KRITISCHE STUDIEN ZUR GESCHICHTSWISSENSCHAFT

VANDENHOECK & RUPRECHT IN GÖTTINGEN UND ZÜRICH